PBF XIV, 8
(Caner)

PRÄHISTORISCHE BRONZEFUNDE

Im Rahmen der
Union Internationale des Sciences Préhistoriques et Protohistoriques

herausgegeben von
HERMANN MÜLLER-KARPE

Kommission für Allgemeine und Vergleichende Archäologie Bonn

C. H. BECK'SCHE VERLAGSBUCHHANDLUNG
MÜNCHEN

PRÄHISTORISCHE BRONZEFUNDE

ABTEILUNG XIV · BAND 8

Fibeln in Anatolien I

von

ERTUĞRUL CANER

Seminar für Vor- und Frühgeschichte der Universität Frankfurt/Main

C. H. BECK'SCHE VERLAGSBUCHHANDLUNG
MÜNCHEN

Mit 5 Abbildungen im Text und 85 Tafeln

Schriftleitung: Seminar für Vor- und Frühgeschichte der Universität Frankfurt
H. Müller-Karpe, A. Jockenhövel

Zeichnungen: Gerhard Endlich, Eva Hofmann, Manfred Ritter, Monika Seidel, Ernst Stahl

Gedruckt mit Unterstützung der Deutschen Forschungsgemeinschaft

ISBN 3 406 09015 X

© C. H. Beck'sche Verlagsbuchhandlung (Oscar Beck) München 1983
Satz: acomp Lichtsatz Appl KG
Druck des Textteils: aprinta Wemding
Reproduktion und Druck des Tafelteils: Graphische Anstalt E. Wartelsteiner Garching-Hochbrück
Printed in Germany

VORWORT

In der vorliegenden Veröffentlichung werden Fibeln aus Zentral- und Westanatolien von den Anfängen bis zum 6. Jh. v. Chr. zum erstenmal zusammengestellt. Grundlage für diese Arbeit war die Dissertation des Verfassers, die im Frühjahr 1980 der Philosophischen Promotionskommission der Universität Frankfurt am Main vorlag. Das Thema wurde von Herrn Professor Dr. H. Müller-Karpe während eines Seminars im Institut für Vor- und Frühgeschichte Frankfurt am Main 1975 angeregt.

Das Studium und die zeichnerische bzw. photographische Aufnahme der Originale erfolgten während verschiedener Reisen zu türkischen und europäischen Museen. Die Materialaufnahme begann im Frühjahr 1976; das Manuskript wurde im Herbst 1981 in vorliegender Form abgeschlossen. Die von diesem Zeitpunkt an bis zur Drucklegung neu erschienene Literatur konnte nicht mehr berücksichtigt werden.

Die Bearbeitung und die Aufnahme der Fibeln erwiesen sich in verschiedenen Museen oft als schwierig. Im Museum von Ankara waren zu jener Zeit nicht alle Fibeln zugänglich, so daß einige Fibeln aus den Gordion-Grabungen nach Archivphotos des Ausgräbers umgezeichnet werden mußten, die das Gordion Committee (Pennsylvania University Museum) freundlicherweise zur Verfügung stellte. Die übrigen Quellen sind im Katalog angegeben.

Für die Erlaubnis der Materialaufnahme bin ich zahlreichen Institutionen und Gelehrten in und außerhalb der Türkei zu großem Dank verpflichtet. Mein besonderer Dank gilt vor allem der Generaldirektion der türkischen Museen Ankara, deren Genehmigung mir das Arbeiten in den Museen erst ermöglichte. Herzlich danken möchte ich den Direktoren und Mitarbeitern der türkischen Museen im Arbeitsgebiet für ihre freundliche Aufnahme und ihr hilfreiches Entgegenkommen, insbesondere İ. Akşit (Bodrum), K. Dörtlük (Burdur), N. Dolunay, Y. Meriçboyu (İstanbul), K. Nayır (Manisa), T. Özoral (Antalya), S. Savcı (Uşak), R. Temizer (Ankara), D. Tokgöz (Eskişehir), A. Topbaş (Afyon), N. Yardımcı (Ankara), M. Yılmaz (Kütahya).

Zu Dank verpflichtet bin ich den Mitgliedern des Gordion Committee für die freundliche Überlassung von zum großen Teil unpublizierten Materials, vor allem aber Professor Dr. K. DeVries, Dr. E. L. Kohler und K. Brown für ihre Geduld und ihr hilfreiches Entgegenkommen. Die Vorlage des Materials aus Sardis war dank Professor Dr. J. C. Waldbaum (Bloomington) möglich; ihr und Professor Dr. C. H. Greenewalt, jr. (Berkeley), der mir anregende Hinweise gab, gilt mein besonderer Dank.

An dieser Stelle möchte ich unserem inzwischen verstorbenem Familienfreund İsmet Düşünür gedenken, der während meines Aufenthaltes in Ankara den Fortgang dieser Arbeit mannigfaltig unterstützte.

Danken möchte ich von den europäischen Museen und Sammlungen Dr. D. M. Bailey (London), Dr. P. Betzler (Mainz), Dr. U. Gehrig (Berlin), Dr. H.-J. Kellner (München) für ihre freundlichen und bereitwilligen Auskünfte.

Zu aufrichtigem Dank verpflichtet bin ich meinem verehrten Lehrer Herrn Professor Dr. H. Müller-Karpe für seine ständige Unterstützung und Anteilnahme beim Entstehen dieses Bandes.

Für die Anfertigung der Zeichnungen nach meinen Vorlagen danke ich herzlich Frau E. Hofmann, Herrn M. Ritter, Frau M. Seidel, Herrn E. Stahl sowie den Herren G. Endlich und B. Hartung für die Montage der Tafeln.

Dank sagen möchte ich auch der Deutschen Forschungsgemeinschaft für die zu diesem Band gewährte Unterstützung.

Schließlich danke ich meiner Frau Brunhilde Caner für zahlreiche Diskussionen, nicht zuletzt für ihr Verständnis in einigen schwierigen Tagen, die während des Fortgangs dieser Arbeit unvermeidlich waren.

Frankfurt am Main, im Sommer 1982   Ertuğrul Caner

INHALTSVERZEICHNIS

Einleitung 1

Die Fundplätze
Gordion 3
    Stadthügel (City Mound = CM) 3
    Küçük Hüyük: Der kleine Hügel (KH) 4
    Die Tumuli 5
        Tumulus W 5
        Tumulus Q 6
        Tumulus III (Körte) 6
        Tumulus IV (Körte) 7
        Tumulus P 7
        Tumulus G 7
        Tumulus S 8
        Tumulus Y 8
        „Midas Mound Tumulus" (Tumulus MM) 8
        Tumulus S-1 10
        Tumulus N 11
        Tumulus H 11
        Tumulus J 12
        Tumulus B 12
        Tumulus I (Körte) 12
        Tumulus V (Körte) 12
        Tumulus I (Young) 12
        Tumulus D 12
        Tumulus E 13
        Tumulus K 13
        Tumulus C 13
Ankara 13
    Die Tumuli 13
Midas-Stadt (Yazılıkaya) 15
Yazılıkaya 17
    Die Nekropole 17
Pessinus (Ballıhisar) 17
Boğazköy 17
Alişar 18
Kerkenes Dağ 19
Pazarlı 19
Ortahüyük 19

Sultanhanı	19
Karaburun/Elmalı (Lykien)	19
Die Tumuli	19
Troja	20
Neandria, „Thymbra" (Calvert-Sammlung)	20
Ephesos	21
„Umgebung von İzmir" (Fundgruppe)	22
Didyma	22
Sardis	23
Iasos	24
Beçin	24
Assarlık	25
Weitere Fundorte	26

Der Fundstoff

I. Violinbogenfibeln	27
Typ I a	27
Typ I b	28
II. Bogenfibeln	28
Typ II a (Blinkenberg II 10 a)	28
Typ II b (Blinkenberg II 12 e)	29
Typ II c (Blinkenberg II 15 b)	29
Typ II d (Blinkenberg II 17–19)	29
Typ II e (Blinkenberg II 7 g)	31
Typ II f	31
Variante II f, 1	32
Variante II f, 2 (Blinkenberg II 4)	33
Variante II f, 3	34
Typ II g (Blinkenberg IV b)	35
III. Fibeln mit Kugelgliedern auf dem Bügel	35
Typ III a	36
Typ III b	36
Typ III c	37
Typ III d	38
Typ III e	38
Typ III f	39
IV. Fibeln mit geschwollenem Bügel	39
Typ IV a (Blinkenberg II 14)	40
Typ IV b	40
Typ IV c (Blinkenberg IV 2; Sapouna – Sakellarakis IV c)	41
Typ IV d	41
Typ IV e (Blinkenberg IV 16 a)	42
Typ IV f	42

Inhaltsverzeichnis

V. Fibeln mit einer Kugel auf dem Bügel	43
Typ V a (Blinkenberg IV 9)	43
Typ V b (Blinkenberg IV 10)	44
VI. Fibeln mit Zierelementen auf dem Bügel	45
Typ VI a	46
Typ VI b	47
VII. Scheibenfibeln (Blinkenberg XV 11)	47
VIII. Bogenfibeln mit abgesetzter Kugel auf dem Bügel	49
Phrygische bzw. anatolische Fibeln	50
Gruppe A	51
Typ A I (Muscarella Typ XII 7, XII 7 A)	51
Variante A I, 1	51
Variante A I, 2	54
Typ A II (Blinkenberg XII 3)	60
Variante A II, 1	61
Variante A II, 2	62
Typ A III	63
Variante A III, 1 Fibeln vom Typ Tumulus MM	63
Variante A III, 2	68
Typ A IV	69
Variante A IV, 1	70
Variante A IV, 2	78
Variante A IV, 3	79
Variante A IV, 4	79
Gruppe B (Blinkenberg XII 4)	84
Typ B I	84
Typ B II	85
Gruppe C	86
Typ C I	86
Variante C I, 1	86
Variante C I, 2	87
Typ C II	88
Gruppe D	89
Typ D I	89
Typ D II: Fibeln vom Typ Tumulus MM	89
Typ D III	92
Typ D IV	93
Variante D IV, 1	93
Variante D IV, 2	94
Typ D V	94
Variante D V, 1	94
Variante D V, 2	95
Variante D V, 3 oder Variante Tumulus S-1 (Muscarella Typ XII 2 a)	96

Gruppe E	97
Typ E I	97
Typ E II	98
Variante E II, 1	98
Variante E II, 2	99
Gruppe F	101
Variante F, 1	101
Variante F, 2	102
Variante F, 3 (Blinkenberg XII 5)	104
Gruppe G	106
Typ G I	106
Typ G II	108
Typ G III	108
Typ G IV	109
Variante G IV, 1	109
Variante G IV, 2	109
Variante G IV, 3	110
Variante G IV, 4 oder Variante Tumulus N	111
Gruppe H	111
Typ H I	113
Typ H II	116
Variante H II, 1	117
Variante H II, 2	118
Variante H II, 3	120
Variante H II, 4	122
Variante H II, 5	123
Variante H II, 6	124
Gruppe H zugehörig	125
Gruppe J	125
Typ J I	125
Variante J I, 1	126
Variante J I, 2	129
Variante J I, 3	132
Variante J I, 4	135
Variante J I, 5	137
Variante J I, 6	139
Variante J I, 7	140
Variante J I, 8	141
Typ J I zugehörig	141
Typ J II	142
Variante J II, 1	142
Variante J II, 2	145
Variante J II, 3	146
Variante J II, 4	146

Variante J II, 5	147
Typ J III	147
Typ J IV	149
Gruppe K	150
Typ K I	150
Variante K I, 1	150
Variante K I, 2	152
Gruppe L	154
Typ L I	154
Typ L II	155
Typ L III	157
Gruppe M	157
Typ M I	157
Variante M I, 1	158
Variante M I, 2	159
Gruppe N	159
Typ N I	159
Variante N I, 1	160
Variante N I, 2	160
Typ N II	161
Variante N II, 1	161
Variante N II, 2	162
Variante N II, 3	163
Variante N II, 4	164
Typ N III	165
Gruppe P	166
Typ P I	166
Gruppe R	167
Typ R I	167
Gruppe S	168
Typ S I	168
Typ S II	174
Einzelstücke bzw. nicht näher identifizierbare Fibeln	175
Fibeln außerhalb des Arbeitsgebietes	176
Fibeln vom zyprischen und östlichen Typ	176
Typ I (von der Osten III c)	178
Typ II	179
Typ III	179
Typ IV	180
Typ V	180
Weitere trianguläre bzw. östliche Fibeln	182
Typ VI (Stronach II 4)	184
Typ VII	185

Inhaltsverzeichnis

Fibel-Nachträge 186
   Der Fund von Şile 186
   Der Fund aus der Umgebung von Midas-Stadt 189
Griffbügel von Gürteln 193
   Einteilig hergestellte Griffbügel mit Befestigungsnieten 194
   Griffbügel mit Verbindungsleiste 196
   Einteilige Griffbügel mit eingeritzten, kalottenförmigen Abschlüssen 197
   Griffbügel mit Löwenköpfen 198
   Phrygischer Gürtel 198

Ergebnisse 200

Verzeichnisse und Register
  Verzeichnis der allgemeinen Abkürzungen 212
  Verzeichnis der Literaturabkürzungen 213
   Monographien, Aufsätze und Kataloge 213
   Zeitschriften 215
  Verzeichnis der Museen und Sammlungen 217
  Verzeichnis der Fundortabkürzungen auf Taf. 72/73 219
  Ortsregister 220

Tafeln A–C und 1–82

EINLEITUNG

Im vorliegenden Band werden die Fibeln der zentralen und westlichen Türkei zusammengestellt. Dazu wurden die Museen in Edirne, İstanbul, Çanakkale, İzmir, Manisa, Uşak, Afyon, Bodrum, Burdur, Yalvaç, Antalya, Gordion, Ankara, Eskişehir und Kütahya besucht und die dort aufbewahrten Fibeln erfaßt, so daß der Bestand als repräsentativ für das Arbeitsgebiet bezeichnet werden kann, wenngleich in diesem Band eine Veröffentlichung aller Fibeln aus Anatolien nicht gegeben ist; denn zur Zeit der Materialsammlung erfuhr ich, daß eine Arbeit über die urartäischen Fibeln aus Ostanatolien von B. Öğün in Vorbereitung war; andererseits waren, ebenfalls zu dieser Zeit, nicht zugänglich die Bestände aus den Museen zu Bursa, Ankara, Konya, Kayseri, die jedoch nach Abschluß dieses Bandes aufgenommen werden konnten und mit dem aus dem südostanatolischen Gebiet stammenden Material den Inhalt eines folgenden PBF-Bandes „Fibeln in Anatolien II" darstellen werden, der sich z. Zt. in Vorbereitung befindet.

Zusätzlich aufgenommen wurden die anatolischen Fibeln des British Museum London, der Prähistorischen Staatssammlung München, des Antikenmuseums Berlin, des Mediterranean and Near Eastern Antiquities Museum Stockholm und einiger Privatsammlungen in Deutschland. Von Gordion konnten außer den von O. W. Muscarella behandelten Fibeln noch weitere in den Museen von Gordion und Ankara, auch die nach 1965 gefundenen vom City Mound erfaßt werden.

Im Jahr 1926 erschien C. Blinkenbergs bis heute grundlegende Arbeit „Fibules Grecques et Orientales". Darin wurden unter Abt. XII als „Types d'Asie Mineur"[1] Fibeln mit symmetrischem Bügel und symmetrisch angebrachter Endverzierungen bezeichnet; als Hauptcharakteristikum gilt die eigenartige Form des Nadelhalters (beidseitig Auswüchse, in der Mitte eine Rippe mit Seitenkannelur). Seine Bezeichnung „Types d'Asie Mineur" begründete er mit dem zahlreichen Vorkommen solcher Fibeln in Kleinasien. Er gliederte den Typ XII in 17 Varianten.

S. Przeworski beschäftigte sich 1939 erneut mit den anatolischen Fibeln,[2] indem er das ihm insgesamt bekannte einschlägige Fundmaterial systematisch zusammenstellte und den Ursprung sowie das Herstellungsgebiet der einzelnen Formen zu lokalisieren suchte. Y. Boysal ging 1946 dem Problem der ältesten anatolischen Fibeln nach.[3] In einer 1967 erschienenen monographischen Bearbeitung der Fibeln von Gordion durch Muscarella wurde die phrygische Herkunft der meisten Fibeln von Blinkenbergs Typ XII begründet.[4] Die bis 1965 bekannten Fibelfunde vom Stadthügel (City Mound) und dem Tumuli in Gordion wurden unter Zugrundelegung und Weiterentwicklung von Blinkenbergs Gliederungsschema behandelt. Muscarella beschäftigte sich außerdem mit urartäischen Fibeln,[5] weiterhin mit Fibeldarstellungen auf Reliefs[6] sowie schließlich mit einer goldenen Fibel, deren lydische oder phrygische Herkunft er in Betracht zog.[7]

R. M. Boehmer übernahm 1972 und 1979 bei seinen Publikationen der Fibelfunde von Boğazköy[8] die typologische Gliederung von Muscarella, der er jedoch einige neue Varianten hinzufügte. Aufgrund ei-

---

[1] Blinkenberg, Fibules 204 ff.
[2] Przeworski, Metallindustrie 67 ff.
[3] Boysal, Anadolunun en eski Çengelliiğneleri. DTCFD. 4 H. 4 1946, 447 ff.
[4] Muscarella, Phrygian Fibulae.
[5] Muscarella, A Fibula from Hasanlu. AJA. 69, 1965, 233 ff.
[6] Muscarella, Fibulae Represented on Sculpture. Journ. Near East. Stud. 26, 1967, 82 ff.
[7] Muscarella, Phrygian or Lydian?. Journ. Near East. Stud. 30, 1971, 49 ff.
[8] Boehmer, Kleinfunde 46 ff.; ders., Kleinfunde Unterstadt 4 ff.

ner subtilen Analyse der Ornamentik und der Beschaffenheit der Fibeln von Boğazköy wurden echte phrygische Fibeln von Imitationen unterschieden, die außerhalb Anatoliens zutage gekommen sind. In einer Studie von 1973 diskutierte Boehmer[9] die Herkunft und den Export phrygischer Prunkgewänder.

Erwähnenswert ist auch eine Behandlung phrygischer Fibeln durch U. Jantzen.[10] Für den Vergleich der anatolischen Fibeln mit Fibeln aus Nachbargebieten sind die Bearbeitungen von K. Kilian,[11] E. Sapouna-Sakellarakis,[12] J. Birmingham[13] und D. Stronach[14] wichtig.

Das Manuskript von Baki Öğün über urartäische Fibeln konnte dankenswerterweise eingesehen werden. Diese Arbeit soll demnächst als PBF-Band erscheinen.

Außer den aus systematischen Grabungen stammenden Fibeln wurden auch die ohne Fundzusammenhang bzw. sogar ohne genauen Fundort in den Museen und Privatsammlungen aufbewahrten Fibeln aufgenommen. In ihrer Datierung fraglich sind fast alle Fibeln aus dem City Mound von Gordion (s. S. 4). Wahrscheinlich stammen viele aus Planierungsschichten. Ein gutes Beispiel dafür sind Fibeln der Variante A I, 1, die in den Schichten des 5. bis 3. Jh. v. Chr. zum Vorschein kamen, die aber zweifellos in die Zeit des Tumulus W von Gordion (1. Hälfte – Mitte des 8. Jh. v. Chr.) gehören. Ähnlich steht es bei vielen Fibeln aus der Aufschüttung der Gordion-Tumuli (ausschließlich 7. Jh. v. Chr. oder jünger), die nicht in unmittelbarem Zusammenhang mit einer Bestattung stehen. Muscarella hat die Vermutung geäußert, daß sie aus einem alten Friedhof kommen, der sich vor der Errichtung der Tumuli an diesen Stellen befand.[15]

Für die Datierung der phrygischen Fibeln grundlegend sind die Funde aus den Grabkammern von Gordion, die als gesicherte Grabbeigaben zu betrachten sind. Weiterhin dienen als chronologische Anhaltspunkte die Siedlungs- und Gräberfunde aus Boğazköy sowie die wenigen Fibeln aus der Zerstörungsschicht vom City Mound in Gordion.

Nach dem heute vorliegenden Fundstoff ist die von Muscarella und Boehmer übernommene Typengliederung von Blinkenberg nicht mehr beizubehalten. Es erscheint vielmehr angebracht, eine neue typologische Gliederung vorzunehmen, die vom Bügelquerschnitt, der Verzierungsart, den Ornamentkombinationen des Bügels und der Nadelform ausgeht.

Bei einigen Typen bzw. Varianten der phrygischen Fibeln muß die Datierung des Endes ihrer Herstellung und ihres Gebrauches offen bleiben. So sind nach dem heutigen Forschungsstand z. B. einige Typen und Varianten in Boğazköy nach der Zeit der Schicht I nicht mehr nachweisbar, dagegen kommen in den oben erwähnten unsicheren Zusammenhängen in Gordion und Alişar entsprechende Fibeln aus hellenistischer oder noch jüngerer Zeit vor. Hier wie auch für andere Fragen darf von neuen Funden Aufklärung erwartet werden, so etwa von Untersuchungen im Afyon/Eskişehir-Gebiet (Abb. 1).

Nicht berücksichtigt wurden die Fibeln von Lindos und Pateli, die im Museum Istanbul und Edirne aufbewahrt werden.

---

[9] Boehmer, Phrygische Prunkgewänder des 8. Jh. v. Chr. Arch. Anz. 88, 1973, 149 ff.
[10] Jantzen, Phrygische Fibeln.
[11] Kilian, PBF. XIV,2 (1975).
[12] Sapouna-Sakellarakis, PBF. XIV,4 (1978).
[13] Birmingham, The Development of the Fibula in Cyprus and the Levant. PEQ. 95, 1963, 80 ff.
[14] Stronach, Fibula in the Near East.
[15] Muscarella, Phrygian Fibulae 7 und R. S. Young, Museum Bulletin 16/1, 1950, 15 f.: „The earth heaped over the graves was of course scraped up from somewhere nearby, and it contained various objects already deposited in it before the tumuli ...". Vgl. auch ders., Museum Bulletin 17/4, 1951–52, 37: „a source of earth when the Phrygian tumuli were built, ..."

DIE FUNDPLÄTZE

GORDION

Die Hauptstadt des phrygischen Reiches, Gordion, liegt nordwestlich von Polatlı, 94 km von Ankara entfernt, in der Nähe des heutigen Dorfes Yassıhüyük am Rande des Flußes Sakarya, wo dieser sich mit dem Fluß Porsuk verbindet.

Die ersten Ausgrabungen in Gordion wurden 1900 von Gustav und Alfred Körte unternommen. Sie gruben fünf der etwa 80 Tumuli aus, überwiegend die östlich des Stadthügels (City Mound) verteilten, sowie auch im Stadthügel selbst. Ab 1950 fanden dann Ausgrabungen unter Leitung von R. S. Young vom Pennsylvania University Museum statt. Außer 27 Tumuli wurde bis 1973 der City Mound untersucht. Die Ausgrabungen gelten vorläufig als abgeschlossen. Die Aufarbeitung der Ergebnisse wird seit dem Tod von Young von seinen Mitarbeitern unter Leitung von K. DeVries fortgeführt.

Seit der Publikation von O. W. Muscarella über die phrygischen Fibeln aus Gordion (1967) ist bis jetzt keine definitive Vorlage der Ergebnisse der Gordion-Ausgrabungen erschienen.[1] So sind wir im folgenden angewiesen auf die vorläufigen Ausgrabungsberichte im „American Journal of Archaeology" ab 1955, einige Artikel aus „Archaeology", den von Young 1958 und 1975 herausgegebenen „Führer von Gordion" und die oben genannte Monographie von Muscarella. Dazu kommen mündlich und brieflich gegebene Hinweise von DeVries über die Stratigraphie des Siedlungshügels von Gordion (CM).

Stadthügel (City Mound = CM)

Abgesehen von den Ausgrabungen der Brüder Körte, die hier eine kleine Fläche (mit drei Fibeln, Aufbewahrungsort unbekannt) untersuchten, wurde bei den amerikanischen Ausgrabungen eine Fläche von 350 × 500 m erforscht. Soweit heute bekannt (auch aufgrund einer Tiefbohrung) gab es hier eine kontinuierliche Besiedlung vom Ende des 3. Jahrtausends bis in die römische Zeit hinein.[2]

Da in verschiedenen Epochen der Hügel mehrmals planiert wurde um darauf neu aufzubauen, erreichte er im Laufe der Zeit eine Höhe von 12 bis 14 Metern.

Bei der oben genannten Tiefbohrung wurde (im Gegensatz zu anderen Städten, z. B. Boğazköy) keine Zerstörungsschicht am Ende der hethitischen Besiedlung festgestellt, vielmehr scheint hier eine Kontinuität von der hethitischen zur phrygischen Zeit zu bestehen,[3] wobei mehrere Besiedlungsschichten zwischen der letzten rein hethitischen und der vollentwickelt-phrygischen angetroffen wurden.

Es wird heute allgemein angenommen, daß der City Mound von Gordion zu Anfang des 7. Jh. v. Chr. von den Kimmeriern zerstört wurde.[4] In der diesbezüglichen Zerstörungsschicht wurden ein monumen-

---

[1] Prof. K. DeVries teilte mir in einem Brief freundlicherweise mit, daß die Ergebnisse der Tumuli W, P, MM demnächst in den ersten Bänden über Gordion veröffentlicht werden.

[2] AJA. 66, 1962, 168; AJA. 70, 1966, 276 f.; Anat. Stud. 24, 1974, 169 ff.

[3] Vgl. Anat. Stud. 30, 1980, 213.

[4] Nach Eusebios wird die kimmerische Katastrophe ins Jahr 696/5, nach Africanus ins Jahr 676 v. Chr. datiert, jedoch sind beide Datierungen als unsicher zu betrachten; Schriftquellen über Phrygier ausführlich bei Körte, Gordion 1 ff.; s. dazu auch Typ SI (s. S. 174); Akurgals Vorschlag: zuerst 676 v. Chr. (Phrygische Kunst 123 f.), später 685–680 v. Chr. (Anatolia 4, 1959, 117); nach R. S. Young ca. 690 v. Chr. (International Congress, Vol. I, The Phrygian Contribution, 24 Anm. 16).

tales Stadttor, zahlreiche königliche Häuser sowie Befestigungs- und Wohnanlagen freigelegt, die wahrscheinlich aus der Blütezeit des phrygischen Königreiches stammen. Auf der Zerstörungsschicht liegt eine sterile Erdschicht von etwa 2,5 bis 4 m Dicke, während deren Entstehung der Platz offensichtlich unbesiedelt war.[5] Es folgt nach oben eine von den Ausgräbern als Nr. 6 bezeichnete Schicht, die Überreste einer Siedlung enthielt (auf etwa 60–70 Jahre geschätzt). An deren Ende stand eine mindestens teilweise Zerstörung durch Feuer. Schicht 5 stellt eine Wiederaufbau- sowie eine Neubauphase dar. Schicht 4 repräsentiert eine griechisch-phrygische Siedlung aus der Zeit kurz vor und nach Alexander dem Großen und ist ins 4. Jh. v. Chr. zu datieren, während Schicht 3 in das frühe 3. Jh. v. Chr. gehört. Schicht 2, in die Zeit nach 250 v. Chr. zu setzen, wird den Galatern zugeschrieben. Die oberste Schicht gehört ins frühe 2. Jh. v. Chr., in der die Stadt verlassen wurde.

Fast alle Schichten des City Mound ab der Zerstörungsschicht enthielten Fibeln. In der wenig erforschten Vorzerstörungsschicht wurde ein einziges Fibelfragment (Nr. 1179) gefunden.

Abgesehen von den von uns erfaßten Fibeln, die in der Zerstörungsschicht zum Vorschein kamen und daher mit einiger Sicherheit zeitlich bestimmt werden können, stammen fast alle anderen aus der Füllerde der jüngeren Schichten. Während diese Füllung im allgemeinen von den Ausgräbern nach der dort gefundenen letzten Keramik datiert wird, wies DeVries nachdrücklich darauf hin, daß die dort gefundenen Gegenstände natürlich auch älter sein können.

Da die endgültige Bearbeitung des City Mound noch nicht erschienen ist, erscheint es angebracht, die vom Ausgräber in Englisch bezeichneten Fundstellen ohne Übersetzung wiederzugeben, um spätere Mißverständnisse auszuschließen. Demnach wird abgekürzt:

CM = City Mound;
CM-NCT = City Mound, North Central Trench;
TB = Terrace Building;
M = Megaron; M 3 = Megaron 3;
PH: Polychrom House etc.;
BPH: Burnt Phrygian House.

Zu erwähnen ist noch, daß im Gordion-Jargon „Layer" das gleiche wie „Level" bedeutet, und ein „floor" befindet sich am Boden eines „Layer"; somit z. B. befindet sich „floor 3" am Boden von Schicht 3.

Küçük Hüyük: Der kleine Hügel (KH)

Der kleine Hügel befindet sich südöstlich des City Mound. Zwischen ihm und dem CM lief vermutlich früher der Sakaryafluß oder zumindest ein Arm von ihm.[6] Es handelt sich um einen künstlichen, durch zwei Bauphasen entstandenen Hügel,[7] der hauptsächlich in die lydische Zeit (spätes 7. Jh. und erste Hälfte des 6. Jh. v. Chr.) zu setzen ist.

Eine ältere Phase beginnt kurz nach dem kimmerischen Einfall. Von dieser Periode sind Mauer-, Turm- und Barackenreste erhalten.[8] In einer zweiten Phase wurde die Siedlung wahrscheinlich nach einer Zerstörung verlassen, während der zentrale Teil der Befestigungsmauern unter einem großen Tumulus begraben wurde.

Diese Befestigungsmauer von etwa 12 m Höhe und 3,5 m Dicke umschloß wahrscheinlich eine Besiedlung aus der Zeit der lydischen Besetzung. An der Innenseite befand sich eine hohe Plattform, ge-

---

[5] Über die Schichtenfolge vom City Mound: Muscarella, Phrygian Fibulae 7 ff. und Anm. 39.
[6] Vgl. Plan von Gordion in Körte, Gordion. Der frühere Flußverlauf ist auf dem Plan gestrichelt eingezeichnet.
[7] AJA .62, 1958, 140 f.
[8] Anat. Stud. 30, 1980, 213.

stützt von einer Rampe, auf der sich ein größeres, zumindest zwei Stockwerke hohes Gebäude mit mehreren großen Räumen befand.

Während der Errichtung des o. e. Tumulus wurde dieses Gebäude verbrannt. Es ist anzunehmen, daß der Tumulus aufgeschüttet wurde, um eine wichtige (persische, lydische oder phrygische) Persönlichkeit zu bestatten.

Der Ausgräber vermutet, daß aufgrund der lydischen Keramik aus der Mitte des 6. Jh. v. Chr. die Zerstörung der Siedlung, über die danach der Tumulus geschüttet wurde, um 547 v. Chr. stattfand, als Kyros der Große gegen Lydien marschierte.

Küçük Hüyük lieferte wenige Fibeln.

Die Tumuli

Die Grabhügel von Gordion, in denen zweifellos Angehörige des Adels oder des Königshauses bestattet sind, wurden von den Brüdern Körte um 1900 und seit 1950 von der Pennsylvania Universität unter Leitung von Young ausgegraben.

Tumulus W

Dieser Hügel (auch Pauline genannt) wurde von Young 1959 ausgegraben.[9] Er ist der zweitgrößte Tumulus der Nekropole. In der Mitte der verschütteten Grabkammer, die aus Holzplanken gebaut war, lag auf dem Boden das Skelett. Auf der linken Schulter sowie auf dem Ellbogen fanden sich Fibeln, die sehr wahrscheinlich an das aus Leinen hergestellte Totenkleid gesteckt waren. Weitere Fibeln lagen zerstreut auf dem Boden am Ostende der Kammer. Aus diesem Grab wurden insgesamt 34 Fibeln geborgen.

In seinem ersten vorläufigen Ausgrabungsbericht datierte Young diesen Tumulus in die gleiche Zeit wie Tumulus III (Körte), d. h. in das letzte Viertel des 8. Jh. v. Chr. Später jedoch vertrat er aufgrund einer getriebenen, mit „Pinecone"-Muster verzierten Omphalosschale, die sich ebenfalls in diesem Grab befand, die Meinung, daß dieses um 800 v. Chr. anzusetzen sei.[10] Er verglich diese Omphalosschale mit einem assyrischen Exemplar, das eine Inschrift des Assur Taklak trägt (Ende des 9. Jh. v. Chr.).[11] M. Mellink hält es für wahrscheinlich,[12] daß Tumulus W etwas älter als Tumulus MM (vgl. unten) ist. G. K. Sams setzt das Grab kurz nach Mitte des 8. Jh. v. Chr. an.[13]

Zweifellos ist Tumulus W das älteste Grab von Gordion und älter als Tumulus III. Die in diesen beiden Gräbern gefundene Keramik ist fraglos auch eng miteinander verwandt; die Siebkanne von Tumulus III[14] zeigt auf dem Ausguß Tierdarstellungen, während eine entsprechende Kanne aus Tumulus W bzw. die Keramik aus diesem Grab keine zoomorphen Darstellungen aufweist; dafür erscheint hier eine Verzierung rein geometrischer Art.[15] Ebenfalls fehlt die im Verhältnis zur übrigen Keramik flüchtig geometrisch verzierte Kanne[16] aus Tumulus W in Tumulus III und den folgenden Tumuli. Fibeln der Variante C I,1, wie sie in den Tumuli W und Q gefunden wurden, sind als Grabbeigaben in den jüngeren Tumuli von Gordion nicht mehr vertreten. Bei allen Fibeln aus Tumulus W sind die Nadeln zusammen

---

[9] AJA .64, 1960, 227 ff. Taf. 55.
[10] Young, Führer Gordion 52. Ebd. Taf. 56,9.
[11] Das Vergleichsstück von Young ist die von Luschey in „Phiale" abgebildete Schale Nr. 13, Abb. 13 a–c.
[12] M. Mellink, Midas in Tyana, Flori. Anat. 249 ff.
[13] Sams, „Beer in the City of Midas". Arch. 30/2, 1977, 111: „... dating around 740–730 B.C."
[14] Körte, Gordion Taf. 3, 10.
[15] AJA. 64, 1960, 230 und Taf. 56, 6.
[16] Ebd. Taf. 56,7.

mit den Bügeln in einem Stück gegossen. Angesichts ihrer Entwicklung sowie des Vergleiches mit den Funden aus Tumulus MM gehören die Fibeln des Tumulus W in die erste Hälfte bis Mitte des 8. Jh. v. Chr.

Tumulus Q

Über diesen Tumulus liegt kein publizierter Bericht vor. Drei stark korrodierte Fibeln gehören zu den Beigaben des Grabes. Zwei von diesen gehören der Variante A I,2 an (Nr. 188 B–C), eine der Variante C I, 1 (Nr. 482 B). Aufgrund dieser letzteren Fibel ist Tumulus Q zeitgleich mit Tumulus W anzusetzen. Der Tumulus barg eine aus Holzplanken gebaute Grabkammer mit Körperbestattung.[17]

Tumulus III (Körte)

Dieser Tumulus[18] war sehr reich an Beigaben. In der rechteckigen, aus Holzplanken errichteten Grabkammer wurde eine Körperbestattung gefunden, die eine Brustplatte aus Leder mit Bronzebeschlägen trug. Als Grabinhaber vermuteten die Ausgräber einen Priester. Zu den Beigaben des Grabes gehören u. a. Kessel, Schüsseln, Schöpfkellen, Dreifüße aus Bronze und Eisen, geometrisch reichverzierte Siebkannen mit Tierdarstellungen und schwarzpolierte Siebkannen[19] sowie 42 Fibeln aus Bronze und vermutlich aus Messing, die an den Leinengewändern des Toten befestigt waren oder im Sarg lagen. Ebenfalls wurden im Holzsarg am Kopfende Roheisenscheiben gefunden, die die Ausgräber als wertvollen Besitz deuteten.[20]

Auf die Verwandtschaft zwischen den Beigaben dieses Grabes und den Gräbern der Nekropole B von Tepe Sialk wurde bereits von R. Ghirshman hingewiesen[21] (bemalte und schwarzpolierte Keramik mit langem Ausguß und formentsprechende Bronzegefäße).[22] Tumulus III wurde von den Brüdern Körte um 700 v. Chr. datiert. Muscarella setzte ihn um 720–710 v. Chr. an.[23] F. Schachermeyr möchte einen früheren Ansatz annehmen.[24] Aufgrund der Keramik und der Entwicklung der Fibeln ist Tumulus III jünger als Tumulus W und zeitgleich mit dem Großtumulus von Ankara (siehe unten), jedoch älter als die Tumuli IV und MM („Midas Mound Tumulus") von Gordion.

In den Tumuli W, Ankara (Großtumulus) und III, deren Fibeln allgemein einander entsprechen, fehlt die Variante A IV,1 und ebenso in Tumulus W die verwandte Variante A II,2, d. h. Fibeln, deren Bügel mit hohlen Halbkugeln versehen sind; jedoch taucht in Tumulus III und im Großtumulus von Ankara zum ersten Mal in einem geschlossenen Fundzusammenhang jeweils eine Fibel der Variante A II,2 auf. Diese Gattung (A II,2) ist in dem untersuchten Gebiet überhaupt nur mit drei Exemplaren vertreten. Es ist möglich, daß die Variante A II,2 den Vorläufer der im Tumulus IV (Körte) mit fünf Exemplaren vertretenen Variante A IV,1 bzw. eine Frühform von Fibeln der Variante A IV,1 darstellt.

Tumulus III ist wohl um die Mitte des 8. Jh. v. Chr. anzusetzen.

---

[17] AJA. 61, 1957, 325.
[18] Körte, Gordion 43 ff.
[19] Ebd. Taf. 2–4.
[20] Ebd. 79.
[21] Ghirshman, Fouilles de Sialk, Vol. II, 92 ff.; Schaeffer, Stratigraphie Comparée 467 ff.; vgl. auch unten Tumulus P.
[22] Ghirshman, Fouilles de Sialk Vol. II Taf. 9–23.
[23] Muscarella, Phrygian Fibulae 3.
[24] Schachermeyr, Etruskische Frühgeschichte 108 Anm. 3.

Tumulus IV (Körte)

Die rechteckige, aus Holzplanken gebaute Grabkammer enthielt eine Körperbestattung.

Von den Ausgräbern wurde dieses Grab jünger als Tumulus III eingestuft.[25] Bezugnehmend auf die Fibeltypen aus Tumulus MM, setzte Muscarella Tumulus IV allgemein zeitgleich mit Tumulus III. Die Fibeln des Tumulus IV, etwa 26 an der Zahl, gehören jedoch, verglichen mit denen aus den bis jetzt beschriebenen Tumuli von Gordion und auch aus dem Großtumulus von Ankara, zu den fortentwickelteren; sie weisen neben den mitgegossenen auch getrennt hergestellte und anschließend ins Bügelende eingesetzte Nadeln auf; außerdem tauchen neue Fibeltypen auf, wie z. B. Typ J. Dagegen sind sämtliche Nadeln der Fibeln von Tumulus MM ohne Ausnahme getrennt hergestellt und eingesetzt.

Zeitlich ist Tumulus IV zwischen Tumulus III und MM anzusetzen.

Tumulus P

In diesem 1956 ausgegrabenen Tumulus[26] war vermutlich ein 4–5jähriges Kind bestattet, das wohl der königlichen Familie angehörte. In der aus Holzplanken bestehenden Grabkammer wurden u. a. mehr als zehn Fibeln (meistens als Fragment) und Bronzegürtel gefunden; einer davon[27] lag zusammen mit einer Fibel in der Mitte des sich an der Nordwestecke der Kammer befindlichen Bettes. Der Griffbügel des Gürtels[28] entspricht in seiner Form den Fibeln der Variante A II,1, die ebenfalls in diesem Tumulus vertreten sind. Die Bestattung des Kindes lag offensichtlich auf dem Bett. Zu den Beigaben gehörten außerdem holzgeschnitzte Tiere, die Young als Spielzeug interpretierte,[29] und etwa 40 Tongefäße. Bemerkenswert sind buntbemalte, zoomorphe Formen.[30] Keramik dieser Art ist aus Tepe Sialk (Periode III,7),[31] später aus der Nekropole B[32] und aus der Nekropole von Djonü,[33] Lenkoran (Talyš) und aus Urartu[34] bekannt. Zu den weiteren Funden gehören Fayence- und Glas-Schüsseln, in denen Young Importe aus dem Osten sah.[35]

Die Fibeln lagen um das Bett herum zerstreut auf dem Boden. Der Ausgräber datierte den Tumulus P in die Zeit unmittelbar vor der Zerstörung des City Mound um 700 v. Chr. und betonte die Ähnlichkeiten der Beigaben mit denen aus Tumulus III.[36] Anhand der Fibeln ist Tumulus P zeitlich (ebenso wie Tumulus IV) zwischen Tumulus III und Tumulus MM anzusetzen.

Tumulus G

Dieser Hügel ist der kleinste unter denen aus der Zeit vor der Zerstörung Gordions. Verglichen mit den übrigen Grabhügeln dieser Zeit ist er der ärmste an Beigaben. Insgesamt drei Fibeln (eine phrygische

---

[25] Körte, Gordion 214.
[26] AJA. 61, 1957, 325 ff.
[27] Ebd. Pl. 92, 22.
[28] Ebd. 327: „The Fibula-like ‚handle'...", Pl. 92, 23.
[29] Ebd. 328 f.
[30] Ebd. Pl. 93, 24.26; 94, 27.28; besser in: Young, Führer Gordion Abb. S. 24–25. 39. 43.
[31] Ghirshman, Fouilles de Sialk, Vol. I Pl. 19, 2; 73
[32] Ebd. II Pl. 21, 3; vgl. in diesem Zusammenhang die von Young in „Führer Gordion" abgebildete Keramik, S. 47,

51 mit der Keramik der Sialk-Nekropole B, Pl. 14, 4; zur Datierung der Nekropole B. s. R. M. Boehmer, Arch. Anz. 80, 1965, 802 ff.: Für Sialk B2 um 770–680 v. Chr., für B1 um 820–740 v. Chr.
[33] de Morgan, Mission Scientifique en Perse IV Fig. 123 oder in Avant les Scythes 211 f. Nr. 237–243.
[34] Urartu, Katalog Krefeld Taf. 3.
[35] AJA. 61, 1957, 328.
[36] Ebd. 330.

vom Typ A I und zwei Importfibeln aus dem Westen vom Typ IV d), drei phrygische Gefäße und Fragmente von Bronzeschüsseln wurden in der aus Holzplanken gebauten Grabkammer mit einer Körperbestattung gefunden.[37]

Zeitlich wird das Grab allgemein in die Vorzerstörungszeit angesetzt.[38]

Tumulus S

Dieser Hügel war ebenfalls arm an Beigaben. Eine Fibel der Variante A I,2 wurde in der Grabkammer gefunden.[39] Das Grab gehört allgemein in die Vorzerstörungszeit.[40]

Tumulus Y

Das Grab war ebenfalls arm an Beigaben. Die Grabkammer aus Holzplanken war mit Erde und Steinen verschüttet. Phrygische Keramik und drei Fibeln stammen aus der Aufschüttung[41] des Tumulus.

Das Grab wurde von Young in einem ersten vorläufigen Bericht in das späte 8. oder 7. Jh. v. Chr. gesetzt.[42] Eine der Fibeln gehört der Variante C I,1 an, die andere dem Typ N I. Ihre Nadeln sind zusammen mit dem Bügel in einem Stück gegossen; gemessen an der Bearbeitung ihrer Nadelhalter stammen diese Fibeln aus der Zeit des Tumulus W und sind älter als Grab Y; sie sind offensichtlich mit dem Schutt des Tumulus dahin gelangt.

„Midas Mound Tumulus" (Tumulus MM)

Der Tumulus MM ist der größte und der am weitesten sichtbare der Gordion-Nekropole. Seine heutige Höhe erreicht ca. 50 m, sein größter Durchmesser 300 m.[43] Die zentrale Grabkammer (innen 6,2 × 5,15 m) besteht wie üblich aus Holzplanken; zusätzlich ist diese Kammer von außen mit großen Blocksteinen ummauert und der Raum zwischen dieser Mauer und den Wänden der Kammer mit Steinen angefüllt.

An der Nordseite der Kammer stand ein Bett, auf dem das 1,59 m große Skelett eines über 60 Jahre alten Mannes lag. An der Südwand der Kammer standen auf eisernen Dreifüßen drei Bronzekessel, die schwarzpolierte, mit Nahrung gefüllte Gefäße enthielten. 166 Bronzegefäße lagen auf insgesamt neun dreibeinigen Tischen oder auf dem Boden der Grabkammer. Diese Gefäße waren ursprünglich teilweise mit Hilfe eiserner Nägel an der Wand der Kammer aufgehängt und sind später heruntergefallen. Darüber hinaus befanden sich noch drei Kessel und zwei Situlen in der Grabkammer. Die Attaschen dieser Kessel sind plastisch ausgebildet und stellen einmal Stierköpfe, zweimal Vögel mit menschlichen Köpfen dar, bei den letzteren ein unbärtiger, also wahrscheinlich weiblich. Diesen Kesseln stehen Exemplare

---

[37] Muscarella, Phrygian Fibulae 4 und Anm. 20; Museum Bulletin 16/1, 1951 Abb. S. 12 Taf. VII,1.

[38] Freundliche Mitteilung von Herrn DeVries.

[39] Muscarella, Phrygian Fibulae 4; Young in AJA. 61, 1957, 325: „... apparently a plain cist dug in the earth".

[40] Vgl. Tumulus G und Anm.

[41] AJA. 70, 1966, 268 und briefliche Mitteilung von Herrn DeVries.

[42] Ebd. 267 f.

[43] Ausführliche Beschreibung in: AJA. 62, 1958, 147 ff.; Arch. 11, 1958, 227 ff.

aus Urartu sehr nahe. Der Ausgräber Young[44] möchte in Betracht ziehen, daß das eine oder andere Stück von Urartu importiert worden ist, wenn schon nicht ganz, so doch jedenfalls die Attaschen.

Der Tote lag auf dem Rücken auf dem jetzt zusammengebrochenen Bett; sein Kopf war nach Osten gerichtet. Seine Bekleidung bestand aus einem Lederrock und einem Oberteil aus Stoff, das an den Schultern, Ellbogen und Handgelenken von Fibeln zusammengehalten wurde. Mehrere Fibeln lagen zerstreut auf dem Bett, die wahrscheinlich am Totenkleid befestigt waren.

Auf dem Boden der Kammer, neben dem Kopf des Bettes, lagen Textilien mit Fibeln; weitere Fibeln fanden sich umliegend zerstreut. Young vermutet, daß diese sich ursprünglich in einem Leinensack befanden, der auf einem Tisch gelegen haben soll. Als der Tisch später zusammenbrach, sei der Leinensack zu Boden gefallen und einige Fibeln herausgeschleudert worden.[44a]

Etwa 176 Fibeln kamen in diesem Grab zum Vorschein, von denen elf mit Doppelnadel und Deckplatte versehen waren (Typ S I).

Über den Inhaber dieses sehr reich ausgestatteten Grabes werden in der Forschung verschiedene Meinungen vertreten. Young und Muscarella halten eine Errichtung des Grabes nach der Zerstörung Gordions durch die Kimmerier kaum für möglich. Klar ist, daß der Inhaber des Grabes eine sehr hochstehende Persönlichkeit war, ohne Zweifel ein König, aber nicht der Midas, der sich nach dem kimmerischen Einfall „durch Trinken von Stierblut" selbst das Leben nahm. Young und Muscarella nehmen vielmehr an, daß der Bestattete der Vater von Midas, also Gordios, oder ein älterer Prinz war.

Dagegen sieht E. Akurgal in dem Bestatteten Midas und setzt somit die Errichtung des Tumulus MM in die Zeit nach dem kimmerischen Einfall, vor allem da Gold und andere Edelmetalle unter den Grabbeigaben fehlen.[45] Auch Mellink hält eine Identifizierung des Inhabers dieses Grabes mit Midas für wahrscheinlich.[46]

Die beiden oben erwähnten Situlen, die eine mit Löwen, die andere mit Widderkopf,[47] sind von besonderer Bedeutung für die Datierung des Tumulus. Die erstere findet Parallelen auf dem Fries des Palastes König Sargons II. von Assyrien (Regierungszeit 722–705 v. Chr.) in Khorsabad.[48] Von diesem Anhaltspunkt ausgehend datierte der Ausgräber Young das Grab in die Zeit zwischen 730–700 v. Chr.[49]

Wir schließen uns der von Young und Muscarella geäußerten Ansicht an, wonach der Tumulus vor dem kimmerischen Einfall errichtet wurde, ohne uns auf die Person des Bestatteten als Midas oder Gordios festzulegen.

Nach neuen Erkenntnissen (s. S. 174) besteht eine Wechselbeziehung zwischen dem auf dem İvriz-Relief dargestellten König Warpalawas (Taf. C) und dem Mita-Midas, sie waren demnach Zeitgenossen. König Warpalawas trägt auf diesem Relief eine Fibel mit Doppelnadel, von der im Tumulus MM ein entsprechendes Stück (Nr. 1170) gefunden wurde. Mellink[50] vergleicht den Gürtel des Warpalawas-Reliefs mit den im Tumulus MM gefundenen Lederstreifen, die eben solche bronzene Buckel aufweisen.[51]

Die Beziehung zwischen der auf dem Relief dargestellten Fibel sowie dem Gürtel mit den Fundstücken des Tumulus MM ist unverkennbar, beweist jedoch nicht, daß der Bestattete Midas ist. Nicht auszuschließen ist, daß dieses prunkvolle Grab für einen Verwandten des Königs oder eine andere wichtige Persönlichkeit errichtet wurde. Wenn das Grab jedoch tatsächlich Midas gehört, so war dieser wohl be-

---

[44] AJA. 62, 1958, 151.
[44a] Ebd. 152.
[45] Akurgal, Chronologie der phrygischen Kunst. Anatolia 4, 1959, 117 f. Anm. 14.
[46] Flori. Anat. 250 ff.
[47] Arch. 11, 1958, 228 f.
[48] Monuments de Ninive I Taf. 76.
[49] Arch. 11, 1958, 231; vgl. auch durch C 14 gewonnene Daten (Muscarella, Phrygian Fibulae 2 und Anm. 7).
[50] Flori. Anat. 252.
[51] Ebd.

reits vor der Zerstörung von Gordion beigesetzt.[52] Schriftliche Quellen, die über das Ende von Midas berichten, stammen aus späteren Zeiten[53] und können nicht als sicher gelten. Zudem ist einstweilen nicht bekannt, ob der Name Midas als Herrschername von phrygischen Fürsten nur einmal benutzt wurde.[54]

Viele der Fibeln aus Tumulus MM sind von glänzendem, goldartigem Aussehen. Sie dürften eher aus Messing als aus Bronze bestehen. Dieses wurde schon von Young aufgrund des hohen Zinkanteils einiger analysierter Fibeln festgestellt.[55] Messingfibeln befanden sich auch unter den zuletzt publizierten Fibeln aus der Unterstadt von Boğazköy;[56] weitere sind aus der Midas-Stadt bekannt.

Tumulus S-1

Zu den jüngeren Gräbern von Gordion gehört der bemerkenswerteste Tumulus S-1. Die wie üblich aus Holzplanken sorgfältig errichtete Grabkammer ist nach der Niederlegung der Beigaben verbrannt.[57] Nach den Angaben des Ausgräbers ist nicht sicher, ob die Verbrennung zufällig oder absichtlich geschah. Young kann sich nicht vorstellen, warum ein sorgfältig aus Holz gebautes Grab verbrannt werden sollte, zumal zu dieser Zeit die Körperbestattung vorherrschender Brauch gewesen zu sein scheint. Ausnahmsweise war die Decke der Kammer nicht mit Holzplanken überdacht; bei Verbrennung der seitlichen Holzbalken stürzte ein großer Teil der dahinter angeschütteten Steine in den Raum und füllte ihn.

Außerhalb der Grabkammer wurden drei Brandbestattungen (Cremation 1–3) mit dürftigen Beigaben angetroffen;[58] zwei (1 und 3) befanden sich in der Aufschüttung (tumulus mantle) und eine (Cremation 2) in der Erdschicht um die Grabkammer herum. Bestattung 1 enthielt einen „grey burnished" Krug und eine Bronzefibel (Nr. 418); Bestattung 2 eine weitmundige Amphora und eine Fibel (Inv. Nr. B 358, sehr wahrscheinlich Variante A IV; sie ist stark verbrannt.) Die dritte Bestattung lieferte keine Fibel.

In den Grabkammern kamen 123 Fibeln zutage,[59] alle aus Bronze hergestellt, zusammen mit anderen Bronzegegenständen (Gürtelteile, Bronzegefäße und „grey burnished" Keramik); weitere 51 Fibeln fanden sich in einer Grube oberhalb der Kammer.[60]

Somit ist Tumulus S-1 zusammen mit Tumulus MM eines der an Fibeln reichsten Gräber von Gordion. Die Fibeln gehören verschiedenen phrygischen Typen an; meist handelt es sich um kleine bzw. Miniaturfibeln, verglichen mit denen der Vorzerstörungszeit. Die drei Brandbestattungen sind offensichtlich während der Errichtung des Tumulus angelegt worden.[61]

Es darf wohl als sicher gelten, daß die Hauptbestattung von Tumulus S-1 keine beabsichtigte Brandbestattung war. Vielmehr haben wir es wohl mit einem vor seiner Vollendung durch Brand (von den Kimmeriern?) gestörten Grab zu tun, das unmittelbar danach mit Steinen (statt mit einer Holzdecke bedeckt) zugeschüttet wurde. Bei den drei Brandbestattungen könnte man an Personen denken, die während dieser Vorgänge gefallen waren.

Auffallenderweise fanden sich in Tumulus S-1 Fibeln (z. B. die Varianten J I,2, J I,4 oder J I,5 b), die offenkundig aus derselben Werkstatt kommen wie diejenigen des Tumulus MM; jedoch ist im Tumulus

---

[52] S. Seite 201.
[53] Vgl. Anm. 4.
[54] Schachermeyr, Etruskische Frühgeschichte 61.
[55] Young, Führer Gordion (englische Ausgabe 1968) 41.
[56] Boehmer, Kleinfunde Unterstadt 4 und Anm. 19 A.
[57] Museum Bulletin 17/4, 1951/52, 35 f.
[58] An dieser Stelle möchte ich Frl. E. Kohler danken, die mir Informationsmaterial über Tumulus S-1 zur Verfügung stellte.
[59] Muscarella, Phrygian Fibulae 5.
[60] Ebd.
[61] Muscarella, Phrygian Fibulae 4 f.

S-1 ihre Zahl gering. Die Mehrzahl der Fibeln aus diesem Tumulus weicht aufgrund ihrer Größe und ihrer Bügelverzierungen von denen der Tumuli III, P, W und Y ab.

Der Zeitabstand zwischen den Tumuli MM und S-1 scheint aufgrund ihres Fibelbestands nicht groß gewesen zu sein, möglicherweise handelt es sich bei den alten Stücken aus Tumulus S-1 um Erbstücke.

Tumulus S-1 ist sicher jünger als Tumulus MM.[62] Vermutlich wurde er kurz nach der Zerstörung von Gordion errichtet; denn neben Fibeln, die eventuell als Erbstücke anzusehen sind, treten hier erstmalig Typen auf, die aufgrund ihrer Bearbeitungsweise und ihrer Größe hinter den Fibeln aus Tumulus MM zurückbleiben. Dies könnte damit erklärt werden, daß die Kimmerier der phrygischen Bronzeindustrie einen schweren Schlag versetzt haben. Zweifellos ist Tumulus S-1, wie die anderen Tumuli von Gordion, für eine soziale Oberschicht repräsentativ. Er dürfte ins frühe 7. Jh. v. Chr. gehören.

Tumulus N

Das Grab enthielt eine Grabkammer aus Holzplanken mit einem umgebenden Steinmantel. In diesem Steinschutt fand sich das Fragment eines geschnäbelten Schmelztiegels für Bronzeguß mit noch anhaftenden Bronzeresten. In der Grabkammer waren der Bestattung ein einfaches Tongefäß, Fragmente einer Bronzeschüssel und acht Fibeln, die in einer Reihe lagen (in den Inventarbüchern jedoch nur sieben Fibeln verzeichnet), beigegeben. Aufgrund dieser Fibeln datierte Young den Tumulus ins 7. Jh. v. Chr.,[63] während ihn Muscarella zwischen dem späten 8. und dem 7. Jh. v. Chr. ansetzte.[64] Die Bauweise der Grabkammer und die Verwandtschaft von zwei Fibeln (Nr. 650 A–B) mit einer aus der Aufschüttung von Tumulus H (um 650 v. Chr.) legen eine Datierung von Grab N in die erste Hälfte des 7. Jh. v. Chr. nahe; es ist möglicherweise zeitgleich mit Tumulus S-1.

Bemerkenswert ist die Ähnlichkeit des Nadelhalters der Fibeln dieses Grabes mit solchen der Calvert-Sammlung bzw. aus „Thymbra" (z. B. Nr. 753 oder Nr. 967, 998).

Folgender phrygischer Fibeltyp und Varianten sind in diesem Grab vertreten: E II,2 (Nr. 570 A–B, ein Paar), G I (Nr. 623), G IV,4 (Nr. 650 A–B, ein Paar), H II,1 (Nr. 705 A), H II,6 (Nr. 764 C).

Tumulus H

Tumulus H wurde über einem verbrannten Haus errichtet. Aufgrund der vom Boden dieses Hauses aufgelesenen Funde, die der Keramik aus der Zerstörungsschicht vom City Mound entsprechen, ereignete sich der Brand wahrscheinlich während eines kimmerischen Angriffes.[65] In der Grabkammer dieses Tumulus wurde Keramik gefunden,[66] u. a. ein Gefäß mit Vogeldarstellungen ostgriechischer Herkunft, wonach das Grab kurz vor 650 v. Chr. anzusetzen ist.[67] Bei der übrigen Keramik handelt es sich um lokal hergestellte Ware.

In der Grabkammer wurde keine Fibel gefunden. Nur in der Aufschüttung des Tumulus (Typ L III: Nr. 1097) und auf dem Boden des o. e. Hauses (Variante J II,1: Nr. 978 B) kamen zwei Fibeln zum Vorschein.

---

[62] Muscarella, Phrygian Fibulae 5 f. und für C 14-Daten s. ebd. Anm. 23: „... the age is estimated as ca. 700–650 B.C."
[63] AJA. 60, 1956, 265 f.
[64] Muscarella, Phrygian Fibulae 5.
[65] Ebd. und Anm. 25.
[66] Museum Bulletin 17/4, 1951–52 Fig. 26.
[67] Ebd. 32 f.

Tumulus J

Die Grabkammer aus Holzbalken enthielt eine Körperbestattung mit Waffenbeigabe: Pfeilspitzen, eine Lanzenspitze und eine Axt, alle aus Eisen, weiterhin ein Paar Bronzemesser,[68] ein Paar Bronzeschüsseln mit plastischem Lotusblütenmuster und Keramik (vergleichbar mit derjenigen aus Tumulus H). Aus der Aufschüttung des Tumulus stammen insgesamt vier Fibeln. Aufgrund der Keramik ist das Grab J zeitgleich mit Tumulus H.

Tumulus B

Der Tumulus B barg eine Holzplanken-Grabkammer mit zwei Körperbestattungen;[69] eine davon lag in einem hölzernen Sarg,[70] die andere auf dem Steinboden der Grabkammer. Zwei geschwollene Importfibeln wurden über dem die Grabkammer ummantelnden, bei phrygischen Tumuli üblichen Steinschutt und eine weitere in der Erdfüllung des Tumulus gefunden. Das Grab enthielt einen Lekythos lydischen Typs; danach wird das Grab entgegen einem ersten Ansatz[71] ins 6. Jh. v. Chr. datiert.[72]

Tumulus I (Körte)

Zwei kleine Fibeln wurden in der Erdfüllung gefunden. Der Hügel enthielt eine Brandbestattung mit spätkorinthischen Salbgefäßen (erste Hälfte des 6. Jh. v. Chr.).[73]

Tumulus V (Körte)

In der Füllerde des Tumulus wurde das Fragment einer kleinen Fibel mit rundem Querschnitt gefunden. Eine Brandbestattung wird durch die Ergotimos-Vase in die erste Hälfte des 6. Jh. v. Chr. datiert.[73a]

Tumulus I (Young)

Der Tumulus enthielt eine Brandbestattung, die laut Muscarella[74] eine bronzene und eine silberne Fibel besaß. Der Tumulus wird nach einem korinthischen Alabastronfragment in das 6. Jh. v. Chr. datiert.

Tumulus D

Der Tumulus enthielt keine Hauptbestattung (Kenotaph?). Körperbestattungen von neun Kindern und vier Erwachsenen gehören zu einer Bestattungsschicht der Zeit vor Errichtung des Tumulus.[75] Nach

---

[68] Ebd. 34 f. Abb. 27.
[69] Anat. Stud. 1, 1951, 11.
[70] Museum Bulletin 16, 1950 Abb. S. 15 Taf. 4.
[71] Anat. Stud. 1, 1951, 11.
[72] Muscarella, Phrygian Fibulae 6 Anm. 36.
[73] Körte, Gordion 138; Museum Bulletin 17/4, 1951/52, 32.
[73a] Körte, Gordion 144.
[74] Muscarella, Phrygian Fibulae 6 Anm. 32–33.
[75] Museum Bulletin 17/4, 1951–52, 30; Anat. Stud. 1, 1951, 12.

Ankara

Young sollte der Tumulus diese Gräber (von einer Familie?) nachträglich zudecken.[76] Unterhalb des Tumulus wurden außerdem die Überreste von einigen Häusern beobachtet. In der Erdfüllung[77] fanden sich zwei komplette Pferdeskelette, weiterhin zehn Fibeln und bemalte phrygische Keramik (des 7. Jh. v. Chr.?);[78] nach Muscarella ist eines dieser Gefäße einem solchen aus Tumulus G ähnlich.[79]

Tumulus E

In dem Tumulus, der auf den Resten eines Hauses (Küche oder Bäckerei mit Keramik des 6. Jh. v. Chr.) errichtet wurde, konnte keine Bestattung gefunden werden.[80] Hingegen lagen unterhalb des Tumulus, unmittelbar auf dem gewachsenen Boden, neun kreisförmig angeordnete Skelette von Pferden, Rindern und Kamelen, wenig entfernt davon, in der Erdfüllung des Tumulus, Bronzegegenstände: Kessel, Fragmente von Dreifüßen und dreizehn Fibeln.[81] Die Keramik aus der Füllung des Tumulus gehört anscheinend ins 7. Jh. v. Chr.[82]

Tumulus K

Vier Fibeln stammen aus der Erdfüllung; der Ausgräber setzt den Hügel ins 6. Jh. v. Chr. Eine Hauptbestattung wurde nicht gefunden.[83]

Tumulus C

Der Tumulus wurde von Dörflern ausgegraben. In der Füllung des gestörten Grabes wurden Keramikfragmente aus archaischer Zeit und drei geschwollene Importfibeln gefunden.[84]

Die Fibeln von Gordion, ausgenommen jene, die aus den Grabungen der Brüder Körte stammen, befinden sich teils im Museum Ankara – einige sind ausgestellt –, teils im Depot des Museums von Gordion. Einige Stücke wurden 1976 aus dem Gordion-Museum gestohlen; unsere Zeichnungen dieser Fibeln sind nach Photos des Ausgräbers entstanden. Die aus den Grabungen Körte stammenden Fibeln werden teils im Museum Istanbul, teils im Antikenmuseum in Berlin aufbewahrt.

ANKARA

Die Tumuli

Im Bereich der heutigen Stadt Ankara sind zahlreiche phrygische Tumuli erhalten.[85] Einige wurden bereits von T. Makridi 1925 untersucht.[86] Zwei andere auf dem Mausoleum-Hügel, wo heute das Mauso-

---

[76] Museum Bulletin 17/4, 1951–52, 30.
[77] Anat. Stud. 1, 1951, 12.
[78] Ebd.
[79] Muscarella, Phrygian Fibulae 6.
[80] Museum Bulletin 17/4, 1951–52, 30 Abb. 22–23.
[81] Anat. Stud. 1, 1951, 12.
[82] Ebd.
[83] Muscarella, Phrygian Fibulae 6 und Anm. 35.
[84] Anat. Stud. 1, 1951, 11 f.
[85] Belleten 11 H. 41, 1947, 57: Mindestens 20 Tumuli werden aufgezählt.
[86] Ebd.

leum von Atatürk steht, wurden 1945 von T. Özgüç, und M. Akok ausgegraben.[87] In *Tumulus I* stießen die Ausgräber auf dem gewachsenen Boden auf eine 6–8 m große Lage kleiner Flußkieselsteine und darunter auf einen 6 m langen, 2 m tiefen und 5 m breiten Schacht, in dessen Mitte sich eine 3,5 × 2,5 m große Grabkammer aus Holzplanken befand.[88] Sie enthielt acht polierte graue bzw. rote Tongefäße (einige mit Asche gefüllt) und einen eisernen Dreifuß, außerdem verbrannte menschliche Knochen. Zu den weiteren Funden der Kammer gehören Reste eines fein gearbeiteten Bronzegürtels,[89] kannelierte Speerspitzen, ein bronzener, vergoldeter Omphalos[90] und Fragmente von der Mündung eines vergoldeten Bronzegefäßes,[91] dessen hohle Halbkugeln mit angelöteten Stiften versehen waren.

In der Grabkammer selbst wurden keine Fibeln gefunden, jedoch in der Füllung des Tumulus, etwa 1 m über dem Schacht, eine gut erhaltene Fibel,[92] wahrscheinlich der Variante J I,5,[93] außerdem Metallfragmente und Scherben.

Der 82 m vom vorgenannten entfernte *Tumulus II* enthielt weder im Grab noch in der Füllerde Fibeln. Die Bestattungsweise glich derjenigen in Tumulus I; jedoch fehlte eine Holzkonstruktion der Grabkammer. Eine Kieselsteinpackung umgab den Schacht des Grabes, in dem man fünf Urnen ähnlich denen von Tumulus I fand. Einige enthielten menschliche Asche, andere waren leer. Zu den Beigaben gehören bronzene Rotellenhenkelgefäße und eiserne Dreifüße.

Damit haben wir es hier mit einer Bestattungsform zu tun, die in Gordion meines Wissens bisher nicht nachgewiesen wurde: Urnenbestattungen in einer zentralen Kammer. In der Unterstadt von Boğazköy sind Brandbestattungen in Urnen üblich, jedoch fehlen Tumuli.

Die Ausgräber setzten diese Tumuli von Ankara (ebenso den im folgenden beschriebenen Tumulus von der Baumschule) in dieselbe Zeit wie den Tumulus III von Körte in Gordion.[94] Akurgal datierte Tumulus I aufgrund des Bruchstückes eines Bronzegefäßes in die erste Hälfte des 7. Jh. v. Chr. (675–650 v. Chr.)[95] und Tumulus II in das letzte Viertel des 7. Jh. oder Anfang des 6. Jh. v. Chr.[96]

1933 machte H. Z. Koşay[97] die Funde aus einem Tumulus vom Gelände der heutigen *Atatürk Orman Fidanlığı (Baumschule)* bekannt. Ein Tumulus wurde zwar nicht unmittelbar festgestellt, jedoch dürfte ein solcher vorhanden gewesen sein. Etwa 80 cm unter der Oberfläche wurde eine kreisförmige Lage bzw. Packung von „Kieselsteinen" (2 m Dm.) gefunden, also keine Holzkonstruktion. Skelettreste oder Spuren von Leichenbrand wurden nicht beobachtet. Innerhalb der Steinpackung wurden geborgen: Zwei Fibeln mit Doppelnadel und abnehmbarer Deckplatte, ohne Zweifel aus derselben Werkstatt stammend wie die Stücke (Typ S I) aus Tumulus MM von Gordion. Eine Fibel wie Nr. 1167 fehlt in Tumulus MM; jedoch liegt eine solche aus einer Urne der Unterstadt von Boğazköy vor. Zu den weiteren Funden des Tumulus von der Baumschule gehören drei Bronzeschalen mit Rotellenhenkeln, zwei Omphaloi, ein großer Kessel, zwei Schöpfkellen und der Ausguß einer Siebkanne, mehrere bronzene Speerspitzen und hohle Halbkugeln mit Stiften.[98] Akurgal datiert diese Funde in die erste Hälfte des 7. Jh. v. Chr.[99] Die Fibeln gehören zweifellos in die Zeit des Tumulus MM von Gordion, also vor das Ende des 8. Jh. v. Chr.

---

[87] Özgüç/Akok, Zwei Tumuli bei Ankara. Belleten 11 H. 41, 1947, 57 ff.
[88] Ebd. Taf. 4,5.
[89] Ebd. Taf. 12.13.
[90] Ebd. 63 f. Taf. 10,18.
[91] Ebd. 66 Taf. 10, 19.
[92] Ebd. 61 f.
[93] Diese Fibel wurde nicht publiziert. Sie war im Ankara-Museum nicht zugänglich. Unsere Typenprognose beruht auf dem Hinweis von Y. Boysal, DTCFD. 4 H. 4 1946, 450 vgl. Abb. 10.
[94] Belleten 11 H. 41, 1947, 71 f.
[95] Akurgal, Phrygische Kunst 83 ff.
[96] Ebd.
[97] Koşay, Atatürk Orman Fidanlığında bulunan eserler. TTAED 1, 1933 5 ff.
[98] Ebd. 19 Abb. 19–23.
[99] Akurgal, Phrygische Kunst 83.

Hinsichtlich der Zeitstellung des oben genannten Fibelgrabes von Boğazköy verdient festgehalten zu werden, daß die Mehrzahl der dortigen Gräber der Zeit von Büyükkale II a angehört.[100]

Drei weitere Tumuli von Ankara wurden von Akurgal und C. Erder ausgegraben. Zwei davon enthielten Fibeln. Leider sind sie noch unpubliziert. Die Funde sind in dem kleinen Museum zu „Orta Doğu Teknik Üniversitesi" in Ankara ausgestellt.

Der eine dieser Hügel, der sogenannte *„Großtumulus",* ist der monumentalste der Tumuli im Raum von Ankara. Er liegt unweit der Baumschule (Atatürk Orman Fidanlığı) und war vor der Ausgrabung 24 m hoch. Die aus Holzplanken gebaute Grabkammer in einem in den gewachsenen Boden gegrabenen Schacht war mit Steinen umgeben. Das hölzerne Dach der Kammer war eingestürzt. Der Tote lag wahrscheinlich auf einem Bett an der Ostwand der Kammer. Die Beigaben waren an den Ecken der Kammer aufgestellt, an der Nordwand ein Tisch, unter diesem zwei eiserne Dreifüße, auf einem der letzteren ein großer Kessel, auf dem anderen verschiedene Bronzegefäße, in diesen Keramikgefäße, die mit Nahrungsmitteln gefüllt waren. In der Südwestecke der Kammer lag ein sehr großer Bronzekessel. In diesem fanden sich Stoffreste, bemalte Keramik und Fibeln. Insgesamt sind es mehr als 40 Stücke. Offensichtlich lagen alle in dem großen Kessel. Etwa 38 gehören eindeutig der Variante A I,2, vier ganze und drei Fragmente der Variante A II,1 (sehr hellfarbig) und eine Fibel der Variante A II,2. In ihrer Bearbeitung entsprechen sie denen aus Tumulus III von Gordion, weshalb jener zeitgleich, wenn nicht älter als dieser sein dürfte. Einzigartig ist das Bronzegeschirr, das mit plastischen Tierprotomen versehen ist.

Ein zweiter Grabhügel, von den Ausgräbern *„Tumulus II von Beştepeler"* genannt, enthielt in einem 5 × 6 m großen, in den gewachsenen Boden eingetieften Schacht eine weibliche (?) Bestattung mit Resten von aus Perlen zusammengesetztem Hals- und Armschmuck. Die Bestattete, die auf einem Bett lag, ist jetzt in der Vitrine des Museums in situ ausgestellt. Mehrere Fibeln der Variante A IV,4 und des Typs J I liegen auf der Bestatteten, weitere sind in einer Vitrine ausgestellt. Vertreten sind nur diese beiden Typen; sie sind alle von kleinem Format (die größte ist ca. 3 cm lang); die Nadeln sind getrennt hergestellt und eingesetzt.

Dieser Tumulus dürfte zeitlich dem Tumulus S-1 von Gordion entsprechen.

MIDAS-STADT (Yazılıkaya)

In den Jahren 1936–1951 wurde die unweit von Eskişehir gelegene „Midas-Stadt" durch das Französische Archäologische Institut in İstanbul unter Leitung von A. Gabriel und C. H. E. Haspels untersucht. Innerhalb des auf einem Felsplateau gelegenen Siedlungsareals, an dessen Nordecke sich das bekannte, in den Felsen gehauene sog. Midas-Monument befindet, wurden an mehreren Stellen Suchschnitte angelegt und dabei Reste von Häusern freigelegt (Section P).

Nach Haspels wurde die Stadt nach der Mitte des 6. Jh. v. Chr. gegründet[101] und in der zweiten Hälfte des 4. Jh. oder zu Anfang des 3. Jh. v. Chr. verlassen. Sie hält die Besiedlung für zeitgleich mit Boğazköy/ Büyükkale Schicht I. Jedoch erwähnt sie an einer Stelle[102] Scherbenfunde, die einer älteren Siedlung angehören (überwiegend der Schicht Büyükkale II entsprechend).

Insgesamt acht Fibeln stammen aus diesen Grabungen. Sie sollen nach Haspels alle aus Messing bestehen.[103] Keine dieser Fibeln ist schichtbestimmt (teils in den Suchschnitten, teils auf dem Siedlungs-

---

[100] P. Neve, Türk Ark. Dergisi 22/2, 1975, 119.
[101] Haspels, Phrygie III 4 ff. und 82 ff.
[102] Ebd., 5 f.
[103] Haspels, Phrygie III 93.

hügel, bezeichnet mit M–U, teils am Fuße des Felsenplateau, bezeichnet mit A–H). Nach Angaben von Haspels ergeben diese Fundstellen keine chronologischen Anhalte.[104] Haspels hält eine Datierung ins 5.–4. Jh. v. Chr. für wahrscheinlich.

Zwei dieser Fibeln sind verhältnismäßig großformatig, die anderen kleiner. Bei der Fibel vom Typ B I (Haspels Nr. 5) entsprechen die Endverzierung des Bügels, die Bearbeitung des Nadelhalters und die mitgegossene Nadel den drei Exemplaren vom Typ B I aus Tumulus S-1 von Gordion. Daher dürfte diese Fibel von Midas-Stadt in das frühe 7. Jh. v. Chr. datiert werden.

Die Fibel Nr. 8 von Haspels gehört zur Variante A IV,1; eine der hohlen silbernen Halbkugeln (Nr. 406) ist erhalten. Für die Datierung der Variante A IV,1 kommt ein Zeitraum vom letzten Viertel des 8. Jh. v. Chr. bis frühes 7. Jh. v. Chr. in Frage. Die übrigen sechs Fibeln der Midas-Stadt stammen wahrscheinlich aus dem 7. Jh. v. Chr.

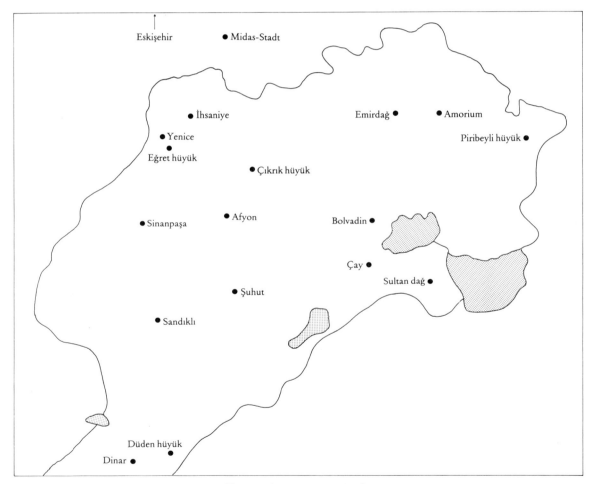

Abb. 1. Fundstätten im Bezirk Afyon.

---

[104] Ebd. 94.

YAZILIKAYA

Die Nekropole

In der Publikation über die Midas-Stadt[105] wurde auf eine Nekropole in deren Nähe, östlich des heutigen türkischen Dorfes Yazılıkaya (genannt nach dem Midas-Monument) hingewiesen, die 1948 entdeckt und von H. Çambel ausgegraben wurde. Diese Grabung ist bis jetzt unpubliziert. Im Museum Afyon liegen zwölf Fibeln (ein kleines Exemplar ist nicht mehr identifizierbar), die in dieser Nekropole 1948–1951 gefunden wurden. Hinzu kommen mindestens acht weitere Fibeln, die im Gebiet dieser Nekropole von Dörflern gefunden worden sind. Aus der Grabung von Çambel stammen Fibeln der Typen und Varianten A IV,1 (1 Expl.), C II (2 Expl.), F, 2 (1 Expl.), G IV,3 (3 Expl.), H I (2 Expl.), J II,1 (1 Expl.), J III (1 Expl.). Demnach scheint diese Nekropole seit dem letzten Viertel des 8. Jh. bis ins 7. Jh. v. Chr. hinein benutzt worden zu sein. Es ist anzunehmen, daß diese Nekropole zu der von Gabriel und Haspels ausgegrabenen Siedlung „Midas-Stadt" gehörte.

PESSINUS (BALLIHİSAR)

Eine nicht schichtbestimmte Fibel (Variante H II,6) wurde in einer Abfallgrube (Bothros ?) außerhalb des Temenos des hellenistischen Tempels[106] zusammen mit Tierknochen und Scherben von phrygischer Keramik gefunden. R. M. Boehmer zog eine Datierung der Fibel ins 7. Jh. v. Chr. in Betracht.[107]

BOĞAZKÖY

Auf die Brandschicht, die das Ende der hethitischen Hauptstadt Hattuša kennzeichnet, folgt auf Büyükkale eine siedlungslose dunkle Periode. Erst im 8. Jh. v. Chr. fand eine Neubebauung statt, die sich über Büyükkale und Büyükkaya erstreckte. Diese unbefestigte Siedlung auf Büyükkale wurde von den Ausgräbern als Büyükkale II bezeichnet; die Periode (auch älterphrygisch genannt) läßt sich in drei Bauphasen gliedern,[108] wobei die II b -Phase die älteste ist. In der Phase II a ist die Siedlung auf Büyükkaya und im Bereich des Südareals und des Tempels I nachweisbar.

Die Nekropole der Urnengräber, aus denen mehrere Fibeln stammen, ist zeitgleich mit dieser Phase II a;[109] offenbar gehört die Nekropole zu der Siedlung derselben Periode.[110]

Nach der Zerstörung dieser Siedlung folgte eine Bauphase, die auf Büyükkale als Periode I a–b (jüngerphrygisch) bezeichnet wird; sie läßt sich in maximal fünf Bauphasen gliedern. In dieser Zeit war die Stadt mit beachtlichem Aufwand befestigt. An Stelle der Einzelhäuser der Periode II a–b tritt nun eine zusammenhängende Bebauung. Diese beschränkt sich auf die zwei Hochburgen, Büyükkale und Büyükkaya. In der Unterstadt ist die genannte Periode durch Einzelfunde nachweisbar.

Als absolute Datierung dachte K. Bittel an die zweite Hälfte des 8. und die erste Hälfte des 7. Jh. v. Chr., für die Schicht Büyükkale I an die Zeit 650 bis 500 v. Chr.[111]

---

[105] Gabriel, Phrygie IV Einleitung 1.
[106] P. Lambrechts, Pessinus. Türk Ark. Dergisi 17/1, 1968, 85 ff.
[107] Boehmer, Kleinfunde 60 Anm. 425 a.
[108] Bittel/Naumann, Boğazköy, WVDOG 63, 1952, 67 ff.
[109] Neve, Türk Ark. Dergisi 20/1, 1973, 129 ff.; 22/2, 1975, 93 ff.
[110] Mitt. Dtsch. Orient-Ges. 89, 1957, 64 f.
[111] Bittel, in: VIIIe Congrès International d'Archéologie Classique 1963, Paris, 158 ff.

18   *Die Fundplätze*

Die Fibelfunde, die während der seit 1931 unter der Leitung von Bittel und dann von P. Neve durchgeführten Grabungen zum Vorschein kamen, wurden von Boehmer publiziert, in einer ersten Arbeit[112] die Funde aus den Grabungskampagnen 1931–1939 und 1952–1969, in einer zweiten[113] diejenigen aus den Jahren 1970–1978. Rund 140 Fibeln wurden in der Unterstadt, d. h. der Urnengräber-Nekropole, und im Areal des Tempels I sowie in den Siedlungen von Büyükkale gefunden. Einige dieser Fibeln, die im Museum zu Ankara aufbewahrt werden, wurden bereits vor der Behandlung durch Boehmer veröffentlicht, auch in den Vorberichten in der „Türk Arkeoloji Dergisi".

Die Schichten der Grabungsstellen von Boğazköy wurden aufgrund der Keramik und der Architekturbefunde in Beziehung zueinander gesetzt.[114] So lassen sich die Fundorte der Fibeln auf die Stratigraphie von Büyükkale beziehen.

ALİŞAR

Laut Angaben des Ausgräbers H. H. von der Osten wurden während den Grabungskampagnen von 1927 bis 1932 auf dem Stadthügel von Alişar mindestens 91 Fibeln gefunden.[115] Die Mehrzahl dieser Fibeln, die sich sehr wahrscheinlich im Museum Ankara befinden, sind nicht phrygisch. Derzeit sind diese Fibeln nicht zugänglich, so daß hier nur das vom Ausgräber Publizierte zur Verfügung steht.

Die auf die hethitische Periode folgenden Bauphasen werden auf dem Stadthügel von Alişar als 4 cM, 4 bM, 4 aM bezeichnet (4 cM ist die älteste). Bittel[116] setzte 1932 die älteste nachhethitische Schicht 4 cM u. a. anhand der Fibeln und einiger Siegel ins 11.–9. Jh. v. Chr.[117]

Auf diese mit Bastionen befestigte Siedlung, die durch Brand zerstört wurde, folgt Schicht 4 bM, in der die Stadt erweitert und dann ebenfalls durch Feuer zerstört wurde. Nach Bittel gehört diese Schicht ins 9.–8. Jh. v. Chr.[118]

Die jüngste Schicht 4 aM, die als phrygisch bezeichnet wird, setzte Bittel anhand der Keramik, bezugnehmend auf diejenige der Schichten 4 cM und 4 bM, und der Auffindung von Eisenfibeln[119] um das 7.–6. Jh. v. Chr. an.

Die auf 4 aM folgende Schicht, die von den Ausgräbern zunächst Schicht V genannt,[120] aber später allgemein als „Zweite Hälfte des ersten Jahrtausends v. Chr. Schicht" bezeichnet wurde, enthielt u. a. phrygische Funde, dabei ebenfalls Fibeln. Von der Osten klassifizierte diese Schicht allgemein als „between Post-Hittite – Phrygian and Hellenistic".[121]

Die Unsicherheiten der Alişar-Schichten wurde in der Forschung oft beklagt.[122] Mit der Möglichkeit muß gerechnet werden, daß in den hellenistischen und jüngeren Perioden das Erdreich vielfach bewegt wurde (wie z. B. auch im City Mound von Gordion), so daß Fibeln in eine jüngere Schicht gerieten als die, aus der sie ursprünglich stammten.

Muscarella wertete die Fibeln von Alişar als undatiert.[123] Er meinte, die Ausgräber von Alişar hätten nicht alle Fibeln von dort publiziert, womit er das Fehlen von phrygischen Fibeln in Alişar (wahrschein-

---

[112] Boehmer, Kleinfunde.
[113] Boehmer, Kleinfunde Unterstadt.
[114] Boehmer, Kleinfunde 17.
[115] z. B. OIP. XXX, 110.
[116] Bittel, OIP. XXIX/II, 301 ff.
[117] Ebd. 308, 339.
[118] Ebd. 316, 339.
[119] Ebd. 235.

[120] OIP XIX–XX. XXX, 1 f.
[121] Vgl. Tabelle in OIP XXX, 110.
[122] Akurgal, Phrygische Kunst 22 Anm. 62; Muscarella, Phrygian Fibulae 29 Anm. 8.; H. G. Buchholz, JdI. 77, 1962, 12 ff. über die hethitischen Schichten; Boehmer, Kleinfunde 48 Anm. 305.
[123] Muscarella, Phrygian Fibulae 29 Anm. 8.

lich der Typen, die aus den Gordion-Tumuli bekannt sind) zu erklären versuchte. Jedoch fehlen auch unter den gut ausgegrabenen und publizierten Boğazköy-Fibeln nichtphrygische Typen fast gänzlich, die in Alişar ziemlich reich vertreten sind, obwohl diese beiden Städte so nah beieinander liegen. Vermutlich besaß Alişar eine nach Süden bzw. Osten orientierte Fibelproduktion. Mit einer Ausnahme sind alle abgebildeten Fibeln von phrygischen Typen aus Alişar frühestens ins 7. Jh. v. Chr. gehörig.

KERKENES DAĞ

Aus den Grabungen von E. F. Schmidt im Jahr 1928 auf dem Stadthügel von Kerkenes Dağ, 23 km nordwestlich von Alişar, stammen zwei Fibeln. Eine der Variante D IV,1 aus dem Suchschnitt 4 wurde mit der dort geborgenen Keramik vom Ausgräber mit entsprechenden Funden aus den posthethitischen Schichten 2 und 3 von Alişar verglichen.[124] Die zweite Fibel vom Typ L I stammt aus dem Suchschnitt 12; sie wird von Boehmer ins 7. Jh. v. Chr. gesetzt.[125]

PAZARLI

Ein Fibelfragment der Variante K I,2 wurde bei den Ausgrabungen von Koşay in Pazarlı gefunden. Nähere Angaben sind unbekannt. Boehmer setzt das Stück ins 6. Jh. v. Chr. oder die nachfolgende Zeit.[126]

ORTAHÜYÜK

Eine Fibel vom Typ L II wurde von E. Chantre Ende des letzten Jahrhunderts in dem nahe dem türkischen Dorf Dedik gelegenen Ort Ortahüyük gefunden.[127]

SULTANHANI

Der Hügel von Sultanhanı liegt dicht bei der gleichnamigen seldschukischen Karawanserei, 50 km nordöstlich von Kayseri entfernt. Zwei Fibeln wurden während der Ausgrabung 1971 gefunden. Eine schlecht erhaltene[128] scheint die Imitation einer phrygischen Fibel vom Typ G zu sein und wird in die zweite Hälfte des 7. Jh. v. Chr. datiert.[129] Eine Kniefibel[130] vom Alişar-Typ I (nach von der Osten) stammt aus der älteren Schicht des Hügels, die bis in das 8. Jh. v. Chr. reicht.

KARABURUN/ELMALI (LYKIEN)

Die Tumuli

Einige der Tumuli in der Nähe von Elmalı wurden von Mellink untersucht.[131] *Tumulus IV* war bereits ausgeraubt (ursprüngliche Höhe auf 20 m geschätzt). Bei großen Steinblöcken von der Grabkammer fanden sich Reste von verbrannten Knochen und Asche sowie drei Fibeln: eine der Variante A I,2 (Boeh-

---

[124] AJSL. 45, 1929, 236 ff.
[125] Boehmer, Kleinfunde 63.
[126] Ebd. Anm. 477.
[127] Chantre, Cappadoce 67 Abb. 46.
[128] K. Emre, Sultanhöyüğü kazıları. Anatolia 15, 1971, 112 Abb. 96 Taf. 11, 1.
[129] Ebd. 113.
[130] Ebd. Taf. 11,2.
[131] AJA. 76, 1972, 266 ff.

mer hält sie für eine lykische Imitation),¹³² eine der Variante A IV,4 (nach Mellink wurde diese Fibel während einer langen Zeit benutzt und anscheinend mehrmals alt repariert) und eine gut erhaltene kleine Fibel vom Typ H I. Bei der Fibel der Variante A IV,4 könnte es sich ebenfalls um eine lokale Imitation handeln (aufgrund der Form des Nadelhalters und der Ausbildung des Spiralschaftes, der nicht eingesetzt, sondern mitgegossen ist). Dagegen ist die Fibel vom Typ H I phrygisch (mehrere solcher Fibeln stammen aus dem ebenfalls mit Brandbestattungen belegten Tumulus S-1 von Gordion).

Tumulus III enthielt ebenfalls eine Brandbestattung; jedoch wurden dort keine Fibeln gefunden.

Mellink datiert diese Tumuli ins 6. Jh. v. Chr.¹³³ Die Fibeln dürften jedoch in die erste Hälfte des 7. Jh. v. Chr. gehören; dafür spricht die Wolfzahnmusterverzierung der Fibel der Variante A I,2 sowie die übereinstimmende Bearbeitung der bikonischen Wülste der Fibel des Typs H I mit den erwähnten Stücken aus Tumulus S-1 von Gordion. Es ist sogar möglich, daß die Fibel des Typs H I von Karaburun aus der gleichen Werkstatt stammt wie die Exemplare des Tumulus S-1.

TROJA

Die Zahl der Fibeln aus Troja ist überraschend klein. Acht Fibeln aus der Schliemann-Sammlung wurden von W. Dörpfeld und A. Götze behandelt.¹³⁴ Zwei Stücke (Typ II e und II g) setzt Götze in die Zeit vor Troja VIII. Von drei weiteren Fibeln, für die er vorderasiatischen Ursprung annimmt, gehört eine zur phrygischen Variante F,3, die wahrscheinlich lokaler Herstellung ist, während die anderen nicht näher bestimmt werden können.

Die Grabungen von C. W. Blegen ergaben ebenfalls einige Fibeln, darunter eine aus der Schicht VIII (Typ IV d: Nr. 90 E). Blegen erwähnt außerdem sechs tordierte Draht-Fragmente, die eine komplett erhaltene Spirale „like a safety pin" aufweisen. Diese leider vom Ausgräber nicht abgebildeten Fragmente stammen aus Schicht VII b 1.¹³⁵ Es ist nicht auszuschließen, daß es sich dabei, wie Blegen vermutet, um Bruchstücke von Fibeln handelt; eine derartige Fibel (Nr. 13 A) wurde bereits von H. Schliemann in Troja gefunden, und zwar nach der Vermutung Götzes innerhalb der Schicht VIII. Wir hätten demnach hier (neben der von W. R. Paton ausgegrabenen Fibel aus Grab O von Assarlık: Typ II a) die frühesten Fibeln an der türkischen Westküste aus systematischen Grabungen.

NEANDRIA, „THYMBRA" (CALVERT-SAMMLUNG)

In den Beständen des Museum zu Çanakkale befinden sich etwa 20 Fibeln, zum Teil aus Silber, die aus den Grabungen des Kaufmanns und amerikanischen Konsuls E. Calvert stammen. Dieser unternahm in den Jahren 1870 in der Ebene von Troja, wo seine Farm stand, verschiedene Grabungen.¹³⁶ 1902 fertigte H. Thiersch im Auftrag des Deutschen Archäologischen Instituts zusammen mit Calvert einen handschriftlichen Katalog der betreffenden Funde an. Dieser Katalog, der jetzt im Çanakkale-Museum aufbewahrt wird, enthält Photos von Fibeln, die zum großen Teil nicht mehr in diesem Museum zu finden sind (viele Funde aus der Calvert-Sammlung wurden damals nach London verkauft). Nach diesem Katalog wurden etwa 25 bronzene und silberne Fibeln vom Typ J III in der Nekropole des antiken Nean-

---

¹³² Boehmer, Kleinfunde Unterstadt 4 Anm. 18.
¹³³ AJA. 76, 1972, 262.
¹³⁴ Dörpfeld, Troja 414 f.
¹³⁵ Blegen Troja IV/I 231.
¹³⁶ Vgl. auch „Thymbra" in: Schliemann, Ilios 782 ff.

dria gefunden. Sie stammen aus Brandbestattungen in Pithoi und aus Steinkistengräbern. Weitere Fibeln aus dieser Nekropole, über die Calvert laut Thiersch keine genaueren Fundort-Angaben machen konnte (entweder aus Neandria oder aus „Thymbra"?), wurden von Thiersch ohne Vermerk als Funde aus „Thymbra" katalogisiert.

Weitere Grabungen in Neandria unternahm R. Koldewey[137] 1889, wobei er 30–40 Brandbestattungen in Pithoi oder Kistengräber freilegte. Eine neuere Übersicht über die Fundplätze und Grabungen gibt J. M. Cook.[138] Demnach scheint die Neandria-Nekropole mindestens seit dem Ende des 8. Jh. v. Chr., wenn nicht sogar früher, benutzt worden zu sein.[139] Leider ist unbekannt, in welchem Zusammenhang die Fibeln zu den einzelnen Keramikgattungen stehen. Die unter Typ J III aufgeführten Exemplare weisen eine besondere Verzierung sowie mit kleinen Buckeln versehene runde „Auswüchse" auf, anscheinend Merkmale einer lokalen Herstellung.

Unsere Kenntnis über eine antike Stadt Thymbra, die Thiersch als Fundort von Bronzefibeln nennt, geht auf Homer zurück.[140] Hinter der Calvert-Farm, die auf dem Gebiet des früheren türkischen Dorfes Akçay lag, erstreckte sich eine Hügelfläche, wo Calvert mehrere Grabungen durchführte, in der Hoffnung, einen Apollo-Tempel zu finden. Er stieß auf einige Mauerreste, jedoch weder auf einen Tempel noch auf andere Hinweise für die Stadt Thymbra. Obwohl diese Stadt bis jetzt nicht genau lokalisiert werden konnte,[141] behalten wir diese von Thiersch verwendete Fundortangabe bei. Die Fibeln wurden in Pithoi mit Brandbestattungen der Hanay Tepe-Nekropole gefunden.[142] Diese Nekropole wird von Cook wegen der Keramikfunde dem 6. und 5. Jh. v. Chr. zugeschrieben.[143] In der Umgebung von Hanay Tepe wurde bis jetzt keine Siedlung gefunden, die als Thymbra bezeichnet werden könnte. Jedoch erwähnt Cook,[144] daß er bei einem Besuch (1971/72) archaische und ältere, verstreut liegende Scherben in diesem Gebiet gefunden habe.

Von den von Thiersch unter „Thymbra" abgebildeten etwa 39 Fibeln gehören 35 verschiedenen phrygischen Typen an, deren Nadelhalter bei vielen Exemplaren eindeutig T-förmig gebildet ist. Diese Form entspricht der in Bayraklı (İzmir) gefundenen Gußform.[145] Bei vielen Exemplaren wurde auf die rechts und links der vertikalen Mittelrippe des Nadelhalters befindliche Einbuchtung, die für Fibeln aus dem phrygischen Kerngebiet charakteristisch ist, verzichtet; dadurch entstand eine schlichte T-Form, die überwiegend bei Fibeln der ägäischen Inseln und aus Griechenland vorkommen.[146]

Es ist wohl anzunehmen, daß die 39 Fibeln zumindest aus dem frühen 7. Jh. v. Chr. stammen.

EPHESOS

Die Fibeln von Ephesos stammen aus den Grabungen von D. G. Hogarth im Gebiet des archaischen Artemis-Tempels Anfang dieses Jahrhunderts. Es sind mehr als 100 bronzene Fibeln, die außerhalb der Basis des Tempels lagen.[147] Es handelt sich sehr wahrscheinlich um Votivgaben, die großenteils fragmentarisch erhalten sind. Neben Fibeltypen, die meist auf den ägäischen Inseln vorkommen, sind auch kleine

---

[137] Cook, Troad 204 f.
[138] Cook, Troad 206 ff.
[139] Ebd. 207: Kantharos Nr. 550 und eine Kanne mit seitlichem Ausguß.
[140] Homer, Iliade X 430.
[141] A. Akarca, Thymbra. Belleten 42/165, 1978, 42 ff.; Cook, Troad 118 ff.
[142] Vgl. Ortsnamen, die z. T. heute nicht mehr benutzt werden, die Karte der Ebene von Troja in Dörpfeld, Troja.
[143] Cook, Troad 121 ff.
[144] Ebd.
[145] Muscarella, Phrygian Fibulae Taf. 16, 83–84.
[146] Vgl. Abb. 3.
[147] Ephesos 147 f.

phrygische Fibeln vertreten. Unter diesen befinden sich Fibeltypen, die auch aus dem Tumulus S-1 von Gordion bekannt sind.

Ein Teil (31 nach Inv. Büchern) der Fibeln von Ephesos befinden sich im Museum Istanbul (Inv. Nr. 2644). Unter der Inv. Nr. 2642 werden Kugelfragmente von Fibeln des Typs V geführt. Der andere Teil dieser Gruppe befindet sich im British Museum London. Hinzu kommen einige wenige Fibeln aus Silber, Gold oder Elektron, die in der Basis des Tempels gefunden wurden. Sie kamen beim Durchsieben der Erde des untersten „Deposit", unmittelbar östlich der Tempel-Basis zum Vorschein.[148]

Der Aufbewahrungsort der goldenen bzw. Elektron-Fibeln ist unbekannt. P. Jacobsthal behandelte 1951 diese Fibelfunde.[149] Wie der Ausgräber Hogarth[150] vermutete er, daß die bronzenen Fibeln (außerhalb der Basis) und die aus Edelmetall (aus der Basis) aus derselben Periode stammen. Aufgrund der Funde aus der Basis datierte er die meisten Stücke in das 7. Jh. v. Chr. bzw. etwas später. Für etwas älter als das 7. Jh. v. Chr.[151] hielt er Fibeln der Variante II f,2, Typ III a und e und V b, die er als „subgeometric" bezeichnete.

Wegen des Vorkommens der Fibeltypen, die in Tumulus S-1 von Gordion gut vertreten sind, dürfte eine Datierung der Fibeln von Ephesos in das frühe 7. Jh. v. Chr. sehr wahrscheinlich sein.

Eine weitere Fibel mit Doppelnadel und starrer Deckplatte wurde zusammen mit Griffbügeln von Gürteln unter dem Fundament D[152] gefunden. Sie wird im British Museum aufbewahrt.

„UMGEBUNG VON İZMİR" (FUNDGRUPPE)

1955 wurden über 200 Fibeln zusammen mit 150 bronzenen Fingerringen (einer davon mit Tremolierstichverzierung), einem bronzenen Armring, Glasperlen und einem Fayence-Scarabäus des 8. Jh. v. Chr.[153] in einem Erdklumpen dem Istanbul-Museum übergeben. Der Überbringer nannte als Fundort dieser Fundkollektion, die sehr wahrscheinlich auf ein Heiligtum zurückgeht, die Umgebung von İzmir.

Es sind folgende Fibeltypen vertreten: II f,2; II f,3; III a; III c; III e; III f; IV d; V a; VI a–b; VII. Dazu kommt eine kleine Fibel der phrygischen Variante H II,5, weiterhin einige Miniaturbogenfibeln mit schlichtem Bügel, deren Nadelhalter die phrygischen nachahmten. Einige dieser Fibeln wurden von N. Fıratlı publiziert, der sie für zeitgleich mit den Fibelfunden aus dem Artemis-Tempel von Ephesos hält.[154]

Die kleine Fibel der Variante H II,5 stellt eine lokale Kopie phrygischer Fibeln dar und ist mit Sicherheit nicht älter als das 7. Jh. v. Chr. Dagegen können einige Fibeln vom Inseltyp (III a, c, e) aus der spätgeometrischen Zeit stammen.

Somit haben wir sehr wahrscheinlich zum Bestand eines Tempels gehörende Votivgaben vor uns, die im späten 8. Jh. v. Chr. bis 7. Jh. v. Chr. niedergelegt worden sind.

DIDYMA

Von hier liegen fünf Fibeln bzw. Fibelfragmente vor, davon keine phrygischen Typs; sie gehören zu den Typen, die auf den ägäischen Inseln bzw. im westanatolischen Küstenbereich vertreten sind.

---

[148] Ebd. 116f.
[149] Jacobsthal, JHS. 71, 1951, 85 ff.
[150] Ephesos 145 f. 235.
[151] Jacobsthal, JHS. 71, 1951, 85 und Anm. 2.
[152] Ephesos 152 f. Taf. 19,1–3.
[153] N. Fıratlı, I.A.M.Y. 8, 1958, 31 ff.
[154] Ebd. 32.

Ein archaischer Tempel wurde durch Fundamentreste und Bauteile nachgewiesen. Er wurde von dem jetzt stehenden hellenistischen Tempel völlig überbaut.

Zwei Fibeln wurden bei den Ausgrabungen von K. Tuchelt und R. Naumann 1962 im südwestlichen Gebiet des Tempels gefunden. Eine vom Typ III b kam im Nordsüdschnitt der Planierungsschicht, die über dem Schwemmboden lag, zum Vorschein. Alle Funde werden von den Ausgräbern ins 8.–7. Jh. v. Chr. datiert.[155] Die zweite Fibel stammt aus der Fundamentaufschüttung der Halle. Weitere drei fragmentarisch erhaltene Fibeln, eine der Variante II f,1 und zwei vom Typ III e, wurden während der Grabungen 1969–70 gefunden.

SARDİS

In der lydischen Hauptstadt Sardis, in der Nähe der modernen türkischen Stadt Manisa, begannen erste Ausgrabungen im Jahr 1910 (Artemis-Tempel und lydische Gräber des 7.–5. Jh. v. Chr.). Von diesen Ausgrabungen sind keine Fibelfunde bekannt.[156] Seit 1958 werden die Ausgrabungen von amerikanischen Archäologen unter Leitung von G. M. A. Hanfmann und jetzt von C. H. Greenewalt, jr. fortgeführt. Frau Prof. J. C. Waldbaum, die die Metallarbeiten aus Sardis demnächst publizieren wird, stellte mir freundlicherweise die Fibelfunde zur Verfügung, die während der Grabungskampagnen von 1958 bis 1978 gefunden wurden. Es sind sechs Stücke. Sie gehören zu den Fibeltypen: III e; A III,1; H II,2; Gruppe H zugehörig; J II, 1 und P I. Das Fibelfragment A III,1 wurde im Bezirk des Athena-Tempels auf der Oberfläche gefunden (nicht schichtbestimmt). Das Exemplar der Variante H II,2 kam am Ostufer des antiken Flusses Pactolus (jetzt Sart çayı) „PN" im Nordgebiet zutage, das eine kontinuierliche Besiedlung vom späten 7. oder frühen 6. Jh. v. Chr. bis über die spätrömische Zeit hinaus aufweist. Alle übrigen Fibeln stammen aus dem sog. „House of Bronze" (HoB), genannt nach einer spätrömischen Hausanlage, die während der Grabungen Bronzegeräte lieferte. Dabei wurden an dieser Stelle in der untersten Schicht (12 m unter der Oberfläche) Reste aus dem 14. Jh. v. Chr. gefunden,[157] die sich bis ins frühe 7. Jh. v. Chr. fortsetzten. Hierbei konnten eine frühe lydische Schicht III, die in das späte 8. Jh. v. Chr. bis ins frühe 7. Jh. v. Chr. zu setzen ist, sowie eine darauf folgende Schicht lydisch II, etwa ab Mitte des 7. Jh. v. Chr. bis frühes 6. Jh. v. Chr., und schließlich eine jüngere lydische Schicht I unterschieden werden.

Die stratigraphische Abfolge innerhalb dieser Schichten wird an verschiedenen Grabungsstellen mit unterschiedlichen Ebenen mit Ziffern bezeichnet, wobei die kleinste Zahl die älteste Schicht bedeutet, so ist z. B. ca. 97,5–96,5 der lydischen Schicht III, ca. 98–97,5 der Schicht II und ca. 98,8–99,65 der lydischen Schicht I zuzuordnen.[158] Innerhalb der Schicht III bei ca. 97,6–97,2 fand sich eine Brandschicht, die auf eine gewaltsame Zerstörung schließen läßt und als „Kimmerische Zerstörung" bezeichnet wird.[159] Die Datierung (erste Hälfte des 7. Jh. v. Chr.) erfolgt aufgrund einer dort gefundenen protokorinthischen Kleeblatt-Oinochoe. Auf diese kimmerische Zerstörungsschicht folgt eine Erdschicht unterschiedlicher Mächtigkeit (20–40 cm), die wahrscheinlich mit Absicht dort aufgebracht wurde.

In der nachfolgenden, aus der Mitte (?) des 7. Jh. v. Chr. bis ins frühe 6. Jh. v. Chr. reichenden Schicht

---

[155] Istanbuler Mitt. 13–14, 1963/64, 24 f.
[156] Butler, Sardis; für die in der neuen Zeit ausgegrabenen Gräber siehe: Greenewalt, Lydian Graves 113 ff.
[157] BASOR. 182, 1966, 8.

[158] Über die Chronologie von HoB vgl. G. F. Swift Jr., BASOR. 182, 1966, 8 ff.; C. H. Greenewalt Jr., Ritual Dinners in Early Historic Sardis. University of California Publications: Classical studies 17, 1978, 4 ff. 28 ff.
[159] BASOR. 182, 1966, 10 f.

II wurde eine Steinmauer mit angrenzenden Räumen gefunden, Teil eines lydischen Marktes. Die Schicht lydisch I dürfte ins späte 7. bis in die Mitte des 6. Jh. v. Chr. gehören.

Abgesehen von Fibeltyp III e, die unterhalb der Schicht lydisch III gefunden wurde, stammen die drei anderen aus HoB aus den Schichten nach der Mitte des 7. Jh. v. Chr. Das Gebäude D von HoB, in dem die Fibel der Variante J II,1 gefunden wurde, wird nach korinthischer und rhodischer Importware um die Mitte des 7. Jh. v. Chr. angesetzt.

IASOS

Durch die in der karischen Stadt Iasos unter Leitung von D. Levi seit 1960 durchgeführten Ausgrabungen wurde festgestellt, daß dieser Platz vom Beginn der Bronzezeit bis in die byzantinische Zeit ununterbrochen besiedelt war. Während der Grabungskampagne 1969/70 wurde in der Nähe des westlichen Stylobate der römischen Agora über einer Schicht mit Myk. III A-Keramik eine protogeometrische Nekropole entdeckt (Körperbestattungen in rechteckigen Steinkistengräbern mit Steinplatten und Brandbestattungen in Pithoi).[160] Einige Kistengräber (entweder mit einer oder mehreren Körperbestattungen) enthielten reichlich Beigaben; mitunter fanden sich Beigaben außerhalb des Grabes, unmittelbar an dessen Schmalseite. Die Beigaben aus diesen Gräbern sind einheitlich: lokal hergestellte protogeometrische Keramik,[161] Fibeln, überwiegend vom Typ III a bzw. III b, bronzene Ohrringe und bronzene Armspirale.[162]

In einem Pithos mit Brandbestattung (Grab XXXIX) wurde eine Sanguisugafibel gefunden. Sie ist (wie alle Fibeln dieser Nekropole) schlecht erhalten.[163] Das Steinkistengrab T I enthielt eine Fibel vom Typ III a oder b,[164] ebenso das Grab XXIX, das wohl mehrere Körperbestattungen enthielt. Einige Steinkistengräber waren mit einer Platte verschlossen,[165] so Grab XXVII mit mindestens vier Bestattungen und sechs Fibeln vom Typ III a und b,[166] sowie Grab XLVIII mit drei Bestattungen und 13 Tongefäßen sowie neun Fibeln.

Insgesamt wurden in diesen Gräbern von Iasos mindestens 18 Fibeln gefunden. Die meisten sind am Bügel mit einem bis fünf Kugelelementen versehen.[167] Die Fußplatten sind allgemein rechteckig oder trapezförmig und weisen bei manchen Exemplaren an den Rändern eine feine Ritzung auf. Vertreten sind auch die Fibeltypen IV c und VI a.

Zehn dieser Fibeln, die allgemein stark korrodiert sind, konnten im Museum von İzmir aufgenommen werden. Während der Materialaufnahme waren die Inventarbücher nicht zugänglich, so daß deshalb Angaben, aus welchen Gräbern sie stammen, in dem hier vorliegenden Katalog nicht möglich sind.

BEÇİN

Beim Straßenbau in Beçin, 5 km von Milâs, Bezirk Muğla, wurden 1953 zwei Gräber entdeckt, von denen das eine spätgeometrische Keramik, das andere solche des 4. Jh. v. Chr. enthielten (Gräber A und B). Bei systematischen Untersuchungen von A. Akarca (Universität Istanbul) im Jahr 1965[168] kamen fünf

---

[160] D. Levi/C. Laviosa, Türk Ark. Dergisi 19/1, 1970, 143 ff.; Ann. Sc. Arch. Atene N.S. 31–32, 1969–1970, 462 ff.
[161] Ebd. 470.
[162] Ebd. 471.
[163] Ebd. 473 Abb. 13 c.
[164] Ebd. 472 Abb. 12 a.
[165] Ebd. 467 f.
[166] Ebd. 473 Abb. 13 b.
[167] Ebd. 470.
[168] Akarca, Beçin. Belleten 35 H.137, 1971, 1 ff.

Gräber zutage, die sich auf die Spanne von der spätgeometrischen Zeit bis ins frühe 3. Jh. v. Chr. verteilen. Zwei dieser Kistengräber (Grab 2 und 3) mit Kollektivbestattungen enthielten Fibeln. In einem Grab[169] befanden sich fünfzehn Körperbestattungen von Erwachsenen, dabei Skyphoi, kleine Amphoren, Lekythoi und drei Fibeln vom Typ VI, a. Das andere Grab war nicht so beigabenreich. Es enthielt neun Körperbestattungen, darunter die eines Kindes in Hockerstellung,[170] Keramik und Fragmente von Fibeln des Typs IV,9 nach Blinkenberg, eine Fibel der Variante II f,1 und eine vom Typ II d. Akarca datiert die Fibeln aus den Gräbern 2 und 3 aufgrund der Keramik allgemein in das 8. Jh. v. Chr.[171]

ASSARLIK

Ende des vorigen Jahrhunderts wurden von Paton in Assarlık (Termera), westlich von Halicarnassus (Bodrum), gegenüber der Akropolis einige Hügelgräber mit Brandbestattungen ausgegraben. Aufgrund der Keramik handelt es sich um einen Friedhof, der vom Beginn der protogeometrischen bis in die geometrische Zeit hinein benutzt wurde.[172]

Zwei unweit voneinander liegende Tumuli (A und B) bargen jeweils ein Kammergrab mit Dromos. Die Kammern enthielten jeweils einen Pithos mit Resten von Brandbestattungen. Die Gräber waren geplündert; Fibeln wurden nicht gefunden.[173] Südwestlich dieser Tumuli lagen sieben runde und vier rechteckige Einfriedungen aus polygonalen Steinen. Die kreisförmigen besaßen eine von zwei bzw. drei Steinplatten bedeckte Grabkammer. Bei den rechteckigen fehlte eine solche; dafür wurde in einer dieser letzteren eine flache mit vier Terrakottaplatten ausgelegte Aushöhlung festgestellt, wahrscheinlich ein Kistengrab, das mit einem großen runden Stein bedeckt war und Asche enthielt. Die runden Einfriedungen gehörten offensichtlich zu Tumuli; ihre Grabkammern glichen denen des Tumulus A.

Hierzu gehört Grab C; dem Kammereingang gegenüber fanden sich Reste von zwei Pithoi mit Brandbestattungen, die vermutlich in einem Terrakottasarkophag lagen; in der Grabkammer wurde ein weiterer ähnlicher Pithos gefunden. Die Beigaben umfaßten Fragmente von Eisenwaffen, Messer, Speerspitzen, eine zickzackverzierte Goldplatte, ein goldenes Schmuckstück sowie einen Goldring und fragmentarisch erhaltene Bronzefibeln vom Typ II d. A. M. Snodgrass und V. R. d'A. Desborough betonen die Datierung in die geometrische Zeit, und zwar nicht in eine Frühphase dieser Stufe.[174]

In den Gräbern D und E, ebenfalls mit kreisförmiger Einfriedung, wurden keine Fibeln gefunden.

Hangabwärts wurden in einem größeren Bereich ähnliche Einfriedungen festgestellt, zumeist rechteckige. In einer derselben (M) fanden sich zwei Steinkistengräber mit Brandbestattungen und einer Fibel vom Typ II d. In einer anderen rechteckigen Einfriedung (N), die durch eine Steinreihe in zwei Teile gegliedert wurde, waren mindestens fünf Brandbestattungen in Pithoi niedergelegt. Ein großer Krug enthielt eine Bronzefibel vom Typ II d. Die Einfriedung O barg mindestens fünf Brandbestattungen, zwei davon mit Keramik. Ein intakt angetroffener Pithos ergab eine Fibel vom Typ II a.

Nach Desborough gehört die Keramik des Grabes O zum frühesten Fundbestand der Nekropole von Assarlık.[175] Er vergleicht diese Keramik mit derjenigen des submykenischen Grabes 19 vom Keramaikos in Athen und schließt nicht aus, daß die Bügelkanne ein Importstück aus Athen ist. Er setzt die Keramik

---

[169] Ebd. 10 ff.
[170] Ebd. 13.
[171] Ebd. 10.
[172] Desborough, Greek Dark Ages 180.
[173] JHS. 8, 1887, 68 ff.; Desborough, Protogeom. Pottery 220.
[174] Snodgrass, Dark Age 237; Desborough, Protogeom. Pottery 219 f.
[175] Desborough, Protogeom. Pottery 218 f.

des Grabes O an den Übergang von der submykenischen zur protogeometrischen Zeit (erste Hälfte des 11. Jh. v. Chr.).[176] Aufgrund dieser Keramik scheint für Desborough eine Niederlassung von Siedlern aus Attika, die den Brauch der Brandbestattungen mitgebracht haben könnten, zu jener Zeit möglich.[177] Snodgrass zeigt auf, daß die Keramik von Assarlık, die eine enge Verwandtschaft von Attika aufweist, mit wenigen Ausnahmen lokal hergestellt wurde.[178]

Zwei weitere, von Paton in Assarlık ausgegrabene Gräber, über die nichts Näheres bekannt ist, enthielten Fibeln: Grab G eine vom Typ II b, Grab F zwei Kugelfragmente von Fibeln des Typs V a.

Alle Fibeln von Assarlık werden im British Museum London aufbewahrt.

WEITERE FUNDORTE

Als weitere systematisch ausgegrabene Fundorte, in denen phrygische Fibeln bzw. Fibeln phrygischen Typs gefunden wurden, sind Bayraklı, Kültepe und schließlich Maşat zu erwähnen.

Die Fibeln aus Bayraklı waren im Sommer 1977 im Museum von İzmir leider nicht zugänglich und bleiben somit weiterhin unveröffentlicht; ebenfalls unpubliziert bleiben die mehrfach erwähnten phrygischen Fibeln aus Kültepe[179] (drei Fibeln aus der Siedlung: eine der Variante A IV,4, sehr stark korrodiert, eine der Variante H II,3 und eine vom Typ K I, aufbewahrt im Museum zu Kayseri) und aus Maşat.[180]

---

[176] Desborough, Last Mycenaeans 254.
[177] Desborough Protogeom. Pottery 220.
[178] Snodgrass a. a. O. 66 f.
[179] Anatolia. 17, 1973, 13 Anm. 35; Boehmer, Kleinfunde Unterstadt 4.
[180] Özgüç, Maşat 17 bzw. 67.

DER FUNDSTOFF

I. VIOLINBOGENFIBELN

Über das Ursprungsland der Violinbogenfibeln werden in der Forschung verschiedene Meinungen vertreten. Frühe Violinbogenfibeln sind sowohl in Italien (Peschiera) als auch aus der gleichen Zeit (Myk. III B) in Griechenland bekannt.

Das Vorkommen und die Verbreitung der mykenischen Keramik in Anatolien wurde zuletzt von C. Mee zusammengefaßt.[1] Bemerkenswert ist die Tatsache, daß neben der reichlich vertretenen mykenischen Keramik bis heute keine Violinbogenfibel gefunden wurde. Dies wäre zumindest aus der spätmykenischen Nekropole von Müsgebi zu erwarten gewesen. Die Bronzefunde aus dieser Nekropole sind Speerspitzen und Messer.[2] In der Umgebung von Bodrum wurden einige Griffzungenschwerter gefunden.[3] Dagegen gehen die Fibelfunde aus diesem karischen Gebiet zeitlich nicht über die protogeometrische Zeit hinaus. An anderen Fundplätzen mit Myk. III-Keramik-Vorkommen wurden ebenfalls keine Violinbogenfibeln gefunden. Es ist kaum vorstellbar, daß bei diesen Niederlassungen Fibeln unbekannt waren. Das Fehlen dieser Gattung könnte z. Z. dadurch erklärt werden, daß es in diesem Gebiet nicht Brauch war, Fibeln zu tragen.

Die bis heute ältesten Violinbogenfibel-Funde im benachbarten Raum der kleinasiatischen Küste reichen bis Kreta. Eine unserem Exemplar nahe stehende Fibel wurde auf der Insel Kos gefunden.[4]

TYP I a

Violinbogenfibel mit kräftigem Bügel von rundem Querschnitt mit zwei Knoten. Der mit reichem Ritzmuster verzierte Bügel ist ein wenig gebogen. Der Fuß ist glatt und zungenförmig.

Das einzige bekannte Exemplar dieses Typs entspricht dem Typ A II h von Sundwall. Ein sehr ähnliches Stück stammt aus dem Urnenfeld von Timmari im westlichen Apulien.[5] Fibeln dieser Art wurden auch in Pianello und Pantalica gefunden.[6] Diese italienischen Stücke werden allgemein etwa dem 12. Jh. v. Chr. zugewiesen.[7]

Sollte dieses Stück in Anatolien gefunden worden sein, so ist es ohne Zweifel als Import aus dem Westen zu betrachten.

1. Fundort unbekannt. – Fibel; Nadel abgebrochen, Spiralwindung verbogen; L. 12,1 cm (*Taf. 1,1*). – Mus. Istanbul (72.17). – Ankauf. – Unpubliziert.

---

[1] C. Mee, Anat. Stud. 28, 1978, 121 ff.

[2] Ebenfalls ähnliche mykenische Dolche, Messer usw., aber keine Fibeln wurden während der früheren Ausgrabungen in Milet gefunden (Mitt. von Herrn Dr. P. Hommel, Frankfurt).

[3] Eines ist in der Vitrine des Museums von Bodrum ausgestellt.

[4] Sapouna-Sakellarakis, PBF. XIV,4 (1978) Nr. 6.

[5] Sundwall, Fibeln 70 Abb. 47.

[6] Müller-Karpe, Chronologie Taf. 56, A 14. Taf. 1, A 3.

[7] Ebd. 35 f.; 90 f.; 193 f.

TYP I b

Violinbogenfibel mit blattförmigem, kräftigem Bügel mit rechteckigem Querschnitt und schraffiertem Ritzdekor.

Die einzige Fibel dieses Typs aus unserem Arbeitsgebiet, die ohne Fundort-Angabe zusammen mit drei weiteren „ähnlichen" Stücken in den alten Inventarbüchern des Istanbuler Museums unter Inv. Nr. 116 registriert ist, steht der in Enkomi, Zypern, gefundenen Fibel[8] aufgrund ihrer Bügelverzierung sehr nahe. Die „drei weiteren Fibeln" konnten im Istanbuler Museum nicht aufgefunden werden. Weitere Parallelen sind von den ägäischen Inseln bekannt, z. B. eine Fibel aus Kreta.[9]

Die Funde aus dem östlichen Mittelmeerraum werden von J. Birmingham etwa in die zweite Hälfte des 13. Jh. v. Chr. gesetzt.

2. Fundort unbekannt. – Fibel; intakt; Nadelquerschnitt rund; L. 8,4 cm; Bügel-Br. 0,9 cm; Bügel-D. ca. 0,2 cm (*Taf. 1,2*). – Mus. Istanbul (116). – Unpubliziert.

II. BOGENFIBELN

TYP II a (Blinkenberg II 10 a)

Bogenfibel mit sechskantigem, polygonalem Bügel, der auf beiden Seiten durch einen Wulstring abgegrenzt wird; der Bügel ist in der Mitte leicht geschwollen, die Spirale groß.

Das Exemplar Nr. 4 zeigt auf der Innenseite des polygonalen Bügels parallellaufende Rillen. C. Blinkenberg vergleicht das Stück aus Assarlık (Nr. 3) mit den zwei in Pateli (Griechenland) gefundenen Fibeln.[1] Diese Fibeln konnten vom Verfasser im Istanbuler Museum untersucht werden, sie weisen den ganzen Bügel entlanglaufende Zickzack-Verzierungen auf; die Querschnitte des Bügels sind rund bzw. quadratisch. Eine unmittelbare Ähnlichkeit mit Typ II a ist nicht nachzuweisen.

In dem untersuchten Gebiet sind bis jetzt zwei Exemplare bekannt geworden. Das von W. R. Paton ausgegrabene Stück (Nr. 3) wurde in einem Pithos in dem Grab O von Assarlık gefunden; das zweite (Nr. 4) stammt aus der Umgebung von Çömlekçi (antikes Theangala). S. Przeworski hält das Exemplar von Assarlık für ein Importstück.[2] Wie bei den übrigen Fibeln aus der Nekropole von Assarlık und der Fibel Nr. 7 aus der Umgebung von Çömlekçi handelt es sich sehr wahrscheinlich um in Karien hergestellte Exemplare. Nach A. Furumark[3] treten Fibeln dieser Art zusammen mit protogeometrischer Keramik auf. A. M. Snodgrass setzt das in den Assarlık-Gräbern gefundene, lokal hergestellte Keramikmaterial mit der Keramik der frühen protogeometrischen Zeit in Athen in Beziehung.[4] Er datiert auch das Grab O, aus dem die Fibel Nr. 3 stammt, in diese Zeit.[5] V. R. d'A. Desborough, der ebenfalls die Keramik aus diesem Grab mit der Keramik des submykenischen Grabes 19 vom Keramaikos vergleicht, setzt das Grab O von Assarlık in die erste Hälfte des 11. Jh. v. Chr. ein.[6]

---

[8] J. Birmingham, PEQ. 95, 1963, 81 Abb. 1,b.

[9] Boardman, Cretan Collection 35 f. Fig. 16, Nr. 160; Catling, Bronzework Taf. 42,e.

[1] Blinkenberg, Fibules 67.

[2] Przeworski, Metallindustrie 67; vgl. S. 30.

[3] Furumark, Mycenaean Pottery II 92.

[4] Snodgrass, Dark Age 67 f.

[5] Ebd. 237.

[6] Desborough, Last Mycenaeans 254.

II. Bogenfibeln

Naheverwandte Exemplare sind auf Kreta aus Tylissos[7] und aus Mouliana[8] bekannt. Fibeln dieser Art fehlen in den submykenisch-protogeometrischen Gräbern vom Keramaikos.

3. Assarlık/Bodrum, Bez. Muğla. – Grab O, im Pithos. – Fibel; Nadel abgebrochen; nach Paton und Blinkenberg silberpatiniert, jetzt nur hellgrüne Patina; L. 11,2 cm, Bügel-D. 0,8 cm (*Taf. 1,3*). – Brit. Mus. London (1887.5-2.57). – Grabung Paton, 1887. – W. R. Paton, Excavations in Caria, JHS. 8, 1887, 64 ff. Abb. 17; Blinkenberg, Fibules Abb. 43; Montelius, Kulturperioden Abb. 174.

4. Çömlekçi/Bodrum, antikes Theangala, Bez. Muğla. – Fibel; in vier Teile zerbrochen; L. 10,5 cm, größte Bügel-D. 0,85 cm (*Taf. 1,4*). – Mus. Bodrum (2799). – Erworben in Çömlekçi. – Unpubliziert.

TYP II b (Blinkenberg II 12 e)

Verglichen mit den Exemplaren des Typs II a sind die Fibeln vom Typ II b kleiner und weisen eine kleine Spirale auf.

Der Querschnitt des in der Mitte dicker werdenden Bügels entspricht dem der voraufgehenden Fibeln. Der Bügel wird auf beiden Seiten jeweils mit einem Knoten abgeschlossen, der beidseitig von kleinen Scheiben begleitet wird. Die Bügelschäfte sind von rechteckigem bis quadratischem Querschnitt.

Das einzige Exemplar aus dem untersuchten Gebiet stammt aus dem Grab G von Assarlık.

Nahestehende Exemplare wurden auf Kreta gefunden; sie kommen dort in der subminoisch-protogeometrischen bzw. frühgeometrischen Zeit vor.[9] Demnach ist eine dem Typ II a entsprechende Datierung sehr wohl möglich.

5. Assarlık/Bodrum, Bez. Muğla. – Grab G. – Fibel; Nadel und z. T. Nadelhalter abgebrochen; L. 6,9 cm; Bügel-D. (Mitte) 0,5 cm (*Taf. 1,5*). – Brit. Mus. London (1887.5-2.53). – Grabung Paton, 1887. – Unpubliziert.

TYP II c (Blinkenberg II 15 b)

Asymmetrische Bogenfibel von rhombischem Querschnitt. Der Fuß ist flach und hochgezogen.

6. „Kleinasien". – Fibel; intakt, L. 4,7 cm (*Taf. 1,6*; nach Museumsphoto). – Mus. Stockholm (12 386 = 7). – Månadsblad 1903-05, 198 Abb. 262.

Blinkenberg behandelt diese Fibel, die bis jetzt das einzige Exemplar ihrer Art aus Kleinasien darstellt, unter seinem Typ II 15. Eine verwandte Fibel aus Vrokastro in Kreta (II 15 a) wurde in einem submykenischen Grab gefunden. Die Fibel der Variante II 15 b hält er jedoch mit Recht für bedeutend jünger, wofür auch die flache und hochgezogene Fußplatte spricht.

TYP II d (Blinkenberg II 17–19)

Asymmetrische Bogenfibeln mit in der Mitte leicht geschwollenem Bügel von rundem Querschnitt. Der Bügel wird beidseitig durch einen kräftigen Knoten bzw. einen bikonischen Wulst abgeschlossen, der

---

[7] Sapouna-Sakellarakis, PBF. XIV, 4 (1978) Nr. 219.
[8] Ebd. Nr. 222.
[9] Ebd. Nr. 220.

gelegentlich wie bei Nr. 9 und 11 eingeritzt sein kann. Zusätzliche Knoten sind bei Nr. 7, 8, 8 A auf der Nadel bzw. am Ausgang der Spirale – von rhombischem Querschnitt – zur Nadel angebracht. Der Bügelschaft (Nadelhalterseite) ist stets von rechteckigem Querschnitt.

7. Çömlekçi/Bodrum, antikes Theangala, Bez. Muğla. – Fibel; Nadelhalter z. T. abgebrochen; feine Ritzungen an den Stellen, wo der Bügel von Knoten abgeschlossen wird; L. 10,2 cm, größter Bügel-Dm. 0,78 cm (*Taf. 1, 7*). – Mus. Bodrum (2799). – Ankauf. – Unpubliziert.
8. Assarlık/Bodrum, Bez. Muğla. – Grab C. – Fibel; drei Fragmente; Nadelhalter und Nadel fehlen; erh. L. 1,85 cm; 2,1 cm; 3,5 cm (*Taf. 1, 8*). – Brit. Mus. London (1887.5-2.62). – Grabung Paton. – Unpubliziert.
8 A. Assarlık/Bodrum, Bez. Muğla. – Grab C. – Fibelfragment; Nadelteil mit Knoten; L. 4,35 cm (*Taf. 1, 8 A*). – Brit. Mus. London (1887.5-2.65). – Grabung Paton. – Unpubliziert.
9. Assarlık/Bodrum, Bez. Muğla. – Grab C. – Fibel; Nadel und Spirale abgebrochen; Bügel mit drei Knoten; erh. L. 6,1 cm; größter Bügel-Dm. 0,6 cm (*Taf. 1, 9*). – Brit. Mus. London (1887.5-2.52). – Grabung Paton. – Unpubliziert.
10. Assarlık/Bodrum, Bez. Muğla. – Grab ?. – Fibel; Nadel abgebrochen; L. noch 7,7 cm, größter Bügel-Dm. 0,8 cm (*Taf. 2, 10*). – Brit. Mus. London (1887.5-2.56). – Grabung Paton. – Unpubliziert.
11. Assarlık/Bodrum, Bez. Muğla. – Grab M. – Fibel; Nadel zerbrochen; L. 6,1 cm, größter Bügel-Dm. 0,5 cm (*Taf. 2, 11*). – Brit. Mus. London (1887.5-2.54). – Grabung Paton. – Unpubliziert.
12. Assarlık/Bodrum, Bez. Muğla. – Grab N. – Fibel; Nadel und z. T. Nadelhalter fehlen, große Spirale, jetzt abgenutzte Knoten; erh. L. 7,3 cm, größter Bügel-Dm. 0,5 cm (*Taf. 2, 12*). – Brit. Mus. London (1887.5-2.55). – Grabung Paton. – Unpubliziert.
12 A. Bayraklı, Bez. İzmir. – Fibel; ohne Maßstab (*Taf. 2, 12 A*; nach Skizze H. Müller-Karpe). – Mus. İzmir. – Grabung Akurgal. – Unpubliziert.
13. Beçin/Milâs, Bez. Muğla. – Grab Nr. 3. – Fibel; Nadel fehlt; L. ca. 7 cm (*Taf. 2, 13*; nach Akarca). – Verbleib unbekannt. – A. Akarca, Belleten 35 H. 137, 1971, 1 ff. Taf. 5 Abb. 20.

Eine Übersicht über die Verbreitung von Fibeln dieser Art (Blinkenberg II 17–19) wurde zuletzt von J. Birmingham gegeben.[10] Diese Fibelgattung wurde überwiegend auf Zypern gefunden, wo sie offensichtlich auch entstanden ist. Die asymmetrische Bügelform mag allgemein zwar keine zyprische Erfindung sein, da sie bereits bei den Violinbogenfibeln in Peschiera[11] auftritt, jedoch ist sie bereits bei den ältesten Fibelfunden auf Zypern[12] vorzufinden und prägt während der ganzen Eisenzeit die zyprische Fibelform. Es ist sogar nicht auszuschließen, daß die asymmetrischen Fibeln von Zypern zur Entstehung der vorderorientalischen sog. „Kniefibeln" beigetragen haben.

Asymmetrische Bogenfibeln kommen ebenfalls auf den ägäischen Inseln[13] und in den submykenischen Gräbern vom Keramaikos vor.[14] Birmingham betrachtet die Exemplare vom Keramaikos als Importstücke aus Zypern.[15]

Die Exemplare aus den Gräbern von Assarlık stammen offensichtlich aus karischen Werkstätten, denn weder von den ägäischen Inseln noch von Zypern sind entsprechende asymmetrische Exemplare bekannt, die auf der Nadel einen zusätzlichen Knoten aufweisen; dieser scheint ein karisches Merkmal zu sein. Sehr wahrscheinlich entstanden sie nach zyprischen Vorbildern.

Auf die Beziehung zwischen Assarlık und Keramaikos wurde bereits hingewiesen.[16] Die asymmetrischen Fibeln aus Assarlık scheinen zwar zeitlich jünger zu sein als die in den oben erwähnten submykenischen Keramaikos-Gräbern gefundenen Exemplare dieser Art, jedoch ist eine gewisse Verwandtschaft zwischen den Fibeln Nr. 3–4 von Typ II a und den Fibeln Nr. 7–8 von Typ II d aus Assarlık und Çöm-

---

[10] J. Birmingham, The Development of the Fibula in Cyprus and the Levant. PEQ. 95, 1963, 87 f.
[11] Müller-Karpe, Chronologie Taf. 103, 1–11. Vgl. auch Taf. 25, 2–3.
[12] Birmingham a. a. O. 80 ff.
[13] Sapouna-Sakellarakis a. a. O. 53.
[14] Müller-Karpe, Metallbeigaben Abb. 3, 10; Abb. 5, 12.
[15] Birmingham a. a. O. 90.
[16] Vgl. Typ II a.

II. Bogenfibeln

lekçi vorhanden. Es ist daher in dem bis jetzt wenig untersuchten Karien mit dem Auftauchen von asymmetrischen Fibeln bereits in der submykenisch-protogeometrischen Zeit zu rechnen.

Birmingham setzt diese Fibelgattung in die Zeit zwischen 1125–950 v. Chr.[17] und weist darauf hin, daß sie außerhalb Zyperns in datierbaren Fundzusammenhängen nicht später als im 10. Jh. v. Chr. vorkommt.[18]

Bei dem von Birmingham erwähnten Stück aus Bayraklı[19] dürfte es sich um die hier abgebildete Fibel Nr. 12 A handeln.

Die Exemplare von Assarlık stammen aus den Gräbern, C, M und N. Die Nr. 10 wurde von Paton ebenfalls in der Nekropole von Assarlık gefunden, jedoch war nach den Inventarbüchern des Britischen Museums nicht auszumachen, aus welchem Grab sie stammt.

Aufgrund der Keramik gehört nach Snodgrass[20] und Desborough[21] das Grab C der geometrischen Zeit an; ein von Assarlık-Fibeln aufgrund des Nichtvorhandenseins eines Knotens abweichendes Exemplar (Nr. 13) wurde in einem als geometrisch datierten Grab von Beçin gefunden.

Das Exemplar von Bayraklı ist eher den von Sapouna-Sakellarakis als Typ IVb bezeichneten[22] Fibeln zuzuordnen und möglicherweise ein Import von den Inseln. Sehr nahestehende Exemplare stammen überwiegend aus den Gräbern von Skyros (spätgeometrisch) und aus Hephaisteia auf Lemnos (geometrisch);[23] eine Parallele aus dem späten 10. Jh. v. Chr. findet sich auf dem Festland im Nordpeloponnes.[24]

Asymmetrische Fibeln wurden in Anatolien außerdem in Kilikien gefunden.[25]

TYP II e (Blinkenberg II 7 g)

Bogenfibel mit tordiertem Bügel und mit großer Spirale.

Das einzige Exemplar, das in dem hier untersuchten Gebiet gefunden wurde, stammt aus Troja. Das Fehlen der Nadelhalterseite erlaubt keine weitere typologische Einordnung dieses Stückes innerhalb der Gattung der Bogenfibeln mit tordiertem Bügel, die weit über Griechenland hinaus verbreitet sind. Eine asymmetrische Bügelform ist nicht auszuschließen.

13 A. Troja, Bez. Çanakkale. – Fibel; fragmentiert; gr. L. 6,5 cm (*Taf. 2, 13 A*; nach Dörpfeld). – Verbleib unbekannt. – Schliemanns Sammlung Nr. 6495. – Dörpfeld, Troja 414 Abb. 431; Schmidt, Schliemanns Sammlung 258 Nr. 6495.

Nach A. Götze[26] gehört diese Fibel in die Zeit vor der Troja VIII-Ansiedlung. Wie oben bereits erwähnt, erlaubt das Fehlen der Nadelhalterseite keine typologische Analyse für die nähere Datierung.

TYP II f

Kleine Bogenfibeln mit symmetrischem Bügel. Keine der hier dargestellten Fibeln dieser Gattung erreichen in ihrer Größe die Maße der in submykenischer Zeit bekannten Bogenfibeln. Sie gehören vielmehr zu den Miniaturfibeln.

---

[17] Birmingham a. a. O. 89.
[18] Ebd. 91.
[19] Ebd. 89.
[20] Snodgrass a. a. O. 236 f.
[21] Desborough, Protogeom. Pottery 220.
[22] Sapouna-Sakellarakis a. a. O. Taf. 19–23.
[23] Ebd. 69 ff.
[24] Snodgrass a. a. O. 244 Abb. 87.
[25] Goldman, Tarsus II Pl. 432, 246; Birmingham a. a. O. 89.
[26] Dörpfeld, Troja 414 f.

Der Fundstoff

Der gesamte Fundbestand dieses Typs stammt ausschließlich von den Fundplätzen des westlichen Küstenbereiches von Kleinasien. Die Lebensdauer dieser einfachen Fibeln erstreckt sich im ägäischen Bereich von der submykenischen Zeit bis in die archaische Zeit hinein. Folgende Varianten sind zu unterscheiden:

Variante II f,1

Dünne kleine Bogenfibeln, die aus einem Bronzedraht hergestellt sind, dessen Querschnitt von rund, oval, rhombisch bis rechteckig variiert.

Zu dieser Variante gehören die Fibeln, die aus der Umgebung von Bodrum stammen sowie eine Fibel aus dem Grab 3 von Beçin. Zwei der Fibeln aus der Umgebung von Bodrum tragen auf die Nadel aufgeschobene Bronzeperlen. Eine aus dem Grab 2 von Beçin stammende Zierknopffibel trägt ebenfalls eine solche Perle auf der Nadel; Zierknopffibeln kommen auf den ägäischen Inseln von der Mitte des 8. Jh. bis etwa 600 v. Chr. vor[27]. Die Fibel aus Beçin wird vom Ausgräber A. Akarca in das 8. Jh. gesetzt.[28] Die Sitte, Fibeln mit eingeschobenen Perlen ins Grab zu geben, kann als chronologischer Anhaltspunkt gewertet werden. Einige Exemplare aus der Umgebung von Bodrum sind durch noch erkennbare Strichgruppen verziert.

Eine weitere Fibel von rundem Querschnitt stammt aus Didyma; diese Miniaturfibel gilt als Streufund und wird von K. Tuchelt als möglicherweise „geometrisch" eingestuft.[29]

Viele von Sundwall als Typ B II α c bezeichnete Fibeln aus Mittelitalien, Latium und Cumae mit mehr oder weniger geschwollenen Bügeln, die bei fast allen von Sundwall katalogisierten Exemplaren ritzverziert sind, weisen auf die Nadel aufgeschobene bronzene Perlchen vom gleichen Querschnitt wie jene aus der „Umgebung von Bodrum"[30] auf. Nach Sundwall wird die Entstehung der Fibeln vom Typ B II α c in das 9. Jh. gesetzt; sie waren weiterhin im Gebrauch in der ersten Hälfte des 8. Jh. v. Chr.[31]

14. „Umgebung von Bodrum", Bez. Muğla. – Fibel; intakt, Miniaturfibel, teilweise erhaltene Strichgruppen auf dem Bügel. L. 2,4 cm; Bügel-D. 0,2 cm (*Taf. 2,14*). – Mus. Bodrum (3985). – Ankauf. – Unpubliziert.

15. „Umgebung von Bodrum", Bez. Muğla. – Fibel; intakt; L. 2,35 cm; Bügel-D. 0,15 cm (*Taf. 2,15*). – Mus. Bodrum (3986). – Ankauf. – Unpubliziert.

16. „Umgebung von Bodrum", Bez. Muğla. – Fibel; intakt; drei auf die Nadel eingeschobene Perlen; L. 2,6 cm; Bügel-D. 0,2 cm (*Taf. 2,16*). – Mus. Bodrum (3983). – Ankauf. – Unpubliziert.

17. „Umgebung vom Bodrum", Bez. Muğla. – Fibel; intakt; sechs eingeschobene Perlen auf der Nadel; Bügel durch Strichgruppen verziert; L. 2,8 cm; Bügel-D. 0,2 cm (*Taf. 2,17*). – Mus. Bodrum (3984). – Ankauf. – Unpubliziert.

18. „Umgebung von Bodrum", Bez. Muğla. – Fibel; intakt; teilweise erhaltene Strichgruppen auf dem Bügel; L. 2,65 cm; Bügel-D. 0,15 cm (*Taf. 2,18*). – Mus. Bodrum (3988). – Unpubliziert.

19. „Umgebung von Bodrum", Bez. Muğla. – Fibel; intakt; L. 2,3 cm; Bügel-D. 0,15 cm (*Taf. 2,19*). – Mus. Bodrum (3990). – Ankauf. – Unpubliziert.

20. „Umgebung von Bodrum", Bez. Muğla. – Fibel; intakt; besonders fein; L. 2,4 cm; Bügel-D. 0,15 cm (*Taf. 2,20*). – Mus. Bodrum (3989). – Ankauf. – Unpubliziert.

21. „Umgebung von Bodrum", Bez. Muğla. – Fibel; Nadelspitze abgebrochen; L. 2,45 cm; Bügel-D. 0,15 cm (*Taf. 2,21*). – Mus. Bodrum (3987). – Ankauf. – Unpubliziert.

22. Beçin/Milâs, Bez. Muğla. – Grab 3. – Fibel; Nadel abgebrochen; L. 3,4 cm (*Taf. 2,22*; nach Akarca). – Verbleib unbekannt. – A. Akarca, Belleten 35 H. 137, 1971, 1 ff. Taf. 5 Abb. 19.

23. Didyma, Bez. Aydın.-O. K. 5.-Südabschnitt, Streufund. – Fibel; zerbrochen; L. 3,5 cm (*Taf. 2,23*; nach Tuchelt). – Verbleib unbekannt. – K. Tuchelt, Istanbuler Mitt. 21, 1971, 84 Abb. 269.

---

[27] Sapouna-Sakellarakis a. a. O. 97 (Typ VII a).
[28] Akarca, Belleten 35 H. 137, 1971, 10.
[29] K. Tuchelt, Istanbuler Mitt. 21, 1971, 84.
[30] Sundwall, Fibeln 97 f. Abb. 107.
[31] Ebd. 36.

Variante IIf, 2 (Blinkenberg II 4)

Es handelt sich ausnahmslos um kleine Fibeln aus dünnem Blech. Die Fußplatte ist klein und allgemein zungenförmig; bei einigen Exemplaren ist diese jedoch breit, flach und hochgezogen.

Die hier behandelten Exemplare dieser Variante sind ausschließlich Tempelfunde; sie stammen aus dem Artemis-Tempel von Ephesos, aus dem Rundtempel von Knidos und aus einer Fundgruppe aus der Umgebung von İzmir, die zweifellos auf ein Heiligtum zurückgeht und wie die übrigen Funde als Votivgabe zu verstehen ist. Einige Fibeln verschiedener Typen dieser Fundgruppe, die unter den Inventar-Nr. 6261–93 im Archäologischen Museum in Istanbul aufbewahrt sind, wurde bereits von N. Fıratlı veröffentlicht.[32] Unter Inv.-Nr. 6267 befinden sich 46 Fibeln und Fragmente, die der Variante II f, 2 angehören. Eine Auswahl in verschiedenen Größen wird hier abgebildet. Weitere Fibeln dieser Variante finden sich unter Inv.-Nr. 6290 – etwa 25 Bruchstücke von Fibeln aus sehr dünnem Blech mit kleinem und zungenförmigem Fuß – und unter Inv.-Nr. 6281 solche mit verhältnismäßig breiten Bügeln.

Interessant ist eine kleine Bogenfibel mit rechteckigem Querschnitt (Nr. 27), deren rechteckige Aussprünge rechts und links der Fußplatte eine plumpe Nachahmung phrygischer Fibelnadelhalter zu sein scheinen. Sehr wahrscheinlich gehört sie in das 8./7. Jh. v. Chr. Das Vorhandensein einer kleinen Fibel der phrygischen Variante H II, 5 (7. Jh. v. Chr.) und die in die geometrische Zeit datierbaren Inseltypfibeln bekräftigen diese Annahme.

Die Fibelfunde[33] aus dem Artemision von Ephesos entsprechen etwa in ihrer Homogenität dem o. a. Fundbestand. Die von D. G. Hogarth ausgegrabenen Fibelfunde wurden damals zwischen dem Istanbuler Museum und dem Britischen Museum verteilt. Mehrere Bruchstücke befinden sich im Archäologischen Museum Istanbul unter Inv.-Nr. 2644; weitere solche Fibeln sind im Britischen Museum unter Inv.-Nr. 1907. 12-1. 300–342 mit anderen Fibeltypen aus Ephesos registriert. Eine Fibel (Nr. 34) zeigt eine in der Mitte des Bügels verlaufende Rille, rechts und links davon regelmäßige Kerbungen.

Mehrere kleine Bogenfibeln aus dünnem Blech wurden in Knidos gefunden. Mindestens 12 solcher Fibeln sind im vorläufigen Ausgrabungsbericht von Knidos publiziert.[34] Einige der Fibeln wurden ineinander verkettet aufgefunden und tragen Ringe auf den Nadeln.

Laut Ausgrabungsbericht wurden außerdem mögliche Gürtelschnallen und zumindest eine Fibel vom Typ III e zusammen mit den obigen im Rundtempel der Aphrodite Euploia gefunden.[35] Wie die Ausgräberin vermutet, waren diese Fibeln Votivgaben für eine weibliche Gottheit.

24 A.-H. „Umgebung von İzmir". – Acht von 46 gleichen Fibeln und Fragmente aus dünnem Blech, deren Fußplatten durch Hämmern entstanden sind; L. 4,3–2,5 cm (*Taf. 2, 24 A–H*). – Beifunde: Scarabäus; Ringe mit Tremolierstichverzierung; Fibeln vom Typ: II f 3, III A, III c, III e, III f, IV d, V a, VI a, VI b, VII und eine Fibel der Variante H II, 5. – Mus. Istanbul (6267). – Ankauf. – Drei davon publiziert. N. Fıratlı, I. A. M. Y. 8, 1958, 31 f. Abb. 13, 5.6.7.

25 A. B. „Umgebung von İzmir". – Vgl. Nr. 24. – Zwei von 25 fragmentierten Fibeln (*Taf. 2, 25 A. B*). – Mus. Istanbul (6290). – Unpubliziert.

26 A.-D. „Umgebung von İzmir". – Vgl. Nr. 24. – Vier Fibeln aus verhältnismäßig dünnem Blech; L. 2,1–2,7 cm; Bügel-Br. 0,3–0,7 cm (*Taf. 3, 26 A–D*). – Beifunde: siehe Nr. 24. – Mus. Istanbul (6281). – N. Fıratlı, I.A.M.Y. 8, 1958, 31 f. Abb. 13, 8.

27. „Umgebung von İzmir". – Vgl. Nr. 24. – Fibel; intakt; rechts und links der Fußplatte (T-förmig) rechteckige Auswüchse; L. 3,2 cm; Bügel-Br. 0,25 cm. – (*Taf. 3, 27*). – Mus. Istanbul (6263). – N. Fıratlı, I.A.M.Y. 8, 1958, 31 f. Abb. 13, 27.

28. Ephesos, Bez. İzmir. – Artemis-Tempel, außerhalb der Basis. – Fibel; Nadelhalter abgebrochen; regelmä-

---

[32] N. Fıratlı, I. A. M. Y. 8, 1958, 31 ff.
[33] Ephesos Taf. 17.
[34] I. C. Love, Türk Ark. Dergisi 20/2 1973, 107 f. Abb. 75.
[35] Ebd.

ßig angebrachte Ritzungen auf dem Bügel noch erkennbar; L. 3,8 cm; Bügel-Br. 0,3 cm (*Taf. 3,28*). – Beifunde: Fibeln Typ II f 2; II f 3; III a; III c; III e; IV d; V b; VI a; D V, 2; E II, 1; G I; H I; H II, 1; H II, 3 b; J II, 1; K I, 2; L I; N II, 1; N II, 2. – Grabung Hogarth, 1907. – Mus. Istanbul (u. Inv. Nr. 2644). – Ephesos Taf. 17, 13.

29. Ephesos, Bez. İzmir. – Artemis-Tempel, außerhalb der Basis. – Vgl. Nr. 28. – Fibel; L. 1,6 cm; Bügel-Br. 0,2 cm (*Taf. 3,29*). – Mus. Istanbul (u. Inv. Nr. 2644). – Ephesos Taf. 17, 12.

30. Ephesos, Bez. İzmir. – Artemis-Tempel, außerhalb der Basis. – Vgl. Nr. 28. – Fibel; Nadelhalter abgebrochen; L. ca. 3,1 cm; Bügel-Br. ca. 0,3 cm (*Taf. 3,30*; nach Photo British Museum). – Brit. Mus. London (u. Inv. Nr. 1907.12-1.300-342). – Unpubliziert.

31. Ephesos, Bez. İzmir. – Artemis-Tempel, außerhalb der Basis. – Vgl. Nr. 28. – Fibel; Nadel abgebrochen; L. 3,0 cm; Bügel-Br. 0,35 cm (*Taf. 3,31*; nach Photo British Museum). – Brit. Mus. London (u. Inv. Nr. 1907.12-1.300-342). – Unpubliziert.

32. Ephesos, Bez. İzmir. – Artemis-Tempel, außerhalb der Basis. – Vgl. Nr. 28. – Fibel; Nadel und Nadelhalter abgebrochen; L. 2,5 cm; Bügel-Br. 0,3 cm (*Taf. 3,32*; nach Photo). – Brit. Mus. London (u. Inv. Nr. 1907.12-1.300-342). – Unpubliziert.

33. Ephesos, Bez. İzmir. – Artemis-Tempel, außerhalb der Basis. – Vgl. Nr. 28. – Fibel; Nadel abgebrochen; Ritzungen auf dem Bügel; L. ca. 2,9 cm; Bügel-Br. 0,3 cm (*Taf. 3,33*; nach Photo). – Brit. Mus. London (u. Inv. Nr. 1907.12-1.300-342). – Unpubliziert.

34. Ephesos, Bez. İzmir. – Artemis-Tempel, außerhalb der Basis. – Vgl. Nr. 28. – Fibel; Nadel abgebrochen; Kerbverzierungen rechts und links von der in der Mitte des Bügels verlaufenden Rille; L. ca. 2,8 cm; Bügel-Br. 0,3 cm (*Taf. 3,34*; nach Photo). – Brit. Mus. London (u. Inv. Nr. 1907.12-1.300-342). – Unpubliziert.

35 A.–L. Knidos, Bez. Muğla. – Aus den Schnitten südwestlich und südöstlich des Podiums. – 12 Fibeln; bei drei Exemplaren sind die Nadeln mit Ringen versehen (*Taf. 3,35 A–L*; nach Love). – Mus. Bodrum. – I. C. Love, Türk Ark. Dergisi 20/2, 1973, 107 f. Abb. 75.

Variante II f, 3

Bogenfibeln mit rundstabigem Bügel und mit ausgehämmerten, mal gestreckt, mal zungenförmig auslaufenden Fußplatten.

Die Exemplare dieser Variante stammen aus dem Fund „Umgebung von İzmir" und aus Ephesos.

Die Fibel Nr. 36 steht der Silberfibel aus Pherai[36] nahe. Diese Fibel wurde von K. Kilian als Typ A II a bezeichnet. Die Bügel von allen Exemplaren weisen Strichverzierungen auf. Bei Fibel Nr. 43 ist der Bügel kurz, der Fuß breit gehämmert und hochgezogen und bildet eine schmale Platte, deren Spitze leicht ausgezogen ist.

Typ A II a wird von Kilian um das frühe 7. Jh. datiert.[37] Diese Datierung entspricht dem Fund aus der „Umgebung von İzmir" und dem aus Ephesos.

36. „Umgebung von İzmir". – Vgl. Nr. 24. – Fibel; Nadel verbogen, Bügel strichverziert; L. 4 cm; Bügel-D. 0,5 cm (*Taf. 3,36*). – Mus. Istanbul (6274). – N. Fıratlı, I.A.M.Y. 8, 1958, 31 f. Abb. 13, 28.

37. „Umgebung von İzmir". – Vgl. Nr. 24. – Fibel; Nadel und ein Teil des Nadelhalters abgebrochen; L. noch 3,9 cm; Bügel-D. 0,4 cm (*Taf. 3,37*). – Mus. Istanbul (6283). – N. Fıratlı, I.A.M.Y. 8, 1958, 31 f. Abb. 13, 10.

38. „Umgebung von İzmir". – Vgl. Nr. 24. – Fibel; Nadel und Nadelhalter abgebrochen; L. 3,5 cm; Bügel-Br. 0,25 cm (*Taf. 3,38*). – Mus. Istanbul (6285). – N. Fıratlı, I.A.M.Y. 8, 1958, 31 f. Abb. 13, 9.

39. Ephesos, Bez. İzmir. – Artemis-Tempel, außerhalb der Basis. – Vgl. Nr. 28. – Fibel; Nadel und Nadelhalter abgebrochen; Rillen des Bügels teilweise abgewaschen; L. ca. 3,0 cm; Bügel-D. ca. 0,3 cm (*Taf. 3,39*). – Brit. Mus. London (u. Inv. Nr. 1907.12-1.300–342). – Unpubliziert.

40. Ephesos, Bez. İzmir. – Artemis-Tempel, außerhalb der Basis. – Vgl. Nr. 28. – Fibel wie Nr. 39. – L. ca. 2,5 cm (*Taf. 3,40*). – Brit. Mus. London (u. Inv. Nr. 1907.12-1.300-342). – Unpubliziert.

41. Ephesos, Bez. İzmir. – Artemis-Tempel, außerhalb der Basis. – Vgl. Nr. 28. – Fibel-Fragment; L. noch 2,7 cm (*Taf. 3,41*). – Brit. Mus. London (u. Inv. Nr. 1907.12-1.300-342). – Unpubliziert.

---

[36] Kilian, PBF. XIV,2 (1975) Nr. 21.   [37] Ebd. 23.

42. Ephesos, Bez. İzmir. – Artemis-Tempel, außerhalb der Basis. – Vgl. Nr. 28. – Fibel; Nadel abgebrochen; Rillen des Bügels gut erhalten; L. ca. 2,2 cm (*Taf. 3,42*). – Brit. Mus. London (u. Inv. Nr. 1907.12-1.300-342). – Unpubliziert.

43. „Umgebung von İzmir". – Vgl. Nr. 24. – Fibel; Nadel abgebrochen; L. 3,1 cm (*Taf. 3,43*). – Mus. Istanbul (u. Inv. Nr. 6268). – N. Fıratlı, I.A.M.Y. 8, 1958, 31 f. Abb. 13, 11.

TYP II g (Blinkenberg IV b)

Aufgrund der schmalen, hochgezogenen Fußplatte mit konkav eingezogenem Außenrand ordnete Blinkenberg diese Fibel unter den Typ IV „Types des îles" ein.[38]

Der abgebrochene Bügel ist stellenweise fein gerillt; andere Ornamente, die bei den von Blinkenberg aufgeführten weiteren Exemplaren vorkommen, fehlen. Es ist zu vermuten, daß es sich bei diesem fragmentarisch erhaltenen Stück um eine lokale Nachahmung von auf den ägäischen Inseln bekannten Vorbildern handelt; ausschlaggebend ist die aus dem Bügel seitlich herausgewachsene Fußplatte.[39]

Kilian bezeichnet diese Fibel aus Troja als einen thrakischen Typ,[40] jedoch steht sie aufgrund der Fußplattenbearbeitung kaum in Beziehung mit den von Kilian kartierten weiteren Exemplaren aus Thrakien.

Das Stück wurde in einer Erdschicht gefunden, die „elegant-geometrische Scherben" enthielt.

43 A. Troja, Bez. Çanakkale. – Fibel; in drei Teile zerbrochen, L. 7,4 cm (*Taf. 3,43 A;* nach Dörpfeld). – Beifunde: geometrische Keramik. – Schliemanns Sammlung. – Mus. Vor- und Frühgesch. Berlin (Fußplattenteil). – Dörpfeld, Troja 414 Abb. 432; Schmidt, Schliemanns Sammlung 258 Nr. 6496.

III. FIBELN MIT KUGELGLIEDERN AUF DEM BÜGEL

Die von Blinkenberg als Typ „intermédiaires" (Typ III) und „types des îles" (Typ IV) erfaßten Fibeln mit symmetrischem Bügel von rundem Querschnitt und mit Kugelgliedern wurden zuletzt von E. Sapouna-Sakellarakis[1] unter Typ III neu zusammengestellt. Ihr Vorkommen auf den ägäischen Inseln in protogeometrischer, aber hauptsächlich in geometrischer Zeit, wurde in sechs Varianten (a–f) neu gegliedert.

Fibeln, deren Bügel mit Kugeln verziert sind, sind in Italien von der zweiten Hälfte des 9. Jh. an wohlbekannt.[2]

Alle Varianten von Sapouna-Sakellarakis sind bis auf eine Ausnahme, nämlich Variante III d, im ägäischen Küstenbereich von Kleinasien – jedoch bis jetzt nur mit wenigen Exemplaren – belegt. Das Fehlen dieser Variante III d dürfte auf Zufall beruhen bzw. mit dem Forschungsstand zu erklären sein.

Die ältesten Exemplare dieser Gattung aus Kleinasien stammen aus der protogeometrischen Nekropole von Iasos.[3] Ein Teil dieser Fibeln konnte vom Verfasser im İzmir-Museum aufgenommen werden. Die Fibeln, die als Beigaben entweder den Körperbestattungen oder den Brandbestattungen im Pithos beigelegt waren, sind generell sehr schlecht erhalten; in den meisten Fällen sogar bis zur Unkenntlichkeit korrodiert und zerfallen. Bei der Aufnahme im İzmir-Museum konnte nicht identifiziert werden,

---

[38] Blinkenberg, Fibules 87 ff.
[39] Ebd. Abb. 89–91.
[40] K. Kilian, PZ. 50, 1975, 9 ff. Taf. 81.

[1] Sapouna-Sakellarakis, PBF. XIV,4 (1978) 54 ff.
[2] Sundwall, Fibeln 33, 115 Abb. 144.
[3] Levi, Ann. Sc. Arch. Atene, N.S. 31–32, 1969–1970, 462 ff.

welche Fibel aus welchem Grab bzw. Pithos stammt. Ein Teil der Fibeln aus dieser Nekropole von Iasos wurde bereits von D. Levi veröffentlicht.[4] Viele davon stammen aus dem Kistengrab XXVII.

Die Fibeln vom Typ III der Iasos Nekropole kommen zusammen mit protogeometrischer Keramik vor. Ein einziges Exemplar aus Fortetsa auf Kreta[5] ist protogeometrisch datiert. Weitere Funde stammen aus dem Artemis-Tempel von Ephesos, aus Didyma und aus dem Fund „Umgebung von İzmir", die dem Ende der geometrischen oder der archaischen Zeit angehören. Die Exemplare aus dem westlichen Kleinasien gehören in die Zeitspanne von der protogeometrischen bis zur archaischen Stufe.

Die Typen-Gliederung von Sapouna-Sakellarakis wird hier fortgeführt. Danach werden folgende Varianten unterschieden:

TYP III a

Fibeln mit fünf Kugelgliedern; bei manchen Exemplaren ist die mittlere Kugel im Verhältnis den zu anderen etwas größer. Der Fuß ist bei den hier katalogisierten Exemplaren nicht erhalten. Der Übergang vom Bügel zur Fußplatte ist abgestuft. Der Bügelschaft ist von rundem oder ovalem Querschnitt, glatt oder ritzverziert. Der Bügelschaft verjüngt sich an der Stelle, wo dieser in die Spiralwindung übergeht.

Bis jetzt wurden in dem untersuchten Raum solche Fibeln mit sechs Kugeln nicht gefunden. Andere Stücke mit fünf Kugeln kommen in Iasos-Gräbern vor.[6] Nach der Publikation von Hogarth wurden in Ephesos zwei intakte Fibeln und mehrere Fragmente gefunden.[7]

Überwiegendes Vorkommen in der geometrischen bis archaischen Zeit; die Exemplare von Iasos stammen aus protogeometrischen Steinkistengräbern.

44. Iasos, Bez. Muğla. – Protogeometrische Nekropole. – Fibel; sehr schlecht erhalten, Nadel und Nadelhalter abgebrochen; L. noch 4,4 cm (*Taf. 3,44*). – Mus. İzmir-Basmahane (6629). – Grabung Levi-Laviosa. – Ann. Sc. Arch. Atene, N.S. 31–32, 1969–1970, 470f.
45. „Umgebung von İzmir". – Vgl. Nr. 24. – Fibel; Nadelhalter abgebrochen; L. noch 4,3 cm (*Taf. 3,45*). – Mus. Istanbul (Nr. 6284). – Unpubliziert.
46. Ephesos, Bez. İzmir. – Artemis-Tempel, außerhalb der Basis. – Vgl. Nr. 28. – Fibel; Nadel und Nadelhalter nicht erhalten; L. noch ca. 3,2 cm (*Taf. 3,46*). – Brit. Mus. London (u. Inv. Nr. 1907.12-1.300-342). – Unpubliziert.
47. Ephesos, Bez. İzmir. – Artemis-Tempel, außerhalb der Basis. – Vgl. Nr. 28. – Fibel; Nadel und Nadelhalter abgebrochen; Bügelschaft ritzverziert; L. 3,8 cm (*Taf. 3,47*). – Mus. Istanbul (u. Inv. Nr. 2644). – Ephesos Taf. 17, 3.
48. „Umgebung von Antalya" möglich. – Fibel; Nadelhalter abgebrochen, mit gerilltem Bügelschaft; L. 5,25 cm (*Taf. 3,48*). – Mus. Antalya (o. Nr.). – Ankauf. – Unpubliziert.

TYP III b

Der Typ III b ist dem Typ III a sehr ähnlich; der einzige Unterschied besteht darin, daß die Fibeln des Typs III b statt mit fünf bzw. sechs mit vier oder drei Kugeln verziert sind. Wie schon von E. Sapouna-Sakellarakis erwähnt,[8] ist der Bügel bei manchen Exemplaren leicht asymmetrisch und erinnert an Fibeln von Zypern.[9] Das Exemplar Nr. 50 aus Iasos läßt noch gut erkennen, daß die Kugeln voneinander durch Ringwülste getrennt sind. Der Fuß ist entweder glatt und zungenförmig oder bildet eine Platte,

---

[4] Ebd. 473 Abb. 13b.
[5] Sapouna-Sakellarakis a.a.O. 59.
[6] Levi, Ann. Sc. Arch. Atene, N.S. 31–32, 1969–1970, 470f.
[7] Ephesos 147ff. Taf. 17,3.
[8] Sapouna-Sakellarakis, PBF. XIV, 4 (1978) 57.
[9] J. Birmingham, PEQ. 95, 1963, 97 Abb. 8.

III. Fibeln mit Kugelgliedern auf dem Bügel   37

die rechteckig-trapezförmig sein kann. Die Funde stammen aus Iasos (protogeometrisch) und aus den Planier-Füllungsschichten von Didyma, die von den Ausgräbern ins 7. Jh. v. Chr. gesetzt werden.[10] Das von Sapouna-Sakellarakis als Typ IIIb betrachtete Stück aus der Fundgruppe „Umgebung von İzmir" gehört wegen der hohen, verzierten Fußplatte eher zu Typ III f.

Die Datierung entspricht der des Typs III a. Überwiegendes Vorkommen auf den ägäischen Inseln.[10a]

49. Iasos, Bez. Muğla. – Protogeometrische Nekropole. – Fibel; Nadel und teilweise Fuß abgebrochen; L. noch 4,5 cm (*Taf. 4,49*). – Mus. İzmir-Basmahane (6630). – Grabung Levi-Laviosa.
50. Iasos, Bez. Muğla. – Protogeometrische Nekropole. – Fibel; Ringwülste zwischen den Kugeln; L. noch 5 cm (*Taf. 4,50*). – Mus. İzmir-Basmahane (6560). – Grabung Levi-Laviosa. – Unpubliziert.
51. Iasos, Bez. Muğla. – Protogeometrische Nekropole. – Fibel; grüne Patina; Nadel und Nadelhalter abgebrochen; L. 4 cm (*Taf. 4,51*). – Mus. İzmir-Basmahane (6561). – Grabung Levi-Laviosa. – Unpubliziert.
52. Iasos, Bez. Muğla. – Protogeometrische Nekropole. – Fibel; Nadel und Nadelhalter abgebrochen; L. noch 7,5 cm (*Taf. 4,52*). – Mus. İzmir-Basmahane (6563). – Grabung Levi-Laviosa. – Unpubliziert?
53. Iasos, Bez. Muğla. – Protogeometrische Nekropole. – Fibel mit drei Kugeln und Fußplatte; gr. L. noch 5,5 cm (*Taf. 4,53*). – Mus. İzmir-Basmahane (6631). – Grabung Levi-Laviosa. – Unpubliziert.

54. Iasos, Bez. Muğla. – Protogeometrische Nekropole. – Fibel; schlecht erhaltenes Fragment; gr. L. 2,3 cm (*Taf. 4,54*). – Mus. İzmir-Basmahane (6558). – Grabung Levi-Laviosa. – Unpubliziert.
55. Didyma, Bez. Aydın. – Baugrube und Fundamentanschüttung der Halle; Fundlage Schnitt C. – Fibel; Spiralwindung und Nadel nicht erhalten; Br. 4 cm; erh. H. 4 cm (*Taf. 4,55*; nach Tuchelt). – Verbleib unbekannt. – Grabung Naumann – Tuchelt. – R. Naumann/K. Tuchelt, Istanbuler Mitt. 13/14, 1963–64, 47 Katalog Nr. 27 Taf. 29, 1.
56. Didyma, Bez. Aydın. – Planierungsschicht über dem Schwemmboden; Nordsüd – Schnitt. – Fibel; Nadel und Nadelhalter abgebrochen; Br. noch 4 cm, H. noch 3,5 cm (*Taf. 4,56*; nach Tuchelt). – Verbleib unbekannt. – Grabung Naumann – Tuchelt. – R. Naumann/K. Tuchelt, Istanbuler Mitt. 13/14, 1963–64, 46 Katalog Nr. 20 Taf. 27, 2 a.

TYP III c

Fibeln mit gedrückt kugeligen Ziergliedern auf dem Bügel. Die Fußplatte ist hoch, rechteckig bis trapezförmig mit ausgezogener Spitze. Der Übergang vom Bügel zur Fußplatte ist abgestuft. Der Bügelschaft ist außer bei der Fibel Nr. 59 kräftig ausgebildet, von rhombischem Querschnitt und bei zwei Exemplaren kerbverziert. Diese Gattung ist bis jetzt durch vier Exemplare im westlichen Kleinasien vertreten; sie stammen aus dem Fund „Umgebung von İzmir". Die Fußplatte der Fibel Nr. 62 ist beidseitig reich verziert. Es handelt sich um eine Tremolierstichverzierung, die auf der Innenseite der Platte in ein Zickzackmuster übergeht. Ein anderes Merkmal dieser Fibel ist, daß die Glieder des Bügels in der Form von runden, beinahe scharfen Ringwülsten ausgebildet sind, die kaum noch als gedrückt kugelig bezeichnet werden können. Mit dieser Verzierung und dieser Ringwulstkombination ist die Fibel Nr. 62 das einzige Stück, das im ägäischen Raum bis jetzt bekannt geworden ist. Andere Vergleichsfunde von Fibeln des Typs III c fehlen in Kleinasien. Diese Gattung kommt in der geometrisch-archaischen Zeit auf den ägäischen Inseln vor.[11] Dieser Zeitraum gilt auch für die hier katalogisierten Fibeln vom Typ III c. Das Stück aus Ephesos ist wegen des Erhaltungszustandes nicht näher definierbar; eine Fibel aus Lesbos[12] steht ihr nah. Zehn weitere Exemplare (Fragmente) mit kugeligem Glied wurden von D. G. Hogarth erwähnt.[13]

---

[10] Istanbuler Mitt. 13–14, 1963–64, 46 f.
[10a] Sapouna-Sakellarakis a. a. O. 59.
[11] Ebd. 62.
[12] Ebd. Nr. 370.
[13] Ephesos 148 f. Taf. 17,5.

Der Fundstoff

Zwei Exemplare aus der Umgebung von Milâs unterscheiden sich von den obigen. Beide Fibeln haben zierförmige, im Querschnitt ovale Glieder; diese werden voneinander durch Ringwülste getrennt. Nr. 57 ist gut erhalten, ihr Bügelschaft und ihre Fußplatte sind kerbverziert. Sehr wichtig ist die Fibel Nr. 58. Sie wurde in Milâs gekauft. Es handelt sich um einen „Mischling": Nach ihrer Bügelverzierung gehört diese Fibel zu Typ III c, aber ihre Fußplatte stellt ohne Zweifel eine Nachahmung des Nadelhalters der frühen phrygischen Fibeln dar. Sie stammt sehr wahrscheinlich aus einer Grenzwerkstatt, die beide Elemente verwendete. Diese Fibel könnte aufschlußreiche Hinweise für die Datierung von phrygischen Fibeln geben; außer dem möglichen Fundort ist leider nichts bekannt.

57. „Umgebung vom Milâs". – Fibel; intakt; L. 4,25 cm (*Taf. 4,57*). – Mus. Bodrum (4000). – Ankauf. – Unpubliziert.

58. „Umgebung von Milâs". – Fibel; intakt; mit phrygischem Nadelhalter; L. 3,2 cm (*Taf. 4,58*). – Mus. Bodrum (2247). – Erworben in Milâs. – Unpubliziert.

59. „Umgebung von İzmir". – Vgl. Nr. 24. – Fibel; Nadel abgebrochen; L. 8,1 cm (*Taf. 4,59*). – Mus. Istanbul (6263). – N. Fıratlı, I.A.M.Y. 8, 1958, 31f. Abb. 13, 4.

60. „Umgebung von İzmir". – Vgl. Nr. 24. – Fibel; Nadel abgebrochen; Bügelschaft kerbverziert und rhombisch im Querschnitt; L. 8,5 cm (*Taf. 4,60*). – Mus. Istanbul (6264). – N. Fıratlı, I.A.M.Y. 8, 1958, 31f. Abb. 13, 3.

61. „Umgebung von İzmir". – Vgl. Nr. 24. – Fibel; Nadel und Fußplatte abgebrochen; L. noch 6,5 cm (*Taf. 4,61*). – Mus. Istanbul (6265). – Unpubliziert.

62. „Umgebung von İzmir". – Vgl. Nr. 24. – Fibel; Nadel fehlt; verzierte Fußplatte; Bügelschaft gekerbt; L. 11 cm (*Taf. 4,62*). – Mus. Istanbul (6261). – N. Fıratlı, I.A.M.Y. 8, 1958, 31f. Abb. 13, Nr. 2.

63. Ephesos, Bez. İzmir. – Artemis-Tempel, außerhalb der Basis. – Vgl. Nr. 28. – Fibel; Nadel und Nadelhalter nicht erhalten; L. noch 3,1 cm (*Taf. 4,63*). – Brit. Mus. London. – Ephesos Taf. 17,5.

TYP III d

Typ III d von Sapouna-Sakellarakis fehlt in dem untersuchten Gebiet.

TYP III e

Charakteristisch für Typ III e ist, daß ein mittleres kugeliges Glied von je zwei doppelkonischen Gliedern eingerahmt wird.

Bei den hier katalogisierten Exemplaren fehlen die Füße; es ist aber anzunehmen, daß diese Fibeln mit einem rechteckigen Fuß mit hochgezogener Spitze versehen gewesen sind.

Bei drei Exemplaren fehlt das mittlere kugelige Glied; stattdessen wird ein mittleres doppelkonisches Glied von zwei kleineren, in einem Fall von je einem Glied eingerahmt. Die letztere Fibel stammt aus Sardis. Sie hat einen geritzten Bügelschaft und eine kurze Fußplatte, die sehr wahrscheinlich mit einer hochgezogenen Spitze versehen war (jetzt abgebrochen). Diese Fibel wurde von K. Kilian als Fibel thrakischen Typs bezeichnet.[14] Fibeln vom thrakischen Typ wurden in Anatolien gefunden (siehe Typ VIII). Diese sind immer mit einer deutlichen Kugel versehen. Die Fibel von Sardis gehört eher zur Familie der Inseltypen aufgrund ihrer doppelkonischen Glieder.

Die Fibelfunde vom Typ III e stammen aus der „Umgebung von İzmir", aus Ephesos,[15] aus Didyma

---

[14] Kilian, PZ. 50, 1975, 129f. Taf. 81.
[15] Weitere Stücke bzw. Fragmente aus Ephesos, die hier nicht abgebildet sind, werden von Hogarth erwähnt: Ephesos 147f.

IV. Fibeln mit geschwollenem Bügel   39

(1. Hälfte des 7. Jh. v. Chr.) und aus Knidos; Datierung: Geometrisch-frontrucharchaisch. Für das Stück aus Sardis hält J.C. Waldbaum 9.–8. Jh. v. Chr. als Datierung für wahrscheinlich.[16]

64 A.–D. „Umgebung von İzmir". – Vgl. Nr. 24. – Fibeln; vier teilweise abgebrochene Stücke vom gleichen Typ; erh. L. 3,1; 5,5 cm; 4,7 cm; 4,0 cm (*Taf. 5,64 A–D*). – Mus. Istanbul (6286). – Unpubliziert.
65. Ephesos, Bez. İzmir. – Artemis-Tempel, außerhalb der Basis. – Vgl. Nr. 28. – Fibel; Fußplatte und Nadel abgebrochen; Rillen am Ende des Bügelschaftes; L. noch ca. 4,2 cm (*Taf. 5,65*; nach Photo). – Brit. Mus. London (Inv. Nr. 1907.12-1.314). – Unpubliziert.
66. Ephesos, Bez. İzmir. – Artemis-Tempel, außerhalb der Basis. – Vgl. Nr. 28. – Fibel; Fragment; L. noch ca. 2,8 cm (*Taf. 5,66*; nach Photo). – Brit. Mus. London (u. Inv. Nr. 1907.12-1.300-342). – Ephesos Taf. 17, 14.
67. Didyma, Bez. Aydın. – O. K. III.-Schicht 4 (Ost B 2). – Fibel; Fragment; L. 4 cm (*Taf. 5,67*; nach Tuchelt). – Verbleib unbekannt. – Grabung Tuchelt. – K. Tuchelt, Istanbuler Mitt. 21, 1971, 84 Taf. 19, 270.

68. Didyma, Bez. Aydın. – O. K. 27-C1. – Fibel; kleines Fragment; L. noch 2,4 cm (*Taf. 5,68*; nach Tuchelt). – Verbleib unbekannt. – Grabung Tuchelt. – K. Tuchelt, Istanbuler Mitt. 21, 1971, 84 Taf. 19, 271.
69. Sardis, Bez. Manisa. – Tiefschnitt am W2.50/S103.00, Schicht 95.00; gefunden im HoB (House of Bronze Sector). – Fibel; L. 4,6 cm; H. 3,5 cm (*Taf. 5,69*; nach Photo). – Mus. Depot Sardis (M66.13:7150). – Grabung Hanfmann/Waldbaum. – G. Hanfmann, BASOR. 186, 1967, 29 Abb. 14.
70. Knidos, Bez. Muğla. – Schnitt 64, südöstlich des Podiums. – Fibel; Nadel abgebrochen; L. 4,7 cm; Dm. Kugel 1,1 cm (*Taf. 5,70*; nach Love). – Mus. Bodrum. – I.C. Love, Türk Ark. Dergisi 20/2, 1973, 107f. Abb. 76.

TYP III f

Eines der entscheidenden Merkmale dieses Typs III f sind laut Beschreibung von Sapouna-Sakellarakis[17] mehrere gleich große Kugelglieder auf dem Bügel. Das einzige hier vertretene Stück aus der Umgebung von İzmir hat jedoch nur drei große Kugelglieder auf dem Bügel, die voneinander durch je zwei Ringwülste getrennt und insgesamt von je drei Ringwülsten eingerahmt sind. Wegen ihrer Größe und der fein verzierten hohen und breiten Fußplatte mit leicht ausgezogener Ecke gehört diese Fibel, obwohl sie nur drei Kugeln aufweist, zu Typ III f. Der Bügel ist von rundem, die Spiralwindung von rechteckigem bis quadratischem Querschnitt. Die Verzierung der Fußplatte zeigt eine große Verwandtschaft zu den Fibeln vom Typ IV c auf den Inseln.[18]

71. „Umgebung von İzmir". – Vgl. Nr. 24. – Fibel; Nadel abgebrochen; L. 8,6 cm (*Taf. 5,71*). – Mus. Istanbul (6262). – N. Fıratlı, I.A.M.Y. 8, 1958, 31f. Abb. 13, 1.

IV. FIBELN MIT GESCHWOLLENEM BÜGEL

Die auf den ägäischen Inseln gefundenen Bogenfibeln mit geschwollenem Bügel wurden zur Gruppe IV von E. Sapouna-Sakellarakis zusammengefaßt.[1] Da die überwiegende Zahl der Fibeln dieses Typs aus dem den ägäischen Inseln benachbartem westlichem Küstengebiet der Türkei stammt, ist es sinnvoller, um den Verbreitungsüberblick klarer zu gestalten, die von Blinkenberg unter verschiedenen Typen und

---

[16] Freundliche Mitteilung von Prof. J.C. Waldbaum. Sämtliche Fibelfunde aus Sardis werden von Waldbaum in der Sardis-Monographie Reihe: Metalwork from Sardis: The Finds from 1958–74 demnächst veröffentlicht. Vgl. auch Desborough, Greek Dark Ages 184.

[17] Sapouna-Sakellarakis a. a. O. 66.
[18] Ebd. Taf. 24.

[1] Sapouna-Sakellarakis, PBF. XIV,4 (1978) 68ff.

Varianten mit geschwollenen Bügeln gruppierten Fibeln in einer Gruppe zusammen zubehandeln, wie es von Sapouna-Sakellarakis vorgenommen wurde.

Um eventuellen Irrtümern vorzubeugen, wird darauf hingewiesen, daß die hier vorgenommenen Typenbezeichnungen nicht mit jenen von Sapouna-Sakellarakis in Korrelation stehen.

Vertreten sind die Typen II, 14; IV 2, IV 3 c, IV 16 a von Blinkenberg.

Östlichste Funde stammen aus den Tumuli bzw. dem City Mound von Gordion. Diese ähneln den Varianten D I a und D I b von Kilian.[2] Mehrere Exemplare vom Typ D I b wurden in Pherai gefunden. Kilian hält diese Fibeln für lokal hergestellte Stücke.[3] Nach Muscarella wurden die Exemplare aus Gordion mit Recht als Importstücke betrachtet.[4] Das Fehlen von Fußteilen und Nadeln bei den meisten Gordion-Exemplaren erschwert die genaue typologische Unterscheidung dieser Fibeln.

TYP IV a (Blinkenberg II 14)

Fibel mit geschwollenem Bügel von abgerundetem, rhombischem Querschnitt, der in seiner Mitte wulstartig ausgebildet ist. Der Bügel wird auf beiden Seiten jeweils von zwei Ringwülsten mit tiefen Rinnen eingerahmt. Der Nadelhalter bzw. der Fuß ist rechteckig und schmal.

Ein nahestehendes Exemplar ist bei Blinkenberg abgebildet.[5] Das einzige Exemplar aus dem untersuchten Gebiet wurde zwischen den Steinen über dem Grab in Tumulus B von Gordion gefunden. Das Grab selbst enthielt keine Fibeln.

Der Tumulus ist nach Muscarella ins 6. Jh. v. Chr. oder früher zu datieren.[6]

72. Gordion/Polatlı, Bez. Ankara. – Tumulus B. – Im Steinschutt. – Fibel; Nadel und teilweise Nadelhalter abgebrochen; L. 3,4 cm; Bügel-D. Mitte 1,3 cm (*Taf. 5,72*). – Mus. Ankara (B 4). – Grabung Young, 1950. – Unpubliziert.

73. Entfällt.

TYP IV b

Fibel mit geschwollenem Bügel, der auf beiden Seiten je von einem schwellenartigen Querband umrahmt wird. Die Außenseite des Bügels erhöht sich in Form eines Dreiecks. Der Bügelschaft ist von rundem Querschnitt; er läuft der Fußplatte entlang. Die flache, breite Fußplatte ist aus dem rundem Bügelschaft herausgewachsen, was an die Form der Fibel von Typ II g aus Troja erinnert. Die Nadel ist aus dünnem Draht hergestellt, in den Bügelschaft eingesteckt und befestigt.[7]

Das einzige Exemplar stammt aus den Steinkistengräbern von Köprübaşı.[8]

74. Köprübaşı, Ine, Bez. Çanakkale. – Aus einem Steinkistengrab. – Fibel; Nadel sowie ein Teil des Fußes abgebrochen; L. 9,7 cm (*Taf. 5,74*; nach Przeworski). – Mus. Berlin ? (Nr. 10 424). – Virchow, Gräberfeld 27 Abb. 10; Przeworski, Metallindustrie Taf. 8, 2.

Aufgrund der eingesetzten Nadel und der aus dem Bügel herausgewachsenen, breiten Fußplatte dürfte diese Fibel aus der spätgeometrischen bzw. aus der frühharchaischen Zeit stammen.

---

[2] Kilian, PBF. XIV,2 (1975) 31 ff.
[3] Ebd. 35.
[4] Muscarella, Phrygian Fibulae Appendix D, 82 f.
[5] Blinkenberg, Fibules 71 Abb. 52.
[6] Muscarella, Phrygian Fibulae 6 f. 82 f. Appendix D.
[7] Beschreibung laut Virchow in: Gräberfeld 27 und nach Photo von Przeworski in: Metallindustrie, da diese Fibel dem Verfasser unzugänglich war.
[8] Virchow, ebd.

IV. Fibeln mit geschwollenem Bügel

TYP IV c (Blinkenberg IV 2 b; Sapouna-Sakellarakis IV c)

Fibeln mit geschwollenem Bügel, dessen Schäfte mit kugeligen Gliedern verziert sind.

Das sehr schlecht erhaltene Fragment stammt aus der protogeometrischen Nekropole von Iasos. Nahestehende Exemplare sind aus Lindos bekannt; sie gehören dem Ende der geometrischen Zeit an.[9]

75. Iasos, Bez. Aydın. – Protogeometrische Nekropole. – Fibel; Fragment; erh. L. 6,5 cm (*Taf. 5,75*). – Mus. İzmir (6566). – Grabung Levi, 1969. – Unpubliziert.

TYP IV d

Es handelt sich in den meisten Fällen um kleine Fibeln, deren Bügel sehr massiv ausgebildet sind. Der Fuß, soweit er erhalten ist, bildet eine schmalgestreckte Platte. Bei einigen Exemplaren ist der kräftige Bügel ritzverziert; einige aus Gordion weisen Ringwülste auf, die den Bügel von beiden Seiten abschließen oder die Fußplatte vom Bügel trennen. Eine Ausnahme stellt die geschwollene Fibel Nr. 90 A aus der Tumulus-Füllung des Grabes C von Gordion dar, deren stark geschwollener Bügel geritzt ist und von dem Nadelhalter durch einen Ring getrennt wird; im Gegensatz zu den übrigen Fibeln des Typs IV d ist der kleine Nadelhalter zungenförmig. Muscarella hält das Stück für einen Import aus dem ägäischen Bereich.[10] Er vergleicht diese Fibel mit der von Sundwall abgebildeten Fibel, Typ F I α b 16.

Parallelen zu den Fibeln vom Typ IV d treten auf den ägäischen Inseln in der spätgeometrischen Zeit auf; sie sind auf vielen Inseln der Ägäis, hauptsächlich auf Rhodos, am Ende der geometrischen und in der archaischen Zeit belegt.[11]

Die kleinasiatischen Stücke (Taf. 74 A) stammen aus Ephesos, aus der „Umgebung von İzmir", aus „Thymbra" und aus Gordion. Diese entsprechen zeitlich denen auf den ägäischen Inseln (spätes 8. und 7. Jh. v. Chr.). Das Stück Nr. 90 A aus der Aufschüttung des Grabes ist zweifellos älter als der Tumulus C; ebenfalls älter als die Schicht 2 vom City Mound in Gordion, in der sie gefunden wurde, ist Nr. 87 zu datieren. Dagegen stammen die Nr. 84–85 aus der Zerstörungsschicht vom City Mound; diese und die in dem allgemein in die Vorzerstörungszeit anzusetzenden Tumulus G gefundenen Exemplare sind in das letzte Viertel des 8. Jh. v. Chr. zu datieren; sie gehören zu den wenigen Importgegenständen vom Westen in Gordion in dieser Zeit. Das Exemplar aus Troja VIII ist wahrscheinlich in das späte 8. Jh. v. Chr. oder in das 7. Jh. v. Chr. anzusetzen.

76. Ephesos, Bez. İzmir. – Artemis-Tempel, außerhalb der Basis. – Vgl. Nr. 28. – Fibel; Nadelhalter und Nadel abgebrochen; L. noch ca. 2,8 cm (*Taf. 5,76*). – Brit. Mus. London (u. Nr. 12-1.300-342). – Ephesos Taf. 17, 20.

77. Ephesos, Bez. İzmir. – Artemis-Tempel, außerhalb der Basis. – Vgl. Nr. 28. – Fibel; Nadelhalter und Nadel abgebrochen; Ritzungen auf dem Bügel; L. noch 3,6 cm (*Taf. 5,77*). – Mus. Istanbul (2644). – Ephesos Taf. 17,17.

78 A. B. „Umgebung von İzmir". – Vgl. Nr. 24. – Zwei Fibeln und mehrere Bruchstücke weiterer Fibeln (*Taf. 5,78 A. B*). – Mus. Istanbul (6261–6293). – N. Fıratlı, I.A.M.Y. 8, 1958, 31 f. Abb. 13, 17. 18.

79. „Thymbra", Bez. Çanakkale. – Pithos-Grab. – Fibel; grüne Patina, Nadel fehlt; L. 3,3 cm (*Taf. 5,79*). – Mus. Çanakkale (1137). – Katalog Thiersch Nr. 1137. – Grabung Calvert. – Unpubliziert.

80. „Thymbra", Bez. Çanakkale. – Vgl. Nr. 79. – Fibel; Nadel und Nadelhalter abgebrochen; L. 2,8 cm

---

[9] Sapouna-Sakellarakis, a. a. O. 76 f. Nr. 839, 845–845 C.
[10] Muscarella, Phrygian Fibulae 83.
[11] Sapouna-Sakellarakis, a. a. O. 77 ff.

(*Taf. 5,80*). – Mus. Çanakkale (1138). – Unpubliziert.
81. „Thymbra", Bez. Çanakkale. – Vgl. Nr. 79. – Fibel; Fuß fehlt; Spiralwindung wurde antik repariert: vernietet; L. 3,3 cm (*Taf. 5,81*). – Mus. Çanakkale (1139). – Unpubliziert.
82. „Umgebung von Troja", Bez. Çanakkale. – Fibel; Nadel und Fuß abgebrochen; L. 2,9 cm (*Taf. 5,82*; nach Photo Przeworski). – Mus. Leiden (Nr. S.V.L. 277). – Przeworski, Metallindustrie Taf. 8,4.
83. Fundort unbekannt. – Fibel; Nadel abgebrochen; L. noch 3,4 cm (*Taf. 5,83*). – Mus. Istanbul (73.100). – Unpubliziert.
84. Gordion/Polatlı, Bez. Ankara. – CM-TB 4 anteroom, Floor burned. – Fibel; nur der kräftige Bügel erhalten; Ritzungen an beiden Enden; sehr massiv; erh. L. 3,5 cm (*Taf. 6,84*). – Mus. Gordion (B 1936). – Grabung Young. – Unpubliziert.
85. Gordion/Polatlı, Bez. Ankara. – CM-CC3 burned in pot. – Fibel; verbrannt; Teil des Fußes erhalten; L. noch 4,6 cm (*Taf. 6,85*). – Mus. Gordion (B 2006). – Grabung Young. – Unpubliziert.
86. Gordion/Polatlı, Bez. Ankara. – CM-Gate Bldg.-W., level 6. – Fibel; Bügel erhalten; L. noch 3,8 cm (*Taf. 6,86*). – Mus. Gordion (B 534). – Grabung Young. – Unpubliziert.
87. Gordion/Polatlı, Bez. Ankara. – CM-ET-N3, level 2. – Fibel; zum Teil erhaltener Fuß; Ritzungen noch erkennbar; L. noch 3,1 cm (*Taf. 6,87*). – Mus. Gordion (B 606). – Grabung Young, 1955. – Muscarella, Phrygian Fibulae Taf. 19,99.
88. Gordion/Polatlı, Bez. Ankara. – Tumulus G, aus der Grabkammer. – Fibel; Fuß durch Rillen vom Bügel getrennt. L. 1,6 cm (*Taf. 6,88*; nach Muscarella). – Mus. Ankara ?. – Grabung Young, 1950. – Muscarella, Phrygian Fibulae Taf. 16,88.
89. Gordion/Polatlı, Bez. Ankara. – Tumulus G, aus der Grabkammer. – Fibel; Fuß nicht erhalten; Bügel von beiden Seiten von je einem Ringwulst abgeschlossen; L. noch 2,7 cm (*Taf. 6,89*). – Mus. Ankara (B 17). – Grabung Young, 1950. – Muscarella, Phrygian Fibulae Taf. 16,89.
90 A. B. Gordion/Polatlı, Bez. Ankara. – Tumulus C, Füllung. – Zwei Fibeln; eine komplett und ein Bügelteil; bei den intakten Ritzverzierungen an Bügelenden; kleiner und zungenförmiger Fuß; L. 2,2 cm und noch 1,6 cm (*Taf. 6,90A. B*). – Mus. Ankara (B 13). – Grabung Young, 1950. – Muscarella, Phrygian Fibulae Taf. 18,94.
90 C. „Türkei". – Fibel; intakt, einteilig gegossen, beide Bügelenden mit eingeritzten Linien; L. 3,45 cm; Dm. Mitte 0,9 cm (*Taf. 6,90C*). – Prähist. Staatssammlung München (1977, 1338). – Ankauf. – Unpubliziert.
90 D. „Türkei". – Fibel; Nadel und Nadelhalter abgebrochen; L. 2,5 cm; Bügel-D. 0,9 cm (*Taf. 6,90 D*). – Prähist. Staatssammlung München (1977, 127). – Ankauf. – Unpubliziert.
90 E. Troja, Bez. Çanakkale. – „Lower Sanctuary". Settlement VIII. – Fibel; Nadel abgebrochen, L. 4,45 cm; gr. D. 1,3 cm (*Taf. 6,90 E*; nach Blegen). – Verbleib unbekannt (38–54). – Grabung Blegen. – Blegen, Troja IV Fig. 289, 38–54.

TYP IV e (Blinkenberg IV 16 a)

Fibel mit stark geschwollenem, reichverziertem Bügel, der in seiner Mitte zwei Wulstringe aufweist. Der Bügel, der von einer Seite mit einem Wulstring abgeschlossen ist, zeigt auf der ganzen Fläche geritzte, geometrische Ornamente. Der Fuß ist rechteckig, zu einer Ecke hin hochgezogen. Das einzige bis jetzt bekannt gewordene Exemplar wurde in Istanbul erworben und dürfte nicht älter sein als die geometrische Zeit.

91. Fundort unbekannt. – Fibel; sehr wahrscheinlich mit hohlem Bügel; Nadel abgebrochen, L. 7,0 cm (*Taf. 6,91*; nach Museumsphoto). – Mus. Stockholm (11434 = 5). – Ankauf. – Månadsblad 1901–02, 108 Abb. 51; Blinkenberg, Fibules 105 Abb. 115.

TYP IV f

Fibeln mit stark geschwollenem Bügel, die oberhalb des Fußes bzw. der Nadelspirale scheibenartige, z. T. profilierte, ein oder zwei Ringwülste aufweisen.

Die bis jetzt bekannt gewordenen Exemplare dieses Typs stammen ausschließlich aus Gordion. Kilian datiert Exemplare mit ähnlichem Bügel aus Thessalien bzw. aus Pherai in das fortgeschrittene 8. Jh. und frühe 7. Jh. v. Chr.[12]

Der City Mound von Gordion wurde kurz nach 700 v. Chr. zerstört. Fünf Exemplare aus Gordion stammen aus der Zerstörungsschicht vom City Mound. Nr. 94 wurde in der Erdfüllung von Tumulus B gefunden. Die Gordion-Funde können an das Ende des 8. Jh. v. Chr. datiert werden.

92 A.–D. Gordion/Polatlı, Bez. Ankara. – CM-TB-3, post hole. – Fibeln; vier Fragmente, Füße und Nadeln nicht erhalten, L. noch: A: 3,9 cm; B: 3,6 cm; C: 1,8 cm; D: 3,9 cm (*Taf. 6,92 A–D*). – Mus. Gordion (B 1295). – Grabung Young, 1959. – Muscarella, Phrygian Fibulae Taf. 18,91.

93. Gordion/Polatlı, Bez. Ankara. – CM–CC 2. – Fibel; verbrannt; Nadelspitze und Teil des Fußes nicht erhalten; gr. L. 4,4 cm (*Taf. 6,93*; nach Photo). – Mus. Ankara? (B 673). – Grabung Young, 1955. – Muscarella, Phrygian Fibulae Taf. 18,90.

94. Gordion/Polatlı, Bez. Ankara. – Tumulus B, Füllung. – Fibel; nur Bügel erhalten; L. noch 2,3 cm (*Taf. 6,94*). – Mus. Ankara (B 29). – Grabung Young, 1950. – Unpubliziert.

V. FIBELN MIT EINER KUGEL AUF DEM BÜGEL

Blinkenberg unterscheidet zwei Varianten von Fibeln, deren Bügel in der Mitte eine Kugel aufweist, die bei manchen Exemplaren mit einem Zierknopf versehen sein kann; diese werden hier unter Typ VI behandelt.

Als Variante IV 9 klassifiziert er die Fibeln, deren Kugel im Verhältnis zum Fuß und zum Bügelschaft klein ist. Der Querschnitt der Kugel variiert von ovaler bis runder Form. Als Variante IV 10 bezeichnet er die Fibeln, deren im Querschnitt kreisrunde Kugel im Verhältnis zu den anderen Teilen der Fibel eine massive Größe erreicht. Aufgrund des Vorkommens auf den Fundplätzen des westlichen Küstenbereiches von Kleinasien vermutet er, daß Typ IV 10 eine weiterentwickelte Form von Typ IV 9 darstellt.

Seit der Publikation von Blinkenberg wurden mehrere Fibeln von Typ IV 10 auf den ägäischen Inseln gefunden.[1]

TYP V a (Blinkenberg IV 9)

Fibeln mit kleiner Kugel auf dem Bügel von ovalem (bzw. tropfenförmigem) bis rundem Querschnitt. Die Fußplatte, hoch und schmalgestreckt, weist bei manchen Exemplaren eine nach unten ausgezogene Ecke auf. Bei einigen Exemplaren wird die Kugel von beiden Seiten von ein bis zwei kleinen Wulstringen eingerahmt.

Fibeln vom Typ V a wurden in der Umgebung von İzmir und in den Gräbern von Beçin und Assarlık gefunden. Ein Exemplar stammt aus Erythrae.

Im Istanbuler Museum sind unter Inv. Nr. 6268 aus der Fundgruppe „Umgebung von İzmir" 50 verschiedene Fibeln (mit oder ohne Zierknopf) zu finden; mehrere davon gehören zu Typ V a. Weiterhin sind insgesamt 30 Fragmente bzw. Kugelreste, teilweise mit Zierknopf ausgestattet, vom Typ V a unter Inv. Nr. 6288 registriert. Die Fußplatte der Nr. 95 G zeigt eine Ritzverzierung. Fibeln vom Typ V b fehlen in diesem Fund.

Weitere Funde stammen aus Grab 2 und einige Fragmente aus Grab 3 von Beçin.[2] Die beiden Gräber werden vom Ausgräber in die spätgeometrische Zeit datiert.[3]

---

[12] Kilian, a. a. O. 34.

[1] Sapouna-Sakellarakis, PBF. XIV, 4 (1978) Taf. 32.33.

[2] A. Akarca, Belleten 35 H. 137, 1971, 13 ff.

[3] Ebd. 3.

Von Grab F in Assarlık, in dem er zwei Kugelfragmente von Fibeln fand, berichtet Paton nicht; sehr wahrscheinlich handelt es sich um eine spätgeometrische Bestattung.

Über Erythrae liegt keine Publikation vor. Die Funde aus der „Umgebung von İzmir" sind allgemein in das späte 8.–7. Jh. v. Chr. zu setzen. Ähnliche Fibeln aus Chios (Phana) werden frühgeometrisch-archaisch[4] und die aus Rhodos (Ialysos) spätgeometrisch-früharchaisch datiert.[5]

95 A.–G. „Umgebung von İzmir". – Vgl. Nr. 24. – Sieben von mehreren gleichen Fibeln; bei den meisten fehlt die Nadel; L.: 2,5 cm; 2,2 cm; 2,2 cm; 2,9 cm; 2,9 cm; 3,6 cm; 3,2 cm (*Taf. 6, 95 A–G*). – Mus. Istanbul (u. Inv. 6268). – N. Fıratlı, I.A.M.Y. 8, 1958, 31 f. Abb. 13, 22–25.
96. „Umgebung von İzmir". – Vgl. Nr. 24. – 30 Fibeln teils mit Zierknopf, teils ohne. – Mus. Istanbul (Inv. 6288). – Unpubliziert.
97. Erythrae, Bez. İzmir. – Fibelfragment; Nadel und Fuß nicht erhalten; L. ca. noch 1,8 cm (*Taf. 6, 97*). – Mus. İzmir. – Unpubliziert.
98. Beçin, Milâs, Bez. Muğla. – Grab 2. – Fibel; Fußplatte z. T. abgebrochen; Kugel mit kleinen Ringwülsten umrahmt. – Beifunde: Fibeln Typ VI; spätgeometrische Keramik. – L. 5,8 cm (*Taf. 6, 98*; nach Akarca). – Verbleib unbekannt. – Grabung Akarca, 1965. – A. Akarca, Belleten 35 H. 137, 1971, 1 ff. Taf. 4, 12.
98 A. Assarlık/Bodrum, Bez. Muğla. – Grab F. – Fibelfragment; gr. erh. L. 1,1 cm; H. 0,8 cm (*Taf. 6, 98 A*). – Brit. Mus. London (1887.5-2.67). – Grabung Paton. – Unpubliziert.
98 B. Assarlık/Bodrum, Bez. Muğla. – Grab F. – Fibelfragment; gr. erh. L. 1,15 cm; H. 0,8 cm (*Taf. 6, 98 B*). – Brit. Mus. London (1887.5-2.67). – Grabung Paton. – Unpubliziert.

TYP V b (Blinkenberg IV 10)

Fibeln mit einer runden, großen Kugel auf dem Bügel.

Der Fuß kann sehr schmal und lang ausgebildet sein. Einige Exemplare haben horizontale Rillen auf der Fußplatte. Bei zwei Exemplaren, eines davon aus Neandria, das andere aus Ephesos, erreicht die Kugel mit einem Durchmesser von 3,5 cm ihren Höhepunkt. Bei den meisten Exemplaren ist der Bügelschaft rund im Querschnitt; er wird gelegentlich von der Kugel durch einen Ringwulst getrennt.

Nr. 100 aus „Thymbra" gehört zur Calvert Sammlung; ihr Bügelschaft ist von rhombischem Querschnitt, die Kugel wird von beiden Seiten durch je einen kleinen Ringwulst abgeschlossen. Auf der Kugel befinden sich zwei Löcher, die mit Ton bzw. mit Erde zugefüllt sind; eine große Öffnung ist bei der von Virchow und Przeworski abgebildeten Fibel Nr. 107 vorhanden. Virchow vermutet,[6] daß diese Öffnung einen Schmuck getragen haben könne. Solche Öffnungen für Schmuckeinlagen kommen bei den griechisch-festländischen Fibeln mit großen Kugeln vor und sind auch auf den ägäischen Inseln, z. B. Lindos (Rhodos) gefunden worden.[7]

Wichtig zu erwähnen ist die Fibel Nr. 101, bei der die Nadel nicht mitgegossen, sondern in den Bügelschaft eingesteckt ist.

Die Funde von „Thymbra" und Neandria stammen aus privaten Grabungen von Calvert. Nach dem Katalog von Thiersch wurden diese Fibeln in der Pithos-Nekropole von „Thymbra" als Beigaben in den Pithoi, die durch eine runde Steinplatte geschlossen waren, gefunden. Aus den gleichen Gräbern stammen, ebenfalls nach dem Katalog von Thiersch, die lokal hergestellten Fibeln vom phrygischen Typ. Die Fibeln mit runden Kugeln sind auf den benachbarten Inseln von der frühgeometrischen Zeit an bis in die archaische Zeit hinein in Gebrauch gewesen. In Ephesos wurden 28 nicht intakt erhaltene Exemplare

---

[4] Sapouna-Sakellarakis, a. a. O. Nr. 1169–1177.
[5] Ebd. 89.
[6] R. Virchow, Gräberfeld 27.
[7] Vgl. z. B. Sapouna-Sakellarakis, a. a. O. Taf. 35–36.

außerhalb der Tempelbasis gefunden,[8] deren Kugeln einen Tonkern aufweisen. Alle anderen Fibeln stammen aus nicht systematisch ausgeführten Ausgrabungen.

Die im westlichen Kleinasien gefundenen Exemplare gehören dem 8. bis frühen 7. Jh. v. Chr. an.

99. Neandria, Bez. Çanakkale. – Calvert-Sammlung. – Fibel; Nadel abgebrochen; sie war eingesetzt; L. 4,5 cm; Kugel-Dm. 3,4 cm (*Taf. 6,99*; nach Photo von Thiersch). – Verbleib unbekannt. – Katalog Thiersch Nr. 630.

100. „Thymbra", Bez. Çanakkale. – Calvert-Sammlung, aus den Pithosgräbern. – Fibel; Nadel abgebrochen; grüne Patina; zwei kleine Löcher auf der Unterseite der Kugel; Fußplatte weist zwei Rillen auf; L. 3,8 cm; Kugel-Dm. 1,9 cm (*Taf. 6,100*). – Mus. Çanakkale (1140). – Grabung Calvert. – Katalog Thiersch Nr. 1140.

101. „Thymbra", Bez. Çanakkale. – Calvert-Sammlung, aus den Pithosgräbern. – Fibel mit eingesetzter Nadel, diese ist nicht erhalten; schmale Fußplatte weist Rillen auf; L. 3,5 cm; Kugel-Dm. 2 cm (*Taf. 7,101*). – Mus. Çanakkale (1140). – Grabung Calvert. – Katalog Thiersch Nr. 1140.

102. „Thymbra", Bez. Çanakkale. – Calvert-Sammlung; aus den Pithosgräbern. – Fibel; Bügelschaft und Nadel nicht erhalten; im Verhältnis zu den obigen ist die Fußplatte breiter ausgebildet; dunkelgrüne Patina; L. noch ca. 3,5 cm, Kugel-Dm. ca. 3 cm (*Taf. 7,102*; nach Thiersch). – Verbleib unbekannt. – Katalog Thiersch Nr. 1140.

103 A.–U. Ephesos, Bez. İzmir. – Artemis-Tempel, außerhalb der Basis. – Vgl. Nr. 28. – 21 Fibeln; Nadeln und z. T. Fußplatten abgebrochen, Kugeln mit Tonkern (Ausnahme Fibel A); A: Kugel massiv gegossen; L. 5,1 cm, Kugel-Dm. 2,7 cm; B: L. 2,7 cm, Kugel-Dm. 1,85 cm; C: L. 2,9 cm, Kugel-Dm. 1,85 cm; D: L. 2,9 cm, Kugel-Dm. 1,8 cm; E: L. 2,2 cm; Kugel-Dm. 1,65 cm; F: L. 2,3 cm, Kugel-Dm. 1,4 cm; G: L. 2,2 cm, Kugel-Dm. 1,85 cm; H: L. 2,55 cm, Kugel-Dm. 1,7 cm; I: L. 2,35 cm, Kugel-Dm. 1,25 cm; J: L. 2,1 cm, Kugel-Dm. 1,35 cm; K: L. 2,9 cm, Kugel-Dm. 1,3 cm; L: L. 2,25 cm, Kugel-Dm. 1,1 cm; M: L. 2,6 cm, Kugel-Dm. 1,35 cm; N: L. 2,2 cm, Kugel-Dm. 1,3 cm; O: L. 1,7 cm, Kugel-Dm. 1,25 cm; P: L. 1,9 cm, Kugel-Dm. 1,3 cm; Q: L. 1,9 cm, Kugel-Dm. 1,0 cm; R: L. 1,9 cm, Kugel-Dm. 0,9 cm; S: L. 2,2 cm, Kugel-Dm. 1,25 cm; T: L. 1,5 cm, Kugel-Dm. 1,0 cm; U: L. 2,0 cm, Kugel-Dm. 1,0 cm (*Taf. 7,103 A–U*). – Mus. Istanbul (A, C–G u. Inv. Nr. 2642; B, H–U u. Inv. Nr. 2644). – Ephesos Taf. 17,22 (B). 23 (H). 24 (K).

104 A.–E. Ephesos, Bez. İzmir. – Artemis-Tempel, außerhalb der Basis. – Vgl. Nr. 28. – Fünf fragmentierte Fibeln (*Taf. 7,104 A–E*). – Brit. Mus. London (Inv. Nr. 1907.12-1.300-342). – Ephesos Taf. 17,25.

105. „Trouvée en Troade". – Fibel; Fragment; L. 3,2 cm (*Taf. 7,105*; nach Photo). – Louvre Paris (1884). – Blinkenberg 98 f. 10 b; Bronzes Antiques du Louvre II, 66 f.

106 A. B. Piral, Bez. Denizli. – Zwei Fibeln, bei denen die Nadeln nicht erhalten ist; L. 1,9 und 2,0 cm (*Taf. 7,106 A. B*; nach Przeworski). – Berlin Antiquarium (11888-89). – Przeworski, Metallindustrie Taf. 8, 5,6; Blinkenberg, Fibules 98 Abb. 104.

107. Iné, Bez. Çanakkale. – Steinkistengrab; – Fibel; intakt gefunden; runde Öffnung auf der Kugel; L. 3,8 cm (*Taf. 7,107*; nach Przeworski). – Mus. Vor- und Frühgesch. Berlin? (Nr. 10426). – Virchow, Gräberfeld 27 Abb. 11; Przeworski, Metallindustrie Taf. 8,3.

VI. FIBELN MIT ZIERELEMENTEN AUF DEM BÜGEL

E. Sapouna-Sakellarakis faßt Fibelvarianten der Typen II–IV, die mit Zierknöpfen auf dem Bügel ausgestattet sind, unter Typ VII zusammen. Jedoch trennt sie als einen eigenständigen Typ die Fibeln mit figürlichem Zierelement (VII b) auf dem Bügel von denen, die mit Zierknopf bzw. Konus und hornartigem Zapfen (VII a) ausgestattet sind.

Die chronologischen und typologischen Gegebenheiten unserer Fibeln, die ausschließlich aus der westlichen Türkei stammen, widersprechen nicht der Einteilung von Sapouna-Sakellarakis. In dem untersuchten Gebiet fehlen die Fibeln von Typ VII c und VIII: Fibeln mit figürlichem, plastischem Dekor.[1]

---

[8] Ephesos 147 f.

[1] Die bei Sapouna-Sakellarakis PBF. XIV,4 (1978) nach Blinkenberg abgebildete Fibel Nr. 1459 wurde in İzmir gekauft.

TYP VI a

Die Zierelemente auf dem Bügel bestehen aus einem Knopf, einem einfachen oder doppelten Konus oder hornartigen Zapfen. Bei einigen Exemplaren ist der Bügelschaft gerillt. Die Fußplatte ist gelegentlich mit geometrischem Ritzmuster verziert.

Die Kugel von Nr. 115 weist zwei Streifen auf beiden Seiten auf, die mit geritzten Zickzack-Linien gefüllt sind; diese sind nicht vollständig erhalten. Die Fußplatte ist korrodiert, es ist hier auch mit einer Verzierung zu rechnen.

Eine Parallele zu dieser Fibel (übrigens ohne Zierknopf) wurde in Emporio/Chios[2] in einem (Periode I) archaischen Fundzusammenhang gefunden.

Nr. 116 ist auf beiden Seiten der Kugel sowie der Fußplatte mit Würfelaugenmustern verziert; diese wurden mit einem kreiselähnlichen Gerät geschaffen.

Antike Reparaturen sind bei einigen Exemplaren klar nachzuweisen. Diese Fibeln waren meistens an der Spiralwindung in zwei Teile zerbrochen; sie wurden durch einen feinen Niet vernietet bzw. gehämmert und somit repariert.

Viele Fibeln dieser Art stammen aus der Fundgruppe „Umgebung von İzmir" (Ende 8.–7. Jh. v. Chr.). Sie sind im Istanbuler Museum u. a. unter Inventar Nr. 6268 registriert.

Das schlecht erhaltene, vermutlich ein Paar bildende Stück aus der Nekropole von Iasos gehört der protogeometrischen Zeit an.

108. „Umgebung von İzmir." – Vgl. Nr. 24. – Fibel – Fragment; L. noch 2,5 cm (Taf. 7, 108). – Mus. Istanbul (unter 6286). – Unpubliziert.
109. „Umgebung von Milâs", Bez. Muğla. – Fibel; intakt; Bügelschaft gerillt; L. 5,4 cm; Bügel-D. 0,65 cm (Taf. 7, 109). – Mus. Bodrum (3999). – Erworben in Milâs. – Unpubliziert.
110. „Umgebung von İzmir". – Vgl. Nr. 24. – Fibel; Nadel zum Teil abgebrochen; L. 3,7 cm (Taf. 7, 110). – Mus. Istanbul (6262). – Unpubliziert.
111. „Umgebung von İzmir". – Vgl. Nr. 24. – Fibel; gut erhalten; L. ca. 3,0 cm (Taf. 7, 111). – Mus. Istanbul (6261–6293). – N. Fıratlı, I.A.M.Y. 8, 1958, 31 f. Abb. 13, 21.
112 A. B. „Umgebung von İzmir". – Vgl. Nr. 24. – Zwei von 30 fragmentierten typgleichen Fibeln, mit oder ohne Zierknopf; L. 3,5 und 3,0 cm (Taf. 7, 112 A; 8, 112 B). – Mus. Istanbul (6288). – Unpubliziert.
113 A.–D. „Umgebung von İzmir". – Vgl. Nr. 24. – Vier von 50 typgleichen Fibeln, darunter mehrere vom Typ VI a; L. 2,6–3,5 cm (Taf. 8, 113 A–D). – Mus. Istanbul (6268). – Unpubliziert.
114 A. B. Iasos, Bez. Aydın. – Protogeometrische Nekropole. – Fibel – Paar; Fußplatte und Nadel fehlen; L. noch 3,2 und 3,6 cm (Taf. 8, 114 A.B). – Mus. İzmir (6565). – Grabung Levi, 1969. – Unpubliziert.

115. „Umgebung von Milâs". – Fibel; Nadel abgebrochen, Fußplatte korrodiert; Bügelschaft gerillt; Kugel verziert; L. 6,9 cm; Kugel-Dm. 2,6 cm (Taf. 8, 115). – Mus. Bodrum (3998). – Ankauf. – Unpubliziert.
116. „Umgebung von İzmir". – Vgl. Nr. 24. – Fibel; verziert; Bügelschaft gekerbt; L. 3,2 cm (Taf. 8, 116). – Mus. Istanbul (6273). – N. Fıratlı, I.A.M.Y. 8, 1958, 31 f. Abb. 13, 20.
117. Iasos, Bez. Aydın. – Protogeometrische Nekropole. – Fibel; verbrannt; schlecht erhalten; L. noch 4,5 cm (Taf. 8, 117). – Mus. İzmir (6564). – Grabung Levi, 1969. – Unpubliziert.
118. „Umgebung von İzmir". – Vgl. Nr. 24. – Fibel; gut erhalten; Bügelschaft antik repariert; L. 3,7 cm (Taf. 8, 118). – Mus. Istanbul (6272). – Unpubliziert.
119. Beçin, Milâs, Bez. Muğla. – Grab 2. – Fibel; L. 8,7 cm (Taf. 8, 119; nach Akarca). – Verbleib unbekannt. – Grabung Akarca, 1965. – A. Akarca, Belleten 35 H. 137, 1971, 1 ff. Taf. 4, 13.
120. Beçin, Milâs, Bez. Muğla. – Grab 2. – Fibel; intakt gefunden; Nadel mit eingeschobenem Perlchen; L. 4,0 cm (Taf. 8, 120; nach Akarca). – Verbleib unbekannt. – Grabung Akarca, 1965. – A. Akarca, Belleten 35 H. 137, 1971, 1 ff. Taf. 4, 14.
121. „Umgebung von İzmir". – Vgl. Nr. 24. – Fibel; Bügelschaft antik repariert; Fußplatte verziert; L. ca.

---

[2] Vgl. Seite 44 Typ V a; Sapouna-Sakellarakis, PBF. XIV,4 (1978) Nr. 1179.

VII. Scheibenfibeln

3,6 cm (Taf. 8, *121*). – Mus. Istanbul (6261–6293). – N. Fıratlı, I.A.M.Y. 8, 1958, 31 f. Abb. 13, 26.

122. „Umgebung von İzmir". – Vgl. Nr. 24. – Fibel; Nadel abgebrochen; L. 2,7 cm (Taf. 8, *122*). – Mus. Istanbul (6268). – N. Fıratlı, I.A.M.Y. 8, 1958, 31 f. Abb. 13, 19.

123. „Umgebung von İzmir". – Vgl. Nr. 24. – Fibel; Nadel abgebrochen; L. 5,5 cm (Taf. 8, *123*). – Mus. Istanbul (6269). – N. Fıratlı, I.A.M.Y. 8, 1958, 31 f. Abb. 13, 14.

124. „Umgebung von İzmir". – Vgl. Nr. 24. – Fibel; Nadel abgebrochen; L. noch 3,9 cm (Taf. 8, *124*). – Mus. Istanbul (6270). – Unpubliziert.

125. „Umgebung von İzmir". – Vgl. Nr. 24. – Fibel; Bügelschaft repariert; L. 4,4 cm (Taf. 8, *125*). – Mus. Istanbul (6271). – N. Fıratlı, I.A.M.Y. 8, 1958, 31 f. Abb. 13, 13.

126. „Umgebung von İzmir". – Vgl. Nr. 24. – Fibel; Nadel abgebrochen; Bügelschaft antik repariert; L. noch 3,0 cm (Taf. 8, *126*). – Mus. Istanbul (6268). – N. Fıratlı, I.A.M.Y. 8, 1958, 31 f. Abb. 13, 15.

127. „Umgebung von İzmir". – Vgl. Nr. 24. – Fibel; Fußplatte verziert; erh. L. ca. 4 cm (Taf. 8, *127*). – Mus. Istanbul (6261–6293). – N. Fıratlı, I.A.M.Y. 8, 1958, 31 f. Abb. 13, 12.

128 A. B. Ephesos, Bez. İzmir. – Artemis-Tempel, außerhalb der Basis. – Vgl. Nr. 28. – Zwei fragmentierte Fibeln; L. noch 3,5 u. 3,3 cm (Taf. 8, *128 A. B*). – Brit. Mus. London (1907. 12-1-308). – Ephesos Taf. 17, 18. 19.

128 C. Ephesos, Bez. İzmir. – Artemis-Tempel, außerhalb der Basis. – Vgl. Nr. 28. – Fibel; Fußplatte und Nadel abgebrochen; Kugel mit Tonkern; L. noch 2,1 cm; Kugel-Dm. 1,3 cm (Taf. 8, *128 C*). – Mus. Istanbul (2644). – Unpubliziert.

TYP VI b

Fibeln mit Wasservogel am Bügel charakterisieren diesen Typ.

Das einzige Exemplar dieses Typs aus der Fundgruppe „Umgebung von İzmir" gehört ohne Zweifel zu dem rhodischen Typ. Eine große Zahl von Fibeln dieses Typs wurde in Rhodos gefunden, es wird sogar ein rhodischer Vogeltyp unterschieden. Diese Fibeln gehören zeitlich ans Ende der geometrischen und frҥharchaischen Zeit. Das bis jetzt einzige bekannte Exemplar aus Kleinasien dürfte der gleichen Zeit angehören.[3]

129. „Umgebung von İzmir". – Vgl. Nr. 24. – Fibel; Fußplatte abgebrochen; erh. L. 2,8 cm (Taf. 8, *129*). – Mus. Istanbul (6282). – N. Fıratlı, I.A.M.Y. 8, 1958, 31 f. Abb. 13, 15.

VII. SCHEIBENFIBELN (Blinkenberg XV 11)

Unter seiner Gruppe XV faßte Blinkenberg die „Agrafes en forme de disque" zusammen. Diese bestehen immer aus zwei Teilen: Der als Nadelsatz dienende Teil wurde aus Metall hergestellt und an das aus Knochen bzw. Elfenbein, aber auch aus Metall bestehende scheibenförmige Vorderteil angebracht. Mehrere sog. Agrafes mit Doppelscheiben wurden in Ephesos gefunden.[1]

Unter Variante XV 11 gruppierte Blinkenberg die mit einer Scheibe versehenen, überwiegend aus Bronze hergestellten Scheibenfibeln. Als einzigen kleinasiatischen Vertreter erwähnte er damals das goldene Exemplar aus Ephesos, das von Hogarth ausgegraben wurde. Blinkenberg wies darauf hin, daß Scheibenfibeln in Italien und auch im nordbalkanischen Gebiet und im Hallstattkreis verbreitet waren. Abgesehen von dem goldenen Exemplar aus dem Artemis-Tempel von Ephesos stammen sämtliche hier aufgeführten Scheibenfibeln aus dem Fund „Umgebung von İzmir". Ohne Zweifel sind diese Scheibenfibeln regional bzw. auf den Inseln hergestellt und hat in der Umgebung von İzmir eine starke Verwendung gefunden. Aus Lindos sind sechs Exemplare bekannt.[2] Zwei weitere stammen aus Ialysos[3] und sind unseren Stücken gleich.

---

[3] Sapouna-Sakellarakis, a.a.O. 99.

[1] Ephesos 187 Taf. 32.

[2] Blinkenberg, Fibules XV 11 b.

[3] Sapouna-Sakellarakis, PBF. XIV, 4 (1978) Nr. 1 544. 1 545. 1 549. 1 549A.

Der Fund aus der Umgebung von İzmir enthält 31 mehr oder weniger intakte, aus Bronzeblech hergestellte Exemplare und neun zugehörige Nadelteile. Bei allen Exemplaren ist der Nadelsatz getrennt gearbeitet, anschließend mit einem Niet auf die Rückseite der Scheibe befestigt. Bemerkenswert ist die halbmondförmige Nadel der Fibeln Nr. 134 E und 135 B.

Einige Exemplare sind verziert. Diese Verzierung besteht meistens aus kleinen gepunzten Buckeln, aus Tremolierstichen oder aus einfachen, der Scheibe entlang laufenden Kerbungen. Ein Depotfund aus Besenyszög-Fokoru in Ungarn lieferte außer anderen Schmuckgegenständen aus Gold vier goldene Zierscheiben,[4] deren Verzierung mit der Tremolierstichverzierung der Scheibenfibel Nr. 131 aus der Umgebung von İzmir sehr nahe verwandt ist.

Datierung: Ende 8. Jh. v. Chr. – 7. Jh. v. Chr.

130. „Umgebung von İzmir". – Vgl. Nr. 24. – Fibel; verziert mit einem vorgezeichneten Sternmuster; Schb.Dm. 3,25 cm (*Taf. 9, 130*). – Mus. Istanbul (u. Inv. Nr. 6266). – N. Fıratlı, I.A.M.Y. 8, 1958, 31 f. Abb. 13, 32.

131. „Umgebung von İzmir". – Vgl. Nr. 24. – Fibel; verziert mit Buckeln und Tremolierstichen, Nadel abgebrochen; Schb.Dm. 2,6 cm (*Taf. 9, 131*). – Mus. Istanbul (6266/12). – Unpubliziert.

132 A. B. „Umgebung von İzmir". – Vgl. Nr. 24. – Zwei Fibeln; A: Nadel abgebrochen; Schb.Dm. 3,1 cm; B: Fragment; erh. L. 2,6 cm (*Taf. 9, 132 A. B*). – Mus. Istanbul (A: 6266/1, B: u. Inv. Nr. 6266). – N. Fıratlı, I.A.M.Y. 8, 1958, 31 f. Abb. 13, 31.

133. „Umgebung von İzmir". – Vgl. Nr. 24. – Fibel; beschädigt; drei parallellaufende Buckelreihen auf der Scheibe, Nadel vorhanden; Schb.Dm. 3,85 cm (*Taf. 9, 133*). – Mus. Istanbul (u. Inv. Nr. 6266). – Unpubliziert.

134 A.–N. „Umgebung von İzmir". – Vgl. Nr. 24. – 14 Fibeln; A: Intakt, Schb.Dm. 2,8 cm; B: Nadel z. T. abgebrochen, Schb.Dm. 3,4 cm, Schb.D. 0,05 cm; C: Nadel vorhanden, Schb.Dm. 3,15 cm; D: Nadel z. T. abgebrochen, Schb.Dm. 2,9 cm; E: Intakt, mit halbmondförmiger Nadel, Schb.Dm. 2,95 cm; F: Intakt, Schb.Dm. 2,55 cm; G: Scheibe verbogen, Nadel vorhanden, Schb.Dm. 2,55 cm; H: Scheibe verbogen, Nadel z. T. abgebrochen, Schb.Dm. 2,85 cm; I: Intakt, Schb.Dm. 2,65 cm; J: Nadel vorhanden, Schb.Dm. 2,4 cm; K: Fragment, Nadel vorhanden, erh. L. 3,05 cm; L: Nadel abgebrochen, Schb.Dm. 2,7 cm; M: Beschädigt, Schb.Dm. 2,85 cm; N: Nadel vorhanden, Schb.Dm. 2,3 cm (*Taf. 9, 134 A–N*). – Mus. Istanbul (A: 6266/15, B: 6266/3, C: 6266/18, D: 6266/9, E: 6266/17, F: 6266/5, G: 6266/21, H: 6266/2, I: 6266/25, K: 6266/6, L: 6266/24, M: 6266/22, N: 6266/14). – N. Fıratlı, I.A.M.Y. 8, 1958, 31 f. Abb. 13, 30.

135 A. B. „Umgebung von İzmir". – Vgl. Nr. 24. – Zwei Fibeln; mit zwei parallellaufenden Kreisen auf der Scheibe; A: Nadel nicht erhalten, Schb.Dm. 2,05 cm; B: Scheibenrand mit Buckeln, mit halbmondförmiger Nadel, erh. L. 2,55 cm (*Taf. 9, 135 A. B*). – Mus. Istanbul (A und B: Inv. Nr. 6266). – Unpubliziert.

136 A.–E. „Umgebung von İzmir". – Vgl. Nr. 24. – Fünf Fibeln; A: Nadel fehlt, beschädigt, Schb.Dm. 2,9 cm; B: Nadel z. T. abgebrochen, Schb.Dm. 3,2 cm; C: Fragment, Nadel vorhanden, erh. L. 2,25 cm; D: Fragment, erh. L. 3,75 cm; E: Fragment, Nadel vorhanden, erh. L. 2,25 cm (*Taf. 9, 136 A–E*). – Mus. Istanbul (A: 6266/16, B: 6266/20, C: 6266/27, D und E: Inv. Nr. 6266). – Unpubliziert.

137 A.–E. „Umgebung von İzmir". – Vgl. Nr. 24. – Fünf Fibeln; A: am Rand gekerbte Scheibe, Nadel z. T. abgebrochen, Schb.Dm. 3,4 cm; B: Nadel fehlt, Scheibe unverziert, Schb.Dm. 2,45 cm; C: am Rand gekerbte Scheibe, Nadel z. T. abgebrochen, Schb.Dm. 3,0 cm; D: am Rand gekerbte Scheibe, Nadel abgebrochen, Schb.Dm. 2,9 cm; E: am Rand gekerbte Scheibe, Nadel fehlt, Schb.Dm. noch 3,05 cm (*Taf. 9, 137 A–E*). – Mus. Istanbul (A: 6266/10, B: 6266/26, C: 6266/11, D: Inv. Nr. 6266, E: 6266/7). – Unpubliziert.

137 F.–N. „Umgebung von İzmir". – Vgl. Nr. 24. – Neun Nadelteile; z. T. obigen Fibeln zugehörig; F: L. 3,1 cm, Bügel-Br. 0,65 cm; G: L. 4,25 cm, Bügel-Br. 0,5 cm; H: L. 2,45 cm, Bügel-Br. 0,4 cm; I: L. 1,6 cm, Bügel-Br. 0,3 cm; J: L. 2,8 cm, Bügel-Br. 0,5 cm; K: L. 2,65 cm; L: mit zwei Befestigungsnieten, L. 4,3 cm, Bügel-Br. 0,5 cm; M: L. 2,1 cm, Bügel-Br. 0,3 cm; N: L. 1,57 cm (*Taf. 9, 137 F–N*). – Mus. Istanbul (Inv. Nr. 6266). – Unpubliziert.

---

[4] Die Hallstattkultur – Frühform europäischer Einheit. Katalog Ausstellung Schloß Lamberg, Steyer (1980) 184 f. Nr. 2.13–2.20 Abb. 2.17–2.18. – Datierung: 8. Jh. v. Chr.

VIII. BOGENFIBELN MIT ABGESETZTER KUGEL AUF DEM BÜGEL

Tiefe Kannelluren trennen auf beiden Seiten die Kugel von den kräftigen Ringwülsten. Bei allen hier katalogisierten Exemplaren – außer den Alişar-Funden – ist der Fuß klein. Mit einer Ausnahme (Nr. 139) sind die Bügelschäfte von rundem oder ovalem Querschnitt auf der Spiralseite und von flachem rechteckigem Querschnitt auf der Nadelhalterseite. Das Exemplar Nr. 138 hat dagegen einen oval-runden Querschnitt auf beiden Seiten.

Fibeln mit abgesetzter Kugel wurden in Balkanländern gefunden. Diese Funde wurden zuletzt von K. Kilian als thrakischer Typ bezeichnet. Ihre Verbreitung in Griechenland und auf den Inseln ist ebenfalls dort zusammengestellt.[1] Als einzige aus Kleinasien stammende, bekannt gewordene Fibel dieses Typs zitiert Kilian eine Fibel aus Sardis,[2] die wir jedoch oben unter Typ III e (Nr. 69) behandeln. Im hier untersuchten Gebiet der Türkei wurden insgesamt sechs Exemplare gefunden. Nach der Beschreibung und dem Photo scheinen fünf Fibeln aus Alişar zu diesem Typ zu gehören.[3] Laut Aussage des Mus. Direktors von Burdur, Herrn K. Dörtlük, stammt das Stück Nr. 138 wahrscheinlich aus der Umgebung von Burdur. Zwei weitere Fibeln fanden sich bei den privaten Grabungen von Calvert in „Thymbra", sehr wahrscheinlich in der Pithos-Nekropole.

Im mazedonischen Raum werden die Fibeln mit abgesetzten Kugeln auf dem Bügel und mit thrakischem Fuß in die mazedonische Eisenzeit II datiert,[4] die der spätgeometrischen bzw. fortgeschrittenen protokorinthischen gleichzusetzen ist.

Wahrscheinlich gehört die Nekropole von „Thymbra" ans Ende des 8. Jh., wenn man das Vorkommen von einer Fibel Typ V b und den phrygischen Fibeln in Betracht zieht.

Einige Exemplare dieser Gattung aus dem thrakischen Raum tragen auf der Nadel ein eingeschobenes, bronzernes, bikonisches Zierelement.

1963 wurde eine Fibel mit abgesetzter Kugel in der Schicht der Vor-Basarabi-Stufe von Bradu (Rumänien) gefunden.[5] Für die anderen Funde wird eine allgemeine Datierung ins 8.–6. Jh. v. Chr. angenommen.[6] Der südlichste bis jetzt bekannte Fund stammt aus Paros; diese Fibel wurde in Delion unter dem Fußboden des Tempels gefunden.[7]

Insgesamt fünf Fibeln, die von von der Osten als Typ II a bezeichnet wurden, wurden in den „nachhethitisch-phrygischen" Schichten von Alişar gefunden. Nach den Angaben des Ausgräbers[8] stammen zwei davon aus Schicht 4cM, zwei weitere aus 4bM und eine aus der Terrasse.

Die kleinasiatischen Exemplare können nicht mit Sicherheit datiert werden. Als Zeitraum kann allgemein das 8.–7. Jh. v. Chr. angenommen werden.

138. „Umgebung von Burdur". – Fibel; intakt; sehr gut erhalten; L. 5,9 cm; Kugel-Dm. 1,8 cm (*Taf. 9, 138*). – Mus. Burdur (80-8-74). – Ankauf. – Unpubliziert.

139. „Thymbra", Bez. Çanakkale. – Calvert-Sammlung. – Fibel; Nadel und Nadelhalter nicht erhalten; L. noch 5,2 cm; Kugel-Dm. 1,85 cm (*Taf. 9, 139*). – Mus. Çanakkale. – Unpubliziert.

140. „Thymbra", Bez. Çanakkale. – Calvert-Sammlung. – Fibel – Fragment; L. 5,5 cm (*Taf. 9, 140*; nach Photo Thiersch). – Verbleib unbekannt. – Katalog Thiersch Nr. 1141. – Unpubliziert.

141 A.B. Fundort unbekannt. – Zwei Fibeln, Nadeln und Nadelhalter nicht erhalten; L. noch 3,1 cm und 3 cm; Kugel-Dm. ca. 1,0 cm (*Taf. 9, 141A.B*). – Mus. İstanbul (75.261). – Ankauf. – Unpubliziert.

142. Alişar, Bez. Yozgat. – Zwei Exemplare aus Schicht

---

[1] K. Kilian, PZ. 50, 1975 Taf. 81.
[2] Ebd. 129.
[3] OIP. XXIX 435.
[4] Kilian, PZ. 50, 1975, 84.
[5] A. Vulpe, Dacia 9, 1965, 121 Abb. 8.
[6] Lakavica: A. Milčev, in: V. Beševliev/V. Georgiev [Hrsg.], Isledvania b cest na A. D. Dečev [1958] 428.; Jankovo, Mogiula Cetvirta: Dremissova, Bull. Inst. Arch. Bulgare 19, 1955, 77.
[7] Rubensohn, Delion 68 Nr. 12 Taf. 12,9.
[8] OIP. XXIX 435 und Tafel.

4cM, zwei aus Schicht 4bM, eine von der Terrasse. – Eine Fibel von insgesamt fünf Exemplaren. Beschreibung von der Osten: „Typ II a has at the bend a large globe, and between it and each end of the bow a large disk". – (*Taf. 9, 142;* nach Publ. Photo e 2287). – Mus. Ankara? – OIP XXIX Bd. II 440 Abb. 494, e 2287.

PHRYGISCHE BZW. ANATOLISCHE FIBELN

C. Blinkenberg bezeichnete seine Fibeln vom Typ XII als kleinasiatisch aufgrund zahlreicher Vorkommen bei den Ausgrabungen von G. und A. Körte in Gordion, D. G. Hogarth in Ephesos und der Darstellung auf dem İvriz-Relief.[1] O. W. Muscarella führte in seiner Monographie über die phrygischen Fibeln aus Gordion die von Blinkenberg festgelegten Typenbezeichnungen und Untergliederungen fort. R. M. Boehmer, sich auf Muscarella's Monographie stützend, fügte einige Varianten in der Bearbeitung der Fibelfunde aus Boğazköy, die in verschiedenen Grabungskampagnen von 1931–1939 und 1952–1969 gefunden wurden, hinzu[2] und versuchte mit Hilfe einiger weniger Modifikationen eine neue Gliederung. Viele Typen sind bei Muscarella voneinander typologisch nicht klar getrennt. So hat er z.B. unter Typ XII, 13 und 14 Fibeln zusammen behandelt, die in ihrer Verzierung und Bügelform voneinander abweichen. Demzufolge schlagen wir im nachstehenden Abschnitt eine nur zum Teil mit Muscarella's Typengliederung übereinstimmende Einteilung vor.

Die Bezeichnungen der verschiedenen Merkmale phrygischer Fibeln zeigt Abb. 2.

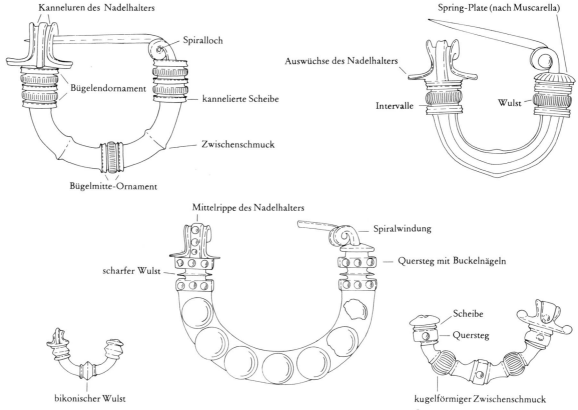

Abb. 2. Bezeichnungen der verschiedenen Merkmale bei phrygischen Fibeln.

---

[1] Blinkenberg, Fibules 205 ff.

[2] Boehmer, Kleinfunde 46 ff.

GRUPPE A

Fibeln mit schlichtem oder mit Halbkugeln bzw. mit Buckeln verziertem, im Querschnitt rechteckigem Bügel gehören zur Gruppe A.

TYP A I (Muscarella Typ XII 7, XII 7A)

O. W. Muscarella unterschied mit Recht die Fibeln des Typs XII 7A von Typ XII 7[1], wobei er Typ XII 7A als die ältere Form der beiden Typen bezeichnete.[2] Die Charakteristika des Typs XII 7A von Muscarella sind „halbmondförmige" Bügel, während Typ XII 7 einen in seinem gesamten Verlauf gleichbleibend breiten Bügel aufweist. Diese Trennung wird hier als Variante A I, 1 und A I, 2 beibehalten.

Blinkenberg ordnete zwei in İzmir erworbene Fibeln (Nr. 144–145) seinem Typ IX „boétiens divers" zu. Wie schon Muscarella richtig erkannte, gehören diese aufgrund der Form des Nadelhalters nicht zu den böotischen Fibeln. Es ist zwar in der „halbmondartigen" Form des Bügels eine gewisse Ähnlichkeit zu beobachten, jedoch ist die Entstehung der Fibeln zu Variante A I,1 unabhängig von den böotischen Fibeln zu betrachten.[3] Formal gesehen ist eine in Zypern[4] gefundene Fibel zwar aufgrund ihrer Bügelform z. B. mit der Fibel Nr. 143 vergleichbar, jedoch sind die Bügelendverzierungen und die Nadelhalter voneinander abweichend.

Fibeln der Variante 1 und 2 sind im Tumulus W von Gordion vertreten. Bei einigen Exemplaren aus diesem Tumulus ist es nicht leicht, nach der Bügelform zwischen diesen beiden Varianten klar zu unterscheiden. Sie sind weder rein „halbmondartig" (Variante 1) noch rein „hufeisenförmig" (Variante 2) und/oder weisen Merkmale von beiden Varianten auf. Diese Unterteilung wird noch erschwert bei den Exemplaren, die stark korrodiert sind. Es ist anzunehmen, daß es sich bei den Fibeln aus Tumulus W um Übergangsformen von Variante 1 zu 2 handelt.

Die Funde der gordischen Tumuli III und IV von Körte wurden zwischen den Museen zu Berlin und zu Istanbul damals aufgeteilt. Einige der von Körte intakt aufgefundenen Fibeln sind inzwischen in mehrere Teile zerbrochen, andere waren nicht mehr aufzufinden. Die Fibel Nr. 194 und 196 aus dem Tumulus III könnten aufgrund der breitwerdenden Bügelmitte noch zu Variante 1 hinzugezählt werden, wenn sie nicht wegen der rechteckigen und gerillten Querstege der Bügelenden zur Variante 2 gehörten.

Im Gegensatz zu Muscarella's Vermutung[5] ist die Variante A I,1 im Tumulus IV von Körte nicht vertreten.

Zusammenfassend ist zu sagen, daß zwischen Variante 1 und 2 ein Übergang besteht. Wahrscheinlich handelt es sich bei den Fibeln in Tumulus W um Übergangsformen von Variante 1 zu 2, die in Tumulus III gerade noch nachweisbar sind, aber in Tumulus IV nicht mehr auftreten.

Variante A I,1

Bei den Fibeln dieser Variante verjüngt sich der in der Regel in seiner Mitte breite Bügel zu den Enden hin; bei den Exemplaren, bei denen diese Verjüngung nicht so deutlich in Erscheinung tritt, ist der Bügel

---

[1] Muscarella, Phrygian Fibulae 17.
[2] Ebd. 43. 46 Anm. 27.
[3] s. S. 202 ff.
[4] Gjerstad, Cyprus Expedition IV/2 384 Abb. 69.
[5] Muscarella, Phrygian Fibulae 18.

besonders kurz; im allgemeinen ist er nicht nur breit, sondern auch dick und kurz. Seine spitz zulaufenden Bügelenden strecken sich etwas nach außen, so daß eine „Halbmondform" entsteht.

Die Bügelendornamente bestehen aus bikonischen, mehr oder weniger scharfen Wülsten von rundem Querschnitt. Der Nadelhalter ist langgezogen und bildet eine Dreiecksform; seine Auswüchse sind kurz und stummelartig. Bei allen hier aufgeführten Exemplaren ist die Nadel mit dem Bügel in einem Stück gegossen.

Wie bereits oben erwähnt, läßt sich die Fibel Nr. 143 mit der in Zypern gefundenen Fibel[6] aufgrund der Bügelform vergleichen; bei dem Exemplar aus Zypern sind die Bügelendverzierungen bikonisch, solche Formen fehlen bei der Fibel Nr. 143, ebenso wie bei den Exemplaren der Variante A I,1. Ein bikonisches Element ist zwar vorhanden, jedoch nicht als Kugel, sondern in abgeflachter Form als Wülste. Eine Ähnlichkeit zwischen den Nadelhaltern besteht jedoch nicht.

Muscarella erwähnt weitere Fibeln, die zu seinem Typ XII 7 A gehören;[7] die von ihm unter Anmerkung 20 erwähnten sind hier abgebildet; die angeblich zwischen Ankara und Konya gefundenen Fibeln[7a] waren leider dem Verfasser im Museum in Ankara nicht zugänglich. Daher konnte nicht kontrolliert werden, ob diese Fibeln tatsächlich unserer Variante 1 zugehörig sind, da die Typentrennung zwischen 7 und 7 A bei Muscarella nicht klar zu erkennen ist: Z.B. nach Muscarella werden alle 26 Fibeln aus Tumulus W[8] von Gordion als Typ 7 A bezeichnet.

Eine weitere Fibel, vermutlich dieser Art, wird von R. M. Boehmer erwähnt;[9] wahrscheinlich stammt sie aus einem Grab aus der Nähe der Midas-Stadt.

Eine Ausnahme stellt die Fibel Nr. 160 aus Elektron dar. Sie ist bis jetzt das einzige Exemplar, bei dem die dreieckige Mittelrippe des Nadelhalters geritzte, rhombische Verzierungen aufweist. Diese Fibel weicht in ihrer Bügelform von den anderen Exemplaren der Variante 1 ab; der Bügel verjüngt sich nicht zu den Enden hin, sondern verläuft gleichbleibend breit parallel.

143. „Umgebung von Simav", Bez. Kütahya. – Fibel; sehr fein gearbeiteter Bügel; glänzender, schwarzer Überzug (Patina?); L. 9,4 cm; Bügel-Br. 2,45 cm; Bügel-D. 0,3 cm (*Taf. 10,143*). – Mus. Kütahya (E 5880). – Der Museumsdirektor, Herr Mehmet Yılmaz, teilte mir freundlicherweise in einem Schreiben mit, daß die Fibel möglicherweise in der Umgebung von Simav – antikes Synaus – gefunden und erworben wurde (siehe Fibel Nr. 187.211). – Unpubliziert.
144. Fundort unbekannt. – Fibel; Nadel abgebrochen, L. 6,5 cm, Bügel-Br. 1,5 cm (*Taf. 10,144*; nach Photo). – Mus. Stockholm (8459=6). – Erworben in İzmir. – Blinkenberg, Fibules IX 1a Abb. 209.
145. Fundort unbekannt. – Fibel; Nadel abgebrochen; L. 5,6 cm; Bügel-Br. 1,1 cm (*Taf. 10,145*; nach Photo). – Mus. Stockholm (8459=7). – Erworben in İzmir. – Blinkenberg, Fibules IX 1 b.
146. Gordion/Polatlı, Bez. Ankara. – CM-TB-8, floor. – Fibel; Nadel und Spirale abgebrochen; L. ca. 7,4 cm; Bügel-Br. 1,7 cm; Bügel-D. 0,4 cm (*Taf. 10,146*) Mus. Gordion (B 1755). – Grabung Young, 1969. – Unpubliziert.
147. Gordion/Polatlı, Bez. Ankara. – Tumulus W, chamber, NE corner. – Fibel; Nadel abgebrochen, dikker Bügel; L. 5,6 cm; Bügel-Br. 1,4 cm (*Taf. 10,147*). – Mus. Ankara (B 1260). – Grabung Young, 1959. – Muscarella, Phrygian Fibulae Taf. 5, 23 (in ungereinigtem Zustand).
148. Gordion/Polatlı, Bez. Ankara. – Tumulus W, chamber. – Fibel; Nadel abgebrochen, L. ca. 6,0 cm; Bügel-Br. 1,5 cm (*Taf. 10,148*). – Mus. Ankara (B 1264). – Grabung Young, 1959. – Unpubliziert.
149. Gordion/Polatlı, Bez. Ankara. – Tumulus W, chamber E, End. – Fibel; in drei Teile zerbrochen, L. ca. 4,5 cm; Bügel-Br. ca. 1 cm (*Taf. 10,149*). – Mus. Ankara (B 1279). – Grabung Young, 1959. – Unpubliziert.
150. Fundort unbekannt. – Fibel; intakt, L. 6,3 cm; Bügel-Br. 1,3 cm (*Taf. 10,150*). – Mus. Istanbul (6759). – Ankauf. – Unpubliziert.
151. Gordion/Polatlı, Bez. Ankara. – Tumulus W,

---

[6] Vgl. Anm. 4.
[7] Muscarella, Phrygian Fibulae 30 Anm. 20. 21.
[7a] Ebd. 18 Anm. 21.
[8] Ebd. Appendix A.
[9] Boehmer, Kleinfunde 54 Anm. 369.

Phrygische bzw. anatolische Fibeln Gruppe A

chamber NE corner. – Fibel; Nadel abgebrochen; L. ca. 6,1 cm; Bügel-Br. 1,4 cm (*Taf. 10,151*; nach Muscarella). – Mus. Ankara (B 1276; nicht 1263: Inv. Nr. wurde bei Muscarella falsch angegeben). – Grabung Young, 1959. – Muscarella, Phrygian Fibulae Taf. 5, 24.
152. Entfällt
153. „Ankara". – Fibel; Bügel dick, Nadelhalter besonders lang, Nadel abgebrochen; L. 5,5 cm; Bügel-Br. 1,35 cm (*Taf. 10,153*). – Mus. Ankara (1186). – Herkunft unbekannt; s. Muscarella, Phygian Fibulae 18: „... label says „Ankara". – Unpubliziert.
154. „Ankara". – Fibel; Nadel abgebrochen; L. 6,3 cm; Bügel-Br. 1,65 cm (Mitte) (*Taf. 10,154*). – Mus. Ankara (1186). – Herkunft siehe Fibel Nr. 153. – Unpubliziert.
155. Gordion/Polatlı, Bez. Ankara. – CM, TB-2, destruction level, in pot. – Fibel; Nadel abgebrochen; L. 7,7 cm; Bügel-Br. 1,9 cm; Bügel-D. 0,5 cm (*Taf. 10,155*). – Mus. Gordion (B 1361). – Grabung Young, 1961. – Muscarella, Phrygian Fibulae Taf. 5, 28.
156. Gordion/Polatlı, Bez. Ankara. – Tumulus K, Füllung. – Fibel; intakt; Bügel ist dünn; L. 7 cm; Bügel-Br. 1,6 cm (*Phototaf. B; Taf. 10,156*). – Mus. Ankara (B 437). – Grabung Young, 1952. – Muscarella, Phrygian Fibulae Taf. 6, 29.

157. Gordion/Polatlı, Bez. Ankara. – CM-TB-7, anteroom floor. – Fibel; Nadel und Nadelhalter abgebrochen; ziemlich dicker Bügel; L. 6,1 cm; Bügel-Br. 1,5 cm; Bügel-D. 0,5 cm (*Taf. 10,157*). – Mus. Gordion (B 1937). – Grabung Young, 1971. – Unpubliziert.
158 A. B. Gordion/Polatlı, Bez. Ankara. – CM-CC-3, on floor. – Zwei zusammengeklebte Fibeln; sie wurden in diesem Zustand gefunden. Nadeln abgebrochen und fehlen. Oberste: L. ca. 5,5 cm; Bügel-Br. ca. 1,5 cm; Unterste: L. ca. 6 cm (*Taf. 10,158 A.B*). – Mus. Gordion (B 1976 A.B). – Grabung Young, 1973. – Unpubliziert.
159. Gordion/Polatlı, Bez. Ankara. – Tumulus G. – Fibel; Nadel zerbrochen; sehr dick und massiv; L. 4,8 cm; Bügel-Br. 1,3 cm (*Taf. 11,159*). – Mus. Ankara (B 34). – Grabung Young, 1950. – Muscarella, Phrygian Fibulae Taf. 5, 26.
160. Gordion/Polatlı, Bez. Ankara. – CM, TB-2, on floor. – Fibel; Elektron. Ritzverzierungen auf der Mittelrippe des Nadelhalters sowie auf der Spiralseite; die Ränder des Bügels sind durch Ritzlinien plastisch angehoben; L. 4,6 cm; Bügel-Br. 0,6 cm (*Taf. 11, 160*; nach Muscarella). – Mus. Ankara (J 131). – Grabung Young, 1961. – Muscarella, Phrygian Fibulae Taf. 5, 27; ders., Journ. Near East. Stud. 30/1, 1971, 61 Abb. 8.

Datierung und Verbreitung: Die Fibeln der Variante A I,1 beschränken sich bis jetzt auf das phrygische Kerngebiet (Taf. 74 B). Bemerkenswert ist das Fehlen dieser Fibelgattung in Boğazköy.

Die ältesten Stücke dieser Variante stammen aus dem Tumulus W von Gordion, wobei zu bedenken ist, daß die Exemplare dieses Grabes nicht zwangsläufig die ersten phrygischen Gewandspangen darstellen müssen.

Ein sehr grob hergestelltes Exemplar ist Teil der dürftigen Beigaben des vorzerstörungszeitlichen Tumulus G, in dem außerdem zwei einfache Importfibeln (Typ IV d) aus dem Westen gefunden wurden, die jedoch zeitlich jünger anzusetzen sind als die phrygische Fibel. Es ist das einzige Grab unter den Tumuli des 8. Jh. v. Chr. von Gordion, in dem nichtphrygische Fibeln vorzufinden sind. Nach dem einfachen Inventar des Grabes zu urteilen, stellte die phrygische Fibel Nr. 159 sicherlich ein wertvolles Stück für den Bestatteten dar, das womöglich über eine längere Zeit benutzt wurde.

Nr. 156 wurde in der Erdfüllung des Tumulus K außerhalb der Bestattung gefunden und ist daher zweifellos älter als dieser Tumulus.

Nr. 155, 160 und möglicherweise auch Nr. 146 kommen zwar aus der Zerstörungsschicht des City Mound, jedoch lassen sie sich aufgrund ihrer Herstellung und Verzierung kaum mit den Fibeln der der Zerstörungszeit nahestehenden Gräbern wie Tumulus P, MM oder S-1 vergleichen; denn alle Fibeln dieser Zeit weisen im Gegensatz zu den Fibeln der Variante A I,1 eingesetzte Nadeln und weiterentwickelte Nadelhalter mit kräftigen Auswüchsen auf. Bei den in Zerstörungsschicht gefundenen Fibeln handelt es sich wahrscheinlich um alte, vielleicht weitervererbte Stücke, sei es, weil sie eine besondere Bedeutung hatten,[10] sei es als Material zur Wiederverwendung.

Die übrigen aus den jüngeren Schichten des City Mound (z. B. Nr. 158) und aus der Aufschüttung des

---

[10] Vgl. S. 204.

oben erwähnten Tumulus stammenden Stücke wurden offensichtlich mit der Schutterde hierher gebracht.[11]

Die Fibeln der Variante A I,1 sind im Falle des Tumulus W mit den Fibeln der Variante A II,1, C I,1, die weder in der Zerstörungsschicht des City Mound noch in der Zeit von Büyükkale II vorkommen, vergesellschaftet, was unsere Datierung der Fibeln Nr. 155, 160 und 146 unterstützt.

Die Fibeln des Tumulus W sind in die erste Hälfte bis Mitte des 8. Jh. v. Chr. anzusetzen. Fibeln dieser Art waren wahrscheinlich noch vereinzelt in der zweiten Hälfte des 8. Jh. v. Chr. in Gordion in Gebrauch.

Variante A I,2

Die Fibeln dieser Variante sind mit denen der Variante 1 eng verwandt. Wie oben erwähnt, ist es bei einigen Exemplaren sehr schwer, aufgrund ihrer Bügelform bzw. Bügelendverzierung eine scharfe Trennung vorzunehmen; z. B. entsprechen die Fibeln Nr. 161 bis 168 in ihren Bügelendverzierungen der Variante 1, da sie im Querschnitt rund sind, dagegen wird aber – verglichen mit Variante 1 – der Bügel länger und weiter; der Bügel verliert in der Mitte seine Breite und gewinnt dadurch parallel zueinander laufende Bügelränder. Die Fibel wird – insgesamt betrachtet – hufeisenförmiger.

Bei den Exemplaren Nr. 169–172 wandeln sich die Bügelendverzierungen von einem runden Querschnitt zu einer Ornamentkombination, die aus mehr oder weniger breiten, rechteckigen Querstegen bzw. „rechteckigen Leisten besteht, die mit der Bügelbreite abschließen, diese also nicht überragen".[12] Diese können gelegentlich voneinander durch einen scharfen Wulst getrennt werden, wie es bei den Fibeln Nr. 176–184 deutlich zum Ausdruck kommt.

Obwohl bei den Fibeln Nr. 173–175 aus Tumulus W die Bügelendverzierungen aus scharfen Wülsten und Scheiben von rundem Querschnitt bestehen, sind diese Exemplare gerade wegen dieser Eigenschaft (runder Querschnitt) sowie hauptsächlich wegen der Bügelform nicht mehr mit den Exemplaren der Variante 1 gleichzusetzen.

Die Bügelendornamente der Fibeln Nr. 185–188 weisen Verzierungen auf: Bei Nr. 185 sind die Endstege des Bügels gekerbt, das Ornament der Spiralseite wurde vom Endsteg durch einen scharfen Wulst getrennt; die darauf folgenden breiten, runden Scheiben sind rundherum gerillt; Parallelen zu dieser Art von Verzierung kommen bei den Fibeln aus Tumulus III von Gordion vor (Nr. 194.196). Die Endstege der Fibel Nr. 186 weisen halbmondförmige Kerbverzierung auf. Die Querstege der Fibeln Nr. 187–188 A sind mit einem Wolfszahnmuster verziert.

Die Bügel aller bis jetzt genannten sowie der hier abgebildeten, aus Tumulus III stammenden Fibeln sind mit der Nadel in einem Stück gegossen.

Die Bügelendornamente bei einigen Exemplaren aus Tumulus III (z. B. Nr. 193 B) bestehen aus breiten, voneinander durch Wülste getrennten, kräftigen Querstegen. Diese Eigenschaft, die für die Variante A I,2 ausschlaggebend ist, tritt besonders bei den Fibeln aus dem gordischen Tumulus IV (Körte) und bei denen aus Boğazköy klar und eindeutig hervor.

Die Fibel Nr. 206 besitzt eine eingesetzte Nadel. Ein Teil der Nadel ist mit einer Tordierung verziert. Diese wurde jedoch nicht durch Drehung eines glatten Stabes erzeugt, sondern mitgegossen. Da dieses tordierte Stück aus dem Stoff bzw. aus der Kleidung heraus schaute, auf dem die Fibel befestigt war, hat-

---

[11] Vgl. Muscarella, Phrygian Fibulae 7: „... Erde eines alten Friedhofs."

[12] Beschreibung von Boehmer, Kleinfunde 53.

Phrygische bzw. anatolische Fibeln Gruppe A

te es auch gleichzeitig die Funktion einer Verzierung; als weiteres könnte diese Tordierung dazu gedient haben, ein Hin- und Herrutschen der Fibel auf der Kleidung zu verhindern.

Ein besonderes Stück stellt die Fibel Nr. 207 dar, deren Nadelspiralbildung bis jetzt keine Parallelen hat; diese besteht aus drei Windungen, die nicht wie üblich aufeinander, sondern einzeln nacheinander in einer Horizontallinie angebracht sind. An der letzten Windung ist eine aus drei Teilen bestehende, bewegliche Kette befestigt.

Die Fibeln Nr. 208–214 unterscheiden sich von den übrigen dieser Variante durch einen halbsphäroiden Abschluß der Bügelenden auf der Nadelhalterseite. Anstatt der üblichen Auswüchse haben die Fibeln Nr. 211–214 auf jeder Seite des Nadelhalters „ohrenförmige" bzw. runde Abschlüsse.

Aufgrund der Mannigfaltigkeit der Merkmale scheint es schwer zu sein, eine enge Beschreibung der Variante vorzunehmen. Jedoch sind die in ihrer ganzen Länge gleich breiten Bügel und die mehr oder minder kräftigen bzw. breit ausgebildeten, die Bügelenden verzierenden Querstege, die mit einem Wulst oder mit Scheiben kombiniert werden können, kennzeichnende Elemente der Variante 2.

Wie aus Körtes Gordion-Publikation zu entnehmen ist, lieferte der Tumulus III 24 Fibeln dieser Variante; elf stammen aus Tumulus IV. Etwa 40 Fibeln der Variante 2 kommen aus dem von E. Akurgal und C. Erder ausgegrabenen „Büyük Tumulus" (Großtumulus Ankara, in der Nähe der Hauptstrasse nach Konya und Çiftlik). Diese Funde sind in dem kleinen Museum in der „Orta Doğu Teknik"-Universität ausgestellt: Bei mehr als 30 Stücken beträgt die größte Länge etwa 8 cm; die Bügel sind breit, parallellaufend, und die Bügelendornamente bestehen aus rechteckigen, kräftigen Querstegen, die voneinander durch scharfe Wülste getrennt sind. Weitere sieben Exemplare sind in ihrer größten Länge etwa 5 cm lang, drei davon besitzen ziemlich dünne Bügel. Leider war es nicht gestattet, diese Fibeln aufzunehmen.

161. Fundort unbekannt; möglicherweise Umgebung von Afyon. – Fibel; Nadel und Bügel zusammen in einem Stück gegossen; Nadel ist abgebrochen; Bügelendverzierungen sind vom rundem Querschnitt; L. 5,2 cm; Bügel-Br. 1,1 cm; Bügel-D. 0,2 cm (*Taf. 11, 161*). – Mus. Afyon (E 1118). – Ankauf. – Unpubliziert.

162. Gordion/Polatlı, Bez. Ankara. – Tumulus W, chamber, NE corner. – Fibel; stark korrodiert; Nadel und Bügel sind in einem Stück gegossen; Nadel ist abgebrochen; Querschnitt der Bügelendverzierungen ist rund; L. 5,5 cm; Bügel-Br. 1,0 cm (*Taf. 11, 162*). – Mus. Ankara (B 1261). – Grabung Young, 1959. – Unpubliziert.

163. Gordion/Polatlı, Bez. Ankara. – Tumulus W, chamber. – Fibel; Nadel und Bügel sind in einem Stück gegossen; Nadel ist abgebrochen; L. 6,6 cm; Bügel-Br. 1,3 cm (*Taf. 11, 163*). – Mus. Ankara (B 1262). – Grabung Young, 1959. – Unpubliziert.

164. Gordion/Polatlı, Bez. Ankara. – Tumulus W, chamber, NE corner. – Fibel; stark korrodiert; Nadel ist abgebrochen; sie ist zusammen mit dem Bügel in einem Stück gegossen; Querschnitt der Bügelendverzierungen ist rund; L. 5,6 cm; Bügel-Br. ca. 1,0 cm (*Taf. 11, 164*). – Mus. Ankara (B 1274). – Grabung Young, 1959. – Unpubliziert.

165. Gordion/Polatlı, Bez. Ankara. – Tumulus W, chamber, NE corner. – Fibel; Nadel, die zusammen mit dem Bügel in einem Stück gegossen ist, ist abgebrochen; ziemlich dicker Bügel; Querschnitt der Bügelendverzierungen ist rund; L. 5,8 cm; Bügel-Br. 1,0 cm (*Taf. 11, 165*). – Mus. Ankara (B 1275). – Grabung Young, 1959. – Unpubliziert.

166. Gordion/Polatlı, Bez. Ankara. – Tumulus W, chamber, East end. – Fibel; in fünf Teile zerbrochen; Nadel ist mitgegossen; Querschnitt der Bügelendverzierungen ist rund; erh. L. ca. 4,7 u. 4,8 cm; Bügel-Br. ca. 1,1 cm (*Taf. 11, 166*). – Mus. Ankara (B 1278). – Grabung Young, 1959. – Unpubliziert.

167. Gordion/Polatlı, Bez. Ankara. – Tumulus W, chamber. – Fibel; stark korrodiert; Nadel ist mitgegossen; L. 6,5 cm; Bügel-Br. 1,3 cm (*Taf. 11, 167*). – Mus. Ankara (B 1265). – Grabung Young, 1959. – Unpubliziert.

168. Gordion/Polatlı, Bez. Ankara. – Tumulus W, on body. – Fibel; sehr klein; stark korrodiert; Nadel mitgegossen, abgebrochen; L. 2,8 cm; Bügel-Br. ca. 0,6 cm (*Taf. 11, 168*). – Mus. Ankara (B 1286). – Grabung Young, 1959. – Unpubliziert.

169. Gordion/Polatlı, Bez. Ankara. – Tumulus W, chamber. – Fibel; ein Stück der Nadel, die mitgegossen ist, fehlt; zwei schmale, rechteckige Querstege der Bügelenden werden auf jeder Seite voneinander durch einen scharfen Wulst getrennt, der von rundem Querschnitt ist; L. 6,4 cm; Bügel-Br. 1,3 cm; (*Taf. 11,169*). – Mus. Ankara (B 1263). – Grabung Young, 1959. – Unpubliziert.

170. Gordion/Polatlı, Bez. Ankara. – Tumulus W, chamber, Est. – Fibel; ein Stück der Nadel erhalten, mitgegossen; Bügelendverzierungen wie Nr. 169; L. 5,9 cm; Bügel-Br. 1,15 cm (*Taf. 11,170*). – Mus. Ankara (B 1269). – Grabung Young, 1959. – Unpubliziert.

171. Gordion/Polatlı, Bez. Ankara. – Tumulus W, chamber, NE corner. – Fibel; sehr stark korrodiert; L. 5,8 cm; Bügel-Br. 1,15 cm (*Taf. 11,171*). – Mus. Ankara (B 1273). – Grabung Young, 1959. – Unpubliziert.

172. Gordion/Polatlı, Bez. Ankara. – Tumulus W, chamber, NE corner. – Fibel; Nadel abgebrochen, mitgegossen; Bügelendverzierungen mit rechteckigen Querstegen; L. 5,9 cm; Bügel-Br. 1,1 cm; (*Taf. 11,172*). – Mus. Ankara (B 1259). – Grabung Young, 1959. – Unpubliziert.

173. Gordion/Polatlı, Bez. Ankara. – Tumulus W, on body. – Fibel; Nadel wurde restauriert; symmetrische Bügelendverzierungen beginnen am Ende des Bügels auf jeder Seite mit einem rechteckigem Quersteg, dieser wird von der kannelierten Scheibe durch einen scharfen Wulst getrennt, ein weiterer scharfer Wulst von rundem Querschnitt trennt eine weitere kannelierte Scheibe, die unmittelbar vor dem Beginn des Nadelhalters angesetzt ist, von der mittleren kannelierten Scheibe. Außer den Querstegen sind sämtliche Verzierungen der Bügelenden von rundem Querschnitt; Nadel ist mitgegossen; L. 7,2 cm; Bügel-Br. 1,2 cm (*Taf. 11,173*). – Mus. Ankara (B 1256). – Grabung Young, 1959. – Unpubliziert.

174. Gordion/Polatlı, Bez. Ankara. – Tumulus W, on body. – Fibel; Nadel abgebrochen, mitgegossen; weitere Beschreibung wie Nr. 173: ein Paar?; L. 7,1 cm; Bügel-Br. 1,3 cm; Bei der neuen Aufnahme war die Fibel gereinigt (*Taf. 12,174*). – Mus. Ankara (B 1255). – Grabung Young, 1959. – Muscarella, Phrygian Fibulae Taf. 5, 25.

175. Gordion/Polatlı, Bez. Ankara. – Tumulus W, on body. – Fibel; mitgegossene Nadel ist abgebrochen; L. 7,0 cm; Bügel-Br. 1,2 cm (*Taf. 12,175*). – Mus. Ankara (B 1257). – Grabung Young, 1959. – Unpubliziert.

176. Gordion/Polatlı, Bez. Ankara. – Tumulus W, on body. – Fibel; mitgegossene Nadel abgebrochen; Bügel besonders dick; Bügelendverzierungen bestehen aus zwei rechteckigen Querstegen, die voneinander durch einen scharfen, runden Wulst getrennt sind; L. noch 7,0 cm; Bügel-Br. 1,2 cm (*Taf. 12,176*). – Mus. Ankara (B 1258). – Grabung Young, 1959. – Unpubliziert.

177. Gordion/Polatlı, Bez. Ankara. – Tumulus W, chamber. – Fibel; ein Stück der mitgegossenen Nadel ist abgebrochen; Bügelendverzierungen bestehen aus deutlich gearbeiteten Querstegen, die durch einen scharfen Wulst voneinander getrennt sind; L. 7,5 cm; Bügel-Br. 1,6 cm (*Taf. 12,177*). – Mus. Ankara (B 1266). – Grabung Young, 1959. – Unpubliziert.

178. Gordion/Polatlı, Bez. Ankara. – Tumulus W, chamber. – Fibel; komplett erhalten, aber sehr stark korrodiert; mitgegossene Nadel ist zerbrochen; Bügelendverzierungen wie Nr. 177; L. 7,0 cm; Bügel-Br. 1,4 cm (*Taf. 12,178*). – Mus. Ankara (B 1267). – Grabung Young, 1959. – Unpubliziert.

179. Gordion/Polatlı, Bez. Ankara. – Tumulus W, chamber. – Fibel; mitgegossene Nadel ist abgebrochen; L. 6,4 cm; Bügel-Br. 1,3 cm (*Taf. 12,179*). – Mus. Ankara (B 1268). – Grabung Young, 1959. – Unpubliziert.

180. Gordion/Polatlı, Bez. Ankara. – Tumulus W, chamber. – Fibel; mitgegossene Nadel ist abgebrochen; rechteckige Querstege der Bügelenden werden voneinander durch einen scharfen Wulst getrennt; L. 6,0 cm; Bügel-Br. noch 1,4 cm (*Taf. 12,180*). – Mus. Ankara (B 1270). – Grabung Young, 1959. – Unpubliziert.

181. Gordion/Polatlı, Bez. Ankara. – Tumulus W, chamber. – Fibel; komplett erhalten, aber sehr stark korrodiert; Nadel ist mitgegossen; L. 6,4 cm; Bügel-Br. 1,3 cm (*Taf. 12,181*). – Mus. Ankara (B 1271). – Grabung Young, 1959. – Unpubliziert.

182. Gordion/Polatlı, Bez. Ankara. – Tumulus W, chamber. – Fibel; mitgegossene Nadel und ein Stück des Nadelhalters sind abgebrochen; L. noch 6,0 cm; Bügel-Br. 1,3 cm (*Taf. 12,182*). – Mus. Ankara (B 1272). – Grabung Young, 1959. – Unpubliziert.

183. Gordion/Polatlı, Bez. Ankara. – Tumulus W, chamber, E, End. – Fibel; komplett erhalten; die Nadel ist mitgegossen; kräftige Querstege an den Bügelenden; L. 7,6 cm; Bügel-Br. 1,6 cm (*Taf. 12,183*). – Mus. Ankara (B 1277). – Grabung Young, 1959. – Unpubliziert.

184. Gordion/Polatlı, Bez. Ankara. – CM-TB-8, floor, – destruction level. – Fibel; mitgegossene Nadel; wahrscheinlich verbrannt, schlecht erhalten; L. 6,2 cm, Bügel-Br. ca. 1,2 cm, Bügel-D. 0,35 cm (*Taf. 12,184*). – Mus. Gordion (B 1789). – Grabung Young, 1969. – Unpubliziert.

184 A. Gordion/Polatlı, Bez. Ankara. – CM-CC-1, destruction level. – Fibel; durch Feuer stark deformiert; schlecht erhalten; L. ca. 8,5 cm, Bügel-Br. (Mitte) ca. 2,3 cm (*Taf. 12,184A*; nach Photo). – Verbleib unbekannt (B 564). – Grabung Young, 1956. – Unpubliziert.

184 B. Gordion/Polatlı, Bez. Ankara. – CM-CC-2, destruction level. – Fibel; Fragment, verbrannt; L. noch etwa 4,1 cm (*Taf. 13,184B*; nach Photo des Ausgräbers). – Verbleib unbekannt (B 565). – Grabung Young, 1956. – Unpubliziert.

Phrygische bzw. anatolische Fibeln Gruppe A

184 C. Gordion/Polatlı, Bez. Ankara. – Tumulus J, Füllung. – Fibel; Nadel und z. T. Nadelhalter abgebrochen; L. 6,6 cm; Bügel-Br. 1,5 cm (*Taf. 13,184 C*; nach Photo des Ausgräbers). – Mus. Ankara? (B 139). – Grabung Young, 1951. – Unpubliziert.

184 D. Gordion/Polatlı, Bez. Ankara. – Tumulus S. – Fibel; stark korrodiert; Nadel z. T. abgebrochen; L. ca. 5,8 cm; Bügel-Br. ca. 1,3 cm (*Taf. 13,184 D;* nach Photo des Ausgräbers). – Mus. Ankara? (B 708). – Grabung Young. – Unpubliziert.

185. Yazılıkaya, Bez. Eskişehir. – „Gräber". – Fibel; intakt; Nadel ist mitgegossen; schmaler Quersteg des Bügelendes auf der Nadelspiralseite wird durch einen scharfen Wulst von den zwei gerillten Scheiben getrennt; Querstege der Bügelenden sind kerbverziert; an den Bügelrändern entlang laufen zwei parallel geritzte Linien: siehe in diesem Zusammenhang Fibel Nr. 160; L. 7,7 cm; Bügel-Br. 1,3 cm; Bügel-D. 0,65 cm (*Taf. 13,185*). – Mus. Afyon (E 1116). – Erworben in Yazılıkaya. – Unpubliziert.

186. Yazılıkaya, Bez. Eskişehir. – „Gräber". – Fibel; mitgegossene Nadel ist abgebrochen, sonst sehr gut erhalten; schöne grüne Patina; die Bügelendverzierungen, die aus drei aufeinanderfolgenden auf ihren Vorderseiten halbmondartige Kerbverzierungen aufweisenden Querstegen bestehen, sind im Querschnitt rechteckig; L. 7,2 cm; Bügel-Br. 1,2 cm; Bügel-D. 0,4 cm (*Taf. 13,186*). – Mus. Afyon (E 1117). – Erworben in Yazılıkaya. – Unpubliziert.

187. „Umgebung von Simav", Bez. Kütahya. – Fibel; mitgegossene Nadel und der Nadelhalter sind abgebrochen; grüne Patina; die Querstege der Bügelenden sind mit Wolfszahnmuster verziert; L. 5,6 cm; Bügel-Br. 1,0 cm; Bügel-D. 0,15 cm (*Taf. 13,187*). – Mus. Kütahya (E 5881). – Erworben in Simav (siehe Fibel Nr. 143). – Unpubliziert.

188. Karaburun/Elmalı, Bez. Antalya. – Tumulus IV. – Fibel; durch Brand verbogen; Querstege der Bügelenden mit Wolfszahnmuster verziert; Nadel scheinbar mitgegossen; L. 6,1 cm (*Taf. 13,188;* nach Mellink). – Beifunde: Fibel Typ A IV,4 (Nr. 422); Fibel Typ H I (Nr. 687). – Verbleib unbekannt (KA 863). – M. Mellink, AJA. 76, 1972, 262 Taf. 56, 8.

188 A. Fundort unbekannt. – Fibel; eingesetzte Nadel abgebrochen, sie wurde durch starkes Hämmern auf Spring-Plate und auf Bügelendscheibe gekeilt und somit befestigt; Auswüchse des Nadelhalters mit vertikalen Vertiefungen; Querstege mit Wolfszahnmuster-Verzierung; hellgrüne Patina; L. 8,1 cm; Bügel-Br. 1,6 cm; Bügel-D. 0,5 cm (*Taf. 13,188A*). – Brit. Mus. London (Serial Nr. 135859; 1973-4-17.3). – Kunsthandel. – Unpubliziert.

188 B. Gordion/Polatlı, Bez. Ankara. – Tumulus Q. – Fibel; sehr schlecht erhalten; mitgegossene Nadel abgebrochen; L. ca. 4,4 cm (*Taf. 13,188 B;* nach Photo). – Mus. Gordion „Küp Palas" (B 706). – Grabung Young, 1956. – Unpubliziert.

188 C. Gordion/Polatlı, Bez. Ankara. – Tumulus Q. – Fibel; sehr schlecht erhalten; L. ca. 4 cm (*Taf. 13,188 C;* nach Photo). – Mus. Gordion „Küp Palas" (B 707). – Grabung Young, 1956. – Unpubliziert.

189. Gordion/Polatlı, Bez. Ankara. – „Turned in by village children". – Fibel; Nadel abgebrochen; auf die wuchtigen Querstege der Bügelenden folgen auf jeder Seite jeweils ein scharfer Wulst und danach eine gerillte Scheibe; L. 5,3 cm; Bügel-Br. 0,8 cm (*Taf. 13,189*). – Mus. Ankara (B 575). – Unpubliziert.

190. Gordion/Polatlı, Bez. Ankara. – Auf der Oberfläche von Tumulus E von den Dörflern gefunden. – Fibel; sehr wuchtig; Nadel abgebrochen; L. 6,4 cm; Bügel-Br. 1,2 cm; Bügel-D. 0,7 cm (*Taf. 13,190*). – Mus. Gordion (B 508). – Während Ausgrabungskampagne 1953 gefunden. – Unpubliziert.

191. Gordion/Polatlı, Bez. Ankara. – Tumulus III. – Fibel; Nadel abgebrochen; die Bügelendverzierungen sind auf der Rückseite wenig sorgfältig gearbeitet; L. 8,7 cm; Bügel-Br. 1,35 cm; Bügel-D. 0,4 cm (*Taf. 13,191*). – Mus. Istanbul (2087). – Grabung Körte, 1900. – Körte, Gordion 77 Nr. 8.

191 A. Gordion/Polatlı, Bez. Ankara. – Tumulus III. – Fibel; mitgegossene Nadel abgebrochen; L. 8,15 cm; Bügel-Br. 1,6 cm; Bügel-D. 0,6 cm (*Taf. 13,191A*). – Antikenmuseum Berlin (10544b). – Grabung Körte, 1900. – Körte, Gordion 77 Nr. 9.

191 B. Gordion/Polatlı, Bez. Ankara. – Tumulus III. – Fibel; Angaben laut Körte: Größte Länge 8 cm, Stück der Nadel erhalten. – Wahrscheinlich verschollen. – Grabung Körte. – Körte, Gordion 77 Nr. 10.

192. Gordion/Polatlı, Bez. Ankara. – Tumulus III. – Fibel; mitgegossene Nadel abgebrochen; L. 7,5 cm, Bügel-Br. 1,2 cm, Bügel-D. 0,45 cm (*Taf. 14,192*). – Mus. Istanbul (2080). – Grabung Körte, 1900. – Körte, Gordion 77 Nr. 11.

193. Gordion/Polatlı, Bez. Ankara. – Tumulus III. – Fibel; wahrscheinlich aus Messing; mitgegossene Nadel abgebrochen; L. 7,2 cm, Bügel-Br. 1,2 cm, Bügel-D. 0,4 cm (*Taf. 14,193*). – Antikenmuseum Berlin (10544c). – Grabung Körte, 1900. – Körte, Gordion 77 Nr. 12.

193 A. Gordion/Polatlı, Bez. Ankara. – Tumulus III. – Fibel; mitgegossene Nadel abgebrochen; L. 7,1 cm; Bügel-Br. 1,25 cm; Bügel-D. 0,5 cm (*Taf. 14,193A*). – Antikenmuseum Berlin (10544d). – Grabung Körte 1900. – Körte, Gordion 77 Nr. 13.

193 B. Gordion/Polatlı, Bez. Ankara. – Tumulus III. – Fibel; mitgegossene Nadel und Auswüchse des Nadelhalters abgebrochen; mit wuchtigen Querstegen; L. 7,0 cm; Bügel-Br. 1,4 cm; Bügel-D. 0,3 cm (*Taf. 14,193 B*). – Mus. Istanbul (2080). – Grabung Körte, 1900. – Körte, Gordion 77 Nr. 14?.

193 C. Gordion/Polatlı, Bez. Ankara. – Tumulus III. – Fibel; Angaben laut Körte: Öse links (d. h. rechts getragen); größte Länge 6 cm. – Wahrscheinlich verschollen. – Körte, Gordion 77 Nr. 15.

194. Gordion/Polatlı, Bez. Ankara. – Tumulus III. – Fibel; mitgegossene Nadel und Nadelhalter abgebrochen; Querstege ringsherum gerillt; L. noch 5,8 cm; Bügel-Br. 1,4 cm; Bügel-D. 0,2 cm (*Taf. 14,194*). – Mus. Istanbul (2081). – Grabung Körte, 1900. – Körte, Gordion 77 Nr. 16.

194 A. Gordion/Polatlı, Bez. Ankara. – Tumulus III. – Fibel; Angaben nach Körte: Größte Länge 5,5 cm, fein gravierte Linien auf den Endstücken. – Wahrscheinlich verschollen. – Körte, Gordion 77 Nr. 17.

195. Gordion/Polatlı, Bez. Ankara. – Tumulus III. – Fibel; mitgegossene Nadel abgebrochen; L. 5,3 cm; Bügel-Br. 0,9 cm (*Taf. 14,195*). – Mus. Istanbul (2044). – Grabung Körte, 1900. – Körte, Gordion 77 Nr. 18.

195 A. Gordion/Polatlı, Bez. Ankara. – Tumulus III. – Fibel; dicker Bügel; Querstege seitlich gerillt; mitgegossene Nadel abgebrochen; L. 6,5 cm; Bügel-Br. 1,5 cm; Bügel-D. 0,4 cm (*Taf. 14,195 A*). – Mus. Istanbul (2103). – Grabung Körte, 1900. – Körte, Gordion 78 Nr. 19?.

195 B. Gordion/Polatlı, Bez. Ankara. – Tumulus III. – Fibel; mitgegossene Nadel abgebrochen; L. 7,8 cm; Bügel-Br. 1,3 cm; Bügel-D. 0,48 cm (*Taf. 14,195 B*). – Antikenmuseum Berlin (10544e). – Grabung Körte, 1900. – Körte, Gordion 78 Nr. 20.

195 C. Gordion/Polatlı, Bez. Ankara. – Tumulus III. – Fibel; Angaben nach Körte; Öse rechts (d. h. links getragen), größte Länge 8,3 cm, schlecht erhalten. – Grabung Körte, 1900. – Wahrscheinlich verschollen. – Körte, Gordion 78 Nr. 21.

195 D. Gordion/Polatlı, Bez. Ankara. – Tumulus III. – Fibel; mitgegossene Nadel abgebrochen; L. 8,45 cm, Bügel-Br. 1,6 cm (*Taf. 14,195 D*). – Antikenmuseum Berlin (10544f). – Grabung Körte, 1900. – Körte, Gordion 78 Nr. 22.

196. Gordion/Polatlı, Bez. Ankara. – Tumulus III. – Fibel; zwei Fragmente; mitgegossene Nadel ist abgebrochen; rechteckige Querstege der Bügelenden sowie diese voneinander trennende Scheibe sind gerillt; a): größte erhaltene Länge ca. 6,3 cm; Bügel-Br. an der Bruchstelle 1,6 cm; b): L. ca. 5,0 cm (*Taf. 14,196*). – Mus. Istanbul (2111 [auf Frag. a; Frag. b ohne Nummer]). – Grabung Körte, 1900. – Körte, Gordion 78 Nr. 23?

196 A. Gordion/Polatlı, Bez. Ankara. – Tumulus III. – Fibel; mitgegossene Nadel abgebrochen; wahrscheinlich aus Messing; L. 7,1 cm; Bügel-Br. 1,25 cm; Bügel-D. 0,5 cm (*Taf. 14,196A*). – Antikenmuseum Berlin (10544g). – Grabung Körte, 1900. – Körte, Gordion 78 Nr. 24.

197. Gordion/Polatlı, Bez. Ankara. – Tumulus III. – Fibel; Nadel abgebrochen; gerillte Bügelendornamente; L. 6,5 cm (*Taf. 15,197*; nach Körte). – Verbleib unbekannt. – Grabung Körte, 1900. – Körte, Gordion 78 Nr. 25 Abb. 64.

198. Gordion/Polatlı, Bez. Ankara. – Tumulus III. – Fibel; mitgegossene Nadel war mit daran haftendem Rest von Leinen erhalten, jetzt abgebrochen und verloren; L. 7,6 cm; Bügel-Br. 1,1 cm (*Taf. 15,198*). – Mus. Istanbul (2082). – Grabung Körte, 1900. – Körte, Gordion 78 Nr. 26 Abb. 65.

199. Gordion/Polatlı, Bez. Ankara. – Tumulus III. – Fibel; Angaben nach Körte: Besonders dünn gegossen (0,25 cm dick), gut erhalten; L. 6,4 cm. Wahrscheinlich verschollen. – Körte, Gordion 78 Nr. 27.

199 A. Gordion/Polatlı, Bez. Ankara. – Tumulus III. – Fibel; Angaben nach Körte: Größte Länge 5,5 cm; fein gravierte Linien auf den Endstücken, gut erhalten. – Wahrscheinlich verschollen. – Körte, Gordion 78 Nr. 28.

199 B. Gordion/Polatlı, Bez. Ankara. – Tumulus III. – Fibel; Angaben nach Körte: Größte Länge 6 cm, in zwei Stücke gebrochen. – Wahrscheinlich verschollen. – Körte, Gordion 78 Nr. 29.

199 C. Gordion/Polatlı, Bez. Ankara. – Tumulus III, – Fibel; größte Länge 5,6 cm. – Wahrscheinlich verschollen. – Körte, Gordion 78 Nr. 30.

199 D. Gordion/Polatlı, Bez. Ankara. – Tumulus III. – Fibel; größte Länge 5 cm. – Wahrscheinlich verschollen. – Körte, Gordion 78 Nr. 31.

200. Gordion/Polatlı, Bez. Ankara. – Tumulus IV. – Fibel; bei ihrer Auffindung war sie intakt; Nadel abgebrochen, ihre Spitze ist mit dem Nadelhalter zusammengeschmolzen; L. 9,0 cm; Bügel-Br. 1,4 cm (*Taf. 15,200*). – Mus. Istanbul (2085). – Grabung Körte, 1900. – Körte, Gordion 102 Nr. 11 Abb. 79 (Rückseite).

200 A. Gordion/Polatlı, Bez. Ankara. – Tumulus IV. – Fünf Fibeln; Angaben nach Körte: Öse rechts (d.h. links getragen); größte Länge: 8,5 cm; 7,0 cm; 7,0 cm; 6,8; 6,5 cm. – Wahrscheinlich verschollen. – Körte, Gordion 102 Nr. 6–10.

201. Gordion/Polatlı, Bez. Ankara. – Tumulus IV. – Fibel; mitgegossene Nadel abgebrochen; L. 7,45 cm; Bügel-Br. 1,5 cm; Bügel-D. 0,5 cm (*Taf. 15,201*). – Antikenmuseum Berlin (10546). – Grabung Körte, 1900. – Körte, Gordion 102 Nr. 12 Abb. 80.

201 A. Gordion/Polatlı, Bez. Ankara. – Tumulus IV. –

Phrygische bzw. anatolische Fibeln Gruppe A

Vier Fibeln; Angaben nach Körte: Größte Länge 7,0 cm, 6,5 cm, 6,7 cm, und ein Endstück. – Wahrscheinlich verschollen. – Körte, Gordion 102 Nr. 13–15.

202. Fundort unbekannt. – Fibel; intakt; Nadel ist mitgegossen, Bügel besonders dick; L. 5,5 cm; Bügel-Br. 0,9 cm; Bügel-D. 0,5 cm (*Taf. 15,202*). – Mus. Istanbul (7796). – Ankauf. – Unpubliziert.

203. Boğazköy, Bez. Çorum. – Nicht schichtbestimmt. – USt., Südareal, auf Mauern zwischen den Magazinen 2 und 3. – Fibel; Spiralseite ist abgebrochen und nicht erhalten; Auswüchse des Nadelhalters sind wie Fibel Nr. 186 gearbeitet; L. noch 6,4 cm (*Taf. 15,203*; nach Boehmer). – Mus. Ankara (68/431). – Boehmer, Kleinfunde Taf. 6, 85 A.

204. Boğazköy, Bez. Çorum. – Nicht schichtbestimmt. – USt. K/20a/8b, in 60 cm Tiefe im Schutt über der Tempelterrasse. – Fibel; Fragment; L. noch 6,5 cm; Bügel-Br. 1,4 cm; Bügel-D. 0,35 cm (*Taf. 15,204*). – Mus. Ankara (542/p). – Boehmer, Kleinfunde Taf. 6, 84.

205. Boğazköy, Bez. Çorum. – Nicht schichtbestimmt. – USt. K/20a/8d, im Hangschnitt zur Tempelterrasse unmittelbar unter der Oberfläche. – Fibel; Nadel eingesetzt, Spiralloch war mit einem Buckelnagel versehen, nur der eingesteckte Stift erhalten; Bügel-Br. 1,4 cm; Nadellänge 6,9 cm (*Taf. 15,205*). – Mus. Ankara (544/p). – Boehmer, Kleinfunde Taf. 6, 85.

206. Fundort unbekannt. – Fibel; Nadel eingesetzt, auf der Rückseite des Bügels durch Hämmern auf dem Quersteg und dem Wulst festgeklemmt; Tordierung an der Stelle, wo die Nadel in die Spirale übergeht; L. 8,0 cm; Bügel-Br. 1,35 cm; Bügel-D. 0,45 cm (*Taf. 15,206*). – Privatsammlung Deutschland. – Auktion Katalog 174/1979 Münchener Münzhandlung, Karl Kreß KG, Katalog Nr. 70.

207. Fundort unbekannt. – Fibel; an der letzten Spiralwindung hängt eine dreiteilige bewegliche Kette: Es ist möglich, daß diese Kette einen Schmuck getragen hat, dieser jedoch ist nicht mehr erhalten; L. 8,6 cm; Bügel-Br. 1,2 cm; Bügel-D. 0,2 cm (*Taf. 15,207*). – Mus. Istanbul (76.123). – Geschenk. – Unpubliziert.

208. Fundort unbekannt. – Fibel; intakt; Nadelhalter mit einem halbsphäroidem Ansatz; L. 3,8 cm; Bügel-Br. 0,75 (*Taf. 16,208*). – Mus. Istanbul (6758). – Ankauf. – Unpubliziert.

209. Fundort unbekannt. – Fibel; mitgegossene Nadel abgebrochen; Nadelhalter mit einem halbsphäroidem Ansatz; Nadelhalter rechts getragen; L. 7,65 cm; Bügel-Br. 1,4 cm; Bügel-D. 0,65 cm (*Taf. 16,209*). – Mus. Istanbul (6756). – Ankauf. – Unpubliziert.

210. Fundort unbekannt. – Fibel; Nadel abgebrochen, Nadelhalter mit einem halbsphäroidem Ansatz; Nadelhalter links getragen; L. 8,0 cm; Bügel-Br. 1,45 cm; Bügel-D. 0,65 cm (*Taf. 16,210*). – Mus. Istanbul (6754). – Zusammen mit der Fibel Nr. 209 aus der gleichen Quelle wie Nr. 209 erworben, daher ist es möglich, daß sie beide ein Paar bilden, siehe auch Lage des Nadelhalters! – Unpubliziert.

211. „Umgebung von Simav", Bez. Kütahya. – Fibel; Nadel ist abgebrochen; tief und parallel kannelierte Nadelhalter hat runde, ohrenförmige Auswüchse und einen halbsphäroiden Ansatz; die Querstege und die Scheiben der Bügelenden sind an ihren Rändern entlang gerillt; sehr schöne grüne Patina; L. 7,9 cm; Bügel-Br. 1,6 cm; Bügel-D. 0,3 cm (*Taf. 16,211*). – Mus. Kütahya (5879). – Erworben in Simav (siehe Fibel Nr. 143). – Unpubliziert.

212. Fundort unbekannt. – Fibel; Nadel ist abgebrochen; Nadelhalter wie Nr. 211 (*Taf. 16,212*; Zeichnung nach dem Katalogphoto Kunsthandel A. de Robertis, Frankfurt/M, Lagerliste II Nr. 76). – Verbleib unbekannt.

213. Fundort unbekannt. – Fibel; Nadel abgebrochen; Nadelhalter mit halbsphäroidem Ansatz; L. 8,8 cm; Bügel-Br. 1,2 cm; Bügel-D. ca. 0,4 cm (*Taf. 16,213*). – Mus. Istanbul (72.95). – Ankauf. – Unpubliziert.

214. „Kleinasien". – Fibel; mitgegossene Nadel abgebrochen; L. 6,7 cm; Bügel-Br. 1,1 cm (*Taf. 16,214*; nach Photo). – Mus. Stockholm (14060 = 9). – Unpubliziert.

215. „Kleinasien". – Fibel; mitgegossene Nadel abgebrochen; L. 8,7 cm; Bügel-Br. 1,5 cm (*Taf. 16,215*; nach Photo). – Mus. Stockholm (13635 = 3). – Unpubliziert.

215 A. Fundort unbekannt. – Leihgabe zur Sonderausstellung in Kassel 1980. – Fibel; laut Katalogsbeschreibung mit eingesetzter Nadel (mit Vorbehalt!); L. 6,5 cm, Gew. 50,5 g (*Taf. 16,215 A*; nach Abbildung im Katalog Antiker Schmuck). – Privatsammlung Deutschland. – Antiker Schmuck Taf. 31, 161.

Datierung und Verbreitung: Die ältesten Exemplare der Variante A I,2 stammen aus den Tumuli W, Q und III von Gordion und dem Großtumulus von Ankara (letztere nicht katalogmäßig erfaßt, da zeichnerische Aufnahme nicht gestattet wurde). Dabei handelt es sich überwiegend um verhältnismäßig wuchtige und schwere Fibeln, bei denen die Nadeln mit den Bügeln zusammen in einem Stück gegossen sind. Bei den jüngeren Exemplaren, wie z. B. bei einigen aus dem Tumulus IV von Gordion, sind die Nadeln getrennt hergestellt und dann in den Bügel eingesetzt worden.

Die Nr. 184–184 B aus dem City Mound von Gordion wurden in der Zerstörungsschicht gefunden.

Drei Fragmente aus der Unterstadt von Boğazköy werden von Boehmer in das letzte Drittel/Viertel des 8. Jh. v. Chr. datiert.[13] Demnach kommt für die älteren Exemplare mit mitgegossener Nadel ein Zeitraum zwischen der ersten Hälfte bis zum dritten Viertel des 8. Jh. v. Chr. in Frage.

Angesichts der Form des Nadelhalters und der mitgegossenen Nadeln stammen vermutlich die Fibeln der Yazılıkaya-Gräber (Nr. 185.186) ebenfalls aus dieser Zeit. Wegen des halbsphäroiden Ansatzes und der ohrenförmigen Auswüchse des Nadelhalters sind die Fibeln Nr. 211–214 ohne weiteres in die Zeit des Tumulus III anzusetzen; denn die Fibel Nr. 468 A des Typs B II, die gleiche Merkmale des Nadelhalters aufweist, ist fast identisch mit der Fibel Nr. 469, wiederum Typ B II, aus dem Tumulus III von Gordion. Eine gleiche Datierung für die Stücke Nr. 187 und 188 mit mitgegossener Nadel wäre ebenfalls wahrscheinlich, da ihre Querstege die oben erwähnte Wolfszahnmusterverzierung aufweisen. Bei den Exemplaren, die mit eingesetzten Nadeln und mit im Verhältnis dünnen und feinen Bügeln ausgestattet sind, handelt es sich um jüngere Fibeln, mit deren Vorkommen bereits nach der Mitte des 8. Jh. v. Chr. zu rechnen ist; solche Beispiele sind im Tumulus IV von Gordion vertreten. Fibeln dieser Art wurden in den Gräbern des 7. Jh. v. Chr. von Gordion und von Boğazköy nicht gefunden.

Die großformatigen Stücke stammen aus Gordion, aus Ankara, aus der Umgebung von Afyon und Simav. Außerhalb des untersuchten Gebietes sind die Fibeln der Variante A I,2 bis jetzt nicht bekannt (Taf. 74 B).

TYP A II (Blinkenberg XII 3)

Große, weitbogige Fibeln, deren flacher und im Verhältnis zur Bogengröße schmaler und dünner Bügel von rechteckigem Querschnitt ist, charakterisieren diesen Typ. Die Bügelendverzierungen bestehen aus voneinander durch Scheiben oder Wülste getrennten Kuben oder Querstegen. Fibeln des Typs A II hatten anscheinend eine kurze Lebensdauer. Dies könnte auf den unpraktischen, leicht zerbrechlichen, dünnen und schmalen Bügel zurückzuführen sein; bei einem Exemplar (Nr. 216) wurde der etwa in der Mitte zerbrochene Bügel vermutlich repariert (kleines Loch an der Bruchstelle).

Ob alle Exemplare dieser Gattung mit einer Doppelnadel versehen waren, kann wegen des Erhaltungszustandes nicht mit Sicherheit gesagt werden; trotzdem wäre dies nicht ganz auszuschließen. Soweit es sich feststellen läßt, sind bei einigen Exemplaren der Bügel und die Nadel unabhängig voneinander hergestellt worden: Die Nadel der Fibel Nr. 216 wurde bis zum untersten gerillten Wulst in einem Stück gegossen – diese Stelle ist mit einem Pfeil auf der Abbildung angezeigt –; dieses Stück wurde anschließend mit Hilfe einer mitgegossenen Wurzel in das dafür vorgesehene Loch in der Bügelendkubus eingesetzt. Bei der Aufnahme konnte der oben beschriebene Nadelteil um 360 Grad gedreht werden. Diese Herstellungstechnik wurde jedoch nicht bei allen Exemplaren des Typs A II angewandt. Die Fibel Nr. 230 weist auf der Vorderseite des „Spring-Plate" und auf dem nachfolgenden Zwischenwulst eine Kerbung in vertikaler Richtung auf. Eine solche Kerbung ist auch bei einigen Fibeln verschiedener phrygischer Typen zu beobachten. Diese Kerbung läßt sich folgendermaßen erklären: Nachdem der Nadelteil in das vorhandene Loch im „Spring-Plate" eingeführt worden war, wurde mit einem keilartigem Gerät von oben auf das „Spring-Plate" mit Wucht geschlagen, um ein Herausrutschen der Nadel zu verhindern; denn durch die Wucht des Schlages wurde die Wurzel der Nadel im Loch des „Spring-Plate" gespannt und verkeilt.

Der Erhaltungszustand der Funde aus Tumulus III ist leider sehr schlecht. Sie wurden damals auf die

---

[13] Ebd.

Variante A II, 1

Fibeln der Variante A II, 1 weisen einen schlichten und schmucklosen Bügel auf. Die Exemplare dieser Variante wurden in dem von Körte ausgegrabenen Tumulus III, in den von Young ausgegrabenen Tumuli W[15] (auch Pauline genannt) und P,[16] sowie in dem von Akurgal und Erder ausgegrabenen „Großtumulus" (Ankara, in der Nähe der Hauptstraße nach Konya und Çiftlik) gefunden.[17] Über letztere Grabung liegt bis jetzt keine Publikation vor. Drei ganze und zwei halbe Fibeln sowie ein Fragment der Variante A II,1 sind in der Vitrine des Universitätsmuseums von Ankara ausgestellt; sie sind etwa 10 cm lang – von einem Quersteg zum anderen gemessen –, ihre Bügel sind etwa 1 cm breit, die Endverzierungen bestehen aus drei Querstegen, die voneinander durch bikonische, scharfe Wülste getrennt sind. Ihre Nadelhalter sind fein und sorgfältig gearbeitet. Wichtig ist, daß alle diese Exemplare mit Doppelnadeln versehen sind.

Weitere Funde wurden von Muscarella erwähnt,[18] eine Fibel soll aus der Erde auf dem City Mound von Gordion stammen, eine andere aus Anatolien befindet sich unter Inv. Nr. 3223 im Ankara-Museum; diese beiden Fibeln sowie die von Young[19] und von Muscarella[20] als „unidentified" bezeichneten sieben Fragmente aus Tumulus P von Gordion waren im Ankara-Museum nicht zugänglich. Aus Tumulus P stammen weiterhin mindestens drei Exemplare, die hier abgebildet sind.

216. Gordion/Polatlı, Bez. Ankara. – Tumulus III. – Fibel; in zwei Teile zerbrochen, das Verbindungsstück fehlt; nicht weit von der Bruchstelle befindet sich auf einer Seite ein kleines Loch, wahrscheinlich wies die andere Seite auch solch ein Loch auf, das aber nicht mehr erhalten ist. Wie die Nadel angebracht wurde, ist im Text ausführlich beschrieben; die Bügelenden sind auf jeder Seite mit einem rechteckigen Quersteg abgeschlossen, diese wurden mit jeweils einem scharfem Wulst von den Kuben getrennt, auf die wiederum scharfe Wülste folgen. Die mit dem Nadelansatz mitgegossener Bügelendverzierung von rundem Querschnitt weist voneinander deutlich getrennte, gerillte Wülste auf; die Spirale bildet drei kräftige, bikonische, kantige Windungen; L. nach Körte 11,5 cm, bei der neuen Aufnahme 11,1 cm; Bügel-Br. 0,9 cm (*Taf. 17,216*). – Mus. Istanbul (2105). – Grabung Körte, 1900. – Körte, Gordion 77 Nr. 2.

217. Gordion/Polatlı, Bez. Ankara. – Tumulus III. – Fibel; laut Körte: „In zwei Teile zerbrochen, besonders schmaler Bügel". Bügelendverzierung entspricht dem Exemplar Nr. 216, hier fehlen jedoch die Wülste von rundem Querschnitt; L. 8,7 cm; Bügel-Br. 0,5 cm; Bügel-D. 0,3 cm (*Taf. 17,217*). – Mus. Istanbul (2107). – Grabung Körte, 1900. – Körte, Gordion 77 Nr. 3 (?).

218. Gordion/Polatlı, Bez. Ankara. – Tumulus III. – Fibel; Fragment; L. des erhaltenen Stückes 6,9 cm; Bügel-Br. 0,6 cm (*Taf. 17,218*). – Mus. Istanbul (ohne Inv. Nr. in der Vitrine). – Grabung Körte, 1900. – Körte, Gordion 77 Nr. 5 (?).

219. Gordion/Polatlı, Bez. Ankara. – Tumulus III, – Fibel; (alle Angaben nach Körte) in zwei Teile zerbrochen, Nadelhalter links (getragen rechts); größte L. 9,5 cm; Bügel-Br. 0,7 cm. – Verbleib unbekannt. – Grabung Körte, 1900. – Körte, Gordion 77 Nr. 4.

220. Gordion/Polatlı, Bez. Ankara. – Tumulus III. – Fibel; (alle Angaben nach Körte) in drei Teile zerbrochen; Nadelhalter links (getragen rechts); Doppelnadel bis zur Hälfte erhalten; größte L. 9,5 cm (*Taf. 17,220*; nach Körte). – Verbleib unbekannt. – Grabung Körte, 1900. – Körte, Gordion 77 Nr. 6 Abb. 62.

221. Gordion/Polatlı, Bez. Ankara. – Tumulus III. – Fibel; (alle Angaben nach Körte) „Bügel in der Mitte erheblich breiter werdend, geht an den Enden in einen

---

[14] Körte, Gordion 78.
[15] AJA. 64, 1960, 227f.
[16] AJA. 61, 1957, 325 ff.
[17] Akurgal, Ancient Civilizations 238.
[18] Muscarella, Phrygian Fibulae 15 f. Appendix B.
[19] AJA. 61, 1957, 327.
[20] Muscarella, Phrygian Fibulae 15 „notes 2".

Rundstab über"; größte L. 13,5 cm (*Taf. 17,221;* nach Körte). – Verbleib unbekannt. – Grabung Körte, 1900. – Körte, Gordion 77 Nr. 7 Abb. 63.

222. **Gordion**/Polatlı, Bez. Ankara. – Tumulus III. – Nadelteil; Doppelnadel mit drei Spiralwindungen; auf der Rückseite weisen der scharfe Wulst und der rechteckige Quersteg grobe Kerben auf, L. noch 6,8 cm (*Taf. 17,222*). – Mus. Istanbul (2099). – Grabung Körte. – Unpubliziert.

223. **Gordion**/Polatlı, Bez. Ankara. – Tumulus W, skeleton, left elbow. – Fibel; in mehrere Teile zerbrochen, stark oxydiert, grünliche Patina; mit Doppelnadel, teilweise erhalten; in der Mitte breitwerdender Bügel; L. ca. 7,0 cm; Bügel-Br. (Mitte) 0,5 cm (*Taf. 18,223*). – Mus. Ankara (B 1253). – Grabung Young, 1959. – Unpubliziert.

224. **Gordion**/Polatlı, Bez. Ankara. – Tumulus W, center body. – Fibel; in drei Teile zerbrochen; sehr dünner Bügel; Dornen des Nadelhalters wenig ausgezogen; mit Doppelnadel, teilweise erhalten; L. 7,9 cm; Bügel-Br. (Mitte) 0,4 cm (*Taf. 18,224*). – Mus. Ankara (B 1254, irrtümlicherweise von Muscarella als 1245 angegeben). – Grabung Young, 1959. – Muscarella, Phrygian Fibulae Taf. 2, 9.

225. **Gordion**/Polatlı, Bez. Ankara. – Tumulus P. – Fibel; in mehrere Teile zerbrochen, Nadel abgebrochen, sehr langer Nadelhalter mit tiefen Kanneluren; Bügelenden werden durch rechteckige Querstege abgeschlossen, darauf folgen auf jeder Seite im Querschnitt runde, gerillte Scheiben die von weiteren, solcher Art gerillten Scheiben durch scharfe Wülste getrennt sind; L. 9,7 cm; Bügel-Br. (Mitte) 0,7 cm (*Taf. 18,225*). – Mus. Ankara (B 732). – Grabung Young, 1956. – Muscarella, Phrygian Fibulae Taf. 2, 8.

226. **Gordion**/Polatlı, Bez. Ankara. – Tumulus P. – Fibel; Nadel und ein Stück des Nadelhalters abgebrochen, Bügelenden symmetrisch verziert und auf jeder Seite von Querstegen abgeschlossen, diese werden durch scharfe, runde Wülste von den folgenden Kuben getrennt; eingesetzte Nadel; L. 10,2 cm; Bügel-Br. (Mitte) 0,75 cm (*Taf. 18,226*). – Mus. Ankara (B 733). – Grabung Young, 1956. – Unpubliziert.

227. **Gordion**/Polatlı, Bez. Ankara. – Tumulus P. – Fibel; Nadel mit dem Ansatz fehlt komplett, besonders kräftige Querstege und Kuben; der Bügel ist in zwei Teile zerbrochen und restauriert; L. 8,5 cm; Bügel-Br. 0,65 cm (*Taf. 18,227*). – Mus. Ankara (B 734). – Grabung Young, 1956. – Unpubliziert.

228. „Kleinasien". – Fibel; Nadel abgebrochen; Auswüchse des Nadelhalters rund und ohrenförmig; L. 8,0 cm; Bügel-Br. ca. 0,6 cm (*Taf. 18,228;* nach Photo). – Mus. Stockholm (14060 = 7). – Blinkenberg, Fibules Abb. 234.

Datierung und Verbreitung: Fibeln der Variante A II, 1 wurden in den Gordion-Tumuli W, III, P und in dem Großtumulus von Ankara gefunden (letztere nicht katalogmäßig erfaßt, da zeichnerische Aufnahme nicht gestattet wurde). Fibeln dieser Art von anderen systematisch ausgegrabenen Fundorten, so z. B. Boğazköy, sind bis jetzt nicht bekannt (Taf. 74 B).

Die Variante A II, 1, deren ältesten Exemplare aus dem Tumulus W stammen, ist in die erste Hälfte – drittes Viertel des 8. Jh. v. Chr. zu datieren.

Aufgrund der schwarzpolierten Keramik, die der Tumulus P beinhaltet und des Vorkommens sehr ähnlicher Exemplare in den Häusern der Zerstörungsschicht vom City Mound, datiert der Ausgräber Young den Tumulus P um 700 v. Chr.[21] und setzt ihn in die Zeit unmittelbar vor der Zerstörung der Stadt durch die Kimmerier. Wenn wir diese Datierung annehmen wollen, dann handelt es sich bei den Exemplaren aus dem Tumulus P um die jüngsten, noch im Gebrauch gewesenen Fibeln der Variante A II, 1 in Gordion.

Ein vergleichbares Stück mit rundem Bügelquerschnitt wurde in Kamiros/Rhodos gefunden (s. S. 176 Nr. b).

Variante A II, 2

Die Fibeln dieser Variante entsprechen in der Beschreibung den Fibeln der Variante A II, 1. Die bis jetzt bekannten beiden Exemplare der Variante A II, 2 unterscheiden sich jedoch von den oben genannten

---

[21] Young, International Congress Vol. I, The Phrygian Contribution 24 Anm. 16; ders., AJA. 61, 1957, 330.

Phrygische bzw. anatolische Fibeln Gruppe A

Fibeln dadurch, daß der Bügel mit hohlen, kleinen Halbkugeln verziert ist. Diese Halbkugeln wurden mit Hilfe von kleinen, bronzenen Stiften auf dem Bügel befestigt, wobei sie in die dafür vorgesehenen Löcher auf dem Bügel eingesteckt und auf der Rückseite durch Hämmern vernietet wurden. Bei dem Exemplar Nr. 230 sind die Stifte und die Halbkugeln zusammengelötet, erkennbar durch die teilweise beschädigten Halbkugeln.

Boehmer[22] bezeichnete das Stück aus dem Tumulus III (Körte)[23] als XII,9γ. Er zeichnete diese Fibel nach dem Publikationsphoto[24]; bei diesem Exemplar wurden seitlich der Bügelendkuben zusätzlich Halbkugeln angebracht (vgl. Fibel Nr. 1170 vom Typ S I, die ebenfalls solche Ornamente trägt).

Bei den Exemplaren der Variante A II,2 ist die Mittelrippe des Nadelhalters mit kleinen Buckelnägeln geschmückt; bei Fibel Nr. 230 sind diese und diejenigen auf den Querstegen massiv gegossen und dann in die vorgesehenen Löcher eingesteckt und vernietet. Die Zierelemente der Bügelendkuben der Fibel Nr. 229 aus dem Tumulus III sind hohle Halbkugeln.

Bei dem Exemplar Nr. 230 ist die Nadel abgebrochen; in das Loch der Spiralwindung war ein Drahtring eingehängt, der ebenfalls fragmentiert ist. Zweifellos wurde mit diesem Draht die abgebrochene Originalnadel ersetzt; somit konnte diese Fibel weiter verwendet werden.

229. Gordion/Polatlı, Bez. Ankara. – Tumulus III. – Fibel; Nadel abgebrochen, Bügel und Endkuben mit hohlen Halbkugeln; L. 11 cm (*Taf. 18,229*; nach Boehmer). – Verbleib unbekannt. – Grabung Körte, 1900. – Körte, Gordion 76 Nr. 1 Abb. 61.

230. Fundort unbekannt. – Fibel; Nadel abgebrochen; Bügel mit hohlen Halbkugeln; L. 9,0 cm; Bügel-Br. 0,6 cm (*Taf. 18,230*). – Mus. Istanbul (7795). – Unpubliziert.

Datierung und Verbreitung: Drei Fibeln der Variante A II,2 wurden in dem untersuchten Gebiet gefunden. Die Fibel Nr. 229 stammt aus dem Tumulus III von Gordion, die zweite mit unbekanntem Fundort wird im Istanbuler Museum aufbewahrt, die dritte stammt dem Großtumulus von Ankara (letztere nicht katalogmäßig erfaßt, da zeichnerische Aufnahme nicht gestattet wurde). Es ist anzunehmen, daß die Verwendung hohler Halbkugeln auf den Fibeln als Zierelemente erst in der Zeit von Tumulus III einsetzte (siehe unten Variante A IV,1).

Die Variante A II,2 ist zeitlich wie die Variante A II,1 anzusetzen.

TYP A III

Fibeln vom Typ A III besitzen einen glatten, schmalen und kräftigen Bügel, deren Bügelendverzierungen über die Bügelbreite hinausragen.

Die Fibeln dieses Typs sind mit denen der Variante 2 von Typ A I zwar eng verwandt, unterscheiden sich jedoch von diesen durch einen im Verhältnis kleineren Bügel, der zudem noch scharfkantig und dick, aber schmal ist.

Je nach Ausführung der Bügelendverzierungen sind hier zwei Varianten zu differenzieren.

Variante A III,1 : Fibeln vom Typ Tumulus MM

Fibeln mit scharfkantigen, schmalen aber dicken Bügeln, deren Endverzierungen aus zwei kantigen, rechteckigen Querstegen bestehen, die beidseitig sowie nach vorne und hinten deutlich über die Bügelbreite hinausragen.

---

[22] Boehmer, Kleinfunde 55.
[23] Körte, Gordion 76 Abb. 61.
[24] Boehmer, Kleinfunde Anm. 375 Abb. 25 d.

Diese Querstege werden bei den Exemplaren Nr. 231–244 durch eine runde Scheibe, die vertikal gerillt oder geritzt sein kann, bei Nr. 245–251 durch zwei Scheiben – bei einigen Exemplaren zwischen runder bis quadratischer Form schwankend –, bei Nr. 252–265 durch eine von zwei mehr oder minder scharfen Wülsten umrandete Scheibe oder, wie ein Stück aus Boğazköy (Nr. 269), durch je drei Scheiben getrennt.

Die Fibeln Nr. 271–273 weisen als Bügelendverzierung nur zwei getrennt liegende Querstege auf, die durch keinerlei Scheibe oder Wülste voneinander getrennt werden. Das Fragment Nr. 274 besitzt als Bügelendverzierung nur einen über die Bügelbreite hinausragenden Quersteg, der vom Nadelhalter durch eine auf die Bügelbreite beschränkte Scheibe getrennt wird.

Die aus Tumulus MM stammenden 39 Fibeln dieser Variante, die verstreut auf dem Toten bzw. auf dem Boden der Grabkammer und teilweise in einem Sack gefunden wurden (unter Inv. Nr. B 992–1030 im Ankara-Museum[25]), haben einen pilzförmigen „Spring-Plate"-Ansatz, dessen Oberfläche bei einigen Exemplaren strahlenförmig gerillt ist. Bei allen hier aufgeführten Exemplaren dieser Variante aus dem Tumulus MM war die Nadel getrennt gegossen und eingesetzt.

Der Nadelhalter hat in der Mitte eine kräftige Mittelrippe, die von zwei tiefen Rillen umgeben ist; die Auswüchse werden zunächst deutlich eingezogen, bevor sie, auf der oberen Linie horizontal bleibend, jedoch auf der unteren Kante sich leicht verbreiternd, weit über die Bügelbreite hinauswachsen.

231. Gordion/Polatlı, Bez. Ankara. – Tumulus MM, floor. – Fibel; eingesetzte Nadel abgebrochen; L. 5,75 cm; Bügel-Br. 0,6 cm (*Taf. 19,231*; nach Photo). – Mus. Ankara (B 997). – Grabung Young, 1957. – Unpubliziert.
231 A. Gordion/Polatlı, Bez. Ankara. – Tumulus MM, floor. – Fibel; intakt; L. 5,25 cm; Bügel-Br. 0,5 cm (*Taf. 19,231 A*; nach Photo). – Mus. Ankara (B 998). – Grabung Young, 1957. – Unpubliziert.
231 B. Gordion/Polatlı, Bez. Ankara. – Tumulus MM, floor. – Fibel; intakt; L. 5,3 cm; Bügel-Br. 0,5 cm (*Taf. 19,231 B*; nach Photo). – Mus. Ankara (B 999). – Grabung Young, 1957. – Unpubliziert.
231 C. Gordion/Polatlı, Bez. Ankara. – Tumulus MM, floor. – Fibel; eingesetzte Nadel abgebrochen; L. 5,9 cm; Bügel-Br. 0,6 cm (*Taf. 19,231 C*). – Mus. Ankara (B 992). – Grabung Young, 1957. – Muscarella, Phrygian Fibulae Taf. 3,15 (in intaktem Zustand).
232. Gordion/Polatlı, Bez. Ankara. – Tumulus MM, floor. – Fibel; eingesetzte Nadel abgebrochen; L. 5,8 cm; Bügel-Br. 0,65 cm (*Taf. 19,232*). – Mus. Ankara (B 995). – Grabung Young, 1957. – Unpubliziert.
233. Gordion/Polatlı, Bez. Ankara. – Tumulus MM, floor. – Fibel; intakt; Nadel eingesetzt; L. 5,8 cm; Bügel-Br. 0,65 cm (*Taf. 19,233*). – Mus. Ankara (B 993). – Grabung Young, 1957. – Unpubliziert.
234. Gordion/Polatlı, Bez. Ankara. – Tumulus MM, floor. – Fibel; Nadel zerbrochen; L. 5,8 cm; Bügel-Br. 0,55 cm (*Taf. 19,234*). – Mus. Ankara (B 994?). – Grabung Young, 1957. – Unpubliziert.
235. Gordion/Polatlı, Bez. Ankara. – Tumulus MM, floor. – Fibel; intakt; Nadel eingesetzt; L. 5,7 cm; Bügel-Br. 0,68 cm. (*Taf. 19,235*). – Mus. Ankara (B 996). – Grabung Young, 1957. – Unpubliziert.
236. Gordion/Polatlı, Bez. Ankara. – Tumulus MM, floor. – Fibel; Stück der eingesetzten Nadel abgebrochen; „Spring-Plate" gerillt; L. noch 5,6 cm; Bügel-Br. 0,7 cm (*Taf. 19,236*). – Mus. Ankara (B 1000). – Grabung Young, 1957. – Unpubliziert.
237. Gordion/Polatlı, Bez. Ankara. – Tumulus MM, floor. – Fibel; Nadel und Auswüchse des Nadelhalters sind abgebrochen; „Spring-Plate" gerillt; L. noch 5,5 cm; Bügel-Br. 0,7 cm (*Taf. 19,237*). – Mus. Ankara (B 1001). – Grabung Young, 1957. – Unpubliziert.
238. Gordion/Polatlı, Bez. Ankara. – Tumulus MM, floor. – Fibel; eingesetzte Nadel abgebrochen; Nadelhalter etwa in der Mitte in zwei Teile zerbrochen; Trennscheibe der Querstege vertikal gerillt; L. 4,7 cm; Bügel-Br. 0,6 cm (*Taf. 19,238*). – Mus. Ankara (B 1029). – Grabung Young, 1957. – Unpubliziert.
239. Gordion/Polatlı, Bez. Ankara. – Tumulus MM, floor. – Fibel; Spitze der eingesetzten Nadel abgebrochen, Nadelhalter nicht erhalten; Trennscheibe vertikal gerillt; L. noch 4,45 cm; Bügel-Br. 0,6 cm (*Taf. 19,239*). – Mus. Ankara (B 1030). – Grabung Young, 1957. – Unpubliziert.

---

[25] Die Zeichnungen von etwa 12 Exemplaren, die im Museum zu Ankara nicht zugänglich waren, entstanden nach den Archivphotos des Ausgräbers.

Phrygische bzw. anatolische Fibeln Gruppe A

240. Çifteler, Bez. Eskişehir. – Fibel; intakt; L. 5,4 cm; Bügel-Br. 0,68 cm (*Taf. 19,240*). – Mus. Eskişehir (A 60–70). – In Çifteler gefunden. – Unpubliziert.

241. Boğazköy, Bez. Çorum. – Zeit der Schicht Büyükkale I. – BK. r/11, Schicht I. – Fibel; Nadel abgebrochen; L. 4,4 cm; H. 3,8 cm; Querschnitt des Bügels (Mitte) 0,52 × 0,24 cm (*Taf. 19,241;* nach Boehmer). – Mus. Ankara (227/e). – Boehmer, Kleinfunde Taf. 5,80.

242. Boğazköy, Bez. Çorum. – Nicht schichtbestimmt. – Büyükkale s/12, östlich Kanal in phrygischem Schutt. – Fibel; intakt; „Spring-Plate" ist gerillt; L. 4,5 cm; H. 3,6 cm; Querschnitt des Bügels (Mitte) 0,65 × 0,35 cm (*Taf. 19,242;* nach Boehmer). – Mus. Ankara (307/n). – Boehmer, Kleinfunde Taf. 6,87.

243. Gordion/Polatlı, Bez. Ankara. – CM-T-N, in clay. – Fibel; in drei Teile zerbrochen; nicht erhaltene Nadel war eingesetzt; L. ca. 6,0 cm; Bügel-Br. 0,8 cm (*Taf. 19,243*). – Mus. Gordion (B 1495). – Grabung Young, 1963. – Unpubliziert.

244. Fundort unbekannt. – Fibel; eingesetzte Nadel nicht erhalten; L. 6,4 cm; Bügel-Br. 0,85 cm (*Taf. 20,244*). – Mus. Istanbul (7657). – Ankauf. – Unpubliziert.

245. Gordion/Polatlı, Bez. Ankara. – Tumulus MM, floor. – Fibel; äußerer Auswuchs des Nadelhalters abgebrochen; Nadel eingesetzt; „Spring-Plate" gerillt; beinahe quadratische Trennscheiben (jeweils zwei) sind vertikal fein geritzt; L. noch 5,3 cm; Bügel-Br. 0,7 cm (*Taf. 20,245*). – Mus. Ankara (B 1008). – Grabung Young, 1957. – Unpubliziert.

246. Gordion/Polatlı, Bez. Ankara. – Tumulus MM, floor. – Fibel; Nadel abgebrochen; weitere Merkmale wie Fibel Nr. 245 (ein Paar?); L. 5,5 cm; Bügel-Br. 0,6 cm (*Taf. 20,246*). – Mus. Ankara (B 1009). – Grabung Young, 1957. – Unpubliziert.

247. Gordion/Polatlı, Bez. Ankara. – Tumulus MM, floor. – Fibel; Nadel abgebrochen, sie war eingesetzt; L. 5,8 cm; Bügel-Br. 0,6 cm (*Taf. 20,247*). – Mus. Ankara (B 1003). – Grabung Young, 1957. – Unpubliziert.

248. Gordion/Polatlı, Bez. Ankara. – Tumulus MM, floor. – Fibel; eingesetzte Nadel abgebrochen; „Spring-Plate" gerillt; L. 6,1 cm; Bügel-Br. 0,58 cm (*Taf. 20,248*). – Mus. Ankara (B 1005). – Grabung Young, 1957. – Unpubliziert.

249. Gordion/Polatlı, Bez. Ankara. – Tumulus MM, floor. – Fibel; eingesetzte Nadel nicht erhalten; „Spring-Plate" gerillt; entspricht Fibel Nr. 248 (ein Paar?); L. 5,5 cm; Bügel-Br. 0,65 cm (*Taf. 20,249*). – Mus. Ankara (B 1006). – Grabung Young, 1957. – Unpubliziert.

250. Gordion/Polatlı, Bez. Ankara. – Tumulus MM, floor. – Fibel; eingesetzte Nadel abgebrochen, ein Teil davon ist erhalten; L. 5,7 cm; Bügel-Br. 0,7 cm (*Taf. 20,250*). – Mus. Ankara (B 1002). – Grabung Young, 1957. – Unpubliziert.

251. Gordion/Polatlı, Bez. Ankara. – Tumulus MM, floor. – Fibel; intakt; wie Fibel Nr. 249; L. 5,4 cm; Bügel-Br. 0,68 cm (*Taf. 20,251*). – Mus. Ankara (B 1007). – Grabung Young, 1957. – Unpubliziert.

252. Gordion/Polatlı, Bez. Ankara. – Tumulus MM, floor. – Fibel; intakt; L. 6,0 cm; Bügel-Br. 0,7 cm (*Taf. 20,252;* nach Photo). – Mus. Ankara (B 1012). – Grabung Young, 1957. – Unpubliziert.

252 A. Gordion/Polatlı, Bez. Ankara. – Tumulus MM, floor. – Fibel; intakt; L. 6,1 cm; Bügel-Br. 0,7 cm (*Taf. 20,252 A;* nach Photo). – Mus. Ankara (B 1013). – Grabung Young, 1957. – Unpubliziert.

252 B. Gordion/Polatlı, Bez. Ankara. – Tumulus MM, floor. – Fibel; intakt; L. 5,9 cm; Bügel-Br. 0,7 cm (*Taf. 20,252 B;* nach Photo). – Mus. Ankara (B 1014). – Grabung Young, 1957. – Unpubliziert.

252 C. Gordion/Polatlı, Bez. Ankara. – Tumulus MM, floor. – Fibel; intakt; L. 5,9 cm; Bügel-Br. 0,6 cm (*Taf. 20,252 C;* nach Photo). – Mus. Ankara (B 1016). – Grabung Young, 1957. – Unpubliziert.

252 D. Gordion/Polatlı, Bez. Ankara. – Tumulus MM, floor. – Fibel; intakt; L. 5,9 cm; Bügel-Br. 0,7 cm (*Taf. 20,252 D;* nach Photo). – Mus. Ankara (B 1017). – Grabung Young, 1957. – Unpubliziert.

252 E. Gordion/Polatlı, Bez. Ankara. – Tumulus MM, floor. – Fibel; intakt; L. 5,3 cm; Bügel-Br. 0,6 cm (*Taf. 20,252 E;* nach Photo). – Mus. Ankara (B 1020). – Grabung Young, 1957. – Unpubliziert.

252 F. Gordion/Polatlı, Bez. Ankara. – Tumulus MM, floor. – Fibel; intakt; L. 5,65 cm; Bügel-Br. 0,6 cm (*Taf. 20,252 F;* nach Photo). – Mus. Ankara (B 1022). – Grabung Young, 1957. – Unpubliziert.

252 G. Gordion/Polatlı, Bez. Ankara. – Tumulus MM, floor. – Fibel; intakt; L. 5,35 cm; Bügel-Br. 0,6 cm (*Taf. 21,252 G;* nach Photo). – Mus. Ankara (B 1023). – Grabung Young, 1957. – Unpubliziert.

252 H. Gordion/Polatlı, Bez. Ankara. – Tumulus MM, floor. – Fibel; intakt; „Spring-Plate" und Spiralwindungen der Nadel sind den Rändern entlang gerillt; Nadel eingesetzt; die Trennscheiben der Querstege sind von scharfen Wülsten umrandet, die Trennscheibe ist vertikal fein geritzt; L. 5,5 cm; Bügel-Br. 0,6 cm (*Taf. 21,252 H*). – Mus. Ankara (B 1019). – Grabung Young, 1957. – Unpubliziert.

253. Gordion/Polatlı, Bez. Ankara. – Tumulus MM, floor. – Fibel; intakt; wie Fibel Nr. 252 H; L. 5,9 cm; Bügel-Br. 0,7 cm (*Taf. 21,253*). – Mus. Ankara (B 1018). – Grabung Young, 1957. – Unpubliziert.

254. Gordion/Polatlı, Bez. Ankara. – Tumulus MM, floor. – Fibel; gut erhalten; wie Fibel Nr. 253; L. 6,0 cm;

Bügel-Br. 0,7 cm (*Taf. 21,254*). – Mus. Ankara (B 826). – Grabung Young, 1957. – Unpubliziert.

255. Gordion/Polatlı, Bez. Ankara. – Tumulus MM, floor. – Fibel; eingesetzte Nadel abgebrochen; sonst wie Fibel Nr. 253; L. 6,2 cm; Bügel-Br. 0,6 cm (*Taf. 21,255*). – Mus. Ankara (B 1015). – Grabung Young, 1957. – Unpubliziert.

256. Gordion/Polatlı, Bez. Ankara. – Tumulus MM, floor. – Fibel; intakt; „Spring-Plate" ist nicht gerillt; sonst wie Fibel Nr. 253; L. 5,7 cm; Bügel-Br. 0,6 cm (*Taf. 21,256*). – Mus. Ankara (B 1011). – Grabung Young, 1957. – Unpubliziert.

257. Gordion/Polatlı, Bez. Ankara. – Tumulus MM, floor. – Fibel; intakt; „Spring-Plate" sowie Trennscheiben weisen keine Rillen bzw. Ritzung auf; L. 5,7 cm; Bügel-Br. 0,6 cm (*Taf. 21,257*). – Mus. Ankara (B 1026). – Grabung Young, 1957. – Unpubliziert.

258. Gordion/Polatlı, Bez. Ankara. – Tumulus MM, floor. – Fibel; intakt; Trennscheiben fein geritzt; L. 5,25 cm; Bügel-Br. 0,6 cm (*Taf. 21,258*). – Mus. Ankara (B 1021). – Grabung Young, 1957. – Unpubliziert.

259. Gordion/Polatlı, Bez. Ankara. – Tumulus MM, floor. – Fibel; eingesetzte Nadel ist abgebrochen; L. 5,4 cm; Bügel-Br. 0,6 cm (*Taf. 21,259*). – Mus. Ankara (B 1027). – Grabung Young, 1957. – Unpubliziert.

260. Gordion/Polatlı, Bez. Ankara. – Tumulus MM, floor. – Fibel; eingesetzte Nadel in zwei Teile zerbrochen; L. 5,3 cm; Bügel-Br. 0,6 cm (*Taf. 21,260*). – Mus. Ankara (B 1025). – Grabung Young, 1957. – Unpubliziert.

261. Gordion/Polatlı, Bez. Ankara. – Tumulus MM, floor. – Fibel; intakt; Trennscheiben fein geritzt; L. 5,7 cm; Bügel-Br. 0,55 cm (*Taf. 21,261*). – Mus. Ankara (B 1010). – Grabung Young, 1957. – Unpubliziert.

262. Gordion/Polatlı, Bez. Ankara. – Tumulus MM, floor. – Fibel; Hälfte der eingesetzten Nadel abgebrochen; L. 5,5 cm; Bügel-Br. 0,6 cm (*Taf. 21,262*). – Mus. Ankara (B 1028). – Grabung Young, 1957. – Unpubliziert.

263. Gordion/Polatlı, Bez. Ankara. – Tumulus MM, floor. – Fibel; intakt; Nadel eingesetzt; L. 5,4 cm; Bügel-Br. 0,6 cm (*Taf. 21,263*). – Mus. Ankara (B 1024). – Grabung Young, 1957. – Unpubliziert.

264. Boğazköy, Bez. Çorum. – Unterstadt. – J/19, Urnengrab 3/71. – Zeit der Schicht Büyükkale II a. – Fibel; intakt; sehr wahrscheinlich mit eingesetzter Nadel (kleines Loch auf der Rückseite); L. 6,4 cm; H. 5,6 cm; Querschnitt des Bügels 1,1 × 0,4 cm (*Taf. 21,264*; nach Boehmer). – Mus. Ankara (71/110). – Boehmer, Kleinfunde Unterstadt Taf. 3, 2523.

265. Boğazköy, Bez. Çorum. – Unterstadt. – J/19–20, über Steinschutt, 1,5 m nordwestlich Urnengrab 2/73. – Zeit von Büyükkale II a. – Fibel; Nadel, die eingesetzt war, ist nicht erhalten; L. 5,2 cm; H. 5,2 cm; Querschnitt des Bügels 0,9 × 0,3 cm (*Taf. 21,265*; nach Boehmer). – Mus. Ankara (73/77). – Boehmer, Kleinfunde Unterstadt Taf. 3, 2524.

266. Boğazköy, Bez. Çorum. – Unterstadt. – J/20, II/5. 40 cm unter der Oberfläche, in Steinschutt, Urnengrab 3/76. – Grab eines Kindes. – Fibel; Nadel ist zerbrochen; L. 4,8 cm; H. 4,3 cm; Querschnitt des Bügels 0,6 × 0,4 cm (*Taf. 22,266*; nach Boehmer). – Beifunde: zwei Fibeln Typ A III Nr. 267 u. 268) und eine Typ H II, 2 (Nr. 721) Bronzegefäßrest (?), Gürtelzunge (?), Ohr- oder Fingerring, silberner Griff, silberner Halsreif. – Mus. Ankara (76/49d). – Boehmer, Kleinfunde Unterstadt Taf. 3, 2525.

267. Boğazköy, Bez. Çorum. – Unterstadt. – J/20, Urnengrab 3/76. – Vgl. Nr. 266. – Fibel; in verformtem Zustand; L. 2,8 cm; Querschnitt des Bügels 0,5 × 0,38 cm (*Taf. 22,267*; nach Boehmer). – Mus. Ankara (76/49e). – Boehmer, Kleinfunde Unterstadt Taf. 3, 2526.

268. Boğazköy, Bez. Çorum. – Unterstadt. – Urnengrab 3/76. – Vgl. Nr. 266. – Fibel; Fragment. L. noch 2,8 cm; H. noch 3,1 cm; Querschnitt des Bügels 0,55 × 0,3 cm (*Taf. 22,268*; nach Boehmer). – Mus. Ankara (76/49h). – Boehmer, Kleinfunde Unterstadt Taf. 3, 2527.

268 A. „Türkei". – Fibel; eingesetzte, auf der Rückseite des Bügels durch Nagel befestigte Nadel abgebrochen; L. 5,8 cm; Bügel-Br. 0,9 cm; Bügel-D. 0,45 cm (*Taf. 22,268A*). – Prähist. Staatssammlung München (1979, 1190). – Ankauf. – Unpubliziert.

269. Boğazköy, Bez. Çorum. – Nicht schichtbestimmt. – Büyükkale, Oberfläche. – Fibel; Nadel ist abgebrochen; L. 5,95 cm; H. 4,7 cm; Querschnitt des Bügels (Mitte) 0,65 × 0,35 cm (*Taf. 22,269*; nach Boehmer). – Mus. Ankara (1089/v). – Boehmer, Kleinfunde Taf. 6, 88.

270. Boğazköy, Bez. Çorum. – Zeit der Schicht Büyükkale I. – BK. y/19, aus Steinschutt über dem Gebäude M, unter phrygischem Hangpflaster, Schicht Ib. – Fibel; Nadel abgebrochen; L. 3,7 cm; H. 2,95 cm; Querschnitt des Bügels (Mitte) 0,55 × 0,2 cm (*Taf. 22,270*; nach Boehmer). – Mus. Ankara (1068/v). – Boehmer, Kleinfunde Taf. 5, 79.

271. Gordion/Polatlı, Bez. Ankara. – CM-CC, post clay. – Fibel; Nadel fehlt; schlichter Nadelhalter, auf dem weder eine Mittelrippe noch die Kanneluren nachweisbar sind; L. 3,6 cm; Bügel-Br. 0,5 cm (*Taf. 22,271*). – Mus. Ankara (B 644). – Grabung Young, 1955. – Unpubliziert.

272. Boğazköy, Bez. Çorum. – Zeit der Schicht Büyükkale I. – BK. o-p/14–15, Schicht I. – Fibel; Nadel scheint, soweit die Zeichnung erkennen läßt, eingesetzt zu sein; sie ist abgebrochen; L. 4,7 cm; H. 4,0 cm; Querschnitt des Bügels (Mitte) 0,6 × 0,35 cm (*Taf. 22,272*;

Phrygische bzw. anatolische Fibeln Gruppe A

nach Boehmer). – Mus. Ankara (129/f). – Boehmer, Kleinfunde Taf. 5, 81.

273. Boğazköy, Bez. Çorum. – Zeit der Schicht Büyükkale I. – Büyükkale w/9, Schicht I. – Fibel; Silber; vollständig erhalten; soweit die Zeichnung erkennen läßt, ist der Querschnitt der „Spring-Plate" rechteckig; L. 3,2 cm; H. 2,3 cm; Querschnitt des Bügels 0,38 × 0,14 cm (*Taf. 22,273*; nach Boehmer). – Mus. Ankara (130/a). – Boehmer, Kleinfunde Taf. 62, 1785.

274. Gordion/Polatlı, Bez. Ankara. – CM-TB7-B, layer 6. – Fibel; Fragment; L. noch 4,4 cm; Bügel-Br. 0,8 cm; Bügel-D. 0,4 cm (*Taf. 22,274*). – Mus. Gordion (B 1586). – Grabung Young, 1965. – Unpubliziert.

275. Sardis, Bez. Manisa. – Trench S, Artemis Precinct in a mixed surface fill. – Fibel; Fragment (*Taf. 22,275*; nach Photo). – Mus. Sardis (M 58.3:115). – Unpubliziert.

275 A. Fundort unbekannt. – Fibel; Nadel und „Spring-Plate" fehlen; die Querstege der Bügelenden werden voneinander durch die dünne Querleiste getrennt und umrandet; L. 6,4 cm; Bügel-Br. 0,9 cm; Bügel-D. 0,4 cm (*Taf. 22,275 A*). – Mus. Istanbul (73.367). – Ankauf. – Unpubliziert.

Datierung und Verbreitung: Außerhalb Anatoliens sind die Fibeln der Variante A III, 1 noch in Lindos auf Rhodos bekannt[26]. Eine dieser Fibeln, die vom Verfasser im Istanbuler Museum studiert werden konnte, verdient aufgrund der Zusammensetzung bzw. Ausführung ihrer Bügelendverzierungen und der Mittelrippe des Nadelhalters besondere Aufmerksamkeit[27]. Zweifellos handelt es sich bei dieser und bei einigen phrygischen Fibeln von diesem Fundort um Importstücke aus Kleinasien. Die Bügelendverzierung und die Mittelrippe der Fibel aus Sardis (Nr. 275), die im Tempelgebiet gefunden wurde, sind mit denen des o. e. Exemplars aus Lindos identisch; dagegen findet in dieser Ausführung, – d. h. drei Querstege, von denen der mittlere breiter ist –, das Stück aus Sardis weder in Gordion noch in Boğazköy Parallelen; es ist zu vermuten, daß zumindest das o. e. Stück über Sardis nach Lindos gelangte.

Weiterhin kennen wir außerhalb Anatoliens, im Osten, eine vermutlich zu dieser Variante zu zählende Fibeldarstellung aus dem Relief von Khorsabad.[28]

Eine große Zahl dieser Fibeln, die für den Totenkult hergestellt worden sein müssen, wurden im Tumulus MM von Gordion gefunden, so daß sie vor dem Ende des 8. Jh. v. Chr. bzw. in das letzte Viertel des 8. Jh. v. Chr. anzusetzen sind.[29] Die Fibel Nr. 243 aus dem City Mound von Gordion ist nicht schichtbestimmt. Ferner verwandt ist die Nr. 274 aus der Schicht 6 des „Terrace Building" vom City Mound. Das Fragment aus Sardis (Nr. 275) ist wohl in das letzte Viertel des 8. Jh. v. Chr. anzusetzen.

Bemerkenswert ist die Ähnlichkeit der Fibeln Nr. 242, 264, 265 und 269 aus Boğazköy mit den Exemplaren aus Tumulus MM von Gordion; die pilzförmige Ausführung der „Spring-Plate", vor allem aber die Bearbeitung der Auswüchse (z. B. bei Nr. 264), lassen keinen Zweifel über die gemeinsame Werkstatt dieser Fibeln. Diese beiden Merkmale sowie noch andere sind bei weiteren phrygischen Fibeltypen aus Boğazköy und dem Tumulus MM ebenfalls zu beobachten.

Die Fibeln Nr. 241, 270 und 272 wurden in der Schicht I von Büyükkale gefunden; diese und die nicht schichtbestimmte Fibel Nr. 269 werden von Boehmer in das ausgehende 8. Jh. v. Chr. bzw. in die erste Hälfte des 7. Jh. v. Chr. datiert,[30] wobei hier zu berücksichtigen wäre, daß manche Exemplare über einen langen Zeitraum verwendet werden konnten; bei allen diesen vier Fibeln handelt es sich um Siedlungsfunde. Eine silberne Fibel (Nr. 273), die in der Schicht Büyükkale I gefunden wurde, wird von Boehmer aufgrund des Fehlens der Scheibe, die zwischen den beiden Bügelendquerstegen angebracht gewesen sein müßte (vgl. Nr. 271 aus Gordion), in die 2. Hälfte des 7. Jh. v. Chr. bzw. in das 6. Jh. v. Chr. datiert. Jedoch setzt Boehmer in der zuletzt erschienenen Publikation[31] eine sehr ähnliche Fibel (Nr. 268) aus

---

[26] Blinkenberg, Lindos Taf. 8.
[27] Ebd. Taf. 8,118. – Mus. Istanbul, Inv. Nr. 3250.
[28] Monuments de Ninive II Taf. 103, 106 bis; ausführlich behandelt in Boehmer, Kleinfunde 51 f. Abb. 24.
[29] Vgl. unten Typ S I.
[30] Boehmer, Kleinfunde 52.
[31] Boehmer, Kleinfunde Unterstadt 4.

einem Urnengrab sowie die Nr. 266 und 267 aus der Unterstadt (Zeit von Büyükkale II a) in die erste Hälfte des 7. Jh. v. Chr. Nr. 264 und Nr. 265, die wiederum aus zwei Urnengräbern stammen, sind vermutlich zeitgleich mit denen aus Tumulus MM, ausgehend von der pilzförmigen „Spring-Plate" und den kräftig profilierten Nadelhaltern. Das nicht schichtbestimmte Stück Nr. 242 ist wegen der gerillten „Spring-Plate" ebenfalls in diese Zeit zu datieren.

Fibeln der Variante A III, 1 sind in das letzte Viertel des 8. Jh. v. Chr. zu datieren, darunter einige flüchtig gearbeitete, kleinformatige Exemplare vielleicht noch in das erste Viertel des 7. Jh. v. Chr. (Taf. 74 B).

Variante A III, 2

Die Fibeln dieser Variante sind gekennzeichnet durch sehr breite, hohe und im Verhältnis zum Bügel ziemlich große Bügelendblocks, die aus mehreren Querleisten bzw. Querstegen bestehen; alle diese Ornamente sind von rechteckigem Querschnitt. Die üblichen, im Querschnitt runden Wülste oder Scheiben als Trennelemente zwischen den Querstegen fehlen.

Während der Materialaufnahme in den Museen von Burdur und Antalya befanden sich diese Fibeln in ungereinigtem Zustand; manche waren stellenweise oxydiert; dies erschwert die genaue Beobachtung der Zusammensetzung von Bügelendornamenten in ihren Einzelheiten. Dagegen kann mit Sicherheit gesagt werden, daß bei allen Exemplaren die Nadeln getrennt gegossen und eingesetzt waren. Bei dem Exemplar Nr. 278 ist der teilweise noch erhaltene und in das Spiralwindungsloch eingesteckte Buckelnagel sichtbar (vgl. in diesem Zusammenhang z. B. Fibeln vom Typ D II oder S I aus Tumulus MM).

Bei den Exemplaren Nr. 278, 280 und 281 ist der Bügel besonders kurz; die Bügelendverzierungen bestehen bei den Exemplaren Nr. 276–279 aus mehreren zueinander parallellaufenden Rippen oder Querleisten; bei Nr. 282 sind es nur zwei breite Querstege, die voneinander getrennt sind. Daß diese Querstege bzw. Rippen mit gravierten Zickzacklinien auf ihrer Vorderseite verziert waren, ist bei den Nr. 276, 280 und 282 gut zu erkennen. Bei den anderen Exemplaren sind diese Verzierungen nur teilweise noch erhalten.

Die Nadelhalter dieser Fibeln sind nicht in phrygischer Tradition ausgebildet: Die Auswüchse sind entweder ganz weggelassen oder nur flüchtig angedeutet.

Alle Fibeln dieser Variante befinden sich in den Museen von Burdur und Antalya; nach Angaben von Inventarbüchern oder dem Museumspersonal wurden sie aus der Umgebung von Burdur bzw. von Antalya erworben,[32] wo sie auch wahrscheinlich gefunden wurden. Sicherlich handelt es sich bei den Exemplaren dieser Variante um regionale Nachahmungen der Fibeln dieser Art aus dem phrygischen Kerngebiet oder aus Gordion selbst. Obwohl die Fundumstände unsicher sind, scheinen diese Fibeln auf das Gebiet von Burdur/Antalya beschränkt zu sein.

Ohne Zweifel stammen die Fibeln dieser Variante aus dem gleichen Werkstattkreis wie die Fibeln Nr. 419–421 der Variante A IV,4 und wahrscheinlich auch die Fibeln Nr. 1171. 1171 A mit Doppelnadel.

276. „Düver", Bez. Burdur. – Fibel; Nadel abgebrochen, sie wurde eingesetzt; zickzack-verlaufende Gravierung auf der Rippe der Bügelendverzierung ist noch teilweise erhalten; Nadelhalter abgebrochen; Paar mit Nr. 277?;

---

[32] Nach Aussage von T. Özoral, Direktor des Antalya-Museums, könnten die im Antalya-Museum aufbewahrten Stücke eventuell aus Araxa stammen.

L. 5,2 cm; Bügel-Br. 0,85 cm; Bügel-D. 0,5 cm (*Taf. 22,276*). – Mus. Burdur (E 5507). – Ankauf. – Unpubliziert.

277. „Düver", Bez. Burdur. – Fibel; eingesetzte Nadel abgebrochen, ihre Spitze ist mit dem Nadelhalter zusammengeschmolzen; grüne Patina; Paar mit Nr. 276?; L. 5,25 cm; Bügel-Br. 0,8 cm; Bügel-D. 0,55 cm (*Taf. 22,277*). – Mus. Burdur (E 5506). – Ankauf. – Unpubliziert.

278. „Umgebung von Antalya"; antikes Araxa möglich. – Fibel; Bügel besonders kurz; oxydiert; in das Windungsloch der Nadel eingesteckter Buckelnagel teilweise erhalten; Nadel sowie der Nadelhalter abgebrochen und nicht erhalten; L. 4,35 cm; Bügel-Br. 0,75 cm; Bügel-D. 0,6 cm (*Taf. 22,278*). – Mus. Antalya (ohne Inv. Nr.). – Ankauf. – Unpubliziert.

279. „Düver", Bez. Burdur. – Fibel; eingesetzte Nadel und Nadelhalter abgebrochen; nicht gereinigt; Bügelendverzierungen bestehen aus auf Nadelhalterseite vier breiten und auf Spiralseite drei breiten Querstegen; L. 4,8 cm; Bügel-Br. 0,8 cm; Bügel-D. 0,55 cm (*Taf. 22,279*). – Mus. Burdur (E 5508). – Ankauf. – Unpubliziert.

280. „Umgebung von Antalya"; antikes Araxa möglich. – Fibel; Nadel und Nadelhalter abgebrochen; gravierte x-Verzierungen auf dem Quersteg teilweise erhalten; Bügelendverzierungen aus zwei Querstegen, die voneinander durch eine dünne Leiste getrennt und ebenfalls umrandet sind; L. 4,1 cm; Bügel-Br. 0,8 cm; Bügel-D. 0,5 cm (*Taf. 22,280*). – Mus. Antalya (ohne Inv. Nr.). – Ankauf. – Unpubliziert.

281. „Umgebung von Antalya", antikes Araxa möglich. – Fibel; Erhaltungszustand sehr schlecht; Nadel und Nadelhalter abgebrochen; sehr wahrscheinlich bestehen die Bügelendverzierungen aus drei Querstegen; L. 4,4 cm; Bügel-Br. 1,0 cm; Bügel-D. 0,7 cm (*Taf. 22,281*). – Mus. Antalya (ohne Inv. Nr.). – Ankauf. – Unpubliziert.

282. „Düver", Bez. Burdur. – Fibel; eingesetzte Nadel abgebrochen; Bügelendverzierungen bestehen aus zwei Querstegen, die voneinander durch eine Querleiste getrennt sind; Querstege mit zickzack-verlaufender Gravierung verziert; L. 5,1 cm; Bügel-Br. 0,8 cm; Bügel-D. 0,5 cm (*Taf. 22,282*). – Mus. Burdur (E 5510). – Ankauf. – Unpubliziert.

283. Entfällt.

Datierung und Verbreitung: Keine dieser Fibeln stammt aus systematisch durchgeführten Grabungen. Jedoch konzentrieren sich die Fundorte offensichtlich auf die Antalya/Burdur-Gegend. Zweifellos handelt es sich um lokale Kopien der Variante A III,1 (zwei Fibeln mit ähnlichem Bügel und Verzierung, jedoch mit Doppelnadel, werden unter Typ S I behandelt [Nr. 1171.1171A]). Es wäre demnach zu vermuten, daß die Fibeln der Variante A III,2 aus dem letzten Viertel des 8. Jh. v. Chr. oder aus dem frühen 7. Jh. v. Chr. stammen.

TYP A IV

Die Fibeln vom Typ A IV gehören zu einer der populärsten und weitverbreitetsten Formen phrygischer Fibeln. Neben zahlreicher Vorkommen in Anatolien finden sich solche Stücke bis zu den ägäischen Inseln, in Olympia und Italien, die entweder dorthin importiert oder lokal kopiert wurden.

Diese Gattung wurde von Blinkenberg als Typ XII 8 und XII 9 bezeichnet. Muscarella versuchte Typ XII 8 deutlicher und schärfer von Typ XII 9 zu trennen, indem er die phrygische Herkunft der Typ XII 8-Fibeln anzweifelte und dabei auf die unterschiedlichen Bügelendverzierungen dieser beiden ähnlichen Typen verwies.[33]

Boehmer, überzeugt[34] von der nichtphrygischen Abstammung des Typs XII 8, teilte den Typ XII 9 in drei Gruppen 9γ, 9α, 9β auf. Dieser Gliederung legte er die Bügelformen zugrunde.[35]

Obwohl Bügelgröße und -breite für eine Gliederung dieses Typs herangezogen werden können, erachten wir es, um ein genaueres Bild der Verbreitung zu gewinnen, für wichtig, nach der Machart der

---

[33] Muscarella, Phrygian Fibulae 37.
[34] Boehmer, Kleinfunde 54 Anm. 372.
[35] Ebd. 55.

den Bügel schmückenden Halbkugel drei Varianten zu unterscheiden. Ausschlaggebend jedoch bleibt für unsere Varianten A IV,2 und A IV,3 die sonderbare Form des Bügels.

Die von Boehmer als Variante 9γ bezeichneten Fibeln haben wir als Ausnahme bei Variante A II,2 oben behandelt (Nr. 229.230).

Variante A IV,1

Fibeln dieser Variante haben einen flachen, im Querschnitt rechteckigen, breiten Bügel, dessen Enden mit rechteckigen Querstegen geschmückt sind, die oft durch Wülste oder Scheiben voneinander getrennt werden. Der Bügel ist mit großen, *hohlen* Halbkugeln versehen, die mit Hilfe eines Stiftes am Bügel befestigt sind. Diese Stifte werden auf der Rückseite des Bügels erst durch Hämmern vernietet und auch abgefeilt.

Die Querstege sind in der Regel mit zwei bis drei massiv gegossenen Buckelnägeln verziert, die im Gegensatz zu Bügelstiften auf der Rückseite oft nicht durch Hämmern vernietet, sondern einfach durch Umbiegen befestigt sind.

Die Auswüchse des Nadelhalters sind häufig mit Buckelnägeln versehen. Die Nadel ist meistens getrennt hergestellt und anschließend in das Bügelende eingesetzt.

Was die Befestigung der hohlen Halbkugeln auf dem Bügel bzw. auf den Stiften angeht, weist Boehmer[36] auf die Feststellung der Körtes[37] hin, daß die Halbkugeln vom hölzernen Sarkophag des Tumulus III „mittels einer Füllmasse, welche den ... Kopf des Stiftes innerhalb der Buckel festhielt", mit einer weißen Füllung an der Innenseite befestigt waren. Boehmer selbst bezeichnet das Befestigungsmittel als „einen Verguß aus Bronze oder Blei". Bei vielen der hier aufgeführten Fibeln, deren Halbkugeln beschädigt sind, sowie aufgrund der noch vorhandenen Spuren der verlorenen Halbkugeln auf dem Bügel und der Überreste auf den Stiften ist zu beobachten, daß es sich um eine Art Lötung handelt, die als Reaktionslötung bezeichnet wird.[38] Bei manchen beschädigten Halbkugeln ist eine Füllmasse sichtbar; es handelt sich meistens um Erde, die sich im Laufe der Zeit in eine tonartige Masse verwandelte.

Besondere Aufmerksamkeit verdient die Fibel Nr. 391 A aufgrund der reichen Verzierung des Bügels, der nur mit drei hohlen Halbkugeln ausgestattet gewesen war, die jetzt nicht erhalten sind. Wie die Fibel Nr. 391 sind die Bügelendquerstege dieses Stückes nicht mit Buckelnägeln geschmückt; an dieser Stelle, auf der Scheibe des Bügelendes, auf der Mittelrippe des Nadelhalters und vor allem auf dem ganzen Außenrand entlang des Bügels erscheint gepunzte Wolfszahnmusterverzierung, die einzige geometrische Verzierung der phrygischen Fibeln.

Alle Kugeln der Fibel Nr. 390 sind aus Silber hergestellt; die Kugel der Fibel Nr. 406 ist ebenfalls aus Silber. Die halbquantitative Metallanalyse der Fibel Nr. 291 A bestätigte, daß es sich bei dem verwendeten Material um eine Kupfer-Zink-Legierung, also um Messing handelt.

---

[36] Ebd. Anm. 374.
[37] Körte, Gordion 44.
[38] Während der Redaktionsarbeiten erhielt ich von einer Privatsammlung das beschädigte Stück Nr. 291 A. Aufgrund des schlechten Erhaltungszustandes konnte beobachtet werden, daß die Halbkugel bzw. ihr noch verbliebener Rest nicht mit dem Stift in einem Stück gegossen worden war. Er kann nur angelötet worden sein, vermutlich handelt es sich hier um Reaktionslötung: Beide Teile, d. h. der etwas leicht pilzförmig gearbeitete Stiftkopf und die innere Stelle der Halbkugel, an die der Stift zu sitzen kam, wurden glatt poliert. Zwischen diese beiden späteren Kontaktstellen wurde ein wenig Salz bzw. eine kleine Menge Blei getan, anschließend wurde die Halbkugel von außen an diesem Punkt erhitzt bzw. die beiden Stellen mit einem heißen Gegenstand zusammengedrückt. Diesen Hinweis verdanke ich Herrn H. G. Bachmann.

Vgl. ebenfalls eine weitere beschädigte Fibel aus Boğazköy, Nr. 309, die mit demselben Verfahren angelötet zu sein scheint. Die Röntgenuntersuchung der Fibel Nr. 310 A in der Prähistorischen Staatssammlung München, bestätigte diese Vermutung.

Phrygische bzw. anatolische Fibeln Gruppe A

284. „Umgebung von Manisa". – Fibel; drei von insgesamt acht Halbkugeln fehlen; ein Stück der eingesetzten Nadel ist abgebrochen; die Querstege, der Nadelhalter und dessen Auswüchse sind durch je drei massive Buckelnägel geschmückt; L. 7,1 cm; Bügel-Br. 0,9 cm (*Taf. 23,284*). – Beifunde: Fibel (Nr. 285). – Mus. Manisa (2131). – Geschenkt. – Unpubliziert.

285. „Umgebung von Manisa". – Fibel wie Nr. 284, eine Kugel und die Nadel sind nicht erhalten; L. 7,1 cm; Bügel-Br. 0,9 cm (*Taf. 23,285*). – Beifunde: Fibel Nr. 284 (bildet sehr wahrscheinlich ein Paar mit dieser Fibel). – Mus. Manisa (2132). – Geschenkt. – Unpubliziert.

286. Eğret, Bez. Afyon, Oğul Beyli, Dorfkreis Anıtkaya. – Fibel; drei Kugeln fehlen, Nadel abgebrochen, „Füllmasse" in den Kugeln sichtbar; Bügel-D. 0,3 cm; Bügel-Br. 1,1 cm; L. 6,8 cm (*Taf. 23,286*). – Mus. Afyon (1106). – Ankauf in Anıtkaya. – Unpubliziert.

287. „Tavşanlı", Bez. Kütahya. – Fibel; Nadel abgebrochen; Bügel-Br. 1,05 cm; Bügel-D. (ohne Kugel) 0,35 cm; L. 7 cm (*Taf. 23,287*). – Mus. Afyon (1104). – Ankauf in Tavşanlı. – Unpubliziert.

288. Fundort unbekannt. – Fibel; nur eine Kugel noch intakt, Nadel abgebrochen; L. 9,5 cm; Bügel-Br. 1,3 cm (*Taf. 23,288*). – Mus. Istanbul (6755). – Ankauf. – Unpubliziert.

289. Fundort unbekannt. – Fibel; eine von sechs Kugeln noch vorhanden; Bügel-D. 0,2 cm; Bügel-Br. 2 cm; L. 11,2 cm (*Taf. 23,289*). – Mus. Istanbul (6818). – Ankauf. – Unpubliziert.

290. „Demre", Bez. Antalya oder Fundort unbekannt. – Grabung Nikolaus-Kirche. – Fibel; ausnahmsweise sind die Stifte auf der Rückseite nicht vernietet, sondern umgebogen; eingesetzte Nadel; das Spiralloch ist mit einem Buckelnagel versehen; Bügel-D. 0,45 cm; Br. 1,4 cm; L. 7,8 cm (*Taf. 23,290*). – Mus. Antalya (A 1240). – Herkunft laut altem Inventarbuch des Museums (eingesehen 1977): Grabung Haghia Nikolaus-Kirche, Demre, nach neuem Inventarbuch (eingesehen 1981): Fundort unbekannt. – Unpubliziert.

291. Boğazköy, Bez. Çorum. – Nicht schichtbestimmt. – BK. z/14 Oberflächenschutt. – Fibel; L. 5,3 cm; H. 4,3 cm; D. mit Halbkugel 1,05 cm; Querschnitt des Bügels (Mitte) 1,05 × 0,35 cm (*Taf. 23,291*). – Mus. Ankara (Bo 292/r). – Boehmer, Kleinfunde Taf. 6,97.

291 A. Türkei. – Fibel; Nadel abgebrochen, erhaltene Kugel zerdrückt und beschädigt; Kugeln waren angelötet; aus Messing (nach halbquantitativer Metallanalyse); L. 9,5 cm; Bügel-Br. 1,8 cm (*Taf. 23,291 A*). – Privatsammlung Bonn. – Erworben im Bazar von Istanbul. – Unpubliziert.

292. „Umgebung von Afyon". – Fibel; Auswüchse des Nadelhalters abgebrochen; eine Kugel fehlt; Bügel-H. mit Kugel 1 cm, ohne Kugel 0,3 cm; Bügel-Br. 1,2 cm; L. 9 cm (*Taf. 24,292*). – Mus. Afyon (1102). – Ankauf. – Unpubliziert.

293. Fundort unbekannt, Umgebung von Afyon möglich. – Fibel; Nadel abgebrochen; Bügel-Br. 0,9 cm; L. 7 cm (*Taf. 24,293*). – Mus. Istanbul (7245). – Ankauf. – Unpubliziert.

294. „Umgebung von Dinar", Bez. Afyon. – Fibel; L. 8,85 cm; Bügel-D. 0,3 cm, Bügel-Br. 1,3 cm; Nadel abgebrochen (*Taf. 24,294*). – Mus. Istanbul (7480). – Ankauf. – Unpubliziert.

295. „Umgebung von Dinar", Bez. Afyon. – Fibel; Nadel abgebrochen; L. 8,8 cm; Bügel-D. 0,3 cm, Bügel-Br. 1,3 cm (*Taf. 24,295*). – Mus. Istanbul (7479). – Ankauf. – Unpubliziert.

295 A. „Vorderasien". – Fibel; Nadel abgebrochen, L. 10 cm; Bügel-Br. 1,7 cm (*Taf. 24,295 A*; nach Kreß-Katalog). – Münchener Münzhandlung, Karl Kreß AG, Versteigerungskatalog 175, 1979 Taf. 3,91.

296. Yazılıkaya, Bez. Eskişehir. – Fibel; L. 7,0 cm; Bügel-Br. 1,05 cm, Höhe mit Kugel 1,0 cm; Nadel abgebrochen. Die Wülste, die zwischen zwei Querstegen angebracht wurden, sind kanneliert (*Taf. 24,296*). – Mus. Afyon (1108). – Erworben in Yazılıkaya. – Unpubliziert.

297. „Tavşanlı", Bez. Kütahya. – Fibel; L. 7,1 cm; Bügel-D. 0,45 cm, Bügel-Br. 1,4 cm; „Spring-Plate" ringsherum kanneliert, Nadel abgebrochen (*Taf. 24,297*). – Mus. Afyon (1105). – Erworben in Tavşanlı, 1968. – Unpubliziert.

298. Boğazköy, Bez. Çorum. – Nicht schichtbestimmt; USt. Tempel I, Magazin 48/NW, aus Schutterde, 55 cm über hethitischem Boden. – Fibel; L. 7,1 cm; H. 6,6 cm; Querschnitt des Bügels (Mitte) 1,5 × 0,2 cm (*Taf. 24,298*; nach Boehmer). – Mus. Ankara (1415/z). – Boehmer, Kleinfunde Taf. 6,95.

299. Akşehir, Koçyağız oder Koçyazı köyü, Bez. Konya. – Fibel; Nadel abgebrochen. Die Wülste zwischen den Querstegen sind besonders scharf und fein gearbeitet; L. 9,1 cm, Bügel-Br. 1,4 cm (*Taf. 25,299*). – Mus. Eskişehir (A 25–71). – Ankauf. – Unpubliziert.

300. Akşehir, Koçyağız oder Koçyazı köyü, Bez. Konya. – Fibel; abgebrochene Spiralwindung wurde antik auf die Nadelspitze gesteckt. Der Nr. 299 sehr ähnlich, nur Nadelhalter auf gegenüberliegender Seite; Paarbildung mit Nr. 299 sehr wahrscheinlich; L. 9,1 cm. Bügel-Br. 1,4 cm (*Taf. 25,300*). – Mus. Eskişehir (A 24–71). – Ankauf. – Unpubliziert.

301. Boğazköy, Bez. Çorum. – Nicht schichtbestimmt. – USt. Tempel I, Magazin 48/NW, aus Schutterde, 55 cm über hethitischem Boden. – Fibel; Höhe noch 4,3 cm; L. der Nadel noch 5,4 cm; Querschnitt des Bügels 1,5 × 0,2 cm (*Taf. 25,301*; nach Boehmer). – Mus. Ankara (1416/z). – Boehmer, Kleinfunde Taf. 6,96.

302. **Çıkrık köyü,** Bez. Afyon. – Fibel; Nadelhalter nur mit einem Buckelnagel verziert; Nadel abgebrochen; L. 7,7 cm, Bügel-Br. 1,15 cm, Bügel-D. ohne Kugel 0,3 cm, mit Kugel 1,1 cm (*Taf. 25,302*). – Mus. Afyon (2448). – Erworben in Çıkrık. – Unpubliziert.
303. **Boğazköy,** Bez. Çorum. – Zeit der Schicht Büyükkale I, BK. p-q/10–11/Nord, Schicht I b. – Fibel; Spiralende des Bügels nur durch einen Steg abgeschlossen; L. 7,0 cm; H. 6,5 cm; Querschnitt des Bügels (Mitte) 1,23 × 0,4 cm, H. mit Kugel 1,05 cm (*Taf. 25,303*; nach Boehmer). – Mus. Ankara (580/w). – Boehmer, Kleinfunde Taf. 6,92.
304. **Yassıhüyük,** Dorf, Gordion/Polatlı, Bez. Ankara. – Fibel; Spiralende abgebrochen; L. noch ca. 7,8 cm; Bügel-Br. 1,15 cm (*Taf. 25,304*). – Mus. Gordion (B 669). – 1955 im Dorf Yassıhüyük gefunden. – Unpubliziert.
305. **Gordion**/Polatlı, Bez. Ankara. – CM-TBT-8a, level 5. – Fibel; Fragment, in drei Teile zerfallen; L. ca. 4,8 cm (*Taf. 25,305*). – Mus. Gordion (B 1374). – Grabung Young, 1962. – Unpubliziert.
306. **Yazılıkaya,** Gräber, Bez. Eskişehir. – Fibel; sämtliche Kugeln verloren; L. 5,6 cm; Bügel-Br. 0,9 cm; Bügel-D. 0,2 cm (*Taf. 25,306*). – Mus. Afyon (1205). – Grabung H. Çambel 1948. – Unpubliziert.
307. **Gordion**/Polatlı, Bez. Ankara. – CM-WS5-b,N, layer 6. – Fibel; Fragment, parallellaufende Ritzlinien am inneren und äußeren Rand des Bügels; Bügel-D. 0,5 cm, Bügel-Br. 1,1 cm (*Taf. 25,307*). – Mus. Gordion (B 1699). – Grabung Young, 1967. – Unpubliziert.
308. **Gordion**/Polatlı, Bez. Ankara. – CM-W2S3, from clay. – Fibel; Kugeln fehlen; L. 6,4 cm; Bügel-D. 0,5 cm; Bügel-Br. 1,0 cm (*Taf. 25,308*). – Mus. Gordion (B 1344). – Grabung Young, 1961. – Unpubliziert.
309. **Boğazköy,** Bez. Çorum. – Zeit von Büyükkale II a. – J/20, Urnengrab 4/73, in Steinschutt oberhalb des hethitischen Hauses 9 a eingetieft. – Fibel; L. 8,2 cm; Querschnitt des Bügels 1,55 × 0,2 cm (*Taf. 25,309*; nach Boehmer). – Mus. Ankara (73/237d). – Boehmer, Kleinfunde Unterstadt Taf. 3,2528.
310. **Boğazköy,** Bez. Çorum. – J/19, Tempel I, Suchschnitt II/2, Schutt. – Hohle Halbkugel; Dm. 1,22 cm; H. 0,6 cm, mit Stift 0,74 cm (*Taf. 25,310*; nach Boehmer). – Mus. Ankara (70/54). – Boehmer, Kleinfunde Unterstadt Taf. 3,2529.
310 A. **„Türkei".** – Fibel; wahrscheinlich aus Messing; eingesetzte Nadel durch Platthämmern der „Spring-Plate" befestigt; Halbkugeln z. T. modern restauriert bzw. ergänzt; L. 9,1 cm; Bügel-D. 0,3 cm; Bügel-Br. 1,3 cm (*Taf. 26,310A*). – Prähist. Staatssammlung München (1980, 3654). – Ankauf. – Unpubliziert.
311. **Gordion**/Polatlı, Bez. Ankara. – Tumulus MM, floor. – Fibel; intakt; L. 5,5 cm; Bügel-Br. 0,9 cm (*Taf. 26,311*). – Mus. Ankara (B 823). – Grabung Young, 1957. – Unpubliziert.
312. Entfällt.
313. **Gordion**/Polatlı, Bez. Ankara. – Tumulus MM, floor. – Fibel; intakt; L. 4,2 cm; Bügel-Br. 0,8 cm (*Taf. 26,313*). – Mus. Ankara (B 825). – Grabung Young, 1957. – Unpubliziert.
314. **Gordion**/Polatlı, Bez. Ankara. – Tumulus MM, floor. – Fibel; intakt; L. 5,0 cm (*Taf. 26,314*; nach Muscarella). – Mus. Ankara (B 902). – Grabung Young, 1957. – Muscarella, Phrygian Fibulae Taf. 6,31.
315. **Gordion**/Polatlı, Bez. Ankara. – Tumulus MM, floor. – Fibel; L. 5,3 cm; Bügel-Br. 0,9 cm (*Taf. 26,315*; nach Photo). – Mus. Ankara (B 903). – Grabung Young, 1957. – Unpubliziert.
316. **Gordion**/Polatlı, Bez. Ankara. – Tumulus MM, floor. – Fibel; L. 5,3 cm; Bügel-Br. 0,9 cm (*Taf. 26,316*; nach Photo). – Mus. Ankara (B 904). – Grabung Young, 1957. – Unpubliziert.
317. **Gordion**/Polatlı, Bez. Ankara. – Tumulus MM, floor. – Fibel; L. 5,0 cm; Bügel-Br. 0,9 cm (*Taf. 26,317*; nach Photo). – Mus. Ankara (B 905). – Grabung Young, 1957. – Unpubliziert.
318. **Gordion**/Polatlı, Bez. Ankara. – Tumulus MM, floor. – Fibel; L. 5,5 cm; Bügel-Br. 0,9 cm (*Taf. 26,318*; nach Photo). – Mus. Ankara (B 906). – Grabung Young, 1957. – Unpubliziert.
319. **Gordion**/Polatlı, Bez. Ankara. – Tumulus MM, floor. – Fibel; Spring-Plate gerillt; L. 5,2 cm; Bügel-Br. 0,8 cm (*Phototaf. B; Taf. 26,319*). – Mus. Ankara (B 907). – Grabung Young, 1957. – Unpubliziert.
320. **Gordion**/Polatlı, Bez. Ankara. – Tumulus MM, floor. – Fibel; L. 5,2 cm; Bügel-Br. 0,9 cm (*Taf. 26,320*; nach Photo). – Mus. Ankara (B 908). – Grabung Young, 1957. – Unpubliziert.
321. **Gordion**/Polatlı, Bez. Ankara. – Tumulus MM, floor. – Fibel; Spring-Plate gerillt; L. 5,2 cm; Bügel-Br. 0,9 cm (*Taf. 26,321*; nach Photo). – Mus. Ankara (B 909). – Grabung Young, 1957. – Unpubliziert.
322. **Gordion**/Polatlı, Bez. Ankara. – Tumulus MM, floor. – Fibel; intakt; L. 5,3 cm; Br. 0,8 cm (*Taf. 26,322*). – Mus. Ankara (B 910). – Grabung Young, 1957. – Unpubliziert.
323. **Gordion**/Polatlı, Bez. Ankara. – Tumulus MM, floor. – Fibel; L. 4,8 cm; Bügel-Br. 0,9 cm (*Taf. 26,323*). – Mus. Ankara (B 911). – Grabung Young, 1957. – Unpubliziert.
324. **Gordion**/Polatlı, Bez. Ankara. – Tumulus MM, floor. – Fibel; L. 4,5 cm; Bügel-Br. 0,9 cm (*Taf. 27,324*; nach Photo). – Mus. Ankara (B 912). – Grabung Young, 1957. – Unpubliziert.
325. **Gordion**/Polatlı, Bez. Ankara. – Tumulus MM, floor. – Fibel; intakt; L. 4,8 cm; Bügel-Br. 0,8 cm

Phrygische bzw. anatolische Fibeln Gruppe A 73

(*Taf. 27,325*). – Mus. Ankara (B 913). – Grabung Young, 1957. – Unpubliziert.
326. **Gordion**/Polatlı, Bez. Ankara. – Tumulus MM, floor. – Fibel; L 5,1 cm; Bügel-Br. 0,9 cm (*Taf. 27,326*).– Mus. Ankara (B 914). – Grabung Young, 1957. – Unpubliziert.
327. **Gordion**/Polatlı, Bez. Ankara. – Tumulus MM, floor. – Fibel; L. 4,9 cm; Bügel-Br. 0,85 cm (*Taf. 27,327*; nach Photo). – Mus. Ankara (B 915). – Grabung Young, 1957. – Unpubliziert.
328. **Gordion**/Polatlı, Bez. Ankara. – Tumulus MM, floor. – Fibel; L. 5,3 cm; Bügel-Br. 0,9 cm (*Taf. 27,328*; nach Photo). – Mus. Ankara (B 916). – Grabung Young, 1957. – Unpubliziert.
329. **Gordion**/Polatlı, Bez. Ankara. – Tumulus MM, floor. – Fibel; L. 4,85 cm; Bügel-Br. 0,85 cm (*Taf. 27,329*; nach Photo). – Mus. Ankara (B 917). – Grabung Young, 1957. – Unpubliziert.
330. **Gordion**/Polatlı, Bez. Ankara. – Tumulus MM, floor. – Fibel; zwei Kugeln fehlen; L. 4,9 cm; Bügel-Br. 0,9 cm (*Taf. 27,330*). – Mus. Ankara (B 918). – Grabung Young, 1957. – Unpubliziert.
331. **Gordion**/Polatlı, Bez. Ankara. Tumulus MM, floor. – Fibel; L. 5,2 cm; Bügel-Br. 0,85 cm (*Taf. 27,331*; nach Photo). – Mus. Ankara (B 919). – Grabung Young, 1957. – Unpubliziert.
332. **Gordion**/Polatlı, Bez. Ankara. – Tumulus MM, floor. – Fibel; eine Kugel fehlt; L. 4,8 cm; Bügel-Br. 0,95 cm (*Taf. 27,332*). – Mus. Ankara (B 920). – Grabung Young, 1957. – Unpubliziert.
333. **Gordion**/Polatlı, Bez. Ankara. – Tumulus MM, floor. – Fibel; L. 4,8 cm; Bügel-Br. 0,8 cm (*Taf. 27,333*; nach Photo). – Mus. Ankara (B 921). – Grabung Young, 1957. – Unpubliziert.
334. **Gordion**/Polatlı, Bez. Ankara. – Tumulus MM, floor. – Fibel; eine Kugel fehlt; L. 4,7 cm; Bügel-Br. 0,9 cm (*Taf. 27,334*). – Mus. Ankara (B 922). – Grabung Young, 1957. – Unpubliziert.
335. **Gordion**/Polatlı, Bez. Ankara. – Tumulus MM, floor. – Fibel; bei einer abgebrochenen Kugel eine weiße Füllmasse sichtbar; L. 4,9 cm; Bügel-Br. 0,9 cm (*Taf. 27,335*). – Mus. Ankara (B 923). – Grabung Young, 1957. – Unpubliziert.
336. **Gordion**/Polatlı, Bez. Ankara. – Tumulus MM, floor. – Fibel; L. 4,7 cm; Bügel-Br. 0,9 cm (*Taf. 27,336*; nach Photo). – Mus. Ankara (B 924). – Grabung Young, 1957. – Unpubliziert.
337. **Gordion**/Polatlı, Bez. Ankara. – Tumulus MM, floor. – Fibel; L. 4,2 cm; Bügel-Br. 0,75 cm (*Taf. 27,337*; nach Photo). – Mus. Ankara (B 925). – Grabung Young, 1957. – Unpubliziert.
338. **Gordion**/Polatlı, Bez. Ankara. – Tumulus MM, floor, – Fibel; intakt; Spring-Plate mit Rillen verziert; L. 4,7 cm; Bügel-Br. 0,8 cm (*Taf. 27,338*). – Mus. Ankara (B 926). – Grabung Young, 1957. – Unpubliziert.
339. **Gordion**/Polatlı, Bez. Ankara. – Tumulus MM, floor. – Fibel; Spring-Plate mit Rillen verziert; L. 4,8 cm; Bügel-Br. 0,7 cm (*Taf. 28,339*). – Mus. Ankara (B 927). – Grabung Young, 1957. – Unpubliziert.
340. **Gordion**/Polatlı, Bez. Ankara. – Tumulus MM, floor. – Fibel; Spring-Plate gerillt; L. 5,2 cm; Bügel-Br. 0,8 cm (*Taf. 28,340*; nach Photo). – Mus. Ankara (B 928). – Grabung Young, 1957. – Unpubliziert.
341. **Gordion**/Polatlı, Bez. Ankara. – Tumulus MM, floor. – Fibel; abgebrochen; L. 4,8 cm; Bügel-Br. 0,75 cm (*Taf. 28,341*). – Mus. Ankara (B 929). – Grabung Young, 1957. – Unpubliziert.
342. **Gordion**/Polatlı, Bez. Ankara. – Tumulus MM, floor. – Fibel; abgebrochen; Spring-Plate ringsherum kanneliert; L. 4,9 cm; Bügel-Br. 0,9 cm (*Taf. 28,342*). – Mus. Ankara (B 931). – Grabung Young, 1957. – Unpubliziert.
343. **Gordion**/Polatlı, Bez. Ankara. – Tumulus MM, floor. – Fibel; L. 5,1 cm; Bügel-Br. 0,9 cm (*Taf. 28,343*; nach Photo). – Mus. Ankara (B 930). – Grabung Young, 1957. – Unpubliziert.
344. **Gordion**/Polatlı, Bez. Ankara. – Tumulus MM, floor. – Fibel; L. 4,5 cm; Bügel-Br. 0,9 cm (*Taf. 28,344*; nach Photo). – Mus. Ankara (B 932). – Grabung Young, 1957. – Unpubliziert.
345. **Gordion**/Polatlı, Bez. Ankara. – Tumulus MM, floor. – Fibel; L. 5,6 cm; Bügel-Br. 0,9 cm (*Taf. 28,345*; nach Photo). – Mus. Ankara (B 933). – Grabung Young, 1957. – Unpubliziert.
346. **Gordion**/Polatlı, Bez. Ankara. – Tumulus MM, floor. – Fibel; zwei Kugeln fehlen; L. 5,6 cm; Bügel-Br. 0,9 cm (*Taf. 28,346*; nach Photo). – Mus. Ankara (B 934). – Grabung Young, 1957. – Unpubliziert.
347. **Gordion**/Polatlı, Bez. Ankara. – Tumulus MM, floor. – Fibel; drei Kugeln fehlen; nur je zwei Buckelnägel auf den Querstegen; L. 4,9 cm; Bügel-Br. 0,8 cm (*Taf. 28,347*). – Mus. Ankara (B 935). – Grabung Young, 1957. – Unpubliziert.
348. **Gordion**/Polatlı, Bez. Ankara. – Tumulus MM, floor. – Fibel; intakt; L. 4,9 cm; Bügel-Br. 0,7 cm (*Taf. 28,348*). – Mus. Ankara (B 936). – Grabung Young, 1957. – Unpubliziert.
349. **Gordion**/Polatlı, Bez. Ankara. – Tumulus MM, floor. – Fibel; drei Kugeln fehlen; L. 4,5 cm; Bügel-Br. 0,8 cm (*Taf. 28,349*). – Mus. Ankara (B 937). – Grabung Young, 1957. – Unpubliziert.
350. **Gordion**/Polatlı, Bez. Ankara. – Tumulus MM, floor. – Fibel; L. 4,9 cm; Bügel-Br. 0,7 cm (*Taf. 28,350*; nach Photo). – Mus. Ankara (B 938). – Grabung Young, 1957. – Unpubliziert.

351. Gordion/Polatlı, Bez. Ankara. – Tumulus MM, floor. – Fibel; L. 5,4 cm, Bügel-Br. 0,9 cm (*Taf. 28,351*; nach Photo). – Mus. Ankara (B 939). – Grabung Young, 1957. – Unpubliziert.
352. Gordion/Polatlı, Bez. Ankara. – Tumulus MM, floor. – Fibel; L. 5,25 cm; Bügel-Br. 0,95 cm (*Taf. 28,352*; nach Photo). – Mus. Ankara (B 940). – Grabung Young, 1957. – Unpubliziert.
353. Gordion/Polatlı, Bez. Ankara. – Tumulus MM, floor. – Fibel; L. 5,65 cm; Bügel-Br. 0,95 cm (*Taf. 28,353*; nach Photo). – Mus. Ankara (B 941). – Grabung Young, 1957. – Unpubliziert.
354. Gordion/Polatlı, Bez. Ankara. – Tumulus MM, floor. – Fibel; L. 5,6 cm; Bügel-Br. 1,0 cm (*Taf. 29,354*). – Mus. Ankara (B 942). – Grabung Young, 1957. – Unpubliziert.
355. Gordion/Polatlı, Bez. Ankara. – Tumulus MM, floor. – Fibel; Nadelspitze abgebrochen; L. 5,6 cm; Bügel-Br. 0,9 cm (*Taf. 29,355*). – Mus. Ankara (B 943). – Grabung Young, 1957. – Unpubliziert.
356. Gordion/Polatlı, Bez. Ankara. – Tumulus MM, floor. – Fibel; eine Kugel fehlt; L. 5,3 cm; Bügel-Br. 0,9 cm (*Taf. 29,356*). – Mus. Ankara (B 944). – Grabung Young, 1957. – Unpubliziert.
357. Gordion/Polatlı, Bez. Ankara. – Tumulus MM, floor. – Fibel; eine Kugel fehlt; L. 5,8 cm; Bügel-Br. 0,95 cm (*Taf. 29,357*). – Mus. Ankara (B 945). – Grabung Young, 1957. – Unpubliziert.
358. Gordion/Polatlı, Bez. Ankara. – Tumulus MM, floor. – Fibel; L. 5,6 cm; Bügel-Br. 1,0 cm (*Taf. 29,358*). – Mus. Ankara (B 946). – Grabung Young, 1957. – Unpubliziert.
359. Gordion/Polatlı, Bez. Ankara. – Tumulus MM, floor. – Fibel; intakt; Spring-Plate ringsherum kanneliert; L. 4,7 cm; Bügel-Br. 0,75 cm (*Taf. 29,359*). – Mus. Ankara (B 947). – Grabung Young, 1957. – Unpubliziert.
360. Gordion/Polatlı, Bez. Ankara. – Tumulus MM, floor. – Fibel; Nadel abgebrochen; L. 3,8 cm; Bügel-Br. 0,8 cm (*Taf. 29,360*). – Mus. Ankara (B 949). – Grabung Young, 1957. – Unpubliziert.
361. Gordion/Polatlı, Bez. Ankara. – Tumulus MM, floor. – Fibel; L. 5,0 cm; Bügel-Br. 0,9 cm (*Taf. 29,361*; nach Photo). – Mus. Ankara (B 948). – Grabung Young, 1957. – Unpubliziert.
361 A. Fundort Eskişehir. – Fibel; eingesetzte Nadel abgebrochen, Spring-Plate verziert, Querstege, Auswüchse und Mittelrippe des Nadelhalters mit *hohlen* Halbkugeln versehen, die angelötet sind; L. 4,7 cm, Bügel-Br. 0,7 cm (*Taf. 29,361 A*; nach Museumsphoto). – Mus. Stockholm (14060 = 17). – Blinkenberg, Fibules XII 9k.
362. Hacılar, Bez. Burdur. – Fibel; intakt; L. 5,6 cm, Bügel-Br. 1,0 cm (*Taf. 29,362*). – Mus. Istanbul (8148). – Gefunden in Hacılar, 1970. – Unpubliziert.
363. Akşehir, Koçyağız oder **Koçyazı köyü**, Bez. Konya. – Fibel; fein und scharfe Wülste zwischen Querstegen; Paar mit Nr. 364?; L. 6,0 cm; Bügel-Br. 1,15 cm – D. 0,9 cm (*Taf. 29,363*). – Mus. Eskişehir (26-71). – Ankauf. – Unpubliziert.
364. Akşehir, Koçyağız oder **Koçyazı köyü**, Bez. Konya. – Fibel; Nadel fehlt; sehr wahrscheinlich bildet sie ein Paar mit Nr. 363; L. 6,0 cm; Bügel-Br. 1,15 cm – D. 0,9 cm (*Taf. 29,364*). – Mus. Eskişehir (27-71). – Unpubliziert.
365. Dinar, Bez. Afyon. – Fibel; auf der Rückseite umgebogene Stifte; Nadel abgebrochen; eine Kugel fehlt; L. 8,3 cm; Bügel-Br. 1,15 cm; Bügel-D. 0,2 cm; sehr wahrscheinlich bildet sie ein Paar mit Nr. 366 (*Taf. 29,365*). – Mus. Burdur (9107). – Unpubliziert.
366. Dinar, Bez. Afyon. – Fibel; wie Nr. 365; L. 8,0 cm; Bügel-D. 0,25 cm; H. mit Kugel 1,1 cm. Wahrscheinlich bildet sie ein Paar mit Nr. 365. – (*Taf. 29,366*). – Mus. Burdur (9106). – Unpubliziert.
367. Aşağı Piribeyli köyü/**Emirdağ**, Bez. Afyon. – Fibel; vertikales Ritzdekor auf den Scheiben zwischen den zwei Querstegen. Rückseite sehr flach. In der Spiralwindung befindet sich ein Buckelnagel, der auf der Rückseite geklammert ist. Die sehr wahrscheinlich hohlen Kugeln fehlen; L. 7,6 cm; Bügel-Br. 1,1 cm; Bügel-D. 0,35 cm (*Taf. 30,367*). – Mus. Afyon (2447). – In Aşağı Piribeyli erworben. – Unpubliziert.
368. „Umgebung von Uşak". – Fibel; Nadel abgebrochen; Spring-Plate mit tiefen Rillen; drei noch erhaltene Spiralwindungen haben ganz feine Ritzlinien als Dekor und sind sehr sorgfältig gearbeitet; L. 8,5 cm; Bügel-Br. 1,4 cm; D. 1,2 cm (*Taf. 30,368*). – Mus. Uşak (31.8.70). – Ankauf. – Unpubliziert.
369. „Eşme", Bez. Uşak. – Fibel; Nadel abgebrochen; Halbkugeln fehlen; L. 7,2 cm; Bügel-Br. 1,2 cm; Bügel-D. 0,3 cm (*Taf. 30,369*). – Mus. Afyon (1110). – Ankauf. – Unpubliziert.
370. Fundort unbekannt. – Fibel; eine Kugel fehlt, zwei teilweise erhalten; L. 7,1 cm; Bügel-Br. 1,2 cm (*Taf. 30,370*). – Mus. Istanbul (8147). – Unpubliziert.
371. Gordion/Polatlı, Bez. Ankara. – Tumulus IV. – Fibel; Kugeln fehlen; Bügel abgebrochen; L. noch 9,2 cm; Bügel-Br. 1,4 cm (*Taf. 30,371*; z. T. nach Körte). – Mus. Istanbul (2108). – Grabung Körte, 1900. – Körte, Gordion 101 Nr. 1 Abb. 75.
372. Gordion/Polatlı, Bez. Ankara. – Tumulus IV. – Fibel; eingesetzte Nadel abgebrochen; laut Körte soll diese Fibel in zwei Teile zerbrochen gewesen sein; bei der Materialaufnahme in Berlin war der Bügel intakt und keine Reparaturspuren zu beobachten; L. 9,8 cm, Bügel-Br. 1,4 cm, Bügel-D. 0,3 cm (*Taf. 30,372*). – Anti-

kenmuseum Berlin (10545). – Grabung Körte, 1900. – Körte, Gordion 102 Nr. 2 Abb. 76.

373. Gordion/Polatlı, Bez. Ankara. – Tumulus IV. – Fibel; (Beschreibung laut Körte) in zwei Teile zerbrochen. Zwei große Buckel sind erhalten und mit einer weißlichen Masse gefüllt. Die kleinen Buckel an den Endstücken und auf der Öse sind sämtlich erhalten, ebenso die zugehörige Nadel. Öse links; L. 6,5 cm (*Taf. 30,373*; nach Körte). – Mus. Istanbul (2084)?; nicht auffindbar. – Grabung Körte, 1900. – Körte, Gordion 102 Nr. 3 Abb. 77.

374. Gordion/Polatlı, Bez. Ankara. – Tumulus IV. – Fibel; (Beschreibung laut Körte) intakt, Füllung wie bei Nr. 3. Öse rechts; L. 6,4 cm (*Taf. 30,374*; nach Körte). – Museum Istanbul?. – Grabung Körte, 1900. – Körte, Gordion 102 Nr. 4 Abb. 78.

375. Gordion/Polatlı, Bez. Ankara. – Tumulus IV. – Fibel; (Beschreibung laut Körte) Bruchstück einer kleinen Fibel; etwa zur Hälfte erhalten. Die fehlende Öse war rechts. – Verbleib unbekannt. – Grabung Körte, 1900. – Körte, Gordion 102 Nr. 5.

376. Gordion/Polatlı, Bez. Ankara. – CM-WS 5/6-N, layer 6, pit A. – Fibel; Fragment; ziemlich breite Umrißspuren von Kugeln, die in diesem Fall durch Hämmern verursacht wurden, sind sehr deutlich sichtbar. Auf alle Fälle sind die Kugeln im Durchmesser größer als die Bügelbreite. Dies ist noch bei einer Kugel erkennbar. Sehr grob gearbeitet; L. 6,6 cm; Bügel-Br. 1,2 cm; Bügel-D. 0,3 cm (*Taf. 30,376*). – Mus. Gordion (B 1679). – Grabung Young, 1967. – Unpubliziert.

377. „Çatma Pınar köyü"/Emirdağ, Bez. Afyon. – Fibel; Nadel eingesetzt, fehlt jetzt; L. 5,3 cm; Bügel-Br. 0,8 cm; Bügel-D. 0,2 cm (*Taf. 31,377*). – Mus. Afyon (1113). – Ankauf. – Unpubliziert.

378. Gordion/Polatlı, Bez. Ankara. – CM-PS-1; pit 5, level 6. – Fibel; Brandspuren; ziemlich große Buckelnägel auf den Querstegen, zwei Halbkugeln fehlen; L. 7,2 cm (*Taf. 31,378*). – Mus. Gordion (B 1397). – Grabung Young, 1962. – Unpubliziert.

379. Boğazköy, Bez. Çorum. – Zeit der Schicht Büyükkale II, BK.t/15, dicht über gewachsenem Fels, Schicht II. – Fibel; L. 6,3 cm; H. 5,0 cm; Querschnitt des Bügels (Mitte) 0,95 × 0,7 cm; D. mit Halbkugel 1,45 cm (*Taf. 31,379*; nach Boehmer). – Mus. Ankara (115/n). – Boehmer, Kleinfunde Taf. 6,90.

380. Gordion/Polatlı, Bez. Ankara. – CM-TB7-D, layer 4. – Fibel; Kugeln und Nadel fehlen; L. 6,7 cm; Bügel-Br. 1,0 cm (*Taf. 31,380*). – Mus. Gordion (B 1559). – Grabung Young, 1965. – Unpubliziert.

381. Gordion/Polatlı, Bez. Ankara. – CM-CC3A, under 2,24 m floor. – Fibel; Brandspuren, L. 7,6 cm (*Taf. 31,381*). – Mus. Gordion (B 1970). – Grabung Young, 1970. – Unpubliziert.

382. Gordion/Polatlı, Bez. Ankara. – CM-M5I, layer 4. – Fibel; Kugeln fehlen; L. 5,1 cm; Bügel-Br. 0,9 cm; Bügel-D. 0,2 cm (*Taf. 31,382*). – Mus. Gordion (B 1558). – Grabung Young. – Unpubliziert.

383. Boğazköy, Bez. Çorum. – Zeit der Schicht Büyükkale I, dicht über dem gewachsenen Fels, Schicht Ib; BK. q/12. – Fibel; L. 5,45 cm; H. 4,5 cm; Querschnitt des Bügels (Mitte) 0,88 × 0,3 cm; D. mit Halbkugel 1,0 cm (*Taf. 31,383*). – Mus. Ankara (306/n). – Boehmer, Kleinfunde Taf. 6,91.

384. „Umgebung von Eskişehir". – Fibel; intakt; Bügelenden sind durch einen einzigen Quersteg und Wulst-Scheiben-Kombinationen abgeschlossen. Nadelhalter weist nur einen Buckelnagel auf; L. 6,9 cm; Bügel-Br. 0,82 cm; wohl Paar mit Nr. 385 (*Taf. 31,384*). – Mus. Eskişehir (A 215-75). – Ankauf. – Unpubliziert.

385. „Umgebung von Eskişehir". – Fibel wie Nr. 384, wahrscheinlich bilden sie ein Paar zusammen; L. 7,1 cm; Bügel-Br. 0,88 cm; Nadel abgebrochen (*Taf. 34,385*). – Mus. Eskişehir (A 216-75). – Ankauf. – Unpubliziert.

386. „Umgebung von Dinar", Bez. Afyon. – Fibel; scharfe Wülste trennen die Querstege von den kannelierten Scheiben, eine Kugel fehlt; eingesetzte Nadel; L. 5,5 cm; Bügel-Br. 1,0 cm; Bügel-D. 0,3 cm (*Taf. 31,386*). – Mus. Afyon (1103). – Ankauf, 1966. – Unpubliziert.

387. Fundort unbekannt. – Fibel; nur eine von sechs Halbkugeln erhalten; Halbkugelstifte auf der Rückseite nicht vernietet, sondern geklammert; Nadelhalter mit drei Buckelnieten verziert; Nadel fehlt; L. 7,2 cm; Bügel-Br. 1,2 cm (*Taf. 31,387*). – Mus. Istanbul (7677). – Unpubliziert.

388. Fundort unbekannt. – Fibel; eine Halbkugel fehlt, L. 7,9 cm; Bügel-Br. 1,3 cm (*Taf. 31,388*). – Mus. Istanbul (ohne Nr.). – Ankauf. – Unpubliziert.

389. „Umgebung von Dinar", Bez. Afyon. – Fibel; Nadel und eine Halbkugel fehlen; Nadel war eingesetzt; Nadelhalter mit einem Buckelnagel verziert; L. 6,5 cm; Bügel-Br. 1,3 cm; Bügel-D. mit Kugel 1,0 cm (*Taf. 32,389*). – Mus. Afyon (E 1107). – Ankauf. – Unpubliziert.

390. „Umgebung von Afyon". – Fibel; Halbkugeln und Buckelnägel aus Silber; große Buckelnägel auf den Querstegen; Nadel fehlt; L. 5,5 cm; Bügel-Br. 0,9 cm; Bügel-H. mit Halbkugel 1,0 cm (*Taf. 32,390*). – Mus. Afyon (1109). – Ankauf 1968. – Unpubliziert.

391. „Kleinasien". – Fibel; abgerundete Auswüchse und die Mittelrippe des Nadelhalters trugen Buckelnägel, diese sowie die Halbkugeln des Bügels sind nicht erhalten; Querstege mit geometrischen Mustern (Wolfszahnmuster) verziert, jetzt fast abgenutzt; Nadel abgebrochen; L. 8,3 cm; Bügel-Br. 1,55 cm (*Taf. 32,391*;

76 *Der Fundstoff*

nach Photo). – Mus. Stockholm (8459 = 3). – Erworben in İzmir. – Blinkenberg, Fibules XII 9f (1).
391 A. Türkei. – Fibel; abgebrochene Nadel mit dem Bügel in einem Stück gegossen; Außenrand des Bügels, Bügelendornamente, Mittelrippe des Nadelhalters mit Wolfszahnmuster verziert; sehr wahrscheinlich aus Messing; L. 8,4 cm; Bügel-Br. 1,6 cm; Bügel-D. 0,6 cm (*Taf. 32,391A*). – Privatsammlung Bonn. – Erworben im Bazar von Istanbul. – Unpubliziert.
392. „Kleinasien". – Fibel; alle sechs Halbkugeln fehlen; den Rändern entlang eingeritzter Bügel; Nadel eingesetzt; Spring-Plate mit Rillen; L. 5,8 cm; Bügel-Br. 0,95 cm (*Taf. 32,392*; nach Photo). – Mus. Stockholm (8459 = 4). – Erworben in İzmir. – Blinkenberg, Fibules XII 9f. (2) Abb. 240.
393. „Kleinasien". – Fibel; eine Halbkugel fehlt; Nadel war eingesetzt, Spring-Plate mit Rillen; L. 8,6 cm; Bügel-Br. 1,3 cm (*Taf. 32,393*; nach Photo). – Mus. Stockholm (14060 = 10). – Blinkenberg, Fibules XII 9g (1).
394. „Kleinasien". – Fibel; alle Halbkugeln fehlen, dazu gehörige Stifte erhalten; L. 7,0 cm; Bügel-Br. 1,1 cm (*Taf. 32,394*; nach Photo). – Mus. Stockholm (14060 = 11). – Blinkenberg, Fibules XII 9g (2).
395. „Umgebung von Ankara". – Fibel; Halbkugeln fehlen, Spring-Plate mit Rillen; L. 6,5 cm; Bügel-Br. 0,85 cm (*Taf. 32,395*; nach Photo). – Mus. Stockholm (11342 = 2). – Blinkenberg, Fibules XII 9g (3).
396. Fundort unbekannt. – Fibel; alle sechs Kugeln fehlen; der Quersteg Spring-Plate Seite, besitzt nur noch zwei Buckelnägel; L. ca. 6,5 cm (*Taf. 32,396*; nach Ausstellungskatalog). – Berlin, Privatbesitz – Katalog Antiken aus Berliner Privatbesitz (1975–76) Nr. 336.
397. Gordion/Polatlı, Bez. Ankara. – CM-PBPN-1, removal of floor in Bldg. P (floor to clay). – Fibel; grüne Patina, „Füllmasse" bei einer Kugel sichtbar; L. 6,7 cm; Bügel-Br. 1,1 cm (*Taf. 32,397*). – Mus. Gordion (B 1775). – Grabung Young, 1969. – Unpubliziert.
398. Gordion/Polatlı, Bez. Ankara. – CM-TBT-4, from clay. – Fibel; Kugeln fehlen; L. 6,1 cm; Bügel-Br. 0,7 cm; Bügel-D. 0,3 cm (*Taf. 33,398*). – Mus. Gordion (B 1337). – Grabung Young, 1961. – Unpubliziert.
399. Gordion/Polatlı, Bez. Ankara. – CM-PBPN-1, layer 5. – Fibel; bei einer beschädigten Kugel läßt sich eine Füllmasse erkennen; die Rückseite des Bügels ist auch an den Stellen der Querstege ganz flach gearbeitet. Die Ansätze zwischen den Querstegen sind im Querschnitt rechteckig und auf der Vorderseite mit vertikalen, parallellaufenden Ritzungen bzw. Kerben verziert; L. 6,9 cm; Bügel-Br. 1,2 cm; Bügel-D. 0,5 cm (*Taf. 33,399*). – Mus. Gordion (B 1771). – Grabung Young, 1969. – Unpubliziert.
400. Gordion/Polatlı, Bez. Ankara. – CM-M5E, south cellar, N wall. – Fibel; Halbkugeln nicht erhalten; L. 4,8 cm; Bügel-Br. 0,6 cm; Bügel-D. 0,4 cm (*Taf. 33,400*). – Mus. Gordion (B 1584). – Grabung Young, 1965. – Unpubliziert.
401. Gordion/Polatlı, Bez. Ankara. – CM-M5J, pit just above clay. – Fibel; L. 6,5 cm; Bügel-Br. 1,0 cm; Bügel-D. 0,6 cm (*Taf. 33,401*). – Mus. Gordion (B 1546). – Grabung Young, 1965. – Unpubliziert.
402. Gordion/Polatlı, Bez. Ankara. – CM-NCT-2B, under floor 5. – Fibel; Fragment; L. ca. 3 cm (*Taf. 33,402*). – Mus. Gordion (B 311). – Grabung Young, 1951. – Unpubliziert.
403A.B. Boğazköy, Bez. Çorum. – Büyükkale Schicht I. – Zwei Halbkugeln; Dm. 1,5 cm und 1,9 cm; H. 1,0 cm; (*Taf. 33,403A.B;* nach Boehmer). – Mus. Ankara (211/i/1.2). – Boehmer, Kleinfunde Taf. 6,93–94.
404. „Kleinasien". – Fibel; L. 5,1 cm (*Taf. 33,404;* nach Photo). – Mus. Stockholm (11453 = 2). – Blinkenberg, Fibules 215 (i) Fig. 242; Månadsblad 1901–1902, 111 Fig. 55.
405. Fundort unbekannt. – Fibel; eine Halbkugel noch erhalten; L. 6,1 cm (*Taf. 33,405*). – Mus. Istanbul (7482). – Unpubliziert.
406. Midas-Stadt, Bez. Eskişehir. – B 1. – Fibel; eingesetzte Nadel nicht erhalten; Bügelrücken gerillt; beschädigte hohle Halbkugel aus Silber; Röhrchen zur Halbkugelbefestigung auf der Bügelrückseite flachgehämmert; L. 4,4 cm; Bügel 0,6 × 0,3 cm (*Taf. 33,406*) – Mus. Istanbul, Abt. Alt-Orient. Slg. (4611). – Der Fundort dieser Fibel wurde irrtümlich von R. M. Boehmer (Kleinfunde Unterstadt 4 Anm. 18) als Assur/Irak angegeben. – Haspels, Phrygie III Taf. 41a, 8; J. M. Birmingham, Anat. Stud. 11,1961,187 Abb. 1.

Datierung und Verbreitung: Die bei den Phrygiern sehr beliebte und vorerst nur auf Gürteln[39] und Mobiliar angebrachte Buckelverzierung fand bei den Fibeln offensichtlich erst in der Zeit des Tumulus III von Gordion (siehe oben Variante A II,2) Verwendung.

Großbogige Exemplare dieser Gattung wurden im Tumulus IV von Gordion gefunden. Etwa 50 kleinformatige Fibeln (einige sogar so klein, daß man von Miniaturfibeln sprechen möchte) stammen aus dem Tumulus MM; diese wurden wahrscheinlich vom Bestatteten nicht getragen, sondern wurden,

---

[39] AJA. 64, 1960, 229.

wie viele andere Fibeln aus diesem Grab – ausgenommen Typ S I –, in Verbindung mit einem Totenritual oder als Votivgaben hergestellt und beigegeben.

Außer aus den Tumuli IV und MM sind Fibeln der Variante A IV,1 von keinem Grab aus Gordion bekannt.

Offensichtlich war man in Gordion nicht mehr in der Lage, solche Fibeln nach der Stadtzerstörung herzustellen. Die Funde aus dem City Mound verteilen sich wie folgt: Die Fibeln Nr. 307, 376, 378 und 397 sind in der Aufschüttung der Schicht 6 bzw. im Fundzusammenhang des 6. Jh. v. Chr. gefunden; in Schicht 5 die Nr. 305 und 399; in Schicht 4 die Nr. 380 und 382; Nr. 402 stammt aus einem hellenistischem Fundzusammenhang; Nr. 304 wurde in dem heutigen Dorf Yassıhüyük (Gordion) gefunden. Die übrigen Fibeln aus dem City Mound sind nicht schichtbestimmt.

Alle diese Fibeln aus dem City Mound sind entweder verbrannt, stark beschädigt oder nur fragmentarisch erhalten. Die Anzahl der Fibelfragmente aus den verschiedenen Schichten bzw. aus deren Aufschüttungen beträgt nicht mehr als zehn Stück; diese Tatsache läßt vermuten, daß die Fibeln dieser Variante nach dem auf die „kimmerischen" Zerstörung in Gordion folgenen Wiederaufbau des City Mound nicht mehr hergestellt wurden; bei diesen zehn Stücken dürfte es sich wohl um vor dieser Zeit hergestellte Exemplare handeln, von denen das eine oder andere vielleicht noch nach dieser Zeit weiter benutzt wurde. Sie sind für die Chronologie des City Mound nicht verwertbar.

Die meisten der großbogigen Exemplare, die zu den ältesten Fibeln dieser Gattung zu zählen sind, stammen nicht aus Gordion, sondern aus der Umgebung von Afyon und auch aus dem Raum Eskişehir – Kütahya.

Nr. 296 und 306 stammen aus den Yazılıkaya-Gräbern, die Fibel Nr. 406 wurde in der Midas-Stadt gefunden. Ihre erhaltene hohle Halbkugel ist wie bei Fibel Nr. 390 aus Silber. Die auf der Bügelrückseite durch Flachhämmern befestigten Stifte, worauf die Halbkugeln sehr wahrscheinlich angelötet waren, bestehen aus *Röhrchen* (aus Bronze oder aus Messing); in diesem Zusammenhang stellt die Fibel unter den mir bekannten phrygischen Fibeln ein Unikum dar.

Abgesehen von den nicht schichtbestimmten Exemplaren von Boğazköy (Nr. 291, 298, 301), die von Boehmer in das letzte Drittel/Viertel des 8. Jh. v. Chr. datiert werden,[40] wurden die Nr. 303 und die Nr. 383 (BK Ib) sowie die hohlen Halbkugeln Nr. 403 A. B. in der Schicht von Büyükkale I gefunden. Die Nr. 309 stammt aus einem Urnengrab aus der Zeit von Büyükkale II a und wird von Boehmer ebenfalls in das letzte Viertel des 8. Jh. v. Chr. datiert. Hier wie in Gordion stammt die Mehrzahl der Fibeln aus dem letzten Viertel des 8. Jh. v. Chr.

Bei den beiden Fibeln und den Halbkugeln aus der Schicht Büyükkale I könnte es sich ebenfalls um ältere Stücke handeln.

Diese Gattung ist im untersuchten Gebiet allgemein in die zweite Hälfte bis Ende des 8. Jh. v. Chr. oder kurz danach anzusetzen. Die Gordion-Tumuli, die aus der Zeit nach der Zerstörung der Stadt stammen, lieferten kein einziges Exemplar. Mit ihrem Vorkommen ist jedoch ab der Zeit des Tumulus III wohl zu rechnen (z. B. Stücke wie Nr. 288, 289, 391, 391A).

Innerhalb Anatoliens ist diese Gattung im Westen mit dem aus der Umgebung von Manisa stammenden großbogigen Fibelpaar belegt.

Östlich von Boğazköy ist dieser Fibeltyp im Maşat vertreten.[41] (Taf. 75 A).

Außerhalb des untersuchten Gebietes sind Exemplare aus Lindos/Rhodos[42] (letztes Viertel des 8. Jh.

---

[40] Boehmer, Kleinfunde 56.
[41] Boehmer, Kleinfunde Unterstadt 4 Anm. 18.
[42] Zum großen Teil im Istanbuler Museum aufbewahrt; vgl. Sapouna-Sakellarakis, PBF. XIV, 4 (1978) Nr. 1623–1626 B.

v. Chr.) und wahrscheinlich Nachahmungen aus Ialysos/Rhodos[43] sowie auch drei Exemplare aus dem Argivischen Heraion[44] bekannt; diese letzten drei stammen, wie Boehmer vermutet,[45] möglicherweise aus dem ausgehenden 8. Jh. v. Chr.; eine weitere, wahrscheinlich zu Variante A IV, 1 gehörige Fibel wurde im Enodia-Heiligtum von Pherai gefunden.[46]

Variante A IV, 2

Die Variante A IV, 2 unterscheidet sich von der voraufgehenden durch zwei im Innern des Bügels angebrachte, im Querschnitt rechteckige Leisten, die vertikal und horizontal in der Art befestigt sind, daß sie ein „T" bilden. Der gesamte Bügel, seine Querstege sowie die „T"-förmigen Leisten waren mit Halbkugeln bzw. mit Buckelnägeln verziert.

Bei dem Exemplar Nr. 407 sind die horizontalen und vertikalen Leisten im Gegensatz zu der in Pherai gefundenen Fibel, bei der der Bügel zusammen mit den Leisten gegossen wurde,[47] auf der Rückseite der Querstege mit Hilfe der zierenden Buckelnägel mit jedem Bügelende vernietet; ebenfalls mit Nieten befestigt ist die vertikale Leiste jeweils am Ende einmal mit dem Bügel in seiner Mitte und einmal mit der horizontalen Leiste.

Die Einzelheiten der Fibel Nr. 408 aus Alişar sind wegen des schlechten Photos nicht klar zu erkennen. Höchst wahrscheinlich handelt es sich um eine dem Pherai-Exemplar ähnliche Fibel, bei der die Leisten zusammen mit dem Bügel in einem Stück gegossen wurden.

Unklar ist die Funktion der Löcher (Nr. 407), die sich unmittelbar neben den teilweise erhaltenen und auf der Rückseite umgebogenen Stiftresten befinden; es ist zu vermuten, daß die Kugeln entweder antik verloren gegangen sind und die Fibel umgearbeitet bzw. repariert wurde, oder aber, was eher möglich ist, daß der Bügel auf der Rückseite ein die umgebogenen Spitzen der Buckelnägel verdeckendes Schutzblech getragen hat, das durch diese Löcher an dem Bügel befestigt gewesen war.

407. Fundort unbekannt. – Fibel; Nadel nicht erhalten; die den Bügel schmückenden Halbkugeln fehlen; L. 7,5 cm; Bügel-Br. 1,2 cm (*Taf. 33,407*). – Mus. Istanbul (6761). – Ankauf. – Unpubliziert.

408. Alişar, Bez. Yozgat. – Field Nr. 2855, Plot XXV. – Fibel; Nadel und die Halbkugeln nicht erhalten; L. ca. 7 cm; Bügel-Br. ca. 1,2 cm (*Taf. 33,408*; nach OIP VII). – Mus. Ankara?. – OIP. VII 96 Abb. 76, 2855.

Datierung und Verbreitung: Fibeln der Variante A IV, 2 wurden hauptsächlich außerhalb Anatoliens gefunden. Außer dem oben erwähnten Stück der Variante A IV, 1 aus Pherai befindet sich in dem Fundbestand dieses Heiligtums eine Fibel der Variante A IV, 2.[48] Weitere Fibeln dieser Variante sind bekannt aus Olympia[49] jedoch nicht mit hohlen Halbkugeln, sondern mit massiv gegossenen Buckelnägeln –, aus Sparta[50] (8. Jh./erste Hälfte des 7. Jh. v. Chr.), aus Samos[51]. Eine Brillenfibel aus einem geometrischen Grab von Vitsa, Epirus[52] ist mit der gleichen Dekortechnik – „Besatzbuckelchen aus Blech" – verziert.

Eine Datierung der Exemplare mit hohlen Halbkugeln in das letzte Viertel des 8. Jh. v. Chr. ist anzunehmen.

---

[43] Ebd. Nr. 1619. 1620.
[44] Argive Heraeum II Taf. 87, 901. 902. 904.
[45] Boehmer, Kleinfunde 57 Anm. 392.
[46] Kilian, PBF. XIV, 2 (1975) Nr. 1728.
[47] Ebd. 153 Nr. 1729.
[48] Ebd.
[49] Olympia IV Nr. 376. 377.
[50] Artemis Orthia Taf. 83, c.
[51] Sapouna-Sakellarakis a. a. O. Nr. 1630.
[52] Ebd. 125.

Variante A IV,3

Bogenfibel mit zwei parallellaufenden Bügeln von rechteckigem Querschnitt, die wie die Querstege und der Nadelhalter sowie dessen Auswüchse ausschließlich mit massiv gegossenen, insgesamt 42 Buckelnägeln verziert sind; diese sind auf der Rückseite der Fibel teils durch Hämmern, teils durch Umbiegen befestigt.

Die „Spring-Plate" besteht bei dieser Fibel aus einer hohlen Halbkugel, die sehr wahrscheinlich separat gegossen und mit der Nadel am Bügelende befestigt wurde.

Diese elegante und sonderbare Fibel ist bis jetzt das einzige Stück in ihrer Art, das in Anatolien bzw. in den umgrenzenden Gebieten gefunden wurde. Leider ist sie ein Lesefund, der sehr wahrscheinlich aus Tavşanlı stammt.

409. „Tavşanlı", Bez. Kütahya. – Fibel; Nadel fehlt; L. 6,4 cm, Bügel-Br. jeweils 0,5 cm, Bügel-D. 0,7 cm, gesamte Bügel-Br. 1,25 cm (*Phototaf. B; Taf. 33,409*). – Mus. Afyon (1111). – Erworben in Tavşanlı. – Unpubliziert.

Datierung und Verbreitung: Ein Unikum stellt das Exemplar der Variante A IV,3 dar, das in Tavşanlı erworben wurde.

Diese Fibel könnte wegen der aus einer hohlen Halbkugel bestehenden „Spring-Plate" sowohl aus dem ausgehenden 8. Jh. als auch wegen der massivgegossenen Buckelnägeln aus dem frühen 7. Jh. v. Chr. stammen.

Parallelen sind bis jetzt nicht bekannt.

Variante A IV,4

Bogenfibeln der Variante A IV,4 weisen verhältnismäßig schmale, im Querschnitt rechteckige bis quadratische Bügel auf, die in der Regel mit rechteckigen Querstegen abgeschlossen werden.

Ausschlaggebend für diese Variante sind die im Gegensatz zur Variante A IV,1 ohne Ausnahme massiv gegossenen Buckelnägel – Befestigungsstifte sind in einem Stück mit den Buckeln gegossen –, die den Bügel, die Querstege, diese in einem Fall (Nr. 457) sogar seitlich, den Nadelhalter und seine Auswüchse wie bei Variante A IV,1 schmücken.

Es handelt sich im Gegensatz zur Variante A IV,1 meistens um kleine, in vielen Fällen flüchtig und grob hergestellte Fibeln.

Die Fibeln (Nr. 438) aus Ephesos, aus der Umgebung von Ankara (Nr. 426) und von unbekanntem Fundort (Nr. 462) weisen eine Übereinstimmung in der Ausführung des Nadelhalters und in der Weise, wie die Buckelnägel auf dem Nadelhalter angebracht sind, auf. Ähnliche Fibeln wie sie z. B. in Olympia gefunden wurden, bezeichneten Muscarella und Boehmer als nichtphrygisch (s. auch S. 69 und 186 ff.).

Die Buckelnägel sind meistens auf der Rückseite des Bügels geklammert bzw. umgebogen und werden somit gehalten (Vgl. z. B. Nr. 462 Rückseite). Befestigung durch Hämmern bzw. Nieten kommt bei einigen Exemplaren vor.

Außer den hier katalogisierten Exemplaren wurden einige kleine Fibeln dieser Variante in dem Tumulus II von Beştepeler/Ankara[53] gefunden, in dem sehr wahrscheinlich eine Frau bestattet war. Diese

---

[53] Von E. Akurgal und C. Erder ausgegraben; bis jetzt nicht publiziert; ausgestellt im Ortadoğu Teknik Üniversitesi Museum in Ankara.

Bestattung ist „in situ" in dem Museum zu „Orta Doğu Teknik Universitesi" in Ankara ausgestellt. Mindestens vier der etwa 3 cm großen Fibeln dieser Variante liegen zusammen mit den Fibeln vom Typ J I auf dem Skelett, eine intakte Fibel und mehrere Fragmente sind in der Vitrine ausgestellt. Es ist zu vermuten, daß diese Fibeln an einem Tuch befestigt gewesen waren, das die Tote umhüllte.

Für die Entstehung der Fibeln der Variante A IV,4 müssen die Fibeln der Variante A IV,1 deren Bügel mit hohlen Halbkugeln verziert sind, als Vorbild gedient haben. Wir betrachten die Fibeln der Variante A IV,4 als Kopie der Fibeln der Variante A IV,1. Es gelang offensichtlich nicht jeder Werkstatt, Fibeln der Variante A IV,1 herzustellen, da das Aufsetzen der hohlen Halbkugeln auf den Bügeln einen schwierigen Arbeitsgang darstellte.

410. Gordion/Polatlı, Bez. Ankara. – Tumulus S-1, Hauptbestattung. – Fibel; auf der Rückseite vernietete Buckelnägel; Nadelhalter, Auswüchse, Spiralwindungsloch mit Buckelnägeln; L. 3,9 cm; Bügel-Br. 0,55 cm, Bügel-D. mit Buckelnagel 0,75 cm (*Taf. 33,410*). – Mus. Gordion (B 252). – Grabung Young, 1951. – R.S.Young, Museum Bulletin 17/4, 1953, 36 Abb. 29 (vergrößert).

410A. Gordion/Polatlı, Bez. Ankara. – Tumulus S-1, Hauptbestattung. – Fibel; ähnliche Merkmale wie Nr. 410; L. 3,9 cm (*Taf. 33,410A;* nach Muscarella). – Mus. Ankara (B 349). – Grabung Young, 1951. – Muscarella, Phrygian Fibulae Taf. 6,32 obere Reihe links.

411. Fundort unbekannt. – Fibel; Nadel abgebrochen, Nägel auf der Rückseite des Bügels umgebogen und somit befestigt; L. 4,3 cm (*Taf. 33,411*). – Mus. Istanbul (6817). – Ankauf. – Unpubliziert.

412. Fundort unbekannt. – Fibel; hufeisenförmig; alle Zierbuckeln fehlen; ziemlich große Löcher; das mittlere Loch des Bügels ist mit einem hakenförmigem Ansatz versehen, dieser ist auf der Rückseite des Bügels sichtbar; dieser Ansatz kann aber auch in moderner Zeit angebracht worden sein (Hufeisen werden als Glücksbringer in den heutigen Häusern verwendet); Nadel wurde eingesetzt, Einsatzloch ist deutlich sichtbar, Nadel fehlt; L. 3 cm; Bügel-D. 0,2–0,3 cm (*Taf. 33,412*). – Mus. Istanbul (75.260). – Ankauf. – Unpubliziert.

413. Fundort unbekannt. – Fibel; mit sehr dickem Bügel; die vorhandenen Buckelnägel sind auf der Rückseite umgebogen und so befestigt; L. 6 cm; Bügel-Br. 0,6 cm; Bügel-D. 0,6 cm (*Taf. 33,413*). – Mus. Istanbul (73.365). – Ankauf. – Unpubliziert.

414. Entfällt.

415. Yazılıkaya, Bez. Eskişehir. – Gräber. – Fibel; Querschnitt rechteckig; zwei der Buckelnägel, die den rechten Quersteg verzierten, sind abgebrochen und wurden durch eine hohle Halbkugel ersetzt, deren Stift durch Umbiegen auf der Rückseite des Bügels befestigt wurde; dagegen sind die übrigen Buckelnägel durch Hämmern vernietet. Nadel abgebrochen; L. 5,6 cm; Bügel-Br. 0,7 cm; Bügel-D. mit Buckeln 0,9 cm (*Taf. 33,415*). – Mus. Afyon (1112). – Ankauf. – Unpubliziert.

416. „İhsaniye, Yenice köyü", Bez. Afyon. – Fibel; Nadel eingesetzt; Buckelnägel des Bügels sind durch Hämmern vernietet, die übrigen wurden einfach umgebogen; L. 4,3 cm; Bügel-D. mit Buckeln 0,8 cm, ohne 0,5 cm; Bügel-Br. 0,35 cm (*Taf. 34,416*). – Mus. Afyon (1115). – Ankauf. – Unpubliziert.

417. Gordion/Polatlı, Bez. Ankara. – CM, area around Bldg. N. – Fibel; sehr schlecht erhalten; soweit erkennbar, sind die Nägel durch Hämmern vernietet; L. ca. 3 cm (*Taf. 34,417*). – Mus. Gordion (B 1220). – Grabung Young, 1959. – Unpubliziert.

418. Gordion/Polatlı, Bez. Ankara. – Tumulus S-1; cremation high in fill. – Fibel; in zwei Teile zerbrochen; Nägel durch Hämmern vernietet; L. ca. 4 cm (*Taf. 34,418*). – Mus. Ankara (B 336). – Grabung Young, 1951. – Muscarella, Phrygian Fibulae Taf. 6,32 rechts.

419. Fundort unbekannt. – Fibel; sehr massiv und klein; sehr breite Querstege, die auf jeder Seite mit sechs Buckelnägeln verziert sind. Querschnitt des Bügels quadratisch; die großen, massiv gegossenen Buckelnägel des Bügels sind auf der Rückseite durch Umbiegen der Stifte befestigt. Die sonst üblichen Auswüchse des Nadelhalters kommen bei dieser Fibel nicht vor; L. 4,45 cm; D. des Bügels mit Buckel 1,35 cm (*Taf. 34,419*). – Mus. Antalya (ohne Inv.Nr.). – Unpubliziert.

420. Fundort unbekannt. – Fibel; der Fibel Nr. 419 sehr ähnlich; da sie zusammen erworben wurden, ist es möglich, daß sie ein Paar bilden; Querschnitt ist auch hier quadratisch; L. 4,5 cm; D. des Bügels mit Buckelnagel 1,5 cm; Bügel-Br. 1,1 cm (*Taf. 34,420*). – Mus. Antalya (ohne Inv. Nr.). – Unpubliziert.

421. „Düver", Bez. Burdur. – Fibel; Querschnitt quadratisch; intakt; Nägel durch Umbiegen befestigt; L. 4,55 cm, Bügel-Br. 0,5 cm (*Taf. 34,421*). – Mus. Burdur (292-31-74). – Erworben in Düver. – Unpubliziert.

422. Karaburun/Elmalı, Bez. Antalya. – Tumulus IV. – Vgl. Nr. 188. – Fibel; mehrfach antik repariert; Nadel wurde zusammen mit dem Bügel in einem Stück gegossen; L. 5,2 cm (*Taf. 34,422;* nach Mellink). – Verbleib unbekannt (KA 862). – M. Mellink, AJA 76, 1972, 262 Taf. 56,8.

Phrygische bzw. anatolische Fibeln Gruppe A

423. **Yazılıkaya,** Bez. Eskişehir. – Gräber, – Fibel; Bügelquerschnitt quadratisch; Buckelnägel durch Hämmern vernietet; Querstege mit je zwei Buckelnägeln verziert; L. 5,5 cm; Bügel-Br. 0,7cm; Bügel-D. mit Buckeln 1,1 cm, ohne 0,7 cm (*Taf. 34,423*). – Mus. Afyon (1114). – In Yazılıkaya erworben. – Unpubliziert.
424. **„Umgebung von Dinar",** Bez. Afyon. – Fibel; Nadel abgebrochen; Buckelnägel durch Hämmern vernietet; Nadel eingesetzt; auf der Vorderseite ein wahrscheinlich zur Befestigung dienendes Loch sichtbar. L.4,1 cm; Bügel-Br. 0,5 cm (*Taf. 34,424*). – Mus. Istanbul (7481). – Ankauf. – Unpubliziert.
425. **„Düver",** Bez. Burdur. – Fibel; Querschnitt des Bügels dick und quadratisch; Nadel eingesetzt; Buckelnägel durch Hämmern vernietet; „Spring-Plate" mit Rillen; L. 5,2 cm; Bügel-Br. 0,7 cm; Bügel-D. mit Buckel 1,15 cm (*Taf. 34,425*). – Mus. Burdur (K-142-44-75). – Ankauf. – Unpubliziert.
426. **„Umgebung von Ankara".** – Fibel; L. 5,6 cm (*Taf. 34,426;* nach Photo). – Mus. Stockholm (11342=3). – Blinkenberg, Fibules Abb.241; Månadsblad 1901–02, 92 Abb. 17.
427. **Eskişehir.** – Fibel; L. 4,7 cm. – Mus. Stockholm? (14060). – Blinkenberg, Fibules 216 (k); Fornvännen 5, 1910, 238.
428. **Gordion**/Polatlı, Bez. Ankara. – CM-TB7-D, level 4. – Fibel; Nägel durch Hämmern vernietet; Nadel fehlt; L. 3,4 cm (*Taf. 34,428*). – Mus. Gordion (B 1573). – Grabung Young, 1965. – Unpubliziert.
429. **Gordion**/Polatlı, Bez. Ankara. – CM-WML-4N, pit M, layer 4 (?). – Fibel; Fragment; Nadel eingesetzt, jetzt verlorengegangen, „Spring-Plate" mit Rillen; Buckelnägel durch Hämmern befestigt; L. 6,1 cm; Bügel-D. ohne Buckel 0,6 cm (*Taf. 34,429*). – Mus. Gordion (B 1211). – Grabung Young, 1959. – Unpubliziert.
430. **A. B. Gordion**/Polatlı, Bez. Ankara. – Tumulus S-1. – Hauptbestattung. – Zwei Fibeln; Nägel durch Hämmern vernietet (*Taf. 34,430A.B*). – Mus. Ankara (B 349). – Grabung Young, 1951. – Muscarella, Phrygian Fibulae Taf. 6,32 unten rechts und links.
431. **Gordion**/Polatlı, Bez. Ankara. – Tumulus S-1. – Hauptbestattung. – Fibel; Nadel abgebrochen; Buckelnägel durch Hämmern befestigt; L. ca. 3,3 cm; Bügel-Br. 0,35 cm (*Taf. 34,431*). – Mus. Ankara (B 350). – Grabung Young, 1951. – Unpubliziert.
432. **„Umgebung von Uşak".** – Fibel; Buckelnägel auf der Rückseite umgebogen und somit befestigt; L. 5,7 cm; Bügel-D. 0,3 cm; Bügel-Br. 0,5 cm (*Taf. 34,432*). – Mus. Uşak (7.33.71). – Wahrscheinlich Ankauf. – Unpubliziert.
433. **Fundort unbekannt.** – Fibel; Buckelnägel des Bügels durch Hämmern vernietet, dagegen bei den Querstegen umgebogen; L. 6 cm; Bügel-Br. 0,7 cm (*Taf. 34,433*). – Mus. Istanbul (73.364). – Ankauf. – Unpubliziert.
434. **Fundort unbekannt.** – Fibel; vier Buckeln fehlen, sonst gut erhalten; L. 4,5 cm; Bügel-Br. 0,5 cm (*Taf. 34,434*). – Mus. Istanbul (6757). – Ankauf. – Unpubliziert.
435. **Gordion**/Polatlı, Bez. Ankara. – Tumulus D, Füllung. – Fibel; Nadel abgebrochen; ein Buckel fehlt; die Nägel, soweit zu erkennen, auf der Rückseite durch Hämmern vernietet; L. ca. 3,7 cm; Bügel-Br. 0,4 cm (*Taf. 34,435*). – Mus. Ankara (B 24). – Grabung Young, 1950. – Unpubliziert.
436. **Boğazköy,** Bez. Çorum. – Nicht schichtbestimmt. – USt. J/21, Schnitt B, an der Oberfläche. – Fibel; ein Buckel fehlt, Nägel durch Umbiegen befestigt; L. 4,25 cm; H. 3,1 cm; Querschnitt des Bügels (Mitte) 0,58 × 0,28 cm; D. mit Zierbuckel 0,62 cm (*Taf. 34,436*). – Mus. Ankara (370/o). – Boehmer, Kleinfunde Taf. 6,99.
437. **Boğazköy,** Bez. Çorum. – Nicht schichtbestimmt. USt. J/20, Schnitt B, bei m 94, ca. 1,5 m tief in einer Störung mit byzantinischer Wasserleitung. – Fibel; Nadel fehlt, Nägel durch Umbiegen befestigt; L. 4,7 cm; H. 3,7 cm; Querschnitt des Bügels (Mitte) 0,5 × 0,35 cm; D. mit Buckel 0,85 cm (*Taf. 34,437*). – Mus. Ankara (232/o). – Boehmer, Kleinfunde Taf. 6,100.
438. **Ephesos,** Bez. İzmir. – Außerhalb der Basis, Artemis-Tempel. – Fibel; Nadel abgebrochen; L. ca. 3,1 cm (*Taf. 34,438;* nach Hogarth). – Verbleib unbekannt. – Ephesos Taf. 17,4.
439. **Boğazköy,**Bez. Çorum. – Zeit von Büyükkale IIa. – Unterstadt J/19, in Urnengrab 3/73. – Fibel; intakt; L. 4,5 cm; H. 3,9 cm; Querschnitt des Bügels 0,7 × 0,3 cm (*Taf. 34,439;* nach Boehmer). – Beifunde: Fibel (Nr. 440; zusammen damit wohl ein Paar bildend), Fibel der Variante JI, 5 a (Nr. 923). – Mus. Ankara (73/59b). – Boehmer, Kleinfunde Unterstadt Taf. 3,2530.
440. **Boğazköy,** Bez. Çorum. – Zeit von Büyükkale IIa. – Vgl. Nr. 439. – Fibel; L. 4,6 cm; H. 3,7 cm; Querschnitt des Bügels 0,6 × 0,3 cm (*Taf. 35,440;* nach Boehmer). – Mus. Ankara (73/59c). – Boehmer, Kleinfunde Unterstadt Taf. 4,2531.
441. **Boğazköy,** Bez. Çorum. – Unterstadt J/20, 15 cm unter der Oberfläche. – Fibel; intakt; L. 4,0 cm; H. 3,9 cm; Querschnitt des Bügels 0,65 × 0,5 cm (*Taf. 35,441;* nach Boehmer). – Mus. Ankara (75/3). – Boehmer, Kleinfunde Unterstadt Taf. 4,2532.
442. **Boğazköy,** Bez. Çorum. – Unterstadt J/20, Haus 13 auf Mauer des Ostflügels. – Fibel; L. 2,7 cm; H. 2,8 cm; Querschnitt des Bügels ohne Buckel 0,38 × 0,19 cm (*Taf. 35,442;* nach Boehmer). – Beifunde: Fibel der Variante F,2 (Nr. 594). – Mus. Ankara (76/142). – Boehmer, Kleinfunde Unterstadt Taf. 4,2533.

443. **Boğazköy**, Bez. Çorum. – Unterstadt J/20, Haus 13 auf Mauer des Ostflügels. – Fibel; L. 4,6 cm; H. 3,4 cm; Querschnitt des Bügels ohne Buckel 0,48 × 0,3 cm (*Taf. 35,443;* nach Boehmer). – Mus. Ankara (76/94). – Boehmer, Kleinfunde Unterstadt Taf. 4,2534.

444. **Boğazköy**, Bez. Çorum. – Unterstadt J/19–20, neben Urnengrab 2/73. – Vgl. Nr. 1014. – Fibel; L. 3,4 cm; H. 2,7 cm; Querschnitt des Bügels 0,4 × 0,3 cm (*Taf. 35,444;* nach Boehmer). – Mus. Ankara (73/57c). – Boehmer, Kleinfunde Unterstadt Taf. 4,2535.

445. **Boğazköy**, Bez. Çorum. – Unterstadt J/20, 20 cm unter der Oberfläche. – Fibelfragment; Querschnitt des Bügels 0,6 × 0,6 cm (*Taf. 35,445;* nach Boehmer). – Mus. Ankara (75/15). – Boehmer, Kleinfunde Unterstadt Taf. 4,2536.

446. **Boğazköy**, Bez. Çorum. – Nicht schichtbestimmt. – Büyükkale y/21, Schutt. – Fibel; Nadel abgebrochen; L. 4,2 cm; H. 3,3 cm; Querschnitt des Bügels (Mitte) 0,43 × 0,22 cm; D. mit Zierbuckel 0,7 cm (*Taf. 35,446;* nach Boehmer). – Mus. Ankara (22/x). – Boehmer, Kleinfunde Taf. 6,101.

447. **Boğazköy**, Bez. Çorum. – Zeit der Schicht Büyükkale I. – Büyükkale m/14, Schicht I. – Fibel; Nadel abgebrochen; L. 3,3 cm; H. 2,4 cm; Querschnitt des Bügels (Mitte) 0,4 × 0,3 cm; D. mit Zierbuckel 0,7 cm (*Taf. 35,447;* nach Boehmer). – Mus. Ankara (180/g). – Boehmer, Kleinfunde Taf. 6,98.

448. **Boğazköy**, Bez. Çorum. – Nicht schichtbestimmt. – USt. K/20 a/6c, unmittelbar unter der Oberfläche. – Fibel-Frgt; H. noch 3,5 cm; Querschnitt des Bügels (Mitte) 0,7 × 0,31 cm (*Taf. 35,448;* nach Boehmer). – Mus. Ankara (547/p). – Boehmer, Kleinfunde Taf. 6,102.

449. **Gordion**/Polatlı, Bez. Ankara. – CM-M6C, South cellar, upper fill. – Fibel; auf der Rückseite vernietete Buckelnägel; L. 4,6 cm; Bügel-Br. 0,45 cm (*Taf. 35,449*). – Mus. Gordion (B 1659). – Grabung Young, 1967. – Unpubliziert.

450. **Gordion**/Polatlı, Bez. Ankara. – CM-MW, in pithos base, floor 6. – Fibel; Nadel fehlt, auf der Rückseite vernietete Buckelnägel; L. 3,2 cm (*Taf. 35,450*). – Mus. Gordion (B 758). – Grabung Young, 1957. – Unpubliziert.

451. **Gordion**/Polatlı, Bez. Ankara. – CM-TN, floor 5, pit 5. – Fibel; eingesetzte Nadel; L. 3,1 cm; Bügel-Br. ca. 0,5 cm, Bügel-D. 0,6 cm (*Taf. 35,451*). – Mus. Gordion (B 1494). – Grabung Young, 1963. – Unpubliziert.

452. **Gordion**/Polatlı, Bez. Ankara. – Tumulus D, Füllung. – Fibel; eingesetzte Nadel fehlt; auf der Rückseite vernietete Buckelnägel; L. 4,8 cm; Bügel-Br. 0,5 cm (*Taf. 35,452*). – Mus. Ankara (B 184). – Grabung Young, 1950. – Unpubliziert.

453. **Gordion**/Polatlı, Bez. Ankara. – Tumulus D, Füllung. – Fibel; Nadel und Nadelhalter abgebrochen; L. 5,5 cm; Bügel-Br. 0,7 cm (*Taf. 35,453;* nach Photo). – Wahrscheinlich verschollen (B 220). – Grabung Young, 1950. – Unpubliziert.

453A. **Gordion**/Polatlı, Bez. Ankara. – CM-ET-C4-Ext., level 2. – Fibel; eingesetzte Nadel nicht erhalten; L. ca. 4,5 cm; Bügel-Br. 0,5 cm (*Taf. 35,453A;* nach Photo). – Mus. Ankara? (B 601). – Grabung Young, 1955. – Unpubliziert.

454. **Gordion**/Polatlı, Bez. Ankara. – CM-PPB-2, layer 5. – Fibel; sehr schlecht erhalten; L. ca. 3,4 cm (*Taf. 35,454*). – Mus. Gordion (B 1798). – Grabung Young, 1969. – Unpubliziert.

455. **Gordion**/Polatlı, Bez. Ankara. – CM-M6C, south cellar. – Fibel; Fragment; L. noch 2,4 cm (*Taf. 35,455*). – Mus. Gordion (B 1763). – Grabung Young, 1969. – Unpubliziert.

456. **Gordion**/Polatlı, Bez. Ankara. – CM-PhW-N, layer 5. – Fibel; Fragment; die bei diesem Typ üblichen Querstege wurden durch Umschnürung ersetzt, die keine Buckelverzierung aufweist, Querschnitt an dieser Stelle rund; L. noch 3,3 cm (*Taf. 35,456*). – Mus. Gordion (B 1888). – Grabung Young, 1969. – Unpubliziert.

457. **Gordion**/Polatlı, Bez. Ankara. – CM-TBW-2, layer 4. – Fibel; die Bügelenden sind auf jeder Seite mit zwei schmalen und einem breiten (mittlerer) Quersteg versehen; die mittleren davon sind seitlich auch mit kleinen Buckeln verziert, die wahrscheinlich nicht angebracht wurden, sondern im Guß mitentstanden sind; L. 3,4 cm; Bügel-Br. 0,5 cm (*Taf. 35, 457*). – Mus. Gordion (B 1808). – Grabung Young, 1969. – Unpubliziert.

458. **Gordion**/Polatlı, Bez. Ankara. – CM-PS-1; pit 5 in level 6. – Fibel; Bügelornamente mit Wulst-Knotenkombinationen von rundem Querschnitt; Nägel durch Hämmern vernietet; L. 3,0 cm (*Taf. 35,458*). – Mus. Gordion (B 1385). – Grabung Young, 1962. – Unpubliziert.

459. „**Umgebung von Burdur**". – Fibel; wahrscheinlich zusammengebogen; die Fibel ist nicht abgebrochen; Nadel eingesetzt, ein dazu dienendes Loch sehr gut erkennbar; Nägel durch Hämmern vernietet; Bügel-D. 0,3 cm (*Taf. 35,459*). – Mus. Burdur (417-32-73). – Fundumstände unbekannt. – Unpubliziert.

460. **Gordion**/Polatlı, Bez. Ankara. – CM-TBW-4, layer 4. – Fibel; sehr schlecht erhalten; L. ca. 3,9 cm (*Taf. 35,460*). – Mus. Gordion (B 1845). – Grabung Young, 1969. – Unpubliziert.

461. **Gordion**/Polatlı, Bez. Ankara. – CM-TBW-4, layer 4 and pit in clay. – Fibel; besonders schlecht erhalten; Stifte auf der Rückseite des Bügels gehämmert; L. ca. 5 cm (*Taf. 35,461*). – Mus. Gordion (B 1865). – Grabung Young, 1969. – Unpubliziert.

462. **Fundort unbekannt.** – Fibel; intakt; sehr grob und

wuchtig hergestellt; Buckelnägel ragen aus dem Bügel heraus. Die Bearbeitungsweise läßt sich mit den Fibeln aus Samos und aus Olympia vergleichen. L. 7,1 cm; Bügel-D. 0,4 cm (*Taf. 35,462*). – Mus. Istanbul (7506). – Ankauf. – Unpubliziert.

462A. Fundort unbekannt. – Fibel; alle Angaben laut Ausstellungskatalog Antiker Schmuck; Nadel nicht erhalten; L. 4,2 cm; Gew. 21 g (*Taf. 35,462A;* nach Antiker Schmuck). – Privatsammlung Deutschland. – Antiker Schmuck Taf. 31,164.

462B. Fundort unbekannt. – Fibel; eingesetzte Nadel, Buckelnägel auf der Rückseite des Bügels durch Umbiegen befestigt; L. 6,5 cm; Gew. 60,8 g. (*Taf. 35,462B;* nach Antiker Schmuck). – Privatsammlung Deutschland. – Antiker Schmuck Taf. 31,163.

Datierung und Verbreitung: Innerhalb Anatoliens erstreckt sich die Verbreitung dieser Variante von Ephesos im Westen über Lykien im Süden bis Maşat[54] und Kültepe (s. S. 26) im Osten (Taf. 75 A). Außerhalb Anatoliens wurde diese Gattung im Westen bekannt in Paros, in Lindos,[55] in Ialysos[56] auf Rhodos, in Samos[57] – wobei die von U. Jantzen abgebildete Fibel Nr. B 594 durchaus in Anatolien hergestellt worden sein kann und die übrigen Fibeln aus den letztgenannten Fundorten als Kopien zu betrachten sind –, aus Perachora[58] (7. Jh. v. Chr.) – möglicherweise phrygisch –, und aus Olympia,[59] die sehr wohl auf eine anatolische Werkstatt zurückgehen könnten (s. auch S. 186 ff.).

Aus einem Frauengrab in der Nekropole Riserva del Tuglio von Marino Latium in Italien stammt ohne Zweifel eine phrygische Fibel.[60] Das Grab sowie die Fibel sind nach Kilian der Zeit nach dem ersten Viertel des 7. Jh. v. Chr. zuzuweisen.[61]

Obwohl kleine, massiv gegossene Buckelnägel bei den älteren Fibeln aus Gordion auf den Querstegen bzw. als ein die Deckplatte der Fibeln des Typs S I schmückendes Ziermittel nachweisbar sind, setzt die Verwendung der massiven Buckelnägel auf den Bügeln sehr wahrscheinlich erst am Ende des 8. Jh. v. Chr. ein.

Die Fibeln Nr. 417, 428, 429, 457, 460, 461 wurden in der Schicht 4 bzw. in ihrer Aufschüttung vom City Mound von Gordion gefunden; Nr. 450, 458 stammt aus der Schicht 6; Nr. 451, 454, 456 aus der Schicht 5 bzw. aus ihrer Aufschüttung; ob alle diese Fibeln in der Zeit der Schichten, in denen sie gefunden worden sind, im Gebrauch waren, muß dahingestellt bleiben. Sie werden kaum als sichere Funde für die Datierung dienlich sein können.

Dagegen wurden mindestens fünf Exemplare im Tumulus S-1 von Gordion gefunden, die in das frühe 7. Jh. v. Chr. zu datieren sind. Aus der Aufschüttung des Tumulus D stammen drei weitere Exemplare, in der sich ebenfalls Keramik vom 7. Jh. v. Chr. befand.

Aufgrund des Vorkommens von Fibeln der Variante N II,1, von denen sich äquivalente Spezies im Tumulus S-1 fanden, ist die Fibel aus Ephesos etwa in die erste Hälfte des 7. Jh. v. Chr. zu datieren.

Wenn wir bei Boğazköy von den nicht schichtbestimmten Exemplaren absehen, die nach Boehmer allgemein in das 7. Jh. v. Chr. anzusetzen sind,[62] verteilen sich die Exemplare aus den Urnengräbern und aus Büyükkale in die Zeit des 2. Viertels des 7. Jh. v. Chr. oder in die Zeit der Schicht Büyükkale I, wobei Boehmer unsere Fibeln Nr. 439 und 440 als die ältesten der bis jetzt gefundenen Stücke dieser Gattung aus Boğazköy betrachtet und eine Datierung in die erste Hälfte des 7. Jh. v. Chr. für möglich hält.[63]

Die ältesten Exemplare in Gordion stammen aus dem Tumulus S-1. Diese Variante ist zumindest in

---

[54] Boehmer, Kleinfunde Unterstadt 4 Anm. 18.
[55] Sapouna-Sakellarakis a.a.O. Nr. 1616. Paros: Nr. 1629.
[56] Ebd. Nr. 1621. 1622.
[57] Jantzen, Phrygische Fibeln Taf. 9,1–2; 10, 5–6.
[58] Perachora I 168 ff. Taf. 73, 30.
[59] Olympia IV Taf. 22,373–375; Jantzen, Phrygische Fibeln Taf. 9, 3–6; 10, 1–2.
[60] Gierow, Iron Age Abb. 123, 19.
[61] Kilian, PBF. XIV, 2 (1975) 153.
[62] Boehmer, Kleinfunde 56.
[63] Boehmer, Kleinfunde Unterstadt 5.

Gordion nicht vor der Zeit des Tumulus S-1 zu belegen. Die Herstellung der Variante A IV,4 beginnt Ende des 8. Jh. v. Chr. Sie wurde hauptsächlich während des ganzen 7. Jh. v. Chr., überwiegend in der ersten Hälfte, hergestellt.

GRUPPE B (Blinkenberg XII 4)

Bei den Fibeln, die wir unter diesem Abschnitt zusammengestellt haben, hat der Bügel eine gewölbte Vorderseite, dagegen ist die Rückseite flach.

O. W. Muscarella[1] und R. M. Boehmer[2] wiesen bereits darauf hin, daß der Bügel in einfacher Schalenform gegossen wurde.

Ausgehend vom Bügelquerschnitt werden zwei Typen unterschieden.

TYP B I

Die Fibeln vom Typ B I haben einen verhältnismäßig dünnen, großbogigen Bügel, der im Querschnitt eindeutig D-förmig ist.

Das Bügelendstück mit Doppelnadel Nr. 466 stammt aus dem Tumulus III von Gordion. Ob es sich hier um einen Teil der in drei Stücke zerbrochenen, von Körte erwähnten Fibel Nr. 37 oder um die unter Nr. 42 erwähnten[3] „erhaltenen Reste von Doppelnadel (b, c, d,)" handelt, ist nicht mehr herauszufinden.

Zwei aus dem Tumulus Q und der Füllung des Tumulus E stammende Fibeln, die von Muscarella erwähnt wurden,[4] gehören nicht zu Typ B I.

Hier ist auch zu erwähnen, daß die Fibel Nr. 464 von Muscarella zweimal (als Zeichnung und Photo) abgebildet wurde.[5]

Drei weitere, jedoch verhältnismäßig kleine Fibeln stammen aus dem Tumulus S-1 von Gordion (Nr. 468).

463. Fundort unbekannt. – Fibel; Nadel eingesetzt, fehlt; Nadelhalter abgebrochen; Bügel besonders dünn; scharfe Wülste von rundem Querschnitt umrahmen die Kuben der Bügelenden; L. 9,2 cm; Bügel-Br. Mitte 0,65 cm (*Taf. 36,463*). – Mus. Istanbul (6760). – Ankauf. – Unpubliziert.

464. Gordion/Polatlı, Bez. Ankara. – Tumulus E, Füllung. – Fibel; Nadel und Nadelhalter abgebrochen; breit werdende Bügelmitte; L. 6,3 cm; Bügel-Br. Mitte 0,8 cm (*Taf. 36,464*). – Mus. Ankara (B 122). – Grabung Young, 1950. – Muscarella, Phrygian Fibulae Taf. 2,10; 4,72e.

465. Gordion/Polatlı, Bez. Ankara. – Nicht schichtbestimmt; aus dem Dorf: „Village, domestic digging near Sefer's house". – Fibel; Beschreibung wie Nr. 464; Nadel abgebrochen; Bügelendverzierungen bestehen jeweils aus zwei rechteckigen Querstegen, die voneinander durch einen scharfen Wulst getrennt sind; L. 6,0 cm; Bügel-Br. Mitte 0,7 cm (*Taf. 36,465*). – Mus. Ankara (B 436). – Unpubliziert.

466. Gordion/Polatlı, Bez. Ankara, Tumulus III. – Fibel; Fragment, Bügelendstück mit abgebrochener Doppelnadel; die Nadel wurde mit dem Ansatz getrennt gegossen und in das sehr große Loch in dem Bügelende eingesetzt (diese Stelle ist mit einem Pfeil auf der Zeichnung angezeigt), anschließend wurde die Wurzel der Nadel mittels ober- und unterhalb des scharfen Wulstes angebrachte Nietlöcher und Nieten durch Hämmern vernietet; diese sind auf der Rückseite des Bügelendes noch zu sehen; L. des erhaltenen Stückes 8,5 cm; Bügel-

---

[1] Muscarella, Phrygian Fibulae 21.
[2] Boehmer, Kleinfunde 49.
[3] Körte, Gordion 79.
[4] Muscarella, Phrygian Fibulae 15, Appendix A.
[5] Ebd. Taf. 2,10; 14, 72e.

Phrygische bzw. anatolische Fibeln Gruppe B 85

breite am erhaltenen Bügelende 0,6 cm (*Taf. 36,466*). – Mus. Istanbul (2098). – Grabung Körte, 1900. – Unpubliziert.
467. Midas-Stadt, Bez. Eskişehir. – Schnitt H. – Fibel; Nadel abgebrochen, war sehr wahrscheinlich mit dem Bügel zusammen in einem Stück gegossen; L. ca. 4,6 cm; Bügel-Br. ca. 0,6 cm (*Taf. 36,467;* nach Haspels). – Verbleib unbekannt. – Grabung Haspels. – Haspels, Phrygie III Taf. 41 a,5.

468. Gordion/Polatlı, Bez. Ankara. – Tumulus S-1. – Cremation in fill/post main burial. Eine von drei gleichen Fibeln; in zwei Teile zerbrochen; L. ca. 3,5 cm (*Taf. 36,468;* nach Muscarella). – Mus. Ankara (B 336). – Grabung Young, 1951. – Muscarella, Phrygian Fibulae Taf. 1,3.

Datierung und Verbreitung: Das Fragment mit Doppelnadel aus Tumulus III (Körte) von Gordion (Nr. 466) ist das älteste Stück dieser Fibelgattung mit sehr einfacher Bügelform. Drei kleinere Fibeln stammen aus Tumulus S-1 vom selben Fundort (Nr. 468); diesen Fibeln zeitgleich ist sehr wahrscheinlich die Fibel aus der Midas-Stadt (Nr. 467).

Das als ältestes bezeichnete Exemplar dürfte um die Mitte des 8. Jh. v. Chr. und die jüngeren aus Tumulus S-1 und der Midas-Stadt an das Ende des 8. Jh. v. Chr. bzw. in das frühe 7. Jh. v. Chr. datiert werden. Dieser Typ ist bis jetzt nur aus Gordion und der Midas-Stadt bekannt.

TYP B II

Bei dem Typ B II handelt es sich um massive, schwere Fibeln. Ausschlaggebend für diesen Typ ist die Rippe auf der Mitte der gewölbten Bügelvorderseite. Auf dieses Merkmal hat bereits Körte aufmerksam gemacht, und in seiner Beschreibung hat er dies als „eine Art Rippe bildenden Querschnitt" bezeichnet.[6] Des weiteren ist der Bügel breiter als bei Typ B I.

Der Bügel der Fibel Nr. 469 war bei ihrer Auffindung von Körte intakt, bei der neuen Aufnahme in Istanbul war sie in der Mitte in zwei Teile zerbrochen. Von Körte wurde die Verzierung der Querstege als „fein gravierte Zickzacklinien" bezeichnet.[7] Es handelt sich aber um ein durchlaufendes Wolfszahnmuster, das jetzt teilweise abgenutzt ist. R. M. Boehmer hat versucht, diese Fibel nach dem Photo von Körte zu zeichnen.[8]

Die Bügelendverzierungen sind homogen; sie bestehen jeweils aus zwei rechteckigen Querstegen, die voneinander durch einen Wulst getrennt sind.

Die Fibeln Nr. 470 und 471 (Körte Nr. 32 und 34) haben einen besonders dicken (etwa 0,5 cm) Bügel.

Bei den hier abgebildeten Fibeln aus Tumulus III sind die Nadeln zusammen mit dem Bügel in einem Stück gegossen.

468A. Fundort unbekannt. – Fibel; Nadel und Bügel in einem Stück gegossen; Nadel abgebrochen, während der Materialaufnahme vorhandene Nadel modern angelötet und ergänzt; Querstege mit gepunztem Wolfszahnmuster; L. 7,6 cm; Bügel-Br. 1,3 cm; Bügel-D. 0,59 cm (*Taf. 36,468A*). – Brit. Mus. London (Serial 133041; 1963-5-18,1). – Unpubliziert.
469. Gordion/Polatlı, Bez. Ankara. – Tumulus III. – Fibel; Nadel abgebrochen; Bügel in der Mitte in zwei Teile zerbrochen; die Querstege der Bügelenden sind mit Wolfszahnmuster verziert, diese sind teilweise abgenutzt; erh. L. jeweils 5,5 cm; Bügel-Br. Mitte 1,0 cm; Nadel mit Bügel in einem Stück gegossen (*Taf. 36,469*). – Mus. Istanbul (2088). – Grabung Körte, 1900 – Körte, Gordion 78 Nr. 33 Abb. 66.
470. Gordion/Polatlı, Bez. Ankara. – Tumulus III. – Fibel; Nadel abgebrochen, besonders dicker Bügel, Fibel ist sehr massiv; sie bildet wahrscheinlich zusammen ein Paar mit der folgenden Fibel Nr. 471; L. 7,2 cm; Bügel-Br. Mitte 1,2 cm; Nadel mit Bügel in einem Stück ge-

---

[6] Körte, Gordion 78.
[7] Ebd. Nr. 33.
[8] Boehmer, Kleinfunde 49 Abb. 23 b.

gossen (*Taf. 36,470*). – Mus. Istanbul (2101). – Grabung Körte, 1900. – Körte, Gordion 78 Nr. 32.
471. Gordion/Polatlı, Bez. Ankara. – Tumulus III. – Fibel; Nadel abgebrochen; Nadelhalter auf der rechten Seite; sonstige Beschreibung wie 470; L. 7,5 cm; Br. des Bügels 1,2 cm; zusammen mit der Nadel in einem Stück gegossen (*Taf. 36,471*). – Mus. Istanbul (2089). – Grabung Körte, 1900. – Körte, Gordion 78 Nr. 34.
472. Gordion/Polatlı, Bez. Ankara. – Tumulus III. – Fibel; laut Körte: Öse links (rechts getragener Nadelhalter); L. 6,0 cm. – Verbleib unbekannt. – Grabung Körte, 1900. – Körte, Gordion 78 Nr. 35.

473. Gordion/Polatlı, Bez. Ankara. – Tumulus III. – Fibel; laut Körte: Beschreibung wie Nr. 472; L. 6,3 cm. – Verbleib unbekannt. – Grabung Körte, 1900. – Körte, Gordion 78 Nr. 36.
474. Gordion/Polatlı, Bez. Ankara. – CM-TB7-D, level 4. – Fibel; ziemlich dünner, aber breiter Bügel; L. 4,3 cm; Br. des Bügels 0,9 cm (*Taf. 36,474*). – Mus. Gordion (B 1544). – Grabung Young, 1965. – Unpubliziert.

Datierung und Verbreitung: Fibeln dieser Art sind bis jetzt nur aus Gordion bekannt.[9] Außer den fünf Exemplaren aus dem Tumulus III wurde ein weiteres Stück mit mitgegossener Nadel in der Schicht 4 des „Terrace Building" vom City Mound gefunden. Obwohl Form und Gußweise so einfach sind, daß sie zu jeder Zeit hergestellt worden sein könnten, ist diese letztgenannte Fibel aus City Mound zeitlich mit den Tumulus III-Exemplaren gleichzusetzen.

Solche Fibeln wurden in Gordion um die Mitte des 8. Jh. v. Chr. hergestellt.

GRUPPE C

Fibeln mit beidseitig abgerundetem bzw. konvex ausgebildetem Bügel zählen zur Gruppe C.

TYP C I

Fibeln mit kräftigem Bügel, dessen Querschnitt als ein an den Ecken abgerundetes Quadrat bezeichnet werden kann, charakterisieren den Typ C I; Bügelmitte und Bügelenden schmücken kräftige und massive Kuben. Diese können wie bei Nr. 475–478 auf jeder Seite von zwei Rillen auf dem Bügel begleitet werden.

Zwei Varianten werden unterschieden.

Variante C I,1

Die Fibeln dieser Variante sind mit der Nadel in einem Stück gegossen. Der Nadelhalter ist in einer Dreiecksform ausgebildet und weist keine horizontale Auswüchse, sondern kurze Dorne auf.

Die Fibeln Nr. 475–478 sind sehr massiv und schwer; die bei den anderen phrygischen Fibeltypen als „Spring-Plate" bezeichnete Stelle wird hier mit zwei Rillen abgeschlossen.

Eine große, schwere und intakte Fibel, die zu dieser Variante gehört, befindet sich in den Magazinen des Ankara-Museums; ihre Kuben sind besonders groß und kräftig aus dem Bügel herausgewachsen. Diese Fibel stammt aus Gediz.

Es ist sehr wahrscheinlich, daß je zwei Exemplare aus Tumulus W von Gordion (Nr. 475–480) in der hier aufgeführten Reihenfolge miteinander ein Paar bilden.

---

[9] Vgl. ferner aufgrund des Bügelquerschnittes eine Fibel aus Olympia (Olympia IV Nr. 370).

475. **Gordion**/Polatlı, Bez. Ankara. – Tumulus W, chamber, East End. – Fibel; Stück der Nadel abgebrochen; Nadelhalter tief kanneliert; L. 5,5 cm; Br. Mitte (Kubus) 1,1 cm (*Taf. 37,475*). – Mus. Ankara (B 1280). – Grabung Young, 1959. – Muscarella, Phrygian Fibulae Taf. 10,54.
476. **Gordion**/Polatlı, Bez. Ankara. – Tumulus W, chamber, East End. – Fibel; Beschreibung wie Nr. 475, nur ist hier der Nadelhalter auf der anderen Seite; L. 5,6 cm; Br. der Mitte 1,2 cm (*Phototaf. B; Taf. 37,476*). – Mus. Ankara (B 1283). – Grabung Young, 1959. – Unpubliziert.
477. **Gordion**/Polatlı, Bez. Ankara. – Tumulus W, chamber, East End. – Fibel; Nadel wurde restauriert; Beschreibung wie Fibel Nr. 475; L. 5,6 cm; Br. Mitte (Kubus) 1,2 cm (*Taf. 37,477*). – Mus. Ankara (B 1281). – Grabung Young, 1959. – Unpubliziert.
478. **Gordion**/Polatlı, Bez. Ankara. – Tumulus W, chamber, East End. – Fibel; Nadel und Nadelhalter teilweise abgebrochen; sonstige Beschreibung wie Fibel Nr. 475; L. 5,4 cm; Br. Mitte (Kubus) 1,2 cm (*Taf. 37,478*). – Mus. Ankara (B 1282). – Grabung Young, 1959. – Unpubliziert.
479. **Gordion**/Polatlı, Bez. Ankara. – Tumulus W, chamber, East End. – Fibel; verhältnismäßig klein und fein; Nadel und Nadelhalter abgebrochen; Begleitrillen nicht nachweisbar; oxydiert; L. 4,3 cm; Br. Mitte 0,7 cm (*Taf. 37,479*). – Mus. Ankara (B 1284). – Grabung Young, 1959. – Unpubliziert.
480. **Gordion**/Polatlı, Bez. Ankara. – Tumulus W, chamber, East End. – Fibel; Nadel in drei Teile zerbrochen; sonstige Beschreibung wie Nr. 479, Nadelhalter auf der anderen Seite; L. 4,1 cm; Br. Mitte 0,6 cm (*Taf. 37,480*). – Mus. Ankara (B 1285). – Grabung Young, 1959. – Unpubliziert.
481. **„Umgebung von Simav"**, Bez. Kütahya. – Vgl. Nr. 143. – Fibel; Nadel abgebrochen; schöne grüne Patina; gut erhalten; L. 3,1 cm; Br. der Mitte 0,6 × 0,4 cm (*Taf. 37,481*). – Mus. Kütahya (E 5883). – Erworben in Simav. – Unpubliziert.
482. **Gordion**/Polatlı, Bez. Ankara. – Tumulus Y. – Füllung. – Fibel; Nadel und Nadelhalter abgebrochen; die Kuben sind teilweise abgenutzt; L. 3,6 cm; Br. der Mitte 0,6 cm (*Taf. 37,482*). – Mus. Gordion (B 1511). – Grabung Young, 1965. – Unpubliziert.
482A. **„Near Apamea" = Dinar**, Bez. Afyon. – Fibel; einteilig hergestellt; L. 7,2 cm; Kubus: 1,75 × 1,09 cm (*Taf. 37,482A*). – Brit. Mus. London (1935-8-23-12). – Unpubliziert.
482B. **Gordion**/Polatlı, Bez. Ankara. – Tumulus Q. – Im Grab. – Fibel; schlecht erhalten; mitgegossene Nadel abgebrochen; L. 6,4 cm; Kubus-Br. 1,2 cm (*Taf. 37,482B*; nach Photo). – Mus. Gordion („Küp palas" B 705). – Grabung Young, 1956. – Unpubliziert.

Datierung und Verbreitung: Die größte Anzahl der Fibeln dieser Variante wurde im Tumulus W (erste Hälfte des 8. Jh. v. Chr. – Mitte des 8. Jh. v. Chr.) von Gordion gefunden (Nr. 475–480). Der Zeit des Tumulus W zuzuschreiben sind außerdem die Exemplare aus dem Tumulus Q (Nr. 482B) und aus der Erdaufschüttung des Tumulus Y (Nr. 482) von Gordion.

Bemerkenswert ist die Fibel Nr. 481; sie wurde zusammen mit der Fibel der Variante A I,1 (Nr. 143) von einem Bauern in das Museum von Kütahya gebracht, der als Fundort Simav (antikes Synaus) angab. Die Fibel Nr. 482A wurde in der Nähe von Dinar gefunden.

Es ist darauf aufmerksam zu machen, daß diese Fibelform leicht mit den jüngeren Fibeln, besonders aus dem westlichen Küstenbereich Kleinasiens oder den ägäischen Inseln, zu verwechseln ist, bei denen es sich womöglich um halbfertige Fibeln oder schlichte Nachahmungen des phrygischen Fibeltyps H handeln könnte.[1]

Fibeln der Gattung C I,1 sind als eine der ältesten phrygischen Fibeln zu betrachten. Außerhalb des untersuchten Gebietes ist diese Gattung nicht bekannt geworden.

Variante C I,2

Diese Variante unterscheidet sich von der Variante C I,1 dadurch, daß die Kuben auf dem Bügel jeweils mit vier feinen Durchbohrungen ausgestattet sind. Ob diese Löcher einmal mit einem Ornament (Kugel

---

[1] Z.B. Sapouna-Sakellarakis, PBF. XIV,4 (1978) Nr. 1661; Muscarella, Phrygian Fibulae Taf. 16,83.84. (Gußform aus Bayraklı).

oder ähnliches) versehen waren, muß dahingestellt bleiben. Es konnten keinerlei Spuren der Anbringung eines derartigen Schmuckes nachgewiesen werden. Weitere Merkmale, die diese Gattung von der Variante C I,1 unterscheiden, sind die getrennt gegossene und eingesetzte Nadel sowie die Verschiedenartigkeit des Nadelhalters: Die Auswüchse des Nadelhalters sind hier ohrenartig geformt und in ihrer Mitte jeweils mit einem Loch versehen. Der Übergang vom Nadelhalter zum Bügelende ist halbsphäroid ausgebildet.

483. „Umgebung von Uşak". – Fibel; Nadel nicht erhalten; L. 6,2 cm; Br. der Kuben 1,4–1,5 cm (*Taf. 37,483*). – Mus. Uşak (11.81.71). – Ankauf. – Unpubliziert.

Datierung und Verbreitung: Diese Fibel, die wahrscheinlich aus der Umgebung von Uşak stammt und ein Unikum darstellt, ist auf jeden Fall jünger als die Variante C I,1, u. a. aufgrund der eingesetzten Nadel und des halbsphäroiden Nadelhalteranschlusses zum Bügel. Für die zeitliche Anordnung dieses Stückes könnte die Zeit des Tumulus III oder IV von Gordion in Frage kommen.

TYP C II

Fibeln mit gedrückten, im Querschnitt rechteckigen Bügeln, die beidseitig leicht konvex werden können, sind kennzeichnend für den Typ C II. Es sind meistens kleine Fibeln. Bei den bis jetzt bekannt gewordenen Exemplaren war die Fibel Nr. 488 die größte Ausführung.

Bis auf zwei Ausnahmen bestehen die Bügelendverzierungen aus Wulst- und Scheiben-Kombinationen von rundem Querschnitt. Bei dem schlecht erhaltenen Fibelfragment Nr. 488 wird der Bügelteil mit einem Quersteg abgeschlossen, der durch einen Wulst von einem weiteren, aber verhältnismäßig schmalen Quersteg getrennt wird. Ebenso schlecht erhalten ist die Fibel Nr. 485 aus der Füllung des Tumulus I (nach Körte), sie bildet die zweite oben erwähnte Ausnahme; soweit das Photo erkennen läßt, gehört sie zu diesem Typ. Der Bügel wird an seinen Enden mit rechteckigen Ornamenten abgeschlossen. Wie aus den Beschreibungen von Körte und Blinkenberg zu entnehmen ist, war die fehlende Nadel in eine runde, gerillte Scheibe (... d'une rondelle à rainures rayonnantes;[2]), hier als „Spring-Plate" mit Rillen bezeichnet, eingesetzt.

484. Gordion/Polatlı, Bez. Ankara. – Tumulus S-1, Hauptbestattung. – Fibel; Fragment, nur eine Hälfte erhalten; L. noch 3,2 cm; Querschnitt des Bügels (Mitte): 0,3 × 0,45 cm (*Taf. 37,484*). – Mus. Ankara (B 353). – Grabung Young, 1951. – Unpubliziert.
485. Gordion/Polatlı, Bez. Ankara. – Tumulus I. – Fibel; eingesetzte Nadel abgebrochen; L. 3,5 cm (*Taf. 37,485*). – Grabung Körte, 1900. – Verbleib unbekannt. – Körte, Gordion 137 Abb. 124.
486. Yazılıkaya, Bez. Eskişehir. – Gräber. – Fibel; eingesetzte Nadel verloren; Bügelendverzierungen aus bikonischen Wülsten; L. 2,9 cm; Bügel-Br. 0,35 cm (*Taf. 37,486*). – Mus. Afyon (E 1210). – Grabung H. Çambel. – Unpubliziert.
487. Boğazköy, Bez. Çorum. – Zeit der Schicht Büyükkale I BK. l-m/9–10, Schicht I. – Fibel; Nadel abgebrochen; L. 3,15 cm; H. 2,2 cm; Querschnitt des Bügels (Mitte) 0,48 × 0,35 cm (*Taf. 37,487*). – Mus. Ankara (324/i/2). – Boehmer, Kleinfunde Taf. 155,82.
488. Yazılıkaya, Bez. Eskişehir. – Gräber. – Fibel; sehr schlecht erhaltenes Fragment; L. noch 4,6 cm; Bügel-Br. 0,5 cm (*Taf. 37,488*). – Mus. Afyon (E 1204). – Während der H. Çambel-Grabung auf dem Feld gefunden. – Unpubliziert.

Datierung und Verbreitung: Die in der Schicht I von Büyükkale/Boğazköy gefundene Fibel Nr. 487 wird von Boehmer als ein Verfallstück aus dem 6. Jh. v. Chr. betrachtet. Dagegen stammen sehr nahe-

---

[2] Blinkenberg, Fibules, 213.

Phrygische bzw. anatolische Fibeln Gruppe D 89

stehende Exemplare aus Tumulus S-1 von Gordion und aus der Nekropole von Yazılıkaya, die in das frühe 7. Jh. v. Chr. zu datieren sind.

Außerhalb Anatoliens ist diese einfache Fibelform vom Typ C II bis jetzt nicht zu belegen.

GRUPPE D

Fibeln mit facettierten, kantigen Bügeln.

TYP D I

Fibeln vom Typ D I haben einen sechskantigen Bügel, dessen Bügelmitte weder eine Schwellung noch eine Verzierung aufweist. Der Bügel kann leicht gedrückt sein; es handelt sich um ziemlich kleine Fibeln.

489. Gordion/Polatlı, Bez. Ankara. – CM-area between Bldgs. O-Q, pit in white floor. – Fibel; Nadel und Nadelhalter abgebrochen; L. 2,2 cm; größte Bügel Br. (Mitte) 0,4 cm (*Taf. 38,489*). – Mus. Gordion (B 1531). – Grabung Young, 1965. – Unpubliziert.
490. Boğazköy, Bez. Çorum. – Nicht schichtbestimmt; USt. I/20f/Ib, nahe zu g/Ia. – Fibel; Nadel abgebrochen; L. 3,4 cm; H. 2,35 cm; D. des Bügels (Mitte) 0,5 × 0,5 cm (*Taf. 38,490*). – Mus. Ankara (116/o). – Boehmer, Kleinfunde Taf. 5,78.
491. Gordion/Polatlı, Bez. Ankara. – CM-TB7-D, level 4. – Fibel; Nadel und Nadelhalter abgebrochen; der Bügel ist in diesem Fall nicht gedrückt; L. 2,7 cm; größte Bügel Br. in der Mitte 0,45 cm (*Taf. 38,491*). – Mus. Gordion (B 1561). – Grabung Young, 1965. – Unpubliziert.

Datierung und Verbreitung: Nr. 489 wurde im City Mound von Gordion in einem Fundzusammenhang des 6./5. Jh. v. Chr. gefunden. Nr. 491, deren Bügel mehr halbkreisförmig als gedrückt ist und dadurch von den übrigen Exemplaren dieses Typs abweicht, stammt aus der Schicht 4. Das Exemplar aus Boğazköy ist nicht schichtbestimmt; für diese Fibel kommt nach Boehmer eine Zeit vom ausgehenden 8. bzw. 7. Jh. v. Chr. in Frage[1].

Da die Fibeln des Typs D I denen des Typs C II verwandt sind, dürften sie aus dem 7. Jh. v. Chr. stammen.

Außer aus Gordion und Boğazköy ist die Gattung D I nicht von anderen Fundorten bekannt.

TYP D II: FIBELN VOM TYP TUMULUS MM

Dieser Typ zeichnet sich durch einen sechs- bis achtkantigen Bügel aus, der in der Mitte entweder geschwollen ist oder einen scharfen, ringartigen Wulst aufweist. Die Ornamente der Bügelenden bestehen aus einer Kombination von Wülsten und Scheiben. Die Wülste sind öfters vertikal fein geritzt bzw. gerillt; sie werden von Scheiben eingerahmt. Die „Spring-Plate" ist manchmal ganzflächig oder auch nur am Rand gekerbt bzw. strahlenförmig gerillt. Soweit erkennbar, ist die Nadel immer eingesetzt. Die Spiralwindung ist von konischem Querschnitt; auf der Oberfläche der Windung ist den Rändern entlang in einigen Fällen je eine parallellaufende Rille oder Ritzlinie zu erkennen. Im Loch der Spiralwindung sitzt ein Buckelnagel als Zierelement; dieser könnte auch eine praktische Funktion als Verstärkung der Spi-

---

[1] Boehmer, Kleinfunde 49.

rale haben, um das Abbrechen zu verhindern; denn viele Fibeln sind an der Spirale abgebrochen. Der Nadelhalter ist groß, seine Mittelrippe kräftig und tief kanneliert. Die Auswüchse ziehen sich erst kräftig nach innen zusammen, bevor sie weit nach außen ausschwingen.

Der Tumulus MM lieferte 37 sehr fein gearbeitete, mit Sicherheit aus ein und derselben Werkstatt stammende Exemplare. Sie wurden teils auf dem Boden der Grabkammer, teils in Textilien oder auf dem Skelett gefunden.

O. W. Muscarella erwähnt zwei weitere[1a] Exemplare aus dem Tumulus S-1 von Gordion; diese Fibeln konnten weder in den Museen zu Ankara noch zu Gordion identifiziert werden. Die von Muscarella dem Typ XII, 11[2] zugeordnete Fibel scheint aufgrund des Querschnittes und der geschwollenen Bügelmitte zu unserem Typ D II zu gehören, obwohl diese Fibel hinsichtlich der Feinheit mit den Exemplaren aus dem Tumulus MM nicht verglichen werden kann; dies gilt ebenso für die Fibel Nr. 518.

Die Fibel Nr. 520 besitzt in der Bügelmitte ein Ornament, das aus einem breiten Wulst besteht, der auf jeder Seite von je zwei Scheiben umrandet wird; in dieser Ausführung ist diese Fibel bis jetzt einzigartig in dem untersuchten Gebiet; wegen ihres achtkantigen Bügels gehört sie zu diesem hier beschriebenen Typ.

492. Gordion/Polatlı, Bez. Ankara. – Tumulus MM, floor. – Fibel; Bügelmitte geschwollen, Nadel getrennt hergestellt und eingesetzt, „Spring-Plate" ganzflächig gerillt, Spiralwindung mit Buckelnagel; von kupferner Farbe; L. 5,0 cm; Bügel-Br. (Mitte) 1,0 cm (*Taf. 38,492*). – Mus. Ankara (B 827). – Grabung Young, 1957. – Unpubliziert.

492A. Gordion/Polatlı, Bez. Ankara. – Tumulus MM, floor. – Fibel; Bügelmitte mit einem scheibenähnlichen Wulst versehen; „Spring-Plate" nur am Rand entlang gekerbt; Spiralwindung mit den Rändern entlang parallellaufenden Rillen und mit einer Buckelniete; L. 4,8 cm; Bügel-Br. (Mitte) 0,8 cm (*Taf. 38,492A*). – Mus. Ankara (B 828). – Grabung Young, 1957. – Unpubliziert.

493. Gordion/Polatlı, Bez. Ankara. – Tumulus MM, floor. – Fibel; intakt; L. 4,7 cm; Bügel-Br. (Mitte) 0,9 cm (*Taf. 38,493*; nach Photo des Ausgräbers). – Mus. Ankara (B 950). – Grabung Young, 1957. – Unpubliziert.

493A. Gordion/Polatlı, Bez. Ankara. – Tumulus MM, floor. – Fibel; intakt, Rückseite abgebildet; L. 4,9 cm; Bügel-Br. (Mitte) 0,95 cm (*Taf. 38,493A*; nach Photo des Ausgräbers). – Mus. Ankara (B 951). – Grabung Young, 1957. – Unpubliziert.

494. Gordion/Polatlı, Bez. Ankara. – Tumulus MM, floor. – Fibel; Bügelmitte mit einem sehr scharfen Wulst versehen; keine Verzierung auf „Spring-Plate"; eingesetzte Nadel; L. 5,1 cm; Bügel-Br. (Mitte) 0,9 cm (*Taf. 38,494*). – Mus. Ankara (B 952). – Grabung Young, 1957. – Muscarella, Phrygian Fibulae Taf. 11,62; Boehmer, Kleinfunde 61 Abb. 27.

494A. Gordion/Polatlı, Bez. Ankara. – Tumulus MM, floor. – Fibel; intakt; L. 5,0 cm; Bügel-Br. (Mitte) 0,9 cm (*Taf. 38,494A*; nach Photo des Ausgräbers). – Mus. Ankara (B 953). – Grabung Young, 1957. – Unpubliziert.

494B. Gordion/Polatlı, Bez. Ankara. – Tumulus MM, floor. – Fibel; intakt; L. 4,6 cm; Bügel-Br. (Mitte) 0,9 cm (*Taf. 38,494B*; nach Photo des Ausgräbers). – Mus. Ankara (B 954). – Grabung Young, 1957. – Unpubliziert.

494C. Gordion/Polatlı, Bez. Ankara. – Tumulus MM, floor. – Fibel; L. 4,3 cm; Bügel-Br. (Mitte) 0,8 cm (*Taf. 38,494C*; nach Photo des Ausgräbers). – Mus. Ankara (B 955). – Grabung Young, 1957. – Unpubliziert.

494D. Gordion/Polatlı, Bez. Ankara. – Tumulus MM, floor. – Fibel; Auswuchs abgebrochen; L. noch 4,85 cm; Bügel-Br. (Mitte) 1,1 cm (*Taf. 38,494D*; nach Photo des Ausgräbers). – Mus. Ankara (B 956). – Grabung Young, 1957. – Unpubliziert.

495. Gordion/Polatlı, Bez. Ankara. – Tumulus MM, floor. – Fibel; Bügelmitte mit einem scharfen Wulst versehen; Nadel getrennt gegossen und eingesetzt; Loch der Spiralwindung mit einer Buckelniete versehen; L. 5,1 cm; Bügel-Br. (Mitte) 0,9 cm (*Taf. 38,495*). – Mus. Ankara (B 957). – Grabung Young, 1957. – Unpubliziert.

496. Gordion/Polatlı, Bez. Ankara. – Tumulus MM, floor. – Fibel; „Spring-Plate" verziert; L. 4,6 cm; Bügel-Br. (Mitte) 0,8 cm (*Taf. 38,496*). – Mus. Ankara (B 958). – Grabung Young, 1957. – Unpubliziert.

497. Gordion/Polatlı, Bez. Ankara. – Tumulus MM, floor. – Fibel; Bügelmitte mit einem scheibenähnlichen

---

[1a] Muscarella, Phrygian Fibulae 24.   [2] Ebd. 21 Taf. 8,45.

Wulst versehen; „Spring-Plate" nur am Rand entlang gekerbt; Spiralwindung mit entlang der Ränder parallellaufenden Rillen und mit einer Buckelniete; Nadel eingesetzt; L. 4,7 cm; Bügel-Br. (Mitte) 0,7 cm (*Taf. 38,497*). – Mus. Ankara (B 959). – Grabung Young, 1957. – Unpubliziert.
497A. Gordion/Polatlı, Bez. Ankara. – Tumulus MM, floor. – Fibel; intakt; L. 4,75 cm; Bügel-Br. (Mitte) 0,8 cm (*Taf. 38,497A;* nach Photo des Ausgräbers). – Mus. Ankara (B 960). – Grabung Young, 1957. – Unpubliziert.
498. Gordion/Polatlı, Bez. Ankara. – Tumulus MM, floor. – Fibel; Bügelmitte mit einem scheibenähnlichen Wulst versehen; „Spring-Plate" nicht verziert; Nadel getrennt gegossen und eingesetzt; Spiralwindung mit einer Buckelniete versehen; L. 5,0 cm; Bügel-Br. (Mitte) 1,0 cm (*Taf. 38,498*). – Mus. Ankara (B 961). – Grabung Young, 1957. – Unpubliziert.
499. Gordion/Polatlı, Bez. Ankara. – Tumulus MM, floor. – Fibel; „Spring-Plate" fein gerillt; Nadel getrennt gegossen und eingesetzt; Spiralwindung mit den Rändern entlang parallellaufenden Rillen und mit einer Buckelniete; L. 4,9 cm; Bügel-Br. (Mitte) 0,7 cm (*Taf. 38,499*). – Mus. Ankara (B 962). – Grabung Young, 1957. – Unpubliziert.
499A. Gordion/Polatlı, Bez. Ankara. – Tumulus MM, floor. – Fibel; L. 4,6 cm; Bügel-Br. (Mitte) 0,85 cm (*Taf. 38,499A;* nach Photo des Ausgräbers). – Mus. Ankara (B 963). – Grabung Young, 1957. – Unpubliziert.
500. Gordion/Polatlı, Bez. Ankara. – Tumulus MM, floor. – Fibel; „Spring-Plate" mit Rillen; Nadel getrennt gegossen und eingesetzt; Spiralwindung mit einer Buckelniete; L. 4,9 cm; Bügel-Br. (Mitte) 0,9 cm (*Taf. 39,500*). – Mus. Ankara (B 964). – Grabung Young, 1957. – Unpubliziert.
500A. Gordion/Polatlı, Bez. Ankara. – Tumulus MM, floor. – Fibel; L. 4,55 cm; Bügel-Br. (Mitte) 0,75 cm (*Taf. 39,500A;* nach Photo des Ausgräbers). – Mus. Ankara (B 965). – Grabung Young, 1957. – Unpubliziert.
501. Gordion/Polatlı, Bez. Ankara. – Tumulus MM, floor. – Fibel; „Spring-Plate" fein gerillt; Nadel getrennt gegossen und eingesetzt; Spiralwindung mit den Rändern entlang parallellaufenden Ritzlinien; Spiralwindungsloch ist mit einer Buckelniete versehen; L. 4,7 cm; Bügel-Br. (Mitte) 0,7 cm (*Taf. 39,501*). – Mus. Ankara (B 966). – Grabung Young, 1957. – Unpubliziert.
502. Gordion/Polatlı, Bez. Ankara. – Tumulus MM, floor. – Fibel; gleiche Merkmale wie Fibel Nr. 501; L. 4,5 cm; Bügel-Br. (Mitte) 0,8 cm (*Taf. 39,502*). – Mus. Ankara (B 967). – Grabung Young, 1957. – Unpubliziert.
503. Gordion/Polatlı, Bez. Ankara. – Tumulus MM, floor. – Fibel; Bügelmitte geschwollen; sonst gleiche Merkmale wie Fibel Nr. 502; L. 4,5 cm; Bügel-Br. (Mitte) 0,8 cm (*Taf. 39,503*). – Mus. Ankara (B 968). – Grabung Young, 1957. – Unpubliziert.
504. Gordion/Polatlı, Bez. Ankara. – Tumulus MM, floor. – Fibel; Bügelmitte mit einem Wulst versehen; gleiche Merkmale wie Fibel Nr. 503; L. 4,6 cm; Bügel-Br. (Mitte) 0,8 cm (*Taf. 39,504*). – Mus. Ankara (B 969). – Grabung Young, 1957. – Unpubliziert.
504A. Gordion/Polatlı, Bez. Ankara. – Tumulus MM, floor. – Fibel; L. 5,05 cm; Bügel-Br. (Mitte) 0,9 cm (*Taf. 39,504A;* nach Photo des Ausgräbers). – Mus. Ankara (B 970). – Grabung Young, 1957. – Unpubliziert.
504B. Gordion/Polatlı, Bez. Ankara. – Tumulus MM, floor. – Fibel; L. 4,9 cm; Bügel-Br. (Mitte) 0,95 cm (*Taf. 39,504B;* nach Photo des Ausgräbers). – Mus. Ankara (B 971). – Grabung Young, 1957. – Unpubliziert.
504C. Gordion/Polatlı, Bez. Ankara. – Tumulus MM, floor. – Fibel; L. 5,0 cm; Bügel-Br. (Mitte) 0,9 cm (*Taf. 39,504C;* nach Photo des Ausgräbers). – Mus. Ankara (B 972). – Grabung Young, 1957. – Unpubliziert.
505. Gordion/Polatlı, Bez. Ankara. – Tumulus MM, floor. – Fibel; Bügelmitte mit einem Wulst versehen; gleiche Merkmale wie Fibel Nr. 504; L. 4,8 cm; Bügel-Br. (Mitte) 0,7 cm (*Taf. 39, 505*). – Mus. Ankara (B 973). – Grabung Young, 1957. – Unpubliziert.
505A. Gordion/Polatlı, Bez. Ankara. – Tumulus MM, bed, in crack S. of shoulder. – Fibel; Nadelhalter abgebrochen; L. noch 4,0 cm (*Taf. 39,505A;* nach Photo des Ausgräbers). – Mus. Ankara (B 1120). – Grabung Young, 1957. – Unpubliziert.
506. Gordion/Polatlı, Bez. Ankara. – Tumulus MM, floor. – Fibel; in zwei Teile zerbrochen; Nadel eingesetzt, fehlt jetzt; „Spring-Plate" verziert; L. 4,1 cm; Bügel-Br. (Mitte) 0,7 cm (*Taf. 39,506*). – Mus. Ankara (B 1121). – Grabung Young, 1957. – Unpubliziert.
507. Gordion/Polatlı, Bez. Ankara. – Tumulus MM, floor. – Fibel; Nadel eingesetzt, fehlt jetzt; geschwollene Bügelmitte; L. 4,3 cm; Bügel-Br. (Mitte) 0,8 cm (*Taf. 39,507*). – Mus. Ankara (B 1123). – Grabung Young, 1957. – Unpubliziert.
508. Gordion/Polatlı, Bez. Ankara. – Tumulus MM, floor. – Fibel; eingesetzte Nadel abgebrochen; „Spring-Plate" gerillt; geschwollene Bügelmitte; L. 4,3 cm; Bügel-Br. 0,75 cm (*Taf. 39,508*). – Mus. Ankara (B 1122). – Grabung Young, 1957. – Unpubliziert.
509. Gordion/Polatlı, Bez. Ankara. – Tumulus MM, floor. – Fibel; beschädigt; Nadel fehlt; L. ca. 4,25 cm; Bügel-Br. (Mitte) ca. 0,55 cm (*Taf. 39,509*). – Mus. Ankara (B 1124). – Grabung Young, 1957. – Unpubliziert.
510. Gordion/Polatlı, Bez. Ankara. – Tumulus MM, floor. – Fibel; beschädigt; Nadel fehlt; Bügelmitte mit einem Wulst versehen; L. noch 4,2 cm; Bügel-Br. (Mit-

te) 0,85 cm (Taf. *39,510*). – Mus. Ankara (B 1125). – Grabung Young, 1957. – Unpubliziert.
511. **Gordion**/Polatlı, Bez. Ankara. – Tumulus MM, in textiles at foot of bed. – Fibelfragment; Bügelmitte mit einem Wulst versehen; Bügel-Br. (Mitte) 0,8 cm (*Taf. 39,511*). – Mus. Ankara (B 1126). – Grabung Young, 1957. – Unpubliziert.
512. **Gordion**/Polatlı, Bez. Ankara. – Tumulus MM, textiles in NE corner. – Fibel; Bügelmitte geschwollen; Nadel abgebrochen; L. 4,2 cm; Bügel-Br. (Mitte) 0,8 cm (*Taf. 39,512*). – Mus. Gordion (B 1983). – Grabung Young. – Unpubliziert.
513. **Gordion**/Polatlı, Bez. Ankara. – Tumulus MM, textiles in NE corner. – Fibel; Nadel abgebrochen; Bügelmitte mit einem Wulst versehen; L. 4,2 cm; Bügel-Br. (Mitte) 0,8 cm (*Taf. 39,513*). – Mus. Gordion (B 1984). – Grabung Young. – Unpubliziert.
514. **Gordion**/Polatlı, Bez. Ankara. – Tumulus MM, textiles in NE corner. – Fibel; Nadel abgebrochen, Stück ihrer Spitze an dem Nadelhalter hängengeblieben; Bügelmitte mit einem Wulst versehen; L. noch 4,4 cm; Bügel-Br. (Mitte) 0,8 cm (*Taf. 39,514*). – Mus. Gordion (B 1985). – Grabung Young. – Unpubliziert.
515. **Gordion**/Polatlı, Bez. Ankara. – Tumulus MM, textiles in NE corner. – Fibel; Nadel abgebrochen; Bügelmitte geschwollen; L. 4,4 cm; Bügel-Br. (Mitte) ca. 1,0 cm (*Taf. 40,515*). – Mus. Gordion (B 1986). – Grabung Young. – Unpubliziert.
516. **Gordion**/Polatlı, Bez. Ankara. – CM-PBPN-1, Bldg. P floor to clay. – Fibel; Bügelmitte geschwollen; Nadel abgebrochen; L. 3,5 cm; Bügel-Br. (Mitte) 0,65 cm (*Taf. 40,516*). – Mus. Gordion (B 1786). – Grabung Young, 1969. – Unpubliziert.
517. **Gordion**/Polatlı, Bez. Ankara. – Tumulus S-1, Hauptbestattung. – Fibel; Bügelmitte mit einem Wulst versehen, der jetzt teilweise abgenutzt ist; die Bügelendverzierung der Nadelhalterseite ist auf der Rückseite der Fibel nicht weiter gearbeitet bzw. eingeschnitten, daher ist diese auf der Rückseite flach; L. 3,1 cm; Bügel-Br. (Mitte) 0,65 cm (*Taf. 40,517*). – Mus. Ankara (B 352). – Grabung Young, 1951. – Muscarella, Phrygian Fibulae Taf. 8,45.
518. **Gordion**/Polatlı, Bez. Ankara. – CM-South cellar, lower layer. – Fibel; Nadel war eingesetzt, fehlt jetzt; L. 3,2 cm (*Taf. 40,518*). – Mus. Gordion (B 1674). – Grabung Young, 1967. – Unpubliziert.
519. **Gordion**/Polatlı, Bez. Ankara. – CM-M6C, fill below floor 2. – Fibel; Nadel abgebrochen; Rückseite bei den Bügelendornamenten blank, d. h. nicht weiter bearbeitet; L. 3,9 cm; gr. Bügel-Br. Mitte 0,75 cm (*Taf. 40,519*). – Mus. Gordion (B 1625). – Grabung Young, 1967. – Unpubliziert.
520. **Gordion**/Polatlı, Bez. Ankara. – CM-TB7-F, layer 5. – Fibel; Nadel war eingesetzt, abgebrochen; Ornament der Bügelmitte besteht ebenso wie die Bügelenden aus einem breiten Wulst, der auf jeder Seite von zwei Scheiben umrandet wird; L. 3,8 cm; Dm. Mitte (Wulst) 0,75 cm (*Taf. 40,520*). – Mus. Gordion (B 1565). – Grabung Young, 1965. – Unpubliziert.

Datierung und Verbreitung: Unmittelbare Parallelen zu den 37 Exemplaren aus dem Tumulus MM wurden bis jetzt nicht gefunden. Die hier aufgeführten weiteren Exemplare können keineswegs aus der Werkstatt stammen, die die Fibeln aus Tumulus MM hergestellt hat. Jedoch steht die verhältnismäßig kleine Fibel Nr. 517 aus Tumulus S-1 den Fibeln von Tumulus MM am nächsten, die in das letzte Viertel des 8. Jh. v. Chr. zu datieren sind. Die Fibel aus Tumulus S-1 ist dagegen in das Ende des 8. Jh. oder frühes 7. Jh. v. Chr. zu datieren.

Von den für eine Datierung als unsicher zu betrachtenden Exemplaren – insgesamt vier Stück – aus dem City Mound von Gordion wurde Nr. 516 in einem Fundzusammenhang des 6. Jh. v. Chr. gefunden; Nr. 520 wurde in der Schicht 5, Nr. 519 in der Aufschüttung oberhalb der Schicht 2 gefunden; diese letzte Fibel kann wegen der Bearbeitung des Nadelhalters ohne weiteres Ende des 8. Jh. bzw. Anfang des 7. Jh. v. Chr. hergestellt worden sein. Das seltene Vorkommen der Fibelgattung D II im City Mound dürfte kaum Zufall sein, im Gegenteil, diese Tatsache kann darauf hinweisen, daß es sich bei den vier Fibeln um ältere Stücke (vielleicht aus dem 7. Jh. v. Chr.) handelt, was z. B. aufgrund der Bearbeitung der Bügelendverzierungen sehr wahrscheinlich wäre.

TYP D III

Fibel mit facettiertem Bügel von rhombischem Querschnitt; der Bügel ist in der Mitte geschwollen. Die Form des Bügels tendiert zur Mitte hin mehr zu einem Dreieck als zu einem Rundbogen.

521. **Gordion**/Polatlı, Bez. Ankara. – Tumulus IV. – Fibel; bei Auffindung durch Körte ziemlich gut erhalten (vgl. Publikationsphoto), jetzt in mehrere Teile zerbrochen. Mit Doppelnadel, sehr fein und sorgfältig gearbeitet. Die Bügelenden sind mit durch eine Einziehung voneinander getrennten sanduhrförmigen Glieder geschmückt; die oberen Glieder sind auf jeder Seite mit Löchern versehen, die nach Körtes Beschreibung mit einer andersfarbigen Masse gefüllt waren. Diese sanduhrförmigen Glieder sind oben und unten durch Scheiben abgegrenzt, die mit aufgelöteten Metallperlen verziert sind; die Spiralwindung ist von rhombischem Querschnitt und an den Rändern entlang gerillt; L. 5,5 cm; Bügel-Br. 0,8 cm (*Taf. 40,521*). – Mus. Istanbul (2086). – Grabung Körte. – Körte, Gordion 103 Nr. 24 Abb. 83.

Datierung und Verbreitung: Das Unikum wurde in Tumulus IV von Gordion gefunden, der allgemein in die Zeit zwischen Tumulus III und Tumulus MM anzusetzen ist.

TYP D IV

Fibeln mit kantigem Bügel von rhombischem Querschnitt sind charakteristisch für Typ D IV. Nach der Verzierung des Bügels werden zwei Varianten unterschieden.

Variante D IV,1

Fibeln mit kantigem Bügel von rhombischem Querschnitt, dessen Mittelkante auf der Schauseite mit mitgegossenen kleinen Perlchen verziert ist. In der Bügelmitte befindet sich ein Ornament, das aus zwei durch einen kräftigen Wulst getrennten, ebenfalls mitgegossenen Perlchen versehene Scheiben besteht. Die Bügelenden sind auf die gleiche Art wie die Bügelmitte verziert. Eine Ausnahme bildet die Fibel Nr. 527, die in ihrer Bügelmitte keine Verzierung hat.

522. **Gordion**/Polatlı, Bez. Ankara. – Tumulus I, Hauptbestattung. – Fibel; Nadel abgebrochen, oberhalb der Mittelrippe des Nadelhalters horizontale Ritzlinien; L. 2,7 cm; Bügel-Br. 0,55 cm (*Taf. 40,522*). – Mus. Gordion (B 121). – Grabung Young, 1950. – Muscarella, Phrygian Fibulae Taf. 10,55.
523. **Gordion**/Polatlı, Bez. Ankara. – CM-WCW-3, layer 4. – Fibel; Scheiben gekerbt; L. noch 2,6 cm; Bügel-Br. 0,55 cm (*Taf. 40,523*). – Mus. Gordion (B 1829). – Grabung Young, 1969. – Unpubliziert.
524. **Gordion**/Polatlı, Bez. Ankara. – CM-PN-3, layer 5. – Fibel; Perlchen der Mittelkante gerade noch erkennbar, oxydiert; L. 3,1 cm; Bügel-Br. ca. 0,6 cm (*Taf. 40,524*). – Mus. Gordion (B 1367). – Grabung Young, 1962. – Unpubliziert.
525. **Boğazköy**, Bez. Çorum. – BK 1/13–14, Schicht I. – Zeit der Schicht Büyükkale I. – Fibel; Mittelkante auf der Schauseite wie üblich durch Perlung betont, zusätzlich wurden ober- und unterhalb dieser Mittelkante eine Reihe von Buckelnieten eingesetzt. Bei diesem Exemplar fehlt außerdem das Ornament der Bügelmitte; L. noch 2,9 cm; H. 2,4 cm; Querschnitt des Bügels (Mitte) 0,35 × 0,35 cm; D. mit Zierbuckel 0,5 cm (*Taf. 40,525*; nach Boehmer). – Mus. Ankara (33/g). – Boehmer, Kleinfunde 58 Taf. 7,103.
526. **Yazılıkaya**, Bez. Eskişehir. – Gräber. – Fibel; sehr feine Ausführung, mit mitgegossenen Perlchen; Wülste der Bügel- mitte und -enden weisen ebenfalls Perlchen auf; L. 3,0 cm, Bügel-D. 0,45 cm (*Taf. 40,526*). – Mus. Afyon (E 1097). – Ankauf. – Unpubliziert.
527. **Kerkenes Dağ**, Bez. Yozgat. – Graben 4. – Fibel; L. ca. 2,8 cm; Bügel-Br. ca. 0,6 cm (*Taf. 40,527*; nach E. F. Schmidt). – Verbleib unbekannt. – Grabung E. F. Schmidt. – E. F. Schmidt, AJSL. 45, 1929, 236 f. Fig. 70–71, K 28.

Datierung und Verbreitung: Das Stück Nr. 522 stammt aus dem in das 6. Jh. v. Chr. datierten Tumulus I; das diesem sehr nahestehende Exemplar Nr. 523 wurde in der Schicht 4, ein weiteres (Nr. 524) in der Schicht 5 vom City Mound in Gordion gefunden.

Die Fibel Nr. 525 mit eingesetzten Buckelnägeln aus der Schicht I von Büyükkale/Boğazköy, die von Boehmer in das ausgehende 7. Jh. v. Chr. oder in die erste Hälfte des 6. Jh. v. Chr. datiert wird[3], scheint das älteste Exemplar dieser Gattung zu sein.

Diese Variante ist in Gordion, Yazılıkaya, Boğazköy und in Kerkenes Dağ vertreten.

Variante D IV, 2

Die bisher einzige Fibel dieser Variante unterscheidet sich von den vorangehenden dadurch, daß sie nicht mit Perlchen verziert ist; das Ornament des kantigen Bügels besteht aus von zwei Scheiben eingefaßten Wülsten an den Bügelenden und in der Mitte aus einer Kugel, deren Vorderseite eine breite Rille aufweist.

528. Boğazköy, Bez. Çorum. – Büyükkale t/10, Schutt der Schicht Ia. – Fibel; L. 3,6 cm; H. 2,65 cm; Querschnitt des Bügels 0,3 × 0,3 cm (*Taf. 40,528;* nach Boehmer). – Mus. Ankara (35/e). – Boehmer, Kleinfunde Taf. 7,109.

Datierung und Verbreitung: Das einzige bis jetzt bekannt gewordene Exemplar dieser Variante wurde im Schutt der Schicht Büyükkale Ia gefunden. Dieses Stück wird von R. M. Boehmer mit der Fibel Nr. 522 (Variante D IV, 1) verglichen und in die zweite Hälfte des 6. Jh. v. Chr. datiert.[3a]

TYP D V

Die Fibeln vom Typ D V weisen auf ihren Bügeln parallellaufende Kanneluren auf. Der Querschnitt ändert sich je nach Anzahl der Kanneluren.

Nach den Ornamenten der Bügelmitte und -enden werden folgende Varianten unterschieden:

Variante D V, 1

Kleine Fibeln, deren Kanneluren aus einer Bügelbasis von rechteckigem oder D-förmigen Querschnitt entstanden sind. An den Bügelenden sind je zwei, in der Regel durch eine Kannelur voneinander getrennte Querstege mit jeweils drei gepunzten bzw. mitgegossenen Perlchen geschmückt.

Die Fibel Nr. 529 ist an den Bügelenden statt mit zwei jeweils mit drei schmalen Querstegen versehen; die Perlchen sind bei diesem Exemplar durch Punzen entstanden. Die Querschnitte der Fibeln Nr. 530 und 531 D aus Boğazköy weichen von der rechteckigen Form ab; der Bügel läuft auf seiner Rückseite in eine abgerundete Form über. Da die Querstege dieser Fibeln Perlchen aufweisen, gehören sie zur Variante D V, 1.

Die Exemplare aus Alişar wurden von H. H. von der Osten in den Alişar-Publikationen als Typ IV bezeichnet.

529. Gordion/Polatlı, Bez. Ankara. – Cemetery, Trial Tr. 1, Surface. – Fibel; nur die Vorderseite des Bügels ist kanneliert; Bügelenden mit drei Querstegen; L. 3,0 cm; Bügel-Br. 0,3 cm (*Taf. 40,529*). – Mus. Gordion (B 494). – Grabung Young, 1953. – Unpubliziert.

530. Boğazköy, Bez. Çorum. – Büyükkale w/15, bei

---

[3] Boehmer, Kleinfunde 58.
[3a] Ebd. 59.

Phrygische bzw. anatolische Fibeln Gruppe D 95

Abbruch der Schicht I. – Nicht schichtbestimmt. – Fibel; Rückseite des Bügels nicht kanneliert; L. 2,6 cm; H. 1,7 cm; H. des Bügels (Mitte) 0,35 cm; D. des Bügels (Mitte) 0,28 cm (*Taf. 40,530*). – Mus. Ankara (52/k). – Boehmer, Kleinfunde Taf. 5, 77.

531 A.–C. Alişar, Bez. Yozgat. – von der Osten – Typ IV. – Drei von acht Fibeln; vier Exemplare aus post-hethitisch/phrygischer Periode; ein Exemplar aus der Terrasse; aus der als „hellenistisch oder später" bezeichneten Periode: drei Exemplare aus der Terrasse; L. 4 cm, 2,6 cm; 2,9 cm (*Taf. 40,531 A–C;* nach v. d. Osten). – Mus. Ankara? OIP XXX Fig. 201: c 1018, c 2218, c 2505.

531 D. Boğazköy, Bez. Çorum, Büyükkale r/14, im Schutt über Raum V des hethitischen Gebäudes B; nicht schichtbestimmt. – Fibel; Rückseite nicht kanneliert; Nadelhalter abgebrochen; Perlchen gerade noch sichtbar; L. 3,1 cm; H. 2,75 cm; Bügel-D. 0,45 cm (*Taf. 40,531 D;* nach Boehmer). – Mus. Ankara (172/d). – K. Bittel, Boğazköy I 54 Taf. 11,10; Bossert, Altanatolien Abb. 1099; Boehmer, Kleinfunde Taf. 5, 75.

Datierung und Verbreitung: Abgesehen von der nicht schichtbestimmten Fibel Nr. 529 aus Gordion, beschränken sich die Exemplare dieser Variante auf das Gebiet von Boğazköy – Alişar. Nicht schichtbestimmt sind die Stücke Nr. 530, 531 D aus Boğazköy. Boehmer setzt das Stück Nr. 530 in die zweite Hälfte des 7. Jh. v. Chr., jedoch wahrscheinlicher in das 6. Jh. v. Chr. und das Exemplar Nr. 531 D allgemein in das 7./6. Jh. v. Chr.[3b]

In Alişar wurde ein Exemplar in der von den Ausgräbern als „posthethitisch/phrygisch", drei weitere in den als „hellenistisch oder später" bezeichneten Schichten gefunden.

Aufgrund des kannelierten Bügels und der „punkt"verzierten Bügelornamente sind ferner mit den Fibeln dieser Variante zwei Griffbügel von Gürteln aus Chios[4] verwandt, die von J. Boardman in die Periode „Harbour Sanctuary" IV (630–600 v. Chr.) datiert werden.

Die Variante D V,1 kann allgemein in das 7. Jh. v. Chr. datiert werden.

Variante D V,2

Fibeln dieser Variante haben ebenfalls einen kannelierten Bügel, dessen Enden und auch die Mitte das gleiche Ornament aufweisen. Dieses besteht aus Scheiben oder voneinander durch Wülste getrennten, dünnen Querstegen, die mit gegossenen oder herausgearbeiteten Perlchen geschmückt sind. Bei der Fibel Nr. 532 bestehen die Bügelornamente aus vier bis fünf Scheiben, die ringsherum mit Perlchen verziert sind. Bei der Nr. 533 aus Ephesos sind diese Ornamente als voneinander durch scharfe Wülste getrennte feine Querstege ausgebildet.

532. Gordion/Polatlı, Bez. Ankara. – CM – ET-N, level 3. – Fibel; Nadel abgebrochen, ein Stück von ihrer Spitze hängt noch am Nadelhalter; L. ca. 3,5 cm; Bügel-Br. (Mitte) 0,6 cm (*Taf. 40,532;* nach Muscarella). – Mus. Ankara (B 174). – Grabung Young, 1951. – Muscarella, Phrygian Fibulae Taf. 10, 51.

533. Ephesos, Bez. İzmir. – Außerhalb der Basis, Artemis-Tempel. – Fibel; Nadel abgebrochen; L. ca. 3,0 cm; Bügel-Br. Mitte 0,7 cm (*Taf. 40,533*). – Brit. Mus. London – Grabung Hogarth. – Ephesos Taf. 17,7.

Datierung und Verbreitung: Eine der beiden Fibeln dieser Variante wurde in der Schicht 3 vom City Mound in Gordion (Nr. 532) gefunden und wäre demnach in das frühe 3. Jh. v. Chr. zu datieren. Dagegen steht jedoch das Exemplar aus Ephesos (Nr. 533), das zusammen mit den phrygischen Fibeln aus

---

[3b] Ebd. 48 f.

[4] Boardman, Chios Taf. 88, 288; 89, 289; für die Datierung S. 216, Typ D.

dem frühen 7. Jh. v. Chr. gefunden wurde. Bei dem Exemplar aus der Schicht 3 bzw. aus ihrer Aufschüttung handelt es sich sehr wahrscheinlich um ein altes Stück.

Diese Gattung D V,2 ist allgemein in das 7. Jh. v. Chr. zu datieren.

Variante D V,3 oder Variante Tumulus S-1 (Muscarella Typ XII 2 a)

Fibeln, deren Kanneluren aus einer Bügelbasis von rundem Querschnitt entstanden sind, zählen zur Variante D V,3. Die Bügelendornamente von rundem Querschnitt bestehen aus einem Wulst, der von Scheiben umrahmt wird. Diese Ornamente treten bei Nr. 541 und 545 als zwei Querstege, die jedoch keinerlei perlenartige Verzierung aufweisen, in Erscheinung; der dünne Bügel besaß in der Mitte kein Ornament. Bei den meisten Stücken ist der Bügel rundherum kanneliert, bei den Fibeln Nr. 540, 545 und 546 sind die Kanneluren nur auf der Schauseite des Bügels nachweisbar.

Nach O. W. Muscarella stammen acht Fibeln, die zu dieser Variante gehören, aus Tumulus S-1 von Gordion.[5]

Zu erwähnen sind drei weitere Fibeln aus den verschiedenen Schichten vom City Mound, die hier nicht abgebildet sind (Nr. 548–550).

534. Gordion/Polatlı, Bez. Ankara. – Tumulus S-1, Hauptbestattung. – Fibel; intakt; L. ca. 2,6 cm; Bügel-Br. ca. 0,35 cm (*Taf. 40,534;* Zeichnung nach Muscarella). – Verbleib unbekannt (B 253). – Grabung Young, 1951. – Muscarella, Phrygian Fibulae Taf. 2,7.

535. Gordion/Polatlı, Bez. Ankara. – Tumulus S-1, Hauptbestattung. – Fibel; Nadel abgebrochen; Bügel rundherum kanneliert; L. 3 cm; Bügel-Br. ca. 0,3 cm (*Taf. 40,535*). – Mus. Ankara (B 356a). – Grabung Young, 1951. – Unpubliziert.

536. Gordion/Polatlı, Bez. Ankara. – Tumulus S-1, Hauptbestattung. – Fibel; ein Stück der Nadel abgebrochen, Bügel rundherum kanneliert; L. 3,1 cm; Bügel-Br. 0,35 cm (*Taf. 40,536*). – Mus. Ankara (B 344). – Grabung Young, 1951. – Unpubliziert.

537. Gordion/Polatlı, Bez. Ankara. – Tumulus S-1, Hauptbestattung. – Fibel; intakt; Bügel rundherum kanneliert; L. 2,7 cm; Bügel-Br. 0,3 cm (*Taf. 40,537*). – Mus. Ankara (unter B 356). – Grabung Young, 1951. – Unpubliziert.

538. Gordion/Polatlı, Bez. Ankara. – Tumulus S-1, Hauptbestattung. – Fibel; Fragment; Bügel rundherum kanneliert; L. noch 2,5 cm; Bügel-Br. 0,3 cm (*Taf. 40,538*). – Mus. Ankara (unter B 356). – Grabung Young, 1951. – Unpubliziert.

539. Gordion/Polatlı, Bez. Ankara. – Tumulus S-1, Hauptbestattung. – Fibel; Nadel abgebrochen; Bügel rundherum kanneliert; L. 3,0 cm; Bügel-Br. ca. 0,4 cm (*Taf. 40,539*). – Mus. Ankara (unter B 356). – Grabung Young, 1951. – Unpubliziert.

540. Gordion/Polatlı, Bez. Ankara. – Tumulus S-1, Hauptbestattung. – Fibel; Nadel abgebrochen; nur Vorderseite des Bügels kanneliert; L. 2,7 cm; Bügel-Br. 0,35 cm (*Taf. 40,540*). – Mus. Gordion (B 250). – Grabung Young, 1951. – Unpubliziert.

541. Gordion/Polatlı, Bez. Ankara. – Tumulus D, Füllung. – Fibel; Fragment; Bügel rundherum kanneliert; Bügelenden jeweils von zwei Querstegen und je einem Wulst abgeschlossen; L. noch 2,9 cm; Bügel-Br. 0,3 cm (*Taf. 40,541*). – Mus. Ankara (B 23). – Grabung Young, 1950. – Unpubliziert.

542. Gordion/Polatlı, Bez. Ankara. – Tumulus E, Füllung. – Fibel; Fragment; Bügel rundherum kanneliert; L. noch 2,4 cm; Bügel-Br. 0,25 cm (*Taf. 40,542*). – Mus. Ankara (B 28). – Grabung Young, 1950. – Unpubliziert.

543. Gordion/Polatlı, Bez. Ankara. – CM-TBT-CC2, S end, pit Q, near clay. – Fibel; Nadelhalter und Nadel abgebrochen; Bügel rundherum kanneliert; L. 2,8 cm; Bügel-Br. 0,45 cm (*Taf. 40,543*). – Mus. Gordion (B 1461). – Grabung Young 1963. – Unpubliziert.

544. Gordion/Polatlı, Bez. Ankara. – CM-M5E, south cellar. – Fibel; rundherum kannelierter Bügel; in zwei Teile zerbrochen; L. 3,3 cm; Bügel-Br. 0,3 cm (*Taf. 40,544*). – Mus. Gordion (B 1592). – Grabung Young, 1965. – Unpubliziert.

545. Gordion/Polatlı, Bez. Ankara. – CM-MW, layer 6. – Fibel; Fragment; L. 3,2 cm; Bügel-Br. 0,4 cm (*Taf. 40,545*). – Mus. Gordion (B 767). – Grabung Young, 1957. – Unpubliziert.

546. Boğazköy, Bez. Çorum. – Büyükkale v-w/21,

---

[5] Muscarella, Phrygian Fibulae 15 Appendix A.

Phrygische bzw. anatolische Fibeln Gruppe E

Oberflächenschutt. – Nicht schichtbestimmt. – Fibel; auf der Rückseite nicht kannelierter Bügel; L. noch 3,2 cm, Bügel-D. (Mitte) 0,35 cm (*Taf. 40,546;* nach Boehmer). – Mus. Ankara (62/x). – Boehmer, Kleinfunde Taf. 5, 76.

547. Entfällt.

548. Gordion/Polatlı, Bez. Ankara. – CM-PPB-3, layer 4. – Fibel; sehr schlecht erhalten. – Mus. Gordion (B 1794). – Grabung Young, 1969. – Unpubliziert.

549. Gordion/Polatlı, Bez. Ankara. – CM-TB7-B, layer 6. – Fibel; Beschreibung nach Inventarbüchern. – Verbleib unbekannt (B 1525). – Grabung Young, 1965. – Unpubliziert.

550. Gordion/Polatlı, Bez. Ankara. – CM-M4C, layer 4, large pit. – Fibel; Beschreibung nach Inventarbüchern. – Verbleib unbekannt (B 1476). – Grabung Young, 1963. – Unpubliziert.

551. Boğazköy, Bez. Çorum. – Nicht schichtbestimmt. – Unterstadt J/20, Oberflächenschutt. – Fibel; Bügel rundherum kanneliert; L. 2,8 cm; H. 2,2 cm; Dm. des Bügels 0,4 cm (*Taf. 40,551;* nach Boehmer). – Mus. Ankara (71/135). – Boehmer, Kleinfunde Unterstadt Taf. 3, 2 521.

552. Boğazköy, Bez. Çorum. – Zeit von Büyükkale II a. – Unterstadt, Urnengrab 2/71. – J/19, direkt neben der Urne. – Fibel; durch Brand verbogen; mit achtkantigem Bügel; L. heute 5,2 cm, rekonstruiert 3,3 cm; Dm. des Bügels 0,5 cm (*Taf. 40,552;* nach Boehmer). – Mus. Ankara (71/129). – Boehmer, Kleinfunde Unterstadt Taf. 3, 2 522.

Datierung und Verbreitung: Sieben Exemplare stammen aus dem in das frühe 7. Jh. v. Chr. datierbaren Tumulus S-1 von Gordion (Nr. 534–540); zwei Exemplare wurden in der Aufschüttung der Tumuli D und E von Gordion (Nr. 541, 542) im Zusammenhang mit der Keramik des 7. Jh. v. Chr. gefunden. Sehr beschädigte Stücke wie Nr. 543–545 kommen aus einem unsicheren Fundzusammenhang des 6. Jh. v. Chr. aus dem City Mound.

Boehmer datiert die nicht schichtbestimmte Fibel Nr. 546 aus Boğazköy allgemein in die Zeit des 7./6. Jh. v. Chr.[6] und die dieser sehr ähnlichen Fibel Nr. 551 aus der Unterstadt in die erste Hälfte des 7. Jh. v. Chr.; die Fibel Nr. 552, die wohl zu einem Urnengrab gehört, ist der Zeit von Büyükkale II a zuzuweisen.[7]

Die große Anzahl der Fibeln dieser Variante stammen aus der ersten Hälfte des 7. Jh. v. Chr.

Fibeln dieser Art sind bis jetzt nur aus Gordion und Boğazköy bekannt.

GRUPPE E

Bezeichnend für die Fibeln dieser Gruppe ist die Schwellung der Bügelmitte. Die Bügel sind von ovalem bis rundem Querschnitt.

Nach der Ausführung des Bügels werden mehrere Typen und Varianten unterschieden.

TYP E I

Fibeln vom Typ E I sind gekennzeichnet durch einen sehr massiven, kurzbogigen Bügel von ovalem Querschnitt, dessen Innenrand nach kurzem Bogenansatz in eine horizontale Linie überläuft; der Außenrand des Bügels bleibt dagegen bogenförmig.

Die Bügelendornamente sind aus kräftigen Querstegen zusammengesetzt, die jeweils durch einen scharfen Wulst voneinander getrennt sind.

C. Blinkenberg bezeichnete Fibeln dieser Art als Typ XII,6. Das von ihm abgebildete Exemplar[1] un-

---

[6] Boehmer, Kleinfunde 48.
[7] Boehmer, Kleinfunde Unterstadt 4.

[1] Blinkenberg, Fibules 212 Abb. 236.

terscheidet sich von den beiden Fibeln aus Gordion durch den nichtphrygischen Nadelhalter und durch die Ornamente der Bügelenden.

553. Gordion/Polatlı, Bez. Ankara. – CM-N city wall, Tr. 6 a-1.10. – Fibel; Nadel abgebrochen; L. 2,7 cm; Dm. Mitte 0,8 cm (*Taf. 40,553*). – Mus. Gordion (B 1472). – Grabung Young, 1963. – Unpubliziert.
554. Gordion/Polatlı, Bez. Ankara. – CM-TB 8F, unter floor 4. – Fibel; Nadel und Nadelhalter abgebrochen; L. 3,6 cm; Dm. Mitte 0,85 cm (*Taf. 40,554*). – Mus. Gordion (B 1753). – Grabung Young, 1969. – Unpubliziert.

Datierung und Verbreitung: Die insgesamt zwei Exemplare des Typs E I, die nicht mit Sicherheit datiert werden können, wurden in dem City Mound von Gordion gefunden.

Fibeln, deren Bügel gleiche Merkmale aufweisen, wurden im Westen in Pherai[2] (wahrscheinlich nicht phrygisch) und in Sparta[3] (8./7. Jh. v. Chr., nicht phrygisch) gefunden.

Zeitlich ordnet K. Kilian die Fibel aus dem Pherai-Heiligtum in das Ende des 7. Jh. v. Chr. ein.[4]

Ein nichtphrygisches Stück wurde von Blinkenberg abgebildet,[5] ein weiteres aus Paros erwähnt er unter 6 b.

TYP E II

Die Fibeln des Typs E II sind charakterisiert durch einen in der Mitte mehr oder minder stark geschwollenen Bügel von rundem bis ovalem Querschnitt. Die Bügelendornamente bestehen aus Wülsten, bikonischen Wülsten, Scheiben oder Kuben.

Blinkenberg bezeichnete die Fibeln aus der Umgebung von Bursa (Nr. 555) und aus Ephesos (Nr. 556) als Typ XII,11 und machte darauf aufmerksam, daß ihre Form allgemein an die Fibeln vom Typ XII,6 (hier Typ E I) erinnerte.[6]

Variante E II,1

Die Schwellung der Bügelmitte der Fibeln dieser Variante bildet einen mehr oder minder großen Knoten.

Die Fibeln Nr. 555 und 555 A unterscheiden sich von den übrigen Exemplaren durch ihre Größe.

555. Umgebung von Bursa. – Fibel; intakt; Nadel eingesetzt; L. 6,3 cm, Dm. Mitte 1,8 cm (*Taf. 40,555;* nach Photo). – Mus. Stockholm (12992:2). – Fornvännen 1906, 280 Abb. 120; Blinkenberg, Fibules 218 Abb. 247; Przeworski, Metallindustrie Taf. 8,8; Muscarella, Phrygian Fibulae Taf. 8,43.
555 A. Fundort unbekannt. – Fibel; sehr massiv; Nadel und z. T. Nadelhalter abgebrochen; Nr. 555 sehr ähnlich, wahrscheinlich aus derselben Werkstatt; L. 6,4 cm; Bügel-Br. 1,85 cm (*Taf. 41,555 A*). – Brit. Mus. London (1930-3-10-3). – Unpubliziert.
556. Ephesos, Bez. İzmir. – Artemis-Tempel, außerhalb der Basis. – Vgl. Nr. 28. – Fibel; Nadel abgebrochen, Bügelendverzierungen bestehen aus zwei Querstegen, die nur noch auf einer Seite erhalten sind; L. 3,0 cm, Dm. Mitte 0,9 cm (*Taf. 41,556*). – Grabung Hogarth. – Mus. Istanbul (Nr. 2644). – Ephesos Taf. 17, 16.
557. Boğazköy, Bez. Çorum. – Zeit der Schicht Büyükkale I. – Büyükkale n-o/7, Schicht I (b?). – Fibel; Nadel abgebrochen; Bügelendverzierungen aus bikonischen Wülsten, die von Scheiben eingefaßt werden; L. 3,5 cm; Dm. Mitte 0,8 cm (*Taf. 41,557*). – Mus. Ankara (453/i/3). – Boehmer, Kleinfunde Taf. 7, 105.
558. Boğazköy, Bez. Çorum. – Nicht schichtbestimmt. –

---

[2] Kilian, PBF. XIV,2 (1975) Nr. 1725.
[3] Artemis Orthia Taf. 84, b.
[4] Kilian a. a. O. 152.
[5] Blinkenberg, Fibules 212 Abb. 236.
[6] Ebd. 218.

Phrygische bzw. anatolische Fibeln Gruppe E

USt. K/20 a/7A, unmittelbar unter der Oberfläche. – Fibel; intakt; L. 2,8 cm; Dm. Mitte 0,55 cm (*Taf. 41,558*). Mus. Ankara (543/p). – Boehmer, Kleinfunde Taf. 7, 107.
559. Fundort unbekannt. – Fibel; Nadel abgebrochen; Bügelendverzierungen bikonisch; L. 3,2 cm; Dm. Mitte 0,6 cm (*Taf. 41,559*). – Mus. Istanbul (71.21). – Ankauf. – Unpubliziert.
560. Gordion/Polatlı, Bez. Ankara. – CM-ET-N3, level 2. – Fibel; verbogen; Nadelhalter und Nadel total abgebrochen; L. 3,35 cm; Dm. Mitte 0,6 cm (*Taf. 41,560*). – Mus. Gordion (B 563). – Grabung Young, 1955. – Unpubliziert.
561. Gordion/Polatlı, Bez. Ankara. – CM-ET-N2, level 2. – Fibel; Nadel abgebrochen; L. 3,15 cm; Dm. Mitte 0,7 cm (*Taf. 41,561*). – Mus. Gordion (B 560). – Grabung Young, 1955. – Unpubliziert.
562. Gordion/Polatlı, Bez. Ankara. – CM-TBW-4, layer 4. – Fibel; eingesetzte Nadel und Nadelhalter abgebrochen; bikonische Bügelendverzierungen; L. 3,1 cm; Dm. Mitte 0,65 cm (*Taf. 41,562*). – Mus. Gordion (B 1842). – Grabung Young, 1969. – Unpubliziert.

Datierung und Verbreitung: Die Bügelform der Fibeln Nr. 555 und 556 beschränkt sich in dem untersuchten Gebiet auf das westliche Kleinasien. Diese Exemplare, eines aus der Umgebung von Bursa und das andere aus Ephesos, lassen vermuten, daß es sich hier um eine westanatolische Fibelform handelt. Ihre Nadelhalter sind nicht als echte phrygische Arbeit zu bezeichnen; ihnen steht eine Fibel aus Ithaka[7] nahe. Das Exemplar von Ephesos ist allgemein in die erste Hälfte des 7. Jh. v. Chr. zu datieren.

Die übrigen Fibeln dieser Variante weichen aufgrund ihres Bügelquerschnittes und ihrer Bügeldicke von den obigen ab. Die Fibeln Nr. 560 und 561 wurden in der Schicht 2 vom City Mound von Gordion gefunden, demnach wären sie in die Zeit nach 250 v. Chr. anzusetzen, dagegen spricht jedoch die bikonische Bügelendverzierung (vgl. unten Typ H I). Nr. 562 dürfte ebenfalls älter sein als die Schicht 4, in der sie gefunden wurde. Hinzu kommen zwei Funde aus Boğazköy (Nr. 557–558). Nr. 557 stammt aus der Schicht Büyükkale I (b?), die andere ist nicht schichtbestimmt.

Eine allgemeine Datierung der Variante E II,1 in 7./6. Jh. v. Chr. ist anzunehmen.

Variante E II,2

Die Bügeln der Fibeln dieser Variante sind im Gegensatz zu Variante E II,1 in der Mitte nur leicht geschwollen. Die Bügelendverzierungen bestehen aus Leisten, Querstegen, Kuben oder Scheiben.

Mit Ausnahme der Exemplare Nr. 563 und 564 handelt es sich um kleine Fibeln mit gedrückten Bügeln.

563. „Kleinasien". – Fibel; intakt; mit einfacher, eingesetzter Doppelnadel; Bügelendverzierungen aus mehrfach aufeinanderliegenden Scheiben; grüne Patina; L. 6,5 cm; Dm. Mitte ca. 0,8 cm (*Taf. 41,563*; nach Zeichnung P. Betzler). – Mus. Frankfurt (β 176). – Im Bazar von Istanbul erworben, 1960. – Unpubliziert.
564. Fundort unbekannt. – Fibel; intakt; Bügelendverzierungen aus voneinander getrennten, dünnen Querstegen, die auf ihren Vorderseiten kerbverziert sind; Übergang vom Nadelhalter zum Ende des Bügels mit einem halbsphäroiden Ansatz; L. 5,2 cm; Dm. Mitte 0,8 cm (*Taf. 41,564*). – Mus. Istanbul (7025). – Ankauf. – Unpubliziert.
565. Fundort unbekannt. – Fibel; Nadel abgebrochen; Bügelendverzierungen aus massiven Kuben, die auf jeder Seite durch Scheiben von den Querstegen getrennt sind; verwandt mit den Fibeln der Variante F 3; L. 3,4 cm, Dm. Mitte 0,9 cm (*Taf. 41,565*). – Mus. Istanbul (73.99). – Unpubliziert.
566. Boğazköy, Bez. Çorum. – Zeit der Schicht Büyükkale I. – Büyükkale l-m/9-10, Schicht I. – Fibel; Nadel abgebrochen; mit gedrücktem Bügel; L. 2,9 cm; Dm.

---

[7] M. Robertson, Excavation in Ithaka. Ann. BSA. 43, 1948 Taf. 50 E, 20.

Mitte 0,6 cm (*Taf. 41,566*). – Mus. Ankara (324/i/1). – Boehmer, Kleinfunde Taf. 7, 104.
567. Boğazköy, Bez. Çorum. – Nicht schichtbestimmt. – Büyükkale Gebäude E, Raum 5, Schutt. – Fibel; Nadel abgebrochen; L. 3,0 cm (*Taf. 41,567*). – Mus. Ankara (1902/c). – Boehmer, Kleinfunde Taf. 7, 106.
568. Gordion/Polatlı, Bez. Ankara. – CM-PhW-N, layer 6. – Fibel; Nadel abgebrochen; Bügelendverzierungen bestehen jeweils aus drei dicken Wülsten; L. 3,1 cm; Dm. Mitte 0,7 cm (*Taf. 41,568*). – Mus. Gordion (B 1890). – Grabung Young, 1969. – Unpubliziert.
569. Gordion/Polatlı, Bez. Ankara. – Tumulus S-1, Hauptbestattung. – Fibel; Nadel abgebrochen; mit gedrücktem Bügel; Wülste der Endverzierungen vertikal fein geritzt; L. 2,5 cm; Dm. Mitte 0,5 cm (*Taf. 41,569*). – Mus. Ankara (B 363a). – Grabung Young, 1951. – Muscarella, Phrygian Fibulae Taf. 8, 46.
570. Gordion/Polatlı, Bez. Ankara. – CM-CW 1, layer 5, in wall. – Fibel; Nadel und Nadelhalter fehlen; L. 3,5 cm; Dm. Mitte 0,75 cm (*Taf. 41,570*). – Mus. Gordion (B 1345). – Grabung Young, 1961. – Unpubliziert.

570 A. Gordion/Polatlı, Bez. Ankara. – Tumulus N, chamber floor. – Fibel; korrodiert; bildet ein Paar mit Nr. 570 B; Nadel sehr wahrscheinlich eingesetzt; L. 4,4 cm (*Taf. 41,570 A;* nach Photo). – Mus. Gordion (B 639a). – Grabung Young, 1956. – Unpubliziert.
570 B. Gordion/Polatlı, Bez. Ankara. – Tumulus N, chamber floor. – Fibel; wie Nr. 570 A; bildet ein Paar mit Nr. 570 A; L. 4,4 cm (*Taf. 41,570 B;* nach Photo). – Mus. Gordion (B 639b). – Grabung Young, 1956. – Unpubliziert.
571. „Thymbra", Bez. Çanakkale. – Fibel; Nadel abgebrochen; soweit das Photo vom Thiersch-Katalog erkennen läßt, bestehen die Bügelendverzierungen aus runden, gekerbten Scheiben und Wülsten. Alle Angaben nach dem Thiersch-Katalog, da diese Fibeln nicht im Museum von Çanakkale zu finden waren; L. 5,5 cm. – Verbleib unbekannt (Thiersch-Katalog Inv. Nr. 1147). – Grabung Calvert. – Unpubliziert.
572. „Thymbra", Bez. Çanakkale. – Fibel; wie Nr. 571; L. 3,2 cm. – Unpubliziert.

Datierung und Verbreitung: Die Mittelrippe des Nadelhalters geht bei dem Exemplar Nr. 564 sowie bei dem Doppelnadel-Exemplar Nr. 563 mit einem halbsphäroiden Ansatz in das Bügelende über. Demnach ist eine Datierung um die zweite Hälfte des 8. Jh. v. Chr. nicht auszuschließen (s. S. 60).

Bei der Fibel Nr. 565 handelt es sich um einen Einzelfund, dessen Herstellungsort aufgrund der Nadelhalterform sehr wahrscheinlich im Westen zu suchen ist. Als Vergleich dienen Fibeln aus Troja und auf den ägäischen Inseln von Antissa/Lesbos[8] und Phana,[9] jedoch sind sie ohne den leicht geschwollenen Bügel. Alle diese Fibeln (vgl. auch oben Variante E II,1 [Nr. 555–556] und unten Variante F, 3) stellen mehr oder weniger gelungene regionale Nachahmungen von phrygischen Fibeln dar. Nach den oben erwähnten Fundorten scheint es sich um eine in Nordwest-Anatolien beheimatete Fibelform zu handeln.

Die Exemplare aus Phana und Lesbos werden von E. Sapouna-Sakellarakis allgemein in das 8./7. Jh. v. Chr. datiert.[10]

Bei den inländischen Funden aus Boğazköy und Gordion bestehen die Endverzierungen des in der Mitte leicht geschwollenen Bügels statt aus rechteckigen aus runden Schmuckelementen. Nr. 566 gehört in die Zeit der Schicht Büyükkale I; eine andere Fibel ist nicht schichtbestimmt. Wie von R. M. Boehmer bereits erkannt wurde,[11] stehen diese der im Tumulus S-1 von Gordion gefundenen Fibel Nr. 569 sehr nahe (frühes 7. Jh. v. Chr.); ein Fibelpaar stammt aus dem in die erste Hälfte des 7. Jh. v. Chr. zu datierenden Tumulus N; zwei weitere Exemplare wurden in der Schicht 5 vom City Mound von Gordion gefunden, diesen sehr ähnlich sind die Fibeln aus der Calvert-Sammlung bzw. aus „Thymbra".

Für die großbogigen, phrygischen Exemplare kommt allgemein die Zeit der Tumuli III und IV von Gordion in Frage. Kleinformatige Fibeln wie solche, die in dem Tumulus S-1, Tumulus N und in Boğazköy gefunden worden sind, stammen allgemein aus dem 7. Jh. v. Chr.

---

[8] Sapouna-Sakellarakis, PBF. XIV, 4 (1978) Nr. 1610–1613.
[9] Ebd. Nr. 1606.
[10] Ebd. 123.
[11] Boehmer, Kleinfunde 59.

GRUPPE F

C. Blinkenberg bezeichnete Fibeln dieser Art als Typ XII,2. Der einfache Bügel weist weder ein Ornament noch eine Verzierung auf. Der Bügelquerschnitt ist in der Regel rund, bei manchen Exemplaren oval.

Ausgehend von den Bügelendverzierungen werden drei Varianten unterschieden.

Variante F,1

Die Bügelendornamente bestehen aus zwei getrennten Querstegen. Diese sind bei dem Exemplar aus Çukurhisar mit Wolfszahnmustern verziert.

Bemerkenswert sind der Nadelhalter und die Auswüchse der Fibel aus Boğazköy (Nr. 579): Auf der Schauseite zeigt der Nadelhalter drei tiefe Kanneluren; seine Auswüchse sind „ohrenförmig" ausgebildet (vgl. in diesem Zusammenhang u. a. die Fibeln Nr. 211–214 der Variante A I,2).

573. Çukurhisar, Bez. Eskişehir. – Fibel; Nadel und Bügel zusammen in einem Stück gegossen; Querstege mit Wolfszahnmuster verziert, teilweise erhalten; L. 5,1 cm; Dm. des Bügels 0,45 (*Taf. 41,573*). – Mus. Eskişehir (A 82-69). – Geschenkt. – Unpubliziert.

574. Gordion/Polatlı, Bez. Ankara. – CM-PBX-1, bedding Bldg. X. – Fibel; beschädigt, mitgegossene Nadel abgebrochen; L. 4,2 cm; Dm. des Bügels 0,45 cm (*Taf. 41,574*). – Mus. Gordion (B 1797). – Grabung Young, 1969. – Unpubliziert.

575. Boğazköy, Bez. Çorum. – Nicht schichtbestimmt. – Büyükkale aa/15–16, Schutt. – Fibel; verbogen, Nadelhalter flachgedrückt; L. 2,0 cm; Dm. des Bügels (Mitte) 0,45 cm (*Taf. 41,575;* nach Boehmer). – Mus. Ankara (400/v). – Boehmer, Kleinfunde Taf. 5, 70.

576. Boğazköy, Bez. Çorum. – Nicht schichtbestimmt. – USt. Tempel I, NO-Seite, unterhalb der Magazine 19–21 im Fallschutt. – Fibel; Nadel etwa in der Mitte abgebrochen; L. 4,9 cm; Dm. des Bügels (Mitte) 0,4–0,45 cm (*Taf. 41,576;* nach Boehmer). – Mus. Ankara (228/z). – Boehmer, Kleinfunde Taf. 5, 72.

577. Boğazköy, Bez. Çorum. – Nicht schichtbestimmt. – USt. M/18, Suchschnitt A, Quadrat Epsilon, Schutt der ersten Schicht. – Fibel; Nadel abgebrochen; L. 4,2 cm; Dm. des Bügels (Mitte) 0,42 cm (*Taf. 41,577*). – Mus. Ankara (333/s). – Boehmer, Kleinfunde Taf. 5, 71.

578. Midas-Stadt, Bez. Eskişehir. – Aus P 3. – Fibel; nach Ausgräber aus Messing, Nadel abgebrochen; L. ca. 3 cm; Dm. des Bügels (Mitte) ca. 0,3 cm (*Taf. 41,578;* nach Haspels). – Verbleib unbekannt. – Grabung Haspels. – Haspels, Phrygie III Taf. 41 a, 1.

579. Boğazköy, Bez. Çorum. – Nicht schichtbestimmt. – USt. K/20a/6a, 0,8 m unterhalb der Tempelterrasse im Schutt. – Fibel; intakt; Bügelendverzierungen auf der Rückseite flach, „ohrenförmige" Auswüchse, Nadelhalter mit seitlichen Rasten; L. 7,4 cm, H. 6,5 cm, Dm. des Bügels (Mitte) 1,0 m (*Taf. 41,579*). – Mus. Ankara (541/p). – Boehmer, Kleinfunde Taf. 5, 74.

580. Boğazköy, Bez. Çorum. – Nicht schichtbestimmt; USt. Tempel I, zwischen unterer NW-Terrasse und Parallelmauer zum NO-Ende. – Fibel; Bügelenden abgebrochen; auf den Querstegen zwei parallel, horizontal verlaufende Ritzlinien; L. 7,45 cm; Dm. des Bügels (Mitte) 0,8–0,85 cm (*Taf. 41,580;* nach Boehmer). – Mus. Ankara (631/z). – Boehmer, Kleinfunde Taf. 5, 73.

581. Boğazköy, Bez. Çorum. – Nicht schichtbestimmt; USt. K/20, in Steinschutt 50 cm unter der Oberfläche mit einigen phrygischen Scherben. – Fibel; laut Boehmer ist die Fibel sehr hellfarbig, wahrscheinlich aus Messing; L. 6,4 cm; H. 5,2 cm; Dm. des Bügels (Mitte) 0,68–0,7 cm (*Taf. 41,581;* nach Boehmer). – Mus. Ankara (77/52). – Boehmer, Kleinfunde Unterstadt Taf. 3, 2520A.

Datierung und Verbreitung: Keine der Fibeln der Variante F,1, die in Gordion und in Boğazköy gefunden wurden, ist schichtbestimmt.

Eine Fibel vom Typ B II, deren Bügelendquerstege mit „Wolfszahnmuster" verziert sind, wurde in dem Tumulus III von Gordion gefunden (Nr. 469). Die Fibel aus Çukurhisar weist ebenfalls solche Verzierungen auf ihren Bügelendquerstegen auf; hinzu kommt, daß die Nadel bei dieser Fibel zusammen mit dem Bügel in einem Stück gegossen wurde. Demnach dürfte das Stück aus Çukurhisar eventuell in die Zeit des Tumulus III von Gordion zu setzen sein. Hier ist noch zu erwähnen, daß diese Fibel während der Aufnahme im Eskişehir-Museum glänzend und sehr hellfarbig war.

R. M. Boehmer schlägt eine Datierung der Fibeln Nr. 575–577 aus Boğazköy aufgrund der Bügelendverzierungen in die zweite Hälfte des 7. Jh. v. Chr. oder in das 6. Jh. v. Chr.[1] vor. Die Ausführungen des Nadelhalters und der „Spring-Plate" sind mit denen der Fibel aus Çukurhisar identisch. Dies gilt zumindest für die Fibel Nr. 576; die übrigen Exemplare aus Boğazköy lassen wegen des schlechten Erhaltungszustandes einen sicheren Vergleich nicht zu. Eine Datierung dieser Fibeln in das dritte Viertel des 8. Jh. v. Chr. oder etwas später wäre nicht ausgeschlossen.

Aufgrund des eigenartigen Nadelhalters ist für Boehmer ganz sicher, daß die in der Unterstadt von Boğazköy, unterhalb der Tempelterrasse im Schutt gefundene Fibel Nr. 579 nicht aus dem 8. Jh. v. Chr. stammt.[2] Identisch gearbeitet ist der Nadelhalter mit den ohrenförmigen Auswüchsen der Fibel Nr. 211 der Variante A I,2, die zeitlich um die Mitte des 8. Jh. v. Chr. anzusetzen ist. Zu erwähnen ist eine Fibel der Variante H II,1 (Nr. 705) vermutlich aus Düver, die, wie die Fibel aus Boğazköy, seitlich des Nadelhalters Grate bzw. Raste aufweist. Die Fibel Nr. 579 dürfte vor dem 7. Jh. v. Chr. hergestellt worden sein.

Die Messingfibel Nr. 581, die ebenfalls nicht schichtbestimmt ist, wird von Boehmer zeitlich in das ausgehende 8. Jh. v. Chr. bzw. in die erste Hälfte des 7. Jh. v. Chr. angesetzt.[3]

Die anatolischen Funde stammen aus Gordion, aus Çukurhisar/Eskişehir, aus der Midas-Stadt und aus Boğazköy. Die großformatigen Exemplare dieser Gattung sind allgemein vor das Ende des 8. Jh. v. Chr. zu datieren; die kleinformatigen könnten aus dem 7. Jh. v. Chr. stammen.

Variante F,2

Die Bügelendverzierungen der Fibeln dieser Variante bestehen aus Kombinationen von Scheiben und Wülsten von rundem Querschnitt.

Die Fibeln Nr. 582 und 583 zeichnen sich durch bikonische Wülste der Bügelendverzierungen aus, die von Scheiben umrahmt werden, sowie durch nicht voll ausgebildete Auswüchse des Nadelhalters.

582. Gordion/Polatlı, Bez. Ankara. – Tumulus D, Füllung. – Fibel; Nadel und Nadelhalter abgebrochen; massiver Bügel; L. 5,55 cm; Dm. Mitte 0,8 cm (*Taf. 42,582*). – Mus. Ankara (B 26). – Grabung Young, 1950. – Muscarella, Phrygian Fibulae Taf. 1, 4.

583. Gordion/Polatlı, Bez. Ankara. – Küçük Hüyük, field cut 2, level 2. – Fibel; Nadel und Endstück des Nadelhalters abgebrochen; massiver Bügel; L. 4,15 cm; Dm. Mitte 0,7 cm (*Taf. 42,583*). – Mus. Gordion (B 750). – Grabung Young, 1957. – Unpubliziert.

584. Gordion/Polatlı, Bez. Ankara. – City wall, cut 2. – Fibel; sehr beschädigt; Bügel in zwei Teile zerbrochen; Nadel abgebrochen; die Wülste der Endverzierungen sind vermutlich vertikal geritzt; L. ca. 3,7 cm; Dm. Mitte noch 0,5 cm (*Taf. 42,584*). – Mus. Ankara (B 306). – Grabung Young, 1950. – Unpubliziert.

585. Gordion/Polatlı, Bez. Ankara. – CM-M5F, floor 3 cellar. – Fibel; Nadel und Nadelhalter abgebrochen; Bügel sehr beschädigt, Bügelendverzierungen aus drei verhältnismäßig breiten Wülsten; L. 4,0 cm; Dm. Mitte 0,4 cm (*Taf. 42,585*). – Mus. Gordion (B 1601). – Grabung Young, 1965. – Unpubliziert.

586. Gordion/Polatlı, Bez. Ankara. – Tumulus E, Füllung. – Fibel; mitgegossene Nadel abgebrochen; Bügelendscheiben vertikal geritzt; L. 4,3 cm; Dm. Mitte 0,55 cm (*Taf. 42,586*). – Mus. Ankara (B 9). – Grabung Young. – Unpubliziert.

587. Yazılıkaya, Bez. Eskişehir. – Gräber. – Fibel; Nadel

---

[1] Boehmer, Kleinfunde 48.
[2] Ebd.
[3] Boehmer, Kleinfunde Unterstadt 4.

abgebrochen; L. 5,5 cm; Dm. Mitte 0,6 cm (*Taf. 42,587*). – Mus. Afyon (E 1 203). – Grabung H. Çambel, 1951. – Unpubliziert.

588. „Umgebung von Burdur". – Fibel; eingesetzte Nadel abgebrochen, sie wurde ins vorgesehene Loch am Bügelende eingesteckt; die auf der Rückseite der Bügelendverzierung befindliche kleine Bohrung diente zur sicheren Befestigung der Nadel, deren Wurzel durch diese Öffnung mit einem Spitzgerät geschlagen und vernietet wurde; der rechteckige Querschnitt des Bügelendornaments dürfte durch das Hämmern, um ein Herausrutschen der Nadel zu vermeiden, entstanden sein. Das Bügelendornament auf der Nadelhalterseite ist von rundem Querschnitt und besteht aus aufeinanderliegenden Scheiben; L. 4,2 cm; Dm. Mitte 0,5 cm (*Taf. 42,588*). – Mus. Burdur (552-46-73). – Ankauf. – Unpubliziert.

589. Fundort unbekannt. – Fibel; Nadel eingesetzt, sie ist herausgefallen. L. 5,6 cm; Dm. Mitte 0,65 cm (*Taf. 42,589*). – Mus. Istanbul (75.334). – Geschenk. – Unpubliziert.

590. Wahrscheinlich Kleinasien. – Fibel; Nadel abgebrochen; L. 5,6 cm; Dm. Mitte 0,7 cm (*Taf. 42,590*; nach Photo). – Mus. Stockholm (8459:5). – Erworben in İzmir. – Blinkenberg, Fibules Abb. 233.

591. Ephesos, Bez. İzmir. – Aus der Tempelbasis, Artemis-Tempel. – Fibel; Silber; Nadel abgebrochen; L. ca. 2,5 cm; Dm. Mitte ca. 0,3 cm (*Taf. 42,591*). – British Mus. London (Inv. ?). – Grabung Hogarth. – Ephesos Taf. 11, 16.

592. Boğazköy, Bez. Çorum. – Zeit der Schicht Büyükkale Ib. – Büyükkale u/9 bei auf dem Fels aufsitzenden Mauerzügen, Schicht Ib. – Fibel; rechte Seite stark korrodiert; L. 3,0 cm; Dm. Mitte 0,65 cm (*Taf. 42,592*; nach Boehmer). – Mus. Ankara (2 279/c). – Boehmer, Kleinfunde Taf. 5, 69.

593. Boğazköy, Bez. Çorum. – Nicht schichtbestimmt. – J/19. – Unterstadt Tempel I, Suchschnitt II/3, Oberflächenschutt. – Fibel; L. 2,9 cm; H. 2,4 cm; Dm. des Bügels 0,4 cm (*Taf. 42,593*; nach Boehmer). – Mus. Ankara (70/48). – Boehmer, Kleinfunde Unterstadt Taf. 3, 2 519.

594. Boğazköy, Bez. Çorum. – Nicht schichtbestimmt. – J/20. – Unterstadt, auf Mauer des Hauses 13. – Fibel; nach Angaben von Boehmer sehr hellfarbig, wahrscheinlich aus Messing; die eingesetzte Nadel ist von rötlicher Bronzefärbung; L. 3,35 cm; H. 2,5 cm; Dm. des Bügels 0,37 cm (*Taf. 42,594*; nach Boehmer). – Beifunde: Fibel der Variante A IV,4 (Nr. 442). – Mus. Ankara (76/141). – Boehmer, Kleinfunde Unterstadt Taf. 3, 2 520.

594 A. „Kleinasien". – Fibel; Nadel abgebrochen; L. 2,5 cm; Dm. des Bügels 0,5 cm (*Taf. 42,594 A*; nach Photo). – Mus. Stockholm (14 060:8). – Blinkenberg, Fibules 212 XII,5 e.

594 B. Umgebung von Ankara. – Fibel; nichtphrygische Arbeit; Nadelhalter weist keine Auswüchse auf, Nadel abgebrochen; L. 2,7 cm; Dm. des Bügels 0,6 cm (*Taf. 42,594 B*; nach Photo [Rückseite]). – Mus. Stockholm (11 342:9). – Blinkenberg, Fibules 212 XII,5 f.

Datierung und Verbreitung: Die bikonischen Bügelendverzierungen und die nicht vollkommen ausgebildeten Auswüchse der Nadelhalter der Fibeln Nr. 582–583 aus Gordion, deren Nadeln mitgegossen sind, können hinsichtlich ihrer zeitlichen Stellung Hinweise geben; diese Merkmale treten bei den Fibeln der Variante A I,1 bzw. bei den Fibeln des Tumulus W von Gordion in Erscheinung.

Bei zwei weiteren Fibeln (Nr. 585 [City Mound, Schicht 3] und Nr. 586) sind die Nadeln ebenfalls zusammen mit dem Bügel in einem Stück gegossen; das letztere Stück wurde in der Erdfüllung des Tumulus E von Gordion gefunden.

Die kleinformatigen Fibeln (Nr. 593.594) aus der Unterstadt von Boğazköy werden von R. M. Boehmer in das ausgehende 8. Jh. v. Chr. bzw. in die erste Hälfte des 7. Jh. v. Chr. angesetzt;[4] Nr. 592, die in der tiefen Lage der Schicht Büyükkale Ib gefunden wurde, stammt nach Boehmer aus dem Beginn der zweiten Hälfte oder der Mitte des 7. Jh. v. Chr.[5]

Für das Exemplar aus Ephesos kommt die erste Hälfte des 7. Jh. v. Chr. in Frage; Nr. 587 und 589 dürften älter sein als das Exemplar aus Ephesos.

Innerhalb des untersuchten Gebietes stammen die Fibeln der Variante F,2 aus Gordion, aus der Nekropole von Yazılıkaya, wahrscheinlich aus der Umgebung von Burdur und Ankara, aus Boğazköy und im Westen aus Ephesos.

---

[4] Ebd.   [5] Boehmer, Kleinfunde 48.

Eine verwandte phrygische Fibel, deren Bügelendverzierungen aus Kuben und diese von beiden Seiten umfassenden Scheiben besteht, wurde im Argivischen Heraion gefunden.[6] Dieses Stück könnte durchaus aus dem späten 8. Jh. v. Chr. stammen.[7]

Variante F,3 (Blinkenberg XII 5)

Die Endverzierungen des glatten Bügels von rundem bis ovalem Querschnitt bestehen aus kräftigen Kuben, die bei manchen Exemplaren durch weitere Zierelemente vom Nadelhalter bzw. von der „Spring-Plate" getrennt werden können. Mit Ausnahme der Fibel Nr. 613 befinden sich bei den anderen Stücken unterhalb der Kuben (Bügelseite) keine weiteren Zierelemente.

Der Bügelquerschnitt der Fibel Nr. 598 aus Boğazköy weicht von der runden bzw. ovalen Form ab; er ist beidseitig ein wenig konvex gewölbt. Aufgrund der übrigen Merkmale, wie dornartigen Auswüchsen und Zusammensetzung der Bügelendverzierungen, läßt sie sich z. B. mit den Fibeln Nr. 595 und 614 vergleichen.

Zwei Fibeln aus Gordion sind aus Edelmetall hergestellt, Nr. 600 aus Gold, Nr. 601 aus Silber.

Geritzte Gitter- bzw. gepunzte Wolfszahnmuster verzieren die Kuben der Fibeln Nr. 601 und 602.

595. „**Umgebung von Simav**", Bez. Kütahya. – Fibel; Nadel abgebrochen, grüne Patina; Übergang vom Nadelhalter zum Bügel mit einem konischem Ansatz; gedrückter Bügel; L. 3,5 cm; Dm. Mitte 0,45 cm (Taf. 42,595). – Mus. Kütahya (E 5882). – Nach Museumsdirektor M. Yılmaz in Simav (antikes Synaus) angekauft. – Unpubliziert.

596. Gordion/Polatlı, Bez. Ankara. – Tumulus III. – Fibel; Nadel in der Mitte abgebrochen; in der Publikation von Körte Nadelhalterseite verkehrt angegeben: Gordion 78 Nr. 38 „Öse rechts"; wahrscheinlich ein Paar mit Fibel Nr. 597; L. 4,8 cm; Dm. Mitte 0,6 cm (Taf. 42,596). – Mus. Istanbul (2093). – Grabung Körte, 1900. – Körte, Gordion Nr. 38.

597. Gordion/Polatlı, Bez. Ankara. Tumulus III. – Fibel; laut Körte, „mit Stoffresten erhalten"; L. 5,1 cm (Taf. 42,597). – Antikenmuseum Berlin (10544h). – Grabung Körte. – Körte, Gordion 78 Nr. 39 Abb. 67; Boehmer, Kleinfunde 49 Abb. 23 c.

598. Boğazköy, Bez. Çorum. – Nicht schichtbestimmt. – Büyükkale x-y/17, im Graben Makridis. – Fibel; Übergang vom Nadelhalter zur Bügelendverzierung mit einem halbsphäroiden Ansatz versehen; L. 5,6 cm; Querschnitt des Bügels (Mitte) 0,55 × 0,2 cm, beidseitig konvex gewölbt (Taf. 42,598; nach Boehmer). – Mus. Ankara (417/v). – Boehmer, Kleinfunde Taf. 6, 86.

599. Gordion/Polatlı, Bez. Ankara. – CM, South trench, floor 4. – Fibel; Nadel abgebrochen, gedrückter Bügel; L. ca. 5,0 cm; Bügel-D. ca. 0,6 cm (Taf. 42,599). – Mus. Ankara (B 123). – Grabung Young, 1950. – Muscarella, Phrygian Fibulae Taf. 2, 6.

600. Gordion/Polatlı, Bez. Ankara. – CM-TB-2, destruction level. – Fibel; intakt; aus Gold; breiter Nadelhalter mit Dornen erinnert an die Nadelhalter der Fibeln aus Tumulus W; das ganze ist einteilig hergestellt; L. ca. 1,9 cm; Bügel-D. ca. 0,2 cm (Taf. 42,600; nach Muscarella). – Mus. Ankara (J 130). Grabung Young, 1961. – Muscarella, Phrygian Fibulae Taf. 3, 12.

601. Gordion/Polatlı, Bez. Ankara. – CM-TB-2, destruction level. – Fibel; aus Silber; das ganze ist einteilig hergestellt; in zwei Teile zerbrochen; Nadelhalter entspricht dem der Fibel Nr. 600; die Kuben sind gitterverziert; L. 2,0 cm; Bügel-D. 0,39 cm (Taf. 42,601). – Mus. Ankara (J 132). – Grabung Young, 1961. – Muscarella, Phrygian Fibulae Taf. 3, 13.

602. Fundort unbekannt. – Fibel; Nadel abgebrochen; langgezogener Nadelhalter. Die Kuben sind mit Wolfszahnmustern verziert; der Bügel weist an einer Stelle drei kleine parallele Ritzungen auf; L. 3,7 cm; Bügel-D. 0,6 cm (Taf. 42,602). – Mus. Istanbul (75.394). – Geschenk. – Unpubliziert.

603. Fundort unbekannt. – Fibel; Nadel abgebrochen; im Anschluß an die Kuben befinden sich auf jeder Seite

---

[6] Argive Heraeum II Taf. 87,895. – Diese Fibel ist zweifellos phrygisch, vgl. außerdem dort mit Nr. 896 mit eingesetzter Nadel: Befestigungsloch ist auf dem Photo deutlich zu erkennen; sie könnte sowohl als Variante F,2 (Scheiben), als auch F,3 (Kuben) angesprochen werden.

[7] Über die Datierungsfrage vgl. Muscarella, Phrygian Fibulae 30 Anm. 10 und Boehmer, Kleinfunde 50 Anm. 323.

je zwei Scheiben; L. ca. 3,5 cm; Bügel-D. ca. 0,75 cm (*Taf. 42,603*; nach Muscarella). – New York, Metropolitan Mus. of Art (No. 61.109). – In Istanbul erworben. – Muscarella, Phrygian Fibulae Taf. 3, 14.

604. „Umgebung von Simav", Bez. Kütahya. – Vgl. Nr. 595. – Fibel, in einem Stück gegossen; Nadel fehlt, schöne grüne Patina; erworben zusammen mit Fibel Nr. 605, daher bilden sie sehr wahrscheinlich zusammen ein Paar; L. 3,6 cm; Bügel-D. 0,7 cm (*Taf. 42,604*). – Mus. Kütahya (E 5 884). – Unpubliziert.

605. „Umgebung von Simav", Bez. Kütahya. – Vgl. Nr. 595. – Fibel; die zerbrochene Spiralwindung wurde sehr wahrscheinlich antik an das Bügelende gesteckt; weitere Merkmale siehe Fibel Nr. 604; L. 3,9 cm; Bügel-D. 0,65 cm (*Taf. 42,605*). – Mus. Kütahya (E 5 885). – Unpubliziert.

606. Gordion/Polatlı, Bez. Ankara. – CM-TB7, clay. – Fibel; Nadel abgebrochen; L. 3,1 cm; Bügel-D. 0,7 cm (*Taf. 42,606*). – Mus. Gordion (B 1 599). – Grabung Young, 1965. – Unpubliziert.

607. Gordion/Polatlı, Bez. Ankara. – CM-SE trench, West cut 8–9, level 1. – Fibel; Nadel und Nadelhalter abgebrochen; L. 3,35 cm; Bügel-D. 0,7 cm (*Taf. 42,607*). – Mus. Ankara (B 52). – Grabung Young, 1950. – Unpubliziert.

608. Troja, Bez. Çanakkale. – Siedlung VIII. – Fibel; Nadel abgebrochen; L. 4,4 cm; Bügel-D. 1,2 cm (*Taf. 43,608;* nach Schmidt). – Verbleib unbekannt. – Grabung Schliemann. – Dörpfeld, Troja 414 Abb. 433; Schmidt, Schliemanns Sammlung 258 Nr. 6 497; Blinkenberg, Fibules 212 Abb. 235; Muscarella, Phrygian Fibulae Taf. 3, 11.

609. Ephesos, Bez. İzmir. – Artemis-Tempel, außerhalb der Basis. – Vgl. Nr. 28. – Fibel; Nadel abgebrochen, kleiner Nadelhalter, Bügel mit D-förmigen Querschnitt; L. 3,05 cm; Bügel-Br. 1,0 cm (*Taf. 43,609*). – Brit. Mus. London (1907-12-1-307). – Grabung Hogarth. – Ephesos Taf. 17, 15.

610. 611. Entfällt.

612. Gordion/Polatlı, Bez. Ankara. – CM-WS 4–5, S3, near east face Phrygian wall. – Fibel; Nadel abgebrochen, Bügel massiv und sehr dick; L. 3,5 cm; Bügel-D. 0,8 cm (*Taf. 43,612*). – Mus. Gordion (B 1 729). – Grabung Young, 1967. – Unpubliziert.

613. Gordion/Polatlı, Bez. Ankara. – CM-M6C, South cellar, floor. – Fibel; Bügel leicht gedrückt, Nadel abgebrochen; L. 4,0 cm; Bügel-D. 0,7 cm (*Taf. 43,613*). – Mus. Gordion (B 1 640). – Grabung Young, 1967. – Unpubliziert.

614. Fundort unbekannt. – Fibel; Nadel abgebrochen; L. 2,9 cm; Bügel-D. 0,5 cm (*Taf.43,614*). – Mus. Istanbul (75.333). – Geschenk. – Unpubliziert.

Datierung und Verbreitung: Soweit es sich feststellen läßt, sind bei fast allen Fibeln der Variante F,3 die Nadeln zusammen mit den Bügeln in einem Stück gegossen.

Die Funde stammen hauptsächlich aus Gordion und westlich davon aus der Kütahya-Umgebung und aus Troja. Wenn wir dazu die Fibeln der Variante E II,2 – wie z. B. Fibel Nr. 565 –, die mit der Variante F,3 eng verwandt sind, und deren Fundorte wie Antissa/Lesbos, Phana auf die nördlichen ägäischen Inseln anscheinend beschränkt sind, mitberücksichtigen, so könnte demnach angenommen werden, daß es sich bei den Fibeln der Variante F,3 um eine Fibelgattung handelt, die im Westen Gordions beheimatet ist und vorwiegend in diesem Raum hergestellt wurde (Mysien eigener Typ?).

Die große Ähnlichkeit der nicht schichtbestimmten Fibeln Nr. 606, 607 und 612 mit denen aus Simav/Kütahya ist unverkennbar. Die Form des Nadelhalters der letzteren ist nicht für Gordion eigentümlich; daher könnten die Stücke aus Gordion als Importe aus den westlich liegenden Gebieten Anatoliens betrachtet werden. Für die Fibeln Nr. 600 aus Gold und Nr. 601 aus Silber, die in der „kimmerischen Zerstörungsschicht" gefunden worden sind, also älter sind als dieses Ereignis, ist diese Annahme ebenfalls sehr naheliegend.

Wegen des Vorkommens von zwei Fibeln der Variante F,3 im Tumulus III von Gordion – jedoch weichen diese in ihrer Größe und in weiteren Einzelheiten (Nadelhalter) von den obigen ab –, die vermutlich in Gordion hergestellt worden sind, wäre die Variante F,3 um die Mitte des 8. Jh. v. Chr. und in das letzte Viertel des 8. Jh. v. Chr. zu datieren.

Das einzige Exemplar aus Boğazköy wird von Boehmer in das letzte Viertel des 8. Jh. v. Chr. datiert.[8]

Aufgrund der Bearbeitung des Nadelhalters handelt es sich bei der Fibel Nr. 609 aus Ephesos um eine Nachahmung, die ohne weiteres in das frühe 7. Jh. v. Chr. datiert werden kann.

---

[8] Boehmer, Kleinfunde 54.

GRUPPE G

Die Fibeln der Gruppe G besitzen einen runden bis ovalen Bügelquerschnitt. Der Bügel ist mit mehr oder minder scharfen Ringen bzw. Wülsten oder mit einer Kugel verziert.

Ausgehend von den Bügelornamenten sind mehrere Typen und Varianten zu unterscheiden.

TYP G I

Die Fibeln vom Typ G I sind charakterisiert durch einen runden bis ovalen Bügelquerschnitt, die Bügelmitte weist einen Grat oder eine ringförmige Verzierung auf. Bei manchen Exemplaren ist dieser Grat aus einer mittleren Schwellung herausgewachsen. Die Bügelmitte der Fibeln Nr. 626 und 627 ist mit einem scharfen bzw. mit einem abgerundeten Ring versehen; die Ringe der Nr. 628 und 629 sind kanneliert.

Das Stück Nr. 630 besitzt in der Bügelmitte eine Kugel und bleibt in dem hier untersuchten Gebiet ein Unikum.

Alle Fibeln des Typs G I sind an den Bügelenden mit Wülsten und Scheiben von rundem Querschnitt versehen; in diesem Zusammenhang stellt die Fibel Nr. 623, bei der die Bügelendornamente jeweils zwei Querstege aufweisen, die voneinander durch eine Scheibe getrennt werden, eine Ausnahme dar. Die Bügelendwülste der Fibel Nr. 625 sind zusätzlich ringsherum mit gegossenen Perlchen geschmückt; außerdem befindet sich in dem noch erhaltenen Spiralloch ein Buckelnagel.

615. Gordion/Polatlı, Bez. Ankara. – Tumulus S-1, Hauptbestattung. – Fibel; Nadel abgebrochen, Bügelmitte mit einem scharfen Grat; L. 3,4 cm; Querschnitt Mitte 0,7 cm (*Taf. 43,615*). – Mus. Ankara (B 362). – Grabung Young, 1951. – Unpubliziert.

616. Gordion/Polatlı, Bez. Ankara. – CM-EML-3, layer 6. – Fibel; L. 3,3 cm; Querschnitt Mitte 0,75 cm (*Taf. 43,616*). – Mus. Gordion (B 1177). – Grabung Young, 1959. – Muscarella, Phrygian Fibulae Taf. 11, 57.

617. Boğazköy, Bez. Çorum. – Nicht schichtbestimmt. – Fibel; L. 2,6 cm; H. 1,9 cm; Querschnitt Mitte 0,5 × 0,42 cm (*Taf. 43,617*). – Mus. Ankara (72/0). – Angekauft, aus der Umgebung von Boğazköy oder aus Boğazköy selbst. – Boehmer, Kleinfunde Taf. 7, 108.

618. Ephesos, Bez. İzmir. – Artemis-Tempel, außerhalb der Basis. – Vgl. Nr. 28. – Fibel; Nadel abgebrochen; L. ca. 2,7 cm (*Taf. 43,618*; nach Photo). – Brit. Mus. London. – Grabung Hogarth. – Unpubliziert.

619. Gordion/Polatlı, Bez. Ankara. – CM, South cellar. – Fibel; Nadel und Nadelhalter abgebrochen; L. 3,0 cm; Querschnitt Mitte 0,6 cm (*Taf. 43,619*). – Mus. Gordion (B 1628). – Grabung Young, 1967. – Unpubliziert.

620. Gordion/Polatlı, Bez. Ankara. – Tumulus E, Füllung. – Fibel; Nadel abgebrochen; vermutlich ein Paar mit Fibel Nr. 620A; L. 3,5 cm; Querschnitt Mitte 0,8 cm (*Taf. 43,620*). – Mus. Ankara (B 7). – Grabung Young, 1950. – Unpubliziert.

620A. Gordion/Polatlı, Bez. Ankara. – Tumulus E, Füllung. – Fibel; Nadel abgebrochen; vermutlich ein Paar mit Nr. 620; L. ca. 3,3 cm; Querschnitt Mitte ca. 0,8 cm (*Taf. 43,620A*; nach Photo). – Verschollen ? (B 8). – Grabung Young, 1950. – Unpubliziert.

621. Yazılıkaya, Bez. Eskişehir. – Fibel; Nadel abgebrochen; Nadelspirale noch erhalten; L. 2,9 cm; Querschnitt Mitte 0,3 cm (*Taf. 43,621*). – Mus. Afyon (E 1096). – Erworben in Yazılıkaya. – Unpubliziert.

622. Midas-Stadt, Bez. Eskişehir. – Schnitt P 3. – Fibel; Fragment aus Messing; der Ring in der Mitte auf der Rückseite nicht profiliert;[1] L. ca. 2,6 cm; Dm. Mitte ca. 0,5 cm (*Taf. 43,622;* nach Haspels). – Verbleib unbekannt. – Grabung Haspels. – Haspels, Phrygie III Taf. 41 a, 3.

623. Gordion/Polatlı, Bez. Ankara. – Tumulus N, chamber floor. – Fibel; Bügelendverzierungen aus zwei voneinander durch eine Scheibe getrennten, rechtecki-

---

[1] Haspels, Phrygie III 150 Nr. 3: „... Filet mince, mais seulement sur le devant".

gen Querstegen; L. ca. 4,5 cm; Querschnitt Mitte ca. 0,85 cm (*Taf. 43,623*; nach Photo). – Mus. Gordion (B 642). – Grabung Young, 1955. – Muscarella, Phrygian Fibulae Taf. 8, 44.

624. **Gordion**/Polatlı, Bez. Ankara. – CM-MW, layer 6, S of wall 13. – Fibel; Nadel und Nadelhalter abgebrochen; L. 4,8 cm; Querschnitt Mitte 1,2 cm (*Taf. 43,624*). – Mus. Gordion (B 775). – Grabung Young, 1957. – Unpubliziert.

625. **Gordion**/Polatlı, Bez. Ankara. – CM-PhW-N, layer 6. – Fibel; Wülste der Bügelenden mit mitgegossenen Perlchen; das Spiralwindungsloch mit Buckelnagel; bis jetzt einzigartig in dieser Art; L. 3,7 cm; Querschnitt Mitte 0,7 cm (*Taf. 43,625*). – Mus. Gordion (B 1922). – Grabung Young, 1969. – Unpubliziert.

626. **Gordion**/Polatlı, Bez. Ankara. – CM-M5J, south cellar. – Fibel; eine Seite abgebrochen; L. noch 2,8 cm; Bügel-Dm. 0,6 cm (*Taf. 43,626*). – Mus. Gordion (B 1597). – Grabung Young, 1965. – Unpubliziert.

627. **Boğazköy**, Bez. Çorum. – Zeit der Schicht Büyükkale I; o-p/14–15, Schicht I. – Fibel; Nadel abgebrochen; L. 3,45 cm; H. 2,45 cm; Dm. des Bügels, seitlich 0,34 cm, Dm. des Ringes, Mitte 0,65 cm (*Taf. 43,627*; nach Boehmer).– Mus. Ankara (131/f). – Boehmer, Kleinfunde Taf. 7, 114.

628. **Gordion**/Polatlı, Bez. Ankara. – CM-CC-stratified post clay. – Fibel; Nadel und Nadelhalter abgebrochen; Ring der Mitte fein kanneliert; Bügelenden mit Umschnürungen; L. 3,0 cm; Dm. des Ringes 0,7 cm (*Taf. 43,628*). – Mus. Gordion (B 598). – Grabung Young, 1955. – Unpubliziert.

629. **Gordion**/Polatlı, Bez. Ankara. – CM-WS, 4–5, S3 under floor 4 B. – Fibel; Nadel war eingesetzt, Nadelhalter teilweise abgebrochen, Bügelmitte mit kanneliertem Ring; L. 3,2 cm; Dm. Mitte 0,6 cm (*Taf. 43,629*). – Mus. Gordion (B 1725). – Grabung Young, 1967. – Unpubliziert.

630. **Gordion**/Polatlı, Bez. Ankara. – CM-PPB-3, layer 4. – Fibel; eine Kugel in der Bügelmitte; L. 2,5 cm; Dm. der Kugel 0,5 cm (*Taf. 43,630*). – Mus. Gordion (B 1793). – Grabung Young, 1967. – Unpubliziert.

631. **Boğazköy**, Bez. Çorum. – Nicht schichtbestimmt. – J/19 Unterstadt, Oberflächenschutt. – Fibel; verlorene Nadel war eingesetzt; L. 2,5 cm; H. 1,7 cm; Dm. des Bügels 0,2–0,4 cm (*Taf. 43,631*; nach Boehmer). – Mus. Ankara (73/54). – Boehmer, Kleinfunde Unterstadt Taf. 4, 2 537.

631 A. Fundort unbekannt. – Fibel; eingesetzte Nadel; Bügelendornament (Nadelhalterseite) mit kannelierten Scheiben; L. 3,15 cm; Dm. Mitte (Ring) 0,9 cm (*Taf. 43,631 A*). – Brit. Mus. London (Serial 135 210; Coll. Nr. 1970-2-5,1). – Ankauf. – Unpubliziert.

Datierung und Verbreitung: Zwei Fibeln des Typs G I stammen aus den in das frühe bzw. in die erste Hälfte des 7. Jh. v. Chr. datierten Tumuli S-1 und N von Gordion. Zwei Exemplare lieferte die Erdfüllung des Tumulus E.

Die Schicht 6 vom City Mound, in der die Stadt Gordion wiedererrichtet wurde, und die auf die die Zerstörungsschicht überlagernde Erdschicht folgt, lieferte die Fibeln Nr. 616, 624 und 625. Nach O. W. Muscarella geschah dieser Wiederaufbau um 550 v. Chr.[2] G. K. Sams vermutet jedoch für die Zeit des Wiederaufbaues des City Mound das letzte Viertel des 7. Jh. v. Chr. und nimmt an, daß die „Habitation" in gewissen Teilen der alten Stadt nach der Zerstörung fortgedauert hat.[3] Wenn diese Annahme richtig ist, wäre es durchaus denkbar, daß viele Fibeln – wahrscheinlich auch andere Gegenstände – aus der Schicht 6 vor der Zeit dieser Schicht hergestellt und benutzt worden sind und während der Neubebauung der Stadt, z. B. im Planierschutt, in den Boden gelangten. Da die Fibeln vom Typ G I aus der Schicht 6 und aus der in das 5. Jh. v. Chr. datierten Aufschüttung des „South Cellar" (Nr. 626) sich in ihrer Größe und Verzierung von den Exemplaren aus dem Tumulus S-1 allgemein wenig unterscheiden, würde ihre Herstellungszeit vielleicht in die erste Hälfte des 7. Jh. v. Chr. fallen.

Zwei andere Exemplare (Nr. 629.630) wurden inner- und unterhalb der Schicht 4 vom City Mound gefunden; ob diese Fibeln in der Zeit der Schicht 4 benutzt worden sind, muß dahingestellt bleiben.

Die Fibel Nr. 618, die Nr. 617 aus Boğazköy sehr nahesteht, wurde in Ephesos außerhalb der Tempelbasis gefunden (frühes bzw. erste Hälfte des 7. Jh. v. Chr.). Das angekaufte, aus der Umgebung von Boğazköy stammende Stück Nr. 617 wird jedoch, zusammen mit der nicht schichtbestimmten Fibel (Nr. 631) aus der Unterstadt und der Fibel (Nr. 622) aus der Midas-Stadt, von R. M. Boehmer eher dem

---

[2] Muscarella, Phrygian Fibulae 7f. [3] Sams, Anat. Stud. 24, 1974, 170f.

6. Jh. v. Chr. als der 2. Hälfte des 7. Jh. v. Chr. zugeschrieben;[4] das Exemplar (Nr. 627) aus der Schicht I von Büyükkale wird von ihm eher dem 6. Jh. v. Chr. zugewiesen.[5]

Zusammengefaßt kann gesagt werden, daß die Fibeln des Typs G I vom frühen 7. Jh. v. Chr. an, möglicherweise auch aus der 1. Hälfte des 6. Jh. v. Chr. zu belegen sind.

Innerhalb des untersuchten Gebietes stammen die Funde aus Gordion, aus der Midas-Stadt, aus der Umgebung von Yazılıkaya, aus Boğazköy und aus Ephesos.

TYP G II

Die Bügelendornamente bestehen jeweils aus einem Kubus; die Bügelmitte weist eine Verzierung auf, die aus scharfen kantigen Scheiben zusammengesetzt ist.

Bei der kleinformatigen Fibel Nr. 634 befindet sich unterhalb der Kuben je eine Scheibe.

632. Gordion/Polatlı, Bez. Ankara. – Tumulus III. – Fibel; Nadel abgebrochen; L. 4,9 cm; Dm. Mitte 0,8 cm (*Taf. 43,632*). – Mus. Istanbul (2 094). – Grabung Körte, 1900. – Körte, Gordion 78 Nr. 40 Abb. 68.

633. Gordion/Polatlı, Bez. Ankara. – Tumulus III. – Fibel; Nadel abgebrochen; gleicht der Fibel Nr. 632, jedoch Nadelhalter links: wahrscheinlich ein Paar; L. 4,9 cm; Dm. Mitte 0,85 cm (*Taf. 43,633*). – Mus. Istanbul (2 109 ?). – Grabung Körte, 1900. – Körte, Gordion 78 Nr. 41.

634. Gordion/Polatlı, Bez. Ankara. – Tumulus E, earth fill west side. – Fibel; Nadel und Nadelhalter fehlen; L. 2,5 cm; Dm. Mitte 0,55 cm (*Taf. 43,634*). – Mus. Gordion (B 144). – Grabung Young, 1950. – Muscarella, Phrygian Fibulae Taf. 10, 56; 14, 72 d.

Datierung und Verbreitung: Das Fibelpaar aus dem Tumulus III von Gordion ist um die Mitte des 8. Jh. v. Chr. anzusetzen.

Die Fibel Nr. 634, die u. a. in der Aufschüttung des Tumulus E gefunden wurde, kann nicht mit Sicherheit datiert werden; jedoch dürfte sie nicht jünger sein als 7. Jh. v. Chr.

Fibeln dieser Art sind bis jetzt nur aus Gordion bekannt.

TYP G III

Drei einfache, regelmäßig verteilte Ringe schmücken den rundstabigen Bügel der Fibeln vom Typ G III. Die Bügelendornamente sind unterschiedlich kombiniert.

635. Gordion/Polatlı, Bez. Ankara. – CM-WS5/6-N, layer 6 B. – Fibel; rechte Seite des Bügels modern ergänzt bzw. ohne Ring restauriert; eingesetzte Nadel fehlt, Nadelhalter abgebrochen; auf der Rückseite nicht modellierte Bügelendverzierungen; L. 3,8 cm; Dm. Mitte (Ring) 0,65 cm (*Taf. 43,635*). – Mus. Gordion (B 1713). – Grabung Young, 1967. – Unpubliziert.

636. Ephesos, Bez. İzmir. – Artemis-Tempel, aus der Tempelbasis. – Fibel; aus Silber; eingesetzte (vermutlich) Nadel fehlt; L. 3,5 cm; Dm. Mitte 0,65 (Ring) (*Taf. 43,636*). – Brit. Mus. London. – Grabung Hogarth. – Ephesos Taf. 11, 7; Brit. Mus. Cat. 84 Nr. 1 089 Taf. 10.

Datierung und Verbreitung: Gemeinsam ist den bis jetzt bekanntgewordenen beiden Exemplaren des Typs G III das Bügelornament. Bei der silbernen Fibel aus der Basis des Artemision von Ephesos sind der

---

[4] Boehmer, Kleinfunde 59; ders., Kleinfunde Unterstadt 5.   [5] Boehmer, Kleinfunde 60 (Typ XII, 13).

Nadelhalter und seine Auswüchse tief kanneliert; hinzu kommt, daß die „Spring-Plate" gewölbt, etwa pilzförmig ausgebildet ist und an einigen Stellen noch Ritzungen aufweist. Diese Merkmale sind bei den Fibeln aus Tumulus S-1 (vgl. z. B. unten Typ H I) und aus dem älteren Tumulus MM nachzuweisen. Diese Eigenschaften der silbernen Fibel aus Ephesos fehlen bei dem flüchtig bearbeiteten Stück aus der Schicht 6 B vom City Mound von Gordion (Nr. 635).

Beide Fibeln sind dem 7. Jh. v. Chr. zuzuschreiben, wobei das silberne Exemplar als das älteste zu betrachten ist. Die Edelmetallfibeln aus der Basis des Artemision von Ephesos werden von P. Jacobstahl mit den bronzenen Exemplaren, die außerhalb der Basis gefunden worden sind zeitlich gleichgesetzt.[6]

TYP G IV

Zu diesem Typ gehören verhältnismäßig kleine Fibeln von rundem bis ovalem Bügelquerschnitt, deren Bügelmitte mit der gleichen Ornamentkombination aus Ring- oder Quersteg-Paaren geschmückt ist wie die Bügelenden. Die Ausbildung der Ornamentkombinationen läßt eine Unterteilung in vier Varianten zu.

Variante G IV,1

Fibeln, deren Bügelmitte und Bügelenden mit doppelten bzw. mit paarweise angeordneten, voneinander deutlich getrennten, dicken Ringen verziert sind.

637. Gordion/Polatlı, Bez. Ankara. – CM-PWN1, layer 1. – Fibel; Fragment, Nadelhalterseite erhalten; auf der Rückseite nicht modellierte Bügelornamente; L. noch ca. 2,5 cm; Dm. Mitte 0,65 cm (*Taf. 43,637*). – Mus. Gordion (B 1944). – Grabung Young, 1973. – Unpubliziert.
638. Gordion/Polatlı, Bez. Ankara. – CM-TB7-B, layer 7. – Fibel; Nadelhalterseite abgebrochen; L. noch 2,5 cm; Dm. Mitte 0,65 cm (*Taf. 43,638*). – Mus. Gordion (B 1594). – Grabung Young, 1965. – Unpubliziert.
639. Gordion/Polatlı, Bez. Ankara. – CM-M5F, level 3 cellar. – Fibel; eingesetzte Nadel fehlt; auf der Rückseite nicht modellierte Bügelornamente; L. 2,9 cm; Dm. Mitte 0,65 cm (*Taf. 43,639*). – Mus. Gordion (B 1590). – Grabung Young, 1965. – Unpubliziert.

Datierung und Verbreitung: Die Exemplare aus dem City Mound von Gordion, die in der Aufschüttung der Schichten 7, 3 und 1 gefunden worden sind, können nicht mit Sicherheit datiert werden; für die zeitliche Stellung dieser Fibeln kommt das 8. Jh. v. Chr. kaum in Frage. Verwandt sind die Fibeln dieser Variante mit den Exemplaren der folgenden Variante G IV,2. Eine allgemeine Datierung in das 7.–6. Jh. v. Chr. ist anzunehmen.

Diese Ausführung ist außerhalb Gordions bis jetzt nicht bekannt.

Variante G IV,2

Fibeln, deren Bügelmitte und Bügelenden durch doppelte bzw. paarweise angeordnete, voneinander nicht durch Wulst oder Scheiben getrennte rechteckige Querstege verziert sind.

---

[6] Jacobstahl, JHS. 71, 1951, 85 f.

640. Boğazköy, Bez. Çorum. – Nicht schichtbestimmt. – Büyükkale e-f/11-12, Oberflächenschutt über Gebäude F. – Fibel; Nadel abgebrochen; Bügelquerschnitt leicht oval; L. 2,4 cm; H. 1,8 cm (*Taf. 43,640*). – Mus. Ankara (294/r). – Boehmer Kleinfunde Taf. 7, 119.
641. Gordion/Polatlı, Bez. Ankara. – CM-PhW-N4, layer 5. – Fibel; Fragment; L. 2,2 cm; H. 1,3 cm (*Taf. 43,641*). – Mus. Gordion (B 1901). – Grabung Young, 1969. – Unpubliziert.
642. Midas-Stadt, Bez. Eskişehir. – Schnitt U2b. – Fibel; Messing; L. ca. 3,3 cm; H. ca. 2,2 cm (*Taf. 43,642;* nach Haspels). – Verbleib unbekannt. – Grabung Haspels. – Haspels, Phrygie III Taf. 41 a, 6; J. M. Birmingham, Anat. Stud. 11, 1961, 187 Nr. 3.

Datierung und Verbreitung: Zu dem nicht schichtbestimmten Stück aus Büyükkale/Boğazköy gesellen sich eine Fibel aus der Schicht 5 vom City Mound und eine weitere aus der Midas-Stadt.

Wenn wir den Griffbügel eines Gürtels aus Emporio/Chios, dessen Bügelornamente unseren Fibeln entsprechen (HS Periode IV = letztes Viertel des 7. Jh. v. Chr.)[7] und die eng verwandte folgende Variante G IV,3 in Betracht ziehen, käme für die zeitliche Stellung der Variante G IV,2 die 2. Hälfte des 7. Jh. v. Chr. und vielleicht noch das 6. Jh. v. Chr. in Frage.

Die Fibeln dieser Variante sind nur aus o. e. Fundorten bekannt.

Variante G IV,3

Die Fibeln dieser Variante sind mit den Fibeln der Variante G IV,2 nahe verwandt. Der einzige Unterschied besteht darin, daß die doppelten Querstege des Bügels jeweils mit drei bis vier mitgegossenen Perlchen bzw. „Scheinbuckeln" verziert sind.

643. Boğazköy, Bez. Çorum. – Zeit der Schicht Büyükkale I; Büyükkale o-p/14-15, Schicht I. – Fibel; Nadel abgebrochen; jeweils mit vier Perlchen; L. 3,0 cm, H. 2,3 cm (*Taf. 43,643;* nach Boehmer). – Mus. Ankara (130/f). – Boehmer, Kleinfunde Taf. VII, 112.
644. Boğazköy, Bez. Çorum. – Zeit der Schicht Büyükkale I; Büyükkale l/14, Schicht I. – Fibel; Nadel und Nadelhalter abgebrochen; L. 3,05 cm; H. 2,0 cm (*Taf. 43,644;* nach Boehmer). – Mus. Ankara (13/g). – Boehmer, Kleinfunde Taf. 7, 113.
645. Boğazköy, Bez. Çorum. – Zeit der Schicht Büyükkale I; Büyükkale m/14, Schicht I. – Fibel; Nadel abgebrochen; L. 3,28 cm; H. 2,25 cm (*Taf. 43,645;* nach Boehmer). – Mus. Ankara (181/g). – Boehmer, Kleinfunde Taf. 7, 111.
646. Yazılıkaya, Bez. Eskişehir. – Gräber – Fibel; Nadel abgebrochen; L. 3,4 cm; H. 2,3 cm (*Taf. 43,646*). – Mus. Afyon (E 1209). – Grabung M. Eyüboğlu, 1950. – Unpubliziert.
647. Yazılıkaya, Bez. Eskişehir. – Gräber – Fibel; eingesetzte Nadel abgebrochen; L. 3,3 cm; H. 2,4 cm (*Taf. 43,647*). – Mus. Afyon (E 1208). – Grabung H. Çambel, 1949. – Unpubliziert.
648. Gordion/Polatlı, Bez. Ankara. – Near Tumulus E, surface. – Fibel; Nadel abgebrochen; jeweils mit drei Perlchen; L. 2,9 cm; H. 2,3 cm (*Taf. 44,648*). – Mus. Ankara (B 524). – Grabung Young, 1953. – Unpubliziert.
649. Gordion/Polatlı, Bez. Ankara. – CM-TB7-A, layer 4. – Fibel-Fragment; L. noch 2,9 cm; H. 1,6 cm (*Taf. 44,649*). – Mus. Gordion (B 1579 bis). – Grabung Young, 1965. – Unpubliziert.
650. Yazılıkaya, Bez. Eskişehir. – Gräber. – Fibel; schlecht erhalten; L. noch 2,9 cm; H. ca. 2,2 cm (*Taf. 44,650*). – Mus. Afyon (E 1213). – Grabung H. Çambel, 1949. – Unpubliziert.

Datierung und Verbreitung: Drei Fibeln der Variante G IV,3 wurden in der Schicht I von Büyükkale/ Boğazköy gefunden und von Boehmer in das ausgehende 7. Jh. v. Chr.–6. Jh. v. Chr. datiert.

Aus dem letzten Viertel des 7. Jh. v. Chr. stammt der oben erwähnte (s. Variante G IV,2) Griffbügel

---

[7] Boardman, Chios 216 f. Taf. 89, 289.

aus Emporio/Chios,⁸ der den Fibeln der Variante G IV,3 ebenfalls nahesteht. Sicherlich eng verwandt ist eine Fibel der Variante D V,2 (Nr. 533) aus Ephesos, die in die erste Hälfte des 7. Jh. v. Chr. anzusetzen ist.

Weitere Fibeln dieser Art wurden in der von H. Çambel ausgegrabenen Nekropole von Yazılıkaya (8./7. Jh. v. Chr.) gefunden (Nr. 646–647.650).

Die zwei Exemplare von Gordion können nicht mit Sicherheit datiert werden; eine von diesen Fibeln wurde in der Nähe des Tumulus E auf der Oberfläche, die andere im Raum 7 vom „Terrace Building", in der Schicht 4 des City Mound gefunden.

Zwei weitere, identische Fibeln (beide sehr wahrscheinlich von gleicher Gußform stammend) mit unbekanntem Fundort, befinden sich im Adana-Museum.

Allgemeine Datierung: 7. Jh. v. Chr.

Variante G IV,4 oder Variante Tumulus N

Der Bügel von ovalem Querschnitt weist drei identisch kombinierte Ornamente auf, die jeweils aus durch einen scharfen Wulst voneinander getrennten Querstegpaaren zusammengesetzt sind.

650 A. Gordion/Polatlı, Bez. Ankara. – Tumulus N, chamber floor. – Fibel; wahrscheinlich eingesetzte Nadel abgebrochen; bildet ein Paar mit der Fibel Nr. 650 B; L. 4,6 cm (*Taf. 44,650 A*; nach Photo). – Mus. Gordion (B 638 a). – Grabung Young, 1956. – Unpubliziert.

650 B. Gordion/Polatlı, Bez. Ankara. – Tumulus N, chamber floor. – Fibel; wie Nr. 650 A; L. 4,6 cm (*Taf. 44,650 B*; nach Photo). – Mus. Gordion (B 638 b). – Grabung Young, 1956. – Unpubliziert.

Datierung und Verbreitung: Das Fibelpaar ist in das frühe 7. Jh. v. Chr. zu datieren (s. S. 11); unmittelbare Parallelen sind bis jetzt nicht bekannt.

GRUPPE H

Fibeln der Gruppe H haben einen runden bis ovalen Bügelquerschnitt. Die Bügelmitte und die Bügelenden besitzen ein Ornament, das aus einer Wulst/Scheiben-Kombination, aus doppelkonischen Wülsten mit Scheiben oder aus Umschnürungen zusammengesetzt ist.

Nach der Zusammensetzung der Bügelornamente ist eine feine typologische Gliederung möglich. Aufgrund des schlechten Erhaltungszustandes wird diese Gliederung jedoch bei manchen Fibeln erschwert; bei solchen Exemplaren sind die Ornamente so korrodiert bzw. abgenutzt, daß die Kombination der Schmuckelemente nicht mehr genau zu erkennen ist. Zu dieser Kategorie gehören z. B. zwei von D. G. Hogarth abgebildete Fibeln aus Ephesos[1] und die Fibel Nr. 765 aus Sardis.

Die Exemplare vom Typ H sowie vom folgenden Typ J zählen zu den populärsten, über Kleinasien hinaus weit verbreiteten phrygischen Fibeln. Nachahmungen von Fibeln dieser Art wurden auf den ägäischen Inseln und in Griechenland, sogar auf Ischia und in Süditalien in S. Maria d'Anglona[2] gefunden.

---

⁸ Vgl. Anm. 7.

[1] Ephesos Taf. 17, 1–2.
[2] Zwei Fibeln aus Pithecusae, sehr wahrscheinlich ein Paar (Muscarella, Phrygian Fibulae Taf. 11,59.60; PBF. XIV (in Vorbereitung) [Lo Schiavo] Nr. 7914. 7915 (Datierung dieser Stücke nach Lo Schiavo: letztes Viertel des 8. Jh. v. Chr., aus einem Grab); eine weitere Fibel mit Umschnürungen aus einem Grab in S. Maria d'Anglona bei Potenza (ebd. Nr. 7916).

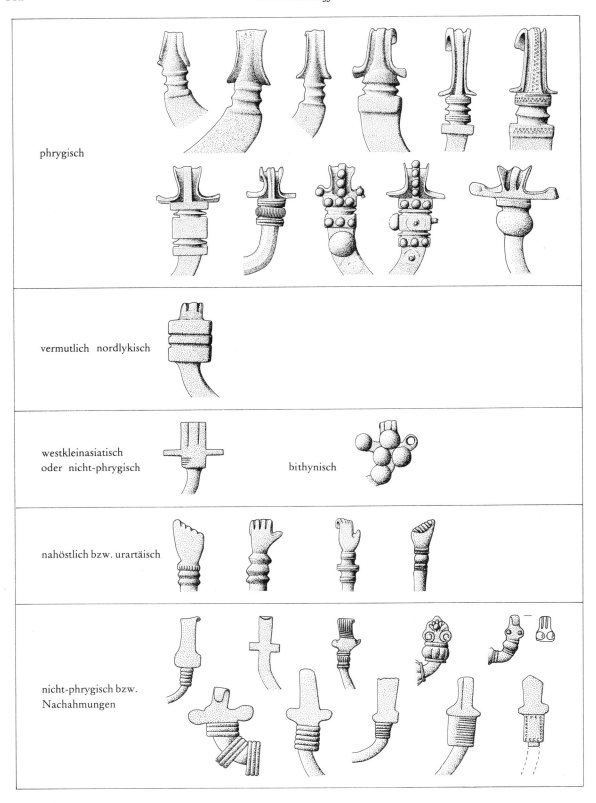

Abb. 3. Nadelhalter anatolischer Fibeln bzw. ihrer Nachahmungen.

Eine Gußform aus Bayraklı beweist,³ daß solche Fibeln auch an der Westküste von Kleinasien hergestellt worden sind.

Bei den meisten Exemplaren in dem untersuchten Gebiet sind die Schmuckelemente der Bügelenden und -mitte direkt beim Guß entstanden, wie bei der von O. W. Muscarella abgebildeten Gußform deutlich zu erkennen sind.⁴ Dagegen ist bei einigen anderen Exemplaren zu beobachten, daß diese Schmuckelemente – Wülste und Scheiben – nach dem Guß durch Gravieren bzw. Feilen der groben Ornamentbasis entstanden sind; so dürfte die oben erwähnte Gußform aus Bayraklı als Ausgangsbasis für eine derartige Herstellungsweise gedient haben. Ebenfalls auf diese Weise nachbearbeitet sind die Ornamente einer Fibel aus Larissa am Hermos.⁵

Diese nachträgliche Bearbeitungsweise ist bei den Nadelhaltern einiger Fibeln ebenfalls zu beobachten: Die Nadelhalter sind zuerst einfach flach gegossen; nach dem Guß wurden die für die phrygischen Fibeln typischen tiefen Kanneluren rechts und links der vertikalen Mittelrippe durch Gravieren von zwei vertikal parallellaufenden Ritzungen angedeutet. Diese Bearbeitungsweise des Nadelhalters ist bezeichnend für die regional hergestellten Nachahmungen von den ägäischen Inseln, Griechenland aber auch aus den westkleinasiatischen Werkstätten, wie z. B. bei den Fibeln aus Troja, Neandria, Thymbra, Bayraklı (Abb. 3).

Nach der Kombination der Bügelornamente werden mehrere Typen und Varianten unterschieden.

TYP H I

Kleine Fibeln von rundem bis ovalem Bügelquerschnitt. Die Ornamente der Bügelmitte und -enden sind identisch und jeweils mit einem bikonischen Wulst verziert, der auf beiden Seiten von dünnen Scheiben abgegrenzt wird. Diese Wüste sind in der Regel mit einem Mittelgrat versehen, der durch die bikonische Form zustande kommt.

Leicht abweichend von dieser Beschreibung sind manche Exemplare aus dem untersuchten Gebiet, bei denen die Wülste in einer mehr abgerundeten statt bikonischen Form in Erscheinung treten.

Eine große Anzahl der Fibeln vom Typ H I stammt aus dem Tumulus S-1 von Gordion; O. W. Muscarella erwähnt 62 Exemplare;⁶ bei der Neuaufnahme konnten insgesamt 66 Fibeln gezählt werden, die der Größe und Bearbeitung nach sich nur wenig voneinander unterscheiden; drei dieser Fibeln befinden sich im Gordion-Museum und können wegen des sehr schlechten Erhaltungszustandes hier nicht abgebildet werden.

Außer den Fibeln Nr. 674 und 676 sind der Calvert-Sammlung mindestens noch fünf weitere kleinformatige Fibeln zugehörig, die laut H. Thiersch bzw. Calvert sehr wahrscheinlich aus den Gräbern von „Thymbra" stammen. Diese Exemplare waren im Museum zu Çanakkale nicht mehr aufzufinden; das recht schlechte Photo im handschriftlichen Katalog Thiersch erlaubt hier leider keine Wiedergabe dieser Fibeln.

Offensichtlich wurden in Ephesos außerhalb der Tempelbasis mehr als die hier abgebildeten Exemplare aus Bronze gefunden; denn der Ausgräber Hogarth erwähnt insgesamt 33 Fibeln dieser Art, ohne jedoch eine genaue, nach verschiedenen Typen differenzierte Anzahl zu nennen.⁷

---

³ Muscarella, Phrygian Fibulae Taf. 16,83–84.
⁴ Ebd. Taf. 16,85.
⁵ Schefold, Larissa Taf. 10, 25.
⁶ Muscarella, Phrygian Fibulae 22.
⁷ Ephesos 148 (IV).

651 A.B. Gordion/Polatlı, Bez. Ankara. – Tumulus S-1, Hauptbestattung. – Zwei Fibeln; Nadeln abgebrochen; wahrscheinlich ein Paar; A: L. 3,2 cm; Dm. Mitte (Wulst) 0,8 cm; B: L. 2,8 cm; Dm. Mitte 0,8 cm (*Taf. 44,651 A.B*). – Mus. Gordion (B 251 a, b). – Grabung Young, 1951. – Unpubliziert.

652. Gordion/Polatlı, Bez. Ankara. – Tumulus S-1, Hauptbestattung. – Fibel; Nadel abgebrochen; L. 3,1 cm; Dm. Mitte (Wulst) 0,8 cm (*Taf. 44,652*). – Mus. Gordion (B 250). – Grabung Young, 1951. – Unpubliziert.

653. Gordion/Polatlı, Bez. Ankara. – Tumulus S-1, Hauptbestattung. – Fibel; Nadel abgebrochen; L. 3 cm; Dm. Mitte 0,7 cm (*Taf. 44,653*). – Mus. Ankara (B 330, b). – Grabung Young, 1951. – Unpubliziert.

654 A.–C. Gordion/Polatlı, Bez. Ankara. – Tumulus S-1, NE charred deposit. – Drei Fibeln; L. ca. 3,4 cm; Dm. Mitte 0,6–0,9 cm (*Taf. 44,654 A–C*). – Mus. Ankara (B 331). – Grabung Young, 1951. – Unpubliziert.

655 A.–H. Gordion/Polatlı, Bez. Ankara. – Tumulus S-1, NE charred deposit. – Acht Fibeln; einige z. T. korrodiert; L. 2,9–3,6 cm (*Taf. 44,655 A–H*). – Grabung Young, 1951. – Mus. Ankara (B 332). – Unpubliziert.

656. Gordion/Polatlı, Bez. Ankara. – Tumulus S-1, NE charred deposit. – Fibel; Fragment; Dm. Mitte (Wulst) 0,75 cm (*Taf. 44,656*). – Mus. Ankara (B 332, a). – Grabung Young, 1951. – Unpubliziert.

657 A.–D. Gordion/Polatlı, Bez. Ankara. – Tumulus S-1, NE charred deposit. – Vier Fibeln; L. 2,7–3,2 cm (*Taf. 44,657 A–D*). – Mus. Ankara (B 333). – Grabung Young, 1951. – Unpubliziert.

658. Gordion/Polatlı, Bez. Ankara. – Tumulus S-1, NE charred deposit. – Fibel; Fragment; Dm. Mitte (Wulst) 0,8 cm (*Taf. 44,658*). – Mus. Ankara (B 333, a). – Grabung Young, 1951. – Unpubliziert.

659. Gordion/Polatlı, Bez. Ankara. – Tumulus S-1, NE charred deposit. – Fibel; Spiralswindungsloch mit Buckelnagel; L. 3,6 cm; Dm. Mitte (Wulst) 0,9 cm (*Taf. 44,659*). – Mus. Ankara (B 333, b). – Grabung Young, 1951. – Unpubliziert.

660. Gordion/Polatlı, Bez. Ankara. – Tumulus S-1, NE charred deposit. – Fibel; Nadel abgebrochen; L. 3,4 cm; Dm. Mitte 0,8 cm (*Taf. 44,660*). – Mus. Ankara (B 334, a). – Grabung Young, 1951. – Unpubliziert.

661 A.–H. Gordion/Polatlı, Bez. Ankara. – Tumulus S-1, NE charred deposit. – Acht Fibeln; L. 2,8–3,2 cm; (*Taf. 44,661 A–H*). – Mus. Ankara (B 334). – Grabung Young, 1951. – Unpubliziert.

662 A.–K. Gordion/Polatlı, Bez. Ankara. – Tumulus S-1, Hauptbestattung. – Elf Fibeln; L. 2,8–3,2 cm (*Taf. 44,662 A–F; 45,662 G–K*). – Mus. Ankara (B 346 und a, b, c). – Grabung Young, 1951. – Muscarella, Phrygian Fibulae Taf. 9,49.

663 A.–F. Gordion/Polatlı, Bez. Ankara. – Tumulus S-1, Hauptbestattung. – Sechs Fibeln; L. 2,6–3,5 cm; z. T. korrodiert (*Taf. 45,663 A–F*). – Mus. Ankara (B 347). – Grabung Young, 1951. – Unpubliziert.

664 A.–K. Gordion/Polatlı, Bez. Ankara. – Tumulus S-1, NE charred deposit. – Elf Fibeln; L. 2,9–3,4 cm (*Taf. 45,664 A–K*). – Mus. Ankara (B 348). – Grabung Young, 1951. – Unpubliziert.

665 A.B. Gordion/Polatlı, Bez. Ankara. – Tumulus S-1, Hauptbestattung. – Zwei Fibeln; Nadeln abgebrochen; A: L. 3,2 cm; Dm. Mitte 0,8 cm; B: L. 3,0 cm; Dm. Mitte 0,85 cm (*Taf. 45,665 A.B*). – Mus. Ankara (o. Inv. Nr.). – Grabung Young, 1951. – Unpubliziert.

666 A.B. Gordion/Polatlı, Bez. Ankara. – Tumulus S-1, Hauptbestattung. – Zwei Fibeln; Exemplar B in zwei Teile zerbrochen; A: L. 3,0 cm; Dm. Mitte 0,7 cm (*Taf. 45,666 A.B*). – Mus. Ankara (B 364). – Grabung Young, 1951. – Unpubliziert.

667. Gordion/Polatlı, Bez. Ankara. – CM-MW, layer 6, S of wall 13. – Fibel-Fragment; Dm. Mitte 0,4 cm (*Taf. 45,667*). – Mus. Gordion (B 777). – Grabung Young, 1957. – Unpubliziert.

668. Gordion/Polatlı, Bez. Ankara. – CM-PPN, level 4. – Fibel; Nadel abgebrochen; L. 2,4 cm; Dm. Mitte 0,65 cm (*Taf. 45,668*). – Mus. Gordion (B 1387). – Grabung Young, 1962. – Unpubliziert.

669. Gordion/Polatlı, Bez. Ankara. – CM-M6C, mixed clay below cellar. – Fibel; Nadel abgebrochen; L. 2,4 cm, Dm. Mitte ca. 0,4 cm (*Taf. 45,669*). – Mus. Gordion (B 1610). – Grabung Young, 1967. – Unpubliziert.

670. Yazılıkaya, Bez. Eskişehir. – Gräber. – Fibel; L. 3,2 cm; Dm. Mitte 0,6 cm (*Taf. 45,670*). – Mus. Afyon (E 1211). – Grabung H. Çambel, 1949. – Unpubliziert.

671. Yazılıkaya, Bez. Eskişehir. – Gräber. – Fibel; L. 2,9 cm; Dm. Mitte 0,65 cm (*Taf. 45,671*). – Mus. Afyon (E 1212). – Grabung H. Çambel, 1949. – Unpubliziert.

672. „Kalecik köyü", Bez. Afyon. – Fibel; L. 2,75 cm; Dm. Mitte ca. 0,6 cm (*Taf. 45,672*). – Mus. Afyon (E 1101). – Erworben in Kalecik, 1961. – Unpubliziert.

673. Gordion/Polatlı, Bez. Ankara. – CM-WS-11, layer 5. – Fibel; L. ca. 2,8 cm (*Taf. 45,673*). – Mus. Gordion (B 1749). – Grabung Young, 1969. – Unpubliziert.

674 A.B. „Thymbra", Bez. Çanakkale. – Zwei Fibeln; massiver, dicker Bügel; Exemplar B nicht mehr im Çanakkale-Museum, umgezeichnet nach dem Photo Thiersch-Katalog „Calvert-Sammlung"; L. 4,9 cm; Dm. Mitte 1,3 cm (*Taf. 45,674 A.B*). – Mus. Çanakkale (unter Inv. Nr. 1144). – Grabung Calvert. – Unpubliziert.

675. Gordion/Polatlı, Bez. Ankara. – CM-M6C, South cellar, fill. – Fibel; Fragment; L. noch 2,5 cm; Dm. Mitte 0,6 cm (*Taf. 45,675*). – Mus. Gordion (B 1642). – Grabung Young, 1967. – Unpubliziert.

Phrygische bzw. anatolische Fibeln Gruppe H

676. „Thymbra", Bez. Çanakkale. – Fibel; L. 2,95 cm; Dm. Mitte 0,65 cm (*Taf. 45,676*). – Mus. Çanakkale (ohne Inv. Nr. unter Calvert-Sammlung). – Grabung Calvert. – Unpubliziert.

677. Gordion/Polatlı, Bez. Ankara. – CM-TB7A, layer 4. – Fibel; L. 2,8 cm; Dm. Mitte 0,7 cm (*Taf. 45,677*). – Mus. Gordion (B 1538). – Grabung Young, 1965. – Unpubliziert.

678. Gordion/Polatlı, Bez. Ankara. – CM-Q2-Bldg. I; N wall Tr. – Fibel; sehr schlecht erhalten. – Mus. Gordion. – Unpubliziert.

679. Ephesos, Bez. İzmir. – Artemis-Tempel, außerhalb der Basis. – Vgl. Nr. 28. – Fibel; Nadel abgebrochen; L. 4,1 cm; Dm. Mitte 0,7 cm (*Taf. 45,679*). – Mus. Istanbul (u. Nr. 2644). – Grabung Hogarth. – Ephesos Taf. 17,6.

680. Ephesos, Bez. İzmir. – Artemis-Tempel, außerhalb der Basis. – Vgl. Nr. 28. – Fibel; Nadel abgebrochen; L. 2,3 cm (*Taf. 45,680*; nach Hogarth). – Verbleib unbekannt. – Grabung Hogarth. – Ephesos Taf. 17,11.

681. Ephesos, Bez. İzmir. – Artemis-Tempel, außerhalb der Basis. – Vgl. Nr. 28. – Fibel; Nadel abgebrochen; L. ca. 3 cm (*Taf. 45,681*). – Brit. Mus. London. – Grabung Hogarth. – Ephesos Taf. 17,9.

682. Ephesos, Bez. İzmir. – Artemis-Tempel, außerhalb der Basis. – Vgl. Nr. 28. – Fibel; Nadel abgebrochen; L. ca. 2,2 cm (*Taf. 46,682*; nach Hogarth). – Verbleib unbekannt. – Grabung Hogarth. – Ephesos Taf. 17,8.

683. Ephesos, Bez. İzmir. – Artemis-Tempel, außerhalb der Basis. – Vgl. Nr. 28. – Fibel; Fragment; Wülste weisen Schraffuren auf; L. ca. 2,6 cm (*Taf. 46,683*). – Brit. Mus. London. – Grabung Hogarth. – Ephesos Taf. 17,10.

684. Ephesos, Bez. İzmir. – Artemis-Tempel, außerhalb der Basis. – Vgl. Nr. 28. – Fibel; L. 3,2 cm (*Taf. 46,684*). – Brit. Mus. London. – Grabung Hogarth. – Unpubliziert.

685. Ephesos, Bez. İzmir. – Artemis-Tempel, außerhalb der Basis. – Vgl. Nr. 28. – Fibel; Fragment, L. noch ca. 2,7 cm (*Taf. 46,685*). – Brit. Mus. London. – Grabung Hogarth. – Unpubliziert.

686. Boğazköy, Bez. Çorum. – Nicht schichtbestimmt. – J/19, Unterstadt, Tempel I, Suchschnitt I/6, Oberflächenschutt. – Fibel; L. 3,0 cm; H. 2,3 cm; Dm. des Bügels 0,3 cm (*Taf. 46,686*; nach Boehmer). – Mus. Ankara (70/69). – Boehmer, Kleinfunde Unterstadt Taf. 4,2540.

687. Karaburun/Elmalı, Bez. Antalya. – Tumulus IV. – Vgl. Nr. 188. – Fibel; L. 3,1 cm (*Taf. 46,687*; nach Mellink). – Verbleib unbekannt (KA 864). – M. Mellink, AJA. 76, 1972, 262 Taf. 56, 8.

688. Ephesos, Bez. İzmir. – Artemis-Tempel, Basis-Füllung. – Fibel; Gold; L. 1,8 cm (*Taf. 46,688*; nach Hogarth). – Verbleib unbekannt. – Grabung Hogarth. – Ephesos Taf. 5,4.

689. Ephesos, Bez. İzmir. – Artemis-Tempel, Basis-Füllung. – Fibel; Silber, Nadel fehlt, L. 2,4 cm (*Taf. 46,689*; nach Hogarth). – Verbleib unbekannt. – Grabung Hogarth. – Ephesos Taf. 11,22.

690. Ephesos, Bez. İzmir. – Artemis-Tempel, Basis-Füllung. – Fibel; Gold, L. ca. 1,9 cm (*Taf. 46,690*). – Brit. Mus. London. – Grabung Hogarth. – Ephesos Taf. 10,1038.

691. Yazılıkaya, Bez. Eskişehir. – Gräber. – Fibel; L. 3,9 cm; Dm. Mitte 0,6 cm (*Taf. 46,691*). – Mus. Afyon (E 1099). – Erworben in Yazılıkaya. – Unpubliziert.

692. Gordion/Polatlı, Bez. Ankara. – CM-M6C, South cellar. – Fibel; Nadel abgebrochen; Wülste mit horizontalen und vertikalen Ritzungen; Rückseite nicht modelliert; L. 2,9 cm; Dm. Mitte 0,5 cm (*Taf. 46,692*). – Mus. Gordion (B 1619). – Grabung Young, 1967. – Unpubliziert.

693. Boğazköy, Bez. Çorum. – Nicht schichtbestimmt; Büyükkale u/6, beim Reinigen der Mauern. – Fibel; Nadel abgebrochen; L. 2,6 cm; H. 1,85 cm; Dm. des leicht ovalen Bügels seitlich 0,26 × 0,3 cm, Mitte (mit Verzierung) 0,4 × 0,48 cm (*Taf. 46,693*). – Alle Angaben nach Boehmer. – Mus. Ankara (419/q). – Boehmer, Kleinfunde Taf. 7,117.

694. Gordion/Polatlı, Bez. Ankara. – CM-PPN, level 5, phase A, pit 10. – Fibel; Nadel abgebrochen; L. 2,9 cm; Dm. Mitte 0,5 cm (*Taf. 46,694*). – Mus. Gordion (B 1384). – Grabung Young, 1962. – Unpubliziert.

695. Boğazköy, Bez. Çorum. – Nicht schichtbestimmt. – Fibel; Nadel abgebrochen; L. 3,85 cm; H. 2,65 cm (*Taf. 46,695*; nach Boehmer). – Mus. Istanbul. – Grabung 1906/12. – Boehmer, Kleinfunde Taf. 7,118.

696. Fundort unbekannt. – Fibel; Nadel abgebrochen; L. 3,1 cm; Dm. Mitte 0,5 cm (*Taf. 46,696*). – Mus. Istanbul (75.395). – Geschenk. – Unpubliziert.

697. Gordion/Polatlı, Bez. Ankara. – CM-WML-4, by W scarp in gray clay. – Fibel; Nadel abgebrochen; L. 3,0 cm; Dm. Mitte 0,6 cm (*Taf. 46,697*). – Mus. Gordion (B 1308). – Grabung Young, 1961. – Unpubliziert.

697 A. „Türkei". – Fibel; eingesetzte Nadel; beidseitig blanker Nadelhalter abgebrochen; schwarze Patina; L. 3,45 cm; Dm. Mitte 0,6 cm (*Taf. 46,697A*). – Prähist. Staatsslg. München (1973, 241). – Ankauf. – Unpubliziert.

697 B. „Türkei". – Fibel; eingesetzte Nadel; Nadelhalter beidseitig blank; L. 3,8 cm; Dm. Mitte 0,6 cm (*Taf. 46,697B*). – Prähist. Staatsslg. München (1979, 1189). – Ankauf. – Unpubliziert.

697 C. Gordion/Polatlı, Bez. Ankara. – Tumulus I, Hauptbestattung. – Fibel; Silber; L. ca 2,5 cm (*Taf. 46,697C*; nach Photo). – Mus. Gordion (ILS 16). – Grabung Young, 1950. – Unpubliziert.

Datierung und Verbreitung: Die überwiegende Zahl der Fibeln des Typs H I stammen aus dem im frühen 7. Jh. v. Chr. errichteten Tumulus S-1 von Gordion (Taf. 75 B); zweifellos sind sie, wenn nicht gar in der gleichen Gußform, zumindest aber von der gleichen Werkstatt hergestellt, denn sie sind kaum voneinander zu unterscheiden.

Die Exemplare aus dem City Mound von Gordion kommen hauptsächlich aus der Schicht 6.[8] Das silberne Exemplar Nr. 697 C stammt aus dem Tumulus I, in dem ein korinthisches Alabastronfragment gefunden wurde. Das Stück Nr. 687 aus dem Tumulus IV von Karaburun/Elmalı, das zusammen mit den Fibeln Nr. 188 (Variante A I,2) und Nr. 422 (Variante A IV,4) gefunden wurde, ist eindeutig sowohl in der Größe als auch in der Bearbeitung mit den 66 Exemplaren aus dem Tumulus S-1 identisch und kann ohne weiteres in die erste Hälfte des 7. Jh. v. Chr. datiert werden.

Die Nekropole von Yazılıkaya (8./7. Jh. v. Chr.) lieferte drei weitere Fibeln des Typs H I.

Für die zeitliche Stellung der lokal hergestellten Fibeln aus „Thymbra" ist allgemein das 7. Jh. v. Chr. anzunehmen.

Von Ephesos stammen außerhalb der Tempelbasis mindestens sieben bronzene Exemplare, die den kleinasiatischen Werkstätten zuzuschreiben sind und in die erste Hälfte des 7. Jh. v. Chr. datiert werden. Die Fibel Nr. 683 weicht von den übrigen Exemplaren dieses Fundortes aufgrund ihrer Bügelornamente ab, die eingeritzte Schraffuren aufweisen; bei einer silbernen Fibel der Variante F,3 (Nr. 601) aus der Zerstörungsschicht von Gordion lassen sich die gleichen eingeritzten Schraffuren auf den Bügelornamenten beobachten, die bei den Fibeln aus dem untersuchten Gebiet sehr selten vorkommen. Die Edelmetallfibeln aus Gold bzw. aus Elektron, die in der Füllung der Tempelbasis gefunden worden sind, stammen angesichts der Form ihrer Nadelhalter aus Werkstätten, die im westlichen Küstenbereich von Kleinasien zu suchen sind.

Die Fibeln des Typs H I erscheinen erst in der Zeit des Tumulus S-1 von Gordion und kommen sehr häufig in der ersten Hälfte des 7. Jh. v. Chr. vor. Die Beispiele aus Boğazköy widersprechen unserer zeitlichen Einordnung nicht: Nr. 686 wird von R. M. Boehmer in die erste Hälfte des 7. Jh. v. Chr. datiert;[9] die übrigen Fibeln dieser Art von diesem Fundort sind nicht schichtbestimmt.

Außerhalb des untersuchten Gebietes sind mehrere kleinformatige Fibeln mit bikonischen Bügelornamenten bekannt, die als Nachahmungen der phrygischen Fibeln zu betrachten sind. Solche Beispiele sind aus Olympia,[10] aus Perachora (7. Jh. v. Chr.),[11] aus dem Argivischen Heraion[12] und aus Sparta (wahrscheinlich aus der ersten Hälfte des 7. Jh. v. Chr.)[13] bekannt.

TYP H II

Fibeln vom Typ H II besitzen Bügelornamente aus einem abgerundeten Wulst und diesen begrenzende Scheiben, die wie der Bügel selbst von rundem Querschnitt sind.

Bei manchen Exemplaren sind klare Trennintervalle zwischen den Wülsten und den sie flankierenden Scheiben zu beobachten; bei anderen dagegen zeigen diese Zierelemente keine Intervalle (z. B. Nr. 714); es handelt sich in diesem Fall um nach dem Guß durch Eingravieren zustande gekommene Zierelemente.

Nach der Anzahl der Wülste bzw. Scheiben werden mehrere Varianten unterschieden.

---

[8] Über Schicht 6, siehe oben die Datierung des Typs G I.
[9] Boehmer, Kleinfunde Unterstadt 5.
[10] Olympia IV Nr. 372.
[11] Perachora I Taf. 73,25.26.29.32; Boehmer, Kleinfunde 50 Anm. 323.
[12] Argive Heraeum II Taf. 88,906–918.
[13] Artemis Orthia Taf. 84, d: vgl. besonders aufgrund der Schraffuren auf den Bügelornamenten unser Stück aus Ephesos Nr. 683. Für die Datierung: a.a.O. 198; Boehmer, Kleinfunde 50 Anm. 323.

Variante H II,1

Die Verzierung der Bügelmitte ist durch einen mehr oder weniger breiten Wulst gekennzeichnet, der auf beiden Seiten jeweils von einer, gelegentlich kannelierten Scheibe flankiert wird. Die Verzierungen der Bügelenden variieren; sie bestehen aus Kombinationen von entweder einem Wulst, flankiert von ein bis zwei Scheiben, oder von zwei bzw. drei breiten aneinanderstoßenden Wülsten, die ebenfalls von Scheiben eingerahmt sein können.

Die Fibel Nr. 710 ist den Fibeln aus dem Tumulus MM der Variante J I, 2 (Nr. 828. 829A-842A) gleich. Die abgerundeten Wülste dieser Fibel sind in waagerechter bzw. senkrechter Richtung fein geritzt, die „Spring-Plate" ist verziert. Ohne Zweifel stammt sie aus der selben Werkstatt. Hier fehlen jedoch gratartige, scharfe Scheiben als Zwischenschmuck, die die Fibeln vom Typ J kennzeichnen.

698. Gordion Polatlı, Bez. Ankara. – Tumulus E, surface. – Fibel; Nadel fehlt; L. ca. 4,5 cm; Dm. Mitte 0,8 cm (*Taf. 46,698*). – Mus. Ankara (B 509). – Grabung Young, 1953. – Unpubliziert.

699. Gordion Polatlı, Bez. Ankara. – Tumulus J, Aufschüttung. – Fibel; Nadel abgebrochen; L. 5,0 cm; Dm. 0,8 cm (*Taf. 46,699*). – Mus. Ankara (B 135). – Grabung Young, 1950. – Unpubliziert.

700. Gordion/Polatlı, Bez. Ankara. – CM-TB7-D, level 4. – Fibel; Fragment; schlecht erhalten; Dm. Mitte ca. 0,9 cm; L. noch ca. 6 cm (*Taf. 46,700*). – Mus. Gordion (B 1562). – Grabung Young, 1965. – Unpubliziert.

701. Gordion/Polatlı, Bez. Ankara. – CM-Bldg. P, floor to top of clay. – Fibel; verbogen; Nadel fehlt; L. ca. 4,1 cm; Dm. Mitte ca. 0,8 cm (*Taf. 46,701*). – Mus. Gordion (B 1785). – Grabung Young, 1969. – Unpubliziert.

702. Boğazköy, Bez. Çorum. – Nicht schichtbestimmt. – USt. J/20 i-k/7, Schutt unter der Oberfläche. – Fibel; Gesamtlänge der nicht zu trennenden, zusammenoxydierten Stücke 0,64 cm; Dm. des leicht ovalen Bügels 0,6 × 0,5 cm; Dm. der Mittelverzierung 1,15 × 1,1 cm; rek. L. o. Nadelhalter ca. 6,9 cm (*Taf. 46,702*; nach Boehmer). – Mus. Ankara (546/p). – Boehmer, Kleinfunde Taf. 7,116.

703. Gordion/Polatlı, Bez. Ankara. – CM-PBPN-1, Bldg. P, floor to clay. – Fibel; Fragment; L. ca. noch 3,9 cm; Dm. Mitte 0,7 cm (*Taf. 46,703*). – Mus. Gordion (B 1781). – Grabung Young, 1969. – Unpubliziert.

704. Gordion/Polatlı, Bez. Ankara. – CM-PhW-N4, layer 5. – Fibel; Nadel und Nadelhalter abgebrochen; L. 3,8 cm; Dm. Mitte 0,95 cm (*Taf. 46,704*). – Mus. Gordion (B 1898). – Grabung Young, 1969. – Unpubliziert.

705. „Düver", Bez. Burdur. – Fibel; Nadel abgebrochen; außergewöhnlich sind die kantigen, dornartigen Ansätze an den Rändern des Nadelhalters; L. 5,6 cm; Dm. Mitte 1,0 cm (*Taf. 46,705*). – Mus. Burdur (484. 46-73). – Erworben in Düver. – Unpubliziert.

705 A. Gordion/Polatlı, Bez. Ankara. – Tumulus N, chamber floor. Fibel; Nadel abgebrochen; L. 4,5 cm (*Taf. 46,705 A*; nach Photo). – Mus. Gordion? (B 640). – Grabung Young, 1955. – Unpubliziert.

706. Gordion/Polatlı, Bez. Ankara. – City Wall, cut 1. – Fibel; Nadel abgebrochen; auf der Rückseite nicht eingetiefte bzw. modellierte Bügelornamente; hinter Bügelendornament (Spiralseite) ein kleines Loch: für Befestigung der Nadel; L. 4,0 cm; Dm. Mitte 0,9 cm (*Taf. 46,706*). – Mus. Gordion (B 377). – Grabung Young, 1950. – Unpubliziert.

707. Gordion/Polatlı, Bez. Ankara. – CM-T-N, level 5. – Fibel; beschädigt; Scheiben des mittleren Ornaments ringsherum eingeritzt; L. 3,8 cm; Dm. Mitte 1,25 cm (*Taf. 46,707*). – Beifunde: Fibel der Variante J I,1 (Nr. 802); Fibel der Variante J I,6 (Nr. 946). – Mus. Gordion (B 1478 a). – Grabung Young, 1963. – Unpubliziert.

708. Ephesos, Bez. İzmir. – Artemis-Tempel, außerhalb der Tempelbasis. – Vgl. Nr. 28. – Fibel; sehr schlecht erhalten; soweit nach abgenutzten Bügelornamenten zu erkennen, dieser Variante zugehörig; L. 5,5 cm; Dm. Mitte ca. 1,0 cm (*Taf. 47,708*). – Mus. Istanbul (unter 2644). – Grabung Hogarth. – Ephesos Taf. 17,2.

709. Gordion/Polatlı, Bez. Ankara. – CM-PS-1, layer 7. – Fibel; Nadel und Nadelhalter abgebrochen; Ornamente aus breiten, dicken Scheiben und Wülsten; L. 4,1 cm; Dm. Mitte 1,1 cm (*Taf. 47,709*). – Mus. Gordion (B 1386). – Grabung Young, 1962. – Unpubliziert.

710. Gordion/Polatlı, Bez. Ankara. – Tumulus S-1, Hauptbestattung. – Fibel; Nadel fehlt; alle drei Ornamente bestehen aus von dem Wulst deutlich abstehenden, kannelierten Scheiben; die Wülste sind breit und mehr kugelförmig und rundherum fein geritzt; Nadel wurde eingesetzt; „Spring-Plate" mit Rillen. L. ca. 4,0 cm; Dm. Mitte 0,9 cm (*Taf. 47,710*). – Mus. Ankara (B 345). – Grabung Young, 1951. – Muscarella, Phrygian Fibulae Taf. 10,50.

711. Boğazköy, Bez. Çorum. – J/20, Unterstadt, III/3, alter Grabungsschutt. – Fibel; Bügelfragment; L. noch 3,0 cm; Dm. des Bügels 0,4 cm (*Taf. 47,711;* nach Boehmer). – Mus. Ankara (76/341). – Boehmer, Kleinfunde Unterstadt Taf. 4,2542.

Datierung und Verbreitung: In der Aufschüttung des Tumulus J (7. Jh. v. Chr.) und des Tumulus E (die Füllung enthielt u. a. Scherben aus dem 7. Jh. v. Chr.) wurde jeweils eine gut gearbeitete Fibel der Variante H II,1 gefunden. Die übrigen Funde von Gordion stammen aus den Aufschüttungen der Schichten 7, 6, 5, 4 und 1 vom City Mound: Demnach wären sie mindestens vom 7. Jh. v. Chr. an bis ins 1. Jh. v. Chr. zu belegen; Nr. 701 und 703 kommen aus dem Schutt, der nach den Keramikfunden um das 6. Jh. v. Chr. angesetzt wird.

Daß diese Fibelgattung mit Sicherheit vor dem Ende des 8. Jh. v. Chr. hergestellt wurde, beweist die Fibel Nr. 710 aus dem Tumulus S-1, die den Fibeln vom Tumulus MM entspricht und zweifellos als ein Erbstück zu betrachten ist.

Nicht schichtbestimmt ist die Nr. 702 aus Boğazköy, die Boehmer der zweiten Hälfte des 7. Jh. v. Chr. zuschreiben möchte.[14]

Ein schlecht erhaltenes Exemplar aus Sultanhanı ist nach Ansicht des Ausgräbers nicht jünger als die 2. Hälfte des 7. Jh. v. Chr.[15] Ein weiteres Stück, vermutlich in Düver/Burdur gefunden, dürfte nach seiner Machart aus dem letzten Viertel des 8. Jh. v. Chr. stammen.

Außerhalb Anatoliens sind folgende Fundorte zu erwähnen, wo Fibeln dieser Art höchst wahrscheinlich als Importe aus Anatolien anzusehen sind: Argivisches Heraion[16] (8./7. Jh. v. Chr.), vielleicht das Stück aus Perachora;[17] ferner zu vergleichen eine Fibel und vermutlich weitere nicht abgebildete Exemplare aus Olympia;[18] ein Griffbügel, der eine Fibel dieser Art als Vorbild gehabt haben muß – sehr wahrscheinlich anatolische Arbeit – aus Emporio/Chios[19] (HS Periode II: frühes/Mitte des 7. Jh. v. Chr.). Weiterhin stammen von dem selben Fundort ebenfalls zwei Fibeln aus der Periode IV (letztes Viertel des 7. Jh. v. Chr.) und aus der Periode III (660–630 v. Chr.),[20] die als Nachahmungen von phrygischen Fibeln zu betrachten sind.

Dagegen ist die Fibel aus Lindos[21] sicherlich ein Importstück aus Anatolien.

Allgemeine Datierung: letztes Viertel des 8. Jh./7. Jh. v. Chr.

Variante H II,2

Diese Variante unterscheidet sich von der Variante H II,1 dadurch, daß der Wulst in der Bügelmitte bzw. an den Bügelenden an jeder Seite von zwei bis fünf Scheiben eingefaßt werden kann.

712. Gordion/Polatlı, Bez. Ankara. – CM-PPB-4, layer 4. – Fibel; Nadel abgebrochen; L. 4,3 cm; Bügel-Dm. Mitte 0,75 cm (*Taf. 47,712*). – Mus. Gordion (B 1834). – Grabung Young, 1961. – Unpubliziert.

713. Fundort unbekannt. – Fibel; Nadel abgebrochen; L. 5,5 cm; Bügel-Dm. Mitte 0,85 cm (*Taf. 47,713*). – Mus. Istanbul (75.335). – Geschenk. – Unpubliziert.

714. „Thymbra", Bez. Çanakkale. – Calvert-Sammlung. – Fibel; eingesetzte Nadel; auf der Rückseite nicht eingravierte bzw. modellierte Bügelornamente; nach dem Photo von Thiersch's Katalog drei weitere identische Exemplare aus „Thymbra"; L. 2,9 cm; Dm. Mitte 0,85 cm (*Taf. 47,714*). – Mus. Çanakkale (u. Nr. 1143). – Grabung Calvert. – Abbildung im Katalog Thiersch.

---

[14] Boehmer, Kleinfunde 60.
[15] K. Emre, Anatolia 15, 1971, 112 Abb. 96.
[16] Argive Heraeum II Taf. 87,886.888. Hinzu Nr. 905 (hier Typ S II) entspricht genau der Fibel aus Ephesos (Ebenfalls Typ S II).
[17] Perachora I. Taf. 73,31.
[18] Olympia IV Nr. 370, 55 f.
[19] Boardman, Chios 216 f. Nr. 275.
[20] Ebd. 211 Nr. 223, 225 (Typ J).
[21] Blinkenberg, Lindos 88 Taf. 8,112.

714 A. Türkei. – Fibel; Nadel mitgegossen; auf der Rückseite nicht modellierte Bügelornamente; L. 3,1 cm; Bügel-Dm. 0,5 cm (*Taf. 47,714 A*). – Privatbesitz Bonn. – Erworben im Bazar von Istanbul, zusammen mit zwei anderen phrygischen Fibeln und Kniefibeln. – Unpubliziert.

714 B. Fundort unbekannt. – Fibel; alle Angaben laut Ausstellungskatalog: Eingesetzte Nadel abgebrochen; Wülste fein eingeritzt; L. 5,7 cm; Gewicht 39 g. (*Taf. 47,714 B*). – Privatbesitz Deutschland. – Antiker Schmuck Taf. 31,165.

715. Gordion/Polatlı, Bez. Ankara. – CM-WS9, layer 4. – Fibel; eingesetzte Nadel abgebrochen; auf der Rückseite nicht modellierte Bügelornamente; L. 5,6 cm; Bügel-Dm. Mitte 0,9 cm (*Taf. 47,715*). – Mus. Gordion (B 1672). – Grabung Young, 1967. – Unpubliziert.

716. Gordion/Polatlı, Bez. Ankara. – CM-T-E1, layer 6. – Fibel; Fragment, auf der Rückseite nicht modellierte Bügelornamente; L. 4,7 cm; Dm. Mitte 0,85 cm (*Taf. 47,716*). – Mus. Gordion (B 1465). – Grabung Young, 1963. – Unpubliziert.

717. Fundort unbekannt. – Fibel; Nadel und teilweise Nadelhalter abgebrochen; Bügelmitte und Bügelendornamente jeweils auf jeder Seite von drei Scheiben eingefaßt; L. 5,3 cm; Dm. Mitte ca. 1,0 cm (*Taf. 47,717*). – Mus. Istanbul (ohne Inv. Nr.). – Unpubliziert.

718. Gordion/Polatlı, Bez. Ankara. – Tumulus IV. – Fibel; Nadel abgebrochen; L. 5,2 cm; Dm. Mitte 1,0 cm (*Taf. 47,718*). – Mus. Istanbul (2092). – Grabung Körte, 1900. – Körte, Gordion 103 Nr. 16 Abb. 81.

719. Gordion/Polatlı, Bez. Ankara. – Tumulus IV. – Fibel; eine Hälfte erhalten; erh. größte L. 4,9 cm; Dm. Mitte Wulst 1,0 cm (*Taf. 47,719*). – Antikenmuseum Berlin (10547). – Grabung Körte, 1900. – Körte, Gordion 103 Nr. 17 oder 22.

720. Sardis, Bez. Manisa. – In PN at W280.00/S322.00; level 85.20 in 6th C. B. C. Lydian context. – Fibel; Nadel abgebrochen, mittlerer Wulst auf jeder Seite jeweils von fünf Scheiben umrahmt; L. 5,1 cm; H. 3,7 cm; Bügel-Dm. 0,5 cm (*Taf. 47,720*; nach Photo des Ausgräbers). – Mus. Sardis Depot (M 68.11:7731). – Türk Ark. Dergisi 17/1, 1968, 115 Abb. 2.

721. Boğazköy, Bez. Çorum. – J/20, Urnengrab 3/76, Unterstadt. – Fibel; L. 4,6 cm; H. 3,9 cm; Dm. des Bügels mit mittlerem Wulst 0,72–0,69 cm. – Beifunde: Fibel der Variante A III, 1 Nr. 266. – (*Taf. 47,721*; nach Boehmer). – Mus. Ankara (76/49 c). – Boehmer, Kleinfunde Unterstadt Taf. 4,2541.

721 A. Gordion/Polatlı, Bez. Ankara. – Tumulus J, Füllung. – Fibel; Nadel abgebrochen; L. ca. 5,0 cm; Dm. Mitte ca. 0,7 cm (*Taf. 47,721 A*; nach Photo). – Mus. Ankara (B 136). – Grabung Young, 1951. – Unpubliziert.

Datierung und Verbreitung: Die Bügelornamente der Fibel Nr. 712 aus dem Schutt der Schicht 4 vom City Mound und der lokal hergestellten Fibel Nr. 714 aus „Thymbra" wurden nach dem Guß eingearbeitet. Dagegen sind die Ornamente der übrigen Fibeln dieser Variante im Guß entstanden; ein solches Exemplar wurde in der Aufschüttung der Schicht 4 (Nr. 715), ein weiteres in der Schicht 6 (Nr. 716) vom City Mound gefunden. Der dem letzten Viertel des 8. Jh. v. Chr. zugeschriebene Tumulus IV von Gordion lieferte zwei Exemplare; diesen sehr nahestehend ist das Stück Nr. 721 aus einem Urnengrab der Unterstadt von Boğazköy, das Boehmer in die erste Hälfte des 7. Jh. v. Chr. setzt.[22] Die fein geritzten Wülste, die sehr oft bei den Fibeln aus dem Tumulus MM zu beobachten sind, und die Bearbeitung des Nadelhalters lassen die Vermutung zu, daß diese Fibel aus Boğazköy aus dem letzten Viertel des 8. Jh. v. Chr. stammt.

Das in mehrere Teile zerbrochene Stück aus Sardis (Nr. 720) wurde in der Schicht von PN gefunden, die in das 6. Jh. v. Chr. angesetzt wird; Fibeln von dieser Größe sind selten aus dieser Zeit. Die Möglichkeit, daß dieses Exemplar älter ist als die Schicht, ist keineswegs auszuschließen.

Die Fibeln dieser Variante sind in dem untersuchten Gebiet seit dem letzten Viertel des 8. Jh. v. Chr. nachweisbar, mit ihrem Vorkommen im dritten Viertel des 8. Jh. v. Chr. ist zu rechnen; sie wurden bis jetzt in Boğazköy, in Gordion, in Sardis und in „Thymbra" gefunden. Eine nahestehende Fibel – vermutlich eine nicht anatolische Arbeit – stammt aus dem Argivischen Heraion.[23]

---

[22] Boehmer, Kleinfunde Unterstadt 4 f.   [23] Argive Heraeum II Taf. 87,885.

Variante H II, 3

Die Variante 3 wird bestimmt durch zwei Wülste in der Bügelmitte, die von Scheiben begleitet werden. Die Bügelendornamente entsprechen im allgemeinen denen der Bügelmitte.

Innerhalb dieser Variante sind zwei Ausführungen zu unterscheiden, die als 3 a und 3 b bezeichnet werden.

Ausführung H II, 3 a:

Diese Ausführung erfaßt Fibeln, deren Bügelmitte zwei durch deutliche Intervalle voneinander getrennte Wülste aufweist, die beidseitig von einer Scheibe begleitet sind.

722. Gordion/Polatlı, Bez. Ankara. – CM-TB7-A, fallen earth. – Fibel; Nadel und Nadelhalter abgebrochen; L. 4,1 cm; Dm. Mitte 1,0 cm (*Taf. 47,722*). – Mus. Gordion (B 1539). – Grabung Young, 1965. – Unpubliziert.
723. Umgebung von Burdur. – Fibel; sehr dicker, massiver Bügel; L. 6,2 cm; Dm. Mitte 1,4 cm (*Taf. 47,723*). – Mus. Burdur (E 5504). – Unpubliziert.
724. Gordion/Polatlı, Bez. Ankara. – Tumulus J. – Füllung. – Fibel; eingesetzte Nadel und Nadelhalter abgebrochen; L. 5,7 cm; Dm. Mitte 1,0 cm (*Taf. 47,724*). – Mus. Ankara (B 273). – Grabung Young, 1951. – Unpubliziert.
725. Gordion/Polatlı, Bez. Ankara. – CM-TBT-1, immediatly over clay. – Fibel; sehr schlecht erhalten, stark oxydiert; L. ca. 4,0 cm; Dm. Mitte 0,85 cm (*Taf. 47,725*). – Mus. Gordion (B 1227). – Grabung Young, 1959. – Unpubliziert.
726. Umgebung von Burdur. – Fibel; eingesetzte Nadel, auf der Rückseite ungleichmäßig eingetiefte Bügelornamente; L. 3,15 cm; Dm. Mitte 0,65 cm (*Taf. 47,726*). – Mus. Burdur (K-108-38-75). – Unpubliziert.
727. Gordion/Polatlı, Bez. Ankara. – CM-CC, archaic wall trench. – Fibel; Fragment; Dm. Mitte 0,85 cm; L. noch 4,6 cm (*Taf. 47,727*). – Mus. Gordion (B 670). – Grabung Young, 1955. – Unpubliziert.
728. Gordion/Polatlı, Bez. Ankara. – CM-SET-N, layer 2. – Fibel; in zwei Teile zerbrochen; L. ca. 4,3 cm; Dm. Mitte ca. 0,9 cm (*Taf. 47,728*). – Mus. Gordion (B 236). – Grabung Young, 1950. – Unpubliziert.
729. Gordion/Polatlı, Bez. Ankara, – CM-N RR cut, Persian Bldg. cellar, fill. – Fibel; sehr schlecht erhalten; L. 3,5 cm (*Taf. 47,729*). – Mus. Gordion (B 1450). – Grabung Young, 1963. – Unpubliziert.
730. Boğazköy, Bez. Çorum. – Nicht schichtbestimmt. – Büyükkale y-z/21. – Fibel; Nadel fehlt; L. 2,7 cm; Dm. Mitte 0,66 cm (*Taf. 48,730;* nach Boehmer). – Mus. Ankara (571/w). – Boehmer, Kleinfunde Taf. 7,115.
731. Fundort unbekannt. – Fibel; großer, dünner Bügel; horizontal und vertikal eingeritzter Nadelhalter ohne tiefe Kanneluren; nicht phrygisch; L. 6,7 cm; Dm. Mitte 0,8 cm (*Taf. 48,731*). – Mus. Istanbul (8221). – Herkunft unbekannt. – Unpubliziert.

Datierung und Verbreitung: Die Fundlage der Exemplare aus dem City Mound von Gordion läßt keine sicheren Aussagen über ihre Datierung zu: Nr. 727. 729 stammen aus einem Fundzusammenhang des 6.–4. Jh. v. Chr., Nr. 728 kommt aus der Schicht 2 (nach 250 v. Chr.) und ist zweifellos ein älteres Stück. Die Fibel Nr. 724 wurde in der Aufschüttung des vom Ausgräber in die 2. Hälfte des 7. Jh. v. Chr. datierten Tumulus J gefunden, ist also entweder zeitgleich oder älter als das Grab.

Für das nicht schichtbestimmte Stück aus Boğazköy vermutet Boehmer eher das 6. Jh. v. Chr. als die 2. Hälfte des 7. Jh. v. Chr.[24]

In der Zusammensetzung der Bügelornamente sind die beiden Ausführungen 3 a und 3 b von der Variante J I, 5 b (924 A–932 A) abhängig, für die Datierung der Ausführung 3 a kann ein terminus post quem „Zeit des Tumulus MM" angenommen werden. Die vermutlich aus der Umgebung von Burdur stammenden Fibeln Nr. 723 und 726 stellen die südlichste Verbreitung dieser Ausführung innerhalb des untersuchten Gebietes dar. Eine weitere Fibel dieser Variante stammt aus Kültepe (s. S. 26).

---

[24] Boehmer, Kleinfunde 60.

Sicherlich keine anatolische Arbeit ist die Fibel Nr. 731; zu diesem Stück liegen Parallelen aus Lindos[25] vor, die nicht früher als in das 7. Jh. v. Chr. datiert werden. Besser vergleichbar sind einige fast identische Fibeln aus Perachora[26] (ebenfalls in das 7. Jh. v. Chr. anzusetzen) und aus dem Argivischen Heraion („8"./7. Jh. v. Chr.).[27] Alle diese Fibeln sind als außeranatolische Imitationen zu betrachten; weiterhin zu vergleichen ist eine Fibel aus Paros.[28]

Ausführung H II, 3 b:
Die beiden Wülste der Bügelmitte sind voneinander mindestens durch eine Scheibe getrennt und beidseitig von einer solchen begleitet. Diese Scheiben können gelegentlich kanneliert sein. Die Fibeln dieser Ausführung sind massiv gearbeitet und verhältnismäßig großformatig.

732. Akşehir, Koçyağız oder **Koçyazı köyü**, Bez. Konya. – Fibel; sehr fein gegossen, eingesetzte Nadel abgebrochen; L. 5,5 cm; Dm. Mitte 1,1 cm (*Taf. 48,732*). – Mus. Eskişehir (A 28–71). – Ankauf. – Unpubliziert.
733. Gordion/Polatlı, Bez. Ankara. – Tumulus K, aus der Füllung. – Fibel; eingesetzte Nadel fehlt; L. 5,6 cm; Dm. Mitte 1,15 cm (*Taf. 48,733*). – Mus. Ankara (B 442). – Grabung Young, 1952. – Unpubliziert.
734. Yazılıkaya, Bez. Eskişehir. – Gräber. – Fibel; Nadel abgebrochen; L. 3,7 cm; Dm. Mitte 0,7 cm (*Taf. 48,734*). – Mus. Afyon (E 1098). – Erworben in Yazılıkaya. – Unpubliziert.
735. Boğazköy, Bez. Çorum. – Nicht schichtbestimmt. – USt. Südareal, Komplex 1/XIV Raum 13, in Störung von Stratum 2. – Fibel; Fragment; L. noch 4,0 cm; Abstand der heutigen Enden 4,9 cm; H. noch 3,7 cm (*Taf. 48,735*; nach Boehmer). – Mus. Ankara (68/428). – Boehmer, Kleinfunde Taf. 7,114 A.
736. Gordion/Polatlı, Bez. Ankara. – CM-WS5/6-S3, under floor 3. – Fibel; Rückseite bei den Ornamenten nicht eingetieft; verbrannt? L. 5,7 cm; Dm. Mitte 1,35 cm (*Taf. 48,736*). – Mus. Gordion (B 1738). – Grabung Young, 1969. – Unpubliziert.
737. Fundort unbekannt. – Fibel; eingesetzte Nadel abgebrochen; L. 6,5 cm; Dm. Mitte ca. 1,3 cm (*Taf. 48,737*). – Mus. Istanbul (73.368). – Ankauf. – Unpubliziert.
738. Entfällt.
739. „Umgebung von Şuhut", Bez. Afyon. – Fibel; Nadel abgebrochen; L. 5,4 cm; Dm. Mitte 1,1 cm (*Taf. 48,739*). – Mus. Afyon (E 2449). – Erworben in Şuhut, 1971. – Unpubliziert.
740. Gordion/Polatlı, Bez. Ankara. – CM-PhWN6, layer 7. – Fibel; schlecht erhalten; L. ca. 4,35 cm; Dm. Mitte ca. 1,0 cm (*Taf. 48,740*). – Mus. Gordion (B 1952). – Grabung Young, 1973. – Unpubliziert.
741. Gordion/Polatlı, Bez. Ankara. – CM-TB7-D, level 4. – Fibel; sehr schlecht erhalten; Ornamente auf der Rückseite nicht eingetieft; L. 4,3 cm; Dm. Mitte 0,9 cm (*Taf. 48,741*). – Mus. Gordion (B 1557). – Grabung Young, 1965. – Unpubliziert.
742. Gordion/Polatlı, Bez. Ankara. – CM-TB7-C, layer 6. – Fibel; Rückseite bei den Ornamenten wie vorne eingetieft; L. 3,8 cm; Dm. Mitte noch 0,9 cm (*Taf. 48,742*). – Mus. Gordion (B 1571). – Grabung Young, 1965. – Unpubliziert.
743. Gordion/Polatlı, Bez. Ankara. – CM-TB-7-E, layer 5. – Fibel; sehr schlecht erhalten; L. 4,2 cm; Dm. Mitte ca. 0,9 cm (*Taf. 48,743*). – Mus. Gordion (B 1548). – Grabung Young, 1965. – Unpubliziert.
744. Ergili, Bez. Balıkesir. – Fibel; eingesetzte Nadel abgebrochen; L. ca. 4,8 cm; Dm. Mitte 1,0 cm (*Taf. 48,744*). – Mus. Istanbul (8211). – Grabung E. Akurgal in Ergili, z. Z. nicht publiziert, 1955. – Unpubliziert.
745. Ephesos, Bez. İzmir. – Artemis-Tempel, außerhalb der Basis. – Vgl. Nr. 28. – Fibel; Fragment; L. noch ca. 4,7 cm; Dm. des Bügels ca. 0,7 cm (*Taf. 48,745*). – Brit. Mus. London. – Grabung Hogarth. – Unpubliziert.

Datierung und Verbreitung: Aus der Aufschüttung des vom Ausgräber allgemein in das 6. Jh. v. Chr. datierten Tumulus K in Gordion kam eine sorgfältig gearbeitete Fibel, die aus dem letzten Viertel des 8. Jh. v. Chr. stammen könnte. Der Schutt der einzelnen Schichten 7, 6, 5, 4 und 3 vom City Mound lieferte jeweils ein Exemplar. Diese weichen wenig voneinander ab.

Aus Boğazköy ist nur ein Fragment bekannt, das nicht schichtbestimmt ist.

---

[25] Blinkenberg, Lindos Taf. 8,116.
[26] Perachora I 167f. Taf. 73,21,24.
[27] Argive Heraeum II Taf. 87,884.
[28] Sapouna-Sakellarakis, PBF. XIV,4 (1978) Nr. 1650.

Für die Datierung der Variante H II, 3 b wird die Fibel mit Doppelnadel und Deckplatte vom Typ SI aus der Umgebung von Midas-Stadt (Nr. 1173 A, s. S. 189) mitberücksichtigt, die in das letzte Viertel des 8. Jh. v. Chr. anzusetzen ist.

Für das Fragment aus Ephesos, das außerhalb der Basis gefunden wurde, kommt das frühe 7. Jh. v. Chr. in Frage.

Allgemeine Datierung: letztes Viertel des 8. Jh./7. Jh. v. Chr.

Weitere Fibeln wurden in dem untersuchten Gebiet in der Umgebung von Akşehir/Konya (Nr. 732) und in einem Grab von Yazılıkaya (Nr. 734) gefunden. Massiv gearbeitet ist das Stück, das angeblich aus der Umgebung von Şuhut/Afyon (Nr. 739) herrührt. Am südlichen Marmara-Meer wurde 1955 Ergili von E. Akurgal ausgegraben. Von dieser Ausgrabung, die nicht publiziert wurde, stammt die Fibel Nr. 744, die nach der Form des Nadelhalters einer westanatolischen Werkstatt zuzuschreiben ist. In Ergili fand Akurgal außerdem griechische Keramik des frühen 7. Jh. v. Chr.[29] Die Fibel Nr. 744 dürfte ebenfalls aus dieser Zeit stammen.

Außerhalb Anatoliens zu erwähnen ist eine Nachahmung aus Emporio/Chios (Periode IV);[30] dagegen könnte der Gürtel bzw. dessen Griffbügel, der von den Fibeln dieser Variante abhängig ist, durchaus als eine anatolische Arbeit betrachtet und in die Periode III datiert (660–630 v. Chr.)[31] werden.

Auf dem griechischen Festland sind zwei zweifellos phrygische Fibeln aus dem Argivischen Heraion nachzuweisen (8./7. Jh. v. Chr.).[32]

Soweit das Photo erkennen läßt, könnte die Fibel aus Sparta[33] dieser Variante zugeordnet werden. Ein Fibelpaar aus Ischia ist aufgrund des Nadelhalters als Nachahmung zu bezeichnen.[34]

Variante H II,4

Variante mit drei Wülsten in der Bügelmitte, die von je einer Scheibe flankiert werden können. Bei manchen Exemplaren stoßen die Wülste direkt aneinander ohne Zwischenscheibe.

Bei dem Exemplar Nr. 749 wird der mittlere Wulst auf jeder Seite von einem schmaleren Wulst eingerahmt, der wiederum auf seiner Außenseite von zwei feinen Scheiben begleitet wird. Zu erwähnen sind noch die Exemplare aus „Thymbra" drei breiten Wülsten in der Bügelmitte und an den Bügelenden, die jedoch von keinen Scheiben begleitet werden.

746. Gordion/Polatlı, Bez. Ankara. – CM-TB7-C, layer 6. – Fibel; Nadel fehlt; bei den Ornamenten des Bügels Rückseite nicht modelliert; L. 6,5 cm; Dm. Mitte 1,2 cm (*Taf. 48,746*). – Mus. Gordion (B 1574). – Grabung Young, 1965. – Unpubliziert.

747. Umgebung von Uşak. – Fibel; schlecht erhalten; kannelierte Wülste; „Spring-Plate" und Wülste verziert; L. 5,5 cm; Dm. Mitte 1,3 cm (*Taf. 48,747*). – Mus. Uşak (17.42.72). – Ankauf. – Unpubliziert.

748. Amorium bei Emirdağ, Bez. Afyon. – Fibel; Nadel war eingesetzt; L. 5,9 cm; Dm. Mitte 0,9 cm (*Taf. 48,748*). – Mus. Istanbul (8204). – Unpubliziert.

749. Düver, Bez. Burdur. – Fibel; eingesetzte Nadel; mittlere Rippe des Nadelhalters mit vertikal laufender, eingeritzter Zickzack-Verzierung; auf der Rückseite nicht eingetiefte Bügelornamente, grüne Patina; L. 6,5 cm; Dm. Mitte 1,0 cm (*Taf. 48,749*). – Mus. Burdur (483.46.73). – Ankauf. – Unpubliziert.

750. Umgebung von Ankara. – Fibel; intakt, durch Intervalle getrennte Wülste fein geritzt; eingesetzte Nadel; L. 6,4 cm; Dm. Mitte 1,4 cm (*Taf. 49,750*; nach Photo). – Mus. Stockholm (Nr. 12992:4). – Blinkenberg, Fibules Abb. 249, XII 13 h.

751. Umgebung von Ankara. – Fibel; eingesetzte Nadel

---

[29] Anadolu 1, 1956, 15.
[30] Boardman, Chios 209 Taf. 138,222.
[31] Ebd. 216f. Taf. 87,276.
[32] Argive Heraeum II Taf. 87,883.896.
[33] Artemis Orthia Taf. 84, e.
[34] Vgl. Anm. 2.

abgebrochen, fein geritzte Wülste; L. 5,5 cm; Dm. Mitte 1,3 cm (*Taf. 49,751;* nach Photo). – Mus. Stockholm (Nr. 12995 : 5). – Blinkenberg, Fibules 220, XII 131.
752. Boğazköy, Bez. Çorum. – Zeit der Schicht Büyükkale II. – Büyükkale p/15, unterste Ablagerung der Schicht II. – Fibel; Nadel und Nadelhalter abgebrochen; L. 3,5 cm; Dm. des Bügels (Seite) 0,4 cm (*Taf. 49,752;* nach Boehmer). – Mus. Ankara (558 f.). – Boehmer, Kleinfunde Taf. 7,110.

753. „Thymbra", Bez. Çanakkale. – Calvert-Sammlung. – Fibel; intakt, eingesetzte Nadel; Intervalle bei den Ornamenten nach dem Guß entstanden; nach dem Photo von Thiersch im Katalog weitere sehr nahestehende Exemplare zu erkennen; L. 3,1 cm; Dm. Mitte 0,75 cm (*Taf. 49,753*). – Mus. Çanakkale (u. Inv. Nr. 1143). – Grabung Calvert in Thymbra. – Unpubliziert.

Datierung und Verbreitung: Offensichtlich ist die Fibel Nr. 752 aus der Büyükkale-Schicht II das älteste bis jetzt bekannte Exemplar auf anatolischem Boden, das aus einer systematischen Grabung stammt.

Das einzige Stück aus Gordion kam aus der Schicht 6 vom City Mound (7./6. Jh. v. Chr.).

Weitere Exemplare stammen vermutlich aus der Umgebung von Uşak, Emirdağ/Afyon, Düver/Burdur und aus der Umgebung von Ankara. Verwandte Exemplare aus der Calvert-Sammlung „Thymbra" sind den Werkstätten im trojanischen Gebiet zuzuschreiben.

Voluminöse Bügelverzierungen und sorgfältig hergestellte Nadelhalter mit tiefen Kanneluren der Fibeln aus der Umgebung von Ankara (Nr. 750.751) lassen als Entstehungszeit das letzte Viertel des 8. Jh. v. Chr. vermuten.

Variante H II,5

Bei dieser Variante bestehen Bügelmitte und Bügelendverzierungen aus Scheiben, die unmittelbar aneinander grenzen. Somit entsteht der Eindruck einer Umschnürung. Bei manchen Exemplaren scheinen diese Ornamente einfach rund gegossen und anschließend eingraviert zu sein; in Betracht kommen an erster Stelle die Fibeln, deren Ornamente auf der Rückseite blank bzw. nicht eingetieft sind.

754. Gordion/Polatlı, Bez. Ankara. – CM-M5E, south cellar. – Fibel; eingesetzte Nadel fehlt; auf der Rückseite nicht eingetiefte Bügelornamente; L. 4,4 cm; Dm. Mitte 0,85 cm (*Taf. 49,754*). – Mus. Gordion (B 1547). – Grabung Young, 1965. – Unpubliziert.
755. Fundort unbekannt; Umgebung von Dinar möglich, Bez. Afyon – Fibel; Nadel war eingesetzt; L. 3,4 cm; Dm. Mitte 0,65 cm (*Taf. 49,755*). – Mus. Afyon (E 2451). – Ankauf. – Unpubliziert.
756. „Umgebung von İzmir". – Vgl. Nr. 24. – Fibel; sehr feine Miniatur-Fibel; Nadel mit dem Bügel zusammen in einem Stück gegossen; Nadelhalter abgebrochen; L. 2,2 cm; Dm. Mitte 0,4 cm (*Taf. 49,756*). – Mus. Istanbul (u. Inv. Nr. 6261-6293). – Ankauf. – N. Fıratlı, I.A.M.Y. 8, 1958, 31 f. Abb. 13,29.
757. Gordion/Polatlı, Bez. Ankara. – CM-TB7-A, floor 4, pit G. – Fibel; Nadel und Nadelhalter abgebrochen; Rückseite bei den Ornamenten nicht eingetieft; L. 4,2 cm; Dm. Mitte 0,65 cm (*Taf. 49,757*). – Mus. Gordion (B 1579). – Grabung Young, 1965. – Unpubliziert.
758. Gordion/Polatlı, Bez. Ankara. – CM-M6C, below south cellar floor. – Fibel; eingesetzte Nadel fehlt, in zwei Teile zerbrochen, Nadelhalter abgebrochen; L. ca. 3,5 cm; Dm. Mitte 0,55 cm (*Taf. 49,758*). – Mus. Gordion (B 1715). – Grabung Young, 1967. – Unpubliziert.
759. Gordion/Polatlı, Bez. Ankara. – CM-WS8, below floor 7. – Fibel; auf der Rückseite nicht eingetiefte Ornamente, Nadelhalter abgebrochen; L. 4,1 cm; Dm. Mitte 0,9 cm (*Taf. 49,759*). – Mus. Gordion (B 1678). – Grabung Young, 1967. – Unpubliziert.
760. Gordion/Polatlı, Bez. Ankara. – CM-MW, floor 6. – Fibel; schlecht erhalten; Nadel abgebrochen; L. noch 3,0 cm; Dm. Mitte ca. 0,6 cm (*Taf. 49,760*). – Mus. Gordion (B 757). – Grabung Young, 1957. – Unpubliziert.

Datierung und Verbreitung: Aus Gordion sind bis jetzt insgesamt fünf Exemplare bekannt geworden: Nr. 754 stammt aus dem in das 5. Jh. v. Chr. datierten Schutt des South Cellar; die übrigen Exemplare lieferten die Schichten 7,6 und 4 vom City Mound.

Die kleine Fibel Nr. 756 aus der „Umgebung von İzmir" gehört zu den zeitlich jüngeren Fibeln dieser Fundgruppe und ist in das 7. Jh. v. Chr. zu datieren.

Diese unkomplizierte Verzierungsart (Umschnürung) wurde bei den Fibeln, die auf den ägäischen Inseln gefunden und hergestellt worden sind, oft verwendet,[35] es handelt sich dabei ausschließlich um Nachahmungen von phrygischen Fibeln. Eine Fibel dieser Art wurde in einem Grab in S. Maria d'Anglona bei Potenza in Süditalien gefunden.[36] Keine von diesen Fibeln wird früher als in das 7. Jh. v. Chr. angesetzt.

In dem untersuchten Gebiet ist die Variante H II,5 ebenfalls vor dem 7. Jh. v. Chr. nicht zu belegen.

Variante H II,6

Diese Variante erfaßt Fibeln, deren Bügelendornamente aus rechteckigen Querstegen oder aus wuchtigen Kuben zusammengesetzt sind, die voneinander durch mehr oder minder scharfe Wülste von rundem Querschnitt getrennt und beidseitig begleitet werden können. Die Ornamente der Bügelmitte weichen in der Regel von dieser Beschreibung ab; sie treten in Erscheinung als Wulst-Scheiben-Kombinationen, die wie der Bügel von rundem Querschnitt sind. Die Ornamente der Fibel aus dem Tumulus N von Gordion sind stark korrodiert, doch läßt sich noch erkennen, daß die Ornamente der Bügelmitte sowie des rechten Bügelendes beidseitig aus von Scheiben begleiteten Querstegen zusammengesetzt sind.

761. Umgebung von Korkuteli, Bez. Antalya. – Fibel; eingesetzte Nadel abgebrochen; L. 8,0 cm; Dm. Mitte 1,15 cm (*Taf. 49,761*). – Mus. Antalya (81.12.74). – In der Umgebung von Korkuteli gefunden und erworben. – Unpubliziert.

762. Gordion/Polatlı, Bez. Ankara. – „Museum Site", Sec. T. – Fibel; eingesetzte Nadel abgebrochen; auf der Rückseite nicht eingetiefte Bügelornamente; L. 5,5 cm; Dm. Mitte 0,8 cm (*Taf. 49,762*). – Mus. Gordion (B 1411). – Grabung Young, 1962. – Unpubliziert.

763. Gordion/Polatlı, Bez. Ankara. – CM-M6C, South cellar, behind W wall. – Fibel; eingesetzte Nadel fehlt, „Spring-Plate" gerillt; auf der Rückseite nicht eingetiefte Bügelornamente; L. 6,1 cm; Dm. Mitte 1,0 cm (*Taf. 49,763*). – Mus. Gordion (B 1608). – Grabung Young, 1967. – Unpubliziert.

764. Pessinus, Sivrihisar, Bez. Eskişehir. – Fibel; Nadel abgebrochen; L.? (*Taf. 49,764;* nach Lambrechts). – Mus. Depot Pessinus?. – In einer Grube südlich des Tempels mit Scherben und Knochen zusammen gefunden. – P. Lambrechts, Türk Ark. Dergisi 17/1, 1968, 90 Abb. 16.

764 A. Gordion/Polatlı, Bez. Ankara. – Tumulus MM, floor. – Fibel; Bügelmitte mit scharfen Scheiben; L. 4,8 cm; Dm. Mitte 0,9 cm (*Taf. 49,764A;* nach Photo). – Grabung Young, 1957. – Mus. Gordion (B 991; – 1976 gestohlen). – Unpubliziert.

764 B. Gordion/Polatlı, Bez. Ankara. – CM-NCT-A 10, layer 5. – Fibel; stark korrodiert oder verbrannt; L. 6,5 cm; Dm. Mitte noch ca. 1 cm (*Taf. 49,764B;* nach Photo des Ausgräbers). – Verbleib unbekannt (B 687). – Grabung Young, 1955. – Unpubliziert.

764 C. Gordion/Polatlı, Bez. Ankara. – Tumulus N, floor of chamber. – Fibel; korrodiert, L. 4,5 cm; Br. Mitte 0,9 cm (*Taf. 49,764C;* nach Photo). – Mus. Gordion (B 643). – Grabung Young, 1955. – Unpubliziert.

Datierung und Verbreitung: Die Fibel Nr. 764 A aus dem Tumulus MM ist in das letzte Viertel des 8. Jh. v. Chr. zu setzen. Das Exemplar Nr. 764 C wurde in der aus Holzplanken konstruierten Grabkammer des Tumulus N (erste Hälfte des 7. Jh. v. Chr.) gefunden.

Für die großformatige Fibel Nr. 761 aus der Umgebung von Korkuteli/Antalya und für die Nr. 763 mit verzierter „Spring-Plate" ist als Entstehungszeit das späte 8. Jh. v. Chr. bzw. die erste Hälfte des 7. Jh. v. Chr. zu vermuten.

Aufgrund ihrer Bügelendverzierungen lassen sich drei Fibeln aus Griechenland mit den Fibeln unse-

---

[35] Sapouna-Sakellarakis, a. a. O. Taf. 52, 53.   [36] Vgl. Anm. 2.

rer Variante H II,6 vergleichen; eine von diesen Fibeln wurde in Olympia gefunden,[37] zwei andere stammen aus dem Argivischen Heraion (letztes Viertel des 8. Jh. v. Chr.).[38] Ein weiteres Exemplar (vgl. mit Nr. 763) wurde in Kamiros/Rhodos gefunden (s. S. 176 Nr. a).

GRUPPE H ZUGEHÖRIG

Aufgrund des schlechten Erhaltungszustandes lassen sich bei einigen der Gruppe H zugehörigen Fibeln die Einzelheiten ihrer Bügelornamente und damit die Zuweisung zu einem bestimmten Typ oder einer Variante nicht mehr erkennen.

765. Sardis, Bez. Manisa. – In HoB Lydian trench at W 4.00–9.00/S 109.00–112.00; Level 98.7–98.55. – Fibel; L. 3,0 cm; H. 1,80 cm (*Taf. 49, 765;* nach Photo). – Mus. Sardis Depot (ohne Inv. Nr.). – Grabung 1966. – Unpubliziert.

765 A. Gordion/Polatlı, Bez. Ankara. – CM-NCT-A 10, layer 4. – Fibel; verbogen; gr. L. 2,3 cm (*Taf. 49, 765 A*). – Mus. Gordion (B 686). – Grabung Young, 1955. – Unpubliziert.

765 B. Gordion/Polatlı, Bez. Ankara. – CM-ET-N, level 3. – Fibel; L. 3,6 cm (*Taf. 49, 765 B* [Rückseite]; nach Photo). – Verbleib unbekannt (B 174). – Grabung Young, 1950. – Unpubliziert.

765 C. Gordion/Polatlı, Bez. Ankara. – CM-Bldg. A, level 4. – Fibel; stark korrodiert, L. 3,5 cm (*Taf. 49, 765 C;* nach Photo). – Verbleib unbekannt (B 444). – Grabung Young, 1952. – Unpubliziert.

GRUPPE J

Die Fibeln dieser Gruppe sind in Zusammensetzung und Ausführung ihrer Bügelornamente mit der Gruppe H eng verwandt; sie unterscheiden sich jedoch von diesen durch zusätzliche Ornamente, die auf jeder Hälfte des Bügels, zwischen der Bügelmitte und den Bügelornamenten, symmetrisch angebracht sind. Dieser *Zwischenschmuck* (s. Abb. 2) besteht aus Ringen, Wülsten oder aus Scheibe/Wulst-Kombinationen; je nach Ausführung sind mehrere Typen und Varianten zu unterscheiden.

TYP J I

Ein scharfer Ring oder eine gelegentlich kannelierte Scheibe als *Zwischenschmuck* bestimmen die Fibeln des Typs J I. Mehrere Fibeln dieses Typs wurden im Tumulus II von Beştepeler/Ankara gefunden.[1] Mindestens zehn Fibeln dieser Art liegen zusammen mit einigen Fibeln der Variante A IV,4 auf der im Universitätsmuseum von Ankara (Orta Doğu Teknik) „in situ" ausgestellten Bestattung. Weitere sechs solcher Fibeln und Fragmente sind in der Vitrine des gleichen Museums ausgestellt; sie sind etwa 2–3 cm lang; bei den Bügelornamenten sind die Rückseiten nicht modelliert bzw. eingetieft.

Der folgenden typologischen Einteilung ist die Ausführung der Bügelornamente zugrundegelegt.

---

[37] Olympia IV 55 f. Nr. 370.
[38] Argive Heraeum II Taf. 87, 895.896.

[1] Siehe in diesem Zusammenhang oben S. 79 f.

Variante J I,1

Die Verzierungen der Bügelmitte und -enden setzen sich bei den Fibeln dieser Variante, die dem Typ H I entsprechen und sich von diesem nur durch den *Zwischenschmuck* unterscheiden, jeweils entweder aus einem mit Mittelgrat versehenen, bikonischen oder mehr in eine runde Form übergehenden kleinen Wulst zusammen, der auf beiden Seiten von in der Regel dünnen Scheiben begleitet wird; diese Wülste sind bei einigen Exemplaren gelegentlich geritzt.

766. Gordion/Polatlı, Bez. Ankara. – CM-WCW-16, under floor 4. – Fibel; Nadel und Nadelhalter abgebrochen; L. 3,5 cm; Dm. Mitte 0,8 cm (*Taf. 50,766*). – Mus. Gordion (B 2007). – Grabung Young, 1973. – Unpubliziert.

767. Gordion/Polatlı, Bez. Ankara. – CM-TB7-C, layer 6. – Fibel; eingesetzte Nadel abgebrochen; L. 3,3 cm; Dm. Mitte 0,6 cm (*Taf. 50,767*). – Mus. Gordion (B 1568). – Grabung Young, 1965. – Unpubliziert.

768. Gordion/Polatlı, Bez. Ankara. – CM-M5J, South cellar fill. – Fibel; Fragment, sehr schlecht erhalten; restauriert; L. noch ca. 3,2 cm; Dm. Mitte 0,6 cm (*Taf. 50,768*). – Mus. Gordion (B 1570). – Grabung Young, 1965. – Unpubliziert.

769. Gordion/Polatlı, Bez. Ankara. – CM-WML-3D, layer 6 fill. – Fibel; Nadel und Nadelhalter abgebrochen; L. 3,3 cm; Dm. Mitte 0,6 cm (*Taf. 50,769*). – Mus. Gordion (B 1307). – Grabung Young, 1961. – Unpubliziert.

770. Gordion/Polatlı, Bez. Ankara. – „Museum Site", burial MS-51. – Fibel; in drei Teile zerbrochen; L. noch ca. 3,5 cm; Dm. Mitte 0,6 cm (*Taf. 50,770*). – Mus. Gordion (B 1421). – Grabung Young, 1963. – Unpubliziert.

771. Gordion/Polatlı, Bez. Ankara. – CM-M6A, South cellar. – Fibel; eingesetzte Nadel abgebrochen, mit sehr feinem Nadelhalter; L. 3,5 cm; Dm. Mitte 0,6 cm (*Taf. 50,771*). – Mus. Gordion (B 1654). – Grabung Young, 1967. – Unpubliziert.

772. Gordion/Polatlı, Bez. Ankara. – CM-WS9N, layer 4b. – Fibel; Fragment, L. noch ca. 3,1 cm; Dm. Mitte ca. 0,6 cm (*Taf. 50,772*). – Mus. Gordion (B 1745). – Grabung Young, 1969. – Unpubliziert.

773. Gordion/Polatlı, Bez. Ankara. – CM-WS4/5-S3 E face of Phrygian wall. – Fibel; Fragment, L. noch ca. 2,8 cm; Dm. Mitte ca. 0,6 cm (*Taf. 50,773*). – Mus. Gordion (B 1746). – Grabung Young, 1969. – Unpubliziert.

774. Gordion/Polatlı, Bez. Ankara. – Gordion plain, surface between Tumulus Z und Küçükhüyük. – Fibel; Rückseite bei den Ornamenten nicht eingetieft; L. 3,5 cm; Dm. Mitte 0,7 cm (*Taf. 50,774*). – Mus. Gordion (B 1805). – Grabung Young, 1969. – Unpubliziert.

775. Gordion/Polatlı, Bez. Ankara. – CM-PWN1, fill over Persian wall. – Fibel; L. 4,0 cm; Dm. Mitte 0,8 cm (*Taf. 50,775*). – Mus. Gordion (B 1950). – Grabung Young. – Unpubliziert.

776. Gordion/Polatlı, Bez. Ankara. – CM, South cellar, in pithos in floor. – Fibel; eingesetzte Nadel abgebrochen, mit feinem Nadelhalter; L. 3,2 cm; Dm. Mitte 0,6 cm (*Taf. 50,776*). – Mus. Gordion (B 1621). – Grabung Young, 1967. – Unpubliziert.

777. Gordion/Polatlı, Bez. Ankara. – CM-SET-W, surface. – Fibel; in zwei Teile zerbrochen; L. ca. 2,1 cm; Dm. Mitte 0,4 cm (*Taf. 50,777*). – Mus. Ankara (B 302). – Grabung Young, 1950. – Unpubliziert.

778. Gordion/Polatlı, Bez. Ankara. – CM-NCT. – Fibel; Fragment; Mittelschmuck besteht aus drei Scheiben; L. noch 2,8 cm; Dm. Mitte 0,6 cm (*Taf. 50,778*). – Mus. Gordion (B 274). – Grabung Young, 1950. – Unpubliziert.

779. Gordion/Polatlı, Bez. Ankara. – CM-N RR cut, early cellar. – Fibel; sehr schlecht erhalten; L. 3,5 cm; Dm. Mitte ca. 0,7 cm (*Taf. 50,779*). – Beifunde: zwei Fibeln der Variante J II,1 (Nr. 971.972). – Mus. Gordion (B 1427/a). – Grabung Young, 1963. – Unpubliziert.

780. Gordion/Polatlı, Bez. Ankara. – Tumulus D, Füllung. – Fibel; in zwei Teile zerbrochen; L. ca. 3,0 cm; Dm. Mitte 0,5 cm (*Taf. 50,780*). – Mus. Gordion (B 234). – Grabung Young, 1950. – Unpubliziert.

781. Boğazköy, Bez. Çorum. – Nicht schichtbestimmt; von Bauern gebracht, angeblich aus Tempel I stammend. – Fibel; Nadel abgebrochen, L. 3,75 cm; Dm. Mitte 0,7 cm (*Taf. 50,781*). – Mus. Ankara (334/s). – Boehmer, Kleinfunde Taf. 8,144.

782. Boğazköy, Bez. Çorum. – Fibel; Nadel abgebrochen; L. 4,4 cm; Dm. Mitte 0,8 cm (*Taf. 50,782*). – Mus. Ankara (104/a; Bo.2058 g). – Ankauf. – Boehmer, Kleinfunde Taf. 8,139.

783 A.B. Gordion/Polatlı, Bez. Ankara. – Tumulus S-1, Hauptbestattung. – Fibeln; zwei schlecht erhaltene Fragmente, korrodiert; L. 3,2 cm und 3,1 cm (*Taf. 50,783 A.B*). – Mus. Ankara (B 351 a, b). – Grabung Young, 1951. – Unpubliziert.

784. Gordion/Polatlı, Bez. Ankara. – CM-M6C, South cellar, on floor. – Fibel; eingesetzte Nadel abgebrochen; L. 3,2 cm; Dm. Mitte 0,6 cm (*Taf. 50,784*). – Mus. Gordion (B 1692). – Grabung Young, 1967. – Unpubliziert.

785. Gordion/Polatlı, Bez. Ankara. – CM-M7F, Bldg. in WS-10, layer 6B. – Fibel; in drei Teile zerbrochen (merkwürdigerweise an Zwischenringen), Rest des Ringes noch erkennbar; L. ca. 3,5 cm; Dm. Mitte 0,7 cm (*Taf. 50,785*). – Mus. Gordion (B 1744). – Grabung Young, 1969. – Unpubliziert.

786. Gordion/Polatlı, Bez. Ankara. – CM-ET-C2, floor 2a. – Fibel; Nadel fehlt; L. 3,3 cm; Dm. Mitte noch 0,65 cm (*Taf. 50,786*). – Mus. Gordion (B 516). – Grabung Young, 1953. – Unpubliziert.

787. Gordion/Polatlı, Bez. Ankara. – CM-PhWN5, layer 5. – Fibel; Fragment; L. 3,1 cm; Dm. Mitte 0,75 cm (*Taf. 50,787*). – Mus. Gordion (B 1960). – Grabung Young, 1971. – Unpubliziert.

788. Gordion/Polatlı, Bez. Ankara. – CM-WS, Ext. 2, under floor 7. – Fibel; Nadel und Nadelhalter abgebrochen; kannelierter Zwischenschmuck; L. 3,2 cm; Dm. Mitte 0,7 cm (*Taf. 50,788*). – Mus. Gordion (B 1688). – Grabung Young, 1967. – Unpubliziert.

789. Gordion/Polatlı, Bez. Ankara. – CM-WML-1W, layer 3. – Fibel; eingesetzte Nadel abgebrochen; auf der Rückseite nicht eingetiefte Bügelornamente, mit kanneliertem Zwischenschmuck; L. 3,8 cm; Dm. Mitte 0,8 cm (*Taf. 50,789*). – Mus. Gordion (B 1197). – Grabung Young, 1959. – Unpubliziert.

790. Gordion/Polatlı, Bez. Ankara. – CM-T-N, in floor 5 or clay. – Fibel; Nadel abgebrochen; auf der Rückseite nicht eingetiefte Bügelornamente; L. 3,9 cm; Dm. Mitte 0,7 cm (*Taf. 50,790*). – Beifund: Fibel (Nr. 791). – Mus. Gordion (B 1479a). – Grabung Young, 1963. – Unpubliziert.

791. Gordion/Polatlı, Bez. Ankara. – CM-T-N, in floor 5 or clay. – Vgl. Nr. 790. – Fibel; zerbrochen; L. noch 3,15 cm; Dm. Mitte 0,7 cm (*Taf. 50,791*). – Mus. Gordion (B 1479b). – Grabung Young, 1963. – Unpubliziert.

792. Gordion/Polatlı, Bez. Ankara. – CM-PPB-SE2, below floor 7. – Fibel; Fragment, L. noch 2,9 cm; Dm. Mitte 0,6 cm (*Taf. 50,792*). – Mus. Gordion (B 1887). – Grabung Young, 1969. – Unpubliziert.

793. Gordion/Polatlı, Bez. Ankara. – CM-TB7-D, level 3. – Fibel; Fragment, L. noch 3,2 cm; Dm. Mitte 0,6 cm (*Taf. 50,793*). – Mus. Gordion (B 1569). – Grabung Young, 1965. – Unpubliziert.

794. Gordion/Polatlı, Bez. Ankara. – CM-M7F, Bldg. in WS-10, layer 6B. – Fibel; in drei Teile zerbrochen; Nadel fehlt; L. ca. 3,7 cm; Dm. Mitte ca. 0,55 cm (*Taf. 50,794*). – Mus. Gordion (B 1743). – Grabung Young, 1969. – Unpubliziert.

795. Gordion/Polatlı, Bez. Ankara. – City Wall Cut 5. – Fibel; Nadel abgebrochen; L. ca. 4,5 cm; Dm. Mitte 0,75 cm (*Taf. 50,795*). – Mus. Ankara (B 385). – Grabung Young, 1950. – Unpubliziert.

796. Boğazköy, Bez. Çorum. – Zeit der Schicht Büyükkale I. – Büyükkale s/18, Schicht I. – Fibel; Nadel fehlt; L. 4,2 cm; Dm. Mitte 0,6 cm (*Taf. 50,796*). – Mus. Ankara (114/n). – Boehmer, Kleinfunde Taf. 7,132.

797. Gordion/Polatlı, Bez. Ankara. – CM-M6C, below floor of South cellar. – Fibel; Nadel fehlt; Ornamente auf der Rückseite nicht eingetieft; L. 3,7 cm; Dm. Mitte 0,7 cm (*Taf. 50,797*). – Mus. Gordion (B 1614). – Grabung Young, 1967. – Unpubliziert.

798. Gordion/Polatlı, Bez. Ankara. – CM-WS5/6-S, layer 7. – Fibel; Fragment; Ornamente auf der Rückseite nicht eingetieft; L. noch 2,7 cm; Dm. Mitte 0,55 cm (*Taf. 50,798*). – Mus. Gordion (B 1690). – Grabung Young, 1967. – Unpubliziert.

799. Gordion/Polatlı, Bez. Ankara. – CM-MW, layer 6. – Fibel; Nadel abgebrochen; L. 3,5 cm; Dm. Mitte ca. 0,7 cm (*Taf. 50,799*). – Mus. Gordion (B 762). – Grabung Young, 1957. – Unpubliziert.

800. Gordion/Polatlı, Bez. Ankara. – CM-MW2, layer 5, below floor H. – Fibel; Nadel fehlt; L. 3,25 cm; Dm. Mitte 0,6 cm (*Taf. 51,800*). – Mus. Gordion (B 1169). – Grabung Young, 1959. – Unpubliziert.

801. Gordion/Polatlı, Bez. Ankara. – CM-SET-W2B, under floor 5. – Fibel; Nadel abgebrochen; L. 3,1 cm; Dm. Mitte 0,7 cm (*Taf. 51,801*). – Mus. Ankara (B 301). – Grabung Young, 1950. – Unpubliziert.

802. Gordion/Polatlı, Bez. Ankara. – CM-T-N, level 5. – Vgl. Nr. 707. – Fibel; Fragment, L. noch 3,0 cm; Dm. Mitte 0,7 cm (*Taf. 51,802*). – Mus. Gordion (B 1478c). – Grabung Young, 1963. – Unpubliziert.

803. Gordion/Polatlı, Bez. Ankara. – CM-ET-N3, level 2. – Fibel; Nadel fehlt, beschädigt; L. 3,8 cm; Dm. Mitte 0,8 cm (*Taf. 51,803*). – Mus. Gordion (B 668). – Grabung Young, 1955. – Unpubliziert.

804 A.–C. Gordion/Polatlı, Bez. Ankara. – CM-N RR cut, Ext., stone fill. – Fibeln; L. (A) 3,6 cm; Dm. Mitte ca. 0,6 cm (*Taf. 51,804A–C*). – Mus. Gordion (B 1432). – Grabung Young, 1963. – Unpubliziert.

805. Gordion/Polatlı, Bez. Ankara. – CM-M5F, floor 3, N cellar. – Fibel; Nadel und Nadelhalter fehlen; L. 3,6 cm; Dm. Mitte 0,65 cm (*Taf. 51,805*). – Mus. Gordion (B 1553). – Grabung Young, 1965. – Unpubliziert.

806. Gordion/Polatlı, Bez. Ankara. – CM-CCS-3, layer 5. – Fibel; Fragment; L. noch 3,2 cm; Dm. Mitte 0,7 cm (*Taf. 51,806*). – Mus. Gordion (B 1836). – Grabung Young, 1969. – Unpubliziert.

807. Fundort unbekannt. – Fibel; Nadel abgebrochen; L. 3,7 cm; Dm. Mitte ca. 0,5 cm (*Taf. 51,807*). – Mus. Istanbul (7658). – Unpubliziert.

808. **Boğazköy**, Bez. Çorum. – Zeit der Schicht Büyükkale I. – Büyükkale w/15, Schicht I. – Fibel; Nadel abgebrochen; L. 3,2 cm; Dm. Mitte 0,75 cm (*Taf. 51,808*). – Mus. Ankara (51/k). – Boehmer, Kleinfunde Taf. 7,126.
809. Gordion/Polatlı, Bez. Ankara. – CM-WS6, layer 7. – Fibel; Nadel abgebrochen; Fibel selbst in zwei Teile zerbrochen; alle Wülste der Ornamente auf der Vorderseite mit vertikalen bzw. horizontalen Ritzungen verziert; L. 2,9 cm; Dm. Mitte 0,7 cm (*Taf. 51,809*). – Mus. Gordion (B 1629). – Grabung Young, 1967. – Unpubliziert.
810. Gordion/Polatlı, Bez. Ankara. – Tumulus E, Füllung. – Fibel; Fragment; sehr schlecht erhalten; L. noch ca. 3,5 cm (*Taf. 51,810*). – Mus. Ankara (B 6). – Grabung Young, 1950. – Unpubliziert.
811. Gordion/Polatlı, Bez. Ankara. – CM-TBT-1, immediately over clay. – Fibel; Nadel und Nadelhalter abgebrochen; sehr schlecht erhalten; L. 3,7 cm (*Taf. 51,811*). – Mus. Gordion (B 1228). – Grabung Young, 1959. – Unpubliziert.
812. **Gordion**/Polatlı, Bez. Ankara. – CM-TB8-S1, clay. – Fibel; Nadel abgebrochen, dicker Bügel; auf der Rückseite nicht eingetiefte Bügelornamente; L. 3,5 cm; Dm. Mitte 0,7 cm (*Taf. 51,812*). – Mus. Gordion (B 1921). – Grabung Young, 1969. – Unpubliziert.
813. Gordion/Polatlı, Bez. Ankara. – CM-M7D, cellar fill. – Fibel; Nadel und Nadelhalter abgebrochen; Wülste der Bügelornamente auf der Vorderseite mit vertikalen bzw. horizontalen Ritzungen verziert; L. 4,0 cm; Dm. Mitte 0,8 cm (*Taf. 51,813*). – Mus. Gordion (B 1652). – Grabung Young, 1967. – Unpubliziert.
814. Gordion/Polatlı, Bez. Ankara. – CM-PBPN-1, Bldg. P, floor to clay. – Fibel; Nadel und Nadelhalter abgebrochen; L. 3,5 cm; Dm. Mitte 0,6 cm (*Taf. 51,814*). – Mus. Gordion (B 1791). – Grabung Young, 1969. – Unpubliziert.
815. Gordion/Polatlı, Bez. Ankara. – CM-TB7-F, layer 4. – Fibel; Nadel und Nadelhalter abgebrochen; L. 3,2 cm; Dm. Mitte 0,65 cm (*Taf. 51,815*). – Mus. Gordion (B 1549). – Grabung Young, 1965. – Unpubliziert.
816. Gordion/Polatlı, Bez. Ankara. – CM-M6C, South cellar. – Fibel; Nadel und Nadelhalter abgebrochen; L. 3,7 cm; Dm. Mitte 0,65 cm (*Taf. 51,816*). – Mus. Gordion (B 1613). – Grabung Young, 1967. – Unpubliziert.
817. Gordion/Polatlı, Bez. Ankara. – Tumulus E, Füllung. – Fibel; Nadel und Nadelhalter abgebrochen; L. 3,4 cm; Dm. Mitte 0,8 cm (*Taf. 51,817*). – Mus. Ankara (B 16). – Grabung Young, 1950. – Unpubliziert.
818. Gordion/Polatlı, Bez. Ankara. – Tumulus S-1. – Fibel; Nadel abgebrochen; Windungsloch der Spirale mit einer Buckelniete versehen; L. 4,1 cm; Dm. Mitte 0,9 cm (*Taf. 51,818*). – Mus. Ankara (B 335). – Grabung Young, 1951. – Muscarella, Phrygian Fibulae Taf. 12,67.
819. Gordion/Polatlı, Bez. Ankara. – City Wall Cut 1. – Fibel; Bürgelendornament der Nadelhalterseite ausnahmsweise mit zwei Wülsten; L. 3,5 cm; Dm. Mitte 0,8 cm (*Taf. 51,819*). – Mus. Ankara (B 376). – Grabung Young, 1951. – Unpubliziert.
820. **Eğret köyü**, Oğulbeyli mevkii, Bez. Afyon. – Fibel; Bügelendornament der Nadelhalterseite ausnahmsweise mit zwei Wülsten; grüne Patina; L. 3,8 cm; Dm. Mitte 0,75 cm (*Taf. 51,820*). – Mus. Afyon (E 2450). – Erworben in Eğret. – Unpubliziert.
821. Gordion/Polatlı, Bez. Ankara. – Wahrscheinlich aus CM. – Fibel; auf der Rückseite nicht eingetiefte, grobe Bügelornamente; L. 3,2 cm; Dm. Mitte 0,75 cm (*Taf. 51,821*). – Mus. Gordion (B ?). – Unpubliziert.
822. Gordion/Polatlı, Bez. Ankara. – CM-NRR cut, early cellar S of Persian Bldg. – Fibel; grobe Bügelornamente; L. 4,4 cm; Dm. Mitte 1,0 cm (*Taf. 51,822*). – Mus. Gordion (B 1456). – Grabung Young, 1963. – Unpubliziert.
823. Gordion/Polatlı, Bez. Ankara. – CM-M5C, Bldg. O, robbed wall. – Fibel; in zwei Teile zerbrochen; Nadel fehlt; mit kanneliertem Zwischenschmuck; L. 3,7 cm; Dm. Mitte 0,75 cm (*Taf. 51,823*). – Mus. Gordion (B 1507). – Grabung Young, 1965. – Unpubliziert.
824. Gordion/Polatlı, Bez. Ankara. – CM-PN, layer 4. – Fibel; Nadel und Nadelhalter abgebrochen; L. 3,2 cm; Dm. Mitte 0,6 cm (*Taf. 51,824*). – Mus. Gordion (B 1338). – Grabung Young, 1961. – Unpubliziert.
825. Gordion/Polatlı, Bez. Ankara. – CM-NCT-A5, layer 3. – Fibel; sehr schlecht erhalten; L. ca. 3,9 cm; Dm. Mitte ca. 0,65 cm (*Taf. 51,825*). – Mus. Gordion (B 558). – Grabung Young, 1955. – Unpubliziert.
826. Gordion/Polatlı, Bez. Ankara. – CM-M6C, South cellar fill. – Fibel; Ritzlinien auf Bügelornament (rechts) noch teilweise sichtbar; L. 5,2 cm; Dm. Mitte 0,95 cm (*Taf. 51,826*). – Mus. Gordion (B 1695). – Grabung Young, 1967. – Unpubliziert.
827. Gordion/Polatlı, Bez. Ankara. – CM-PWN1, fill over Persian wall. – Fibel; Nadel abgebrochen, auf der Rückseite nicht eingetiefte Bügelornamente; L. 3,5 cm; Dm. Mitte 0,7 cm (*Taf. 51,827*). – Mus. Gordion (B 1980). – Grabung Young, 1973. – Unpubliziert.
827 A. **Eskişehir**. – Fibel; Nadel und Nadelhalter abgebrochen; L. 2,9 cm; Dm. Mitte 0,7 cm (*Taf. 51,827A;* nach Photo). – Mus. Stockholm (14060 = 8). – Blinkenberg, Fibules XII 14 d (2).
827 B. Gordion/Polatlı, Bez. Ankara. – Tumulus D, Füllung. – Fibel; Nadel fehlt; in zwei Teile zerbrochen; sehr wahrscheinlich verbrannt; L. ca. 4 cm (*Taf. 51,827B;* nach Photo). – Verbleib unbekannt (B 22). – Grabung Young, 1950. – Unpubliziert.

827 C. Gordion/Polatlı, Bez. Ankara. – CM-CC, under N floor on clay. – Fibel; Nadel abgebrochen; wahrscheinlich verbrannt; L. ca. 3,5 cm; Dm. Mitte ca. 0,7 cm (*Taf. 51,827 C; nach Photo*). – Verbleib unbekannt (B 646). – Grabung Young, 1955. – Unpubliziert.

827 D. Gordion/Polatlı, Bez. Ankara. – CM-CC, Ext. A. – Fibel; Nadel abgebrochen; schlecht erhalten, wahrscheinlich verbrannt; L. ca. 3,7 cm (*Taf. 51,827 D; nach Photo*). – Verbleib unbekannt (B 674). – Grabung Young, 1955. – Unpubliziert.

827 E. Gordion/Polatlı, Bez. Ankara. – CM-CC, Ext. A. – Fibel; Nadel abgebrochen; sehr wahrscheinlich verbrannt; L. ca. 5 cm (*Taf. 51,827 E; nach Photo*). – Verbleib unbekannt (B 675). – Grabung Young, 1955. – Unpubliziert.

827 F. Gordion/Polatlı, Bez. Ankara. – CM-CC, Ext. A. – Fibel; Nadel abgebrochen; sehr wahrscheinlich verbrannt; L. ca 4 cm (*Taf. 51,827 F; nach Photo*). – Verbleib unbekannt (B 676). – Grabung Young, 1955. – Unpubliziert.

Datierung und Verbreitung: Eine große Anzahl der Fibeln dieser Variante wurde in Gordion gefunden. Fast alle auf die Zerstörungsschicht folgenden Schichten bzw. Aufschüttungen dieser Schichten vom City Mound lieferten Fibeln dieser Art; einige wurden sogar unmittelbar auf der Oberfläche des Stadthügels gefunden. Die zeitliche Einordnung dieser Fibeln bleibt unsicher. Es ist jedoch wenig wahrscheinlich, daß diese Exemplare, die von Größe und Bearbeitung her untereinander keine großen Unterschiede aufweisen, mehrere Jahrhunderte im Gebrauch waren; die Fibeln Nr. 827 D, E und F aus dem City Mound z. B. wurden in einem unsicheren, vielleicht in das 4. Jh. v. Chr. datierbaren Fundzusammenhang gefunden; sie zeigen Brandspuren (solche Spuren sind bei den Fibeln, die in den City Mound Schichten 6–1 gefunden worden sind, oft zu beobachten; es wäre z. B. nicht auszuschließen, daß sie ursprünglich zu einer Brandbestattung gehörten und mit abgetragener Erde in den City Mound gelangten). Diese Unsicherheiten lassen die jüngste Grenze der Herstellung und Benutzung der Fibeln von Variante J I, 1 in Gordion offen; für ihre älteste Begrenzung sind die Exemplare aus dem Tumulus S-1 (frühes 7. Jh. v. Chr.) ausschlaggebend.

Das Exemplar Nr. 827 B wurde in der Aufschüttung des Tumulus D von Gordion gefunden, die u. a. phrygische Scherben des 7. Jh. v. Chr. enthielt. Ebenfalls aus der Erdfüllung des Tumulus E sind die Stücke Nr. 810 (stark verbrannt) und Nr. 817. Wie bei Tumulus D enthielt die Füllung in das 7. Jh. v. Chr. datierte, phrygische Scherben. In beiden Fällen waren die Gräber über den Trümmern eines Hauses errichtet, die Keramik des 6. Jh. v. Chr. lieferten.

Aus Boğazköy sind bis jetzt vier Exemplare bekannt, wobei es sich bei Nr. 781 um einen Lesefund handelt; R. M. Boehmer hält mit Recht eine Datierung dieses Stückes in das 8. Jh. v. Chr. für ausgeschlossen.[2] Nr. 796 wurde in der Schicht I von Büyükkale gefunden, und ihre Datierung in das 6. Jh. v. Chr. wird von Boehmer als sicher angesehen;[3] Nr. 808 aus Büyükkale wird der Schicht I zugewiesen.[4]

Das einzige Exemplar (Nr. 820), das dem Gebiet südlich von Gordion – Boğazköy zuzuschreiben ist, stammt aus Eğret/Afyon.

Unmittelbare Parallelen sind außerhalb des untersuchten Gebietes bis jetzt nicht bekannt.

Die Variante J I,1 scheint besonders in Gordion in großen Mengen hergestellt worden zu sein. Fibeln dieser Art wurden offensichtlich seit dem Ende des 8. Jh. v. Chr. bis vielleicht in das 6. Jh. v. Chr. benutzt.

Variante J I,2

Identische Bügelmitte- und Bügelend-Verzierungen, d. h. die in der Regel abgerundeten, stets fein geritzten und durch Trennintervalle auf beiden Seiten von den kannelierten Scheiben getrennte Wülste,

---

[2] Boehmer, Kleinfunde 63.
[3] Ebd. 62.
[4] Ebd.

charakterisieren die Fibeln dieser Variante. Diese Kanneluren sind in einem Fall, nämlich bei Nr. 847, nach dem Guß durch Gravieren entstanden.

Die Mehrzahl der Fibeln dieser Variante stammt aus dem Tumulus MM von Gordion; sie wurden zerstreut auf dem Boden der Grabkammer bzw. auf dem Toten liegend gefunden.

828. **Gordion**/Polatlı, Bez. Ankara. – Tumulus MM, bed, near R elbow. – Fibel; eingesetzte Nadel abgebrochen; L. ca. 4,1 cm; Dm. Mitte ca. 1,0 cm (*Taf. 52,828*). – Mus. Ankara (B 1107). – Grabung Young, 1957. – Unpubliziert.

829. **Gordion**/Polatlı, Bez. Ankara. – Tumulus S-1, Hauptbestattung. – Fibel; Fragment; L. noch 4,8 cm; Dm. Mitte 1,0 cm (Taf. 52,829). – Mus. Ankara (B 342b). – Grabung Young, 1951. – Unpubliziert.

829 A. **Gordion**/Polatlı, Bez. Ankara. – Tumulus MM, bed. – Fibel; Nadel abgebrochen; L. ca. 3,9 cm; Dm. Mitte ca. 1,0 cm (*Taf. 52,829A*; nach Photo). – Verbleib unbekannt. (B 1101). – Grabung Young, 1957. – Unpubliziert.

829B. **Gordion**/Polatlı, Bez. Ankara. – Tumulus MM, bed. – Fibel; Nadel abgebrochen; L. 4,4 cm; Dm. Mitte ca. 0,8 cm (*Taf. 52,829B*; nach Photo). – Verbleib unbekannt (B 1102). – Grabung Young, 1957. – Unpubliziert.

830. **Gordion**/Polatlı, Bez. Ankara. – Tumulus MM, R shoulder of skeleton. – Fibel; Nadel war eingesetzt; L. 4,1 cm; Dm. Mitte 0,75 cm (*Taf. 52,830*). – Mus. Ankara (B 1112). – Grabung Young, 1957. – Unpubliziert.

831. **Gordion**/Polatlı, Bez. Ankara. – Tumulus MM, bed. – Fibel; Nadel war eingesetzt, Spirale abgebrochen; L. 4,5 cm; Dm. Mitte 0,8 cm (*Taf. 52,831*). – Mus. Ankara (B 1110?). – Grabung Young, 1957. – Unpubliziert.

832. **Gordion**/Polatlı, Bez. Ankara. – Tumulus MM, bed, near R shoulder of skeleton. – Fibel; Nadel abgebrochen, war eingesetzt; L. ca. 4,2 cm; Dm. Mitte ca. 0,8 cm (*Taf. 52,832*). – Mus. Ankara (B 1109). – Grabung Young, 1957. – Unpubliziert.

833. **Gordion**/Polatlı, Bez. Ankara. – Tumulus MM, SE corner of bed. – Fibel; Nadel abgebrochen, war eingesetzt; in zwei Teile zerbrochen; L. ca. 4,0; Dm. Mitte ca. 0,9 cm (*Taf. 52,833*). – Mus. Ankara (B 1100). – Grabung Young, 1957. – Muscarella, Phrygian Fibulae Taf. 12,66.

834. **Gordion**/Polatlı, Bez. Ankara. – Tumulus MM, bed, N of skeleton. – Fibel; Nadel abgebrochen, war eingesetzt; L. 4,2 cm; Dm. Mitte 0,9 cm (*Taf. 52,834*). – Mus. Ankara (B 1114). – Grabung Young, 1957. – Unpubliziert.

835. **Gordion**/Polatlı, Bez. Ankara. – Tumulus MM, bed, R elbow of skeleton. – Fibel; Fragment, bis zur Hälfte erhalten; L. noch ca. 3,8 cm; Dm. Mitte 0,8 cm (*Taf. 52,835*). – Mus. Ankara (B 1106). – Grabung Young, 1957. – Unpubliziert.

836. **Gordion**/Polatlı, Bez. Ankara. – Tumulus MM, bed, near R shoulder of skeleton. – Fibel; Nadel abgebrochen, war eingesetzt; L. 4,4 cm; Dm. Mitte 0,9 cm (*Taf. 52,836*). – Mus. Ankara (B ?). – Grabung Young, 1957. – Unpubliziert.

837. **Gordion**/Polatlı, Bez. Ankara. – Tumulus MM, bed, near R shoulder of skeleton. – Fibel; Nadel abgebrochen, war eingesetzt; L. ca. 3,8 cm; Dm. Mitte 0,85 cm (*Taf. 52,837*). – Mus. Ankara (B 1108). – Grabung Young, 1957. – Unpubliziert.

838. **Gordion**/Polatlı, Bez. Ankara. – Tumulus MM, bed, north of skeleton. – Fibel; Nadel abgebrochen, war eingesetzt; L. ca. 4,0 cm (*Taf. 52,838*). – Mus. Ankara (B 1113). – Grabung Young, 1957. – Unpubliziert.

839. **Gordion**/Polatlı, Bez. Ankara. – Tumulus MM, bed, below shoulder of skeleton. – Fibel; Nadel abgebrochen, war eingesetzt; L. ca. 4,2 cm; Dm. Mitte 0,75 cm (*Taf. 52,839*). – Mus. Ankara (B 1103). – Grabung Young, 1957. – Unpubliziert.

840. **Gordion**/Polatlı, Bez. Ankara. – Tumulus MM, bed, at L shoulder of skeleton. – Fibel, eingesetzte Nadel und Nadelhalter abgebrochen; L. ca. 4,3 cm; Dm. Mitte ca. 1,0 cm (*Taf. 52,840*). – Mus. Ankara (B 1104). – Grabung Young, 1957. – Unpubliziert.

841. **Gordion**/Polatlı, Bez. Ankara. – Tumulus MM, bed, inside L forearm of skeleton. – Fibel; Spiralloch ist mit einem Buckelnagel versehen; schlecht erhalten; L. 4,3 cm; Dm. Mitte noch 0,7 cm (*Taf. 52,841*). – Mus. Ankara (B 1105). – Grabung Young, 1957. – Unpubliziert.

842. **Gordion**/Polatlı, Bez. Ankara. – Tumulus MM, bed, N of shoulder of skeleton. – Fibel; Nadel eingesetzt, abgebrochen; L. 3,8 cm; Dm. Mitte 0,85 cm (*Taf. 52,842*). – Mus. Ankara (B 1111). – Grabung Young, 1957. – Unpubliziert.

842A. **Gordion**/Polatlı, Bez. Ankara. – Tumulus MM, floor. – Fibel; L. 4,4 cm; Bügel-Dm. Mitte 1,0 cm (*Taf. 52,842A*; nach Photo des Ausgräbers). – Mus. Ankara (B 988). – Grabung Young, 1957. – Unpubliziert.

843. **Gordion**/Polatlı, Bez. Ankara. – Tumulus S-1, Hauptbestattung. – Fibel; Nadel fehlt, war eingesetzt; L. 5,0 cm; Dm. Mitte 0,95 cm (*Taf. 52,843*). – Mus. Ankara (B 342a). – Grabung Young, 1951. – Unpubliziert.

844. **Gordion**/Polatlı, Bez. Ankara. – Tumulus S-1, Hauptbestattung. – Fibel; Fragment, erh. L. 4,2 cm;

Dm. Mitte 0,9 cm (*Taf. 52,844*). – Mus. Ankara (B 337b). – Grabung Young, 1951. – Unpubliziert.
845. Boğazköy, Bez. Çorum. – Nicht schichtbestimmt. – USt. K/20b/7a, in 50 cm Tiefe. – Fibel; Fragment, eine Hälfte mit Nadel erhalten; L. noch 3,4 cm; L. d. Nadel 4,4 cm; Dm. Mitte 0,95 cm (*Taf. 52,845*). – Mus. Ankara (540/p). – Boehmer, Kleinfunde Taf. 8,143.
846. Gordion/Polatlı, Bez. Ankara. – CM-W2S2, just above clay. – Fibel; Nadel und Nadelhalter abgebrochen; L. 3,9 cm; Dm. Mitte 0,75 cm (*Taf. 52,846*). – Mus. Gordion (B 1319). – Grabung Young, 1961. – Unpubliziert.
847. Gordion/Polatlı, Bez. Ankara. – CM-TBT8-A, level 5. – Fibel; Fragment; die Kanneluren der Scheiben durch unregelmäßige Ritzungen angedeutet; L. 4,2 cm; Dm. Mitte 1,0 cm (*Taf. 52,847*). – Mus. Gordion (B 1365). – Grabung Young, 1962. – Unpubliziert.
848. Gordion/Polatlı, Bez. Ankara. – CM-M6C, South cellar, below „earth" floor. – Fibel; Nadel und Nadelhalter abgebrochen; L. 4,5 cm; Dm. Mitte 0,9 cm (*Taf. 52,848*). – Mus. Gordion (B 1661). – Grabung Young, 1967. – Unpubliziert.
849. Boğazköy, Bez. Çorum. – Zeit von Büyükkale II a. – Unterstadt, J/19, nahe Urnengrab 2/70. – Fibel; L. 4,22 cm; H. 3,5 cm; Dm. des Bügels 0,55 cm (*Taf. 52,849*; nach Boehmer). – Beifunde: Fibel der Variante J I,6 (Nr. 952); Fibel der Variante J I,3a (Nr. 857); Fibel der Variante J I,6 (Nr. 953); Fibel der Variante J I,3a (Nr. 859); Ring; Meißel. – Mus. Ankara (70/96). – Boehmer, Kleinfunde Unterstadt Taf. 4,2545.

850. Fundort unbekannt, Umgebung von Bursa? – Fibel; eingesetzte Nadel abgebrochen; L. 4,7 cm; Dm. Mitte 1,0 cm (*Taf. 52,850*). – Mus. Istanbul (5397). – Ankauf. – Unpubliziert.
851. Fundort unbekannt, Umgebung von Bursa? – Fibel; Nadel abgebrochen; L. 5,5 cm; Dm. Mitte 1,0 cm (*Taf. 53,851*). – Mus. Istanbul (5396). – Ankauf. – Unpubliziert.
852. Gordion/Polatlı, Bez. Ankara. – Tumulus S-1. – Fibel; eingesetzte Nadel abgebrochen; L. ca. 3,5 cm; Dm. Mitte 0,85–0,9 cm (*Taf. 53,852*). – Grabung Young, 1951. – Mus. Ankara (B 337). – Unpubliziert.
853. Gordion/Polatlı, Bez. Ankara. – Tumulus S-1. – Fibel; schlecht erhalten, Nadel abgebrochen; L. ca. 4,6 cm; Dm. Mitte ca. 0,9 cm (*Taf. 53,853*). – Mus. Ankara (B 337). – Grabung Young, 1951. – Unpubliziert.
854. Gordion/Polatlı, Bez. Ankara. – Tumulus S-1. – Fibel, in zwei Teile zerbrochen, eingesetzte Nadel abgebrochen; L. ca. 3,8 cm; Dm. Mitte ca. 0,85 (*Taf. 53,854*). – Mus. Ankara (B 337). – Grabung Young, 1951. – Unpubliziert.
854A. Eskişehir. – Fibel; intakt, eingesetzte Nadel; L. 3,5 cm; Dm. Mitte 0,7 cm (*Taf. 53,854A*; nach Photo). – Mus. Stockholm (14060 = 19). – Blinkenberg, Fibules XII 14d (3).
854B. Gordion/Polatlı. – Tumulus E, Füllung. – Fibel; stark korrodiert; L. 4,3 cm (*Taf. 53,854B*; nach Photo des Ausgräbers). – Mus. Gordion (B 438). – Grabung Young, 1952. – Muscarella, Phrygian Fibulae Taf. 14,72f.

Datierung und Verbreitung: Fibeln dieser Variante, die mit großer Wahrscheinlichkeit denen von J I,1 als Vorbilder dienten, wurden in großer Zahl in dem Tumulus MM von Gordion gefunden. Alle diese Fibeln stammen mit Sicherheit aus der gleichen Werkstatt und scheinen in kurzer Zeit hergestellt worden zu sein. Dieser Werkstatt zuzuschreiben sind ohne Zweifel die Fibeln Nr. 829 und Nr. 843 aus Tumulus S-1, die als Erbstücke zu betrachten sind. Diese Feststellung gilt ebenso für die Fibel Nr. 849, die im Zusammenhang mit einem Urnengrab in der Unterstadt von Boğazköy gefunden wurde, das in die Zeit von Büyükkale II a datiert wird.[5]

Die weiteren Exemplare aus dem Tumulus S-1 von Gordion sind um das Ende des 8. Jh. v. Chr. bzw. in das frühe 7. Jh. v. Chr. anzusetzen. Nr. 854B stammt aus der Aufschüttung des Tumulus E.

Drei grob gearbeitete Exemplare lieferte der City Mound in Gordion; die Datierung dieser Fibeln bleibt unsicher.

Die Nr. 850.851 stammen angeblich aus der Umgebung von Bursa.

Außerhalb des untersuchten Gebietes ist eine phrygische Fibel aus dem Argivischen Heraion zu erwähnen[6] (8./7. Jh. v. Chr.).

---

[5] Boehmer, Kleinfunde Unterstadt 6.   [6] Argive Heraeum II Taf. 87,891.

Variante J I,3

Die Variante J I,3 erfaßt Fibeln mit Zwischenschmuck, deren Bügelendornamente aus unterschiedlich kombinierten Zierelementen bestehen; die Verzierung der Bügelmitte ist durch einen mehr oder weniger breiten Wulst gekennzeichnet, der von beiden Seiten jeweils von einer Scheibe begleitet wird.

Nach der Zusammensetzung der Bügelendornamente sind folgende Ausführungen zu unterscheiden:

a – *zwei aneinandergrenzende* Wülste mit seitlichen Scheiben (Nr. 855–871).

b – *zwei voneinander durch Scheiben getrennte* Wülste (Nr. 872–891).

c – *drei und mehrere* Wülste oder nebeneinander liegende Scheiben, die die Form einer Umschnürung annehmen können (Nr. 892–902).

Bei vier Exemplaren (Nr. 888–891) zeichnet sich der Zwischenschmuck durch eine besonders plastisch hervorgehobene Ringform aus.

Ausführung J I,3 a:

855. Boğazköy, Bez. Çorum. – Büyükkale I. – Büyükkale n-o/7. – Fibel; Nadel abgebrochen; L. 3,95 cm; Dm. Mitte 0,85–0,88 cm (*Taf. 53,855*). – Mus. Ankara (453/i/1). – Boehmer, Kleinfunde Taf. 7,127.

856. Boğazköy, Bez. Çorum. – Nicht schichtbestimmt. – USt. L/19, Schutt. – Fibel; L. 4,55 cm; Dm. des Bügels 0,6 × 0,52 cm, der Mittelverzierung 0,8 cm (*Taf. 53,856*; nach Boehmer). – Mus. Ankara (62/015). – Boehmer, Kleinfunde Taf. 8,140.

857. Boğazköy, Bez. Çorum. – Unterstadt, J/19, nahe Urnengrab 2/70. – Zeit von Büyükkale IIa. – Vgl. Nr. 849. – Fibel; L. 4,7 cm; H. 3,3 cm; Dm. des ovalen Bügels 0,6–0,48 cm (*Taf. 53,857*; nach Boehmer). – Mus. Ankara (70/95). – Boehmer, Kleinfunde Unterstadt Taf. 4,2546.

858. Boğazköy, Bez. Çorum. – Unterstadt, I/20, Körpergrab. – Zeit von Büyükkale IIa. – Fibel. – Beifunde: 2 Fingerringe aus Bronze und 1 Fingerring aus Eisen. – L. 3,7 cm; H. 2,8 cm; Dm. des Bügels 0,4 cm (*Taf. 53,858*; nach Boehmer). – Mus. Ankara (75/134d). – Boehmer, Kleinfunde Unterstadt Taf. 4,2551.

859. Boğazköy, Bez. Çorum. – Unterstadt, J/16, nahe Urnengrab 2/70. – Zeit von Büyükkale IIa. – Vgl. Nr. 849. – Fibel; Bügelfragmente; Dm. des korrodierten Bügels 0,7 cm (*Taf. 53,859*; nach Boehmer). – Mus. Ankara (70/98). – Boehmer, Kleinfunde Unterstadt Taf. 4,2548.

860. Gordion/Polatlı, Bez. Ankara. – CM-area between Bildgs. O-Q, white floor. – Fibel; Nadel und Nadelhalter abgebrochen; L. 4,1 cm; Dm. Mitte 0,85 cm (*Taf. 53,860*). – Mus. Gordion (B 1530). – Grabung Young, 1965. – Unpubliziert.

861. Gordion/Polatlı, Bez. Ankara. – CM-South cellar, under floor. – Fibel; Nadel abgebrochen; Rückseite nicht modelliert, blank; L. 3,8; Dm. Mitte 0,75 cm (*Taf. 53,861*). – Mus. Gordion (B 1655). – Grabung Young, 1967. – Unpubliziert.

862. Gordion/Polatlı, Bez. Ankara. – CM-M5F, floor 4, pit. – Fibel; Rückseite nicht modelliert; L. 3,2 cm; Dm. Mitte 0,7 cm (*Taf. 53,862*). – Mus. Gordion (B 1536). – Grabung Young, 1965. – Unpubliziert.

863. Gordion/Polatlı, Bez. Ankara. – CM-TB7-A, layer 4. – Fibel; Rückseite nicht modelliert; L. 3,25 cm; Dm. Mitte noch 0,7 cm. (*Taf. 53,863*). – Mus. Gordion (B 1537). – Grabung Young, 1965. – Unpubliziert.

864. Gordion/Polatlı, Bez. Ankara. – CM-M6C, South cellar. – Fibel; Nadel abgebrochen; L. 3,6 cm; Dm. Mitte 0,7 cm (*Taf. 53,864*). – Mus. Gordion (B 1620). – Grabung Young, 1967. – Unpubliziert.

865. Gordion/Polatlı, Bez. Ankara. – CM-TB7-B, layer 6. – Fibel; L. ca. 3,9 cm; Dm. Mitte 0,6 cm (*Taf. 53,865*). – Mus. Gordion (B 1585). – Grabung Young, 1965. – Unpubliziert.

866. Gordion/Polatlı, Bez. Ankara. – CM-Q1, level 2 cellar, fill pit E. – Fibel; L. 3,5 cm; Dm. Mitte noch 0,45 cm (*Taf. 53,866*). – Mus. Gordion (B 1194). – Grabung Young, 1959. – Unpubliziert.

867. Gordion/Polatlı, Bez. Ankara. – CM-MW2, layer 5. – Fibel; L. 3,6 cm; Dm. Mitte 0,7 cm (*Taf. 53,867*). – Mus. Gordion (B 1198). – Grabung Young, 1959. – Unpubliziert.

868. Fundort unbekannt. – Fibel; Nadel abgebrochen; Bügelendwülste sind fein geritzt; L. ca. 3,8 cm; Dm. Mitte 0,6 cm (*Taf. 53,868*). – Mus. Istanbul (73.370). – Ankauf. – Unpubliziert.

869. Gordion/Polatlı, Bez. Ankara. – CM-MW2,

Phrygische bzw. anatolische Fibeln Gruppe J

mixed clay fill. – Fibel; L. 3,6 cm; Dm. Mitte 0,65 cm (*Taf. 53,869*). – Mus. Gordion (B 1170). – Grabung Young, 1959. – Unpubliziert.
870. **Gordion**/Polatlı, Bez. Ankara. – CM-M5J, clay. – Fibel; Rückseite nicht modelliert, blank; L. 3,1 cm; Dm. Mitte 0,55 cm (*Taf. 53,870*). – Mus. Gordion (B 1564). – Grabung Young, 1965. – Unpubliziert.

871. **Gordion**/Polatlı, Bez. Ankara. – CM-M5J, South cellar. – Fibel; Rückseite nicht modelliert; L. 3,2 cm; Dm. Mitte 0,65 cm (*Taf. 53,871*). – Mus. Gordion (B 1566). – Grabung Young, 1965. – Unpubliziert.

Datierung und Verbreitung: Die Fibeln der Ausführung J I,3a sind in Anatolien aus Gordion und aus Boğazköy bekannt.

Die Exemplare aus Gordion vom City Mound wurden in den auf die Zerstörungsschicht folgenden Schichten 6-2 gefunden.

Die Schicht I von Büyükkale in Boğazköy lieferte ein Exemplar; die übrigen Funde stammen aus der Unterstadt, von denen Nr. 857 in der Nähe eines Urnengrabes gefunden wurde, das in die Zeit von Büyükkale IIa anzusetzen ist. Ebenfalls dieser Zeit zugehörig ist die Fibel Nr. 858 aus einem Körpergrab.[7]

Die Fibeln dieser Ausführung sind zunächst nach ihrer Bügelverzierung mit den anderen Varianten des Typs J I und wohl auch in ihrer Zeitstellung zu verbinden. Allgemeine Datierung: spätes 8. Jh. v. Chr. – 7. Jh. v. Chr.

Ausführung J I,3b:

872. **Gordion**/Polatlı, Bez. Ankara. – CM-TBT 2, clay fill. – Fibel; eingesetzte Nadel abgebrochen, nicht modellierte Rückseite; L. 4,0 cm; Dm. Mitte 0,9 cm (*Taf. 53,872*). – Mus. Gordion (B 1304). – Grabung Young, 1961. – Unpubliziert.
873. **Gordion**/Polatlı, Bez. Ankara. – CM-PBPN-1, bldg. P floor to clay. – Fibel; zerbrochen; L. ca. 3,5 cm; Dm. Mitte ca. 0,8 cm (*Taf. 53,873*). – Mus. Gordion (B 1784). – Grabung Young, 1969. – Unpubliziert.
874. **Boğazköy**, Bez. Çorum. – Büyükkale, nicht schichtbestimmt. – Fibel; L. 4,1 cm, H. 2,55 cm, Dm. des Bügels: 0,35–0,45 cm (*Taf. 53,874;* nach Boehmer). – Mus. Ankara (77/420). – Grabung 1959. – Boehmer, Kleinfunde Unterstadt Taf. 4,2552A.
875. **Gordion**/Polatlı, Bez. Ankara. – CM-M6C, below floor of south cellar. – Fibel; Rückseite nicht modelliert; auf den Bügelendwülsten der Nadelhalterseite sind noch vertikale Ritzungen zu erkennen; L. 3,6 cm; Dm. Mitte 0,7 cm (*Taf. 53,875*). – Mus. Gordion (B 1617). – Grabung Young, 1967. – Unpubliziert.
876. **Gordion**/Polatlı, Bez. Ankara. – CM-O-Q2/3, pit between bldgs. O and Q. – Fibel; Nadel zerbrochen; auf der Vorderseite des Bügels sind alle Wülste vertikal bzw. horizontal eingeritzt; L. 3,6 cm; Dm. Mitte 0,75 cm (*Taf. 53,876*). – Mus. Gordion (B 1535). – Grabung Young, 1965. – Unpubliziert.

877. **Boğazköy**, Bez. Çorum. – Nicht schichtbestimmt. – USt., Südareal, Suchschnitt 3, Oberflächenschutt. – Fibel; sämtliche Wülste sind eingeritzt; L. 3,5 cm; Dm. Mitte 0,5 × 0,4 cm (*Taf. 53,877;* nach Boehmer). – Mus. Ankara (69/1023). – Boehmer, Kleinfunde Taf. 8,141A.
878. **Gordion**/Polatlı, Bez. Ankara. – CM-TBT-CC2, pit Q, near clay. – Fibel; Nadel abgebrochen; L. ca. 3,2 cm; Dm. Mitte 0,6 cm (*Taf. 53,878*). – Mus. Gordion (B 1460). – Grabung Young, 1963. – Unpubliziert.
879. **Gordion**/Polatlı, Bez. Ankara. – CM-M5E, South cellar. – Fibel; Rückseite nicht modelliert; eingesetzte Nadel abgebrochen; L. 4,0 cm; Dm. Mitte ca. 0,9 cm (*Taf. 53,879*). – Mus. Gordion (B 1623). – Grabung Young, 1967. – Unpubliziert.
880. **Gordion**/Polatlı, Bez. Ankara. – CM-ET-O1, floor 2, pit. – Fibel; sehr schlecht erhalten; L. ca. 4,1 cm; Dm. Mitte ca. 0,7 cm (*Taf. 53,880*). – Mus. Gordion (B 488). – Grabung Young, 1953. – Unpubliziert.
881. **Gordion**/Polatlı, Bez. Ankara. – CM-PPB-3, layer 4, paved floor. – Fibel; Rückseite nicht modelliert; L. 3,1 cm; Dm. Mitte ca. 0,6 cm (*Taf. 53,881*). – Mus. Gordion (B 1806). – Grabung Young, 1969. – Unpubliziert.
882. **Gordion**/Polatlı, Bez. Ankara. – CM-NE corner, layer 6. – Fibel; in zwei Teile zerbrochen; Nadel scheint

---

[7] Boehmer, Kleinfunde Unterstadt 6.

eingesetzt zu sein; L. 4,2 cm; Dm. Mitte 0,9 cm (*Taf. 54,882*). – Mus. Gordion (B 477). – Grabung Young, 1953. – Unpubliziert.

883. Gordion/Polatlı, Bez. Ankara. – Tumulus IV. – Fibel; Fragment; L. des erhaltenen Teils 4,1 cm; Dm. Mitte 0,75 cm (*Taf. 54,883*). – Mus. Istanbul (2043). – Grabung Körte, 1900. – Körte, Gordion 103 Nr. 19?.

884. Gordion/Polatlı, Bez. Ankara. – Tumulus IV. – Fibel; Nadel abgebrochen; L. 4,0 cm (*Taf. 54,884; nach Körte*). – Verbleib unbekannt. – Grabung Körte, 1900. – Körte, Gordion 103 Nr. 20 Abb. 82.

885. Gordion/Polatlı, Bez. Ankara. – Tumulus IV. – Fibel; L. 3,7 cm. – Verbleib unbekannt. – Grabung Körte, 1900. – Körte, Gordion 103 Nr. 21.

886. Entfällt.

887. Gordion/Polatlı, Bez. Ankara. – Tumulus IV. – Fibel; „stark oxydiert"; L. 3,7 cm. – Verbleib unbekannt. – Grabung Körte, 1900. – Körte, Gordion 103 Nr. 23.

888. Gordion/Polatlı, Bez. Ankara. – CM-WCW-12, on floor 4. – Fibel; Nadel abgebrochen; L. 3,9 cm; Dm. Mitte 0,6 cm (*Taf. 54,888*). – Mus. Gordion (B 1968). – Grabung Young, 1973. – Unpubliziert.

889. Gordion/Polatlı, Bez. Ankara. – CM-WCW-14, under floor 5. – Fibel; Nadel abgebrochen; L. 3,5 cm; Dm. Mitte 0,8 cm (*Taf. 54,889*). – Mus. Gordion (B 2008). – Grabung Young, 1973. – Unpubliziert.

890. Boğazköy, Bez. Çorum. – Zeit der Schicht Büyükkale I. – Büyükkale n-o/7, Schicht I. – Fibel; Fragment; L. noch 3,05 cm; H. 2,3 cm; Dm. des Bügels 0,6 cm, der Mittelverzierung 0,9 cm (*Taf. 54,890; nach Boehmer*). – Mus. Ankara (453/i/4). – Boehmer, Kleinfunde Taf. 7,128.

891. Boğazköy, Bez. Çorum. – Nicht schichtbestimmt. – Büyükkale Gebäude E, Raum 5, in der Füllung, vielleicht alter Grabungsschutt von T. Makridi. – Fibel; Nadel fehlt, Ansicht der Rückseite; L. 4,3 cm; H. 3,4 cm (*Taf. 54,891; nach Boehmer*). – Mus. Ankara (1901/c). – Boehmer, Kleinfunde Taf. 8,142.

Datierung und Verbreitung: Die ältesten Exemplare stammen aus dem Tumulus IV (Körte) von Gordion (zweite Hälfte des 8. Jh. v. Chr.). Die folgenden City Mound-Exemplare wurden in einem Fundzusammenhang des 6.–5. Jh. v. Chr. gefunden (Nr. 872. 873. 875. 876. 878. 879. 889). Weitere Fibeln dieser Ausführung stammen außerdem aus der Schicht 4 (Nr. 881. 888) und aus der Schicht 3 (Nr. 880) vom City Mound; es ist jedoch zweifelhaft, ob diese Stücke in der Zeit dieser Schichten noch im Gebrauch waren.

Abgesehen von dem nicht schichtbestimmten Exemplar (Nr. 877) aus der Unterstadt von Boğazköy wurde ein weiteres in Büyükkale gefunden (Nr. 874), das nach Boehmer der Zeit von Büyükkale II a zuzuweisen ist;[8] Nr. 890 stammt aus der Schicht I von Büyükkale.

Allgemeine Datierung: zweite Hälfte des 8. Jh. v. Chr. – wahrscheinlich 6. Jh. v. Chr.

Ausführung J I,3c:

892. Gordion/Polatlı, Bez. Ankara. – CM-WS7-N, layer 7B. – Fibel; sehr beschädigt, in drei Teile zerbrochen; Nadel fehlt, Nadelhalter abgebrochen; L. ca. 3,5 cm; Dm. Mitte ca. 0,6 cm (*Taf. 54,892*). – Mus. Gordion (B 1680). – Grabung Young, 1967. – Unpubliziert.

893. Boğazköy, Bez. Çorum. – Nicht schichtbestimmt. – USt. L/18f-g/6-7, Schutt. – Fibel; Nadel abgebrochen; L. 4,3 cm; Dm. Mitte 0,75 × 0,65 cm (*Taf. 54,893*). – Mus. Ankara (335/s). – Boehmer, Kleinfunde Taf. 8,141.

894. Boğazköy, Bez. Çorum. – Zeit der Schicht Büyükkale I. – Büyükkale bb/16 NO., aus der unteren Steinsetzung des Hangpflasters der Schicht Ib, innen. – Fibel; L. 4,2 cm; H. 3,6 cm; Dm. des Bügels 0,50–0,56 cm, Dm. der Mittelverzierung 0,95 × 1,0 cm (*Taf. 54,894*). – Mus. Ankara (325/q). – Boehmer, Kleinfunde Taf. 8,125.

895. Gordion/Polatlı, Bez. Ankara. – CM-SET-W, cut 3, floor 4c. – Fibel; in zwei Teile zerbrochen; Nadel und Nadelhalter abgebrochen; L. ca. 3,0 cm; Dm. Mitte 0,6 cm (*Taf. 54,895*). – Mus. Ankara (B 389). – Grabung Young, 1950. – Unpubliziert.

896. Gordion/Polatlı, Bez. Ankara. – CM-PhWN-4, layer 5. – Fibel; zerbrochen; Nadel fehlt; Rückseite nicht modelliert; L. ca. 3,8 cm; Dm. Mitte 0,7 cm (*Taf. 54,896*). – Mus. Gordion (B 1897). – Grabung Young, 1969. – Unpubliziert.

---

[8] Ebd.

Phrygische bzw. anatolische Fibeln Gruppe J

897. Gordion/Polatlı, Bez. Ankara. – CM-TB8h, under floor 5. – Fibel; Nadel und Nadelhalter abgebrochen; Rückseite blank und nicht modelliert; L. 3,3 cm; Dm. Mitte 0,7 cm (*Taf. 54,897*). – Mus. Gordion (B 1758). – Grabung Young, 1969. – Unpubliziert.
898. Gordion/Polatlı, Bez. Ankara. – CM-OQ1, floor 3 cellar. – Fibel; zerbrochen; eingesetzte Nadel nicht erhalten; L. ca 4 cm; Dm. Mitte 0,75 cm (*Taf. 54,898*). – Mus. Gordion (B 1546). – Grabung Young, 1965. – Unpubliziert.
899. Gordion/Polatlı, Bez. Ankara. – CM-TB-8, floor, destruction level. – Fibel; schlecht erhalten; Rückseite wie Vorderseite bearbeitet; L. 4,9 cm; Dm. Mitte 0,8 cm (*Taf. 54,899*). – Mus. Gordion (B 1764). – Grabung Young, 1969. – Unpubliziert.
900. Gordion/Polatlı, Bez. Ankara. – CM-WML-1E, layer 5. – Fibel; zerbrochen; L. ca. (in abgebildetem Zustand) 2,8 cm; Dm. Mitte 0,7 cm (*Taf. 54,900*). – Mus. Gordion (B 1150). – Grabung Young, 1958. – Unpubliziert.
901A.B. Gordion/Polatlı, Bez. Ankara. – CM-E of ET-N, RR cut. – Zwei Fibeln; Nr. 901B hat dicke Ringe als Zwischenschmuck, keine Modellierung auf der Rückseite; L. A: 3,0 cm; Dm. Mitte 0,75 cm (*Taf. 54,901A.B*). – Mus. Gordion (B 665 a, b). – Grabung Young, 1955. – Unpubliziert.
902. Gordion/Polatlı, Bez. Ankara. – CM-PBPN-1, bldg. P, floor to clay. – Fibel; schlecht erhalten, in zwei Teile zerbrochen; L. ca. 3,7 cm; Dm. Mitte 0,8 cm (*Taf. 54,902*). – Mus. Gordion (B 1787). – Grabung Young, 1969. – Unpubliziert.

Datierung und Verbreitung: Das verbrannte Stück Nr. 899 wurde in der Zerstörungsschicht vom City Mound gefunden; die übrigen Exemplare vom City Mound stammen aus den Schichten 7–3 bzw. aus ihrer Aufschüttung. Nr. 894 aus Boğazköy ist der Zeit von Büyükkale Ib zuzuweisen.[9]

Fibeln dieser Ausführung J I,3c, die bis jetzt aus Gordion und aus Boğazköy bekannt geworden sind, können zeitlich mit den Fibeln von J I,3b gleichgesetzt werden.

Variante J I,4

Bei der Variante J I,4 ist die Anordnung der Kombination von Wulst und Scheiben bei den Bügelornamenten der der Variante J I,3 gleich. Der Unterschied besteht darin, daß die Wülste durch feine Rillen bzw. Ritzlinien verziert sind und die Scheiben Kanneluren aufweisen.

Die Bügelendverzierungen variieren und können aus folgenden Kombinationen bestehen:
– zwei voneinander durch Scheiben getrennte Wülste (Nr. 903–916, 920),
– drei voneinander durch Scheiben getrennte Wülste (Nr. 917–919).

903. Gordion/Polatlı, Bez. Ankara. – Tumulus MM, floor. – Fibel; intakt, eingesetzte Nadel; L. 5,4 cm; Dm. Mitte 0,9 cm (*Taf. 54,903*). – Mus. Ankara (B 976). – Grabung Young, 1957. – Unpubliziert.
903A. Gordion/Polatlı, Bez. Ankara. – Tumulus MM, floor. – Fibel; intakt; L. 5,3 cm, Bügel-Dm. (Mitte) 1,0 cm (*Taf. 54,903A;* nach Photo des Ausgräbers). – Mus. Ankara (B 977). – Grabung Young, 1957. – Unpubliziert.
904. Gordion/Polatlı, Bez. Ankara. – Tumulus MM, floor. – Fibel; eingesetzte Nadel sowie Nadelhalter z.T. abgebrochen; L. 5,8 cm; Dm. Mitte 0,9 cm (*Taf. 54,904*). – Mus. Ankara (B ?). – Grabung Young, 1957. – Unpubliziert.
905. Gordion/Polatlı, Bez. Ankara. – Tumulus MM, floor. – Fibel; Nadel in der Mitte abgebrochen; L. 5,2 cm; Dm. Mitte 0,9 cm (*Taf. 54,905*). – Mus. Ankara (B 982). – Grabung Young, 1957. – Unpubliziert.
905A. Gordion/Polatlı, Bez. Ankara. – Tumulus MM, floor. – Fibel; L. 5,1 cm, Bügel-Dm. (Mitte) 0,9 cm (*Taf. 54,905A;* nach Photo des Ausgräbers). – Mus. Ankara (B 983). – Grabung Young, 1957. – Unpubliziert.
905B. Gordion/Polatlı, Bez. Ankara. – Tumulus MM, floor. – Fibel; L. 5,6 cm, Bügel-Dm. (Mitte) 0,90 cm (*Taf. 54,905B;* nach Photo des Ausgräbers). – Mus. Ankara (B 984). – Grabung Young, 1957. – Unpubliziert.
906. Gordion/Polatlı, Bez. Ankara. – Tumulus MM, bed, near left elbow of skeleton. – Fibel; schlecht erhal-

---

[9] Boehmer, Kleinfunde 62.

ten, Nadel und teilweise Nadelhalter abgebrochen; L. 3,6 cm; Dm. Mitte noch 0,8 cm (*Taf. 54,906*). – Mus. Ankara (B 1118). – Grabung Young, 1957. – Unpubliziert.

906A. Gordion/Polatlı, Bez. Ankara. – Tumulus MM, bed, mass of clothes to North of right elbow. – Fibel; L. ca. 3,8 cm (*Taf. 54,906A;* nach Photo des Ausgräbers). – Mus. Ankara (B 1119). – Grabung Young, 1957. – Unpubliziert.

907. Gordion/Polatlı, Bez. Ankara. – Tumulus MM, bed, near left shoulder of skeleton. – Fibel; schlecht erhalten; L. ca. 3,6 cm; Dm. Mitte ca. noch 0,75 cm (*Taf. 54,907;* nach Photo des Ausgräbers). – Mus. Ankara (B 1117). – Grabung Young, 1957. – Unpubliziert.

908. Gordion/Polatlı, Bez. Ankara. – Wahrscheinlich aus City Mound. – Fibel; Nadelhalterseite zerbrochen, „Spring-Plate" gerillt, auf der Rückseite nicht eingetiefte Ornamente; L. ca. 4,0 cm; Dm. Mitte 0,75 cm (*Taf. 55,908*). – Mus. Gordion (B ?, in der Schachtel von B 438, jedoch nicht aus Tumulus E-Füllung!). – Unpubliziert.

909. Gordion/Polatlı, Bez. Ankara. – Tumulus S-1, Hauptbestattung. – Fibel; sehr schlecht erhalten; L. ca. 3,5 cm; Dm. Mitte ca. 0,7 cm (*Taf. 55,909*). – Mus. Ankara (B 349b). – Grabung Young, 1951. – Unpubliziert.

910. Gordion/Polatlı, Bez. Ankara. – Tumulus S-1, Hauptbestattung. – Fibel; Nadel abgebrochen; Bügel in zwei Teile zerbrochen; L. 4,1 cm; Dm. Mitte 1,0 cm (*Taf. 55,910*). – Mus. Ankara (B 340a). – Grabung Young, 1951. – Unpubliziert.

911. Gordion/Polatlı, Bez. Ankara. – Tumulus IV. – Fibel; in zwei Teile zerbrochen; Nadel fehlt; L. 4,0 cm; Dm. Mitte 0,8 cm (*Taf. 55,911*). – Mus. Istanbul (2091). – Grabung Körte, 1900. – Körte, Gordion 103 Nr. 18?

912. Gordion/Polatlı, Bez. Ankara. – Tumulus IV. – Fibel; Fragment (*Taf. 55,912*). – Mus. Istanbul (2106). – Grabung Körte, 1900. – Körte, Gordion 103 Nr. 17a?.

913. Gordion/Polatlı, Bez. Ankara. – CM-M12-E, pit into clay. – Fibel; eingesetzte Nadel fehlt; L. 3,6 cm; Dm. Mitte 0,8 cm (*Taf. 55,913*). – Mus. Gordion (B 1899). – Grabung Young, 1969. – Unpubliziert.

914. Gordion/Polatlı, Bez. Ankara. – Tumulus S-1, Hauptbestattung. – Fibel; Nadel abgebrochen; Ritzungen bei sehr genauer Beobachtung noch erkennbar; L. 5,0 cm; Dm. Mitte 1,0 cm (*Taf. 55,914*). – Mus. Gordion (B 341). – Grabung Young, 1951. – Unpubliziert.

915. Umgebung von Ankara. – Fibel; gut erhalten; eingesetzte Nadel; L. 4,6 cm; Dm. Mitte 0,8 cm (*Taf. 55,915;* nach Photo). – Mus. Stockholm (11 342 = 1). – Månadsblad 1901–1902, 92 Abb. 15; Blinkenberg, Fibules Abb. 255.

916. Gordion/Polatlı, Bez. Ankara. – Tumulus IV. – Fibel; eingesetzte Nadel abgebrochen; L. 3,9 cm; Dm. Mitte (Wulst) 0,8 cm (*Taf. 55,916*). – Antikenmuseum Berlin (Inv.Nr. 10548). – Grabung Körte, 1900. – Körte, Gordion 103 Nr. 22.

917. Gordion/Polatlı, Bez. Ankara. – Tumulus MM, floor. – Fibel; sehr gut erhalten; L. 5,2 cm; Dm. Mitte 0,9 cm (*Taf. 55,917*). – Mus. Ankara (B 975). – Grabung Young, 1957. – Unpubliziert.

918. Gordion/Polatlı, Bez. Ankara. – Tumulus MM, floor. – Fibel; Nadel abgebrochen; L. 5,3 cm; Dm. Mitte 1,0 cm (*Taf. 55,918*). – Mus. Ankara (B 974). – Grabung Young, 1957. – Muscarella, Phrygian Fibulae Taf. 12,64.

919. Gordion/Polatlı, Bez. Ankara. – Tumulus S-1, Hauptbestattung. – Fibel; eingesetzte Nadel abgebrochen, sehr fein gegossen, klingenscharfe Zwischenschmücke; L. 4,15 cm; Dm. Mitte 1,0 cm (*Taf. 55,919*). – Mus. Ankara (B 339b). – Grabung Young, 1951. – Unpubliziert.

920. Gordion/Polatlı, Bez. Ankara. – Tumulus E, Füllung. – Fibel; eingesetzte Nadel nicht erhalten; L. 6,4 cm, Dm. Mitte 1,0 cm (*Taf. 55,920*). – Mus. Gordion (B 129). – Grabung Young, 1950. – Unpubliziert.

Datierung und Verbreitung: Fibeln der Variante J I,4 sind bis jetzt nur in Gordion und in der Umgebung von Ankara gefunden worden.

Sehr sorgfältig gearbeitete Exemplare lieferte der Tumulus MM; diese sind in das letzte Viertel des 8. Jh. v. Chr. anzusetzen; die Fibeln Nr. 909. 910 und 919 vom Tumulus S-1 (frühes 7. Jh. v. Chr.) und Nr. 916 vom Tumulus IV (nach Körte) sind den im Tumulus MM gefundenen Exemplaren gleich und wahrscheinlich derselben Werkstatt zuzuschreiben. Bei den Exemplaren aus Tumulus S-1 handelt es sich sehr wahrscheinlich um Erbstücke, da die große Zahl der übrigen Fibeln aus diesem Grab sich von den Fibeln aus dem letzten Viertel des 8. Jh. v. Chr. bzw. von den vor der Zerstörungszeit von Gordion hergestellten unterscheidet.

Ein weiteres Exemplar stammt aus der Erdfüllung des Tumulus E von Gordion und gehört nicht zu einem geschlossenen Fund.

Datierung: zweite Hälfte des 8. Jh. v. Chr. und Anfang des 7. Jh. v. Chr.

Variante J I,5

Bezeichnend für diese Variante ist das Ornament der Bügelmitte, das mindestens zwei Wülste aufweist, die mit Scheiben kombiniert werden können.

Folgende Kombinationsmöglichkeiten sind zu unterscheiden:

a – Das Ornament der Bügelmitte besteht aus zwei Wülsten, die rechts und links von einer Scheibe eingerahmt werden (Nr. 921–924).

b – Die beiden Wülste sind voneinander durch eine feine Scheibe getrennt und werden ebenfalls auf jeder Seite von einer Scheibe eingerahmt. Die Wülste der Bügelmitte sowie der Bügelenden sind fein geritzt bzw. gerillt. Die Scheiben sind in der Regel kanneliert. Bei den Fibeln Nr. 924 A, 927, 931, 932 sind die Scheiben der Bügelmitte ebenfalls kanneliert (Nr. 924A–932A).

c – Die Bügelmitte zeichnet sich aus durch zwei voneinander getrennte Wülste. Es sind bis jetzt zwei Exemplare bekannt; bei einem davon (Nr. 934) sind die beiden Wülste der Mitte kanneliert (Nr. 933–934).

Die Goldfibel aus Ephesos ist unter dieser Variante abgebildet. Diese Fibel war weder im Istanbuler noch im British Museum aufzufinden. Die drei identischen Bügelornamente, die jeweils aus zwei voneinander getrennten feinen Scheiben bestehen, sind wie der Zwischenschmuck und der Nadelhalter an den Rändern entlang verziert (Nr. 935).

Ausführung J I,5a:

921. Gordion/Polatlı, Bez. Ankara. – CM-PhWN6, layer 7. – Fibel; eine Hälfte abgebrochen; Rückseite blank, nicht modelliert; L. 3,2 cm; Dm. Mitte 0,8 cm (*Taf.* 55,921). – Mus. Gordion (B 1961). – Grabung Young. – Unpubliziert.

922. Gordion/Polatlı, Bez. Ankara. – CM-CC, wall trench, over clay. – Fibel; schlecht erhalten; in zwei Teile zerbrochen; L. ca. 3,65 cm; Dm. Mitte 0,6 cm (*Taf.* 55,922). – Grabung Young, 1955. – Mus. Gordion (B 645). – Unpubliziert.

923. Boğazköy, Bez. Çorum. – Unterstadt J/19, Urnengrab 3/73. – Zeit von Büyükkale IIa. – Vgl. Nr. 439. – Fibel; L. 3,8 cm; H. 2,7 cm; Dm. des Bügels 0,4 cm (*Taf.* 55,923; nach Boehmer). – Mus. Ankara (73/59 d). – Boehmer, Kleinfunde Unterstadt Taf. 4,2550.

924. Boğazköy, Bez. Çorum. – Unterstadt, J/20, 50 cm unter der Oberfläche, nicht schichtbestimmt. – Fibel; L. 3,7 cm; H. 2,9 cm; Dm. des Bügels 0,4 cm (*Taf.* 55,924; nach Boehmer). – Mus. Ankara (71/205). – Boehmer, Kleinfunde Unterstadt Taf. 4,2552.

Datierung und Verbreitung: Von den beiden Exemplaren aus Boğazköy wurde die Nr. 923 im Zusammenhang mit einem Urnengrab in der Unterstadt gefunden und wird wie die sehr nahestehende, nicht schichtbestimmte Fibel Nr. 924, der Zeit von Büyükkale IIa zugewiesen.[10] Nr. 923 lag zusammen mit zwei Fibeln der Variante A IV,4 (Nr. 439. 440), die Boehmer in das 2. bzw. in das 1. Viertel des 7. Jh. v. Chr. ansetzt;[11] beide Exemplare sind ziemlich sorgfältig gearbeitet, nach der Zeichnung von Boehmer ist es jedoch nicht festzustellen, ob die Zierbuckel aus hohlen Halbkugeln oder massiv gegossenen Buckelnägeln bestehen (Verfasser konnte diese Stücke selbst nicht studieren). Falls die Stücke mit hohlen Halbkugeln versehen sind, käme als Datierung durchaus für alle drei Fibeln das letzte Viertel des 8. Jh. v. Chr. in Frage; nahestehende Exemplare der Variante A IV,4 (mit Buckelnagel) sind aus dem Tumulus S-1 von Gordion bekannt, so daß für die o. e. Fibeln ohne weiteres eine Datierung in das 1. Viertel des 7. Jh. v. Chr. möglich ist.

---

[10] Boehmer, Kleinfunde Unterstadt 6.   [11] Ebd. 5.

Zwei Exemplare aus dem City Mound von Gordion wurden in unsicheren Fundzusammenhängen gefunden.

Außerhalb des untersuchten Gebietes wurde eine phrygische Fibel, die unseren Exemplaren genau entspricht, in Tegea gefunden[12] (époque postérieure à l'époque géométrique).

Allgemeine Datierung: letztes Viertel des 8. Jh. v. Chr./erste Hälfte des 7. Jh. v. Chr.

Ausführung J I,5b:

924A. Gordion/Polatlı, Bez. Ankara. – Tumulus MM, floor. – Fibel; eingesetzte Nadel; L. 5,2 cm; Dm. Mitte 0,9 cm (*Taf. 55,924A;* nach Photo). – Mus. Ankara (B 824). – Grabung Young, 1957. – Unpubliziert.

925. Gordion/Polatlı, Bez. Ankara. – Tumulus S-1, Hauptbestattung. – Fibel; Nadel eingesetzt; abgebrochen; L. 4,0 cm; Dm. Mitte 0,9 cm (*Taf. 55,925*). – Mus. Gordion (B 249). – Grabung Young, 1951. – Muscarella, Phrygian Fibulae Taf. 13,70.

926. Gordion/Polatlı, Bez. Ankara. – Tumulus S-1, Hauptbestattung. – Fibel; in zwei Teile zerbrochen; L. ca. 4 u. 3 cm; Dm. Mitte 1,0 cm (*Taf. 55,926*). – Mus. Ankara (B 338b). – Grabung Young, 1951. – Unpubliziert.

927. Gordion/Polatlı, Bez. Ankara. – Tumulus S-1, Hauptbestattung. – Fibel; Nadel abgebrochen; L. 4,6 cm; Dm. Mitte 1,0 cm (*Taf. 55,927*). – Mus. Ankara (B 338a). – Grabung Young, 1951. – Unpubliziert.

928. Gordion/Polatlı, Bez. Ankara. – Tumulus MM, floor. – Fibel; sehr fein gearbeitet; L. 6,0 cm; Dm. Mitte 1,0 cm (*Taf. 55,928*). – Mus. Ankara (B 978). – Grabung Young, 1957. – Unpubliziert.

929. Gordion/Polatlı, Bez. Ankara. – Tumulus MM, floor. – Fibel; intakt; Nadel eingesetzt; L. 6,2 cm; Dm. Mitte 0,9 cm (*Taf. 55,929*). – Mus. Ankara (B 979). – Grabung Young, 1957. – Unpubliziert.

930. Gordion/Polatlı, Bez. Ankara. – Tumulus MM, floor. – Fibel; Fragment, abgebrochen; erh. L. 4,65 cm; Dm. Mitte 0,9 cm (*Taf. 56,930*). – Mus. Ankara (B 981). – Grabung Young, 1957. – Unpubliziert.

931. Gordion/Polatlı, Bez. Ankara. – Tumulus MM, floor. – Fibel; intakt, Nadel eingesetzt; L. 4,8 cm; Dm. Mitte 0,9 cm (*Taf. 56,931*). – Mus. Ankara (B 980). – Grabung Young, 1957. – Unpubliziert.

932. Gordion/Polatlı, Bez. Ankara. – Tumulus MM, floor. – Fibel; Nadel abgebrochen; L. 5,4 cm, Dm. Mitte 1,0 cm (*Taf. 56,932*). – Mus. Ankara (B 987). – Grabung Young, 1957. – Unpubliziert.

932A. Gordion/Polatlı, Bez. Ankara. – Tumulus MM, floor. – Fibel; L. 5,9 cm; Bügel-Dm. (Mitte) 1,0 cm (*Taf. 56,932A;* nach Photo des Ausgräbers). – Mus. Ankara (B 986). – Grabung Young, 1957. – Unpubliziert.

Datierung und Verbreitung: Bekannt ist diese Variante bis jetzt nur aus Gordion. Die Exemplare von Tumuli MM und S-1 sind ein- und derselben Werkstatt zuzuschreiben. Datierung: letztes Viertel des 8. Jh. v. Chr.

Ausführung J I,5c:

933. Gordion/Polatlı, Bez. Ankara. – CM-WML-2W, near bldg. N, level 6. – Fibel; mit stark verrosteter eiserner Nadel; L. 3,4 cm; Dm. Mitte 0,65 cm (*Taf. 56,933*). – Mus. Gordion (B 1298). – Grabung Young, 1959. – Unpubliziert.

934. Gordion/Polatlı, Bez. Ankara. – CM-NCB-SW, clay. – Fibel; Nadel und Nadelhalter abgebrochen, Rückseite nicht modelliert; L. 3,5 cm; Dm. Mitte 0,7 cm (*Taf. 56,934*). – Mus. Gordion (B 1447). – Grabung Young, 1963. – Unpubliziert.

935. Ephesos, Bez. İzmir. – Artemis-Tempel, Basis-Füllung. – Fibel; aus Gold, sehr wahrscheinlich eingesetzte Nadel fehlt; L. etwa 2,3 cm (*Taf. 56,935;* nach Hogarth). – Verbleib unbekannt. – Ephesos Taf. 5,3.

---

[12] C. Dugas, BCH. 45, 1921, 413 Abb. 58, 156.

Phrygische bzw. anatolische Fibeln Gruppe J

Datierung und Verbreitung: Nr. 933 mit eiserner Nadel wurde in der Schicht 6 vom City Mound gefunden; Nr. 934 ist nicht schichtbestimmt. Die goldene Fibel aus der Basis vom Artemision/Ephesos ist wahrscheinlich in die erste Hälfte des 7. Jh. v. Chr. zu setzen. Unmittelbare Parallelen sind anderswo bis jetzt nicht bekannt geworden.

Variante J I,6

Fibeln dieser Variante sind denen der Variante H II,5 formgleich. Die Bügelornamente bestehen aus mehreren, aneinanderstoßenden Scheiben, die entweder aus der Gußform heraus oder nach dem Guß durch Gravieren oder Feilen bearbeitet sind, daß der Eindruck einer Umschnürung entsteht.

936. Boğazköy, Bez. Çorum. – Zeit der Schicht Büyükkale II. – BK q/12, Schicht II. – Fibel; Nadel fehlt; L. 3,3 cm; Dm. Mitte ca. 0,75 cm (*Taf.* 56,936). – Mus. Ankara (305/n). – Boehmer, Kleinfunde Taf. 7,122.

937. Gordion/Polatlı, Bez. Ankara. – CM-TB8-F, under floor 4. – Fibel; eingesetzte Nadel sowie Nadelhalter abgebrochen, auf der Rückseite nicht modellierte Bügelornamente; L. 3,4 cm; Dm. Mitte 0,6 cm (*Taf.* 56,937). – Mus. Gordion (B 1687). – Grabung Young, 1967. – Unpubliziert.

938. Gordion/Polatlı, Bez. Ankara. – CM-M7D, cellar fill. – Fibel; Nadel abgebrochen, ein Stück vom Nadelhalter fehlt; L. 3,9 cm; Dm. Mitte 0,75 cm (*Taf.* 56,938). – Mus. Gordion (B 1653). – Grabung Young, 1967. – Unpubliziert.

939. Gordion/Polatlı, Bez. Ankara. – CM-PPB-7, layer 4. – Fibel; in zwei Teile zerbrochen; Nadel abgebrochen; war eingesetzt; Rückseite teilweise nicht modelliert; L. ca. 3,5 cm; Dm. Mitte 0,75 cm (*Taf.* 56,939). – Mus. Gordion (B 1862). – Grabung Young, 1969. – Unpubliziert.

940. Gordion/Polatlı, Bez. Ankara. – CM-MW, layer 6, S of wall 13. – Fibel; Nadel war eingesetzt; Nadelhalter abgebrochen; Rückseite bei den Ornamenten flach und nicht modelliert; L. 3,9 cm; Dm. Mitte 0,75 cm (*Taf.* 56,940). – Mus. Gordion (B 776). – Grabung Young, 1957. – Unpubliziert.

941. Gordion/Polatlı, Bez. Ankara. – CM-PhW-N, layer 6. – Fibel; schlecht erhalten, Nadel und Nadelhalter fehlen; Rückseite nicht modelliert; L. 3,5 cm; Dm. Mitte 0,7 cm (*Taf.* 56,941). – Mus. Gordion (B 1880). – Grabung Young, 1969. – Unpubliziert.

942. Gordion/Polatlı, Bez. Ankara. – CM-CW1, layer 5B, cellar. – Fibel; Rückseite bei den Ornamentstellen nicht gerillt, blank; L. 3,4 cm; Dm. Mitte 0,7 cm (*Taf.* 56,942). – Mus. Gordion (B 1343). – Grabung Young, 1961. – Unpubliziert.

943. Gordion/Polatlı, Bez. Ankara. – CM-WML-4N, pit M, layer 4. – Fibel; Nadel war eingesetzt; Rückseite bei den Ornamenten rund und blank; L. 3,8 cm; Dm. Mitte 0,85 cm (*Taf.* 56,943). – Mus. Gordion (B 1209). – Grabung Young, 1959. – Unpubliziert.

944. Gordion/Polatlı, Bez. Ankara. – CM-M5E, South cellar. – Fibel; Nadel abgebrochen; Rückseite bei den Ornamentstellen blank; L. 3,5 cm; Dm. Mitte 0,65 cm (*Taf.* 56,944). – Mus. Gordion (B 1521). – Grabung Young, 1965. – Unpubliziert.

945. Gordion/Polatlı, Bez. Ankara. – CM-TB7-E, layer 5. – Fibel; Nadel, die eingesetzt war, jetzt abgebrochen; Rückseite bei den Ornamentstellen blank, nicht eingetieft; L. 4,2 cm; Dm. Mitte 0,85 cm (*Taf.* 56,945). – Mus. Gordion (B 1552). – Grabung Young, 1965. – Unpubliziert.

946. Gordion/Polatlı, Bez. Ankara. – CM-T-N, level 5. – Vgl. Nr. 707. – Fibel; Nadel, die eingesetzt war, abgebrochen, ebenso der Nadelhalter; Rückseite bei den Ornamentstellen blank, nicht eingetieft; L. 3,5 cm; Dm. Mitte 0,7 cm (*Taf.* 56,946). – Mus. Gordion (B 1478b). – Grabung Young, 1963. – Unpubliziert.

947. Gordion/Polatlı, Bez. Ankara. – CM-PhWN6, stone fill in Persian wall. – Fibel; stark oxydiert; Nadel abgebrochen; L. 3,9 cm; Dm. Mitte 0,95 cm (*Taf.* 56,947). – Mus. Gordion (B 1962). – Grabung Young. – Unpubliziert.

948. Gordion/Polatlı, Bez. Ankara. – CM-PWN1, fill over Persian wall. – Fibel; Rückseite bei den Ornamentstellen blank; beschädigt; L. 1,9 cm; Dm. Mitte 0,65 cm (*Taf.* 56,948). – Mus. Gordion (B 1981). – Grabung Young. – Unpubliziert.

949. Gordion/Polatlı, Bez. Ankara. – CM-City wall, cut 1, level 2. – Fibel; Nadel und teilweise Nadelhalter abgebrochen; L. 3,75 cm; Dm. Mitte 0,75 cm (*Taf.* 56,949). – Mus. Ankara. (B 319). – Grabung Young, 1951. – Muscarella, Phrygian Fibulae Taf. 13,73.

950. Gordion/Polatlı, Bez. Ankara. – CM-M6C, S cellar, upper fill. – Fibel; Nadel und Nadelhalter abgebrochen; Rückseite bei den Bügelendornamenten blank; L. 3,75 cm; Dm. Mitte 0,7 cm (*Taf.* 56,950). – Mus. Gor-

dion (B 1660). – Grabung Young, 1967. – Unpubliziert.
951. Gordion/Polatlı, Bez. Ankara. – Tumulus D, Füllung. – Fibel; Nadel und Nadelhalter abgebrochen; L. 3,5 cm; Dm. Mitte 0,7 cm (*Taf. 56,951*). – Mus. Ankara (B 25). – Grabung Young, 1950. – Unpubliziert.
952. Boğazköy, Bez. Çorum. – Unterstadt, J/19, Urnengrab 2/70. – Zeit von Büyükkale II a. – Vgl. Nr. 849. – Fibel; stark korrodierter Bügel, jetzt rautenförmig; L. 4,65 cm; H. 3,5 cm; Querschnitt des Bügels 0,8 × 0,6 cm (*Taf. 56,952*; nach Boehmer). – Mus. Ankara (70/101 d). – Boehmer, Kleinfunde Unterstadt Taf. 4,2547.
953. Boğazköy, Bez. Çorum. – Unterstadt, J/19, Urnengrab 2/70. – Zeit von Büyükkale II a. – Vgl. Nr. 849. – Fibel; Fragment; H. noch 4,1 cm (*Taf. 56,953*; nach Boehmer). – Mus. Ankara (70/101 e). – Boehmer, Kleinfunde Unterstadt Taf. 4,2544.

Datierung und Verbreitung (vergleiche auch mit Variante H II,5): Abgesehen von den nicht schichtbestimmten Exemplaren vom City Mound, verteilen sich die übrigen Exemplare dieser Variante auf die Schichten 6, 5, 4 und 2 in Gordion. Die Fibel Nr. 951, die in der Erdfüllung des Tumulus D gefunden wurde, gehört sehr wahrscheinlich dem 7. Jh. v. Chr. an. Drei Exemplare aus Boğazköy sind der Zeit von Büyükkale II zuzuweisen, d. h. in die erste Hälfte des 7. Jh. v. Chr. anzusetzen.

Die Variante J I,6 ist in dem untersuchten Gebiet vor dem 7. Jh. v. Chr. nicht zu belegen.

Fibeln, die als Bügelornamente Umschnürungen aufweisen, sind von den ägäischen Inseln bis Süditalien bekannt; sie gehören zum großen Teil zu der Gruppe der Nachahmungen von phrygischen Fibeln (s. S. 111 ff.).

Variante J I,7

Die Bügelendornamente weisen kräftige, breite Querstege oder Kuben von rechteckigem bzw. quadratischem Querschnitt auf, die beidseitig von gelegentlich geritzten, kannelierten Scheiben und Wülsten begleitet werden. Aufgrund dieser Merkmale ist die Variante J I,7 als eine Parallele zu H II,6 anzusehen.

Die Bügelendornamente der Fibel Nr. 957 weichen von der obigen Beschreibung leicht ab; bei diesem Exemplar bestehen sie jeweils aus einem Quersteg, worauf zwei Wülste folgen. Für die Herstellung dieses Stückes dienten sehr wahrscheinlich die Exemplare vom Tumulus MM (vgl. Variante H II,6) als Vorbild.

954. Gordion/Polatlı, Bez. Ankara. – Tumulus MM, floor. – Fibel; eingesetzte Nadel abgebrochen, „Spring-Plate" ritzverziert; L. 5,6 cm; Dm. Mitte 1,0 cm (*Taf. 56,954*). – Mus. Ankara (B 990). – Grabung Young, 1957. – Unpubliziert.
955. Entfällt.
956. Gordion/Polatlı, Bez. Ankara. – Tumulus MM, floor. – Fibel; ein Auswuchs abgebrochen, „Spring-Plate" ritzverziert; L. 5,5 cm; Dm. Mitte 0,9 cm (*Taf. 56,956*). – Mus. Ankara (B 989). – Grabung Young, 1957. – Unpubliziert.
957. Gordion/Polatlı, Bez. Ankara. – CM SE trench, layer 3B. – Fibel; eingesetzte Nadel abgebrochen; Bügelmitte besteht aus einem Wulst, der mit kannelierten Scheiben eingerahmt wird; L. 4,1 cm; Dm. Mitte 0,9 cm (*Taf. 56,957*). – Mus. Ankara. (B 97). – Grabung Young, 1950. – Unpubliziert.

Datierung und Verbreitung: Die Exemplare aus dem Tumulus MM sind in das letzte Viertel des 8. Jh. v. Chr. anzusetzen.[13]

Bei der Fibel Nr. 957, die in der Schicht 3 vom City Mound gefunden wurde, handelt es sich wahrscheinlich um ein altes Stück.

---

[13] Vgl. Argive Heraeum II Taf. 87,896.

Bekannt ist diese Ausführung bis jetzt in dem untersuchten Gebiet nur aus Gordion. Aus dem Artemis-Heiligtum von Thasos stammt eine entsprechend verzierte phrygische Fibel mit Doppelnadel und Deckplatte (s. S. 168 Typ S I). Offensichtlich handelt es sich um ein Importstück aus Gordion, das zeitgleich mit seinen Parallelen aus dem Tumulus MM ist.

Variante J I,8

Variante J I,8 erfaßt Fibeln, deren Bügelmitte- und Bügelendornamente jeweils einen rechteckigen Quersteg aufweisen, der beidseitig von geritzten bzw. gekerbten Wülsten begleitet wird.

Bei dem Exemplar Nr. 958 sind die Wülste zusätzlich beidseitig von einer feinen Scheibe eingerahmt. Der Zwischenschmuck vom Boğazköy-Exemplar ist zusätzlich gekerbt.

958. Gordion/Polatlı, Bez. Ankara. – Tumulus S-1, Hauptbestattung. – Fibel; Nadel abgebrochen; L. 3,2 cm; Br. Mitte (Steg) 0,65 cm (*Taf. 57,958*). – Mus. Ankara (B 354). – Grabung Young, 1951. – Muscarella, Phrygian Fibulae Taf. 13,68.

959. Boğazköy, Bez. Çorum. – Zeit der Schicht Büyükkale II. – Büyükkale o-p/14–15, Schicht II. – Fibel; L. 3,85 cm; Dm. Mitte des Bügels 0,34–0,40 cm (*Taf. 57,959*; nach Boehmer). – Mus. Ankara (132/f). – Boehmer, Kleinfunde Taf. 7,123.

Datierung und Verbreitung: Schicht II vom Büyükkale lieferte das einzige Exemplar aus Boğazköy (Nr. 959). Der Bügel des Exemplares aus Tumulus S-1 von Gordion zeigt eine reichere Verzierung (Nr. 958). Diese beiden Exemplare sind bis jetzt die einzig bekannten der Variante J I,8. Ihre Datierung dürfte am Ende des 8. Jh. bzw. in der ersten Hälfte des 7. Jh. v. Chr. anzusetzen sein.

TYP J I ZUGEHÖRIG

Fünf weitere Fibeln aus dem City Mound von Gordion und eine aus Boğazköy gehören der Typ J I allgemein an. Sie sind sehr schlecht erhalten, daher ist eine genaue Beobachtung ihrer Ornamente nicht mehr möglich. Dies gilt auch für einige Fibeln der Calvert-Sammlung, die vermutlich in „Thymbra" gefunden worden sind.

960. Gordion/Polatlı, Bez. Ankara. – CM-PhWN6, layer 7. – Fibel; L. 4,9 cm; Dm. Mitte ca. 1 cm (*Taf. 57,960*). – Mus. Gordion (B 2004). – Grabung Young, 1973. – Unpubliziert.

961. Gordion/Polatlı, Bez. Ankara. – CM-NE corner, cut 3, 1 m. below surface. – Fibel; zerbrochen; L. ca. 3,7 cm (*Taf. 57,961*). – Mus. Gordion (B 483). – Grabung Young, 1953. – Unpubliziert.

962. Gordion/Polatlı, Bez. Ankara. – CM, ET. – In unsicherem Fundzusammenhang des 5.–4. Jh. v. Chr. gefunden. – Fibel; L. ca. 5 cm (*Taf. 57,962*). – Mus. Ankara (B 381). – Grabung Young, 1951. – Unpubliziert.

963. Gordion/Polatlı, Bez. Ankara. – CM-W2S3. – In unsicherem Fundzusammenhang des 6.–4. Jh. v. Chr. gefunden. – Fibel; L. 3,7 cm (*Taf. 57,963*). – Mus. Gordion (B 1339). – Grabung Young, 1961. – Unpubliziert.

964. Boğazköy, Bez. Çorum. – Nicht schichtbestimmt. – BK. aa/14 SO., aus Schutt hinter der phrygischen Burgmauer. – Fibel; L. 3,85 cm; H. 3,2 cm (*Taf. 57,964*). – Mus. Ankara (323/q). – Boehmer, Kleinfunde Taf. 8,138.

965. Gordion/Polatlı, Bez. Ankara. – CM-TB7, layer 6. – Fibel; die einzelnen Elemente sind noch erkennbar; Nadel fehlt; stark oxydiert; L. 4,4 cm (*Taf. 57,965*). – Mus. Gordion (B 1523). – Grabung Young, 1965. – Unpubliziert.

TYP J II

Der Typ J II wird bestimmt durch den Zwischenschmuck, der aus Kombinationen von mehr oder minder scharf ausgebildeten, gelegentlich kannelierten Scheiben und oft ritzverzierten, abgerundeten Wülsten zusammengesetzt ist. Der Bügel ist von rundem bis ovalem Querschnitt.

Wie bei dem voraufgegangenem Typ werden nach der Zusammensetzung der Bügelmitte- und der Bügelendornamente einige Varianten unterschieden.

Variante J II, 1

Bei den Fibeln dieser Variante sind in der Regel alle fünf Ornamente des Bügels identisch kombiniert. Diese Kombination besteht bei den Exemplaren Nr. 968–970 aus einem Wulst, der von Scheiben, die kanneliert sein können, eingerahmt ist; bei den anderen (wie Nr. 982, 990) aus einem Wulst, der eine mehr abgerundete, ja sogar bikonische Form zeigt. Dieser Wulst, der oft ritzverziert ist, wird beidseitig von mehr oder minder scharfen Scheiben begleitet.

Bemerkenswert ist die Fibel Nr. 987, die eine Nachahmung einer goldenen, granulierten Fibel sein könnte: Die Ornamente setzen sich aus vier Scheiben zusammen, die auf der Schauseite ihren Rändern entlang grobgekerbt sind, so daß sie den Eindruck von Granulationen vermitteln.

Die Fibeln Nr. 995 und 995 A weichen in ihrer Verzierung von den übrigen dieser Variante ab; das Stück aus Boğazköy wird von Boehmer folgendermaßen beschrieben:[14] „... letztere sind bei Nr. 145 zu schmalen, doppelkonischen Zierelementen mit scharfem Mittelgrat umgewandelt".

Nach den Photos des Kataloges von H. Thiersch wurden außer den hier abgebildeten Fibeln aus „Thymbra" weitere Exemplare in demselben Fundort gefunden. Diese Stücke waren allerdings nicht mehr im Museum von Çanakkale aufzufinden.

966. Gordion/Polatlı, Bez. Ankara. – CM-PBPN-1, Bldg. P, floor to clay. – Fibel; Nadel und Nadelhalter abgebrochen; L. 4,0 cm; Dm. Mitte 0,9 cm (*Taf.* 57,966). – Mus. Gordion (B 1782). – Grabung Young, 1969. – Unpubliziert.
967. „Thymbra," Bez. Çanakkale. – Calvert-Sammlung. – Fibel; Nadel abgebrochen; alle Wülste ritzverziert, die Scheiben der Mitte- und Endverzierungen kanneliert; L. 4,2 cm; Dm. Mitte 0,8 cm (*Taf.* 57,967). – Mus. Çanakkale (o. Inv.). – Grabung Calvert. – Unpubliziert.
968. Gordion/Polatlı, Bez. Ankara. – CM, SW trench, close to surface. – Fibel; Fragment; L. noch 5,5 cm; Dm. Mitte ca. 1,2 cm (*Taf.* 57,968). – Mus. Ankara (B 82). – Grabung Young, 1950. – Unpubliziert.
969. Gordion/Polatlı, Bez. Ankara. – CM-PS-2; clay. – Fibel; sehr beschädigt; Nadel fehlt; L. 4,5 cm; Dm. Mitte noch 0,8 cm (*Taf.* 57,969). – Mus. Gordion (B 1381). – Grabung Young, 1962. – Unpubliziert.
970. Gordion/Polatlı, Bez. Ankara. – CM-PhW-N, layer 8 clay. – Fibel; Nadel und Nadelhalter abgebrochen; Rückseite blank, nicht modelliert; L. 4,2 cm; Dm. Mitte noch 0,75 cm (*Taf.* 57,970). – Mus. Gordion (B 1891). – Grabung Young, 1969. – Unpubliziert.
971. Gordion/Polatlı, Bez. Ankara. – CM-N RR cut, early cellar; ca. 5.–4. Jh. v. Chr. – Zusammenhang. – Vgl. Nr. 779. – Fibel; stark oxydiert; L. ca. 3,2 cm (*Taf.* 57,971). – Mus. Gordion (B 1427 c). – Grabung Young, 1963. – Unpubliziert.
972. Gordion/Polatlı, Bez. Ankara. – CM-N RR cut, early cellar. – Vgl. Nr. 779. – Fibel; stark oxydiert, Nadel abgebrochen; L. ca. 3,2 cm; Dm. Mitte ca. 0,8 cm (*Taf.* 57,972). – Mus. Gordion (B 1427 b). – Grabung Young, 1963. – Unpubliziert.
973. Batak köyü/Altıntaş, Bez. Kütahya. – Fibel; intakt, eingesetzte Nadel; L. 4,9 cm; Dm. Mitte 0,9 cm (*Taf.* 57,973). – Mus. Afyon (E 1100). – Erworben in Batak. – Unpubliziert.
974. Gordion/Polatlı, Bez. Ankara. – CM-PBPN-1,

---

[14] Boehmer, Kleinfunde 63.

Bldg.P, floor to clay. – Fibel; eingesetzte Nadel abgebrochen; kannelierte Scheiben; L. 5,5 cm; Dm. Mitte 1,1 cm (*Taf. 57,974*). – Mus. Gordion (B 1783). – Grabung Young, 1969. – Unpubliziert.
975. „Thymbra", Bez. Çanakkale. – Calvert-Sammlung. – Fibeln; mindestens drei Exemplare, nach Photo im Katalog Thiersch (Photo Nr. 1142). – Verbleib unbekannt. – Unpubliziert.
976. Gordion/Polatlı, Bez. Ankara. – CM-CC3A, under 2,24 m., floor. – Fibel; Nadel abgebrochen; Wülste auf der Vorderseite fein geritzt; L. 3,0 cm; Dm. Mitte 0,6 cm (*Taf. 57,976*). – Mus. Gordion (B 1934). – Grabung Young, 1973. – Unpubliziert.
977. Gordion/Polatlı, Bez. Ankara. – CM-CC3A, under 2,17 m, floor. – Fibel; Fragment; vorhandene Wülste fein geritzt; L. noch 2,4 cm (*Taf. 57,977*). – Mus. Gordion (B 1935). – Grabung Young, 1973. – Unpubliziert.
978. Gordion/Polatlı, Bez. Ankara. – CM-MW2, layer 5, below floor H. – Fibel; Nadel und teilweise Nadelhalter abgebrochen; Ornamente auf der Rückseite blank; L. 3,5 cm; Dm. Mitte 0,8 cm (*Taf. 57,978*). – Mus. Gordion (B 1168). – Grabung Young, 1959. – Unpubliziert.
978A. Gordion/Polatlı, Bez. Ankara. – Tumulus E, Füllung. – Fibel; Nadel und Nadelhalter abgebrochen; L. 3,4 cm; Dm. Mitte (Wulst) 0,7 cm (*Taf. 57,978A;* nach Photo). – Verschollen (B 128). – Grabung Young, 1951. – Muscarella, Phrygian fibulae Taf. 14,72 c.
978B. Gordion/Polatlı, Bez. Ankara. – Tumulus H, pre-burial habitation floor. – Fibel; erhaltener Teil zerbrochen, ein Stück fehlt; Dm. Mitte (Wulst) 0,8 cm (*Taf. 57,978B*). – Mus. Ankara (B 161). – Grabung Young, 1951. – Unpubliziert.
978C. Antalya. – Fibel; eingesetzte Nadel abgebrochen, grüne Patina, auf der Rückseite blanke Ornamente; L. 2,4 cm; Dm. Mitte (Wulst) 0,55 cm (*Taf. 57,978C*). – RGZM. Mainz (Inv. Nr. 38908). – Erworben in Antalya. – Unpubliziert.
979. Gordion/Polatlı, Bez. Ankara. – CM-WML-1/2, layer 5. – Fibel; Nadel und Nadelhalter abgebrochen; L. 3,7 cm; Dm. Mitte 0,65 cm (*Taf. 57,979*). – Gordion (B 1204). – Grabung Young, 1959. – Unpubliziert.
980. Gordion/Polatlı, Bez. Ankara. – CM-WML-4N, pit M, layer 4?. – Fibel; Nadel fehlt; L. 3,6 cm; Dm. Mitte 0,5 cm (*Taf. 57,980*). – Mus. Gordion (B 1210). – Grabung Young, 1959. – Unpubliziert.
981. Gordion/Polatlı, Bez. Ankara. – CM-TB8-S2, level 5. – Fibel; Nadel fehlt; L. 3,4 cm; Dm. Mitte 0,7 cm (*Taf. 57,981*). – Mus. Gordion (B 1718). – Grabung Young, 1967. – Unpubliziert.
982. Gordion/Polatlı, Bez. Ankara. – CM, SE trench, level 2. – Fibel; Nadel fehlt; Wülste auf der Vorderseite fein geritzt; L. 4,35 cm; Dm. Mitte 0,7 cm (*Taf. 57,982*). – Mus. Ankara (B 46). – Grabung Young, 1950. – Unpubliziert.
983. Gordion/Polatlı, Bez. Ankara. – CM-PPPN, between floors 3 and 4. – „Fibel"; Fragment; L. noch 3,3 cm; Dm. Mitte 0,6 cm (*Taf. 57,983*). – Mus. Gordion (B 1462). – Grabung Young, 1963. – Unpubliziert.
984. Gordion/Polatlı, Bez. Ankara. – CM-MW, layer 6 under floor. – Fibel; Nadel fehlt; feine Ritzungen auf den Wülsten teilweise erhalten; L. 2,9 cm; Dm. Mitte 0,4 cm (*Taf. 57,984*). – Mus. Gordion (B 1193). – Grabung Young, 1959. – Unpubliziert.
985. Gordion/Polatlı, Bez. Ankara. – Tumulus S-1, Hauptbestattung. – Fibel; in zwei Teile zerbrochen; L. 3,85 cm; Dm. Mitte 0,7 cm (*Taf. 57,985*). – Mus. Ankara (unter B 361). – Grabung Young, 1951. – Unpubliziert.
986. Gordion/Polatlı, Bez. Ankara. – Tumulus S-1, Hauptbestattung. – Fibel; Fragment; L. noch 2,8 cm (*Taf. 58,986*). – Mus. Ankara (unter B 361). – Grabung Young, 1951. – Unpubliziert.
987. Gordion/Polatlı, Bez. Ankara. – „Museum Site", Sec. S. – Fibel; gut erhalten; grobe Kerbungen auf den Scheiben; Rückseite nicht modelliert und blank; L. 4,3 cm; Dm. Mitte 0,75 cm (*Taf. 58,987*). – Mus. Gordion (B 1401). – Grabung Young, 1962. – Unpubliziert.
988. Entfällt.
989. Sardis, Bez. Manisa. – HoB Lydian trench inside bldg. D at W15.00–16.00/S102.00–106.00, Lydian context, level 98.8. – Fibel; Nadel und Nadelhalter nicht erhalten; L. 3,2 cm; H. 2,3 cm (*Taf. 58,989;* nach Photo). – Datierung (nach Ausgräber): spätes 7. – frühes 6. Jh. v. Chr. – Mus. Sardis, Depot (M65.2:6669). – G. Hanfmann, BASOR. 182, 1966, 13 Abb. 8; Muscarella, Phrygian Fibulae Taf. 14,75.
990. Boğazköy, Bez. Çorum. – Nicht schichtbestimmt. – Büyükkale v/13, Oberflächenschutt. – Fibel; Nadel abgebrochen; L. 4,3 cm; Dm. Mitte 0,7 cm (*Taf. 58,990*). – Mus. Ankara (324/q). – Boehmer, Kleinfunde Taf. 8,147.
991. Boğazköy, Bez. Çorum. – Zeit der Schicht Büyükkale II. – USt.Tempel I, Magazin 25, auf Fußboden des phrygischen Hauses 3. – Fibel; Nadel fehlt; Wülste verziert; L. 3,0 cm; Dm. Mitte 0,45–0,50 cm (*Taf. 58,991;* nach Boehmer). – Mus. Ankara (542/z). – Boehmer, Kleinfunde Taf. 7,124.
992. Boğazköy, Bez. Çorum. – Zeit der Schicht Büyükkale I. – Büyükkale q/8, Schicht I. – Fibel; Nadel fehlt; L. 2,95 cm; Dm. Mitte 0,55 cm (*Taf. 58,992;* nach Boehmer). – Mus. Ankara (238/i). – Boehmer, Kleinfunde Taf. 7,129.
993. Boğazköy, Bez. Çorum. – Zeit der Schicht Büyükkale I. – Büyükkale l-m/9–10, im oberen Schutt der

Schicht I. – Fibel; Nadel abgebrochen; L. 4,05 cm; Dm. Mitte 0,55 cm (*Taf. 58,993*). – Mus. Ankara (323/i). – Boehmer, Kleinfunde Taf. 7,130.
994. Boğazköy, Bez. Çorum. – Nicht schichtbestimmt. – USt. Tempel I, Süd, Suchschnitt IV, in phrygischem Fallschutt, Haus 3. Ineinandergehängt mit Nr. 145 (hier Nr. 995). – Fibel; Nadel abgebrochen; sämtliche Wülste verziert; L. 3,0 cm; Dm. Mitte 0,55 cm (*Taf. 58,994;* nach Boehmer). – Mus. Ankara (571/z/b). – Boehmer, Kleinfunde Taf. 8,146.
995. Boğazköy, Bez. Çorum. – Nicht schichtbestimmt. – Fibel; Fundlage: Vgl. Nr. 994; L. 2,85 cm; Dm. Mitte 0,62–0,65 cm (*Taf. 58,995;* nach Boehmer). – Mus. Ankara (571/z/a). – Boehmer, Kleinfunde Taf. 8,145.
995A. Gordion/Polatlı, Bez. Ankara. – CM-NE corner, level 5. – Fibel; Nadel teilweise abgebrochen; L. 3,6 cm; Dm. Mitte (Wulst) 0,75 cm (*Taf. 58,995A;* nach Photo). – Verbleib unbekannt (B 430). – Grabung Young, 1951. – Unpubliziert.
996. Midas-Stadt, Bez. Eskişehir. – B 3. – Fibel; Messing (nach Haspels); Nadel fehlt; L. ca. 3,3 cm (*Taf. 58,996;* nach Haspels). – Verbleib unbekannt. – Haspels, Phrygie III Taf. 41a,7.
997. Yazılıkaya, Bez. Eskişehir. – Gräber. – Fibel; Nadel abgebrochen; Bügel in zwei Teile zerbrochen; L. ca. 3,3 cm; Dm. Mitte 0,6 cm (*Taf. 58,997*). – Mus. Afyon (E 1207). – Grabung M. Eyüboğlu, 1950. – Unpubliziert.
998. „Thymbra", Bez. Çanakkale. – Calvert-Sammlung. – Fibel; intakt; L. 4,0 cm; Dm. Mitte 0,7 cm (*Taf. 58,998*). – Mus. Çanakkale (o. Inv.). – Grabung Calvert. – Unpubliziert.
999. „Thymbra", Bez. Çanakkale. – Calvert-Sammlung. – Fibel; Nadel und Nadelhalter abgebrochen; Wülste geritzt; L. ca. 4,0 cm; Dm. Mitte 0,75 cm (*Taf. 58,999*). – Mus. Çanakkale (o. Inv.). – Grabung Calvert. – Unpubliziert.
1000. Fundort unbekannt. – Fibel; Nadel abgebrochen; L. 3,5 cm; Dm. Mitte 0,6 cm (*Taf. 58,1000*). – Mus. Istanbul (75.336). – Geschenk. – Unpubliziert.
1001. Ephesos, Bez. İzmir. – Artemis-Tempel, außerhalb der Basis. – Fibel; Fragment; L. noch ca. 3,7 cm (*Taf. 58,1001*). – Brit. Mus. London. – Grabung Hogarth. – Unpubliziert.
1002. Gordion/Polatlı, Bez. Ankara. – Lesefund. – Fibel; Nadel abgebrochen; ohne Maßstab (*Taf. 58,1002;* nach Koşay). – Mus. Ankara? – Koşay, Pazarlı Taf. 8.
1003. Alişar, Bez. Yozgat. – Field Nr. 3000, plot XXIX. – Fibel; Nadel abgebrochen; L. ca. 4 cm (*Taf. 58,1003;* nach Publikationsphoto). – Mus. Ankara? – OIP VII 96 Abb. 76,3000.
1004. Alişar, Bez. Yozgat. – Mound A, level 3, stratum V. – Fibel; Nadel und Nadelhalter abgebrochen; L. ca. 4 cm (*Taf. 58,1004;* nach Publikationsphoto). – Mus. Ankara? – OIP XX Abb. 93.
1005. Alişar, Bez. Yozgat. – Field Nr. 1475, plot IV. – Fibel; Nadel abgebrochen; L. ca. 4 cm (*Taf. 58,1005;* nach Publikationsphoto). – Mus. Ankara? – OIP VII Abb. 76, 1475.

Datierung und Verbreitung: Fibeln dieser Variante J II,1 sind innerhalb des untersuchten Gebietes weit verbreitet. Sie stammen aus „Thymbra" (7. Jh. v. Chr.?), Ephesos (1. Hälfte des 7. Jh. v. Chr.), Sardis (spätes 7./frühes 6. Jh. v. Chr.), aus der Umgebung von Kütahya, aus der Nekropole von Yazılıkaya (7. Jh. v. Chr.), aus der Midas-Stadt (7. Jh. v. Chr.), aus der Umgebung von Antalya, aus Gordion, aus Boğazköy (Zeit der Schichten Büyükkale I und II) und aus den, laut Ausgräber, späthellenistisch-römischen Schichten von Alişar.

Die ältesten Exemplare aus dem frühen 7. Jh. v. Chr. lieferte der Tumulus S-1 von Gordion. Die Nr. 978 B wurde in der Siedlung unterhalb des Tumulus H gefunden; aus der Erdfüllung des Tumulus E stammt die Nr. 978 A. Für die Zeitstellung dieser Stücke kommt das 7. Jh. v. Chr. in Frage.

Die Exemplare aus dem City Mound wurden in den Schichten 6 bis 2 und auf der Oberfläche des Hügels gefunden (Nr. 966 und 974 z. B. stammen aus dem Schutt etwa des 6. Jh. v. Chr.; diese und die im Katalogteil befindlichen Angaben sind kritisch zu betrachten, sie können nicht als sichere Hinweise über das tatsächliche Alter dieser Fibeln benutzt werden.). Diese Tatsache erschwert die Feststellung der jüngsten Herstellungs- und Gebrauchsgrenze dieser Variante. Es scheint jedoch, daß diese zierliche Form ein langes Leben hatte.

Boehmer datiert die Fibel Nr. 991 aus Boğazköy in die erste Hälfte des 7. Jh. v. Chr.[15]

---

[15] Ebd. 62.

Phrygische bzw. anatolische Fibeln Gruppe J

Es ist darauf hinzuweisen, daß es sich bei den hier vorgelegten Fibeln hauptsächlich um kleinformatige Exemplare handelt.

Außerhalb des untersuchten Gebietes steht eine Fibel aus Sparta[16] (7. Jh. v. Chr.) und ein nicht-phrygisches Exemplar aus Olympia[17] den Fibeln der Variante J II,1 nahe. Viele Imitationen sind von den ägäischen Inseln bekannt.[18].

Variante J II,2

Die Ornamente der Bügelmitte und der Bügelenden sind jeweils mit zwei Wülsten versehen (Ausnahme Nr. 1007: Bügelenden mit drei Wülsten), die durch eine Scheibe voneinander getrennt sein können und auf jeder Seite von solchen umrandet sind.

Bei der großformatigen Fibel Nr. 1012 besteht der Zwischenschmuck jeweils aus vier gleich großen Scheiben.

Weitere Fibeln dieser Art wurden laut Calvert bzw. Thiersch in „Thymbra" gefunden. Sie konnten hier nicht abgebildet werden.

1006. Gordion/Polatlı, Bez. Ankara. – CM–WS9N, layer 6B. – Fibel; Nadel und teilweise Nadelhalter abgebrochen; Wülste fein geritzt, teilweise noch sichtbar; L. 4,7 cm; Dm. Mitte 0,9 cm (*Taf. 58,1006*). – Mus. Gordion (B 1773). – Grabung Young, 1969. – Unpubliziert.

1007. Gordion/Polatlı, Bez. Ankara. – CM-O-Q, Bldg. O, robbed, N wall. – Im unsicheren 5.–4. Jh. v. Chr. – Fundzusammenhang. – Fibel; Nadel und Nadelhalter abgebrochen; Rückseite nicht modelliert, daher blank; Wülste auf der Vorderseite mit feinen Ritzungen; L. 5,9 cm; Dm. Mitte 1,2 cm (*Taf. 58,1007*). – Mus. Gordion (B 1522). – Grabung Young, 1965. – Unpubliziert.

1008. Gordion/Polatlı, Bez. Ankara. – CM-N city wall trench 3, stratum 2. – Fibel; in zwei Teile zerbrochen; Nadel und Nadelhalter fehlen; Wülste fein geritzt; L. noch ca. 2,3 cm; Dm. Mitte ca. 0,5 cm (*Taf. 58,1008*). – Mus. Gordion (B 1467). – Grabung Young, 1963. – Unpubliziert.

1009. Gordion/Polatlı, Bez. Ankara. – Tumulus K, Füllung. – Fibel; Nadel abgebrochen. L. 4,5 cm; Dm. Mitte 0,85 cm (*Taf. 58,1009*). – Mus. Ankara (B 142). – Grabung Young, 1950. – Unpubliziert.

1010 A.B. Gordion/Polatlı, Bez. Ankara. – Tumulus S-1, Hauptbestattung. – Zwei Fibeln; eine ganze (Nadel abgebrochen) und ein Fragment (bis zur Hälfte erhalten); L. 2,8 cm; Dm. Mitte ca. 0,4 cm (*Taf. 58, 1010 A.B*). – Mus. Ankara (B 359). – Grabung Young, 1951. – Unpubliziert.

1011. Gordion/Polatlı, Bez. Ankara. – CM-ET-C2. – Fundzusammenhang 6. Jh. v. Chr. – Fibel; Fragment, eingesetzte Nadel und Nadelhalter nicht erhalten; L. noch 3,4 cm; Dm. Mitte 0,6 cm (*Taf. 58,1011*). – Mus. Ankara (B 507). – Grabung Young, 1953. – Unpubliziert.

1012. Gordion/Polatlı, Bez. Ankara. – Im Bett des „alten" Sakarya-Flusses gefunden. – Fibel; eingesetzte Nadel fehlt; L. 7,0 cm; Dm. Mitte 1,1 cm (*Taf. 58,1012*). – Mus. Gordion (B 784). – 1957 gefunden. – Unpubliziert.

1013. Fundort unbekannt. – Angeblich aus Sardis. – Fibel; Nadel und Nadelhalter nicht erhalten; ohne Maßstab (*Taf. 58,1013*; nach Luschan). – Correspondenz-Blatt der deutschen Gesellschaft für Anthropologie, Ethnologie und Urgeschichte 1894, 110; Luschan, Sendschirli V Taf. 43, u.

1014. Boğazköy, Bez. Çorum. – Unterstadt, J/19-20, Urnengrab 2/73. – Zeit von Büyükkale II a. – Zusammen gefunden mit einer Fibel der Variante A IV, 4 (Nr. 444) neben der Urne. – Fibel; L. 3,8 cm; H. 3,3 cm; Dm. des Bügels 0,4 cm (*Taf. 58,1014*; nach Boehmer). – Mus. Ankara (73/57 a). – Boehmer, Kleinfunde Unterstadt Taf. 4,2 549.

1015. Boğazköy, Bez. Çorum. – Unterstadt, J/19, Urnengrab 1/73. – Zeit von Büyükkale II a. – Fibel; Fragment; L. noch 4,0 cm.; H. noch 3,9 cm; Dm. des Bügels 0,6 cm (*Taf. 59,1015*; nach Boehmer). – Beifunde: bronzener Gefäßrest (Kleinfunde Unterstadt Nr. 2555); bronzener und silberne Fingerringe (ebd. Nr. 3355 und 3561-3563). – Mus. Ankara (73/42 f.). – Boehmer, Kleinfunde Unterstadt Taf. 4,2 543.

---

[16] Artemis Orthia Taf. 84, g.
[17] Olympia IV Nr. 371.
[18] Sapouna-Sakellarakis, PBF. XIV,4 (1978) Nr. 1680–1695.

1015 A. Umgebung von Ankara. – Fibel; eingesetzte Nadel fehlt; alle Wülste fein geritzt, teilweise noch sichtbar; L. 4,2 cm; Dm. Mitte 0,75 cm (*Taf. 59, 1015* A; nach Photo). – Mus. Stockholm (11342:5). – Blinkenberg, Fibules XII 14 c 2.

Datierung und Verbreitung: Bekannt sind die Fibeln dieser Variante aus „Thymbra", aus der Umgebung von Sardis, aus Gordion, und aus der Umgebung von Ankara und aus Boğazköy.

In Gordion stammt die Fibel Nr. 1009 aus der Füllerde vom Tumulus K, der vom Ausgräber in das 6. Jh. v. Chr. datiert wird. Aus dem Tumulus S-1 kommen zwei Exemplare (frühes 7. Jh. v. Chr.). Die Zeitstellung der Exemplare aus dem City Mound ist unsicher.

Die Bearbeitung der Fibel Nr. 1015 aus der Unterstadt von Boğazköy, die zusammen mit der Fibel Nr. 1014 der Periode Büyükkale II a zugewiesen wird,[19] entspricht der der Fibeln vom Tumulus MM: fein kannelierte Scheiben, sorgfältig geritzte Wülste; dieses Stück sowie die Fibel Nr. 1012 aus dem alten Sakarya-Bett können ohne weiteres aus dem letzten Viertel des 8. Jh. v. Chr. stammen.

Ferner verwandt sind zwei Fibeln aus dem Argivischen Heraion.[20]

Variante J II, 3

Die Bügelmitte und die Bügelendornamente sowie der Zwischenschmuck der Fibeln dieser Variante bestehen aus unmittelbar aneinanderliegenden Scheiben, die den Effekt einer Umschnürung vermitteln.

Weitere Exemplare, die verschollen sind und hier nicht katalogisiert werden können, sind laut Photo im Katalog Thiersch in „Thymbra" gefunden worden.

1016. Gordion/Polatlı, Bez. Ankara. – CM-MW, layer 6. – Fibel; in zwei Teile zerbrochen; eingesetzte Nadel nicht erhalten, auf der Rückseite nicht modellierte Bügelornamente; L. ca. 4,1 cm; Dm. Mitte 0,75 cm (*Taf. 59, 1016*). – Mus. Gordion (B 769). – Grabung Young, 1957. – Unpubliziert.

1017. „Thymbra", Bez. Çanakkale. – Calvert-Sammlung. – Fibel; Nadel und Nadelhalter abgebrochen; L. 3,9 cm; Dm. Mitte noch 0,75 cm (*Taf. 59, 1017*). – Mus. Çanakkale (o. Inv. Nr.). – Grabung Calvert. – Unpubliziert.

Datierung und Verbreitung: Die Fibeln aus der Calvert-Sammlung „Thymbra" und das einzige Exemplar aus der Schicht 6 vom City Mound in Gordion dürften nicht älter sein als die zweite Hälfte des 7. Jh. v. Chr.

Nahestehende, nichtphrygische Exemplare sind aus dem ägäischen Inselbereich bekannt.[21]

Variante J II, 4

Bei dieser Variante sind die Ornamente von Bügelmitte und Zwischenschmuck gleich: Sie bestehen aus einem Wulst, der von jeder Seite von einer Scheibe umrahmt wird. Dagegen aber setzen sich die Bügelendornamente aus Kuben (wie Nr. 1018) oder aus kantigen Querstegen (Nr. 1019) zusammen.

---

[19] Boehmer, Kleinfunde Unterstadt 6.
[20] Argive Heraeum II Taf. 87, 892–893.
[21] Sapouna-Sakellarakis a. a. O. Nr. 1683–1694.

Phrygische bzw. anatolische Fibeln Gruppe J

1018. Gordion/Polatlı, Bez. Ankara. – CM-M6C, South cellar, fill. – Fibel; Fragment, Spiralseite fehlt; L. noch 4,2 cm; Dm. Mitte 0,6 cm (*Taf. 59,1018*). – Mus. Gordion (B 1641). – Grabung Young, 1967. – Unpubliziert.

1019. Gordion/Polatlı, Bez. Ankara. – CM-MW2, layer 5. – Fibel; schlecht erhalten; Nadel und Nadelhalter abgebrochen; L. 3,2 cm; Dm. Mitte 0,7 cm (*Taf. 59,1019*). – Mus. Gordion (B 785). – Grabung Young, 1957. – Unpubliziert.

Datierung und Verbreitung: Beide Fibeln stammen aus dem Schutt vom City Mound. Unter Mitberücksichtigung der folgenden Variante J II,5 können sie in die erste Hälfte des 7. Jh. v. Chr. gesetzt werden. Außerhalb Gordions ist diese Ausführung nicht bekannt.

Variante J II,5

Die Ornamente der Bügelmitte und der Bügelenden sind aus je einem rechteckigen Quersteg oder aus einem Kubus, der auf beiden Seiten von Scheiben begleitet wird, zusammengesetzt. Der Zwischenschmuck besteht jeweils aus sechs dünnen Scheiben. Das Loch der Spiralwindung ist mit einem Buckelnagel verschlossen.

1020. Gordion/Polatlı, Bez. Ankara. – Tumulus S-1, Hauptbestattung. – Fibel; Nadel abgebrochen, auf der Rückseite nicht modellierte Bügelornamente; L. 3,2 cm (*Taf. 59,1020*). – Mus. Gordion (B 254). – Grabung Young, 1951. – Unpubliziert.

Datierung und Verbreitung: Das einzige bis jetzt bekannte Stück der Variante J II,5 stammt aus dem Tumulus S-1 von Gordion. Diese Fibel ist um das Ende des 8. Jh. bzw. in das frühe 7. Jh. v. Chr. anzusetzen.

TYP J III

Der im Querschnitt runde bis ovale Bügel dieses Typs ist geschmückt mit Kombinationen der üblichen Wülste und Scheiben in der Mitte und an den Enden, desgleichen der Zwischenschmuck. Hauptmerkmal dieses Typs aber ist, daß diese Ornamente jeweils durch aus dem Bügel herauswachsende Grate oder Ringe – bei Nr. 1024 erscheinen diese als Wulst/Scheiben-Kombinationen – voneinander getrennt sind. Die Zahl der Bügelornamente erhöht sich insgesamt bis auf neun.

Fünf Exemplare dieser Gattung aus Neandria sind aus Silber. Sie weisen auf der Vorderseite ihrer Ornamente feine Ritzlinien auf. Bei manchen Exemplaren ist sogar die Mittelrippe des Nadelhalters mit vertikallaufenden Fischgrätmustern versehen. Die Auswüchse der Nadelhalter sind rund ausgebildet. Bei einigen Exemplaren sind die Auswüchse rechteckig und durchlocht; sie waren mit einem kleinen Buckelnagel versehen (Nr. 1023–1024, 1030–1033). Bei diesen Exemplaren ist deutlich zu erkennen, daß die Nadeln eingesetzt sind. H. Thiersch beschreibt in seinem Katalog noch weitere Fibeln aus Bronze, die dem Typ der silbernen gleich sind. Diese Fibeln waren nicht im Çanakkale-Museum auffindbar.

Zu erwähnen ist der Griffbügel eines Gürtels, der in Tumulus S-1 gefunden wurde;[22] er entspricht den Fibeln des Typs J III.

1021. Fundort unbekannt. – Fibel; Nadel fehlt; L. 5,7 cm; Dm. Mitte 0,9 cm; (*Taf. 59,1021*). – Mus. Istanbul (73.369). – Ankauf. – Unpubliziert.

1022. Umgebung von Burdur. – Fibel; intakt erhalten; Nadel eingesetzt; Ornamentstellen auf der Rückseite nicht eingetieft, durch Feilen abgeflacht; L. 4,5 cm; Dm.

---

[22] Vgl. Griffbügel Nr. G 1.

Mitte 0,85 cm (Taf. 59,1022). – Mus. Burdur (K-48-12-76). – Unpubliziert.

1023. Neandria, Bez. Çanakkale. – Calvert-Sammlung. – Fibel; Silber; Beschreibung wie Nr. 1031; L. 4,1 cm; Dm. Mitte 0,6 cm (Taf. 59,1023). – Grabung Calvert. – Mus. Çanakkale (o. Inv.; unter Nr. 632 im Katalog Thiersch). – Unpubliziert.

1024. Neandria, Bez. Çanakkale. – Calvert-Sammlung. – Fibel; Silber; eingesetzte Nadel fehlt. Die Auswüchse des Nadelhalters sind rechteckig ausgebildet und auf jeder Seite mit drei sehr kleinen Buckelnägeln versehen, eine davon noch erhalten, die anderen sind entweder abgebrochen oder abgefallen, doch die Durchlochungen weisen darauf hin. Die Mittelrippe des Nadelhalters ist mit Fischgratmustern versehen; L. 5,6 cm; Dm. Mitte 1,0 cm (Taf. 59,1024). – Mus. Çanakkale (o. Inv.; unter Nr. 633 im Thiersch-Katalog). – Grabung Calvert. – Unpubliziert.

1025. Gordion/Polatlı, Bez. Ankara. – CM-M6C, South cellar floor. – Fibel; schlecht erhalten; Nadel abgebrochen; L. 4,7 cm; Dm. Mitte 0,8 cm (Taf. 59,1025). – Mus. Gordion (B 1663). – Grabung Young, 1967. – Unpubliziert.

1026. Gordion/Polatlı, Bez. Ankara. – Tumulus E, Füllung. – Fibel; Nadel und Nadelhalter fehlen; L. 3,7 cm; Dm. Mitte 1,1 cm (Taf. 59,1026). – Mus. Gordion (B 441). – Grabung Young, 1952. – Muscarella, Phrygian Fibulae Taf. 14,72 b.

1027. Gordion/Polatlı, Bez. Ankara. – Tumulus D, Füllung. – Fibel; Nadel und Nadelhalter abgebrochen; L. ca. 4,0 cm; Dm. Mitte ca. 0,7 cm (Taf. 59,1027; nach Muscarella). – Mus. Ankara (B 221). – Grabung Young, 1950. – Muscarella, Phrygian Fibulae Taf. 14, 79.

1028. Gordion/Polatlı, Bez. Ankara, – CM-ET-O12, level 4. – Fibel; in zwei Teile zerbrochen; Nadel fehlt; L. ca. 3,2 cm; Dm. Mitte ca. 0,7 cm (Taf. 59,1028). – Mus. Ankara (B 587). – Grabung Young, 1955. – Muscarella, Phrygian Fibulae Taf. 15,81.

1029. Yazılıkaya, Bez. Eskişehir. – Gräber. – Fibel; Nadel abgebrochen; L. 4,55 cm; Dm. Mitte 0,9 cm (Taf. 59,1029). – Mus. Afyon (E 1206). – Grabung H. Çambel, 1949. – Unpubliziert.

1030. „Thymbra", Bez. Çanakkale. – Calvert-Sammlung. – Fibel; Nadel abgebrochen; in dem Spiralloch der Windung befindet sich ein Buckelnagel; die Auswüchse des Nadelhalters sind durchlocht, sie waren sehr wahrscheinlich mit Buckelnägeln versehen; L. 4,2 cm; Dm. Mitte 0,8 cm (Taf. 59,1030). – Grabung Calvert. – Nach dem Katalog Thiersch ist nicht sicher, ob diese Fibel wirklich aus „Thymbra" stammt, Fundort Neandria nicht ausgeschlossen. – Mus. Çanakkale (o. Inv.). – Unpubliziert.

1031. Neandria, Bez. Çanakkale. – Calvert-Sammlung. – Fibel; Silber; eingesetzte Nadel fehlt; Ornamente mit Ritzlinien; Auswüchse des Nadelhalters waren mit Buckelchen versehen. Wie auch von H. Thiersch vermutet wird, bildet sie mit der Fibel Nr. 1032 ein Paar; L. 4,0 cm; Dm. Mitte 0,65 cm (Taf. 59,1031). – Mus. Çanakkale (o. Inv.; unter Nr. 632 im Katalog Thiersch). – Unpubliziert.

1032. Neandria, Bez. Çanakkale. – Calvert-Sammlung. – Fibel; Silber; Beschreibung wie Nr. 1031; L. 3,8 cm; Dm. Mitte 0,65 cm (Taf. 59,1032). – Grabung Calvert. – Mus. Çanakkale (o. Inv.; unter Nr. 632 im Katalog Thiersch). – Unpubliziert.

1033. Neandria, Bez. Çanakkale. – Calvert-Sammlung. – Fibel; Silber; Beschreibung wie Fibel. Nr. 1031; L. 4,05 cm; Dm. Mitte 0,7 cm (Taf. 59,1033). – Mus. Çanakkale (o. Inv.; unter Nr. 632 im Katalog Thiersch). – Unpubliziert.

1033 A. Gordion/Polatlı, Bez. Ankara. – Küçük Hüyük, E cut in Tumulus clay. – Fibel; Nadel abgebrochen; sehr wahrscheinlich verbrannt; L. 4,35 cm; Dm. Mitte (Ornament) 0,95 cm (Taf. 59,1033 A; nach Photo). – Mus. Ankara? (B 704). – Grabung Young, 1956. – Unpubliziert.

Datierung und Verbreitung: Fibeln des Typs J III wurden in Neandria, Gordion, in der Umgebung von Burdur und in der Nekropole von Yazılıkaya gefunden (Taf. 76 A). Abgesehen von den Fibeln aus dem Tumulus der Baumschule in Ankara sowie aus einem Urnengrab in Boğazköy, deren Herstellungsort in Gordion zu suchen ist, und die aufgrund der Doppelnadel und Deckplatte unter dem Typ S I behandelt werden, ist diese Fibelform mit einfacher Nadel bis jetzt östlich von Gordion nicht nachzuweisen. Der Bestand aus Boğazköy kann durch die Fragmente von Griffbügeln eines Gürtels ergänzt werden, die sehr wahrscheinlich ebenso wie die oben erwähnte einzige Fibel aus diesem Fundort als Importe zu betrachten sind.[23] Sie werden dem ausgehenden 8. Jh. bzw. der ersten Hälfte des 7. Jh. v. Chr. zugewiesen.[24]

---

[23] Boehmer, Kleinfunde Unterstadt Taf. 6,2565; hier G 7.   [24] Ebd. 7.

Eine große Zahl von Fibeln des Typs J III stammt aus Neandria. Sie wurden in den Steinkisten- bzw. Urnengräbern gefunden; die meisten davon sind aus Silber. Nach der Form des Nadelhalters zu urteilen, wurden diese ebenso wie die bronzenen lokal hergestellt. Dieselbe Nekropole von Neandria lieferte Keramik aus dem späten 8. Jh. und aus dem 7. Jh. v. Chr. Aus dieser Zeit stammen sehr wahrscheinlich die hier katalogisierten Fibeln. Wenn dies der Fall ist, dann haben wir einen Beleg dafür, daß mindestens auf westanatolischem Boden in dieser Zeitspanne Fibeln aus Edelmetall ins Grab gegeben wurden.

Die Fibeln aus dem City Mound und aus dem Küçük Hüyük von Gordion sowie aus der Aufschüttung der Tumuli E und D (jeweils ein Exemplar) können nicht als sichere Funde für eine Datierung benutzt werden; nach ihrer Machart jedoch ist für ihre Entstehung die Zeit des späten 8. Jh. und frühen 7. Jh. v. Chr. durchaus anzunehmen.

Im Tumulus S-1 von Gordion wurde ein Griffbügel gefunden,[25] der den Exemplaren unseres Typs entspricht und dessen Herstellung in die Zeit des Tumulus MM bzw. in das letzte Viertel des 8. Jh. v. Chr. zu setzen ist (s. S. 195).

Außerhalb Anatoliens ist die einzige phrygische Fibel dieses Typs J III aus dem Argivischen Heraion bekannt, die wie einige andere phrygische Fibeln aus diesem Fundort in das letzte Viertel des 8. Jh. v. Chr. datiert werden kann.[26]

TYP J IV

Mindestens vier Ornamentgruppen aus Wülsten und Scheiben schmücken den Bügel von runden Querschnitt der Exemplare dieses Typs; die Bügelendornamente können in ihrer Zusammensetzung variieren: Sie entsprechen entweder dem Ornament des Bügels oder setzen sich aus zwei Wülsten bzw. Wulst und zwei Scheiben zusammen. Somit besitzt die Fibel insgesamt sechs Ornamentgruppen.

Bei Nr. 1036 handelt es sich um eine abgebrochene und verbogene Fibel.

Angesichts der Nadelhalter, die flach und ohne jegliche Verzierung ausgebildet sind, dürfte es sich bei diesen drei Exemplaren um Nachahmungen handeln, deren Werkstatt vielleicht im Westen des untersuchten Gebietes zu suchen ist.

Sie können mit einem Griffbügel, der in Boğazköy gefunden wurde[27], in Zusammenhang gebracht werden, der zweifellos ein anatolisches Erzeugnis ist.

1034. Fundort unbekannt. – Fibel; Nadel fehlt; L. 5,7 cm; Dm. Mitte (Wulst) 0,8 cm (*Taf. 59,1034*). – Mus. Istanbul (8222). – Unpubliziert.
1035. Fundort unbekannt. – Fibel; eingesetzte Nadel fehlt; sehr dünn; L. 5,6 cm, Dm. Mitte 0,6 cm (*Taf. 60,1035*). – Mus. Istanbul (8223). – Unpubliziert.

1036. Fundort unbekannt. – Fibel; L. 4,0 cm; Dm. Mitte 0,7 cm (*Taf. 60,1036*). – Mus. Istanbul (8224). – Unpubliziert.

Datierung und Verbreitung: Bei allen drei Exemplaren, die vermutlich zusammen erworben wurden, sind die Fundorte nicht bekannt. Wie oben erwähnt, stehen sie dem Griffbügel aus Boğazköy nahe (letztes Viertel des 8. Jh. v. Chr.).

Das einzige Vergleichsstück außerhalb Anatoliens, das besonders mit der Nr. 1035 in Beziehung zu

---

[25] Muscarella, Phrygian Fibulae Taf. 15,78. Hier Griffbügel Nr. G1.
[26] Argive Heraeum II Taf. 87,894.
[27] Boehmer, Kleinfunde Taf. 10, 180; hier Griffbügel Nr. G 3.

setzen ist, wurde in Perachora gefunden (nicht jünger als 7. Jh. v. Chr.).[28] Ferner zu vergleichen ist ein Griffbügel aus dem Heraion von Samos.[29]

GRUPPE K

Fibeln mit kugelförmigen Gliedern auf dem Bügel gehören zur Gruppe K.

TYP K I

Mindestens drei kugelförmige Zierelemente schmücken den im Querschnitt runden bis ovalen Bügel der Fibeln dieses Typs.

Sie wurden in Gordion, Boğazköy, Alişar, Kültepe (s. S. 26), Pazarlı, Karalar und in Ephesos gefunden. Obwohl sich diese Stücke sehr ähneln, zeigen sie feine Unterschiede, die wir hier unter zwei Varianten beschreiben.

Variante K I,1

Die Ornamente der Bügelmitte und Bügelenden bestehen jeweils aus einer Kugel, die nur bei Nr. 1037–1038 auf jeder Seite von den üblichen kleinen Scheiben eingefaßt sind. Auf jeder Hälfte des Bügels befindet sich ein Zwischenschmuck, der aus einem bikonischen, abgerundeten Wulst oder aus einer Kugel bestehen kann. Dieser Zwischenschmuck ist bei einigen Exemplaren in waagerechter Richtung geritzt bzw. gekerbt. Eine Ausnahme bildet die Fibel Nr. 1038; alle ihre Ornamente sind identisch geformt und verziert.

Die Fibeln aus Alişar wurden von H. H. v. d. Osten als Typ II c bezeichnet.

1037. Boğazköy, Bez. Çorum. – Zeit der Schicht Büyükkale I. – Büyükkale p/7, Schicht I. – Fibel; Nadel aus Eisen war eingesetzt; Zwischenschmuck des Bügels gekerbt; L. 4,15 cm; Dm. Mitte 0,7 cm (*Taf. 60,1037*; nach Boehmer). – Mus. Ankara (231/i). – Boehmer, Kleinfunde Taf. 8,135.

1038. Gordion/Polatlı, Bez. Ankara. – CM-CW1, stratum 6, in pot. – Fibel; eingesetzte Nadel fehlt; alle Wülste kerbverziert; L. 3,8 cm; Dm. Mitte 0,75 cm (*Taf. 60,1038*). – Mus. Gordion (B 1334). – Grabung Young, 1961. – Unpubliziert.

1039. Gordion/Polatlı, Bez. Ankara. – CM-TB8-S, layer 5. – Fibel; Bruchstück Nadelspiralseite; nur ein Wulst auf der Vorderseite geritzt; L. noch 2,3 cm; Dm. (Wulst) 0,65 cm (*Taf. 60,1039*). – Mus. Gordion (B 1871). – Grabung Young, 1969. – Unpubliziert.

1040. Gordion/Polatlı, Bez. Ankara. – CM-CC, under cellar floor (Notiz des Ausgräbers „pre-Hellenistic"). – Fibel; Nadel und Nadelhalter abgebrochen; L. 3,9 cm; Dm. Mitte (Kugel) 0,9 cm (*Taf. 60,1040*). – Mus. Gordion (B 612). – Grabung Young, 1955. – Muscarella, Phrygian Fibulae Taf. 11,58.

1041. Gordion/Polatlı, Bez. Ankara. – CM-TBW-5, layer 4. – Fibel; Nadel und Nadelhalter abgebrochen; L. 2,5 cm; Dm. Mitte (Kugel) 0,65 cm (*Taf. 60,1041*). – Mus. Gordion (B 1863). – Grabung Young, 1969. – Unpubliziert.

1042. Gordion/Polatlı, Bez. Ankara. – CM-CC3B, packing of West wall of Pers. Bldg. U. – Fibel; Nadel abgebrochen; abgerundete Wülste waren geritzt, teilweise noch sichtbar; L. 4,6 cm; Dm. Mitte (Kugel) 0,85 cm (*Taf. 60,1042*). – Mus. Gordion (B 1940). – Grabung Young, 1973. – Unpubliziert.

1043. Gordion/Polatlı, Bez. Ankara. – CM-PhWN-6,

---

[28] Perachora I Taf. 73,28.

[29] Z.B. G. Kopcke, Athen. Mitt. 83, 1968, 294 Nr. 127 Taf. 127,3; Jantzen, Samos VIII Taf. 46, B 1691.

Phrygische bzw. anatolische Fibeln Gruppe K

layer 4. – Fibel; Fragment, Nadelhalterseite; abgerundeter Wulst ist fein geritzt; L. noch 2,7 cm (*Taf. 60,1043*). – Mus. Gordion (B 1956). – Grabung Young, 1973. – Unpubliziert.

1044. Gordion/Polatlı, Bez. Ankara. – CM-No provenience (under RR line). – Fibel; eingesetzte Nadel abgebrochen; L. 4,05 cm; Dm. Mitte (Kugel) 0,9 cm (*Taf. 60,1044*). – Mus. Gordion (B ?). – Unpubliziert.

1045. Gordion/Polatlı, Bez. Ankara. – CM-WCW-12, level 2. – Fibel; Nadel und Nadelhalter abgebrochen; L. 3,7 cm; Dm. Mitte (Kugel) 0,65 cm (*Taf. 60,1045*). – Mus. Gordion (B 1938). – Grabung Young, 1973. – Unpubliziert.

1046. Gordion/Polatlı, Bez. Ankara. – CM-TB7, clay. – Fibel; Nadel und Nadelhalter abgebrochen; L. 3,8 cm; Dm. Mitte (Kugel) 0,9 cm (*Taf. 60,1046*). – Mus. Gordion (B 1588). – Grabung Young, 1965. – Unpubliziert.

1047. Gordion/Polatlı, Bez. Ankara. – CM-N city wall trench 7, layer 2. – Fibel; Fragment; in zwei Teile zerbrochen; L. ca. 3,5 cm; Dm. Mitte (Kugel) 0,65 cm (*Taf. 60,1047*). – Mus. Gordion (B 1487). – Grabung Young, 1963. – Unpubliziert.

1048. Gordion/Polatlı, Bez. Ankara. – CM-MW, layer 5 at south. – Fibel; Nadel war eingesetzt; als Zwischenschmuck wurden bikonische Wülste verwendet; L. 4,8 cm; Dm. Mitte (Kugel) 0,9 cm (*Taf. 60,1048*). – Mus. Gordion (B 766). – Grabung Young, 1957. – Unpubliziert.

1049. Gordion/Polatlı, Bez. Ankara. – CM-South trench. – Hellenistic context. – Fibel; Fragment; Wülste sind bikonisch; L. noch 3,4 cm; Dm. Mitte (Kugel) 0,7 cm (*Taf. 60,1049*). – Mus. Ankara (B 87). – Grabung Young, 1950. – Unpubliziert.

1050. Gordion/Polatlı, Bez. Ankara. – CM-WML-3D, above clay. – Fibel; schlecht erhalten; eingesetzte Nadel fehlt; Nadelhalter abgebrochen; L. 4,0 cm; Dm. Mitte (Kugel) 0,8 cm (*Taf. 60,1050*). – Mus. Gordion (B 1306). – Grabung Young, 1961. – Unpubliziert.

1051. Boğazköy, Bez. Çorum. – Nicht schichtbestimmt. – Büyükkale x-y/10, Schutt in phrygischer Schicht. – Fibel; Nadel abgebrochen; „Spring-Plate" mit einem Eisenring versehen; L. 4,1 cm; Dm. Mitte (Kugel) 0,6–0,83 cm (*Taf. 60,1051*). – Mus. Ankara (68/o). – Boehmer, Kleinfunde Taf. 8,150.

1052. Boğazköy, Bez. Çorum. – Zeit der Schicht Büyükkale I. – Büyükkale s/9, Schicht I. – Fibel; eingesetzte Nadel aus Eisen abgebrochen, L. 4,0 cm; Dm. Mitte (Kugel) 0,75 cm (*Taf. 60,1052*). – Mus. Ankara (198/i). – Boehmer, Kleinfunde Taf. 8,136.

1053. Boğazköy, Bez. Çorum. – Nicht schichtbestimmt. – Büyükkale w-x/6, aus Schutt in Raum B des Gebäudes K. – Fibel; Wülste ritzverziert, teilweise noch erhalten; L. 3,6 cm; Dm. Mitte (Kugel) 0,75 cm (*Taf. 60,1053*). – Mus. Ankara (294/r). – Boehmer, Kleinfunde Taf. 8,149.

1054 A.B. Alişar, Bez. Yozgat. – In der Schicht zwischen phrygischen und hellenistischen Ablagerungen. – Zwei Fibeln; L. ca. 4 cm. – (*Taf. 60,1054 A.B*; nach Publikationsphoto). – Mus. Ankara? – OIP. XXIX Tl. II 440 Taf. 494, c 692 und d 994.

Datierung und Verbreitung: Fibeln dieser Art wurden in überwiegender Anzahl in Gordion, in Boğazköy und in Alişar gefunden. Die Kugeln von Nr. 1037 mit eiserner Nadel aus Boğazköy (Schicht Büyükkale I), Nr. 1038 (Schicht 6) und Nr. 1039 (Schicht 5) aus dem City Mound in Gordion sind gleicherweise mit Ritzlinien bzw. mit Kerben verziert.

Nr. 1042, 1044 und 1050 aus dem City Mound sind nicht schichtbestimmt; Nr. 1048 stammt aus der Schicht 5, Nr. 1040. 1041. 1043 aus der Schicht 4 bzw. wurde in einem Fundzusammenhang des 5.–4. Jh. v. Chr. gefunden; Nr. 1049 kam aus einem hellenistischen Fundzusammenhang, und für die Nr. 1045 und 1047 ist im Grabungsinventar die Schicht 2 angegeben. Die Nr. 1046 stammt aus dem Schutt; der genaue Fundzusammenhang dieser Fibel konnte vom Verfasser nicht ausfindig gemacht werden. Die obige Aufzählung der Fundstellen zeigt, daß die Fibeln aus dem City Mound von Gordion keine sichere Datierung der Variante K I, 1 zulassen.

Außer dem oben erwähnten Exemplar aus Boğazköy wurde ein weiteres Stück Nr. 1052, das ebenfalls mit einer eisernen Nadel versehen war, in der Schicht von Büyükkale I gefunden. Diese beiden Fibeln sowie die nicht schichtbestimmten Stücke Nr. 1051 und Nr. 1053 sind nach Boehmer in das 6. Jh. v. Chr. zu datieren.[1] Für die Fibeln aus der Schicht „between posthittite/phrygian and hellenistic" von Alişar nimmt Boehmer eine Datierung ins 7. und 6. Jh. v. Chr. an.[2]

---

[1] Boehmer, Kleinfunde 63.   [2] Ebd.

152 *Der Fundstoff*

Für die Zeitstellung der Fibeln dieser Variante kommt das 8. Jh. v. Chr. nicht in Frage; Fibeln dieser Art sind sehr wahrscheinlich im 7. Jh. v. Chr. entstanden, da sie in der Schicht 6[3] vom City Mound und in der als „between posthittite ... etc." bezeichneten Schicht von Alişar vorkommen. Ihre jüngste Gebrauchsgrenze ist schwer einzukreisen, es ist jedoch mit einer langen Lebensdauer zu rechnen.

Außerhalb des untersuchten Gebietes ist diese Gattung nicht bekannt.

Variante K I,2

Die Bügelverzierungen der Fibeln dieser Variante bestehen aus drei Kugeln, die nicht von Scheiben eingefaßt sind.

Die Bügelendverzierungen können aus Kugeln bzw. abgerundeten Wülsten, oder wie bei Nr. 1062, aus „aufeinander gelegten Scheiben", die den Eindruck einer Umschnürung vermitteln, zusammengesetzt sein.

1055. Gordion/Polatlı, Bez. Ankara. – CM-M5E, South cellar. – Fibel; Nadel und Nadelhalter abgebrochen; L. 3,3 cm; Dm. Mitte (Kugel) 0,7 cm (*Taf. 60, 1055*). – Mus. Gordion (B 1730). – Grabung Young, 1967. – Unpubliziert.

1056. Gordion/Polatlı, Bez. Ankara. – CM-CC, over clay. –[4] Fibel; Nadel und Nadelhalter abgebrochen; der Bügel ist in zwei Teile zerbrochen; L. ca. 2,8 cm; Dm. Mitte (Kugel) 0,7 cm (*Taf. 60, 1056*). – Mus. Gordion (B 666). – Grabung Young, 1955. – Muscarella, Phrygian Fibulae Taf. 13, 74.

1057. Gordion/Polatlı, Bez. Ankara. – CM-TBW-3, layer 5, clay. – Fibel; in zwei Teile zerbrochen, Nadel fehlt; L. ca. 2,1 u. 1,5 cm; Dm. Mitte (Kugel) 0,6 cm (*Taf. 60, 1057*). – Mus. Gordion (B 1838). – Grabung Young, 1969. – Unpubliziert.

1058. Gordion/Polatlı, Bez. Ankara. – CM-WCW-1, layer 8, floor. – Fibel; eingesetzte Nadel und Nadelhalter abgebrochen; Endornamente des Bügels mit bikonischen Wülsten verziert; L. 2,9 cm; Dm. Mitte (Kugel) 0,55 cm (*Taf. 60, 1058*). – Mus. Gordion (B 1796). – Grabung Young, 1969. – Unpubliziert.

1059. Gordion/Polatlı, Bez. Ankara. – CM-M6C, South cellar, behind W wall. – Fibel; eingesetzte Nadel abgebrochen; L. ca. 3,3 cm; Dm. Mitte (Kugel) ca. 0,6 cm (*Taf. 60, 1059*). – Mus. Gordion (B 1609). – Grabung Young, 1967. – Unpubliziert.

1060. Gordion/Polatlı, Bez. Ankara, – CM-ET-V2, fill under floor 3. – Fibel; Nadel eingesetzt; Nadelhalterseite abgebrochen; L. noch 2,7 cm; Dm. Mitte (Kugel) ca. 0,6 cm (*Taf. 60, 1060*). – Mus. Gordion (B 486). – Grabung Young, 1953. – Unpubliziert.

1061. Gordion/Polatlı, Bez. Ankara. – CM-M6C, South cellar. – Fibel; eingesetzte Nadel und Nadelhalter abgebrochen; L. 2,85 cm; Dm. Mitte (Kugel) 0,6 cm (*Taf. 60, 1061*). – Mus. Gordion (B 1668). – Grabung Young, 1967. – Unpubliziert.

1062. Gordion/Polatlı, Bez. Ankara. – CM-M6C, South cellar. – Fibel; Nadel abgebrochen; Ornamente des Bügels sind mehr abgerundete breite Ringe als Kugeln; Bügelenden weisen auf der Vorderseite Umschnürungen auf, auf der Rückseite sind diese Stellen blank; L. 3,4 cm; Dm. Mitte (Ring) 0,7 cm (*Taf. 60, 1062*). – Mus. Gordion (B 1611). – Grabung Young, 1967. – Unpubliziert.

1063. Boğazköy, Bez. Çorum. – Büyükkale n-o/7, Schicht I. - Zeit der Schicht Büyükkale I. – Fibel; Nadel abgebrochen; L. 3,5 cm; Dm. Mitte (Ring) 0,6 cm (*Taf. 60, 1063*; nach Boehmer). – Mus. Ankara (453/i/2). – Boehmer, Kleinfunde Taf. 8, 137.

1064. Karalar, Bez. Ankara. – Fibel; Nadel ist abgebrochen; ohne Maßstab (*Taf. 60, 1064*; nach Arık). – Verbleib unbekannt. – Grabung R. O. Arık. – R. O. Arık, Karalar Hafriyatı. TTAED 2, 1934 Taf. 9, 18.

1065. Pazarlı, Bez. Çorum. – Fibel; Fragment; ohne Maßstab (*Taf. 60, 1065*; nach Koşay). – Verbleib unbekannt. – Grabung H. Koşay. – H. Koşay, Pazarlı, Taf. 20, 446.

1066. Gordion/Polatlı, Bez. Ankara. – CM-M5F, floor 3, N cellar. – Fibel; kleines Fragment; nur ein Bügel-

---

[3] G. K. Sams, Anat. Stud. 24, 1974, 170: „... With the rebuilding of the city on a higher level, perhaps sometime in the last quarter of the seventh century ...".

[4] Diese Fibel ist in: Muscarella, Phrygian Fibulae Taf. 13 mit Inv.-Nr. B 672, CM level 3 – abgebildet; bei der Neuaufnahme im Sommer 1978 trug sie die Inv. Nr. B 666 und nach dem Inv.-Buch wurde die Fundstelle als CM-CC over clay angegeben.

Phrygische bzw. anatolische Fibeln Gruppe K

stück mit vier Kugeln erhalten. – Mus. Gordion (B 1551). – Grabung Young, 1965. – Unpubliziert.
1067. Ephesos, Bez. İzmir. – Artemis-Tempel, außerhalb der Basis. – Fibel; Nadel ist abgebrochen; L. noch 3,1 cm (*Taf. 60,1067*). – Brit. Mus. London. – Grabung Hogarth. – Unpubliziert.
1068. Boğazköy, Bez. Çorum. – Unterstadt, J/20, Schutt über Haus 13; nicht schichtbestimmt. – Fibel; intakt; L. 3,05 cm; H. 2,2 cm; Dm. des Bügels am Mittelknoten 0,95 cm (*Taf. 60,1068*; nach Boehmer). – Mus. Ankara (76/60). – Boehmer, Kleinfunde Unterstadt Taf. 4,2553.

1069. Boğazköy, Bez. Çorum. – Büyükkale, Grabung 1959. – Nicht schichtbestimmt. – Fibel; Nadel nicht erhalten; L. 2,52 cm; H. 1,8 cm; Dm. des Bügels am Mittelknoten 0,4–0,5 cm (oval) (*Taf. 60,1069*; nach Boehmer. – Mus. Ankara (77/417). – Boehmer, Kleinfunde Unterstadt Taf. 4,2553 A.
1070. Gordion/Polatlı, Bez. Ankara. – Tumulus S-1. – Fibel; Fragment; Spitze der Nadel im Nadelhalter erhalten; L. noch 3,8 cm; Bügel-Dm. 0,5 cm (*Taf. 60,1070*). – Mus. Ankara (B 357). – Grabung Young, 1951. – Unpubliziert.

Datierung und Verbreitung: Die Mehrzahl der Exemplare dieser Variante lieferte der City Mound von Gordion. Das einzige Stück aus dem Westen Anatoliens wurde im Artemision von Ephesos zusammen mit den in die erste Hälfte des 7. Jh. v. Chr., wenn nicht gar in das erste Viertel des 7. Jh. datierten Fibeln phrygischen Typs außerhalb der Basis gefunden. Diesem Stück fast identisch ist die Fibel Nr. 1070 aus dem Tumulus S-1 (frühes 7. Jh. v. Chr.); sie stammt aus der Hauptbestattung.

Aus dem hellenistischen Tumulus von Karalar, der in das 1. Jh. v. Chr. datiert wird,[5] stammt die Fibel Nr. 1064, deren Herstellung von K. Bittel in die gleiche Zeit wie dieser Tumulus gesetzt wird.[6] Das Grab wurde jedoch nicht mehr intakt vorgefunden. Bemerkenswert ist das Vorhandensein dieser bronzenen Fibel „so einfacher Machart" unter den Schmuckgegenständen aus Gold.[7] Der Ausgräber R. O. Arık jedoch fand zu seinem Erstaunen in 3,50 m Tiefe vor der Schwelle des Dromos eine silberne ottomanische Münze.[8] Außer aus diesem Tumulus A von Karalar sind bis jetzt aus keinem späthellenistischen Grab ähnliche Fibeln bekannt geworden.

An der Osttreppe des Apadana in Persepolis ist ein Tributbringer aus Kappadokien dargestellt, der auf der Schulter eine vermutlich dieser Variante zugehörige Fibel trägt.[9] Aufgrund dieser Darstellung (erste Hälfte des 5. Jh. v. Chr.) waren nach Bittel Fibeln dieser Art in Kappadokien mindestens in 5. Jh. v. Chr. im Gebrauch,[10] wobei er auf die Tatsache aufmerksam macht, daß keine Originalstücke von solchen Fibeln im kappadokischen Kernbereich vorliegen. Diese letzte Beobachtung hat nach dem hier vorgelegten Fundstoff weiterhin Gültigkeit: Fibeln vom Typ K wurden in überwiegender Zahl in Gordion gefunden, sie sind jedoch keine Seltenheit in Boğazköy und in Alişar.

Sollten die Fibeln vom City Mound in Gordion tatsächlich in der Zeit der Schichten, in denen sie gefunden wurden, hergestellt und benutzt worden sein, dann wären diese Funde nicht älter als ins 5. Jh. v. Chr. zu setzen: Aus der Schicht 5 bzw. aus ihrer Aufschüttung stammt die Fibel Nr. 1057; Nr. 1058 kommt aus einem unsicheren Fundzusammenhang des 4. Jh. v. Chr.; Nr. 1060 wurde in der Aufschüttung der Schicht 4 gefunden. Die Nr. 1055. 1059. 1061 und die übrigen Exemplare vom City Mound stammen aus unsicheren Fundzusammenhängen; die Aufschüttung der „M South-Cellar" wird allgemein in das 5. Jh. v. Chr. datiert.[11]

Die Nr. 1063 aus Büyükkale-Schicht I sowie zwei weitere nicht schichtbestimmte Exemplare (Nr. 1068. 1069) werden von Boehmer in das 6. Jh. v. Chr. datiert.[12] Das Stück von Pazarlı, über dessen

---

[5] R. O. Arık, Karalar Hafriyatı. TTAED 2, 1934, 102 ff.
[6] Bittel, Persepolis 40 f.
[7] Arık a. a. O. 121 Taf. 19.
[8] Ebd. 119.
[9] Bittel a. a. O. 39 ff.
[10] Bittel a. a. O. 41.
[11] Freundliche Mitteilung von Herrn K. DeVries.
[12] Boehmer, Kleinfunde 63; ders., Kleinfunde Unterstadt 6.

Fundlage der Ausgräber H. Z. Koşay keine genauen Angaben macht, wird von Boehmer ins 6. Jh. v. Chr. oder jünger datiert.[13]

Somit sind die Fibeln aus Ephesos Nr. 1067 und aus Tumulus S-1 Nr. 1070 von Gordion die ältesten Exemplare dieser Variante.

Allgemeine Datierung: Mit Sicherheit seit dem frühen 7. Jh. v. Chr., möglicherweise bis ins 5. Jh. v. Chr.

Außerhalb des untersuchten Gebietes ist diese Fibelgattung nicht zu belegen.

GRUPPE L

Fibeln, deren Bügelmitte- und Bügelendornamente mit einfachen oder mehrfach gegliederten, mehr oder minder breiten Querstegen verziert sind und auf jeder Hälfte des Bügels als Zwischenschmuck ein kugelförmiges Element, einen bikonischen Wulst oder einen rechteckigen Quersteg aufweisen, zählen zu den Exemplaren der Gruppe L. Ihr Bügel ist von rundem bis ovalem Querschnitt.

TYP L I

Bügelmitte- und Bügelendornamente bestehen jeweils aus einem rechteckigen, kantigen Quersteg, der bei fünf Exemplaren von auf der Rückseite des Bügels durch Hämmern vernieteten (Nr. 1077) oder aber auch durch Punzen angedeuteten (Nr. 1074) sehr kleinen Buckelnägeln bzw. Perlchen geschmückt ist. Diese Perlchen sind auf der Mittelrippe des Nadelhalters und auf seinen Auswüchsen gelegentlich nachweisbar. Zusätzlich sind bei Nr. 1071 u. 1072 die Bügelendquerstege seitlich mit Perlchen ausgestattet.

Der Zwischenschmuck, der meist aus waagerecht geritzten Kugeln besteht, wird auf jeder Seite von kleinen Scheiben eingefaßt.

1071. Gordion/Polatlı, Bez. Ankara. – CM-WS5-6N, layer 6. – Fibel; Bügel zerbrochen; eingesetzte Nadel fehlt; geritzter Zwischenschmuck; entspricht der Fibel Nr. 1077; Buckeln sind verloren; L. ca. 4,0 cm; Br. Mitte (Quersteg) 0,7 cm (*Taf. 61, 1071*). – Mus. Gordion (B 1742). – Grabung Young, 1969. – Unpubliziert.
1072. Ephesos, Bez. İzmir. – Artemis-Tempel, außerhalb der Basis. – Fibel; Bügelendquerstege seitlich mit Perlchen versehen; L. 4,3 cm; Br. Mitte (Quersteg) ca. 0,7 cm (*Taf. 61, 1072*). – Mus. Istanbul (2644). – Grabung Hogarth. – Unpubliziert.
1073. Kerkenes Dağ, Bez. Yozgat. – „Site" 12. – Fibel; Nadel abgebrochen; Nadelhalter und seine Auswüchse sowie drei Querstege mit Buckeln verziert; L. 4,4 cm; Br. Mitte (Quersteg) ca. 0,6 cm (*Taf. 61, 1073*; nach Schmidt). – Verbleib unbekannt. – Grabung E. F. Schmidt. – E. F. Schmidt, AJSL. 45, 1929, 270 f. K 88.

1074. Fundort unbekannt. – Fibel; intakt; Zierbuckel auf den Querstegen sind durch Punzen angedeutet; L. 4,4 cm; Br. Mitte (Quersteg) 0,8 cm (*Taf. 61, 1074*). – Mus. Istanbul (74.72). Ankauf. – Unpubliziert.
1075. Gordion/Polatlı, Bez. Ankara. – CM-NCT-A9, pit thru floor 5. – Fibel; Nadel fehlt; besonders die Endverzierungen sind sehr schlecht erhalten, waren wohl nicht mit Perlen versehen; L. ca. 3,9 cm; Br. Mitte (Quersteg) 0,8 cm (*Taf. 61, 1075*). – Mus. Gordion (B 1167). – Grabung Young, 1959. – Unpubliziert.
1076. Fundort unbekannt. – Hacılar, Bez. Burdur möglich. – Fibel; Nadel abgebrochen; L. 3,7 cm; Br. Mitte (Quersteg) ca. 0.7 cm (*Taf. 61, 1076*). – Mus. Istanbul (8149). – Beschlagnahme in Hacılar. – Unpubliziert.
1077. Gordion/Polatlı, Bez. Ankara. – CM-PPB-SE3, cellar floor; floor 7. – Fibel; gut erhalten; eingesetzte Nadel fehlt; Nadelhalter, Auswüchse und alle drei

---

[13] Boehmer, Kleinfunde 63 Anm. 477.

Querstege sind jeweils mit sehr kleinen Buckelnägeln versehen; L. 4,9 cm; Br. Mitte (Quersteg) 0,7 cm (*Taf. 61,1077*). – Mus. Gordion (B 1900). – Grabung Young, 1969. – Unpubliziert.

Datierung und Verbreitung: Fibeln des Typs L I sind bis jetzt aus Ephesos/Artemision, Gordion, möglicherweise aus Hacılar/Burdur und aus Kerkenes Dağ bekannt.

Die Datierung der Fibeln aus Kerkenes Dağ ist nach R. M. Boehmer „wohl" 7. Jh. v. Chr.[1] Das Exemplar aus Ephesos ist in die erste Hälfte des 7. Jh. v. Chr. anzusetzen.

Drei Exemplare vom City Mound in Gordion befanden sich jeweils in den Schichten 7, 6 und 5. Diese dürften ebenfalls aufgrund ihrer Buckel- und Ritzverzierung aus dem 7. Jh. v. Chr. stammen.

TYP L II

Hauptmerkmal dieses Typs ist, daß die Bügelmitte- und Bügelendornamente mindestens aus zwei schmalen Querstegen bestehen, die gelegentlich kanneliert ausgeführt sind und voneinander durch scharfe Scheiben getrennt werden können. Der Bügel ist von rundem bis ovalem Querschnitt.

Bei den Fibeln Nr. 1081, 1087 und 1088 sind die durch scharfe Scheiben getrennten Querstege mit mitgegossenen oder durch Punzen entstandenen Perlchen bzw. „Scheinbuckeln" versehen. Fibel Nr. 1094 ist ein besonderes Stück: Die Querstege sowie der noch erhaltene Teil des Nadelhalters sind mit Buckeln geschmückt.

Der Zwischenschmuck besteht überwiegend aus Kugeln oder aus bikonischen Wülsten, die von kleinen Scheiben flankiert werden können.

Die Fibeln Nr. 1078. 1082. 1083 und 1093 A–D sind in ihren Einzelheiten identisch; es ist nicht daran zu zweifeln, daß sie aus der gleichen Werkstatt stammen. Sie wurden in Alişar, Boğazköy und in Gordion gefunden.

H. H. v. d. Osten bezeichnete Fibeln dieser Art als Typ V. Nach seiner Tabelle wurden insgesamt elf Exemplare in Alişar gefunden, die sich nach den Angaben des Ausgräbers auf die „nachphrygisch-hellenistischen, hellenistischen oder späteren Schichten" verteilen.

1078. Boğazköy, Bez. Çorum. – Zeit der Schicht Büyükkale I. – Büyükkale m/10–11, Schicht I. – Fibel; Nadel abgebrochen; L. 4,5 cm; Br. Mitte (Querstege) 0,7 cm (*Taf. 61,1078*). – Mus. Ankara (349/i). – Boehmer, Kleinfunde Taf. 7,131.
1079. Boğazköy, Bez. Çorum. – Büyükkale s/9, Schicht I. – Zeit der Schicht Büyükkale I. – Fibel; Nadel und teilweise Quersteg abgebrochen; L. 3,3 cm; Br. Mitte (Querstege) 0,7 cm (*Taf. 61,1079*). – Mus. Ankara (199/i). – Boehmer, Kleinfunde Taf. 8,133.
1080. Boğazköy, Bez. Çorum. – Zeit der Schicht Büyükkale I. – Büyükkale t/7, unter den obersten Lagen der Schicht I. – Fibel; Nadel abgebrochen; „Zwischenschmuck besteht aus Knoten, ohne Randscheiben"; L. 3,9 cm; Br. Mitte (Querstege) 0,7 cm (*Taf. 61,1080*; nach Boehmer). – Mus. Ankara (29/a). – K. Bittel, MDOG. 72, 1933, 35 f. Abb. 17b; ders., Boğazköy I 54 Taf. 11, 11.12; Boehmer, Kleinfunde Taf. 8,134.
1081. Umgebung von Ankara. – Fibel; eingesetzte Nadel abgebrochen; L. 4,6 cm (*Taf. 61,1081*; nach Photo). – Mus. Stockholm (11 342 = 4). – Månadsblad 1901–1902, 92 Abb. 16.
1082. Gordion/Polatlı, Bez. Ankara. – CM-M12-E, surface. – Fibel; eingesetzte Nadel und Nadelhalter abgebrochen; Wülste des Zwischenschmucks vorne geritzt; Querstege der Mitte voneinander durch einen scharfen Wulst getrennt; L. 3,8 cm; Br. Mitte (Querstege) 0,6 cm (*Taf. 61,1082*). – Mus. Gordion (B 1902). – Grabung Young, 1969. – Unpubliziert.
1083. Gordion/Polatlı, Bez. Ankara. – CM-CCS-3, layer 4. – Fibel; Fragment, in zwei Teile zerbrochen, Nadelhalterseite fehlt; Zwischenschmuck fein geritzt;

---

[1] Boehmer, Kleinfunde 63 Anm. 479.

Rand von „Spring-Plate" und teilweise auch die Querstege mit Ritzlinien; Nadel war eingesetzt; L. noch 3,9 cm; Br. Mitte (Querstege) 0,65 (*Taf. 61,1083*). – Mus. Gordion (B 1837). – Grabung Young, 1969. – Unpubliziert.

1084. Gordion/Polatlı, Bez. Ankara. – CM-CCS-4, layer 3. – Fibel; Fragment; entspricht Fibel Nr. 1083. – L. ca. 2,8 cm. – Mus. Gordion (B 1857). – Grabung Young, 1969. – Unpubliziert.

1085. Gordion/Polatlı, Bez. Ankara. – Küçük Hüyük, field cut 2, Lydian level. – Fibel; Nadel abgebrochen; Verzierung der Bügelmitte schlecht erhalten; Wülste von Zwischenschmuck wahrscheinlich gekerbt; L. 3,7 cm; Br. Mitte (Querstege) noch 0,7 cm (*Taf. 61,1085*). – Mus. Gordion (B 760). – Grabung Young, 1957. – Unpubliziert.

1086. Gordion/Polatlı, Bez. Ankara. – CM-PPN, layer 3. – Fibel; Fragment; Zwischenschmuck besteht aus bikonischen Wülsten mit Randscheiben; Nadel war eingesetzt; L. noch 2,7 cm (*Taf. 61,1086*). – Mus. Gordion (B 1383). – Grabung Young, 1962. – Unpubliziert.

1087. Boğazköy, Bez. Çorum. – Nicht schichtbestimmt. – Fibel; Nadel abgebrochen; „Die Querstege der Bügelenden und der Bügelmitte sind jeweils voneinander durch eine Scheibe getrennt und gleich den an den Enden befindlichen runden Wülsten der seitlichen Bügelverzierung kerbverziert. Die Querstege der Bügelmitte weisen überdies keine mitgegossenen, sondern eingesetzten Buckelchen auf." (Boehmer); L. 2,8 cm; Querschnitt Mitte 0,48 × 0,3 cm (*Taf. 61,1087* nach Boehmer). – Mus. Istanbul (11432). – Grabung 1906/12. – Boehmer, Kleinfunde Taf. 8,148.

1088. Gordion/Polatlı, Bez. Ankara. – CM-PBX-E, refill South wall Persian Bldg X. – Fibel; Fragment; Spiralseite fehlt; Querstege durch Scheiben voneinander getrennt; Scheinbuckelchen der Mitte und Ende scheinen durch Punzen entstanden zu sein; Fibel ist sehr flach und dünn; Wülste des Zwischenschmucks fein geritzt; L. noch 2,8 cm; Br. Mitte (Querstege) 0,5 cm (*Taf. 61,1088*). – Mus. Gordion (B 1870). – Grabung Young, 1971. – Unpubliziert.

1089. Midas-Stadt, Bez. Eskişehir. – P3 – Fibel; Messing; Fragment; Bügel nur vorne verziert; erh. L. noch ca. 3 cm (*Taf. 61,1089*; nach Haspels). – Verbleib unbekannt. – Grabung C. H. E. Haspels. – Haspels, Phrygie III Taf. 41 a Nr. 4.

1090. Ortahüyük, Dedik. – Fibel; Nadel und Nadelhalter abgebrochen; L. 4,2 cm (*Taf. 61,1090*; nach Chantre). – Verbleib unbekannt. – Grabung E. Chantre, 1893–1894. – Chantre, Cappadoce 66 f. Abb. 46; Y. Boysal, DTCFD. 4 H. 4, 1946, 447 ff. Abb. 26.

1091. Alişar, Bez. Yozgat. – Mound, refuse mixed with Alişar VI remains. – Fibel; Nadel und Nadelhalter nicht erhalten; L. ca. 4 cm (*Taf. 61,1091*; nach v. d. Osten). – Mus. Ankara? – OIP XX 68 Abb. 93, a 14.

1092. Alişar, Bez. Yozgat. – Mound B, F 14, level 3. – Fibel; Nadel nicht erhalten; L. ca. 4 cm (*Taf. 61,1092*; nach v. d. Osten). – Mus. Ankara? – OIP XX 68 Abb. 93, b 79.

1093A–D. Alişar, Bez. Yozgat. – Fibel (v. d. Osten Typ V); vier Fibeln, deren Nadeln nicht erhalten sind; L. „C": 4,4 cm (*Taf. 61,1093 A-D*; nach v. d. Osten). – Mus. Ankara? – OIP XXX 180 Abb. 201, c 98, c 127, d 1473, d 1574.

1094. Gordion/Polatlı, Bez. Ankara. – Küçük Hüyük, pit in level III. – Fibel; Nadel und Nadelhalter abgebrochen; dünner Bügel; L. 4,2 cm; Dm. des Bügels 0,3 cm (*Taf. 61,1094*). – Mus. Gordion (B 1353). – Grabung Young, 1961. – Unpubliziert.

Datierung und Verbreitung: Der Typ L II ist in dem untersuchten Gebiet in Gordion, in der Umgebung von Ankara, in Midas-Stadt, in Boğazköy, in Ortahüyük und in Alişar zu belegen. Demnach scheint es eine auf Zentralanatolien beschränkte Fibelform zu sein.

Nr. 1078–1080 aus der Schicht I von Büyükkale sind nach Boehmer sichere Stücke des 6. Jh. v. Chr.,[2] während er die Nr. 1087 sowie das Fragment aus der Midas-Stadt eher in die zweite als in die erste Hälfte des 7. Jh. v. Chr. ansetzt.[3] Ebenfalls in das 7. bzw. 6. Jh. v. Chr. zu datieren sind die Fibeln aus Ortahüyük und Alişar; neun Exemplare jedoch aus Alişar wurden laut Angaben des Ausgräbers v. d. Osten in der hellenistischen oder späteren Schicht der „Terrasse" gefunden.[4]

Weitere Stücke stammen aus den Schichten 4 und 3 vom City Mound in Gordion; hinzu kommt die Nr. 1085, die von Küçük Hüyük aus der als lydisch bezeichneten Schicht stammt (spätes 7.–6. Jh. v. Chr.). Fibel Nr. 1094 kam ebenfalls aus Küçük Hüyük; sie wurde in einer Grube in der Schicht III gefunden. Auf jeden Fall ist diese Fibel ebenso wie die Fibel Nr. 1085 nicht jünger – vielleicht sogar älter –

---

[2] Ebd. 62.
[3] Ebd. 63 und Anm. 483.
[4] Ebd. Anm. 478.

als das 6. Jh. v. Chr. Sie könnte wohl aus dem 7. Jh. v. Chr. stammen. Die Exemplare aus Alişar sind ebenfalls in diese Zeit anzusetzen (zwei Exemplare stammen aus der »posthethitisch/phrygisch – hellenistisch« genannten Periode).

Der Typ L II ist dem folgenden L III nahe verwandt. Demnach wäre es nicht überraschend, wenn einige Exemplare bereits in der ersten Hälfte des 7. Jh. v. Chr. hergestellt worden wären; ebenfalls verwandt sind die Fibeln des Typs L II mit der Fibel aus Ephesos der Variante D V,2 (Nr. 533), die in die erste Hälfte des 7. Jh. v. Chr. zu datieren ist.

Allgemeine Datierung: 7.–6. Jh. v. Chr.

TYP L III

Fibeln von rundem bis ovalem Bügelquerschnitt, deren Bügelmitte und Bügelenden mit paarweise angeordneten Querstegen verziert und voneinander durch einen Wulst getrennt werden können. Der Zwischenschmuck besteht jeweils auf jeder Hälfte des Bügels aus einem schmalen Quersteg.

1095. Gordion/Polatlı, Bez. Ankara. – CM-SET-W, cut 2B, below floor 3. – Fibel; Nadel abgebrochen; L. 3,2 cm; Br. Mitte (Querstege) 0,6 cm (*Taf. 61,1095*). – Mus. Ankara (B 294). – Grabung Young, 1951. – Unpubliziert.

1096. Gordion/Polatlı, Bez. Ankara. – CM-PhW-N5, layer 5. – Fibel; in zwei Teile zerbrochen; Nadel fehlt; L. ca. 3,5 cm; Br. Mitte (Querstege) 0,5 cm (*Taf. 61,1096*). – Mus. Gordion (B 1924). – Grabung Young, 1969. – Unpubliziert.

1097. Gordion/Polatlı, Bez. Ankara. – Tumulus H, Füllung. – Fibel; Nadel abgebrochen; L. 3,75 cm; Br. Mitte (Querstege) 0,75 cm (*Taf. 61,1097*). – Mus. Gordion (B 179). – Grabung Young, 1950. – Unpubliziert.

1098. Özbayat köyü/Yalvaç, Bez. Isparta. – Fibel; intakt, L. 3,5 cm; Querschnitt Ornament-Mitte 0,7 × 0,4 cm (*Taf. 61,1098*). – Mus. Yalvaç (A 1240). – Gefunden und erworben in Özbayat. – Unpubliziert.

Datierung und Verbreitung: Die Fibel Nr. 1097 stammt aus der Füllung des um 650 v. Chr. datierten Tumulus H von Gordion; die Ähnlichkeit ihrer Bügelornamente mit denen des Fibelpaares Nr. 650 A–B aus dem Tumulus N (zeitgleich mit dem Tumulus S-1) ist unverkennbar, sie ist in die erste Hälfte des 7. Jh. v. Chr. zu datieren.

Das Stück Nr. 1096 stammt aus dem Schutt der Schicht 5 vom City Mound. Bei dem Exemplar aus Yalvaç handelt es sich um einen Lesefund.

Der Typ L III ist bis jetzt aus Gordion und aus der Umgebung von Yalvaç bekannt.

GRUPPE M

Fibeln mit einem Knick in der Bügelmitte charakterisieren die Gruppe M.

TYP M I

Zu diesem Typ zählende Fibeln sind besonders gekennzeichnet durch einen mehr oder minder scharfen Knick in der Bügelmitte. Bei der Variante 1 ist der Bügel rundstabig und hat rechts und links dieses Mittelknicks zwischen den Bügelendverzierungen jeweils ein Ornament, das aus den üblichen, meist bikonischen Wülsten und diese einrahmenden Scheiben besteht.

Die als Variante 2 bezeichnete Fibel aus Boğazköy hat seit der Publikation von R. M. Boehmer immer noch keine Parallelen gefunden. Ausschlaggebend für die Merkmale der Variante 2 ist der Bügel von rechteckigem Querschnitt, der mit Buckelnägeln geschmückt ist (von Boehmer als Typ XII, 13 Bγ vorgeschlagen).

Fibeln dieser Art, die von den Ausgräbern von Gordion auf den Inventarzetteln als „Gothic Arch" bezeichnet sind, wurden mit Recht bereits von Boehmer[1] als ein neuer Typ erkannt und als Typ XII, 13 B klassifiziert. Boehmer weist darauf hin, daß diese Fibeln mit Mittelknick zwar wegen ihres Nadelhalters zu den phrygischen Fibeln gehören (oder aus dem phrygischen Bereich stammen), aber für die Entstehung unseres Typs M I können die Kniefibeln mit Mittelknick und zwei kräftigen Knoten – als Beispiel gibt er die Fibel Nr. 1183 an – „die Anregung gegeben haben".[2]

Mit anderen Worten handelt es sich um eine anatolische Fibelform, die unter östlichem Einfluß entstanden ist; es ist nicht ausgeschlossen, daß diese Gattung ihre ursprüngliche Heimat östlich von Gordion hat.

Ein weiteres Stück (Nr. 1140) wurde aufgrund des gerillten Bügels unter Abschnitt N behandelt.

Variante M I,1

1099. Gordion/Polatlı, Bez. Ankara. – CM-M6C, South cellar. – Fibel; Nadel und Nadelhalter abgebrochen; bikonische Wülste; L. 3,1 cm; Dm. des Bügels 0,3 cm (*Taf. 62,1099*). – Mus. Gordion (B 1626). – Grabung Young, 1965. – Unpubliziert.
1100. Gordion/Polatlı, Bez. Ankara. – CM-M5J, South cellar. – Fibel; eingesetzte Nadel fehlt; bikonische Wülste, auf der Rückseite des Wulstes (Nadeleinsatz) befindet sich ein kleines Loch, das mit Sicherheit zur Befestigung der Nadel gedient hat; L. 3,5 cm; Dm. des Bügels 0,35 cm (*Taf. 62,1100*). – Mus. Gordion (B 1575). – Grabung Young, 1965. – Unpubliziert.
1101. Gordion/Polatlı, Bez. Ankara. – CM-WS5-6N, layer 6. – Fibel; Bügel in drei Teile zerbrochen; Nadel und Nadelhalter abgebrochen; L. ca. 2,8 cm; Dm. des Bügels 0,25 cm (*Taf. 62,1101*). – Mus. Gordion (B 1747). – Grabung Young, 1969. – Unpubliziert.
1102. Gordion/Polatlı, Bez. Ankara. – Tumulus K, Füllung. – Fibel; Bügel in zwei Teile zerbrochen, abgebrochene Nadel war wie üblich eingesetzt; L. ca. 3,0 cm; Dm. des Bügels 0,3 cm (*Taf. 62,1102*). – Mus. Gordion (B 374). – Grabung Young, 1950. – Muscarella, Phrygian Fibulae Taf. 11,61.
1103. Gordion/Polatlı, Bez. Ankara. – CM-W2S4, below floor 3. – Fibel; Fragment; in zwei Teile zerbrochen; L. noch 2,9 cm; Dm. des Bügels 0,3 cm (*Taf. 62,1103*). – Mus. Gordion (B 1412). – Grabung Young, 1962. – Unpubliziert.

1104. Gordion/Polatlı, Bez. Ankara. – Tumulus S-1, Hauptbestattung. – Fibel; in zwei Teile zerbrochen, an der Bruchstelle befindet sich eine Scheibe; eingesetzte Nadel abgebrochen; L. 3,8 cm; Dm. des Bügels ca. 0,4 cm (*Taf. 62,1104*). – Mus. Ankara (B 365). – Grabung Young, 1951. – Muscarella, Phrygian Fibulae Taf. 13,71.
1105. Boğazköy, Bez. Çorum. – Nicht schichtbestimmt. – Büyükkale e-f/11-12, Oberflächenschutt oberhalb des Gebäudes F. – Fibel; Spiralseite des Bügels abgebrochen; L. noch 2,95 cm; Dm. des Bügels (Mitte) 0,3 cm (*Taf. 62,1105*; nach Boehmer). – Mus. Ankara (291/r). – Boehmer, Kleinfunde Taf. 7,121.
1106. Boğazköy, Bez. Çorum. – Zeit der Schicht Büyükkale I. – Büyükkale o/10, am Fuß der SO-NW-Mauer, nicht viel über dem gewachsenen Fels, Schicht I. – Fibel; L. 3,35 cm; Dm. des Bügels (Mitte) 0,55 (*Taf. 62,1106*; nach Boehmer). – Mus. Ankara (2266/c). – Boehmer, Kleinfunde Taf. 7,120.
1107. Gordion/Polatlı, Bez. Ankara. – CM-PPB-3, layer 4. – Fibel; in mehrere Teile zerbrochen und restauriert; entspricht wegen der Knoten als Zwischenschmuck dem Stück Nr. 1106; L. ca. 2,3 cm; Dm. des Bügels 0,28 cm (*Taf. 62,1107*). – Mus. Gordion (B 1795). – Grabung Young, 1969. – Unpubliziert.

Datierung und Verbreitung: Diese Variante M I,1 ist bis jetzt nur aus Gordion und Boğazköy bekannt. Ein für die Datierung entscheidendes Stück stammt aus dem Tumulus S-1 des frühen 7. Jh. v. Chr. Die

---

[1] Boehmer, Kleinfunde 61.   [2] Ebd. Taf. 8,161.

weiteren Exemplare, jeweils ein Stück, stammen von der Aufschüttung der Schichten 6–3 vom City Mound und dem Tumulus K; sie sind womöglich älter als ihre Fundstelle und wahrscheinlich im 7. Jh. v. Chr. hergestellt.

Die von Boehmer angenommene Zeitstellung für die Stücke aus Boğazköy widerspricht nicht unserer Datierung.[3]

Variante M I,2

1108. **Boğazköy,** Bez. Çorum. – Nicht schichtbestimmt. – USt. J/19, unter Steinschutt. – Fibel; Nadelhalterseite des Bügels abgebrochen; die Buckelnägel des Bügels und die dessen Enden verzierenden Querstege sind massiv getrennt gegossen und eingesteckt. L. noch 3,1 cm; Querschnitt des Bügels 0,29 × 0,29 cm (*Taf. 62, 1108*; nach Boehmer). – Mus. Ankara (70/185). – Boehmer, Kleinfunde Taf. 7,121 A.

Datierung und Verbreitung: Das einzige Exemplar dieser Variante M I,2 wurde in der Unterstadt von Boğazköy gefunden; es ist nicht schichtbestimmt. Aufgrund der massiven Buckelnägel-Ornamente (vgl. Variante A IV,4) dürfte es aus dem 7. Jh. v. Chr. stammen.[4]

GRUPPE N

Fibeln mit gerilltem Bügel von rundem Querschnitt werden als Fibelgruppe N zusammengefaßt.

C. Blinkenberg bezeichnete die aus Ephesos stammenden Edelmetallfibeln mit gerillten Bügeln als Typ XII,1. Muscarella versuchte in seiner Monographie, diese zu reklassifizieren.[1] Die Fibeln mit gerilltem Bügel aus Gordion trennte er von den Fibeln aus Ephesos, da bei den zuletzt genannten Edelmetallfibeln die Nadel immer mit dem Bügel mitgegossen wurde. Die ersteren dagegen teilte er in verschiedene Gruppen auf, sortiert nach den entsprechenden Bügelornamenten von Mitte und Ende und dem Zwischenschmuck. Die Rillen auf den Bügeln wurden von ihm nur als ein dekoratives Element betrachtet[2] und nicht als ein spezielles Kennzeichen eines Typs, womit diese Fibeln als eine Variante eingestuft wurden.

Aus der Vielzahl der mit gerillten Bügeln in Gordion aufgefundenen Fibeln ist klar zu erkennen, daß die Rillung des Bügels ein entscheidendes Element zur Bildung eines separaten Typs ist. Deshalb kann der von Muscarella vorgenommenen Unterteilung dieser Gattung nicht gefolgt werden. Um ein gesamtes Bild dieser Gattung zu vermitteln, werden hier alle Fibeln mit gerilltem Bügel als eine Gruppe mit verschiedenen Typen und Varianten vorgelegt.

TYP N I

Der Typ N I erfaßt Fibeln, deren schlichtgerillter Bügel von rundem bis ovalem Querschnitt in der Mitte kein zusätzliches Ornament aufweist; außerdem tragen die Bügelenden kein Ornament (außer Nr. 1110), das aus üblichen Wulst/Scheibe-Kombinationen von rundem Querschnitt zusammengesetzt ist. Die Nadel ist in der Regel mit dem Bügel in einem Stück gegossen (Ausnahme Nr. 1110).

---

[3] Boehmer, Kleinfunde 61.
[4] Boehmer, Kleinfunde Unterstadt 6.
[1] Muscarella, Phrygian Fibulae 14.
[2] Ebd.

Folgende vier Fibeln entsprechen allgemein der obigen Beschreibung, chronologisch und fein-typologisch unterscheiden sie sich jedoch voneinander. Sie lassen sich in zwei Gruppen einordnen, die als Variante N I,1 und N I,2 bezeichnet werden:

Variante N I,1

Variante 1 zugehörig sind zwei phrygische Fibeln mit kräftigem Bügel; gekennzeichnet wird diese Variante jedoch durch die verhältnismäßig weit auseinanderstehenden Rippen des Bügels. Ein weiterer Anhaltspunkt zur Bestimmung bietet der Nadelhalter: er ist in spitzzulaufender Form gegossen und weist dornartig ausgebildete Auswüchse auf, die bei den älteren phrygischen Fibeln vorkommen (vgl. Fibeln vom Typ A I).

Die Nadel ist bei dem Exemplar Nr. 1109 zusammen mit dem Bügel in einem Stück gegossen; bei dem Stück Nr. 1110 ist sie laut Ausstellungskatalog[3] getrennt hergestellt und eingesetzt, außerdem wird der Bügel beidseitig jeweils durch einen Kubus abgeschlossen.

1109. Gordion/Polatlı, Bez. Ankara. – Tumulus Y, Füllung. – Fibel; mitgegossene Nadel abgebrochen; L. 3,5 cm; Dm. Mitte 0,48 cm (*Taf. 62,1109*). – Mus. Gordion (B 1512). – Grabung Young, 1965. – Unpubliziert.
1110. Fundort unbekannt. – Fibel; Angaben laut Katalog Antiker Schmuck: Nadel mit Spiralfeder, einem Zylinder und einer Scheibe sind separat gegossen und angesetzt; L. 6,7 cm, Gew. 45,6 g (*Taf. 62,1110*; nach Katalogphoto). – Privatsammlung Deutschland. – Antiker Schmuck Taf. 31, 160.

Datierung: Die Fibel Nr. 1109 stammt nicht aus der Grabkammer des Tumulus Y, sondern aus der Erdfüllung; sie ist einteilig gegossen und um die Mitte des 8. Jh. v. Chr. zu datieren. Die mitgegossene Nadel und die Form des Nadelhalters sprechen dafür, daß es sich hier um eine der älteren phrygischen Fibeln handelt; diese Herstellungsart ist bei den Fibeln aus dem Tumulus W von Gordion nachweisbar. Das Exemplar Nr. 1110, dessen Fundort leider unbekannt ist, weist eine getrennt hergestellte und eingesetzte Nadel auf; nach der Form seines Nadelhalters könnte eine Datierung allgemein in die zweite Hälfte des 8. Jh. v. Chr. angenommen werden.

Variante N I,2

Zwei kleinformatige, einteilig hergestellte Edelmetallfibeln mit dünnem Bügel. Die Bügelmitte und die Bügelenden weisen kein Ornament auf. Bezeichnend für die Fibeln dieser Variante ist der Nadelhalter vom phrygischen Typ; soweit das Publikationsphoto erkennen läßt, weist der Nadelhalter der Fibel Nr. 1111 keine Auswüchse auf, dagegen ist die Mittelrippe mit beidseitigen Kanneluren gut erkennbar.

1111. Ephesos, Bez. İzmir. – Artemis-Tempel, Basis-Füllung. – Fibel; Elektron; L. 2,4 cm; Dm. 0,2 cm (*Taf. 62,1111*; nach Hogarth). – Verbleib unbekannt. – Grabung Hogarth. – Ephesos Taf. 5,1; Blinkenberg, Fibules Abb. 229; Muscarella, Phrygian Fibulae Taf. 1 Abb. 1,1.
1111 A. Ephesos, Bez. İzmir. – Artemis-Tempel, Basis-Füllung. – Fibel; Elektron, einteilig hergestellt, Nadel abgebrochen; Nadelhalter mit feinen Auswüchsen; L. 2,8 cm; Dm. ca. 0,3 cm (*Taf. 62,1111 A*; nach Hogarth). – Verbleib unbekannt. – Grabung Hogarth. – Ephesos Taf. 5, 2; Blinkenberg, Fibules Abb. 230; Muscarella, Phrygian Fibulae Taf. 1,2.

---

[3] Antiker Schmuck 64.

Datierung und Verbreitung: Beide Fibeln wurden aus der gesiebten Erde der Basis vom Artemision in Ephesos geborgen. Sie stammen vermutlich aus einer in Westkleinasien ansässigen Werkstatt (wegen der Form des Nadelhalters).

Die Variante N I,2 ist eher mit den Fibeln des folgenden Typs N II in Beziehung zu setzen als die Variante N I,1. Wegen dieser Beziehungen mit Variante N II,1 und N II,2, die als Vorbilder gedient haben können, ist eine Datierung der beiden Elektron-Fibeln in die erste Hälfte des 7. Jh. v. Chr. anzunehmen.

Bei einer verwandten Fibel aus dem Argivischen Heraion ist nur der Bügelteil erhalten.[4]

TYP N II

Fibeln mit gerilltem Bügel, dessen Mitte und Enden Ornamente von rundem Querschnitt aufweisen, gehören zum Typ N II.

Die Nadel ist in der Regel getrennt gegossen und in das Bügelende eingesetzt. Bei manchen Exemplaren scheint jedoch die Nadel mit dem Bügel zusammen gegossen zu sein; dieses technische Detail ist durch die Größe der Fibel bedingt und kann nicht als ein chronologischer Anhaltspunkt betrachtet werden.

Nach der Zusammensetzung der Ornamente, die in Korrelation zu den bis jetzt behandelten phrygischen Fibelgruppen stehen, werden vier Varianten unterschieden.

Variante N II,1

Fibeln mit gerilltem, leicht gedrücktem Bügel, dessen Enden jeweils mit einem abgerundeten Wulst, der von Scheiben umrahmt ist, verziert sind, gehören zu Variante N II,1. Die Nadeln scheinen im Gegensatz zu den Exemplaren vom Typ N I getrennt hergestellt und eingesetzt zu sein. Drei Stücke dieser Variante stammen aus Ephesos, nur eines davon wird hier abgebildet.

1112. Ephesos, Bez. İzmir. – Artemis-Tempel, außerhalb der Basis. – Vgl. Nr. 28. – Fibel; Nadel abgebrochen, Nadelhalter teilweise erhalten; L. 3,3 cm; Dm. Mitte 0,35 cm (*Taf. 62,1112*; nach Hogarth). – Mus. Istanbul (?). – Grabung Hogarth. – Taf. 17,26.
1113. Gordion/Polatlı, Bez. Ankara. – Tumulus S-1, Hauptbestattung. – Fibel; Nadel abgebrochen, bildet mit Nr. 1114 ein Paar; L. 3,55 cm; Dm. Mitte 0,45 cm (*Taf. 62,1113*). – Mus. Gordion (B 256a). – Grabung Young, 1951. – Muscarella, Phrygian Fibulae Taf. 1,2 links.
1114. Gordion/Polatlı, Bez. Ankara. – Tumulus S-1, Hauptbestattung. – Fibel; Bügel in zwei Teile zerbrochen, Nadel zerbrochen; bildet mit Nr. 1113 ein Paar; L. 3,5 cm; Dm. Mitte 0,4 cm (*Taf. 62,1114*). – Mus. Gordion (B 256b). – Grabung Young, 1951. – Muscarella, Phrygian Fibulae Taf. 1,2 rechts.
1115. Gordion/Polatlı, Bez. Ankara. – CM-T-N, in floor 5 or clay. – Fibel; zerbrochen; Nadel und Nadelhalter abgebrochen; Rückseite des Bügels nicht gerillt; L. 3,1 cm; Dm. Mitte 0,4 cm (*Taf. 62,1115*). – Mus. Gordion (B 1480). – Grabung Young, 1963. – Unpubliziert.
1116. Gordion/Polatlı, Bez. Ankara. – CM-WML, layer 4, pit X. – Fibel; stark beschädigt; dicker Bügel; L. 3,1 cm; Dm. Mitte 0,55 cm (*Taf. 62,1116*). – Mus. Gordion (B 1346). – Grabung Young, 1961. – Unpubliziert.

Datierung und Verbreitung: Die Exemplare aus Tumulus S-1 und aus Ephesos sind zeitlich in das erste Viertel bzw. in die erste Hälfte des 7. Jh. v. Chr. zu setzen. Bemerkenswert ist die Tatsache, daß diese Va-

---

[4] Argive Heraeum II Taf. 87,882.

riante in dem untersuchten Gebiet nur aus Gordion und aus Ephesos bekannt ist. Bei Nr. 1116 handelt es sich um ein stark verbranntes Stück; für dieses und für das Exemplar Nr. 1115 ist die gleiche Zeitstellung wie für die Fibeln aus dem Tumulus S-1 anzunehmen.

Parallelen bzw. Imitationen sind bis jetzt von den ägäischen Inseln bekannt: Aegina[5] und einige von E. Sapouna-Sakellarakis abgebildete Exemplare (7. Jh. v. Chr.),[6] vergleichbar sind die Fibeln aus Chios: Phana (7. Jh. v. Chr.),[7] Emporio (Periode IV: 630–600 v. Chr.).[8]

Variante N II,2

Diese Variante unterscheidet sich von der Variante 1 dadurch, daß die Bügelmitte mit einem Ornament versehen ist. Dieses kann aus einem Wulst bestehen, der bei Nr. 1117 und Nr. 1118 ringartig und nicht gerillt erscheint; bei Nr. 1119 und 1120 ist er bikonisch und gerillt. Bei dem Exemplar Nr. 1121 ist das Ornament der Mitte aus vier scharfen Scheiben zusammengesetzt, die Bügelenden weisen bikonische Wülste auf, die von feinen Scheiben begleitet werden. Diese Scheiben fehlen bei Fibel Nr. 1122, deren Bügelendornamente kugelförmig sind; in der Bügelmitte befindet sich ein im Querschnitt rechteckiges Ornament, das an die Form von Querstegen erinnert.

Das Ornament der Bügelmitte bei den Fibeln Nr. 1123, 1124 und 1126–1129 aus dem Tumulus S-1 besteht übereinstimmend aus mehreren nebeneinanderliegenden Scheiben, die den Eindruck einer Umschnürung bzw. Rillung vermitteln; es ist sehr wahrscheinlich, daß diese Fibeln aus Tumulus S-1 miteinander zwei Paare bilden; nur zwei Fibeln (Nr. 1123. 1124) aus diesem Tumulus sind an ihren Bügelenden in zuletzt genannter Weise verziert. Die übrigen Fibeln dieses Tumulus zeigen als Endornamente abgerundete, nicht gerillte Wülste, flankiert von Scheiben.

Bei dem Stück Nr. 1130 sind die Bügelend- und Bügelmitteornamente gleich. Diese wurden zusammengesetzt aus zwei voneinander getrennten Wülsten, die von Scheiben umrandet sind. Ausnahmsweise sind diese Ornamente breit und groß im Verhältnis zum Bügel. Die Elektron-Fibel aus Ephesos, deren Nadel nicht getrennt hergestellt ist, entspricht den Nr. 1123 und 1124 aus Tumulus S-1; die Bronzefibel Nr. 1131 aus Ephesos ist fast identisch mit den Nr. 1126–1129 aus Tumulus S-1 von Gordion, die aus der Hauptbestattung dieses Grabes stammen.

1117. Gordion/Polatlı, Bez. Ankara. – CM-WS-11, layer 5. – Fibel; Fragment; Rückseite des Bügels weist keine Rillung auf; wahrscheinlich waren die Bügelenden mit Wulst-Scheibe-Kombinationen verziert; L. noch 2,1 cm; Dm. des mittleren Ornaments 0,6 cm (*Taf. 62,1117*). – Mus. Gordion (B 1750). – Grabung Young, 1969. – Unpubliziert.

1118. Gordion/Polatlı, Bez. Ankara. – CM-M5E, South cellar. – Fibel; eingesetzte Nadel und Nadelhalter abgebrochen; bikonische Wülste der Bügelenden und Rückseite des Bügels nicht gerillt; L. 2,4 cm; Dm. Mitte (Ornament) 0,5 cm (*Taf. 62,1118*). – Mus. Gordion (B 1643). – Grabung Young, 1967. – Unpubliziert.

1119. Gordion/Polatlı Bez. Ankara. – CM-M6C, South cellar fill. – Fibel; eingesetzte Nadel und Nadelhalter abgebrochen; Bügel in drei Teile zerbrochen; Rückseite des Bügels nicht gerillt; L. ca. 3,5 cm; Dm. des gerillten, bikonischen Wulstes 0,7 cm (*Taf. 62,1119*). – Mus. Gordion (B 1696). – Grabung Young, 1967. – Unpubliziert.

1120. Gordion/Polatlı, Bez. Ankara. – CM-WS8, 0,50 cm below clay, floor 1. – Fibel; Fragment; in zwei Teile zerbrochen; sonst wie Nr. 1119; L. 3,7 cm; Dm. Mitte 0,75 cm (*Taf. 62,1120*). – Mus. Gordion (B 1751). – Grabung Young, 1969. – Unpubliziert.

1121. Gordion/Polatlı, Bez. Ankara. – CM-M5J, clay

---

[5] Furtwängler, Aegina Taf. 116,28; Blinkenberg, Fibules Abb. 231; Sapouna-Sakellarakis, PBF. XIV,4 (1978) Nr. 1595.1601.

[6] Sapouna-Sakellarakis a.a.O. Nr. 1596–1600.

[7] Ebd. 121 f. Nr. 1596.

[8] Ebd. Nr. 1598–1600.

under South cellar. – Fibel; Nadel und Nadelhalter abgebrochen; Rückseite des Bügels nicht gerillt; L. 2,9 cm; Dm. Mitte 0,65 cm (*Taf. 62, 1121*). – Mus. Gordion (B 1593). – Grabung Young, 1965. – Unpubliziert.
1122. **Gordion**/Polatlı, Bez. Ankara. – CM, South cellar. – Fibel; eingesetzte Nadel und Nadelhalter abgebrochen; Querschnitt des Bügels oval, auf seiner Rückseite nicht gerillt; Querschnitt des mittleren Ornaments rechteckig; L. 3,0 cm; Br. Mitte (Ornament) 0,55 cm (*Taf. 62, 1122*). – Mus. Gordion (B 1627). – Grabung Young, 1967. – Unpubliziert.
1123. **Gordion**/Polatlı, Bez. Ankara. – Tumulus S-1, Hauptbestattung. – Fibel; eingesetzte Nadel z.T. abgebrochen; L. 3,1 cm; Dm. Mitte (Umschnürung) 0,6 cm (*Taf. 62, 1123*). – Mus. Ankara (B 360). – Grabung Young, 1951. – Unpubliziert.
1124. **Gordion**/Polatlı, Bez. Ankara. – Tumulus S-1, Hauptbestattung. – Fibel; Nadel abgebrochen; das Ornament der Mitte ist von jeder Seite mit etwas größeren feinen Scheiben abgeschlossen; sonst wie Nr. 1123. – L. 3,1 cm; Dm. Mitte 0,7 cm (*Taf. 62, 1124*; nach Muscarella). – Mus. Ankara (B 362). – Grabung Young, 1951. – Muscarella, Phrygian Fibulae Taf. 10, 52.
1125. **Ephesos**, Bez. İzmir. – Artemis-Tempel, aus der Basis-Füllung. – Fibel; Elektron; intakt; Nadelhalter weist keine Auswüchse auf; einteilig hergestellt. L. 2,0 cm; Dm. Mitte ca. 0,3 cm (*Taf. 62, 1125*; nach Hogarth). – Verbleib unbekannt. – Grabung Hogarth. – Ephesos Taf. 5, 5. Muscarella, Phrygian Fibulae Taf. 1 Abb. 1, 5.

1126. **Gordion**/Polatlı, Bez. Ankara. – Tumulus S-1, Hauptbestattung. – Fibel; L. noch 2,8 cm; Dm. Mitte ca. 0,4 cm (*Taf. 62, 1126*). – Mus. Gordion (B 255). – Grabung Young, 1951. – Muscarella, Phrygian Fibulae Taf. 10, 53?
1127. **Gordion**/Polatlı, Bez. Ankara. – Tumulus S-1, Hauptbestattung. – Fibel; Nadel abgebrochen, sonst ziemlich gut erhalten; L. 2,85 cm; Dm. Mitte 0,45 cm (*Taf. 62, 1127*). – Mus. Gordion (B 255). – Grabung Young, 1951. – Unpubliziert.
1128. **Gordion**/Polatlı, Bez. Ankara. – Tumulus S-1, Hauptbestattung. – Fibel; Bügel in zwei Teile zerbrochen; Nadel abgebrochen; L. 2,85 cm; Dm. Mitte ca. 0,5 cm (*Taf. 62, 1128*). – Mus. Gordion (B 255). – Grabung Young, 1951. – Unpubliziert.
1129. **Gordion**/Polatlı, Bez. Ankara. – Tumulus S-1, Hauptbestattung. – Fibel; nur eine Hälfte erhalten; L. noch 2,2 cm; Dm. Mitte 0,45 cm (*Taf. 62, 1129*). – Mus. Gordion (B 255). – Grabung Young, 1951. – Unpubliziert.
1130. **Gordion**/Polatlı, Bez. Ankara. – City wall, cut 2. – Fibel; Fragment; L. noch 3,5 cm; Dm. Mitte 0,95 cm (*Taf. 62, 1130*). – Mus. Gordion (B 305). – Grabung Young, 1950. – Unpubliziert.
1131. **Ephesos**, Bez. İzmir. – Artemis-Tempel, außerhalb der Basis. – Fibel; Nadel abgebrochen; L. 2,7 cm; Dm. des Bügels 0,35 cm (*Taf. 62, 1131*). – Brit. Mus. London. – Grabung Hogarth. – Unpubliziert.

Datierung und Verbreitung: Für die Entstehung dieser Variante N II,2 dürfte die Fibel mit Doppelnadel Nr. 1169 (Typ S I) aus dem Tumulus MM (letztes Viertel des 8. Jh. v. Chr.) als Vorbild gedient haben.

Viele Exemplare der Variante N II,2 lieferte der Tumulus S-1 (frühes 7. Jh. v. Chr.).

Die bronzenen und Elektron-Exemplare aus dem Artemision von Ephesos sind ebenfalls in diese Zeit zu datieren. In einzelnen Verzierungselementen von diesen Exemplaren leicht abweichend sind die Fibeln aus der Aufschüttung der „South Cellar" des City Mound sowie die Fibel Nr. 1117 aus der Schicht 5 und Nr. 1130 aus der Schicht 2.

Datierung: Mit Sicherheit 7. Jh. v. Chr., vielleicht jünger.

Die Gattung ist in Anatolien nur in Gordion und in Ephesos nachweisbar. Vergleichsstücke außerhalb Anatoliens sind bis jetzt nicht bekannt.

Variante N II,3

Der zwischen Bügelmitte- und Bügelendornamenten angebrachte Schmuck, eine ringartige Scheibe, unterscheidet die Fibeln dieser Variante von den vorangegangenen.

Bei den Fibeln Nr. 1132–1135 sind die Bügelmitte- und -endornamente aus identischen Elementen zusammengesetzt. Es handelt sich um einen mehr oder weniger abgerundeten oder aber auch bikonischen Wulst, der von Scheiben eingefaßt ist. In einem Fall sind diese Wülste fein geritzt (Nr. 1132). Die

Endverzierungen von Nr. 1137–1138 sind aus zwei voneinander getrennten Wülsten und diese begleitenden Scheiben zusammengesetzt. Die Ornamente von Nr. 1139 sind von umschnürter Art.

1132. Gordion/Polatlı, Bez. Ankara. – Tumulus D, Füllung. – Fibel; eingesetzte Nadel fehlt; Nadelhalter abgebrochen; feine Ritzlinien auf den Wülsten; L. 3,5 cm; Dm. Mitte 0,8 cm (*Taf. 63,1132*). – Mus. Ankara (B 30). – Grabung Young, 1950. – Unpubliziert.
1133. Gordion/Polatlı, Bez. Ankara. – CM-WS5/6-S, layer 7. – Fibel; Bügel in zwei Teile zerbrochen; Nadel und Nadelhalter abgebrochen; Rückseite des Bügels nicht gerillt; L. ca. 3,5 cm; Dm. Mitte 0,7 cm (*Taf. 63,1133*). – Mus. Gordion (B 1689). – Grabung Young, 1967. – Unpubliziert.
1134. Gordion/Polatlı, Bez. Ankara. – CM-PPB-1, layer 6. – Fibel; Nadel und Nadelhalter abgebrochen; ziemlich große Bügelendornamente; Verzierung der Mitte bikonisch; nur Vorderseite des Bügels gerillt; L. noch 3,7 cm; Dm. Mitte 0,6 cm (*Taf. 63,1134*). – Mus. Gordion (B 1831). – Grabung Young, 1969. – Unpubliziert.
1135. Gordion/Polatlı, Bez. Ankara. – CM-PhW-N, layer 5. – Fibel; in zwei Teile zerbrochen; eingesetzte Nadel fehlt, Nadelhalter abgebrochen; Bügel nur auf der Vorderseite gerillt; L. ca. 3,4 cm; Dm. Mitte 0,95 cm (*Taf. 63,1135*). – Mus. Gordion (B 1889). – Grabung Young, 1969. – Unpubliziert.
1136. Gordion/Polatlı, Bez. Ankara. – CM-WS8, clay floor 1. – Fibel; Bügelendornamente bikonisch; eingesetzte Nadel verloren; Rückseite des Bügels nicht gerillt; L. noch 2,8 cm; Dm. Mitte 0,6 cm (*Taf. 63,1136*). – Mus. Gordion (B 1666). – Grabung Young, 1967. – Unpubliziert.
1137. Gordion/Polatlı, Bez. Ankara. – CM-M5J, South cellar fill. – Fibel; Nadel und Nadelhalter abgebrochen; Rückseite des Bügels nicht gerillt; L. 3,2 cm; Dm. Mitte 0,65 cm (*Taf. 63,1137*). – Mus. Gordion (B 1572). – Grabung Young, 1965. – Unpubliziert.
1138. Gordion/Polatlı, Bez. Ankara. – CM-CC3A, under 2,17 m. floor. – Fibel; Fragment; Ornament der Mitte bikonisch; L. noch 3,2 cm; Dm. Mitte 0,7 cm (*Taf. 63,1138*). – Mus. Gordion (B 1945). – Grabung Young, 1973. – Unpubliziert.
1139. Gordion/Polatlı, Bez. Ankara. – CM-TB7-C, layer 3. – Fibel; eingesetzte Nadel abgebrochen, sonst gut erhalten; Rückseite des Bügels nicht gerillt; L. 3,0 cm; Dm. Mitte 0,6 cm (*Taf. 63,1139*). – Mus. Gordion (B 1612). – Grabung Young, 1967. – Unpubliziert.

Datierung und Verbreitung: Die Exemplare aus dem City Mound verteilen sich auf die Schichten 6-1. Ein Exemplar stammt aus der Aufschüttung des Tumulus D, wo auch Keramikreste vom 7. Jh. v. Chr. zu finden waren. Datierung: Wie Variante N II,2 (7. Jh. v. Chr., vielleicht jünger).

Bekannt sind Fibeln dieser Variante N II,3 bis jetzt nur aus Gordion.

Variante N II,4

Fibel mit einem Knick in der Mitte des gerillten Bügels und Ringen als Zwischenschmuck.

1140. Gordion/Polatlı, Bez. Ankara. – CM, Bldg Q, under plaster floor 5. – Fibel; Nadelhalterseite abgebrochen; eingesetzte Nadel fehlt; Bügel an der Knickstelle geschwollen; Rückseite des Bügels nicht gerillt; L. noch 2,5 cm; Dm. Mitte (Schwellung) 0,45 cm (*Taf. 63,1140*). – Mus. Gordion (B 1506). – Grabung Young, 1965. – Unpubliziert.

Datierung und Verbreitung: Das einzige Exemplar dieser Variante kann nach seiner Fundstelle (später 5.–4. Jh. v. Chr. – Fundzusammenhang) nicht mit Sicherheit datiert werden. Bezugnehmend auf Typ M I halten wir die Datierung dieser Fibel allgemein in das 7. Jh. v. Chr. für wahrscheinlich.

TYP N III

Die Bügel von rundem Querschnitt der Fibeln vom Typ N III sind mit mehreren Wülsten, Scheiben oder mit mehr oder weniger über die Bügelstärke hinausgreifenden rechteckigen Querstegen verziert; die Intervalle zwischen diesen Bügelornamenten sind gerillt.

Muscarella hält die hier abgebildete Fibel Nr. 1147 aus Ephesos für lydisch.[9] Ihm folgt R. M. Boehmer, indem er die in Boğazköy gefundenen Fibeln Nr. 1148. 1149 (hier Typ P I). 1145 und die von Blinkenberg abgebildete Fibel Nr. 1144 hinzufügt.[10] Er betrachtet die Exemplare aus Boğazköy als Importstücke aus lydischem Gebiet.

Die Fibeln Nr. 1141 sowie Nr. 1142 wurden in Erythrae gefunden,[11] von dort liegt z.Z. noch keine Publikation vor.

Nr. 1141 ist aus Bronze hergestellt; Nr. 1142 ist sehr wahrscheinlich aus Gold. Die Bügel sind in der Mitte geschwollen. Beide Fibeln sind mit neun über den Bügel hinausragenden Scheiben geschmückt, die bei Nr. 1141 in horizontaler Richtung feine Kerbverzierung, bei Nr. 1142 Kanneluren aufweisen. Die Intervalle zwischen diesen Scheiben sind fein gerillt.

Die Nadelhalter (vgl. mit den Fibeln aus Neandria) phrygischer Form weisen „Auswüchse" auf, die abgerundet sind und auf ihren Vorderseiten kleine, genietete Buckel tragen. Mit Sicherheit sind die Nadeln getrennt gearbeitet, anschließend in das vorgesehene Loch am Ende des Bügels eingeführt und mit kleinen Nieten, die durch die auf der Rückseite des Bügels gebohrten Löcher (anscheinend bei Nr. 1141 zwei Löcher) gesteckt wurden, durch Hämmern befestigt. Die Nadel ist bei Nr. 1141 nicht erhalten.

Nr. 1143 wurde in der Füllerde von Tumulus E von Gordion gefunden. Bei der neuen Aufnahme im Ankara-Museum war diese Fibel in mehrere Teile zerbrochen. Manche Teile fehlten. Der Bügel zeigt mehrere über ihn hinausragende rechteckige Querstege; die Intervalle zwischen diesen sind gerillt. Der Nadelhalter ist typisch phrygisch ausgearbeitet.

Die Nr. 1144. 1145 und 1148 sind sehr ähnlich; die Nadelhalter der Fibeln Nr. 1144 und 1148 sind ganz klar phrygisch.

Sonderbar ist die Fibel Nr. 1146, ihr Fundort ist unbekannt. Nach Aussagen der Mitarbeiter des Antalya-Museums wurde sie wahrscheinlich in der Umgebung von Antalya gefunden. Ihre Bügelornamente bestehen aus mehreren kannelierten Scheiben oder Wülsten, zwischen diesen befinden sich einzelne Rillen. Die Bügelenden werden mit massiven Kuben abgeschlossen. Der Nadelhalter weist keine Auswüchse auf. Die Nadel ist in die im Prinzip runde, jedoch an den Rändern gezackte „Spring-Plate" eingesteckt (einige Fibeln vom sog. böotischen Typ, die auf den ägäischen Inseln gefunden worden sind, sind ebenfalls mit einem vergleichbaren sternartigen Ansatz am Bügelende ausgerüstet).[12]

1141. Erythrae, Bez. İzmir. – Fibel; eingesetzte Nadel nicht erhalten; L. ca. 3,0 cm (*Taf. 63,1142*; Ansicht der Rückseite). – Mus. İzmir. – Unpubliziert.

1142. Erythrae, Bez. İzmir. – Fibel; vermutlich aus Gold; L. ca. 2,5 cm (*Taf. 63,1142*; Ansicht der Rückseite). – Mus. İzmir. – Unpubliziert.

1143. Gordion/Polatlı, Bez. Ankara. – Tumulus E, Füllung. – Fibel; eingesetzte Nadel nicht erhalten; L. ca. 4,5 cm; Br. Quersteg ca. 0,8 cm (*Taf. 63,1143*). – Mus. Ankara (B 127). – Grabung Young, 1950. – Muscarella, Phrygian Fibulae Taf. 14,72 a; 15,80.

1144. „Kleinasien". – Fibel; eingesetzte Nadel abgebrochen; L. 6,3 cm; Dm. Mitte 0,75 cm (*Taf. 63,1144*; nach Photo). – Mus. Stockholm (14060 = 6). – Blinkenberg, Fibules Abb. 232; Boehmer, Kleinfunde Abb. 29 d.

1145. Boğazköy, Bez. Çorum. – Zeit der Schicht BK

---

[9] Muscarella, Phrygian Fibulae 44.
[10] Boehmer, Kleinfunde 66 Abb. 29.
[11] Die beiden Fibeln sind im Museum İzmir ausgestellt.
[12] Sapouna-Sakellarakis a. a. O. Nr. 1527–1529.

I. – Büyükkale z/12, Schicht I. – Fibel; Nadel nicht erhalten; L. 3,98 cm; H. 2,85; D. der Bügelmitte 0,6–0,62 cm (*Taf. 63,1145*). – Mus. Ankara (214/m). – Boehmer, Kleinfunde Taf. 8,159.
1146. „Umgebung von Antalya". – Fibel; Nadel eingesetzt; Nadelhalter abgebrochen und nicht erhalten; verbogen; L. 4,9 cm; Bügel Dm. 0,85 cm (*Taf. 63,1146*). – Mus. Antalya (6-51-73). – Geschenk. – Unpubliziert.
1147. Ephesos, Bez. İzmir. – Artemis-Tempel, aus der Basis. – Fibel; Silber; Nadel abgebrochen; L. ca. 2,5 cm (*Taf. 63,1147*; nach Hogarth). – Verbleib unbekannt. – Grabung Hogarth. – Ephesos Taf. 11,29; Boehmer, Kleinfunde 66 Abb. 29 c.
1148. Boğazköy, Bez. Çorum. – Unterstadt, K/20, nicht schichtbestimmt, Grabungsschutt. – Fibel; Nadel nicht erhalten; L. 5,35 cm; H. 3,9 cm; Dm. des Bügels (Mitte) 0,8 cm (*Taf. 63,1148*; nach Boehmer). – Mus. Ankara (77/391). – Boehmer, Kleinfunde Unterstadt Taf. 4,2553 B.

Datierung und Verbreitung: Fibeln, deren Bügelornamente ähnliche Merkmale aufweisen wie die Exemplare des Typs N III, bezeichnete Blinkenberg als Typ XIII, 3; er wies auf die Verwandschaft mit einigen Fibeln seines Typs XII (kleinasiatisch) hin;[13] als westlichstes Exemplar vom Typ XIII, 3 erwähnt Blinkenberg eine Fibel aus Argos.[14]

Die überwiegende Anzahl der Fibeln (Typ XIII,3) Blinkenbergs stammen aus nordsyrischem Gebiet.[15] Offensichtlich haben die Fibeln vom Typ N III östliche Vorbilder.

Fibeln mit gerilltem bzw. geripptem Bügel scheinen in nordsyrisch-südostanatolischem Gebiet besonders beliebt gewesen zu sein;[16] derartige Fibeln sind oft auf Reliefs dargestellt, die ausschließlich aus diesem Gebiet stammen.[17] Wir finden sie auf dem von Zincirli, auf dem Maraş-Relief, und sie tauchen auf einem Fragment aus Karkamesch auf. Alle diese Denkmäler stammen aus dem 8. Jh. v. Chr.

Wie oben erwähnt sind die Nadelhalter der Fibeln Nr. 1144 und 1148 eindeutig phrygische Arbeit. Nr. 1143, 1144 und 1148 scheinen die ältesten Exemplare des Typs N III zu sein; sie können durchaus aus dem ausgehenden 8. Jh. v. Chr. stammen. Die Fibel Nr. 1145 wird von Boehmer in die Zeit von Büyükkale I angesetzt.

Einige Fibeln aus Ialysos/Rhodos, die als rhodischer Typ bezeichnet worden sind, weisen unseren Exemplaren entsprechende Bügelverzierungen auf; diese Fibeln werden in das Ende des 8. Jh./Anfang des 7. Jh. v. Chr. datiert.[18]

GRUPPE P

Die Fibeln der Gruppe P haben einen mit Wülsten bedeckten Bügel.

TYP P I

Der Bügel von rundem Querschnitt ist mit Wülsten geschmückt, die von Ringen begleitet sind; diese Ornamente gehen nicht über die Bügelstärke hinaus.

Fibeln dieser Art werden von Muscarella und von Boehmer für lydisch gehalten.[1]

Bis jetzt sind drei Exemplare bekannt geworden. Die Fibel Nr. 1175 A vom Typ S II ist aufgrund ihrer Bügelornamente mit den Exemplaren dieses Typs eng verwandt.

---

[13] Blinkenberg, Fibules 236 f.; vgl. z. B. Abb. 273.
[14] Argive Heraeum II 244 Taf. 87,882.
[15] Vgl. Stronach, Fibula in the Near East 188 Abb. 5, 1–2; Luschan, Sendschirli V Taf. 43, q. v.
[16] Stronach a. a. O. 189.
[17] Muscarella, Journ. Near East. Stud. 26, 1967, 82 ff. Taf. 6–8.
[18] Sapouna-Sakellarakis a. a. O. Nr. 551–556.

[1] Vgl. Typ N III Anm. 9 und 10.

1149. Boğazköy, Bez. Çorum. – Nicht schichtbestimmt. – Büyükkale z/21, Schutthalde. – Fibel; Nadel nicht erhalten; L. 3,5 cm; H. 2,7 cm; Dm. des Bügels (Mitte) 0,62–0,7 cm (*Taf. 63,1149*). – Mus. Ankara (582/w). – Boehmer, Kleinfunde Taf. 8,160.

1150. Gordion/Polatlı, Bez. Ankara. – CM-ET-V2, fill over Hellenistic house floor. – Fibel; Fragment; L. noch ca. 3,7 cm (*Taf. 63,1150*). – Mus. Gordion (B 489). – Grabung Young, 1953. – Unpubliziert.

1151. Sardis, Bez. Manisa. – House of Bronze, Lydian trench W3.00/S100.00 * 99.00. – Fibel; L. ca. 3,0 cm (*Taf. 63,1151*; nach Photo des Ausgräbers). – Mus. Sardis, Depot (M 65.5:6715). – Muscarella, Phrygian Fibulae Taf. 14,76; Boehmer, Kleinfunde 66 Abb. 29 a.

Datierung und Verbreitung: Die Nr. 1149 stammt aus Boğazköy und ist nicht schichtbestimmt; Nr. 1150 wurde im City Mound von Gordion in einem hellenistischen Kontext gefunden, was für die Zeitstellung dieses Stückes kein sicherer Hinweis ist.

Das Exemplar Nr. 1151 aus Sardis stammt aus dem „House of Bronze" im Marktgebiet.[2] Muscarella datiert diese Fibel ins späte 7.– frühe 6. Jh. v. Chr.;[3] G. F. Swift erwähnt sie unter den Funden aus „Strata from Mid? – seventh to early sixth centuries B.C.".[4] J. Waldbaum hält eine Datierung ins späte 6. Jh. v. Chr. – 5. Jh. v. Chr. für wahrscheinlich.[5]

Fibeln dieser Art sind bis jetzt aus Sardis, aus Gordion und aus Boğazköy bekannt.

GRUPPE R

Das Charakteristikum der Fibelgruppe R sind drei extrem große Scheiben am Bügel.

TYP R I

Die Fibeln vom Typ R I sind Bogenfibeln von rundem Querschnitt mit Nadelhaltern von phrygischem Typ. Der Bügelschmuck besteht aus großen Scheiben.

Exemplare dieses bis jetzt unbekannten Fibeltyps wurden in Sağırköyü von Yalvaç gefunden. Beide Stücke sind einteilig gegossen mit Bügel von rundem Querschnitt. Eine mittelgroße, dicke, abgesetzte Scheibe, deren Ränder betont sind, wird in klarem Abstand auf jeder Seite von verhältnismäßig dünnen Scheiben, die leicht kanneliert sind, flankiert.

Bei Fibel Nr. 1152 ähnelt der Nadelhalter den phrygischen Fibeln vom Typ A I; jedoch besitzen die Auswüchse hier eine abgerundetere Form. Dieser Nadelhalter weist ebenfalls auf seiner Vorderseite eine sich verjüngende Mittelrippe auf.

Nr. 1153 ist insgesamt kleiner als Nr. 1152. Bei diesem Exemplar wurde zusätzlich der Dreischeibenschmuck des Bügels auf jeder Seite mit einem kleinen Wulst vom Bügelschaft abgesetzt. Verglichen mit Nr. 1152 ist der Nadelhalter schmal und hoch und ebenfalls mit einer Mittelrippe versehen.

Fibeln dieses sonderbaren Typs sind bis jetzt aus anderen Fundorten nicht bekannt geworden. Als Vergleich können zwei bronzene Griffbügel aus Ephesos und ein weiterer aus Elfenbein aus Erythrae (Griffbügel Nr. 17. 18) – mit Vorsicht – in Betracht gezogen werden, bei denen große Scheiben mit betonten Rändern Verwendung fanden, deren Größe den Bügel weit übersteigt.

J. Boardman erwähnt die beiden Funde aus Ephesos unter seinen Typen A und C, die er ins späte 8. Jh. – 7. Jh. v. Chr. datiert[1].

---

[2] BASOR. 182, 1966, 13.
[3] Muscarella, Phrygian Fibulae 44.
[4] BASOR. a.a.O. 13 f.
[5] Freundliche Mitteilung von Prof. Waldbaum.
[1] Boardman, Chios 216.

1152. Sağırköyü bei Yalvaç, Bez. Isparta. – Fibel; Nadel abgebrochen; grüne Patina; L. 6,4 cm; Bügel Dm. 0,6 cm; Dm. Scheibe (Mitte): 2,6 cm; D. 0,75 cm (*Taf. 63, 1152*). – Mus. Yalvaç (A 1244). – Ankauf. – Unpubliziert.

1153. Sağırköyü bei Yalvaç, Bez. Isparta. – Fibel; intakt; grüne Patina; L. 4,6 cm; Dm. der mittleren Scheibe 2,1 cm, Dicke: 0,35–0,7 cm (*Taf. 63, 1153*). – Mus. Yalvaç (A 1245). – Ankauf zusammen mit Nr. 1152. – Unpubliziert.

GRUPPE S

Die Gruppe S erfaßt Fibeln, die mit einer Doppelnadel ausgerüstet sind und eine „Zierschiene" bzw. Deckplatte vorweisen, von der die Doppelnadel bedeckt sein kann.

O. W. Muscarella unterscheidet mit Recht zwei Ausführungen dieser Art von Fibeln, wobei die Anbringung der Deckplatte, „Lock-Plate",[1] ausschlaggebend ist: Zur ersten Ausführung gehören die Fibeln, deren Deckplatte abnehmbar ist; bei den Fibeln der zweiten Kategorie ist die Deckplatte starr bzw. nicht herausnehmbar; sie verbindet wie eine breite Leiste beide Bügelenden miteinander.[2] Diese Trennung bei Muscarella ist berechtigt und wird hier fortgeführt. Nach dem vorliegenden Material wurde eine geringe Anzahl Fibeln mit starrer Deckplatte gefunden; Muscarella bezeichnet Fibeln dieser Art als „Kopien"[3] von phrygischen Fibeln mit abnehmbarer Deckplatte. Ergänzend hierzu ist anzumerken, daß wir diese Art Fibeln als „kleinasiatische" Nachahmungen bezeichnen; diese Betrachtung ist verständlich, denn nicht jede Werkstatt war handwerklich so begabt, wie diejenigen der Könige von Gordion, um eine solche komplizierte, aber hervorragende Konstruktion der phrygischen Doppelnadel-Fibeln mit Deckplatte herzustellen.

Hier werden wir die Fibeln mit abnehmbarer Deckplatte als Typ S I und ihre Kopien als Typ S II bezeichnen.

Als unserem Typ S II zugehörig erwähnt Muscarella[4] die Fibel Nr. 408 der Variante A IV,2 aus Alişar; diese Fibel ist jedoch nicht mit einer Deckplatte ausgestattet.

TYP S I

Fibeln mit Doppelnadel und abnehmbarer Deckplatte.

Typologisch betrachtet entsprechen die Fibeln des Typs S I und zwei weitere, außerhalb des untersuchten Gebietes gefundene Exemplare[5] den bis jetzt behandelten Typen bzw. Varianten A III, A IV,1, J I und J III der phrygischen Fibeln.

Nr. 1169 mit gerilltem Bügel stellt ein Unikum bei den bis jetzt gefundenen Fibeln mit Doppelnadel dar.

Die Fibeln des Typs S I sind von den übrigen, nur mit einer einfachen gabelförmigen Doppelnadel ausgerüsteten Fibeln, wie z. B. Variante A II,1, leicht zu unterscheiden, wenn der Nadelsatz komplett erhalten ist: Die zwei parallellaufenden Nadeln werden durch einen vertikalen Quersteg abgeschlossen und so miteinander verbunden; in die Mitte dieses Querstegs wurde ein kleines Loch gebohrt, in das eine am unteren Ende mit einem Stift versehene „Raste" eingesteckt wurde; schließlich wurde dieser Stift auf der Rückseite des Querstegs durch Hämmern – wie bei den Fibeln mit hohlen Halbkugeln – vernietet.

---

[1] So wird von Muscarella diese Deckplatte genannt.
[2] Muscarella, „Phrygian or Lydian?". Journ. Near East. Stud. 30, 1971, 52 ff.
[3] Ebd. 54.
[4] Ebd. 52 f.
[5] Sapouna-Sakellarakis, PBF, XIV,4 (1978) Nr. 1615: Samos; Nr. 1678: Thasos.

Die Schauseite der Raste ist gewölbt und von D-förmigem Querschnitt; sie ist in der Regel verziert. Diese Verzierung besteht aus vertikalen bzw. horizontalen Rippen, aus kleinen Halbscheiben, die voneinander durch Halbwülste getrennt sein können, aus Kombinationen von kannelierten Scheiben und Wülsten, in einem Fall sogar aus plastischen Löwendarstellungen. Diese Raste (Schauseite) empfing den eingeschnittenen Teil der Deckplatte, die somit beim Tragen festgehalten wurde. Alle Fibeln, die eine solche Raste nicht aufweisen, gehören nicht zum Typ S I.

In dem untersuchten Gebiet wurden bis jetzt zehn der Variante A III,1 entsprechende Exemplare gefunden. Außerhalb Anatoliens ist nur ein Exemplar aus Samos bekannt.[6] Der kräftige Bügel von rechteckigem Querschnitt weist weder einen Schmuck noch eine Verzierung auf; er wird an seinen beiden Enden durch Kombinationen von mehr oder minder breiten bzw. dicken Querstegen und diese voneinander trennenden scharfen bzw. fein geritzten Scheiben abgeschlossen.[7]

Die ohne Spannung, in diesem Fall also nicht funktionelle, und mindestens dreifach gedrehte massive Spirale ist immer mit dem Nadelsatz (beide Nadeln und Verbindungssteg) zusammengegossen und während des Gusses des Bügels in das im Bügelende vorbereitete Loch mit der Wurzel eingesetzt. Bei allen hier untersuchten Exemplaren befindet sich auf der Rückseite des Bügelendornaments (Spiralseite) ein kleines Loch, das mit einer Niete belegt ist. Die Röntgenaufnahme des im RGZM.Mainz aufbewahrten Exemplares Nr. 1171 A[8] zeigt ganz klar die Funktion dieser kleinen Niete: Nachdem die Wurzel des Nadelsatzes ins Bügelende eingesetzt ist, wird er durch diese kleine Niete festgehalten, die durch Hämmern vernietet ist. Somit wird ein eventuelles Herausrutschen der Nadel verhindert.

Bei einigen Exemplaren ist zu beobachten, daß nicht nur die Federspirale, sondern auch die das Bügelende abschließende „Spring-Plate" (so wird dieser Teil von Muscarella bezeichnet) zusammen mit dem Nadelsatz in einem Stück gegossen wurde. Die „Spring-Plate", die sich zwischen Bügelendornament und Spirale befindet, ist in der Regel an den Rändern entlang kanneliert; solche Kanneluren oder Ritzungen sind auch auf den Windungen der Spirale nachzuweisen. Bei den meisten Exemplaren trägt das Loch der Spiralwindung eine massive, gegossene Buckelniete, die auf der Rückseite durch Umbiegen festgehalten wird; bei den Fibeln Nr. 1160 und 1170 ist anzunehmen, daß dieser Schmuck verloren gegangen ist.

Die Deckplatte wurde wahrscheinlich zuerst flach gegossen; die für den Nadelhalter vorgesehene nischenartige Partie kam nach dem Guß durch Umbiegen zustande. Diese Nische ist beidseitig jeweils mit zwei Löchern versehen; zwei kleine Röhrchen, die dem Zweck dienten, die Nadelspitzen entgegenzunehmen, wurden in diese Löcher transversal eingeschoben und auf den Außenseiten der Nische durch Flachhämmern befestigt.

Die Schauseite der Deckplatte ist bei den meisten Exemplaren in rechteckiger Form eingetieft. Dieses Feld ist bei den Fibeln Nr. 1157.1159–1161 mit Gitter- bzw. mit Schraffurmustern oder mit kleinen profilierten Kreisen gefüllt. Die Fibeln aus dem Tumulus von der Baumschule aus Ankara sollen nach H. Z. Koşay mit Pferdezeichnungen verziert gewesen sein;[9] Fibel Nr. 1155 war nicht mehr aufzufinden; Nr. 1167 wies keine derartige Verzierung auf. Nach der Abbildung von Koşay, besser jedoch nach der von E. Akurgal[10] zu urteilen, handelt es sich vielleicht eher um Krusten eines Befestigungsmaterials als um eine Pferdezeichnung. Ähnliche Überreste sind bei den Exemplaren aus dem Tumulus MM von Gordion nicht zu beobachten (weil sie jetzt gereinigt sind?); die Fibeln Nr. 1154, 1156, 1158, 1164, 1167

---

[6] Ebd. Nr. 1615; G. Kopcke, Athen. Mitt. 83, 1968, 294 Nr. 126 Taf. 127,2.

[7] Diese Ornamente sind auf der Rückseite des Bügels flach und nicht wie die Schauseite modelliert.

[8] An dieser Stelle möchte ich mich bei Herrn Dr. Egg (RGZM./Mainz) herzlich bedanken, der die Röntgenaufnahmen von dieser Fibel und von dem Griffbügel Nr. 14 möglich machte.

[9] H. Z. Koşay, TTAED 1, 1933, 15 Nr. 10 m. Abb.

[10] Akurgal, Phrygische Kunst Taf. 60, b.

und 1168 weisen zwar eine Deckplatte mit entsprechender Vertiefung auf, die jedoch blank ist bzw. keine durch Guß entstandene Ornamente zeigt. Es ist nicht auszuschließen, daß diese Stellen dafür vorgesehen waren, einen Belag aus vergänglichem (oder wertvollem?) Material einzubetten, der die Deckplatte schmückte.

Anders verziert ist die Deckplatte der Fibeln Nr. 1162, 1163, 1165, 1169 und 1170, die nicht eingetieft ist; sie wird verziert durch symmetrische Reihen von kleinen, „massiv" gegossenen Buckelnägeln, die auf der Rückseite der Deckplatte durch Hämmern und Feilen angenietet sind. Zu beobachten ist weiterhin bei den Fibeln Nr. 1163, 1165, 1169 und 1170 eine Reihe von Löchern; ob diese einmal mit einem Material gefüllt waren, bleibt dahingestellt. Zu erwähnen ist noch, daß bei den letztgenannten Fibeln die unteren und oberen Längsseiten der Deckplatte etwa in der Mitte eingeschnitten sind.

Zwei dem Typ J I entsprechende Exemplare lieferte der Tumulus MM. Die Nr. 1168, die in Boğazköy in einem Pithos mit Brandbestattung lag, ist mit dem Exemplar Nr. 1167 aus dem Tumulus der Baumschule in Ankara formgleich; zweifellos sind sie Produkte ein und derselben Werkstatt.

Von großer chronologischer Bedeutung ist die Fibel Nr. 1170, die in der Grabkammer vom Tumulus MM in Textilien gefunden wurde. Die hohlen Halbkugeln des Bügels sowie diejenigen auf den drei Seiten der mittleren Querstege (Bügelende) sind durch Löten auf den Stiften befestigt.

Alle bis jetzt aufgezählten und hervorragend hergestellten Fibeln sind bei genauester Beobachtung in ihrer Bearbeitungsweise voneinander kaum zu unterscheiden; es ist nicht daran zu zweifeln, daß, abgesehen von den Fibeln Nr. 1171 und 1171 A, alle – einschließlich der Exemplare aus Samos und Thasos – aus *einer* Werkstatt stammen, die in Gordion zu suchen ist.

Zwei Fibeln vom Typ S I verdienen besondere Aufmerksamkeit: Die Nr. 1171 befindet sich im Museum in Istanbul, ihr Fundort ist unbekannt; die Nr. 1171 A wurde laut Inventarbüchern des Römisch-Germanischen Zentralmuseums Mainz in Antalya gefunden. Die enge Verwandtschaft dieser beiden mit den Fibeln der Variante A III,2 (Vergleiche auch Nr. 419–421) ist unverkennbar: Typisch sind die kurzgeratenen Bügel, überbreite und -lange ritzverzierte Bügelendornamente, vor allem aber, was ausschlaggebend ist, eine zu einer dreieckigen Form tendierende Bügelgestaltung. Es ist kein Zufall, daß die Exemplare A III,2 und Nr. 419–421 in den Museen zu Antalya und Burdur zu finden sind. Es handelt sich offensichtlich um eine Variante, der als Vorbild phrygische Prachtstücke aus Gordion dienten, und die sehr wahrscheinlich in Nord- bzw. Nordostlykien beheimatet ist und auf eine lokale Werkstatt zurückgeht.

Die Herstellungstechnik bzw. die Zusammensetzung der einzelnen Teile des Exemplares Nr. 1171 A entspricht, wie aus der detaillierten Abbildung zu erkennen ist, der Machart der Fibeln aus dem Tumulus MM von Gordion; die auf den Nadelhaltern vorkommenden Buckelnägel sind bei Nr. 1171 A mit gepunzten Würfelaugen angedeutet. Das Stück ist ohne weiteres in das letzte Viertel des 8. Jh. v. Chr. zu datieren. Vermutlich haben wir es somit in dieser Zeit mit in diesem Gebiet ansässigen kleinen Fürsten zu tun, die die Herrscher von Gordion zum Vorbild nehmen; im übrigen finden wir in diesem Gebiet die gleichen Grabformen wie in Gordion, also Tumuli, vor (vgl. in diesem Zusammenhang von M. Mellink ausgegrabene Tumuli von Karaburun/Elmalı).

Die von Muscarella offen gelassene Frage,[11] ob die die Deckplatte festhaltende Rast der Fibeln vom Tumulus MM mit einer runden Öffnung versehen war, kann bejaht werden. Entsprechende Öffnungen sind auch bei den in Boğazköy gefundenen Exemplaren Nr. 1157, 1158 und 1172 und auch bei dem Exemplar aus Antalya (Nr. 1171 A) vorhanden. Offensichtlich trugen alle diese Fibeln eine Quaste oder ei-

---

[11] Muscarella, Journ. Near East. Stud. 30, 1971, 54f. Anm. 9.

Phrygische bzw. anatolische Fibeln Gruppe S 171

nen Schmuck aus vergänglichem oder wertvollem Material, wie die von Muscarella veröffentlichte goldene Fibel (Nr. 1166).[12] Weitere Beweise liefern die Nr. 1159, 1165 und 1169: Auf der Rückseite ihrer Deckplatte ist eine kleine Attache zu finden, die mit den Buckelnägeln der Deckplatte vernietet ist.[13] Die Funktion dieser Attache ist klar, sie kann nur dazu gedient haben, das Ende der Quaste entgegenzunehmen und sie festzuhalten. Die Attache war unmittelbar hinter der eingeschnittenen Stelle der Deckplatte angebracht, in die die Rast eingesteckt wurde. Es ist darauf hinzuweisen, daß eine Fibel der Variante A I,2, jedoch ohne Doppelnadel (Nr. 207), mit einer Kette erhalten ist, die uns bestätigt, daß es bei den Phrygiern üblich war, Fibeln mit herabhängendem Schmuck zu tragen.

Damit sind wir bei der goldenen Fibel Nr. 1166, die von Muscarella unter dem Titel „Phrygian or Lydian"? behandelt wurde.[14]

Verständlicherweise begeistert von diesem Prachtstück, beschreibt Muscarella in allen Einzelheiten dieses hervorragend hergestellte Stück aus Gold. Es wird hier darauf verzichtet, Muscarella zu zitieren; wichtig wäre, kurz zu erwähnen, daß die Fibel aus mehr als 236 sehr sorgfältig gearbeiteten goldenen Teilen besteht.[15] Der Bügel ist hohl; die einzelnen Teile sind ineinander gesteckt oder miteinander verlötet. Diese Fibel stammt angeblich aus Anatolien, ein genauer Fundort ist nicht bekannt. Obwohl Muscarella in seinem Aufsatz „Phrygisch oder Lydisch?" vor den Gefahren bei der Behandlung der Stücke aus dem Kunsthandel warnt,[16] hält er das Stück für lydisch und datiert es ins 6. Jh. v. Chr.[17]

Alle in Sardis gefundenen Fibeln sind hier abgebildet. Die dürftige Anzahl von Fibelfunden aus dieser Stadt – bis jetzt etwa fünf Exemplare – spricht dafür, daß man kaum von einem klaren lydischen Fibeltyp sprechen kann.

Zu seiner Annahme kommt Muscarella, indem er technische Einzelheiten dieser goldenen Fibel mit anderen Goldfunden aus der Westtürkei vergleicht. Zweifellos setzt Gold eine andere Bearbeitungsweise als Bronze oder Messing voraus; typologisch entspricht die goldene Fibel eindeutig den bis jetzt beschriebenen Exemplaren aus dem Tumulus MM von Gordion. Es ist darauf hinzuweisen, daß bei Nr. 1162 aus Tumulus MM die Auswüchse des Nadelhalters genauso wie bei der Fibel aus Gold mit einem kleinen Buckelnagel ausgestattet sind; dieses Merkmal wurde von Muscarella wahrscheinlich übersehen. Wir betrachten den Versuch Muscarellas, die Goldfibel als lydisch einzustufen,[18] mit Vorbehalt (als Herkunftsort dieses Stückes könnte genauso das durch literarische Quellen bezeugte Land Tabal in Frage kommen).

Tatsache ist, daß in Gordion bis jetzt die Anzahl der bis zur Zerstörung gefundenen Gegenstände aus Gold sehr gering ist. Es ist nicht zu übersehen, daß z. B. viele Fibeln (auch Gefäße) aus dem Großen Tumulus von Ankara, die in dem Museum der dortigen Universität ausgestellt sind, nach ihrer Reinigung farblich so aussehen, daß sie beim Betrachten kaum von echtem Gold zu unterscheiden sind.[19] Es ist wohl anzunehmen, daß Fibeln nicht im beschlagenem Zustand, sondern glänzend poliert getragen wurden.

Fibeln mit Doppelnadel und Deckplatte wurden von hohen Würdenträgern wie Fürsten oder Königen getragen. Es ist denkbar, daß diese Prachtfibel für einen großen König (wie Midas?) hergestellt worden war. Daß der Tumulus MM von Gordion das Grab des legendären „Goldkönigs" Midas beherbergte, ist nicht gesichert.

---

[12] Ebd.
[13] Auch bei Muscarellas Zeichnung deutlich zu erkennen: Phrygian Fibulae Taf. 9,48; 12,63.
[14] Muscarella, Journ. Near East. Stud. 30, 1971, 49 ff.
[15] Ebd. 50 ff.
[16] Ebd. 57.
[17] Ebd. 56.
[18] Es wird von Muscarella darauf hingewiesen, daß z. B. gedrehte Golddrahtketten über eine relativ lange Zeit (vom 2. Jts. bis in die römische Zeit) hergestellt wurden: ebd. 54 f.
[19] Vgl. in diesem Zusammenhang: Muscarella, Phrygian Fibulae 9 Anm. 6.

172   *Der Fundstoff*

Das Problem, ob in dem Tumulus MM von Gordion Midas (und welcher?) oder Gordios begraben war, wurde bereits vom Ausgräber R. S. Young, von E. Akurgal, von Muscarella, von A. M. Snodgrass und von M. Mellink[20] breit diskutiert. Tatsache ist, daß in diesem Grab eine hohe, wichtige Persönlichkeit bestattet wurde. R. M. Boehmer vertritt die berechtigte Meinung, daß Fibeln mit Doppelnadel und einer diese deckenden Zierschiene von Fürsten getragen wurden[21], und „daß sie in einer bestimmten Zeit ein Zeichen fürstlicher Würde waren". Er geht in seiner Annahme sogar weiter und betrachtet die Fibel aus dem Heraion von Samos als ein Weihegeschenk vom Inhaber des Tumulus MM oder des Midas selbst.[22]

Die Fibeln des Tumulus MM lagen auf dem Boden der Grabkammer[23] und wie Nr. 1170 in Textilien in der Nordostecke.

1154. Gordion/Polatlı, Bez. Ankara. – Tumulus MM, floor. – Fibel; intakt; L. 6,9 cm, Auswuchs abgebrochen; Bügel-Br. 0,7 cm (*Phototaf. A; Taf. 64, 1154*). – Mus. Ankara (B 895). – Grabung Young, 1957. – Muscarella, Phrygian Fibulae Taf. 4, 18.

1155. Baumschule Ankara. – Tumulus. – Fibel; Größe 6 × 6 cm (*Taf. 64, 1155*; nach Koşay und Akurgal). – Beifunde: Kessel, Omphaloi, Schöpfkelle, Siebkanne, Fibel (Nr. 1167). – Verbleib unbekannt. – Grabung Koşay, 1932. – H. Z. Koşay, TTAED 1, 1933, 15 Abb. 10; Akurgal, Phrygische Kunst Taf. 60, b.

1156. Gordion/Polatlı, Bez. Ankara. – Tumulus MM, floor. – Fibel; intakt; L. 6,8 cm; Bügel-Br. 0,67 cm (*Taf. 64, 1156*). – Mus. Ankara (B 897). – Grabung Young, 1957. – Muscarella, Phrygian Fibulae Taf. 3, 16.17.

1157. Boğazköy, Bez. Çorum. – USt. Tempel I, Magazin 48/NW, aus Schutterde 60 cm über dem hethitischen Niveau. – Nicht schichtbestimmt. – Fibel; L. 7,35 cm, Querschnitt des Bügels (Mitte) 0,75 × 0,72 cm (*Taf. 64, 1157*; nach Boehmer). – Mus. Ankara (1417/z). – Boğazköy IV 34 Taf. 20, b2; Boehmer, Kleinfunde Taf. 5, 83 a–f.

1158. Boğazköy, Bez. Çorum. – USt. J/19, Tempel I, Suchschnitt II/2 aus phrygischer Störung in hethitischer Schicht; vermutlich aus gestörter phrygischer Bestattung. – Fibel; gewölbte, D-förmige Raste zeigt stehende, winzige Löwen mit auf den Rücken gelegtem, gerolltem Schwanz; L. 5,95 cm; H. 6,0 cm, Querschnitt des Bügels 0,65 × 0,55 cm (*Taf. 64, 1158*; nach Boehmer). – Beifunde: Prunkgürtel. – Mus. Ankara (70/40). – Boehmer, Kleinfunde Taf. 5, 83 A; ders., Kleinfunde Unterstadt Taf. 3, 83 A, a–m.

1159. Gordion/Polatlı, Bez. Ankara. – Tumulus MM, floor. – Fibel; intakt; L. 6,6 cm; Bügel-Br. 0,7 cm (*Phototaf. A; Taf. 65, 1159*). – Mus. Ankara (B 896). – Grabung Young, 1957. – Muscarella, Phrygian Fibulae Taf. 4, 21.

1160. Gordion/Polatlı, Bez. Ankara. – Tumulus MM, floor. – Fibel; L. 6,5 cm; Bügel-Br. 0,75 cm (*Phototaf. A; Taf. 65, 1160*). – Mus. Ankara (B 898). – Grabung Young, 1957. – Unpubliziert.

1161. Gordion/Polatlı, Bez. Ankara. – Tumulus MM, floor. – Fibel; intakt, L. 7,6 cm, Bügel-Br. 0,7 cm (*Phototaf. A; Taf. 65, 1161*). – Mus. Ankara (B 820). – Grabung Young, 1957. – Muscarella, Phrygian Fibulae Taf. 4, 20; ders., Journ. Near East. Stud. 30, 1971, 55 Taf. 3, 7.

1162. Gordion/Polatlı, Bez. Ankara. – Tumulus MM, floor. – Fibel; Auswuchs mit Buckelnagel; L. 6,5 cm; Bügel-Br. 0,7 cm (*Phototaf. A; Taf. 65, 1162*). – Mus. Ankara (B 899). – Grabung Young, 1957. – Muscarella, Phrygian Fibulae Taf. 4, 19; R. S. Young, Arch. 11, 1958, 230 Abb. links.

1163. Gordion/Polatlı, Bez. Ankara. – Tumulus MM, floor. – Fibel; intakt; L. 6,5 cm; Bügel-Br. 0,85 cm (*Phototaf. A; Taf. 65, 1163*). – Mus. Ankara (B 821). – Grabung Young, 1957. – Muscarella, Phrygian Fibulae Taf. 4, 22.

1164. Gordion/Polatlı, Bez. Ankara. – Tumulus MM, floor. – Fibel; intakt; L. 6,5 cm; Dm. Mitte (Scheibe) 1,1 cm (*Phototaf. B; Taf. 66, 1164*). – Mus. Ankara (B 822). – Grabung Young, 1957. – Muscarella, Phrygian Fibulae Taf. 12, 65.

1165. Gordion/Polatlı, Bez. Ankara. – Tumulus MM, floor. – Fibel; intakt; L. 6,7 cm; Dm. Mitte 1,2 cm (*Phototaf. B; Taf. 66, 1165*). – Mus. Ankara (B 900). – Grabung Young, 1957. – R. S. Young, Arch. 11, 1958, 230 Abb. rechts; Muscarella, Phrygian Fibulae Taf.

---

[20] R. S. Young, Arch. 11, 1958, 231; E. Akurgal, Anatolia 4, 1959, 117 f.; Muscarella, Phrygian Fibulae 2 ff.; Snodgrass, Dark Age 349 f.; M. Mellink, Mita, Mushki and Phrygians, Anadolu Araştırmaları 2, 1965 317 ff.

[21] Boehmer, Kleinfunde 53; derselbe Verfasser in Arch. Anz. 88, 1973, 152 f.: „... vermutlich sogar als Rangabzeichen zu werten."

[22] Boehmer, Kleinfunde 53 Anm. 354.

[23] Young, AJA. 62, 1958, 152.

12,63; ders., Journ. Near East. Stud. 26, 1967, 82 ff. Taf. 4,4; ebd. 30, 1971, 55 Taf. 3,6; Young, International Congress Taf. 5, 11.12.
1166. Anatolien. – Fibel; Gold, bestehend aus mehr als 236 Teilen. Karat-Test: „Lock-plate": 18 K, the tube/tongue of the double-pin mechanism : 16 K, one of the hollow balls at the end of the chain : 20 K; Gesamthöhe 5,2 cm, Breite 5,5 cm, Doppelnadellänge 3,3 cm. L. der Deckplatte 5,2 cm, L. der Quaste 4 cm (*Taf. 66,1166;* nach Muscarella). – Privatsammlung U.S.A. – O.W. Muscarella, Journ. Near East. Stud. 30, 1971, 51.53 Taf. 1.2.
1167. Baumschule Ankara. – Tumulus. – Vgl. Nr. 1155. – Fibel; in vier Teile zerbrochen; L. ca. 6,5 cm; Dm. Mitte 1,2 cm (*Phototaf. B; Taf. 66,1167*). – Mus. Ankara. – Grabung Koşay, 1932. – H.Z. Koşay, TTAED 1, 1933, 14 Abb. 9.
1168. Boğazköy, Bez. Çorum. – Pithos-Grab 1. – Brandbestattung in Pithos. – Zeit der Schicht Büyükkale II a. – Fibel; durch Feuer verformt. – (*Taf. 66,1168;* nach Boehmer). – Beifunde: Aschenurne, Topf mit Widderköpfen als Henkelappliken. – Mus. Ankara (71/75). – Boehmer, Kleinfunde 65 Abb. 28 b; P. Neve, Türk Ark. Dergisi 20/1, 1973, 143 Abb. 2; ders., Boğazköy V 32 Abb. 17, a – c.
1169. Gordion/Polatlı, Bez. Ankara. – Tumulus MM, floor. – Fibel; in mehrere Teile zerbrochen; L. noch 7,6 cm, Dm. Mitte 1,1 cm (*Taf. 67, 1169*). – Mus. Ankara (B 901). – Grabung Young, 1957. – Muscarella, Phrygian Fibulae Taf. 9, 47.48 (intakter Zustand).
1170. Gordion/Polatlı, Bez. Ankara. – Tumulus MM, in textiles in NE corner. – Fibel; in mehrere Teile zerbrochen; L. ca. 7,0 cm; Bügel-Br. 0,7 cm (*Taf. 67, 1170*). – Mus. Gordion (B 1987). – Grabung Young, 1957. – Unpubliziert.
1171. Fundort unbekannt. – Fibel; Nadelsatz und Spirale stark korrodiert; L. 3,7 cm; Bügel-Br. 0,7 cm (*Taf. 67, 1171*). – Mus. Istanbul (73.366). – Ankauf. – Unpubliziert.
1171 A. Antalya. – Fibel; intakt; grüne Patina; Deckplatte in der Mitte abgebrochen und nur teilweise erhalten; gepunzte Würfelaugen auf dem Nadelhalter; Rückseite des Bügels glatt und ganz gerade (einschalige Gußform), breite Querstege fortlaufend gekerbt; L. 4,3 cm; Querschnitt des Bügels 0,55 × 0,8 cm (*Taf. 67,1171A.*). – Römisch-Germanisches Zentralmuseum Mainz (Nr. 38907). – Ankauf. – Unpubliziert.
1172. Boğazköy, Bez. Çorum. – Nicht schichtbestimmt. – USt. Südareal, Abschnitt 3 Süd, Stratum I. – Doppelnadel einer Fibel; L. noch 4,7 cm (*Taf. 67,1172;* nach Boehmer). – Mus. Ankara (68/122). – Boehmer, Kleinfunde Taf. 8,154.
1173. Boğazköy, Bez. Çorum. – Nicht schichtbestimmt. – USt., Südareal, Suchschnitt I, Stratum I. – Doppelnadel einer Fibel; L. 4,9 cm (*Taf. 67,1173;* nach Boehmer). – Mus. Ankara (69/1031). – Boehmer, Kleinfunde Taf. 8,154 A.
1173 A. s. Nachtrag S. 189 ff.

Datierung und Verbreitung: Elf Exemplare lieferte der Tumulus MM von Gordion; zwei andere wurden aus den Überresten eines Tumulus in der Baumschule von Ankara von H.Z. Koşay geborgen (Taf. 76 B). Von den Exemplaren aus Boğazköy sind die Nr. 1157. 1172 und 1173 nicht schichtbestimmt; die Nr. 1157 wurde aus der Schutterde über dem hethitischen Niveau von Tempel I, die Nr. 1158 aus der phrygischen Störung in hethitischer Schicht zusammen mit Resten eines phrygischen Prunkgürtels geborgen.[24] Die Nr. 1168 wurde im Gegensatz zu den anderen Exemplaren in einem phrygischen Urnengrab mit Resten von Leichenbrand aus der älterphrygischen Periode (Zeit der Schicht Büyükkale II a) gefunden;[25] Boehmer schließt nicht aus, daß es sich hier um eine fürstliche Bestattung handelt.[26]

Die Bügelendornamente (mittlere Querstege) der Fibel Nr. 1170 aus dem Tumulus MM von Gordion waren auf drei Seiten jeweils mit einer hohlen Halbkugel verziert; eine von diesen ist noch intakt erhalten, von den übrigen sind nur noch die kleinen Stifte nachweisbar, auf denen die verlorenen Halbkugeln angelötet waren. Bei genauer Betrachtung der auf dem Felsrelief von İvriz dargestellten Fibel[27] (Taf. C und 67) ist festzustellen, daß dieses Stück ebenfalls auf den Querstegen und seitlich von diesen mit Halbkugeln geschmückt ist. Diese Darstellung und das Vorhandensein des originalen Stückes in Tumulus MM sichern, daß das Grab und das Felsrelief von İvriz im gleichen Zeithorizont stehen.

---

[24] P. Neve, Türk Ark. Dergisi 19/1, 1970, 175 f. Abb. 11, a–d.
[25] Neve, Türk Ark. Dergisi 20/1, 1973, 130, Abb. 2.
[26] Boehmer, Kleinfunde 65.
[27] Bittel, Hethiter Abb. 328.

Wie aus einer beigefügten Inschrift hervorgeht[28] ist auf dem Felsrelief von İvriz ein König mit Namen Warpalawas, ein König von Tyana, dargestellt.

Akurgal datiert das Relief um 730 v. Chr.;[29] Boehmer hält eine Datierung vor 730 v. Chr. für ausgeschlossen. Dieser König von Tyana ist in den Annalen von Tiglatpilesar III. (745–727 v. Chr.) erwähnt.[29a] Wann genau das Flachbild von İvriz hergestellt wurde, ist nicht sicher. J. N. Postgat datiert eine Keilschrift in das Jahr 709 v. Chr. und nimmt mit Sicherheit an, daß der in diesem Text genannte Urballa – so die Schreibung – der König von Tyana und der Zeitgenosse Midas ist.[30]

Ein weiterer wichtiger Anhaltspunkt für die Zeitstellung des Tumulus MM ist die Löwenkopfsitula, die in diesem Grab gefunden wurde. Entsprechende Situlen mit Löwenköpfen sind auf dem Relief des Palastes von Sargon II. dargestellt. Die Beziehung zwischen diesem Relief und dem Tumulus MM wurde vom Ausgräber Young diskutiert;[31] demnach datiert er den Tumulus MM zwischen 730–700 v. Chr. Dagegen wird eine jüngere Datierung von Akurgal und Snodgrass[32] zwischen 685–680 v. Chr. angenommen. Muscarella setzt den Tumulus MM vor 718 v. Chr. an und datiert „about 725 or little earlier".[33] Die Fibeln des Typs S I sind folglich mit Sicherheit vor dem Ende des 8. Jh. v. Chr. hergestellt und in Gebrauch gewesen. Sie sind in das letzte Viertel des 8. Jh. v. Chr. anzusetzen.

Verbreitung: s. S. 168.

TYP S II

Fibeln mit Doppelnadel und starrer Deckplatte.

Bei der Fibel Nr. 1174 trägt der rundstabige Bügel in der Mitte kein Ornament; er wird an seinen beiden Enden jeweils mit einem Kubus abgeschlossen, der beidseitig von drei Scheiben begleitet wird. Auf der Schauseite sind die Kuben mit gepunzten, doppelten Würfelaugen verziert. Die federlose, bewegliche, gabelförmige Doppelnadel wird von einer zusammen mit dem Bügel gegossenen Platte verdeckt. Zur Aufnahme der Doppelnadelspitzen dienen zwei „U"-förmige, scharfe Haken, die auf der Rückseite der Deckplatte vertikal angebracht sind. Die Fibel wurde in einem Steinkistengrab bei Iné gefunden.

Das zweite Exemplar, das irrtümlicherweise von D. G. Hogarth als „Handles" bezeichnet wurde,[34] stammt aus Ephesos (Nr. 1175). Das Ornament der Bügelmitte entspricht den Ornamenten der Bügelenden, wo ein abgerundeter Wulst beidseitig von kannelierten Scheiben begleitet wird. Die Deckplatte sowie die gabelförmige Doppelnadel sind abgebrochen, die getrennt hergestellt und mit den aus den beiden Bügelenden herausgewachsenen Leisten mit Hilfe von Stiften beidseitig vernietet waren.

Der Fundort des dritten Exemplars (Nr. 1175 A) ist leider nicht bekannt. Laut Katalogbeschreibung[35] endet der Bügel von rundem Querschnitt beidseitig nach einem dreifachen Profil in stilisierten Tierköpfen. Die Tiere mit gekerbten Brauenbögen und eingravierten Augen halten im geöffneten Maul einen breiten Blechstreifen, durch den die beiden Fibelarme verbunden werden. Dieser Steg ist auf der einen Seite rechtwinklig abgeknickt, und daran ist mit einem Niet ein Scharnier mit doppelter Nadel befestigt. Auf der durch einen kleinen Blechstreifen verstärkten Gegenseite sitzt die aus einem Blechstreifen gebogene Nadelrast. Die Längskanten der Steg-Vorderseite sind mit starkem, gerippten Runddraht verziert.

---

[28] H. Th. Bossert, Mitt. Altorient. Ges. 1932, 26 ff.; Laroche, Hiéroglyphes I Nr. 175.334.439.

[29] Akurgal, Orient und Okzident (1966) 126.134.

[29a] Boehmer, Kleinfunde 47 und unter Anm. 277–278 angegebene Literatur.

[30] Postgate, Iraq 35, 1973, 33 ff.

[31] Young, Arch. 11, 1958, 227 ff.

[32] Snodgrass a. a. O. 350 f.

[33] Muscarella, Phrygian Fibulae 2 f.

[34] Ephesos 151 f.

[35] Antiker Schmuck 65 Nr. 162.

Einzelstücke bzw. nicht näher identifizierbare Fibeln

1174. Iné, Köprübaşı, Bez. Çanakkale. – Steinkistengrab. – Fibel; eine Nadel abgebrochen; L. 5,5 cm *(Taf. 68,1174;* nach Przeworski). – Verbleib unbekannt. – Virchow, Gräberfeld Abb. 12,13; Blinkenberg, Fibules Abb. 246; Przeworski, Metallindustrie Taf. 8,1 a.b.
1175. Ephesos, Bez. İzmir. – Artemision, „Primitiv deposit under D foundations, area at the W end. – Fibel; Deckplatte jetzt abgebrochen, Doppelnadel sichtbar; L. 4,7 cm; Dm.Mitte 0,9 cm *(Taf. 68,1175).* – Brit. Mus. London (1907-12-1-332). – Grabung Hogarth. – Ephesos Taf. 19,3.
1175 A. Fundort unbekannt. – Leihgabe zur Sonderausstellung, Kassel, 1980. – Fibel; Nadelspitze fehlt; L. 6,5 cm; Gew. 107 g *(Taf. 68,1175 A;* nach Antiker Schmuck). – Privatsammlung Deutschland. – Antiker Schmuck Taf. 31,162.

Datierung und Verbreitung: Wie bereits oben erwähnt, wurden Fibeln dieser Art von O. W. Muscarella als Nachahmungen von Fibeln des Typs S I und als nichtphrygisch bezeichnet.[36]

Die Nr. 1174 und 1175 stammen von der kleinasiatischen Westküste. Bis jetzt einmalig sind die Bügelenden mit stilisierten Tierköpfen der Fibel Nr. 1175 A. Weitere Fibeln, deren Bügel beidseitig mit stilisierten Tierköpfen abgeschlossen sind, wurden im Nordkaukasus in Chegema[37] und in Ziwiye[38] gefunden.

Es ist nicht vertretbar, den Typ S II früher als den Typ S I anzusetzen, wenn wir den Typ S II als Kopie von S I betrachten.

Irrtümlicherweise wurden bis jetzt Fibeln des Typs S II mit den Fibeln aus Olympia und aus Alişar verglichen und als dem gleichen Typ zugehörig bezeichnet.[39] Die Exemplare aus Olympia und aus Alişar gehören unserer Variante A IV,2, da der die beiden Bügelenden verbindende Steg nicht die Funktion hat, eine Doppelnadel abzudecken. Außerdem ist eine Doppelnadel bei den Exemplaren aus Olympia nicht nachweisbar. Dagegen ist dem Typ S II zugehörig die von U. Jantzen publizierte Fibel,[40] deren Deckplatte abgebrochen und deren Nadel nicht erhalten ist, weiterhin die Fibel aus dem Argivischen Heraion,[41] die dem Exemplar aus Ephesos (Nr. 1175) sehr nahe steht (spätes 8. Jh. v. Chr./7. Jh. v. Chr.) und vielleicht noch eine Fibel aus Samos.[42]

Boardman vermutet wie Hogarth, daß das Exemplar aus Ephesos eine Gürtelschnalle sein könnte.[43] Er zählt diese Fibel sowie die „Gürtelschnallen" (Griffbügel) aus dem Artemision von Ephesos[44] zu seinen Typen A (Datierung: HS Period II) und C („seventh-century contexts").

Allgemeine Datierung: Spätes 8. Jh. v. Chr. – 7. Jh. v. Chr.

EINZELSTÜCKE BZW. NICHT NÄHER IDENTIFIZIERBARE FIBELN

1176. Gordion/Polatlı, Bez. Ankara – Zerstörungsschicht vom City Mound. – Großformatige Fibel; flacher und breiter Bügel von rechteckigem Querschnitt. Die Querstege des erhaltenen Bügelendes sind wahrscheinlich mit drei (pro Steg) Buckeln verziert; in Bügelmitte ein etwa rechteckiges, über die Bügelhöhe hinausgehendes Ornament (?); erh. L. ca. 8,8 cm *(Taf. 68, 1176).* – Mus. Gordion (B 1971). – Unpubliziert.
1177. Fundort unbekannt. – „Scharnierfibel" (diese Bezeichnung hat nichts gemeinsam mit den Scharnierfibeln aus urartäischen Gebieten); Silber; Bügel mit sieben Buckeln verziert, je einer davon ist an den Bügelenden erhalten; abgesehen von diesen und dem transversalen Stift, der die nach unten und oben bewegbare Nadel an das Bügelende bindet, ist die Fibel mit der Nadel zusammen aus drei Teilen hergestellt; L. 3,7 cm, Bügel-Br. 0,4 cm *(Taf. 68,1177).* – Mus. Manisa (2133). – Unpubliziert.

---

[36] Muscarella, Journ. Near East. Stud. 30, 1971, 52 ff.; vgl. auch Jantzen, Phrygische Fibeln 40.
[37] Muscarella, A Fibula from Hasanlu. AJA. 69/2, 1965 Taf. 58,8 Nr. 21.
[38] Western Asiatic Jewellery 208 f. Abb. 169.
[39] Muscarella, Journ. Near East. Stud. 30, 1971, 52.
[40] Jantzen, Phrygische Fibeln 39 f.
[41] Argive Heraeum II Taf. 87,905.
[42] Jantzen, Phrygische Fibeln Taf. 11,1–3; Sapouna-Sakellarakis a. a. O. Nr. 1630.
[43] Boardman, Chios 216.
[44] Ephesos Taf. 19,1–2; hier Nr. G12.G17.

1178. Gordion/Polatlı, Bez. Ankara. – Tumulus E, Füllung (7. Jh. v. Chr.?). – Fibel; Doppelnadel abgebrochen, nur noch Spitze erhalten, L. 6,5 cm (*Taf. 68, 1178*). – Mus. Gordion (B 440). – Muscarella, Phrygian Fibulae Taf. 18, 93.
1178 A. Gordion/Polatlı, Bez. Ankara. – Auf dem Feld gefunden. – Fibel, der Nr. 1178 verwandt; L. ca. 4,6 cm. – Mus. Gordion (B 580). – Muscarella, Phrygian Fibulae Taf. 19, 101 Appendix D 84.
1179. Gordion/Polatlı, Bez. Ankara. – CM, M. 4 terrace, W. extension, stony fill below terrace floor. – Fibel; Fragment von Nadelhalterseite; erhaltener Teil des Bügels von rundem Querschnitt; langgezogener Nadelhalter mit kurzen Auswüchsen; H. ca. 2,3 cm. – (*Taf. 68, 1179*; nach Photo). – Mus. Ankara? (B 1596). – Grabung 1965. – Unpubliziert. –
1179 A. Bayraklı, Bez. İzmir. – Fibel; Bügel in rechteckiger Form, entspricht der im gleichen Ort gefundenen Gußform (Muscarella, Phrygian Fibulae Taf. 16, 83). (*Taf. 68, 1179 A*, nach Skizze H. Müller-Karpe). – Ohne Maßstab. – Grabung E. Akurgal. – Unpubliziert.

FIBELN AUSSERHALB DES ARBEITSGEBIETES

Zwei phrygische Fibeln (Variante „A II, 1" und H II,6) wurden auf Rhodos in Kamiros gefunden. Da bereits eine Untersuchung über die Fibeln der griechischen Inseln erschienen ist[45], und diese beiden Fibeln dort nicht publiziert worden sind, werden sie hier als Ergänzung zum Fundmaterial dieses Gebietes bekannt gemacht. Beide Exemplare stammen u.a. aus den Grabungen von Salzmann und Biliotti, die diese auf der Akropolis und in den Nekropolen von Kamiros in den Jahren 1859 bis 1864 unternommen haben. Die Ausgräber hinterließen keinen ausführlichen Bericht über ihre Grabungen. Eine Zusammenfassung über diese Grabungstätigkeiten wurde nachträglich von R. A. Higgins unternommen.[46]

Die Fibel a scheint in einem Grab der sog. Papatislures-Nekropole[47] gefunden worden zu sein.

Unter den übrigen, unpublizierten Fibelfunden aus diesen Grabungen sind die rhodischen Fibeln mit Wasservogel auf dem Bügel[48] vorherrschend. Alle diese Fibeln werden im Britischen Museum aufbewahrt.

Die phrygischen Fibeln stammen wahrscheinlich aus dem letzten Viertel des 8. Jh. v. Chr.

a. Kamiros, Rhodos. – Wahrscheinlich Grab P 1. – Fibel; eingesetzte Nadel fehlt, Befestigung auf der Rückseite mit einem Stift; L. 7,7 cm; Dm. Mitte (Wulst) 1,15 cm (*Taf. 80, a*). – Brit. Mus. London (1864-10-7-409). – Grabung Salzmann und Biliotti. – Unpubliziert.
b. Kamiros, Rhodos. – Fibel; eingesetzte Nadel fehlt; L. 9,3 cm; Dm. Bügel 0,6 cm (*Taf. 80, b*). – Brit. Mus. London (1864-10-7-424). – Grabung Salzmann und Biliotti. – Unpubliziert.

FIBELN VOM ZYPRISCHEN UND ÖSTLICHEN TYP

C. Blinkenberg faßte unter Typ XIII die Fibeln, die in überwiegender Zahl in Zypern und in den nahöstlichen Ländern gefunden wurden, unter der Bezeichnung „Types chypriotes" zusammen. Er vermutete Zypern als Ausgangspunkt verschiedener Typen.

Als nächster definierte E. Gjerstad die zyprischen Fibeln, die während der schwedischen Ausgrabungen in Zypern bekannt wurden.[1]

---

[45] Sapouna-Sakellarakis a.a.O.
[46] Higgins, Brit. Mus. Cat. of the Terracottas in the Department of Greek and Roman Antiquities I 21 ff.
[47] Ebd. 24.
[48] Vgl. Sapouna-Sakellarakis 97 ff. (Typ VIIb) Taf. 38–40.

[1] Gjerstad, Cyprus Expedition IV/2, 382 ff.

D. Stronach trennte in seiner Studie über die Entwicklung von Fibeln in Nahost[2] die Fibeln des Nahen Ostens von den zyprischen Fibeltypen.

Zuletzt beschäftigte sich J. Birmingham mit der Entwicklung der Fibeln in Zypern und mit ihrer chronologischen Stellung,[3] indem sie die Studien von Gjerstad und Stronach zugrundelegte.

Ein Fibelfund aus Hasanlu veranlaßte O. W. Muscarella, einen Diskurs über zweiteilige Scharnierfibeln (hinged Fibulae) und über ihr Vorkommen im Kaukasus und Iran zu schreiben.[4]

In seiner Studie über die Metallindustrie von Anatolien beschäftigte sich S. Przeworski u. a. auch mit den Fibelfunden aus Alişar.[5] Er sprach einige „Kniefibeln" von diesem Fundort als Importstücke aus Syrien oder Zypern an; andere bezeichnete er als lokal hergestellte Produkte und betrachtete sie als zeitlich jüngere Exemplare, da nach Przeworski die lokale Herstellung der „zyprischen" Fibeln erst später im Kızılırmakbecken bzw. in Alişar einsetzte.

Bis jetzt fehlen jedoch systematische Untersuchungen über Fibeln aus den nordsyrischen bzw. südostanatolischen Gebieten, in denen z. B. regionale Merkmale und Werkstattkreise geklärt und gründlich definiert werden.

Trotz oben erwähnter Veröffentlichungen bleiben viele typologische und chronologische Fragen offen.

Ebenfalls unpubliziert bleiben zahlreiche Fibeln aus der Ost-Türkei und urartäische Fibeln.[6]

Die in diesem Abschnitt vorgelegten Fibeln aus dem untersuchten Gebiet der Türkei, stammen aus Gordion, aus der Umgebung von Ankara,[7] aus Boğazköy und hauptsächlich aus Alişar.

Die in Alişar während der von E. F. Schmidt und H. H. von der Osten durchgeführten Grabungskampagnen von 1927 bis 1932 gefundenen Fibeln waren leider dem Verfasser nicht zugänglich. Infolgedessen wird hier das aus Publikationen bekannte Material zugrundegelegt. In Betracht gezogen werden die Fibeln, die nach den publizierten Photos und nach der Kurzbeschreibung des Ausgräbers mit einiger Sicherheit typologisch faßbar sind.

In seiner Monographie über die phrygischen Fibeln aus Gordion betrachtet Muscarella die Fibeln aus Alişar als undatierte Exemplare. Er glaubt, daß von der Osten nicht alle Fibeln – besonders die phrygischen – publiziert hat.[8]

Wie weiter unten festgestellt werden kann, werden in Alişar Fibeln von nahöstlichen bzw. zyprischen Mustern sowohl hergestellt als auch importiert. Wenn wir die bis jetzt von R. M. Boehmer publizierten Fibeln aus Boğazköy betrachten, ist festzustellen, daß die große Zahl der dort gefundenen Exemplare von phrygischer Form ist. Überraschenderweise fehlen in Boğazköy die meisten östlichen Fibeltypen, die in Alişar vorkommen.

In einer Untersuchung über die Eisenzeit in Kültepe[9] und seine Umgebung vertritt T. Özgüç die Meinung, daß in einem Gebiet, in dem kein phrygisches Volk gelebt hat, sondern ein Volk, das eine andere Sprache und eine Hieroglyphenschrift benutzt hat, die vorkommende Keramik nicht als phrygisch bezeichnet werden darf oder kann. Er weist u. a. auf die von M. Mellink[10] geäußerte Meinung hin, daß die in den Städten innerhalb des Halysbogens (Alişar, Boğazköy) und im Süd-Südosten (Kültepe, Arslantepe) auftretende Keramik unterschiedliche, im phrygischen Kernland wenig vorkommende Motive aufweist.

---

[2] Stronach, Fibula in the Near East 181 ff.
[3] Birmingham, PEQ. 95, 1963, 80 ff.
[4] Muscarella, AJA. 69, 1965, 233 ff.
[5] Przeworski, Metallindustrie 68 ff.
[6] Manuskript von B. Öğün über urartäische Fibeln liegt inzwischen vor.
[7] Während des Bahnhofsbaus von Ankara wurden einige Kniefibeln entdeckt, die im Museum von Ankara aufbewahrt und dem Verfasser nicht zugänglich waren.
[8] Muscarella, Phrygian Fibulae 29 Anm. 8.
[9] Özgüç, Demir Devri 71 f.
[10] Mellink, AJA. 58, 1954, 168 f.

Ebenfalls erwähnt Özgüç unter Punkt 4, daß zwar die in den Gordion-Tumuli, sowie die östlich des Halysbogen vorkommenden Keramikformen in der Regel gemeinsame Merkmale aufweisen, jedoch fehlen die in einigen Gordion-Tumuli aufgetretenen bemalten, reichverzierten Keramikformen, wie z. B. Kannen mit langen Tüllen, reicher Verzierung des Henkels etc..

Wie wir weiter unten sehen werden, sind Scharnierfibeln (hinged Fibulae), die Urartu zuzuschreiben sind, in Alişar und Boğazköy (nur wenige Exemplare) gefunden worden, dagegen ist keine einzige Scharnierfibel aus Gordion bekannt.

Wenn wir alle von Özgüç aufgezählten sechs Faktoren – Bestattungssitte, Architektur, usw. – mitberücksichtigen, scheint es kein Zufall zu sein, daß phrygische Fibeln von Alişar an ostwärts selten sind bzw. dort wenig Zugang gefunden haben. Die aus Maşat[11] und Kültepe[12] gemeldeten phrygischen Fibeln wären somit als Importe zu betrachten. Wie wir aus dem unten vorgelegten Material klar erkennen können, gab es sogar in einer bestimmten Zeit Exporte von Alişar-Fibeln nach Gordion.

Wir glauben, daß von der Osten vielleicht nicht alle Fibeln abgebildet, aber eine Auswahl von jedem abweichenden Typ publiziert hat.

Auf alle Fälle hat es in Alişar Werkstätten gegeben, die Fibeln nach eigener Art herstellten; wie schon oben erwähnt, hat Przeworski mit Recht auf die lokale Herstellung von Fibeln in Alişar hingewiesen.

Über die zeitliche Einordnung der nachhethitischen Schichten von Alişar wurden in der Forschung verschiedene Meinungen vertreten.[13]

Die Angaben des Ausgräbers müssen in vielen Fällen kritisch betrachtet werden; Störungen der Schichten sind nicht auszuschließen. Außerdem scheint hier, wie es in Gordion der Fall ist, die Erde der vom Ausgräber als Hellenistisch-Römisch bezeichneten Periode stark in Bewegung geraten zu sein. Daher muß immer mit der Möglichkeit gerechnet werden, daß die Fibeln älter sein können als die Schicht, in der sie gefunden worden sind.

Trotzdem wird hier für die Fibelfunde von Alişar die Tabelle[14] von von der Osten benutzt. Nach dieser Tabelle wurden in Alişar mindestens 91 Fibeln gefunden. Obwohl sie zu verschiedenen Typen gehören, wurden viele Fibeln oft von von der Osten zu einem einzigen Typ zusammengefaßt; daher bleibt wie z. B. bei Typ III a und b nach von der Osten die genaue Anzahl der Exemplare der vorgestellten Gattung unzugänglich.

TYP I (von der Osten III c)

Asymmetrische Bogenfibel von rundem Querschnitt. Der Bügel ist auf beiden Seiten mit je einem Knoten versehen; ein dritter Knoten trennt den Bügelschaft vom Nadelhalter.

Das von von der Osten als Typ III c bezeichnete Exemplar gehört zu Typ 2 c nach Gjerstad, der diesen für eine späte Entwicklung seiner zyprischen Variante 2 a und b hält.[15]

Das Vorkommen in Zincirli und Alişar wertet Birmingham[16] als Hinweis auf Beziehungen zwischen dem anatolischen Plateau und Nordsyrien. Wegen ihres Vorkommens in den in das 9. Jh. datierbaren Gräbern von Amathus und Kourion in Zypern nimmt sie eine gleiche Datierung für das Stück aus Alişar an.

Stronach hält einige entwickelte Formen der asymmetrischen Bogenfibeln mit drei Knoten aus dem syro-palästinensischen Gebiet für lokale Produkte.[17]

---

[11] Özgüç, Maşat 17 bzw. 67.
[12] Özgüç, Anatolia 17, 1973, 13.
[13] Vgl. S. 18.
[14] Z. B. in OIP. XXX, 110.
[15] Gjerstad, Cyprus Expedition IV/2, 382 ff.
[16] Birmingham, PEQ. 95, 1963, 96 f.
[17] Stronach a. a. O. 183 f.

Fibeln vom zyprischen und östlichen Typ

Nach der Tabelle von von der Osten ist aus Alişar nur ein Exemplar bekannt, das nach seinen Angaben in der Schicht, die sich zwischen der phrygischen und hellenistischen Periode befindet, gefunden wurde. Wahrscheinlich gelangte diese Fibel über den südöstlichen Weg nach Alişar.

Eine weitere asymmetrische Fibel aus Eisen wurde in einer Schicht von Korucutepe/Elazığ gefunden, die aufgrund dieser Fibel von den Ausgräbern um 1000–800 v. Chr. datiert wird.[17a]

1180. Alişar, Bez. Yozgat. – „Terrace, between Post-Hittite-Phrygian and Hellenistic." – Fibel; L. ca. 3,3 cm (*Taf. 68, 1180*; nach OIP XXX). – Mus. Ankara? (c 2518). – OIP XXX Abb. 106, c 2518.

TYP II

Trianguläre Fibeln mit flachem Bügel von rechteckigem Querschnitt. Die Bügelschäfte sind von rundem Querschnitt und mit regelmäßigen Querrillen verziert.

Die Nr. 1181 aus Boğazköy bleibt ein isoliertes Stück; der Nadelhalter ist handförmig ausgebildet. Offensichtlich handelt es sich um einen „Mischling", der in seiner Bügelgestaltung die phrygischen Fibeln der Variante A I, 1 als Vorbild hat, aber auch östliche Elemente verwendet. Es ist zu vermuten, daß diese Fibel lokal hergestellt ist.

Nah verwandt ist die Nr. 1182 aus Gordion, die sich durch wellenartig ausgebildete Ränder des Bügels von dem Exemplar aus Boğazköy (Nr. 1181) unterscheidet.

Nr. 1181 stammt aus der Unterstadt von Boğazköy und ist nicht schichtbestimmt; Nr. 1182 wurde im City Mound von Gordion, im Schutt des „South cellar" gefunden. Für diese beiden Exemplare ist eine Datierung in das 8. Jh. v. Chr. anzunehmen.

1181. Boğazköy, Bez. Çorum. – Nicht schichtbestimmt. – USt. I/20 i/Ib, 1 m unter der Oberfläche. – Fibel; Nadel nicht erhalten; L. 6,58 cm; H. 3,45 cm; Querschnitt des Bügels an der breitesten Stelle 1,32 × 0,55 cm (*Taf. 68, 1181*). – Mus. Ankara (90/o). – Boehmer, Kleinfunde Taf. 8, 162.

1182. Gordion/Polatlı, Bez. Ankara. – CM-M6C, South cellar floor. – Fibel; Fragment; L. noch 3,6 cm (*Taf. 68, 1182*). – Mus. Gordion (B 1665). – Grabung Young, 1967. – Unpubliziert.

TYP III

„Kniefibeln" mit rechtwinkeligem, im Querschnitt rundem Bügel gehören zum Typ III. Beide Bügelarme, die durch mehrere Querrillen verziert sind, tragen je einen doppelkonischen Wulst mit Mittelgrat. Der Nadelhalter ist flach gehämmert und weist auf seiner Vorderseite die bei den östlichen Fibeln üblichen Querlinien auf.

Ganz klar unterscheiden sich beide Fibeln von den verwandten Exemplaren aus Zypern (Gjerstad Typ 3a),[18] aufgrund ihres nicht 90° überschreitenden Winkels des Bügels. Eine ziemlich abgenutzte, aber noch in ihren Einzelheiten erkennbare Parallele zu dem Boğazköy-Exemplar ist die Fibel Nr. 1184 aus dem City Mound von Gordion. Sie wurde in der Zerstörungsschicht gefunden.

Obwohl eine Querrillenverzierung oberhalb und unterhalb des doppelkonischen Wulstes wie bei den

---

[17a] Korucutepe 1968, van Loon/Buccellati, Türk Ark. Dergisi 17/1, 1968, 80.

[18] Gjerstad, Cyprus Expedition IV/2, 145 Abb. 25,40.

zyprischen oben erwähnten Vergleichsstücken vorkommt, halten wir die beiden Exemplare wegen der oben beschriebenen Bügelform für lokale Arbeiten. Es ist durchaus möglich, daß das Stück aus Gordion ein Import aus dem Osten, und zwar aus einer Werkstatt um Boğazköy-Alişar ist. In Alişar scheint die Verwendung von doppelkonischen Elementen sehr beliebt gewesen zu sein.

Die verwandten Stücke außerhalb Anatoliens werden von Birmingham auf 850 – 650 v. Chr. datiert.[18a] Das Exemplar aus Gordion wurde in der Zerstörungsschicht vom City Mound gefunden; daraus folgt, daß die beiden Exemplare in das letzte Viertel des 8. Jh. v. Chr. datiert werden können.

1183. Boğazköy, Bez. Çorum. – Nicht schichtbestimmt. – USt. K/20 a/8b, in 50 cm Tiefe im Schutt vor der Tempelterrasse. – Fibel; gut erhalten; L. 5,9 cm; H. 3,4 cm; Dm. des Bügelknies 0,7 cm (*Taf. 68, 1183*; nach Boehmer). – Mus. Ankara (554/p). – K. Bittel, MDOG. 91, 1958, 21 Abb. 18; Boehmer, Kleinfunde Taf. 8, 161.

1184. Gordion/Polatlı, Bez. Ankara. – CM-PPB-1, destruction level. – Fibel; Nadel nicht erhalten; L. noch 5,6 cm; Dm. des Bügelknies 0,7 cm (*Taf. 68, 1184*). – Mus. Gordion (B 1754). – Grabung Young, 1969. – Unpubliziert.

TYP IV

Trianguläre Fibeln mit kurzem Bügel und langen Bügelschäften von rundem Querschnitt sind charakteristisch für Typ IV. Die Bügelschäfte sind auf beiden Seiten, vorne und hinten, unregelmäßig gerillt; an diesen Stellen ist der Durchmesser größer als am Bügel.

Das einzige bis jetzt bekannte Exemplar in unserem Gebiet entspricht dem Stronach-Typ III, 4.[19] Nach Stronach war diese Gattung besonders im syrisch-palästinensischen Gebiet populär. Unserer Fibel ähnliche Exemplare wurden u. a. in Adoni Nur[20] gefunden und um 650 v. Chr. datiert. Die älteren Exemplare dieses Typs im Nahen Osten stammen aus dem 8. Jh. v. Chr.

Das einzige Exemplar, das in Schicht 3 (frühes 3. Jh. v. Chr.) vom City Mound von Gordion gefunden wurde – was noch nichts über das Alter dieser Fibel aussagt –, stellt sehr wahrscheinlich einen Import aus dem Osten dar.

1185. Gordion/Polatlı, Bez. Ankara. – CM-Q1, layer 3. – Fibel; Nadel nicht erhalten; L. noch 5,3 cm; Dm. der Bügelmitte 0,3 cm (*Taf. 68, 1185*). – Mus. Gordion (B 1201). – Grabung Young, 1959. – Muscarella, Phrygian Fibulae Taf. 18, 96.

TYP V

Triangulärfibeln, deren Bügelmitte entweder aus einer runden Kugel besteht oder mehr oder minder geschwollen ist.

Die Bügelarme von rundem Querschnitt, die in der Regel kräftig quergerillt oder mit scharfen Wülsten versehen sind, werden auf jeder Seite mit je einem großen, im Verhältnis wuchtigen, bikonischen Sphäroiden geschmückt, der entweder mit einer Kannelur oder mit einem scharfen Mittelgrat versehen ist.

[18a] Birmingham, PEQ. 95, 1963, 106 f.
[19] Stronach a. a. O. 195.
[20] Ebd. 196.

Fibeln vom zyprischen und östlichen Typ

Neben dem handförmig und kurz ausgebildeten Nadelhalter kommen ebenfalls flach- und schmalgehämmerte Ausführungen vor.

Viele verwandte Fibeln unseres Typs V wurden im südostanatolischen/nordsyrischen Bereich – in Zincirli, in Karkemisch, um einige zu nennen –, aber auch in Rhodos/Lindos[21] und in Nimrud gefunden. Bei keiner dieser Fibeln ist die kurze Bügelmitte stark geschwollen, noch besitzt sie eine Kugel wie bei den Exemplaren aus Alişar und Gordion. Dagegen zeichnet sich eine gewisse Ähnlichkeit bei der Ausführung der bikonischen Sphäroiden ab, wie z. B. bei Fibeln aus Zincirli[22] oder Nimrud.[23]

Bemerkenswert ist die Vorderseite des Nadelhalters der Fibel Nr. 1189, die ein eingraviertes Kreuz aufweist. Dazu ist der Nadelhalter einer sog. Böotischen Fibel aus Euböa[24] eine Parallele.

Interessanterweise fehlt unter den bis jetzt publizierten Fibeln von Boğazköy diese Gattung. Dagegen stammen aus dem City Mound von Gordion und aus Alişar beinahe identische Exemplare. Wir halten es für richtig, die Funde aus Gordion als Importstücke von Alişar zu bezeichnen. Wie schon von Przeworski erkannt wurde, stammen diese Fibeln aus Werkstätten von Alişar oder der Umgebung (s. S. 177).

Unsere Stücke können als Zentralanatolische Variationen von „Kniefibeln" betrachtet und so benannt werden.

Von den Gordion-Exemplaren kommen Nr. 1186 und 1187 im unsicheren 4. Jh. v. Chr. (layer 4)-Kontext vor. Nr. 1188 stammt aus der Füllung von Schicht 2. Dagegen wurden Nr. 1189.1190.1192 in der Zerstörungsschicht vom City Mound gefunden; die übrigen Funde sind nicht schichtbestimmt. Muscarella datiert die Fibel Nr. 1194 aus der Erdfüllung von Küçük Hüyük von Gordion und Nr. 1191, die er für ein Importstück aus der Ägäis, vielleicht aus Griechenland hält,[25] ins 6. Jh. v. Chr. oder sogar später.[26]

Daraus kann gefolgert werden, daß die Exemplare aus Gordion ins letzte Viertel des 8. Jh. – frühes 7. Jh. v. Chr. zu datieren sind. In Alişar ist diese Gattung mit mindestens fünf Exemplaren in den posthethitisch-phrygischen Schichten vertreten. Einige von diesen könnten älter sein als die Funde aus Gordion; zwei weitere wurden auf der Terrasse von Alişar in der nachphrygischen bis hellenistischen Schicht gefunden. Zwei Exemplare stammen aus der Schicht IV von Kululu.[27]

1186. Gordion/Polatlı, Bez. Ankara. – CM-PPB-7, layer 4. – Fibel; Nadel fehlt; L. noch 4,2 cm; Kugel-Dm. 0,8 cm (*Taf. 68, 1186*). – Mus. Gordion (B 1861). – Grabung Young, 1969. – Unpubliziert.

1187. Gordion/Polatlı, Bez. Ankara. – CM-PPB-SE 3, pit. – Fibel; Nadel abgebrochen; L. noch 3,0 cm; Kugel-Dm. ca. 0,7 cm (*Taf. 68, 1187*). – Mus. Gordion (B 1881). – Grabung Young, 1969. – Unpubliziert.

1188. Gordion/Polatlı, Bez. Ankara. – CM-WCW-2, layer 2, fill. – Fibel; Nadel und Nadelhalter abgebrochen; L. noch 3,3 cm; Bügel Mitte 0,7 cm (*Taf. 68, 1188*). – Mus. Gordion (B 1777). – Grabung Young, 1969. – Unpubliziert.

1189. Gordion/Polatlı, Bez. Ankara. – CM-TB-8, floor. – Destruction level. – Fibel; Nadel abgebrochen; L. noch 4,9 cm (*Taf. 68, 1189*). – Mus. Gordion (B 1779). – Grabung Young, 1969. – Unpubliziert.

1190. Gordion/Polatlı, Bez. Ankara. – CM-TB-8, anteroom. – Destruction level. – Fibel; verbrannt; Nadel und Nadelhalter abgebrochen; L. noch 4,5 cm (*Taf. 68, 1190*). – Mus. Gordion (B 1778). – Grabung Young, 1969. – Unpubliziert.

1191. Gordion/Polatlı, Bez. Ankara. – Tumulus B fill. – Fibel; Nadel und Nadelhalter abgebrochen; L. noch 2,2 cm (*Taf. 68, 1191*). – Mus. Ankara (B 5). – Grabung Young, 1950. – Muscarella, Phrygian Fibulae Taf. 18, 92.

1192. Gordion/Polatlı, Bez. Ankara. – CM-TB-8, floor. – Destruction level. – Fibel; schlecht erhalten; L. noch 2,1 cm (*Taf. 68, 1192*). – Mus. Gordion (B 1752). – Grabung Young, 1969. – Unpubliziert.

---

[21] Blinkenberg, Fibules 247, 13 a.
[22] Luschan, Sendschirli V Taf. 43, d–f.
[23] Stronach a. a. O. Taf. 51, 10.11.
[24] Sapouna-Sakellarakis, PBF. XIV, 4 (1978) Nr. 1527.
[25] Muscarella, Phrygian Fibulae 82 Nr. 2.
[26] Ebd. 83 Nr. 4.
[27] T. Özgüç, Kululu hakkında yeni gözlemler. Anatolia 17, 1973, 12 ff. Taf. 14, 3–4.

1193. Gordion/Polatlı, Bez. Ankara. – CM-Tr Q, clay. – Fibel; in drei Teile zerbrochen, Nadel ist nicht erhalten; L. noch ca. 4,0 cm (*Taf. 69, 1193*). – Mus. Gordion (B 1595). – Grabung Young, 1965. – Unpubliziert.
1194. Gordion/Polatlı, Bez. Ankara. – Küçük Hüyük, S of stepped wall construction. – Fibel; Nadel ist nicht erhalten; L. noch 3,0 cm (*Taf. 69, 1194*). – Mus. Gordion (B 1149). – Grabung Young, 1958. – Unpubliziert.
1195 A.-K. Alişar, Bez. Yozgat. – Fibeln (v. d. Osten Typ IIb); Schicht 4 cM : 2 Stück; Schicht 4 bM : 1 Stück; Schicht 4 aM : 1 Stück; Terrasse : 1 Stück; postphrygisch-hellenistisch, Terrasse: 2 Stück. – (*Taf. 69, 1195 A-K*; nach OIP XXIX/II). – Mus. Ankara ?. – OIP XXIX/II Abb. 494, c 2521. e 1919. d 898. d 1058. d 2087. e 1632. e 1272. e 2184. e 2288. e 1196. e 1858.
1195 L. Türkei. – Fibel; eingesetzte Nadel nicht erhalten; auf der Rückseite des Bügelendes ein kleines Loch zur Befestigung der Nadel mit Hilfe eines Stiftes (nicht erhalten); schwarze Patina; L. 4,4 cm (*Taf. 69, 1195 L*). – Privatsammlung Bonn. – Erworben im Bazar von Istanbul. – Unpubliziert.

WEITERE TRIANGULÄRE BZW. ÖSTLICHE FIBELN

Gruppe 1: Nr. 1196 und 1197 wurden vom Ausgräber von Alişar als Typ VI bezeichnet. Da die Nr. 1197 in einer „hellenistischen oder als später" bezeichneten Schicht gefunden wurde, wird sie von von der Osten dieser Periode zugeschrieben. Diese Fibel gehört zu dem Stronach-Typ II, 4 (Nr. 5). Der Bügel ist von rundem Querschnitt. Die Bügelarme sind auf jeder Seite mit Wülsten und Scheiben verziert. Der lange, schmale Nadelhalter ist flachgehämmert.

Ähnliche Stücke stammen aus Al Mina,[28] wo nach Stronach dieser Typ das ganze 8. Jh. v. Chr. hindurch vorkommt. Weitere verwandte Stücke wurden in Zincirli[29] und im Westen in Rhodos/Lindos gefunden.[30]

Nr. 1196 läßt sich mit der Nr. 12, Taf. 43 von Zincirli vergleichen, die von Stronach als Typ III, 7 bezeichnet wird; dieser Typ zeigt eine große Variationsbreite in der Zusammensetzung der Verzierung. Sehr ähnlich ist eine weitere, in Zincirli gefundene Fibel (Taf. 43 g oder Nr. 16), die ebenfalls einen handförmigen Nadelhalter aufweist. Weiterhin als verwandt kann eine Fibel aus Devehüyük[31] bezeichnet werden, die von Stronach ins 6. Jh. v. Chr. oder später datiert wird.[32] Für die Fibeln aus Zincirli wird eine Datierung ins 9./8. Jh. v. Chr. angenommen.[33] Nr. 1196 wurde in der Schicht 4 aM von Alişar gefunden. Für dieses Stück ist eine der Zincirli-Fibel entsprechende Datierung anzunehmen.

Einige Nr. 1196 ähnliche Fibeln befinden sich im Museum von Istanbul; der nähere Fundort ist unbekannt, sie stammen aus der Ost-Türkei.[34]

1196. Alişar, Bez. Yozgat. – 4 aM. – Fibel; Nadel nicht erhalten; L. ca. 6,9 cm (*Taf. 69, 1196*; nach OIP XXX). – Mus. Ankara ? (d 25). – OIP XXX 180 Abb. 201, d 25.
1197. Alişar, Bez. Yozgat. – „Hellenistic or later". – Fibel; Nadel nicht erhalten; L. ca. 4,5 cm (*Taf. 69, 1197*; nach OIP XXX). – Mus. Ankara? (e 776). – OIP XXX 180 Abb. 201, e 776.
1197 A. Türkei. – Fibel; gestreckter Bügel, eingesetzte Nadel nicht erhalten, Befestigung mit Hilfe eines kleinen Loches auf der Rückseite des Bügels; hellgrüne Patina; L. 7,1 cm; Dm. Mitte 0,4 cm (*Taf. 69, 1197 A*). – Privatsammlung Bonn. – Erworben im Bazar von Istanbul. – Unpubliziert.

Gruppe 2 (von der Osten Typ Ia und Ib): Es handelt sich um „Kniefibeln", deren Bügel von rundem (Typ Ia) und von rechteckigem (Typ Ib) Querschnitt ist. In Alişar wurden nach dieser Einteilung von

---

[28] Stronach a. a. O. 192 f.
[29] Luschan, Sendschirli V Taf. 43, k.
[30] Sapouna-Sakellarakis a. a. O. Nr. 1729.
[31] Woolley, Ann. Arch. Anthr. Liverpool 7, 1914–1916, 115 ff. Taf. 23, J.
[32] Stronach a. a. O. 199.
[33] Falkner, in: RLA III 60 ff.
[34] Demnächst werden sie in B. Öğün, Urartäische Fibeln (PBF. in Vorbereitung) publiziert; weitere Stücke in: T. Özgüç, Anatolia 17, 1973, 12 Abb. 7 Taf. 14, 1–2.

Fibeln vom zyprischen und östlichen Typ

von der Osten mehr als 23 Exemplare von Fibeln des Typs Ia gefunden; sie werden von von der Osten der nachhethitisch-phrygischen Periode von Alişar zugeschrieben; die meisten Exemplare stammen aus den posthethitisch-phrygischen Schichten 4 cM, 4 bM, 4 aM und aus der Terrasse. Dreizehn Fibeln vom Typ Ib wurden nach der Tabelle von von der Osten in Alişar gefunden (s. S. 178).

Die Bügelverzierungen sind nach den Publikationsphotos kaum noch zu erkennen; sehr wahrscheinlich bestanden die Bügelverzierungen aus Scheiben, aus dem Bügel herausgearbeiteten Rillen und aus Wülsten.

Zu bemerken ist, daß einige der von von der Osten publizierten Fibeln[35] massive bzw. geschwollene kurze Bügel aufweisen (z. B. Nr. 1201). Bis jetzt wurden Fibeln mit diesen Merkmalen in Zentralanatolien gefunden; außer dem Alişar-Exemplar ist eine weitere Fibel aus der Umgebung von Ankara (Nr. 1203) bekannt. Es ist wohl anzunehmen, daß es sich um eine zentralanatolische Variante handelt. Diese Meinung wurde bereits von Blinkenberg vertreten.[36] Wahrscheinlich waren Fibeln dieser Art in der zweiten Hälfte des 8. Jh. v. Chr. und im 7. Jh. v. Chr. im Gebrauch (Nr. 1201. 1203 und 1203 A weisen eingesetzte Nadeln auf).

Auf die Verwandschaft der Fibel Nr. 1204 aus Boğazköy mit den letztgenannten zentralanatolischen Fibeln wurde bereits von Boehmer aufmerksam gemacht;[37] sie wurde in der Unterstadt gefunden und ist leider nicht schichtbestimmt. Ebenfalls verwandt ist die Fibel Nr. 1205 aus Gordion (im Schutt des „South cellar" gefunden). Der schlichte Bügel von rundem Querschnitt wird bei diesem Exemplar an beiden Enden durch je eine scharfe Scheibe von dem Nadelhalter und von der Spirale abgesetzt.

Eine weitere, sehr schlecht erhaltene „Kniefibel", vermutlich von rechteckigem Querschnitt, wurde in der Schicht 5 vom City Mound gefunden.[38] Nach den Inventarbüchern des RGZM, Mainz stammt die Fibel Nr. 1200 D aus Antalya.

Die an der Knickstelle des Bügels befindliche Öse der Fibel Nr. 1200 E diente zweifellos zur Befestigung einer Quaste, die nicht erhalten ist.

1198 A.–N. Alişar, Bez. Yozgat. – 20 Fibeln (v. d. Osten Typ Ia); nachhethitisch-phrygische Schicht: 4 cM : zwei Exemplare, 4 bM: vier Exemplare, 4 aM: zwölf Exemplare, Terrasse: zwei Exemplare (*Taf. 69, 1198 A-N*; nach OIP XXIX). – Verbleib unbekannt. – OIP XXIX Abb. 493, e 1092. e 1970. e 1613. e 1751. e 2186. e 1918. e 2205. d 144. e 276. e 1857. e 1093. e 2206. e 2015. e 223.

1199 A.–E. Alişar, Bez. Yozgat. – Fünf Fibeln (v. d. Osten Typ I a); zwei davon aus nachphrygisch-hellenistischer Schicht (*Taf. 69, 1199 A-E*; nach OIP XIX). – Verbleib unbekannt. – OIP XIX Abb. 353, a 992. a 980. a 718. a 723. a 753.

1200 A.–C. Alişar, Bez. Yozgat. – Mound level 3–4. – Drei Fibeln; hellenistisch oder später; (*Taf. 69, 1200 A-C*; nach OIP XX). – Verbleib unbekannt. – OIP XX Abb. 93, a 556. a 794. a 863.

1200 D. Antalya. – Fibel; intakt, eingesetzte Nadel; L. 3,5 cm (*Taf. 70, 1200 D*). – RGZM, Mainz (38909). – Unpubliziert.

1200 E. Türkei. – Fibel; eingesetzte Nadel nicht erhalten, Bügel mit Öse; L. 5 cm (*Taf. 70, 1200 E*). – Privatsammlung Bonn. – Erworben im Bazar von Istanbul. – Unpubliziert.

1201. Alişar, Bez. Yozgat. – Stratum IV. – Fibel; Nadel nicht erhalten; L. ca. 2,7 cm (*Taf. 70, 1201*; nach OIP XIX). – Verbleib unbekannt. – OIP XIX Abb. 352, b 232.

1202. Alişar, Bez. Yozgat. – Fibel; L. noch ca. 3 cm (*Taf. 70, 1202*; nach OIP XXIX). – Verbleib unbekannt. – OIP XXIX Abb. 493, e 1157.

1203. Umgebung von Ankara. – Fibel; eingesetzte Nadel abgebrochen; L. 2,9 cm (*Taf. 70, 1203*; nach Photo). – Mus. Stockholm (11342 = 6). – Erworben in Istanbul. – Månadsblad 1901-1902, 92 Abb. 14; Przeworski, Metallindustrie Taf. 8,9.

1203 A. Türkei. – Fibel; eingesetzte Nadel abgebrochen; L. 2,9 cm; Dm.-Mitte 0,9 cm (*Taf. 70, 1203 A*). – Privatsammlung Bonn. – Erworben im Bazar von Istanbul. – Unpubliziert.

---

[35] OIP. XXIX Taf. 493.
[36] Blinkenberg, Fibules 244 h.
[37] Boehmer, Kleinfunde 67 Anm. 516.
[38] Muscarella, Phrygian Fibulae Taf. 18, 95.

1204. Boğazköy, Bez. Çorum. – Nicht schichtbestimmt. – USt. Südareal, Komplex 2, Y 5, Stratum 2a (Störung). – Fibel; Nadel nicht erhalten; L. 2,7 cm, H. 1,9 cm (*Taf. 70, 1204*; nach Boehmer). – Mus. Ankara (68/112). – Boehmer, Kleinfunde Taf. 8, 163.

1205. Gordion/Polatlı, Bez. Ankara. – CM-M6C, below floor of South cellar. – Fibel; Nadel und Nadelhalter abgebrochen; L. noch 3,1 cm (*Taf. 70, 1205*). – Mus. Gordion (B 1646). – Grabung Young, 1967. – Unpubliziert.

1206 A.B. Alişar, Bez. Yozgat. – Stratum IV. – Zwei Fibeln (v. d. Osten Typ Ib) (*Taf. 70, 1206A.B*; nach OIP XIX). – Verbleib unbekannt. – OIP XIX Abb. 353, a 215. a 611.

1207 A.-G. Alişar, Bez. Yozgat. – Sieben Fibeln (v. d. Osten Typ Ib) (*Taf. 70, 1207A-G*; nach OIP XXIX). – Verbleib unbekannt. – OIP XXIX Abb. 493, e 2267. e 2185. e 1381. e 1888. c 1865. d 216. d 113.

TYP VI (Stronach II4)

Fibeln vom Typ VI haben einen Bügel von rundem Querschnitt, der auf jeder Seite durch einen runden Knoten, bzw. durch einen Wulst von dem flachgehämmerten schmalen, langen Nadelhalter bzw. von der Spiralrolle der Nadel getrennt wird.

Ausgehend von der Form des Bügels und von dessen Querschnitt faßte von der Osten zwei verschiedene Fibeltypen aus Alişar unter einem Typ zusammen, den er als Typ III a bezeichnete.[39] Offensichtlich merkte er dabei nicht, daß es sich erstens um einteilige Fibeln handelt, deren Bügel mit der Nadel zusammengegossen und mit einer Spiralrolle versehen sind, zweitens um Scharnierfibeln („hinged Fibulae"), die zweiteilig sind, deren Nadel in der Vertiefung zwischen den Knoten bzw. Wülsten um das Bügelende herumgewunden wurde. Demzufolge kennen wir die genaue Anzahl der Fibeln von jedem Typ nicht.

Nach seiner Tabelle wurden in den „posthethitisch-phrygischen" Schichten fünf, aus der Schicht zwischen diesen und der als „hellenistisch" bezeichneten drei, aus der „hellenistisch und später" genannten Schicht fünf Exemplare, also insgesamt dreizehn Exemplare gefunden.

Wir haben hier versucht, anhand der publizierten Photos die beiden Fibelarten voneinander zu trennen und als Typ VI und VII zu bezeichnen.

Der Typ VI erfaßt die Fibeln aus Alişar, die Stronach bei seinem Typ II4 erwähnt;[40] er hält die Exemplare Nr. 1208 C und G für eine lokale, in Alişar entwickelte Variante des Typs II a. Er vermutet eine Ausdehnung dieses Typs über syrisch-kilikisches Gebiet bis nach Inneranatolien, indem er sich auf die Fibelfunde aus Tarsus bezieht.[41] Przeworski weist ebenfalls auf die lokale Herstellung der Fibeln vom zyprischen bzw. nahöstlichen Typ in Alişar hin (s. S. 177).

Den Alişar-Exemplaren nahestehende Fibeln wurden in Zypern gefunden; sie stammen aus der Periode 6 A ii.[42]

Das Vorkommen dieser Gattung in den hellenistisch-römischen Schichten (laut Ausgräber) ist kritisch zu betrachten; denn Fibeln dieser Art sind bis jetzt anderswo in gesicherten hellenistischen Fundzusammenhängen nicht in Erscheinung getreten. Es ist wohl möglich, daß die Exemplare aus Alişar älter sind als diese Schichten.

Die von Stronach und Birmingham angenommene zeitliche Einordnung, 850 – 650 v. Chr., kann auch für die Fibeln aus Alişar gelten.

1208 A.-H. Alişar, Bez. Yozgat. – Fibeln (v. d. Osten Typ IIIa) (*Taf. 70, 1208A-H*; nach OIP XXX). – OIP XXX Abb. 106, c 904, c 196, c 125, c 542. d 27. d 1201. e 53. e 144.

---

[39] OIP. XXX, 110.
[40] Stronach a. a. O. 199.
[41] Goldman, Tarsus II Taf. 432, 247–249.
[42] Gjerstad a. a. O. II Taf. 177, 167 (Nr. 5).

TYP VII

Das Hauptmerkmal der Fibeln dieses Typs ist, daß sie zweiteilig hergestellt sind. An einem Ende des Bügels befinden sich zwei wulstartige Knoten. Die aus einem Draht hergestellte Nadel wird erst in der Vertiefung zwischen den beiden Knoten um das Bügelende so herumgewunden, daß sie noch beweglich ist; dann wird das Endstück der Nadel an dieser Stelle mehrmals um die Nadel selbst gedreht und schließlich gesichert. Bei unseren Exemplaren ist der schlichte, bogenförmige Bügel von rundem Querschnitt. Wie oben bei Typ VI erwähnt, hat v. d. Osten diese Merkmale nicht erkannt. Eindeutig gehören die Fibeln Nr. 1209 A–D zu den Scharnierfibeln, ebenso die Nr. 1210 und 1211 aus Boğazköy.

Scharnierfibeln dieser Art wurden in Luristan, Ziwiye, im südkaspischen Gebiet und im Nord- und Südkaukasus benutzt; dies ist durch Funde aus diesen Gebieten belegt. Muscarella versuchte in seinem Aufsatz über die Fibel aus Hasanlu, verschiedene Varianten mit Scharniernadel typologisch zu erfassen.[43]

Im urartäischen Gebiet wurden neben Fibeln, die mit einer Federrolle ausgerüstet sind, in der Mehrzahl Scharnierfibeln hergestellt und benutzt. Viele Scharnierfibeln, die z. Zeit nicht publiziert sind, befinden sich in verschiedenen Museen der Türkei. Obwohl sie meist Lesefunde sind, ist in vielen Fällen ihr Fundort bekannt. Im Museum von Istanbul konnte der Verfasser mehrere Scharnierfibeln studieren, die in Sürügüden/Muş gefunden wurden. Weitere einzelne Fibeln aus Ostanatolien mit vermutlichem Fundort „Umgebung von Elazığ" befinden sich in den Museen von Antalya.

R. Ghirshman weist auf die von Öğün anläßlich des Münchener Kongresses 1976 gemachte Äußerung hin,[44] daß Scharnierfibeln dieser Art ausschließlich im urartäischen Kulturkreis verwandt wurden.[45] Dies wurde dem Verfasser von Öğün selbst kurz vor Abschluß dieser Arbeit bestätigt. Weitere im Museum von Elazığ aufbewahrte Fibeln[46] aus Patnos, Kayalıdere, Umgebung von Van und einige aus der urartäischen Stadt Karmir Blur[47] und aus den „mitteleisenzeitlichen" Gräbern von Norşuntepe[48] sprechen für die urartäische Herkunft dieser Gattung. Es ist hier zu erwähnen, daß keine derartige Fibel in Gordion gefunden wurde.

Von der Osten schreibt seine Typen III a und b der postphrygisch-hellenistischen Periode zu.[49]

Die Fibeln Nr. 1210 sowie Nr. 1211 aus Boğazköy/Büyükkale sind in die Zeit der Schicht Büyükkale I datiert. Demnach scheinen unsere Exemplare ins 7./6. Jh. v. Chr. zu gehören.

Als Typ IIIb bezeichnete von der Osten fünf flache, im Querschnitt rechteckige Fibeln. Soweit auf den Photos erkennbar, sind manche davon mit einer Federrolle versehen; andere zeigen spitz zulaufende Bügelenden; ob es sich dabei um Scharnierfibeln handelt, die in ihrer Machart mit den aus dem Nordkaukasus aus Kamunta, aus Alagir, aber auch mit aus dem Südkaukasus bekannten Exemplaren[50] vergleichbar sind, bleibt dahingestellt.

1209 A.–D. Alişar, Bez. Yozgat. – Fibeln (*Taf. 70, 1209A–D*; nach OIP XXX). – OIP XXX 111 Abb. 106, d 565. d 789. d 1245. d 2041.

1210. Boğazköy, Bez. Çorum. – Zeit der Schicht Büyükkale I. Büyükkale m/14, Schicht I. – Fibel; Nadel nicht erhalten; L. 3,14 cm; H. 2,3 cm; Dm. des Bügels

---

[43] Muscarella, AJA. 69, 1965 233 ff.
[44] Iran. Ant. 12, 1977, 22 f.
[45] Jetzt in B. Öğün, Arch. Mitt. Iran, Erg. Bd. 6, 1979, Akten des VII. Int. Kongress für Iranische Kunst, München 1976, 178 ff.
[46] Elazığ Müzesindeki Urartu Maden Eserleri-Fibulalar, Elazığ 1977.
[47] Piotrovsky, Karmir Blur 36 Abb. 18.
[48] H. Hauptmann, Türk Ark. Dergisi 23/1, 1976, 66, 73 Abb. 7.
[49] OIP. XXX, 110.
[50] Muscarella, AJA. 69, 1965, 233 ff. Taf. 58,5 Nr. 28. 29.

(Mitte) 0,31–0.34 cm (*Taf. 70, 1210*; nach Boehmer). – Mus. Ankara (182/g). – Boehmer, Kleinfunde Taf. 8,164.
1211. Boğazköy, Bez. Çorum. – Zeit der Schicht Büyükkale I. – Büyükkale p/6, Schicht I. – Fibel; Nadel bestand aus Eisen; L. 3,3 cm; H. 2,4 cm; Dm. des Bügels (Mitte) 0,4 cm (*Taf. 70, 1211*). – Mus. Ankara (232/i). – Boehmer, Kleinfunde Taf. 8,165.
1212 A.–D. Alişar, Bez. Yozgat. – Fibeln (v. d. Osten Typ IIIb) (*Taf. 70, 1212A–C*; nach OIP XXX). – Verbleib unbekannt. – OIP XXX 111 Abb. 106, d 607. d 1454. d 2453. c 2584.

FIBEL-NACHTRÄGE

DER FUND VON ŞILE

Nachdem das Manuskript des vorliegenden Bandes abgeschlossen war, wurde dem Verfasser folgender geschlossener Fund bekannt, der in der Prähistorischen Staatssammlung München aufbewahrt wird.[1]

Nach zuverlässigen Angaben des damaligen Besitzers und Auffinders, der aus Altersgründen diesen Fund 1974 der Prähistorischen Staatssammlung übergab, wurden vier Fibeln (A1–A4) und eine sog. „Falera" (A5), alle aus Bronze hergestellt, beim Aufstellen eines Telefonmastes in Şile zusammen gefunden. Es handelt sich sehr wahrscheinlich um einen Grabfund, da der Finder in situ menschliche Knochen beobachtete.

Dem Bestand zugehörig sind drei einfache, einteilig hergestellte Bogenfibeln, von denen zwei größer sind (A1. A2) als die dritte (A3). Bei allen drei Exemplaren geht der Bügel von rundem Querschnitt in eine flachgehämmerte, rechteckige Fußplatte über, die jetzt teilweise korrodiert ist. Abgesehen von wenigen kleinformatigen, aus dünnem Blech hergestellten Fibeln rechteckigen Querschnitts, die in der Fundgruppe „Umgebung von İzmir" (Nr. 24C–E) vorkommen, sind Fibeln mit derartigen Fußplatten bzw. Nadelhaltern in dem untersuchten Gebiet nicht bekannt. Im Harbour Sanctuary in Chios wurden Fibeln gefunden, deren Größe und Querschnitt den Exemplaren aus Şile ähnln; sie stammen dort aus der Periode HS I – HS II (690–650 v. Chr.).[2]

Eine identische Fibel stammt aus Schiroko Pole bei Momtschilowgrad in Südbulgarien. Nach Angaben von V. Mikow wurde das Stück angeblich zusammen mit einem dreifüßigen Tongefäß, das eingedrückte, vermutlich für Inkrustationen vorgesehene Wolfszahnmusterverzierung aufweist, in einem Grab gefunden.[3]

Der gesamte Bügel der Fibel A4 ist in einem Stück gegossen; die Fibel, die eine helle, türkisfarbige Patina besitzt, ist mit einer Verbindungsleiste zwischen beiden Bügelenden versehen. Neunzehn massiv gegossene und dann in den Bügel eingesteckte Buckelnägel (ein Buckelnagel ist nicht mehr erhalten) verzieren den Bügel, die Verbindungsleiste, den Nadelhalter und dessen Auswüchse. Die Nagelspitzen sind auf der Rückseite des dicken, massiven Bügels durch Umbiegen befestigt. Eine mit diesem Exemplar identische und vier sehr nahe verwandte Fibeln wurden in Olympia[4] gefunden; weitere eng verwandte Exemplare stammen aus dem Heraion von Samos.[5]

Typische gemeinsame Merkmale dieser Fibeln sind 1.) die im Verhältnis zum Bügel unproportionierte

---

[1] An dieser Stelle möchte ich Herrn Direktor Dr. H.-J. Kellner danken, der mir die Möglichkeit gegeben hat, diesen Fund zu veröffentlichen.

[2] Boardman, Chios 206. 208 (Typ E) Fig. 136, E; 137, Nr. 189–192.

[3] Mikow, IAI 19, 1955, 31 Abb. 6. 7.

[4] Jantzen, Phrygische Fibeln Taf. 8, 3–6; 9, 3.4; 10, 1.2.

[5] Ebd. Taf. 9, 1.2; 10, 5.6.

Verteilung der großen Buckelnägel, die auf der Rückseite des Bügels grob befestigt sind, 2.) die zum Nadelhalter weit abstehenden runden „Auswüchse" mit übergroßen Löchern, die zur Aufnahme von Buckelnägeln dienen, 3.) die über die Bügelbreite hinausgehenden Buckel und 4.) die jeweils mit zwei Buckelnägeln dichtbesetzten Bügelendquerstege. Außerdem weisen einige Fibeln, die hier unter Variante A IV,4 behandelt worden sind, die eben beschriebenen Merkmale auf (Nr. 426, 433, 462, 462 A–B). Aufgrund der Verbindungsleiste sind weiterhin verwandt die Fibeln der Variante A IV,2 (Nr. 407. 408), von denen eine in Alişar gefunden wurde (Nr. 408). Die Fibeln Nr. 407, 433, 462 werden im Archäologischen Museum zu Istanbul aufbewahrt (Zufall?); weitere Fibeln dieser Art befinden sich im Museum von Bursa[5a], Nr. 426 stammt angeblich aus der Umgebung von Ankara; zu erwähnen ist noch eine Fibel mit Verbindungsleiste aus Pherai in Thessalien.[6]

Soweit die Fundorte bekannt sind, bleiben Fibeln dieser Art auf den Norden des untersuchten Gebietes beschränkt; aus Gordion und aus dem phrygischen Zentralgebiet sind Fibeln mit den oben beschriebenen Merkmalen nicht bekannt geworden.

Nach unseren typologischen Betrachtungen scheint es wenig wahrscheinlich zu sein, daß die oben erwähnten Exemplare aus Olympia, Samos und Pherai außerhalb Kleinasiens hergestellte Nachahmungen sind. Andererseits wirken alle diese Exemplare auch nicht rein phrygisch. R. M. Boehmer bezeichnete die Exemplare aus Olympia und Samos als nichtphrygisch.[7] Vermutlich handelt es sich bei diesen Fibeln um eine kleinasiatische Nachahmung von phrygischen Fibeln. Sind sie einer bithynischen Variante zuzuschreiben? Gelangten sie von dort aus nach Olympia und nach Samos?

Eine fremde Erscheinung für das untersuchte Gebiet stellt die sog. „Falera" Nr. A 5 dar.[8] Soweit veröffentlicht, sind unmittelbare Parallelen aus dem untersuchten Gebiet und aus Griechenland unbekannt. Im transkaukasischen Gebiet sind in Durchbruchtechnik gearbeitete Faleren aus den Gräbern bekannt.[9]

Das Stück aus Şile besteht aus zwei Teilen. Der konische Hauptteil hat oben ein Scheitelloch und weist flache Randstreifen auf. Den zweiten Teil bildet der Scheitelknopf mit Öse, der in dem Scheitelloch sitzt und im Überfanggußverfahren gegossen wurde. Beide Teile sind aus Bronze und massiv gegossen (kein Blech!). Bemerkenswert ist die Gußart des zweiten Teiles des Scheitelknopfes; sie entspricht der von G. von Merhart in einer Studie über „Blecherne Zierbuckel" (Faleren) beschriebenen Herstellungsweise von „Faleren" aus Auvernier,[10] die hier nur wiederholt zu werden braucht: „Ist eine metallische Befestigung vorhanden, so besteht sie aus einem oberen, mehr oder weniger halbkugeligen Scheitelknopf und einer unteren, gewöhnlich reichlich groben und großen Öse. Beide Teile sind durch das Scheitelloch hindurch zu einem Stück verbunden und in einem Guß dem Blechbuckel eingefügt. Die Ösenform variiert freilich zwischen Kreis und Oval, leitet aber stets auf das Scheitelloch zu. Der Einguß erfolgte von der Öse aus, wie der Rest des Gußzapfens auf ihrem jetzigen Unterrand beweist. Die Öse ist rauh, weist Gußfehler auf und taucht in einen dünnen, unregelmäßigen Fladen oder Patzen ein, der so aussieht, als wäre er später nachgegossen, um den Knopf-Ösenteil unbeweglich zu fixieren." Zu erwähnen ist noch, daß der Scheitelknopf nach dem Guß spiralförmig graviert wurde.

Die Funktion dieser Schmuckstücke ist umstritten. Nach von Merhart wurden sie vermutlich in Mittel- und Nordeuropa als Schmuckteile des Pferdegeschirres oder im ostmediterranen Raum als Schildbuckel verwendet.[11] In der Nekropole von Koban wurde ein Gürtelfragment gefunden, das eine ähnli-

---

[5a] Vgl. E. Caner, Fibeln in Anatolien II. PBF. XIV (in Vorbereitung).
[6] Kilian, PBF. XIV,2 (1975) Nr. 1729.
[7] Boehmer, Kleinfunde 57 Abb. 26.
[8] Vgl. einen Tutulus aus Troja, Ansiedlung VII (Schmidt, Schliemanns Sammlung 258 Nr. 6487).
[9] Sulimirski, Background of the Ziwiye Find 13 f. Fig. 6.
[10] Merhart, Jb. RGZM. 3, 1956, 29 f. Abb. A, 3.4.
[11] Ebd. 28.

che, jedoch reichverzierte Schmuckscheibe trägt.[12] In Griechenland sind aus den Gräbern von Vergina etwa gleich große Schmuckscheiben bekannt, die auf Gürteln befestigt waren.[13] Aus den kaukasischen Gräbern von Mouci-Yeri stammen einige mehr oder minder verzierte Scheiben mit Ösen, die hinter den Schädeln der Bestatteten „in situ" lagen, wonach ihre Funktion als Haarschmuck für J. de Morgan[14] als sehr wahrscheinlich gilt. Aufgrund des Vorkommens von Scharnier- bzw. Urartäischen Fibeln[15] können diese Gräber, wenn nicht jünger, so doch allgemein in die gleiche Zeit angesetzt werden wie der Fund von Şile.

Handelt es sich etwa in Şile um eine Frauenbestattung? Das Fehlen von Waffen oder Pferdegeschirr im Fundbestand könnte diese Vermutung unterstützen. Es ist denkbar, daß die Fibeln A1 und A2 auf den Schultern des Kleides (beide Fibeln fast gleich groß) und die Fibel A3 auf der Brust getragen wurden, während die Fibel A4 phrygischen Typs den Übermantel schloß und die sog. „Falera" (A5) im Haar befestigt war. Diese Vorstellung ist jedoch als eine Hypothese zu betrachten.

Offensichtlich gehörte der Fundbestand von Şile nicht einer „Phrygierin oder einem Phryger"; denn eine Verwendung von einfachen Bogenfibeln dieser Art und sog. „Faleren" ist im Phrygien des 8.–7. Jh. v. Chr. nicht bekannt.

Aufgrund der Fibel A4 gehört der Fund von Şile vermutlich dem ausgehenden 8. Jh./erste Hälfte des 7. Jh. v. Chr. an. Eine fragmentarisch erhaltene o. e. Fibel aus dem Heraion von Samos,[16] die dem Exemplar von Şile entspricht, war sehr wahrscheinlich mit einer Verbindungsleiste versehen. Ebenfalls wurden dort eine echte phrygische Fibel[17] und phrygische Griffbügel[18] gefunden, die allgemein in das letzte Viertel des 8. Jh. v. Chr./erste Hälfte des 7. Jh. v. Chr. anzusetzen sind.[19]

Şile liegt etwa 70 km östlich von Istanbul an der Schwarzmeer-Küste. Nach der Überlieferung antiker Autoren wurde Kalchedon (heute asiatischer Stadtteil von Istanbul) von Kolonisten aus Griechenland bzw. aus Megara um 680 v. Chr. gegründet.[20] Erst später wird der europäische Teil der Stadt (Byzantion) von griechischen Kolonisten um die Mitte des 7. Jh. v. Chr. gegründet. Die zu dieser Zeit gehörenden Funde sind dürftig, bei einer Ausgrabung im Gebiet des heutigen Topkapı-Serail wurde spätprotokorintische Keramik gefunden, die E. Akurgal als eine mögliche Bestätigung für die Gründung von Byzantion in Betracht zieht.[21]

Nach dem heutigen Forschungsstand ist der Fund von Şile vermutlich mit griechischen Kolonisten in Verbindung zu bringen; es ist anzunehmen, daß die Fibel A4 eine bithynische Nachahmung phrygischer Fibeln, vielleicht sogar des Typs S I, aufgrund der Verbindungsleiste darstellt, die die Deckplatte ersetzen könnte.

A1. Şile, Bez. Istanbul. – Wohl Grabfund. – Fibel; hellgrüne Patina; gr. L. 8,1 cm; Bügel-Dm. 0,4 cm (*Taf. 71, A1*). – Beifunde: drei Fibeln (Nr. A2–A4); „Falera" (Nr. A5). – Prähist. Staatsslg. München (1974, 3791 a). – Unpubliziert.
A2. Şile, Bez. Istanbul. – Vgl. Nr. A1. – Fibel; hellgrüne Patina; gr. L. 6,8 cm, Bügel-Dm. 0,3 cm (*Taf. 71, A2*). – Prähist. Staatsslg. München (1974, 3791 b).
A3. Şile, Bez. Istanbul. – Vgl. Nr. A1. – Fibel; hellgrüne Patina; gr. L. 4,65 cm; Bügel-Dm. 0,15 cm (*Taf. 71, A3*). – Prähist. Staatsslg. München (1974, 3791 c).
A4. Şile, Bez. Istanbul. – Vgl. Nr. A1. – Fibel; Bügel und

---

[12] Chantre, Recherche dans le Caucase II Taf. 11,5.
[13] Radt, PBF. XX,1 (1974) 129 f.
[14] Morgan, Mission au Caucase I 128.
[15] Ebd. 117 Fig. 87–89.
[16] Jantzen, Phrygische Fibeln Taf. 10,6: vgl. die Einhöhlung unterhalb des jetzt abgebrochenen „Auswuchses"; die Verbindungsleiste wurde an dieser Stelle, die einen Buckelnagel trug, abgebrochen.
[17] Jantzen, Samos VIII Taf. 44, 1513.
[18] Ebd. Taf. 45–46.
[19] S. oben Fibeln Typ S I und Griffbügel.
[20] Zu Literaturhinweisen auf antike Quellen vgl. Merle, Geschichte Byzantion und Kalchedon 5 f. 86 Regesten; Kr. Hanell, Megarische Studien (1934) 122 ff.
[21] Akurgal, Ancient Civilisations 38; s. auch Reclam Kunstführer Istanbul 16 f.

Verbindungsleiste einteilig gegossen; türkisblaue Patina; eingesetzte Nadel; L. 5,8 cm; Bügel-Br. 0,45 cm; Bügel-D. 0,75 cm (*Taf. 71,A4*). – Prähist. Staatsslg. München (1974, 3793).

A5. Şile, Bez. Istanbul. – Vgl. Nr. A1. – „Falera"; hellgrüne Patina; Dm. 6,4 cm; H. 2,0 cm (*Taf. 71,A5*). – Prähist. Staatsslg. München (1974, 3792).

DER FUND AUS DER UMGEBUNG VON MIDAS-STADT

Während der Materialaufnahme in 1976 im Museum zu Istanbul war es mir möglich, den Bügelteil der folgenden Fibel Nr. 1173 A aus einem Grab in der Umgebung von Midas-Stadt zu zeichnen. Sie war ursprünglich unter Typ H II als Variante 3 b eingeordnet. Aufgrund einer Nachforschung während eines Museumsbesuches im Herbst 1981 – kurz bevor das vorliegende Manuskript in Druck ging –, fand ich zusammen mit anderen Gegenständen aus demselben Grab, die hier jetzt als geschlossener Fund vorgelegt werden können (Taf. 82), in einem Umschlag zerbrochene Teile von der Doppelnadel und der Deckplatte, die zu dieser Fibel gehören, wodurch sie jetzt dem Typ S I zuzuordnen ist.

1173 A. Umgebung von Midas-Stadt, Bez. Eskişehir. – Aus einem Tumulus. – Fibel; Bügel intakt, sonst in vier Teile zerbrochen, Hälfte von Doppelnadel, Stück von Deckplatte und Röhrchen fehlen, fein geritzte Wülste am Bügel; auf der Rückseite der Deckplatte Zierbuckelenden flach gehämmert; L. 6,9 cm; Dm. Mitte 1,0 cm; Dm. Bügel 0,6 cm; L. Deckplatte 3,75 cm, Br. 1,55 cm; erh. L. Doppelnadel 1,95 cm, Nadel-Dm. 0,25 cm (*Taf. 67,82,1173A*). – Beifunde: Bronzeschale mit Henkeln (a); zwei Bronzegefäße mit geknicktem Rand (b.c); Omphalosschale mit vier Rippen um den Omphalos (d); Schale mit plastischem Zungenmuster (e); Kanne mit Kleeblattmündung aus Bronze (f); Schöpfkelle (g); drei Lanzenspitzen (?) (h–j); zwei Bronzenägel (?) mit aufgesetzten, angelöteten, hohlen Halbkugeln (k.l); Fragmente von Bronzegürtel (m.n); kleiner Bronzegegenstand mit Öse (o) (Taf. 82). – Mus. Istanbul (7288). – Unpubliziert.

Die Fibel: Der Bügel und die Zusammensetzung seiner Ornamente entsprechen denen der Fibeln von Variante H II, 3 b. Wie bei den Fibeln Nr. 1154–1170 von Typ S I ist die Spiralwindung der Nadel kräftig und weist gerippte Ränder auf. Die eingesetzte Nadel wurde mit einem Stift auf der Bügelrückseite durch das Bügelende befestigt. Die Spring-Plate ist gerillt. Entsprechend den Fibeln Nr. 1163, 1165 und 1169 aus dem Tumulus MM von Gordion ist die Vorderseite der Deckplatte mit feinen Einritzungen, symmetrisch angeordneten Zierbuckeln und mit kreisförmigen Öffnungen geschmückt. Ebenfalls vorhanden ist auf der Rückseite der Deckplatte eine Attasche, über deren Funktion bereits oben gesprochen wurde (s. S. 170 f.), und die mit den Spitzen der beiden Zierbuckel vernietet ist. Identisch ist die Raste der Deckplatte mit den Fibeln vom Typ S I aus dem Tumulus MM, u. a. aufgrund des Halbscheibenornamentes und der seitlichen Durchlochung.

Alle diese feinen, technischen Merkmale dienen als Hinweis darauf, daß diese Fibel mit den Exemplaren aus dem Tumulus MM von Gordion zeitgleich angesetzt werden kann. Somit haben wir mit diesem Befund aus dem Tumulus in der Nähe von Midas-Stadt offensichtlich ein Fürstengrab vor uns, das in das letzte Viertel des 8. Jh. v. Chr. datiert werden kann.

Es ist zu bemerken, daß im Gegensatz zu den Exemplaren aus Tumulus MM, diese Fibel insgesamt einen feinen und nicht wuchtigen Bügel besitzt; anders verziert ist außerdem die Mittelrippe des Nadelhalters, die schräg verlaufende Kerbungen aufweist, wodurch eine gemeinsame Werkstatt mit den Fibeln aus Tumulus MM nicht in Frage kommt.

Die Beifunde konnten nicht mit dem Material aus Gordion verglichen werden, da während der Drucklegung die angekündigte Publikation über die Gordion-Tumuli des 8. Jh. v. Chr. noch nicht erschienen war.

Gefäße

Schale mit Henkeln: Wie die folgenden Gefäße b–c wurde wahrscheinlich ausgehend von einer Grundform die Schale zur endgültigen Gestalt getrieben. Die rundstabigen Henkel wurden getrennt gegossen, dann umgebogen und schließlich jeweils mit vier Nägeln an den Gefäßrändern eingesetzt und vernietet. Auf dem Scheitel der Henkelbögen befindet sich jeweils eine Verzierung aus einem massiven Kubus, der auf jeder Seite von massiven Buckeln begleitet ist.

Abgesehen von den Gordion-Tumuli des 8. Jh. v. Chr., in denen diese Schalenform reichlich vertreten ist, wurden nahestehende Exemplare in den Tumuli von Ankara gefunden.[1] Auffallend bei unserer Schale ist die schlichte Ausführung der Henkel im Vergleich mit den Schalen aus diesen Tumuli (auch mit denen aus Gordion), so z. B. das Fehlen von Rotellen.

a. Umgebung von Midas-Stadt, Bez. Eskişehir. – Vgl. Nr. 1173A. – Henkelschale; Boden beschädigt, fehlende Teile; Rand-Dm. 21,4 cm; Rand-D. 0,3 cm; H. ca. 6,5 cm, H. mit Henkel ca. 11,5 cm (*Taf. 82,a*). – Mus. Istanbul (7278). – Unpubliziert.

Gefäße mit geknicktem Rand und rundem Boden: Beide Gefäße sind vermutlich ausgehend von einer gegossenen Grundform durch Treiben hergestellt. Ein sehr nahestehendes Exemplar befindet sich im Museum zu Adana (Inv. Nr. 1584) und wurde von O. A. Taşyürek als urartäische Ware veröffentlicht[2].

b. Umgebung von Midas-Stadt, Bez. Eskişehir. – Vgl. Nr. 1173A. – Bronzegefäß; intakt; Rand-Dm. 18,3 cm; Rand-D. 0,5 cm; H. ca. 8,0 cm (*Taf. 82,b*). – Mus. Istanbul (7280). – Unpubliziert.

c. Umgebung von Midas-Stadt, Bez. Eskişehir. – Vgl. Nr. 1173A. – Bronzegefäß; Boden beschädigt, Teile fehlen; Rand-Dm. 19,3 cm; Rand-D. 0,55 cm; Boden-D. beschädigte Stelle 0,1 cm; H. ca. 9,5 cm (*Taf. 82,c*). – Mus. Istanbul (7279). – Unpubliziert.

Omphalosschale: Mehrere Omphalosschalen mit oder ohne Rippen um den hohlen Omphalos gehören zu Beigaben der Gordion-Tumuli[3]; aus dem Tumulus Baumschule von Ankara sind zwei weitere Exemplare bekannt[4]; phrygische Omphaloi wurden außerdem in Emirdağ, Bez. Afyon, und in der Umgebung von Yunak, Bez. Konya, gefunden[5].

Mit dem ältesten Vorkommen von Omphalosschalen, ihrer typologischen Entwicklung im vorderasiatischen und griechischen Raum und ihrer weiter westlichen Verbreitung beschäftigte sich H. Luschey[6]. Anhand antiker Schriftquellen zeigte Luschey verschiedene Verwendungsmöglichkeiten[7] und Funktionen dieser Art Schalen auf, so z. B. als Kult-, als Trinkgerät bei feierlicher Spende und als Weihgabe in Heiligtümern im griechischen Raum[8].

Nach Luschey trat der Omphalos in Form „eines hohlen, unterschnittenen Knopfes" in der Mitte der Schale zuerst bei den Omphalosschalen des Tumulus III (Körte) von Gordion auf, was er als eine Umwandlung des massiven Knopfes assyrischer Schalen erklärte[9]. In dieser Hinsicht erscheint im Zusam-

---

[1] Koşay, TTAED 1, 1933, 10f. Abb. 1–3; Özgüç/Akok, Belleten 11 H. 41, 1947, 57ff. Taf. 21, 43.

[2] O. A. Taşyürek, Urartian Figurines and Metal Vessels in the Adana Regional and Gaziantep Museums, Türk Ark. Dergisi 23/2, 1976, 104, 108, 114 Abb. 13.

[3] Körte, Gordion 73 Abb. 53–54; AJA 61, 1957, Taf. 93 Abb. 31; AJA 62, 1958, 150.

[4] Koşay, TTAED 1, 1933, 12 Nr. 4–5; bessere Abbildung in Akurgal, Phrygische Kunst Taf. 58 a rechts, b links.

[5] J. M. Birmingham, The Overland Route across Anatolia in the Eighth and Seventh Centuries B. C., Anat. Stud. 11, 1961, 187 Nr. 6 (Emirdağ), 190.

[6] Luschey, Phiale 31ff. und 41ff.

[7] Ebd. 10ff.

[8] Ebd. 11f., 14.

[9] Ebd. 36.

menhang mit unseren Fibeln der Variante A IV,1 (Bügel mit hohlen Halbkugeln) an dieser Stelle eine weitere Bemerkung von Luschey erwähnenswert, der es für wahrscheinlich hält, daß zur Bildung des griechischen Hohlomphalos die assyrischen Rosettenknopfschalen die Anregung gegeben haben könnten[10] (vgl. S. 204ff.).

d. Umgebung von Midas-Stadt, Bez. Eskişehir. – Vgl. Nr. 1173 A. – Omphalosschale; Rand-Dm. 15,1 cm; H. 6 cm (*Taf. 82,d*; nach Museumszeichnung). – Mus. Istanbul (7281). – Unpubliziert.

Schale mit plastischem Zungenmuster und schrägem Rand: Die flache Bodenmitte ist leicht angehoben und die Schulter stark gewölbt. Der obere Abschluß der Zungen wird von einer arkadenartigen Bogenreihe begleitet.

Schalen, die Zungenmuster aufweisen, wurden von Vorderasien bis Mittelitalien gefunden; F. Matz, der diese Funde zusammenstellte, ging 1937 an die Herkunftsfrage der mittelitalienischen Exemplare[11]. Ausführlich beschäftigte sich Luschey in seiner o. e. Arbeit mit dieser Gattung, die er als Zungenschale bezeichnete[12]; er stellte fest, daß diese Schalenform in Assyrien seit dem 9. Jh. v. Chr. nachweisbar ist und dann später in der orientalisierenden Zeit in Griechenland, aber auch in Italien Eingang fand und eine lange Lebensdauer aufwies[13].

Mit Darstellungen von Schalen bzw. Zungenschalen auf assyrischen Reliefs beschäftigte sich B. Hrouda, wobei er sie als eigentliche assyrische Trinkgefäße bezeichnete[14] und sie zeitlich zwischen dem 9.–7. Jh. v. Chr. ansetzte. Ein Relief aus dem Palast von Nimrud, das Assurnasirpal II. (883–859 v. Chr.) mit einer Zungenschale in der Hand zeigt, stellt einen Fixpunkt für die Datierung dieser Gattung dar[15].

In Urartu sind ebenfalls Schalen mit Zungenmuster aus Toprakkale nachzuweisen[16]. In neuerer Zeit hat sich die Zahl der urartäischen Exemplare aus Anatolien erhöht: Für die Zeitstellung der im Museum zu Adana befindlichen beiden Exemplare aus Silber – eines davon mit doppeltem Halbmondsymbol –, nimmt Taşyürek die Regierungszeit von Sarduri II. (ca. 760–730 v. Chr.) an[17]. Zwei weitere Silberschalen mit Zungenmuster, die den Namen İşpuini (ca. 825–ca. 810 v. Chr.) tragen, wurden von H.-J. Kellner bekannt gemacht[18]. Diese Beispiele aus Urartu weichen jedoch von der Schale aus Midas-Stadt aufgrund des nicht schräg ausgebildeten Schalenrandes ab.

Unter den bis jetzt veröffentlichten Zungenschalen mit flachem Boden aus unserem Arbeitsgebiet steht das Exemplar aus Boğazköy, das von Bittel in 8. Jh. v. Chr. datiert wird, unserem Exemplar sehr nahe[19]. Außerdem ist eine bis jetzt unpublizierte Schale mit Zungenmuster und eingravierter Tierkopfdarstellung aus dem Großtumulus von Ankara zu erwähnen.

Anhand der Fibel Nr. 1173 A ist dieser Tumulusfund von Midas-Stadt zweifellos in das letzte Viertel des 8. Jh. v. Chr. zu datieren. Aus dem bekannten Depotfund in Assur, der in die Zeit Sargons II. (722–705 v. Chr.) gesetzt wird[20], stammt ein Parallelstück zu unserer Schale. Die Schale von Midas-Stadt ist vermutlich regional, aber zweifellos nach den assyrischen Vorbildern hergestellt.

---

[10] Ebd. 85.
[11] F. Matz, Altitalische und vorderasiatische Riefelschalen, Klio 30, 1937, 110ff.
[12] Luschey, Phiale 76ff.
[13] Ebd. 145.
[14] B. Hrouda, Die Kulturgeschichte des assyrischen Flachbildes, Saarbrücker Beiträge zur Alterumskunde 2, 1965, 78, 129 Taf. 19 Abb. 16–18.
[15] Ebd. Taf. 41,1; besser in E. A. W. Budge, Assyrian Sculptures in British Museum Taf. 19 Abb. 1.
[16] Bossert, Altanatolien 312 Abb. 1184: Wie bei unserem Exemplar der obere Abschluß der Zungen mit Bogenreihe.
[17] Taşyürek, Türk Ark. Dergisi 23/2, 1976, 102f. 106f. 110 Abb. 2, 113 Abb. 6 a–c, 7.
[18] H.-J. Kellner, Ein datierter Silberfund aus Urartu, Anadolu 19, 1975/1976, 61f. Abb. 1 Taf. 5 Abb. 1–2.
[19] Boğazköy I 53 Taf. 21,2.
[20] Luschey, Phiale 34, 80 Abb. 29, a–b; vgl. auch Abb. 30 a–b aus Corneto/Italien mit unserer Schale.

e. Umgebung von Midas-Stadt, Bez. Eskişehir. – Vgl. Nr. 1173 A. – Schale mit Zungenmuster; Rand-Dm. 19 cm; H. 4,5 cm (*Taf. 82, e;* nach Museumszeichnung). – Mus. Istanbul (7282). – Unpubliziert.

Kanne mit Kleeblattmündung: Der hohle Henkel wurde oben durch zwei, unten durch eine hohle Halbkugel mit dünnem spitzem Nagel an der Kanne befestigt. Kannen dieser Art sind bei den Beigaben in Tumuli in Gordion[21] und Ankara[22] üblich.

f. Umgebung von Midas-Stadt, Bez. Eskişehir. – Vgl. Nr. 1173A. – Kanne mit Kleeblattmündung; mehr als die Hälfte in mehrere Teile zerbrochen: diese z. T. stark oxydiert. Nagelspitzen zur Henkelbefestigung auf der Rückseite umgebogen; H. mit Henkel ca. 12 cm (*Taf. 82,f*). – Mus. Istanbul (7284). – Unpubliziert.

Schöpfkelle: Einteilig oder mehrteilig hergestellte Schöpfkellen gehören zum Geschirrbestand der phrygischen Tumuli von Gordion[23] und Ankara. Offensichtlich stellen sie das notwendige Zubehör zu den großen Kesseln dar, die mehrfach in den oben erwähnten Fürstengräbern von Ankara und Gordion gefunden wurden, was für das Vorhandensein solcher Kessel in dem Tumulus von Midas-Stadt einen Hinweis gibt.

g. Umgebung von Midas-Stadt, Bez. Eskişehir. – Vgl. Nr. 1173A. – Schöpfkelle; intakt, einteilig gegossen; L. ca. 20,5 cm; Rand Dm. 7,9 cm; Stiel D. 0,35 cm (*Taf. 82,g*). – Mus. Istanbul (7283). – Unpubliziert.

„Lanzenspitzen": Alle drei Exemplare sind offensichtlich erst flach gegossen und schließlich in eine konische Form umgebogen. Drei bis vier bronzene Nägel dienten zur Befestigung auf dem Holz; diese sind bei Exemplar h z. T. vollständig erhalten. Gegenstände dieser Art mit demselben Befestigungsprinzip wurden in den Tumuli von Ankara[24] gefunden und von den Ausgräbern als Lanzenspitzen bezeichnet. Eine Funktion als Lanzenspitzenschuhe käme ebenfalls in Betracht; jedoch ist das Fehlen von zugehörigen Lanzenspitzen in diesen Tumuli von Ankara und in dem Tumulus aus der Umgebung von Midas-Stadt kaum als Zufall zu betrachten. Eine „Schuhfunktion" für eine andere Verwendung ist nicht ganz auszuschließen; im Falle des Fundes aus der Baumschule von Ankara wurden sie in einem mit drei Nägeln versehenen Ring eingesteckt aufgefunden.[25]

h. Umgebung von Midas-Stadt, Bez. Eskişehir. – Vgl. Nr. 1173 A. – „Lanzenspitze"; zwei Nägel vollständig erhalten; L. 14,8 cm; größter Dm. 2,1 cm; D. ca. 0,15 cm (*Taf. 82, h*). – Mus. Istanbul (7285). – Unpubliziert.

i. Umgebung von Midas-Stadt, Bez. Eskişehir. – Vgl. Nr. 1173 A. – „Lanzenspitze"; Nägel z. T. vollständig erhalten; L. 15 cm; größter Dm. 2,0 cm; Dm. Spitze 0,5 cm (*Taf. 82, i*). – Mus. Istanbul (7287). – Unpubliziert.

j. Umgebung von Midas-Stadt, Bez. Eskişehir. – Vgl. Nr. 1173 A. – „Lanzenspitze"; Nägel z. T. vollständig erhalten; L. 14,8 cm; größter Dm. 1,95 cm; D. 0,15 cm (*Taf. 82,j*). – Mus. Istanbul (7286). – Unpubliziert.

„Nägel": Zwei massive „Nägel" von rechteckigem bis rundem Querschnitt mit angelöteten hohlen Halbkugeln. Gegenstände dieser Art stammen aus dem Tumulus von Ankara,[26] ihr genauer Verwendungszweck ist bis jetzt nicht geklärt.

---

[21] Young, Führer Gordion. 28 Abb. oben rechts.
[22] Koşay, TTAED 1, 1933, 18 Abb. 18.
[23] Körte, Gordion. 75 Abb. 59; 101 Abb. 74 (in Kessel Nr. 3 gefunden); Young, Führer Gordion. 29; Koşay, TTAED 1, 1933, 13 f. Nr. 7. 8.
[24] Koşay, TTAED 1, 1933, 17f. Abb. 13–17; Özgüç/Akok, Belleten 11 H. 41, 1947, 57 ff. Taf. 11, Abb. 20: in kannelierter Ausführung.
[25] Koşay, TTAED 1, 1933, 17 Abb. 12; s. auch das Stück aus Boğazköy: Boehmer, Kleinfunde Unterstadt Taf. 6, 2572.
[26] Özgüç/Akok, Belleten 11 H. 41, 1947, 57 ff. Taf. 11, 21, rechts.

k. Umgebung von Midas-Stadt, Bez. Eskişehir. – Vgl. Nr. 1173 A. – „Nagel"; Kugel erhalten; Kugel-Dm. 1,15 cm; L. 5,45 cm (*Taf. 82, k*). – Mus. Istanbul (7289). – Unpubliziert.

l. Umgebung von Midas-Stadt, Bez. Eskişehir. – Vgl. Nr. 1173 A. – „Nagel"; Kugel fehlt; L. 5,2 cm (*Taf. 82, l*). – Mus. Istanbul (7290). – Unpubliziert.

Gürtelfragmente: Erhalten sind zwei Fragmente. Das Gürtelblechfragment weist auf der Vorderseite wie bei dem phrygischen Gürtel Nr. G 22 (Taf. 80/81) eingeritzte, parallellaufende Ritzlinien auf. Die kleinen Löcher am Rand dienten offensichtlich zum Annähen des Gürtelbleches auf eine Unterlage aus Stoff bzw. Leder. Das zweite Fragment ist eine Bronzeleiste von rechteckigem Querschnitt. Auf dieser Leiste sind Reste vom Gürtelblech erhalten, die mit Nieten auf die Leiste befestigt sind. Beide Enden der Leiste sind in Nietenform ausgearbeitet; an diesen Stellen befindet sich jeweils eine, noch drehbare kannelierte Scheibe eingesteckt, die mit einem Stift versehen ist, wodurch die ganze Leiste auf einem Teil des Gürtels angenietet war. Die Leiste stellt offensichtlich den Abschlußteil des Gürtelbleches oder der Gürtelschnalle dar.[27]

m. Umgebung von Midas-Stadt, Bez. Eskişehir. – Vgl. Nr. 1173 A. – Gürtelblechfragment; gr. L. 2,2 cm; Blech-D. 0,05 cm (*Taf. 82, m*). – Mus. Istanbul (o. Inv. Nr.). – Unpubliziert.

n. Umgebung von Midas-Stadt, Bez. Eskişehir. – Vgl. Nr. 1173 A. – Leiste; L. 4,9 cm; Querschnitt 0,45 × 0,15 cm (*Taf. 82, n*). – Mus. Istanbul (o. Inv.-Nr.). – Unpubliziert.

Gegenstand mit Öse (Ohrlöffel): Parallelen zu diesem Stück sind die Funde aus der phrygischen Zeit von Boğazköy (Wahrscheinlich aus Messing) und aus Midas-Stadt, die von Boehmer als Ohrlöffel (Toilettengerät) bezeichnet worden sind[28].

o. Umgebung von Midas-Stadt, Bez. Eskişehir. – Vgl. Nr. 1173 A. – Bronzegegenstand mit Öse; Rückseite flach; Bruchstelle nachweisbar, wahrscheinlich ein Fragment; L. 2,5 cm (*Taf. 82, o*). – Mus. Istanbul (o. Inv.-Nr.). – Unpubliziert.

Aufgrund der Grabform und der Fibel mit Doppelnadel besteht kein Zweifel, daß es sich hier um ein typisches phrygisches Fürstengrab handelt. Das vollständige Inventar des Grabes gelangte sehr wahrscheinlich nicht ins Istanbuler Museum. Bei den hier vorgestellten Beigaben handelt es sich vermutlich um regional hergestellte Waren.

GRIFFBÜGEL VON GÜRTELN

Im Tumulus P von Gordion wurden drei Bronzegürtel gefunden, deren Griffbügel typologisch den dem Bestatteten beigegebenen Fibeln (Typ A II) entsprechen.[1] Demnach ist eine Schmuckkombination bei Fibeln und Gürtel offensichtlich, bei der die gleiche Bügelform zur Anwendung kam.

In Chios (Harbour Sanctuary) wurden einige Fibeln phrygischer Form und Griffbügel von Gürteln gefunden, deren Bügelformen den phrygischen Fibeln entsprechen.[2] Durch Grabungen in Samos (He-

---

[27] Özgüç/Akok, Belleten 11 H. 41, 1947, 57 ff. Taf. 12, 24; 13, 25 als Vergleich.

[28] Boehmer, Kleinfunde Unterstadt 31 und Anm. 114a, Taf. 19, 3399 B.

[1] AJA 61, 1957, Taf. 92, 23.

[2] Boardman, Chios 214 ff. Taf. 87–89.

raion)³ und Boğazköy⁴ erhöhte sich die Anzahl der mit den phrygischen Fibeln eng verbundenen Griffbügel. Die aus dem untersuchten Gebiet stammenden Griffbügel werden hier zusammen mit den bis jetzt unpublizierten weiteren Exemplaren vorgelegt. Es ist jedoch darauf hinzuweisen, daß in Gordion weitere Griffbügel gefunden worden sind, die dem Verfasser im Museum Ankara nicht zugänglich waren.

Dreizehn reich verzierte Griffbügel stammen aus dem Heraion von Samos, wo außerdem eine phrygische Fibel vom Typ S I gefunden worden ist.⁵ U. Jantzen teilte diese Funde in zwei vorläufige Gruppen ein, wobei er die Griffbügel mit „eingeschobenen Perlen", d. h. Bügelornamenten (erste Gruppe) als von phrygischer Herkunft bezeichnete und solche Griffbügel, deren Bügelornamente mit dem Bügel in einem Stück gegossen sind (zweite Gruppe) als samische Nachahmungen betrachtete.⁶

Nachdem das Fundmaterial nun umfangreicher geworden ist, läßt sich feststellen, daß beide Macharten, die bei den Exemplaren aus Samos auftreten, in Anatolien vorkommen. Nach der Ausführung der Bügel und deren Ornamente zu urteilen, stammen sehr wahrscheinlich alle von Jantzen veröffentlichten Griffbügel aus phrygischen und an der Westküste von Kleinasien zu suchenden Werkstätten. Wie von Jantzen vermutet wird, gelangten diese Stücke mit phrygischen Prachtgewändern nach Samos.⁷

Mit den ionischen Gürteln beschäftigte sich J. Boardman.⁸ Er unterteilte die Griffbügel in acht Typen, indem er die Ornamente des Bügels zugrundelegte. Bei der Betrachtung der Griffbügel aus Chios ist festzustellen, daß die Form des Bügels von der inneranatolischen Bügelform abweicht; auffallend dabei ist, daß die Bügel aus Chios rechteckiger sind und die Bügelenden von kalottenartigen Ornamenten abgeschlossen werden.⁹ Diese rechteckige Bügelform ist ein Merkmal, das offensichtlich den Werkstätten aus dem Küstengebiet von Westkleinasien zuzuschreiben ist; denn die gleiche rechteckige Form des Bügels ist bei einer Fibel (Nr. 1179A) und bei einer Fibel-Gußform aus Bayraklı wiederzufinden.¹⁰ Ebenfalls nicht phrygisch sind kalottenförmige Bügelenden, die ausschließlich bei den Griffbügeln aus Chios, aus Ephesos (Nr. G 17, 19, 20) und aus Erythrae (Nr. G 18) vorkommen. Die Endornamente der inneranatolischen Griffbügel zeichnen sich durch eine Verzierung aus, die den Eindruck einer zur Faust geballten Hand vermittelt (vgl. z. B. Nr. G 5).

Für die typologische und chronologische Bestimmung der hier untersuchten Griffbügel sind die behandelten phrygischen Fibeltypen und Varianten ausschlaggebend, die für die Zeitstellung zum Vergleich herangezogen werden.

Die aus dem untersuchten Gebiet stammenden Griffbügel weisen folgende technische Eigenschaften auf, die mit den oben erwähnten Griffbügeln aus Samos zum großen Teil übereinstimmen:

Einteilig hergestellte Griffbügel mit Befestigungsnieten

Der Bügel und seine Ornamente sind einteilig gegossen. Auf der oft nicht weiter ausgearbeiteten Rückseite des Bügels sind drei eingesetzte Befestigungsnieten nachweisbar, von denen sich eine in der Bügelmitte, die beiden anderen auf den Bügelenden befinden. Sie dienten zur Befestigung des Griffbügels auf aus Metall (Bronze, vielleicht auch Messing), Leder oder Stoff hergestellten Gürteln.

---

³ Jantzen, Samos VIII Taf. 45–47.
⁴ Boehmer, Kleinfunde Taf. 10 180; ders., Kleinfunde Unterstadt Taf. 5–6, 2563–2567.
⁵ Jantzen, Samos VIII Taf. 44, B 1513.
⁶ Ebd. 52.
⁷ Ebd. 53.

⁸ Boardman, Anatolia 6, 1961/62, 179 ff.
⁹ Vgl. Anm. 2. – Die auf Taf. 87 abgebildeten Gürtel bzw. Griffbügel (275–276) sind vielleicht noch als phrygisch zu bezeichnen.
¹⁰ Muscarella, Phrygian Fibulae Taf. 16, 83.

Die Bügelornamente entsprechen allgemein denen des phrygischen Fibel-Typs J III. Das Exemplar Nr. G 10 stellt ein Unikum dar, bei dem zwei Zierelemente kombiniert worden sind, die bei den bis jetzt behandelten phrygischen Fibeln nicht gemeinsam auftreten: Der Bügel von quadratischem Querschnitt trägt sehr wahrscheinlich hohle Halbkugeln (entspricht Fibel-Variante A IV,1), die Ornamente der Bügelmitte und der beiden Bügelenden sind jedoch aus Wulst/Scheibenkombinationen zusammengesetzt, die das Merkmal der Fibeln vom Typ H sind.

G 1. Gordion/Polatlı, Bez. Ankara. – Tumulus S-1, Hauptbestattung. – Griffbügel; L. 5,8 cm; Dm. Mitte 1,2 cm; intakt, fein geritzte Wülste (*Taf. 77, G 1*). – Mus. Ankara (B 355). – Grabung Young, 1951. – Muscarella, Phrygian Fibulae Taf. 15,77–78.

G 2. Batak bei Altıntaş, Bez. Kütahya. – Griffbügel; ein Stück fehlt; erh. L. 5,2 und 3,3 cm; Dm. (Wulst) 1,2 cm; fein geritzte Wülste (*Taf. 77, G 2*). – Mus. Afyon (E 1119). - Erworben in Batak. – Unpubliziert.

G 3. Boğazköy, Bez. Çorum. – Nicht schichtbestimmt. – USt., Königstor, Nordturm, NW.-Ecke, beim Putzen zwischen den Steinen gefunden. – Griffbügel; Br. 9,2 cm; H. 7,6 cm; Dm. in Bügelmitte o. Verzierung 1,22 cm (*Taf. 77, G 3; nach Boehmer*). – Mus. Ankara (578/z). – Boehmer, Kleinfunde Taf. 10,180.

G 4. Gordion/Polatlı, Bez. Ankara. - Tumulus S-1, Hauptbestattung. – Griffbügel; ein Stück fehlt; erh. L. 4 cm und 4,2 cm (*Taf. 77, G 4*). – Mus. Ankara (B 355). – Grabung Young, 1951. – Unpubliziert.

G 5. Umgebung von Düver, Bez. Burdur. – Griffbügel; ein Endstück fehlt; erh. L. 5,4 cm; Bügel-Dm. o. Ornament 0,7 cm, mit Ornament 1,4 cm (*Taf. 78, G 5*). – Mus. Burdur (E 5505). – Ankauf. – Unpubliziert.

G 6. Boğazköy, Bez. Çorum. – Nicht schichtbestimmt. – J/19, Tempel I, Suchschnitt II/2, vermutlich aus gestörter phrygischer Bestattung. – Griffbügel; Fragment; Br. noch 5,5 cm; H. 5,9 cm; Dm. des Bügels 0,7 cm; (*Taf. 78, G 6; nach Boehmer*); – Beifunde: Fibel vom Typ S I (Nr. 1158); vermutlich zugehörige Gürtelfragmente (Boehmer Nr. 2561–2562). – Mus. Ankara (70/39). – P. Neve, Boğazköy V 21 Abb. 10,a; Boehmer, Kleinfunde Unterstadt Taf. 5,2563.

G 7. Boğazköy, Bez. Çorum. – Nicht schichtbestimmt. – J/19, Suchschnitt II/1, Oberflächenschutt. – Griffbügel; Fragment; Br. noch 3,1 cm; H. noch 4,5 cm (*Taf. 78, G 7; nach Boehmer*). – Mus. Ankara (71/1). – Boehmer, Kleinfunde Unterstadt Taf. 6,2565.

G 8. Boğazköy, Bez. Çorum. – Nicht schichtbestimmt. – J/20, nahe Urnengrab 4/73 (Vgl. Fibel Nr. 309). – Griffbügel; Fragment; L. 3,0 cm; Dm. der Wulstverzierung 0,8 cm (*Taf. 78, G 8; nach Boehmer*). – Mus. Ankara (73/147). – Boehmer, Kleinfunde Unterstadt Taf. 6,2564.

G 9. Boğazköy, Bez. Çorum. – Nicht schichtbestimmt. – K/20, 1,1 m unter der Oberfläche aus Steinschutt, 1,5 m nördlich des phrygischen Urnengrabes 1/77. – Griffbügel; Fragment; urspr. Br. bei 8,5 cm; Dm. 0,9 cm (*Taf. 78, G 9; nach Boehmer*). – Mus. Ankara (77/298). – Boehmer, Kleinfunde Unterstadt Taf. 6,2564 A.

G 10. Umgebung von Uşak. – Griffbügel; nur zwei Halbkugeln von insgesamt sechs erhalten; L. 5,5 cm; Bügel-Br. 0,6 cm; Dm. Wulst (Mitte) 0,9 cm (*Taf. 78, G 10*). – Mus. Uşak (26.254.69). – Ankauf. – Unpubliziert.

G 10 A. Ephesos, Bez. İzmir. – Artemision. – Griffbügelfragment; auf der Bügelrückseite an einem Ende Befestigungsstift teilweise erhalten; eingeritzte Wülste; erh. L. 3,65 cm; Wulst-Dm. 1,2 cm (*Taf. 78, G 10 A*). – Mus. Istanbul (u. Inv.-Nr. 2644). – Grabung Hogarth. – Unpubliziert.

Datierung und Verbreitung: Die Griffbügel Nr. 1 und Nr. 4 stammen aus der Hauptbestattung des Tumulus S-1 in Gordion; sorgfältig ausgearbeitete, fein geritzte Bügelornamente sprechen dafür, daß diese Stücke in die Zeit der Fibeln aus dem Tumulus MM gehören, also dem letzten Viertel des 8. Jh. v. Chr. Die nicht schichtbestimmten Exemplare aus Boğazköy werden von Boehmer dem ausgehenden 8. bzw. der 1. Hälfte des 7. Jh. v. Chr. zugewiesen.[11] Nahestehende Exemplare aus dem Heraion von Samos[12] sind B 593, B 606, B 607, B 613, B 616.

---

[11] Boehmer, Kleinfunde 72; Kleinfunde Unterstadt 7.

[12] Jantzen, Samos VIII Taf. 45.

Der Fundstoff

Griffbügel mit Verbindungsleiste

Diese Gruppe erfaßt Griffbügel, die zwischen ihren Bügelenden eine gerillte, gerippte oder astragalierte Verbindungsleiste aufweisen, die unterschiedlich angebracht ist. Bei dem Griffbügel Nr. G 15, vermutlich aus Düver, ist die Verbindungsleiste mit dem Bügel zusammen gegossen.

Die Verbindungsleiste des Exemplares aus „Old Smyrna" (Nr. G 11) ist eine verhältnismäßig breite, getrennt hergestellte Leiste, die auf ihren beiden Seiten mit Nieten an den Bügelenden befestigt ist. Diese Machart ist für die Nr. G 12 ebenfalls anzunehmen, bei der die Leiste nicht erhalten ist.

Die Griffbügel Nr. G 13 und Nr. G 14 sind mehrteilig hergestellt. Eine Röntgenaufnahme von Griffbügel Nr. G 14 zeigte eindeutig, daß er aus mehreren Einzelteilen zusammengesetzt wurde:

1) Blanker Bügel, von rundem Querschnitt mit durchlochten, zungenförmigen Enden.
2) Fünf Bügelornamente, die jeweils aus einem beidseitig von einer Scheibe begleiteten, bikonischen Wulst zusammengesetzt sind. Alle fünf Ornamente wurden zuerst einzeln – vermutlich ringförmig – hergestellt, auf den Bügel geschoben und schließlich auf der Rückseite des Bügels durch Hämmern befestigt.
3) Drei Befestigungsnieten: Eine in der Bügelmitte, zwei für die Bügelenden. Die aufgehämmerten und abgefeilten Spitzen der Nieten sind auf der Schauseite des Bügels sichtbar.
4) Ein astragalierter Verbindungssteg (Leiste), dessen durchlochte Enden zungenförmig ausgebildet sind.
5) Zwei runde, in ihrer Mitte durchlochte Astragale als Bügelabschlußschmuck.
6) Drei Blechlinsen für die sichere Befestigung des Bügels am Gürtelblech.

Diese Teile sind folgendermaßen zusammengesetzt: Auf den beiden Enden des Teils 4 (Verbindungssteg) sitzen die zungenförmigen Abschlüsse (vgl. auch Nr. G 16) des Bügels, auf die jeweils ein Astragal pro Seite aufgesetzt wird (Teil 5). Unterhalb der Zungen des Verbindungssteges befindet sich die durchlochte Blechlinse (Teil 6) auf der Innenseite des Gürtelbleches (d. h. beim Tragen auf der Körperseite). Somit liegen fünf Metallschichten übereinander; die Befestigungsniete, deren Kopf auf der Schauseite auf dem Astragal sichtbar ist, wurde wie ein Spieß in die Löcher eingesteckt und auf der Innenseite des Gürtelbleches durch Hämmern auf der Blechlinse befestigt. Auf der Schauseite wurde die Spitze der Niete auf dem Astragal ebenfalls vernietet.

Der eingesetzte Niet der Bügelmitte ist ebenfalls mit einer Blechlinse auf der Innenseite des Gürtelbleches befestigt.

Fragmentarisch erhalten ist vermutlich der aus dem Tumulus IV von Gordion bzw. von den Körte-Grabungen stammende Griffbügel Nr. G 13, dessen Bügelornamente getrennt hergestellt und auf den Bügel geschoben sind.

G 11. „Old Smyrna", Bayraklı, Bez. İzmir. – Griffbügel; ohne Maßstab (*Taf. 78, G 11* Rückseite; nach Boardman). – Mus. İzmir? – J. Boardman, Anatolia 6, 1961/62, 179 Taf. 21,b.

G 12. Ephesos, Bez. İzmir. – Artemision. – Primitive deposit under D foundations. – Griffbügel; auf Rückseite, in Bügelmitte und -enden rechteckige Eintiefungen für die Aufnahme von zur Befestigung dienenden Stiftansätzen; Stiftansatz-Mitte mit einer weißen Masse in der Eintiefung befestigt, übrige Ansätze herausgefallen; gerillte Bügelendscheiben; L. 5,75 cm, Schb.Dm. 2,0 cm, Dm. Schmuck Mitte 1,1 cm (*Taf. 78, G 12*). – Mus. Istanbul (2 650). – Grabung Hogarth. – Ephesos Taf. 19,2.

G 13. Gordion/Polatlı, Bez. Ankara. – Tumulus IV? – Griffbügel; Fragment; erh. L. 5,5 cm (*Taf. 78, G 13*). – Mus. Istanbul (2 090, unter Körte-Funden). – Grabung Körte. – Unpubliziert.

G 14. Antalya. – Griffbügel; hellgrüne Patina; L. 5,2 cm; Dm. Mitte 1,3 cm (*Taf. 78, G 14*). – Römisch-Germanisches Zentralmuseum Mainz (o.38906). – Unpubliziert.

Griffbügel von Gürteln

G 15. Umgebung von Düver, Bez. Burdur. – Griffbügel; L. 5,0 cm; Dm. Mitte (Wulst) 1,75 cm; Dm. Bügel 0,8 cm (*Taf. 79, G 15*). – Mus. Burdur (E 2243). – Ankauf. – Unpubliziert.

G 16. Boğazköy, Bez. Çorum. – Nicht schichtbestimmt. – J/20, IV/1, Schutt. – Griffbügel; nur Bügelendteil erhalten (*Taf. 79, G 16*; nach Boehmer). – Beifunde: Gürtelblech-Fragmente (Boehmer Nr. 2566). – Mus. Ankara (76/340). – Boehmer, Kleinfunde Unterstadt Taf. 6, 2567.

Datierung: Aufgrund der bikonischen Bügelornamente ist der Griffbügel aus Antalya (Nr. G 14) mit den phrygischen Fibeln vom Typ H I, die überwiegend im Tumulus S-1 von Gordion gefunden worden sind, eng verwandt. Eine Datierung dieses Stückes in das ausgehende 8. Jh. bzw. die erste Hälfte des 7. Jh. v. Chr. ist demnach für möglich zu halten; in diesem Zusammenhang verwandt mit dem Stück aus Antalya ist der Griffbügel Nr. B 1691 aus dem Heraion von Samos.

Das Bügelendfragment aus Boğazköy ist nicht schichtbestimmt. Die sehr wahrscheinlich lokal hergestellten Exemplare aus Ephesos und aus „Old Smyrna" (Bayraklı) sind der ersten Hälfte des 7. Jh. v. Chr. zuzuweisen.

Einteilige Griffbügel mit eingeritzten, kalottenförmigen Abschlüssen

Zwei fast identische, jedoch aus unterschiedlichem Material hergestellte Griffbügel stammen aus dem Artemision von Ephesos und aus Erythrae. Das Exemplar Nr. G 17 von Ephesos ist aus Bronze, das andere aus Elfenbein hergestellt. Bezeichnend für die beiden Exemplare sind die verhältnismäßig großen, kalottenförmigen Abschlüsse des Bügels, die jeweils in ihrer Mitte mit einem kleinen Knopf versehen und mit von dieser Stelle ausgehenden eingeritzten, parallelen Streifen verziert sind, was einen Hinweis auf ihre gemeinsame Werkstatt gibt, die möglicherweise im Gebiet von Ephesos-Erythrae-Bayraklı zu suchen ist.

Auf der Rückseite des Griffbügels Nr. G 17 aus dem Artemision von Ephesos sind drei Nägel erhalten (jeweils einer in der Bügelmitte und auf den an dieser Stelle abgeflachten Kalotten), die zur Befestigung des Griffbügels auf dem Gürtel gedient haben müssen; diese Nägel bzw. Stifte sind bei dem Exemplar Nr. G 19 offensichtlich herausgefallen. Dagegen entspricht aufgrund der rechteckigen Eintiefungen auf der Bügelrückseite die Befestigungstechnik des wuchtigen Griffbügels Nr. G 20 derjenigen von Griffbügel G 12, ebenfalls aus Ephesos. Bei dem Griffbügel aus Erythrae ist anzunehmen, daß er auf dem Gürtel angenäht war.

G 17. Ephesos, Bez. İzmir. – Artemision. – Vgl. Nr. G 12. – Griffbügel; Kalottenmitte mit Zierknopf; eingeritzte Wülste; L. 5,6 cm, Dm. Mitte (Wulst) 1,6 cm (*Taf. 79, G 17*). – Brit. Mus. London (1907-12-1-342). – Grabung Hogarth. – Ephesos Taf. 19,1.

G 18. Erythrae, Bez. İzmir. – Griffbügel; Elfenbein, Kalottenmitte mit Zierknopf; L. ca. 4,5 cm; H. ca. 4,0 cm (*Taf. 79, G 18*; gezeichnet durch die Vitrine). – Mus. İzmir. – Unpubliziert.

G 19. Ephesos, Bez. İzmir. – Artemision. – Vgl. Nr. G 12. – Griffbügel; eingeritzte Wülste; L. 5,5 cm; Bügel-Dm. 0,6 cm; Kalotten-Dm. 2,40 cm (*Taf. 79, G 19*). – Mus. Istanbul (2649). – Grabung Hogarth. – Unpubliziert.

G 20. Ephesos, Bez. İzmir. – Artemision. – Vgl. Nr. G 12. – Griffbügel; stark korrodiert, sehr massiv und wuchtig; eingeritzte Wülste noch erkennbar; Befestigungsart: vgl. Nr. G 12; L. 6,75 cm; Bügel-Dm. ca. 0,9 cm; Kalotten-Dm. 2,5 cm (*Taf. 79, G 20*). – Mus. Istanbul (2648). – Grabung Hogarth. – Unpubliziert.

Datierung: Vermutlich stammen alle Exemplare aus dem ausgehenden 8. Jh. bzw. aus der ersten Hälfte des 7. Jh. v. Chr. Griffbügel mit eingeritzten, gerillten, kalottenförmigen Abschlüssen, die den Exemplaren von Ephesos und Erythrae nahestehen, sind mehrfach in Chios/Emporio gefunden worden.[13]

---

[13] Boardman, Chios 218 Abb. 142 Taf. 88.

Griffbügel mit Löwenköpfen

Der Griffbügel endet beidseitig in Löwenköpfen. Der ganze Bügel ist einteilig hergestellt. Das Exemplar Nr. G 21 hat drei parallellaufende Bügel von rechteckigem Querschnitt. Hinter den Löwenköpfen und in der Mitte des Bügels befindet sich jeweils ein kleines Loch, das zur Befestigung gedient haben muß. Es ist nahe verwandt mit dem im Britischen Museum aufbewahrten, von Boardman veröffentlichten Griffbügel,[14] dessen Fundort nicht bekannt ist. Boardman erwähnt ein Löwenkopffragment aus Didyma, das von den Ausgräbern als „Applik" bezeichnet worden ist.[15] Nahe verwandt ist der Griffbügel mit den Löwenköpfen, der in Chios/Emporio gefunden wurde und der Periode HS IV (630–600 v. Chr.) zugewiesen wird.[16]

G 21. Erythrae, Bez. İzmir. – Griffbügel; L. ca. 4,7 cm; Bügel-Br. ca. 1,0 cm (*Taf. 79, G 21*; gezeichnet durch die Vitrine). – Mus. İzmir. – Unpubliziert.

Phrygischer Gürtel

Ein Demonstrationsstück zu den oben vorgelegten *Griffbügeln* ist der folgende phrygische Gürtel. Als Fundort (laut Aussage des Museumspersonals von Istanbul) ist die Umgebung von Afyon nicht auszuschließen, da der Gürtel von einem Antiquitätenhändler, der Funde aus dieser Umgebung sammelt, erworben wurde.[1]

Von dem Gürtel erhalten sind zwei Blechteile (Nr. G 22 a-b), die Schnalle (Nr. G 22 c) und der Griffbügel (Nr. G 22 d). Das Blech Nr. G 22 a ist an einem Ende abgebrochen; das andere Ende bildet die Zunge – mit nach innen gebogenem Abschluß –, die zum Schließen des Gürtels in die mittleren kreisförmigen Öffnungen der Schnalle Nr. G 22 c eingehakt wird. Entlang der Ränder des Gürtelbleches befindet sich je eine Reihe von kleinen Löchern, die offensichtlich zum Annähen des Bleches auf Leder oder Stoff gedient haben müssen. Unterhalb bzw. oberhalb dieser Lochreihen befinden sich jeweils elf sehr sorgfältig eingeritzte parallellaufende Linien, die, nachdem sie ein beidseitig angebrachtes Ornament (aus acht Löchern bestehend) umkreist haben, zur Zungenspitze hin weiterlaufen. Der abgebrochene Griffbügel war durch ein Dreipunktbefestigungsprinzip auf dem Gürtelblech befestigt (s. S. 194 f.); deutlich nachweisbare Nietreste sowohl auf dem Gürtelblech als auch auf der Bügelrückseite sichern seine ursprüngliche Position auf dem Gürtelblech. Bei dem Blech Nr. G 22 b ist ein Ende fast komplett erhalten; das andere ist abgebrochen. Das letztere läßt sich nicht mit dem abgebrochenen Ende des Bleches Nr. G 22 a ergänzen. Es ist bemerkenswert, daß die parallellaufenden Ritzlinien auf dem Blech G 22 b etwa in der Mitte aufhören. Anzunehmen ist, daß diese unverzierte Hälfte des Bleches beim Tragen nicht sichtbar war (s. unten). Außerdem ist ab dieser Stelle eine Änderung der Farbe des Bleches zu beobachten, und zwar in Form einer diagonal laufenden Linie vom unteren zum oberen Rand.

Wo die leicht konvex gewölbte Schnalle G 22 c, deren Durchbruchverzierung nachträglich eingeschnitten wurde, ursprünglich an den Gürtel angebracht war, ist nach den erhaltenen Teilen nicht festzustellen. Denn weder die Rückseite der Schnalle noch die Oberfläche der Bleche weisen Spuren ir-

---

[14] Boardman, Anat. Stud. 16, 1966, 193 f. Taf. 64.
[15] Arch. Anz. 79, 1964, 377 f. Abb. 22.
[16] Boardman, Chios 217 Taf. 89, 293.

[1] Der gleiche Antiquitätenhändler brachte zusammen mit diesem Gürtel die Fibeln Nr. 294–295, 424, die wahrscheinlich in der Umgebung von Dinar gefunden wurden.

gendeiner Befestigungsart auf. Leider ist ein Abschlußteil der Schnalle abgebrochen und nicht erhalten. Die kreisförmigen Öffnungen in der Mitte der Schnalle dienten zum Einhaken der oben beschriebenen Gürtelzunge. Es ist vorstellbar, daß die Schnalle auf einer jetzt abgebrochenen und nicht erhaltenen Seite mittels einer Leiste an dem Gürtel befestigt war, so daß die Schnalle beweglich bzw. aufklappbar war.

Da die abgebrochenen Enden der beiden Blechteile nicht zueinander passen, muß ein Zwischenstück fehlen, das als der am Rücken getragene Streifen des Gürtels zu ergänzen ist. Wenn dem so ist, dann ließe sich die unverzierte Hälfte des Bleches G 22 b damit erklären, daß sie mit Stoff oder Leder bezogen war, worauf wiederum die Schnalle aufgenäht oder auf andere Art befestigt war. Typologisch ist der reichverzierte Bügel den *einteilig hergestellten Griffbügeln mit Befestigungsnieten* (Nr. G 1–G 10 A) zuzuordnen.

Abgesehen von phrygischen Griffbügelfunden aus den griechischen Heiligtümern (s. S. 193 f.) sind mehrere Gürtel dieser Art aus den Fürstengräbern von Gordion,[2] Ankara[3] und auch von Boğazköy[4] bekannt. Bei der Betrachtung der phrygischen Gürtel dürfen die urartäischen Prunkgürtel aus Ostanatolien nicht außer Acht gelassen werden. Die mit Göttern und religiösen Szenen reich geschmückten Gürtelbleche gehören zu den wichtigsten urartäischen Fundgattungen. Diese Prunkgürtel erfüllten wahrscheinlich noch einen über die praktische Funktion hinausgehenden Zweck; eine systematische Bearbeitung dieser Funde stellt das Thema eines PBF-Bandes dar, der sich z. Zt. in Vorbereitung befindet.[5]

Bemerkenswert ist eine Gürtelschnalle mit Durchbruchverzierung aus Toprakkale, die von R. D. Barnett ergänzt und rekonstruiert wurde[6]. Die Beziehung zwischen dieser und unserer Schnalle G 22 c ist unverkennbar. Die Verwendung dieser Art Gürtelverschlüsse ist m. W. bis jetzt eher bei den phrygischen Gürteln nachzuweisen als bei den urartäischen; die von Barnett zum Vergleich herangezogenen Funde sind ausschließlich phrygisch[7]. Die Frage, ob es sich bei der Schnalle von Toprakkale um ein urartäisches Exemplar handelt, muß vorerst offen bleiben.

G 22 a. Fundort unbekannt oder Umgebung von Afyon.
– Gürtelblech; Fragment, Kreise und gerade Linien mit Hilfe eines Zirkels, Lineals oder ähnlichem eingeritzt; erh. L. 41,6 cm; Br. (Mitte) 6,6 cm; Blech-D. 0,05 cm; Br. (Zunge) 2,2–1,15 cm; Blech-D. (Zunge) 0,15 cm (*Taf. 80/81, G 22 a*). – Mus. Istanbul (7 477 B). – Unpubliziert.

G 22 b. Fundort unbekannt oder Umgebung von Afyon.
– Gürtelblech; Fragment; erh. L. 43,5 cm; Br. (abgebrochenes Ende) 6,55 cm; Blech-D. 0,1 cm (*Taf. 80/81, G 22 b*). – Mus. Istanbul (7 477 A). – Unpubliziert.

G 22 c. Fundort unbekannt oder Umgebung von Afyon.
– Gürtelschnalle; Fragment; erh. L. 7,0 cm (Mitte); gr. Br. 4,4 cm; D. 0,1 cm (*Taf. 81, 22 c*). – Mus. Istanbul (7 483). – Unpubliziert.

G 22 d. Fundort unbekannt oder Umgebung von Afyon.
– Griffbügel; intakt; L. 6,1 cm; Bügel-Dm. 0,55 cm; Dm. Schmuck (Mitte) 0,8 cm (*Taf. 81, G 22 d*). – Mus. Istanbul (7 477 C). – Unpubliziert.

Datierung: Anhand des Griffbügels und der Verzierung des Bleches (s. S. 193 und Taf. 82, m) ist der Gürtel in das letzte Viertel des 8. Jh. v. Chr. anzusetzen.

---

[2] z. Zt. publiziert ist nur das Stück aus Tumulus P: R. S. Young, AJA 61, 1957, 327, Pl. 92, 23.
[3] Özgüç/Akok, Belleten 11 H. 41, 1947, 57 ff. Taf. 12, 23–13, 26.
[4] Boehmer, Kleinfunde Unterstadt Taf. 5, 2561–2562.
[5] Kellner, Urartäische Gürtelbleche, PBF. XII, 4 (in Vorbereitung).
[6] Barnett, More Addenda from Toprakkale, Anat. Stud. 22, 1972 173 Abb. 13.
[7] Ebd.

ERGEBNISSE

Wenn wir von den zweiteiligen goldenen Gewandspangen aus den frühbronzezeitlichen Fürstengräbern von Alacahüyük, die von K. Bittel als „Urfibeln" bezeichnet wurden,[1] und von einer Violinbogenfibel aus Tarsus in Kilikien[2] absehen, erscheinen im Arbeitsgebiet die ältesten Fibeln in der ägäischen Küstenzone.

In Schicht VII b 1 von Troja (ca. 1240–1190 v. Chr.) fand C. W. Blegen sechs tordierte Drahtfragmente,[3] wahrscheinlich Teile einer Fibel, eventuell einer Violinbogenfibel mit leicht asymmetrischem Bügel (ähnlich dem mykenischen Stück von Korakou); Blegen vergleicht dieses Fragment mit demjenigen unserer Nr. 13 A aus Troja.

Von Karien stammen aus dem Übergang von der submykenischen zur protogeometrischen Zeit[3a] weitbogige, mit großen Spiralen und zwei Knoten versehene Fibeln (Typ II a), zu denen es vergleichbare aus Kreta gibt, und die V. Milojčić als aus dem „balkanisch-italischen" Raum stammend ansprach.[4] Er sah in den kretischen Exemplaren „Fremdlinge", die er mit Einwanderern aus dem Norden in Verbindung brachte.[5]

Außer der oben erwähnten Fibel sind aus Troja weitere Funde bekannt, die für Anatolien als fremd zu bezeichnen sind, so zwei Gußformen, eine von einer Schaftlochaxt und eine von einem Tüllenbeil mit seitlicher Öse,[6] deren genaue Fundstelle nicht bekannt ist. Blegen hält eine Zugehörigkeit zur Siedlung Troja VII b 2 (ca. 1190–1100 v. Chr.) für wahrscheinlich.[7] In dieser Siedlungsphase von Troja erscheint nach einer langen Tradition scheibengedrehter Keramik plötzlich handgemachte, technisch primitive, buckelverzierte Keramik,[8] deren Ursprung in Südosteuropa gesucht wird.[9]

Zu den „Fremdlingen" im Sinne von Milojčić gehören auch ein jungbronzezeitliches Griffzungenschwert aus Karien im Museum Bodrum[10] und offensichtlich zwei Violinbogenfibeln, die wahrscheinlich aus Anatolien stammen (Nr. 1.2).

Wenn bis jetzt aus systematischen Ausgrabungen jungbronzezeitlicher Siedlungen oder Nekropolen im westlichen Kleinasien keine Violinbogenfibeln zum Vorschein gekommen sind, so muß berücksichtigt werden, daß solche Untersuchungen verhältnismäßig selten unternommen wurden. Festzustellen ist, daß Fibeln aus den hethitischen Städten Zentralanatoliens fehlen.

In der protogeometrischen Zeit treten Fibeln verstärkt im karischen Gebiet auf. Die Nekropole von Iasos ergab Fibeln der vorwiegend von den ägäischen Inseln bekannten Typen.

In Mittelanatolien dürften eine Fibel von Alişar (Nr. 1180), die allgemein in das 9. Jh. v. Chr. zu setzen ist, und eine asymmetrische Eisenfibel von Korucutepe/Elazığ, die nach den Ausgräbern aus dem 10.–9. Jh. v. Chr. stammt,[11] die ältesten Fibelfunde sein. Sie gelangten sehr wahrscheinlich über Kilikien aus dem östlichen Mittelmeerraum an ihre Fundorte.

In Gordion tritt in der auf die Bronzezeit folgenden Schicht Keramik auf, die eine Verwandtschaft mit der handgemachten Ware von Troja VII b aufzuweisen scheint.[12] Das gordische Fibelmaterial er-

---

[1] Bittel, Arch. Anz. 54, 1939, Beiblatt I/II 116.
[2] Goldman, Tarsus II Abb. 432, Nr. 245.
[3] Blegen, Troja IV Part I 149.231.
[3a] Zur absoluten Datierung von protogeometrischer – subgeometrischer Zeit vgl. C. Özgünel, Carian Geometric Pottery I (1979) 102 ff.
[4] Milojčić, Einige „mitteleuropäische" Fremdlinge auf Kreta. Jb. RGZM 2, 1955, 164. 168 f.
[5] Ebd. 167 ff.; vgl. Fibeln Abb. 2, 11; 3, 9.
[6] Schmidt, Schliemanns Sammlung Nr. 6768. 6769.
[7] Blegen, Troja IV 144.
[8] Ebd. 158.
[9] Über Herkunftsfrage vgl. ebd. 145 und dort angegebene Literatur.
[10] Handbuch IV Taf. 180, J.
[11] Türk Ark. Dergisi 17/1, 1968, 80.
[12] Anat. Stud. 30, 1980 (1981), 213.

laubt keine Aussage über diese entsprechende Zeit; nach dem heutigen Forschungsstand erscheint dort erst im 8. Jh. v. Chr. eine Fibelform, die als phrygisch zu bezeichnen ist, und deren Entwicklung ihren Höhepunkt im letzten Viertel des 8. Jh. v. Chr. erreicht. Sie gelangt auch auf das griechische Festland, auf die ägäischen Inseln, nach Tarsus,[12a] Al Mina[13] und sogar nach Italien (s. S. 83). Bei den Fibelfunden aus der Zeit nach der vermutlich auf die Kimmerier zurückgehenden Zerstörung des City Mounds von Gordion, fehlt der Glanz der Fibelentfaltung aus der vorangehenden Blütezeit. Die Fibeln sind durchweg schlichter.

Die Fibeln unseres Arbeitsgebietes wurden in Siedlungen, Urnen- und Steinkistengräbern sowie in Tumuli mit Brand- und Körperbestattungen gefunden.[14] Daß Fibeln außer für den praktischen Gebrauch auch als Votivbeigaben hergestellt und in Tempeln niedergelegt wurden, wie dies aus Griechenland und von den ägäischen Inseln bekannt ist,[15] wird im Arbeitsgebiet belegt durch die aus Tempeln stammenden Funde von Ephesos, der „Umgebung von İzmir", wahrscheinlich auch durch die Exemplare von Didyma und Knidos.

In Phrygien spielten Fibeln in Gordion auch im Totenritual eine Rolle. Die Tumuli von Gordion enthielten zweifellos die Aristokratie bzw. Angehörige der königlichen Familie. R. M. Boehmer wies überzeugend darauf hin, daß die dort gefundenen Fibeln mit Doppelnadel und Deckplatte von Fürsten getragen wurden und als Rangabzeichen zu werten sind.[16] Elf solcher Fibeln lagen in Tumulus MM, wahrscheinlich in einer Tasche am Kopf des Bestatteten, der diese zweifellos zu Lebzeiten selbst getragen hat. An verschiedenen Orten der Grabkammer sowie auf dem Totenbett (u. a. am Ellbogen und der Schulter des Bestatteten) wurden außerdem etwa 165 kleinformatige Fibeln gefunden, die ohne Ausnahme mit einer einfachen Nadel ausgerüstet sind. Dabei sind vier phrygische Hauptfibeltypen vertreten, jeweils mit 40–50 Exemplaren. Bei vielen Stücken ist zu erkennen, daß sie kaum oder gar keine Benutzungsspuren aufweisen; einige Fibeln der Variante A IV,1 sind als „Miniaturfibeln" zu bezeichnen. Hier erhebt sich die Frage, wie das Nebeneinander von Fibeln vom Typ S I als Standesattribut von Fürsten (der vor dem Vegetationsgott Tarhu dargestellte König Warpalawas trägt eine solche Fibel[17] [Taf. C]) und den übrigen Fibeln mit einfacher Nadel zu erklären ist. Vermutlich waren diese Fibeln mit einfacher Nadel von dem Bestatteten zu Lebzeiten nicht getragen, sondern für die Bestattung als Totengabe – womöglich nach seinem Tod – hergestellt worden. Dies würde ein weiterer Hinweis für den Ansatz des Tumulus MM in die Zeit vor der kimmerischen Zerstörung sein und ein Beleg dafür, daß der hier Beigesetzte nicht König Midas war, denn es ist nicht vorstellbar, daß nach dem kimmerischen Angriff Werkstätten und Handwerker in Gordion noch in der Lage waren, solche erstklassigen Bronzegegenstände herzustellen. Allerdings zog G. K. Sams in Betracht,[18] daß die Stadt Gordion von den Kimmeriern nur zum Teil zerstört worden sei, und die Bevölkerung nach der Katastrophe in oder um Gordion weitergelebt habe.

Diese Zerstörung von Gordion – möglicherweise durch die Kimmerier verursacht –, kann kaum durch eine andere Art von Katastrophe ausgelöst worden sein, da die Fibeln aus dem zeitlich dem Tumulus MM folgenden Tumulus S-1 einen starken Qualitätsrückgang zeigen und ein sparsameres Umgehen mit Metall sichtbar werden lassen. Keiner der jüngeren Tumuli von Gordion lieferte Fibeln, die

---

[12a] Goldman, Tarsus III 370 Anm. 6; 376 Abb. 176, 70. Assur: Bei dem von Boehmer (Kleinfunde Unterstadt 4 Anm. 18) irrtümlicherweise „aus Assur" erwähnten Stück handelt es um unsere Fibel Nr. 406 aus Midas-Stadt.

[13] C. L. Woolley, JHS 58, 1938, 138 Abb. 17, 3.

[14] Für die Grabformen aus dem Zeitraum und aus dem Gebiet, mit denen wir hier beschäftigen vgl. Schachermeyr, Etruskische Frühgeschichte 89 ff.; M. Waelkens, Das Totenhaus in Kleinasien, Antike Welt 4, 1980, 3 ff.

[15] Sapouna-Sakellarakis, PBF. XIV,4 (1978) 2 f.

[16] R. M. Boehmer, Arch. Anz. 88, 1973, 152.

[17] Zuletzt publiziert bei: Bittel, Hethiter Abb. 327–328.

[18] Sams, Phrygian painted Animals. Anat. Stud. 24, 1974, 169 ff.

den Glanz und die Pracht der Exemplare des 8. Jh. v. Chr. bzw. der vorkimmerischen Periode erreichen. O.W. Muscarella[19] hielt es für möglich, daß im Tumulus MM von Gordion „all thirty-seven fibulae fastened and decorated the garment which the dead man wore when he was interred"; hinsichtlich der Funktion der Fibeln als Grabbeigaben[20] zog er in Betracht, daß nach dem griechischen Vorbild der Votivgaben in Tempeln diese Fibeln ebenfalls als Votivgabe dem Toten mitgegeben wurden. Angemerkt sei, daß in dieser Zeit in Anatolien die Könige bzw. Fürsten nie mit den Göttern gleichgesetzt wurden.[21] Muscarella vermutet demnach eine allgemein religiöse Funktion der Fibeln. Eine solche Funktion tritt deutlich bei den Funden des Gordion-Tumulus S-1 zutage, wo außer 123 in der Grabkammer gefundenen Fibeln 51 weitere in einer Grube über der Grabkammer lagen, wo sie offensichtlich rituell deponiert worden waren.[22]

Muscarella sah die ältesten phrygischen Fibeln (Variante AI,1) als von den sog. böotischen Halbmondfibeln (Blinkenberg Typ IX) beeinflußt an.[23] Fibeln der Variante AI,1 wurden im ältesten Gordion-Tumulus (W) gefunden, dessen sonstiges Fundinventar keine Hinweise auf eine Beziehung zu Böotien oder zu Griechenland zeigt. Vielmehr treten hier Einflüsse aus dem Osten bzw. Assyrien in den Vordergrund.[24] Das gilt auch für die Funde aus den anderen, vorzerstörungszeitlichen Tumuli von Gordion, deren Keramik und Bronzegefäße eher mit Assyrien, Urartu, Transkaukasien und der Sialk B-Nekropole in Verbindung zu bringen sind.[25] Soweit bis jetzt bekannt, gehört die in Gordion gefundene älteste griechische Keramik der Zeit kurz vor und nach 700 v. Chr. an.[26]

In unserem Arbeitsgebiet wurden keine sog. böotischen bzw. attischen Halbmondfibeln gefunden. Mit Fibeln dieser Art beschäftigte sich R. Hampe.[27] Weitere Fibeln dieser Art sind aus Blinkenbergs Publikation bekannt.[28] Vergleichbare Stücke liegen aus Leukanti[29] und aus Alagir im Nordkaukasus vor.[30] Bei allen diesen Exemplaren ist der Bügel verziert (Darstellungen von mythologischen Themen, Hakenkreuze, Fische). Halbmondförmige Fibeln ohne eine derartige Bügelverzierung sind von den ägäischen Inseln,[31] aus dem Nordkaukasus[32] und aus Zypern[33] bekannt. Wenn solche Funde demnach in einem weiten Gebiet vorkommen, müssen als Vorbild für diese phrygischen Fibeln nicht speziell die sog. böotischen Formen gedient haben. Abgesehen davon ist die Halbmondform im Vorderen Orient und in Anatolien seit langem auf Schmuckgegenständen bekannt.[34] Mit diesem Thema hat sich zuletzt Boehmer befaßt.[35] Solche Lunula-Anhänger haben offenkundig eine religiöse Bedeutung.[36] Die Hethiter sprechen da von „armannis". Die auf manchen Halbmondfibeln erscheinenden Motive unterstreichen diese symbolische Bedeutung.[37]

Abgesehen von den Lunula-Anhängern aus hethitischer Zeit kennen wir aus Troja Zierstücke dieser Form (Abb. 4,a), deren genauere Zeitstellung unsicher ist, die aber jedenfalls älter sind als die böotischen und phrygischen Fibeln; diese Zierstücke bestehen aus Gold, Bronze oder Kupfer.[38] Es sind offensichtlich keine Fibeln. W. Dörpfeld nahm an, daß diese Plättchen auf Kleidungsstücke aufgenäht waren;[39]

---

[19] Muscarella, Phrygian Fibulae 52.
[20] Ebd. Anm. 16; ders., Journ. Near East. Stud. 26, 1967, 85 ff.
[21] Bittel, Hethiter 289.
[22] Muscarella, Phrygian Fibulae 5.
[23] Ebd. 43.
[24] AJA. 64, 1960, 231.
[25] Vgl. Fundplätze Tumulus III und P (s. S. 6 f.).
[26] K. DeVries, Greeks and Phrygians in the early Iron Age. University Museum Papers 1 (1980) 33.
[27] Hampe, Frühe griechische Sagenbilder Taf. 1–5.
[28] Blinkenberg, Fibules Abb. 211. 212.
[29] Sapouna-Sakellarakis a.a.O. Nr. 1527.
[30] O.W. Muscarella, AJA, 69, 1965, 233 ff. Taf. 58,5 Nr. 28.
[31] Sapouna-Sakellarakis a.a.O. Nr. 1526, 1528, 1529.
[32] Vgl. Anm. 30.
[33] Gjerstad, Cyprus Expedition IV/2, 384 Abb. 69.
[34] Handbuch III Taf. 318, D 1–10 (Karahüyük).
[35] Boehmer, Kleinfunde 30 ff.
[36] H. Müller-Karpe, Bronzezeitliche Heilzeichen. Jber. Inst. Vorgesch. Univ. Frankfurt 1978–1979, 9 ff.
[37] RL. V 21.
[38] Schliemann, Ilios 286; Dörpfeld, Troja 365; Schmidt, Schliemanns Sammlung Nr. 6037–6041, 6432.
[39] Dörpfeld a.a.O.

eventuell dienten sie als Halsschmuck.[40] Nach H. Schliemann wurden diese Stücke in den Siedlungen II–V von Troja gefunden. Reichlich vertreten ist die Halbmondform auf hethitischen und syro-palästinensischen Amuletten und Siegeln sowie urartäischen Rollsiegeln; hier handelt es sich offensichtlich um ein Heilssymbol.[41]

In geometrischer Zeit fand der Halbmond, abgesehen von den böotischen Fibeln, im Mittelmeerraum bei anderen Schmuckgattungen Verwendung. Ein prachtvoller Halsschmuck aus einem Tholos in der Nähe von Knossos wird um 800 v. Chr. datiert.[42] Auf einem Orthostat aus Sam'al (Zincirli) mit der Darstellung des aramäischen Königs Barrekub mit seinem Sekretär[43] ist in der Mitte der Inschrift oberhalb des Königs ein Symbol zu erkennen, das aus einer Mondsichel[44] besteht, die eine Scheibe trägt. F. v. Luschan bringt dieses Symbol mit dem Gott Baal Harran in Verbindung.[45] Es läßt sich mit der Anordnung und Form der Halskette aus Kreta vergleichen.[46]

Auch die Halbmondform der böotischen Fibeln könnte typologisch mit der altvorderasiatischen Tradition des Halbmondmotivs zusammenhängen. Mythologische Darstellungen wie von den böotischen Fibeln sind auf Bügeln von phrygischen Fibeln der Variante A I,1 (halbmondförmig) und A I,2 nicht nachweisbar. Als einzige Verzierung begegnen gepunzte Wolfszahnmuster (Nr. 187, 188, 391, 391 A, 468 A, 469, 573, 602), wie auch auf einer schwarzpolierten Siebkanne aus dem Tumulus III und auf dem Gürtel aus dem Tumulus P von Gordion.[47] Dieses Muster begegnet auch auf Gegenständen in den kaukasischen Nekropolen von Mouci Yéri[48] und Koban.[49] Besonders beliebt scheint diese Verzierung im urartäischen Bereich gewesen zu sein (Helm des Königs Argistis I.[50] [ca. 780–760 v. Chr.]; Köcher mit der Inschrift des Königs Sarduris II.[51] [ca. 760–730 v. Chr.], auf den Felsreliefs von Adilcevaz[52] und auf den Pektoralen aus Urartu [Abb. 4, d][53]). Die letztere Schmuckgattung kann bei der Betrachtung der böotischen und phrygischen Fibeln nicht unbeachtet bleiben. Mit diesen Pektoralen beschäftigen sich R. Ghirshman[54], E. Akurgal[55] und zuletzt H.-J. Kellner.[56] Akurgal nahm aufgrund der Pektorale auf assyrischen Reliefs des 9. Jh. v. Chr. an, daß diese Schmuckform von Assyrien aus nach Urartu gelangt sei.[57] Kellner wies auf die Bedeutung dieses Brustschmuckes im kultisch-religiösen Bereich anhand eines Pektorales aus Karmir Blur hin, das einen keilschriftlichen Gebetsanruf aufweist; B. B. Piotrowski sprach ein Pektorale von Toprakkale als Amulett an.[58]

Aufgrund des von Kellner vorgelegten Fundbestandes ist eine Gruppe von Pektoralen oft aus Edelmetall hergestellt und zeigt mythologische Darstellungen;[59] hier ergibt sich eine gewisse inhaltlich-

---

[40] Vgl. die spiralförmig gebogenen Enden des Stückes Nr. 6432 (Schmidt, Schliemanns Sammlung).

[41] Müller-Karpe a.a.O.; Boehmer, Kleinfunde 30: „Die Lunula gilt als Besitz der Gottheit wie auch der Menschen …".

[42] Snodgrass, Dark Age 267 Abb. 11.

[43] Luschan, Sendschirli IV Taf. 60.

[44] In diesem Zusammenhang vgl. Boehmer, Kleinfunde 34: „… Wiedergabe eines Naturphänomens" und Auftreten dieser Kombination bei den zeitlich älteren Anhängern.

[45] Luschan a.a.O. 347.

[46] Vgl. auch weitere halbmondförmige Funde aus Zincirli, die von Luschan als „symbolische Anhänger" bezeichnet werden (Luschan a.a.O. IV 98 Taf. 44,l – m; 45 c).

[47] Körte, Gordion Taf. 4, 16 (Verzierung auf Henkel und Ausguß). – Ausguß besser sichtbar in: Akurgal, Phrygische Kunst Taf. 24, a. AJA 61, 1957 Taf. 92 Abb. 23.

[48] Morgan, Mission au Caucase Abb. 155 oder in: Avant les Scythes 215 Nr. 249; Schaeffer, Stratigraphie Comparée 501. 533, vgl. auch die Keramik aus Beshtasheni Abb. 285, 9–13;

[49] Chantre, Recherches dans le Caucase II. Taf. 11. 4; 13,1.

[50] Piotrowski, Urartu Abb. 115.

[51] Ebd. Abb. 98–99.

[52] B. Öğün, die Ausgrabungen von Kef Kalesi. Arch. Anz. 82, 1967, 498 ff. Abb. 23–27.

[53] Z.B. Nor Aresh, Grab 1 (R.D. Barnett, Anat. Stud. 13, 1963, 196 Fig. 44).

[54] Ghirshman, Perse 308 ff.

[55] Akurgal, Urartäische Kunstzentren 27 ff.

[56] Kellner, Belleten 41 H. 163, 1977, 482 ff.

[57] Akurgal, a.a.O. 33; vgl. Strommenger, Mesopotamien Taf. 194 (Kalchu, Nordwest-Palast, Relief des Assurnasirpali II. [883–859 v. Chr.]: links Eunuch mit Pektorale); mit Lotusknospen und Palmetten reichverzierte weitere Pektoraldarstellung: The Great King … Assyrian Reliefs in the Metropolitan Museum 1945 Taf. 1–2; 10.

[58] Kellner a.a.O. 492 f.

[59] Ebd. Taf. 1–6.

bedeutungsmäßige Gemeinsamkeit mit den oben erwähnten übergroßen sog. böotischen Fibeln.[60] Eine zweite Gruppe von Pektoralen besteht aus starkem Bronzeblech; mythologische Darstellungen fehlen. Hier tritt stattdessen einmal ein plastischer Halbmond auf (Abb. 4,g), ein anderes Mal eine Gesichtsdarstellung.[61] Das letztere Stück setzt Kellner aufgrund der Punktrosetten an das Ende des 7. Jh. v. Chr.; Punktrosetten dieser Art sind jedoch nicht auf den Fund von Giyimli beschränkt, nach dem Kellner das Pektorale datiert. Sie sind z.B. auf einem Anhänger aus Tell Atchana[62] (Schicht IV–III; 15.–14. Jh. v. Chr.) und auf den Henkelattaschen von Kesseln aus Toprakkale[63] wiederzufinden, die nach Akurgal um 710–700 v. Chr. datiert werden. Die Enden dieses Pektorales mit der Gesichtsdarstellung sind als zurückgebogene Schlangenköpfe ausgebildet, die ähnlich bei den Henkeln eines von Kellner veröffentlichten Eimers mit der Inschrift des Išpuini (ca. 825–810 v. Chr.) wiederzufinden sind.[64] Nahestehende zurückgebogene Schlangenköpfe kommen auch bei urartäischen Armringen vor, die von K. R. Maxwell-Hyslop in das 9.–8. Jh. v. Chr. gesetzt wurden.[65] Einige Bronzestatuetten aus Toprakkale (Abb. 5, a–c) tragen halbmondförmige Pektorale.

Anscheinend knüpfen die phrygischen Fibeln inhaltlich an eine altanatolische Tradition an, während äußerlich eine formale Änderung dieses Schutzsymbols stattfand, das bei den Hethitern als Anhänger, bei den Urartäern als Pektorale in Erscheinung tritt (Abb. 4,g): Aus den Anhängern oder Amuletten, die offensichtlich bei den Phrygiern keine Verwendung fanden, wurden mit Nadel versehener Brustschmuck und Gewandspangen. Diese neue Schmuckart war in der Eisenzeit von Europa bis zum Vorderen Orient geläufig.[66]

Es ist gut vorstellbar, daß in der Eisenzeit nicht nur im phrygischen Bereich Fibeln gestaltlich Halsschmuckformen ähnlich waren, sondern auch in anderen Gebieten, z.B. in Hallstatt[67] (vgl. Abb. 4, e, f, aber auch die Edelmetall-Lunula Abb. 4, c vom Artemis-Tempel von Ephesos,[68] die Goldfibel Abb. 4, b von Xanthos,[69] kaukasische Stücke[70] und das Pektorale Abb. 4, d von Nor Aresh.[71]). Mit dem zweifellos mit jetzt herausgefallenen Einlagen verzierten[72] Pektorale einer Bronzestatuette von Toprakkale (Abb. 5, a) und den angeführten Funden von Ephesos und Xanthos lassen sich bei den Phrygiern die Fibeln der Variante A IV,1 verknüpfen, deren Bügel mit hohlen Halbkugeln verziert sind. Bemerkenswert in diesem Zusammenhang ist das Stück Nr. 391 A, das aufgrund eines nur mit drei Halbkugeln verzierten Bügels ein Unikum darstellt. Ebenfalls nur mit drei Rosetten verziert ist das von dem „Stiermenschen" getragene Pektorale aus Toprakkale (Abb. 5, b). Möglicherweise hatten die Halbkugeln der Fibeln der Variante A IV,1 wie auch die Rosetten jenes Pektorales eine über die bloße Zierfunktion hin-

---

[60] Hampe, Frühe griechische Sagenbilder 39 ff.
[61] Kellner a.a.O. Taf. 8.
[62] K. R. Maxwell-Hyslop, Anat. Stud. 30, 1980, 88 Pl. 5.
[63] Akurgal, Urartäische Kunst Taf. 6.7.
[64] Kellner, Ein datierter Silberfund aus Urartu. Anadolu 19, 1975/76, 60.
[65] Maxwell-Hyslop, Western Asiatic Jewellery 204 f.
[66] Im Zusammenhang mit der Funktion von Fibeln sei darauf hingewiesen, daß in der heutigen Türkei Neugeborene und Kinder auf den Schultern verhältnismäßig großformatige, einfache Sicherheitsnadeln (im modernen Sinne) tragen, die auf keinen Fall zur Schließung der Kleidungsstücke gedacht sind. An diese Sicherheitsnadeln werden befestigt blaue Kügelchen, „Göz boncuğu" (Augenperle) genannt, auf Papier oder auf Metall in Durchbruchtechnik niedergeschriebene religiöse Sprüche und kleine Halbmonde, oft aus Gold, die das Kind auch schmücken, aber hauptsächlich gegen das Böse, den „Bösen Blick", und gegen unglückbringende Ereignisse schützen sollen. – An dieser Stelle ist außerdem eine Kniefibel aus den systematisch ausgegrabenen Gräbern von Luristan erwähnenswert, an deren langer Kette ein Halbmondanhänger trägt (L. Vanden Berghe, Iran. Ant. 13, 1978, 35 ff. Taf. 2, links).
[67] Dieser großräumige Vergleich ist durchaus berechtigt, wenn wir das Vorkommen einer echten phrygischen Fibel (erste Hälfte des 7. Jh. v. Chr.), die in einem Grab in Latium gefunden wurde, mit in Betracht ziehen: siehe Variante A IV,4. – Vgl. z.B. Halbmondfibeln aus Hallstatt (Kromer, Hallstatt Taf. 10,1; 33, 4; 96, 5; 175,1 a. 5 etc.).
[68] Ephesos 106 Pl. 7, 1–3. 6. – Zur Datierung s. Jacobsthal, JHS 71, 1951, 85.
[69] Metzger, Xanthos Pl. 53,4 (Mus. Antalya, Inv. Nr. 866 a).
[70] O. W. Muscarella, AJA. 69, 1965, 233 ff. Taf. 58,5 Nr. 28–29.
[71] Vgl. Anm. 53.
[72] Vgl. Anm. 58.

Ergebnisse

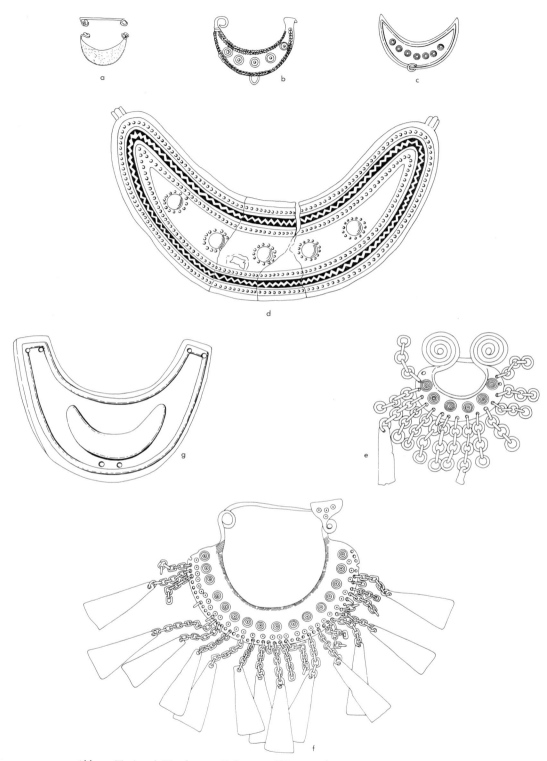

Abb. 4. a Troja. – b Xanthos. – c Ephesos. – d Nor-Aresh. – e Hallstatt, Grab 943. – f Hallstatt, Grab 384. – g „Kunsthandel". – (a nach Schmidt; b nach Metzger; c nach Hogarth; d nach Barnett; e. f nach Kromer; g nach Kellner).
M. 1 : 2

Abb. 5. Bronzestatuetten von Toprakkale mit Pektoralen. – (a.b nach E. Akurgal, Die Kunst Anatoliens von Homer bis Alexander [1961] Abb. 6.8; c nach B. B. Piotrovski, Urartu. The Kingdom of Van and its Art [1967] Taf. 2).

M. 1:2

ausgehende symbolische Bedeutung. Die Punktrosetten, die auf dem Pektorale von Nor Areş (Abb. 4, d) sichtbar sind, kommen in großer Anzahl auf urartäischen Votiv- und Gürtelblechen vor.[73] Punktrosetten dieser Art kennzeichnen in Mitteleuropa Gürtelbleche aus Hallstatt-Gräbern;[74] bemerkenswert ist hier das Auftreten von Punktrosetten neben Halbmondreihen auf einem Gürtelblech aus Grab 720 von Hallstatt.[75] In diesem Zusammenhang verdient eine Fibelgattung Beachtung (Scheibenfibeln: Typ VII), deren Ursprung C. Blinkenberg überzeugend im Hallstattkreis suchte. Mehrere Scheibenfibeln dieser Art stammen aus der „Umgebung von İzmir"; sie wurden auch auf den ägäischen Inseln gefunden.

Nach Akurgal sind die Kreisrosetten auf urartäischen Pektoralen eine punzierte Wiedergabe von Blattrosetten.[76]

Insgesamt scheint die Entwicklung der phrygischen Fibeln die Preisgabe der alten Halbmondform und deren Abwandlung zu einer rein ornamentalen Gestalt anzudeuten. Statt der Halbmondform entsteht die Hufeisenform (Variante A I,2), ohne daß indes die symbolische Bedeutung verlorengegangen wäre. So ist die Menge der Fibeln in Tumulus MM von Gordion verständlich, die wohl zum Schutz oder als Heilsbringer für das Jenseits dem Toten mitgegeben worden waren.

Die Nadelhalter der phrygischen Fibeln stellen möglicherweise eine stark schematisierte Hand dar. Je weiter man nach Osten kommt, desto realistischer wird die Handdarstellung, wie bei den Knie- oder urartäischen Fibeln deutlich ist (Abb. 3). Der Bügel einer goldenen Fibel aus Ziwiye[77] ist mit demjenigen der phrygischen Fibeln Nr. 615, 620 und 620A vergleichbar; unverkennbar stellt der Nadelhalter der Fibel von Ziwiye eine menschliche Hand dar. Aus dem Hallstattkreis und aus Italien sind Handdarstellungen verschiedener Art bekannt, denen eine symbolische (schützende oder abwehrende) Bedeutung eigen ist,[78] eine Vorstellung, die auch noch in späterer Zeit in Phrygien belegbar ist.[79] Eine halbmondförmige Fibel aus Leukanti,[80] die E. Sapouna-Sakellarakis in die Zeit vor 800 v. Chr. setzt,[81] besitzt ausnahmsweise als Nadelhalter ebenfalls wohl eine Hand, auf deren Handrücken ein Kreuz eingeritzt ist. Aus der Zerstörungsschicht von Gordion stammt die Fibel Nr. 1189, die sehr wahrscheinlich aus Alişar importiert wurde, und deren Nadelhalter dem der Fibel aus Leukanti entspricht. Nadelhalter dieser Art kommen im griechischen Raum sehr selten vor; der halbmondförmigen Fibel aus Leukanti, die sehr wahrscheinlich in das ausgehende 8. Jh. v. Chr. zu datieren ist, dienten offensichtlich östliche Fibeln als Vorbild.

Nach dem heutigen Forschungsstand sind die Fibeln der Variante A I,1 als älteste phrygische Fibeln zu betrachten. Eine rein formale Übernahme der Bügelform als dekoratives Element vom Westen ist wenig einleuchtend. Nach den oben vorgelegten Argumenten scheint die Entstehung dieses Kleidungsschmucks inhaltlich mit einer vorderorientalischen Tradition in Verbindung zu stehen. Das Auftreten als Fibel – d. h. mit Nadel versehener Kleidungsschmuck – geht vielleicht auf eine Mode zurück, die in der Eisenzeit eine große Verbreitung von Europa bis zum Vorderen Orient und Kaukasus fand. Es ist demnach denkbar, daß die inhaltlichen und geistigen Wurzeln der Form der sog. böotischen Fibeln in der religiösen Welt des Vorderen Orients zu suchen sind. In diesem Sinne betrachten wir die Entstehung der phrygischen Fibeln als unabhängig von den böotischen Gewandspangen; diese phrygischen sowie

---

[73] Urartu, Katalog Krefeld Abb. 47–64.
[74] Kilian-Dirlmeier, PBF. XII,1 (1972) Nr. 570–572. 581.
[75] Ebd. 106 Nr. 645.
[76] Akurgal, Urartäische Kunst 35 f.
[77] Maxwell-Hyslop, Western Asiatic Jewellery Abb. 169.
[78] W. Schmid, Die Fürstengräber von Klein Glein in der Steiermark. PZ.24, 1933, 281, Abb. 27a–b.; J. de la Genière, L'Âge du Fer en Italie Méridionale (1968) 157 f. Taf. 66,5.

[79] E. Pfuhl/H. Möbius, Die Ostgriechischen Grabreliefs II Taf. 171, 1137–1138 oder Taf. 176,2300. Besonders bemerkenswert ist die Handhaltung der männlichen Figur rechts auf der Stele Nr. 1137, die sich mit dem Nadelhalter der phrygischen Fibeln (Rückseite) vergleichen läßt.
[80] Sapouna-Sakellarakis, PBF. XIV,4 (1978) Nr. 1527.
[81] Ebd. 109.

die halbmondförmigen Fibeln aus Griechenland und vermutlich auch die hallstattzeitlichen Halbmondfibeln (Abb. 4, e, f) aus Mitteleuropa scheinen eher mit den Pektoralen in Urartu in Verbindung zu stehen.

In Boğazköy scheint es keine bedeutende Fibelproduktion gegeben zu haben, jedenfalls in der Zeit vor dem 7. Jh. v. Chr. Die phrygischen Fibeln aus Boğazköy dürften als Importware vom Westen, hauptsächlich wohl von Gordion, zu betrachten sein. Die ältesten Exemplare in Boğazköy gehören wohl dem letzten Viertel des 8. Jh. v. Chr. an und vertreten fortgeschrittene phrygische Typen. Auffällig ist dann, wie in der Nachzerstörungszeit von Gordion, die abfallende Qualität der Fibeln von Boğazköy *nach* der Zeit von Schicht II von Büyükkale; erst am Ende dieser und der darauffolgenden jüngerphrygischen Phase wurde die Siedlung mit beachtlichem Aufwand befestigt.

Aufgrund identischer Größe und Verzierung, jedoch seitlich unterschiedlich angebrachtem Nadelhalter einiger Fibeln aus den Gordion-Tumuli, die aus ein und derselben Gußform stammen müssen, hat Muscarella auf das paarweise Tragen der Fibeln bei den Phrygiern aufmerksam gemacht.[82] Dies ist auch bei anderen Fibeln unseres Arbeitsgebietes festzustellen. Einstweilen fehlen bildliche Darstellungen, etwa Reliefs, die phrygische Fibeln paarweise zeigen. Vielmehr erscheinen auf den bis jetzt bekannten Reliefs phrygische Fibeln in der Einzahl (İvriz-Relief, [Taf. C und 67]: König Warpalawas trägt eine hängende Fibel mit Doppelnadel vom Typ S I). Der Sitz ihres Nadelhalters entspricht demjenigen aller Fibeln dieses Typs aus dem Tumulus MM von Gordion und von Boğazköy, Ankara und von den ägäischen Inseln. Wir können daraus schließen, daß aufgrund des Reliefs von İvriz alle Fibeln des Typs S I auf der linken Körperseite *hängend* in der Einzahl getragen wurden und demnach der Feststellung Muscarellas zu widersprechen ist.[83] Es erhebt sich somit die Frage, ob bei den Phrygiern tatsächlich Fibeln normalerweise paarweise getragen oder ob diese paarweise nur im Zusammenhang mit dem Totenritual hergestellt wurden; für die letztere Möglichkeit könnte der Befund im Gordion-Tumulus MM sprechen: Dort gehören die nachweislich zu Lebzeiten getragenen Fibeln vom Typ S I nicht zu Paaren, während bei den übrigen Exemplaren es eher möglich ist, Paare zusammenzustellen.[84] Auch bei der wohl weiblichen Bestattung aus Tumulus II von Beştepeler (Ankara) lassen sich manche der auf der Toten liegenden phrygischen Fibeln (Variante A IV,4 und Typ J) zu Paaren vereinigen. Offenbleiben muß, ob in einer Frühzeit Fibeln im phrygischen Gebiet nur von Fürsten und ihren Angehörigen getragen wurden und die breite Bevölkerung erst später diese Sitte übernahm.

Phrygische Fibeln wurden offensichtlich oft zusammen mit einem Gürtel getragen, dessen Griffbügel eine gleiche Bügelform wie die der Fibeln aufwies.[85]

Aufgrund der von den phrygischen Fibeln abweichenden Bügelverzierung wurden von Muscarella[86] und Boehmer[87] einige Fibeln als *lydisch* bezeichnet (Typ N III und P I). Aus den mehr als 1 000 ausgegrabenen Gräbern der lydischen Hauptstadt Sardis liegen keine Fibeln vor. Das sog. „House of Bronze" in der Stadt Sardis lieferte einige wenige Fibeln, die sich kaum von den phrygischen Fibeln unterscheiden. Die Bügelverzierung der oben genannten Fibeltypen N III und P I kehrt bei Fibeltypen der ägäischen Inseln wieder, die im späten 8. bzw. frühen 7. Jh. v. Chr. insbesondere auf Rhodos hergestellt worden zu

---

[82] Muscarella, Phrygian Fibulae 52 f.
[83] Ebd. 53.
[84] Ebd. 52 f.
[85] Vgl. z. B. Griffbügel des Gürtels und die Fibeln des Tumulus P von Gordion (AJA. 61, 1957, Taf. 92,23).
[86] Muscarella, Phrygian Fibulae 44.
[87] Boehmer, Kleinfunde 66.

sein scheinen.⁸⁸ Die meisten Fibeln der Typen N III und P I stammen aus Funden, die nicht näher datiert sind. Möglicherweise wurden diese Formen als Folge der Wechselbeziehungen zwischen Westanatolien und den ägäischen Inseln während des späten 8. Jh. v. Chr. hergestellt. Aus Karien stammt die Fibel Nr. 58 (Typ III c), die eine verwandte Bügelverzierung zeigt; die Bügelform dieser Fibel unterscheidet sich von den phrygischen Fibeln; der Nadelhalter steht diesen jedoch nahe.

Von Rhodos/Lindos und Samos liegen echte phrygische Fibeln vor, die in das letzte Viertel des 8. Jh. v. Chr. zu datieren sind. Für eine Bestimmung von Fibeln als lydisch fehlen uns bis jetzt näher datierbare Funde aus dem lydischen Gebiet. Eine östliche Herkunft der so angesprochenen Fibeln ist nicht auszuschließen (vgl. Typ N III).

Die in Griechenland und auf den Inseln gefundenen echten phrygischen Fibeln, die in das letzte Viertel des 8. Jh. v. Chr. und die folgende Zeit gehören, stammen überwiegend aus Tempeln, wo sie offensichtlich als Weihegaben niedergelegt worden waren, eventuell von Gläubigen, die von weither kamen. Die Beliebtheit phrygischer Fibeln ist vom letzten Viertel des 8. Jh. v. Chr. an über einen längeren Zeitraum hindurch auch außerhalb Kleinasiens unverkennbar. In Thessalien und den angrenzenden Gebieten entstanden Nachahmungen phrygischer Fibeln⁸⁹ (vgl. Abb. 3).

In Anatolien stand das zentralphrygische Gebiet (Gordion – Afyon) zumindest im letzten Viertel des 8. Jh. v. Chr. mit Nordlykien in Kontakt. Dafür sprechen die Tumuli-Funde aus Karaburun und die wahrscheinlich aus Korkuteli, „Araxa" und Antalya (Typ S I) stammenden Fibelfunde. Außerdem lassen sich Fibeln wie Variante A IV,1 aus dem letzten Viertel des 8. Jh. v. Chr. von Gordion bis in die Umgebung von Burdur belegen. Ein weiterer Beleg für die Verbindungen beider Gebiete sind nach M. Waelkens einige Tumuli in Nordlykien (Elmalı, Karaburun), die auf die „altphrygische" Hügelgrabtradition mit zugangloser Grabkammer, die als Totenhaus zu verstehen ist, zurückzuführen sind.⁹⁰

Die Fibel Nr. 1171 A mit Doppelnadel aus Antalya (Typ S I) und die nahestehenden Exemplare mit einfacher Nadel, die wahrscheinlich aus ein und derselben Werkstatt stammen, dürften von nordlykischen Fürsten im letzten Viertel des 8. Jh. v. Chr. getragen worden sein. Diese Fibeln wurden vermutlich in nordlykischen Werkstätten hergestellt, die Erzeugnisse aus Gordion zum Vorbild nahmen. Während die Fibel Nr. 1171 A technisch den Doppelnadel-Fibeln von Gordion (Typ S I) entspricht, weicht sie in der Bügelform von den phrygischen Exemplaren aus Gordion ab; in dieser Hinsicht zeigt die Dreiecksform der nordlykischen Fibeln eine Ähnlichkeit mit vorderorientalischen sog. „Kniefibeln".

Die Seltenheit von phrygischen Fibeln aus Edelmetall in Gordion ist auffällig.⁹¹ Die aus Messing bzw. heller Bronze hergestellten Gegenstände vermittelten den Eindruck von Gold; zwei Tumuli von Ankara enthielten vergoldete Gefäße und Halbkugeln, so daß man auch mit vergoldeten Fibeln rechnen kann. Aus dem Arbeitsgebiet liegen Fibeln aus Gold, Silber, Elektron sowie eine Bronzefibel mit Silberauflage (Assarlık) vor; die meisten bestehen jedoch aus Bronze. Auch Eisen wurde zur Herstellung von Fibeln verwandt. Mitunter besteht der Fibelbügel aus Bronze, die Nadel aus Eisen. Welche Ursachen diese unterschiedlichen Materialien an einer Fibel haben könnten, muß offenbleiben. Sollte es sich hier um Fibeln handeln, deren Nadeln bereits in der Antike abgebrochen waren und durch Eisennadeln ersetzt wurden? Könnte dies auch aus Gründen der Solidität geschehen sein? Denn die Nadel stellt den strapaziertesten bzw. schwächsten Teil einer Fibel dar. Ein Ersetzen der Bronzenadel durch eine (kostbare?) eiserne Nadel könnte auch aus Wertvorstellungen erfolgt sein, denn bei den Phrygiern scheint das Eisen

---

⁸⁸ Sapouna-Sakellarakis a. a. O. Nr. 551–556.

⁸⁹ Kilian, PBF. XIV,2 (1975) 155 f. Nr. 1732–1747; weitere Fibeln dieser Art stammen aus dem Heiligtum von Philia (Thessalien): PBF. XX,4 (in Vorbereitung).

⁹⁰ M. Waelkens Antike Welt 4, 1980, 6 f.

⁹¹ Hierzu vgl. Schachermeyr, Etruskische Frühgeschichte 108.

eine wichtige Rolle gespielt zu haben. Gußkuchen aus Roheisen gehörten zu den Beigaben in dem Sarkophag des Tumulus III (Körte) von Gordion.[92] Przeworski machte auf die magische Bedeutung von Eisen im Totenritual bei einigen kaukasischen Stämmen im Zusammenhang mit dem Fund aus dem Tumulus III aufmerksam.[93] Bei den phrygischen Fibeln muß häufig festgestellt werden, daß die Nadel beim Gebrauch stark strapaziert wurde und in der Spirale leicht zerbrach. Bei den ältesten phrygischen Fibeln sind Nadel und Bügel in einem Stück gegossen. Diese Technik wurde jedoch bald aufgegeben. Jetzt wurde der Bügel ohne Nadel gegossen und die Nadel mit Spirale in ein Loch eingelassen. Erstere einfache Herstellungsform phrygischer Fibeln, d. h. einteiliger Guß der Fibel *und* der Nadel, wurde jedoch noch in späteren Zeiten im westlichen Küstenbereich Anatoliens, gelegentlich in Gordion, sowie bei Imitationen phrygischer Fibeln, z. B. auf den ägäischen Inseln, verwendet.

Nach dem vorliegenden Fundstoff zu urteilen, muß es außerhalb Gordions Bronzewerkstätten gegeben haben, die erstklassige phrygische Fibeln herstellten. Die unsicheren Fundumstände lassen vorläufig eine präzise Lokalisierung dieser Werkstätten nicht zu. Infrage kommen könnte für solche Werkstätten jedoch das Gebiet von Afyon bis Kütahya. Es gibt genügend Indizien, die aufzeigen, daß bestimmte Merkmale einzelnen Werkstätten zuzuschreiben sind. Solche typischen Merkmale sind, z. B. bei den Fibeln Nr. 146, 150, 208–214, 483, 598, der in halbsphäroider Form ausgebildete Übergang des Bügels in den Nadelhalter und bei den Fibeln Nr. 211–214, 391, 483, 579 die ohrenartig bzw. rund ausgebildeten und zumeist mit Buckelnägeln verzierten Auswüchse. Feste Aussagen werden wir erst durch gesicherte Fundumstände bzw. durch systematisch durchgeführte Ausgrabungen in o. e. Gebiet erhalten.

---

[92] Körte, Gordion 79 f.   [93] Przeworski, Metallindustrie 151 f.

VERZEICHNISSE UND REGISTER

VERZEICHNIS DER ALLGEMEINEN ABKÜRZUNGEN

BK	= Büyükkale		Inv. Nr.	= Inventar-Nummer
Br.	= Breite		Jh.	= Jahrhundert
D.	= Dicke		L.	= Länge
Dm.	= Durchmesser		Mus.	= Museum
erh.	= erhalten		o. Nr.	= ohne Nummer
Ex.	= Exemplar		RS.	= Rückseite
Frgt.	= Fragment		Schb.	= Scheibe
Gr., gr.	= Größe; größte, größter		Tl.	= Teil
H.	= Heft, Höhe		USt.	= Unterstadt
hy.	= Hüyük		VS.	= Vorderseite

VERZEICHNIS DER LITERATURABKÜRZUNGEN

MONOGRAPHIEN, AUFSÄTZE UND KATALOGE

Akurgal, Ancient Civilisations = E. Akurgal, Ancient Civilisations and Ruins of Turkey (1970).
Akurgal, Phrygische Kunst = E. Akurgal, Phrygische Kunst (1957).
Akurgal, Urartäische Kunstzentren = E. Akurgal, Urartäische und altiranische Kunstzentren (1968).
Antiker Schmuck = F. Naumann, Antiker Schmuck. Katalog der Staatlichen Kunstsammlungen Kassel 10 (1980).
Argive Heraeum I = Ch. Waldstein, The Argive Heraeum I (1902).
Argive Heraeum II = Ch. Waldstein, The Argive Heraeum II (1905).
Artemis Orthia = R. M. Dawkins, The Sanctuary of Artemis Orthia at Sparta, in: JHS Supplementary Paper 5 (1929).
Avant les Scythes = Avant les Scythes. Préhistoire de l'art en U.R.S.S. Ausstellungskatalog Paris (1979).
Bittel, Hethiter = K. Bittel, Die Hethiter, Universum der Kunst (1976).
Bittel, Persepolis = K. Bittel, Fibeln in Persepolis, in: Festschrift A. Moortgat 39 ff. (1964).
Blegen, Troja IV = C. W. Blegen, Troy Volume IV Part 1–2 (1958).
Blinkenberg, Fibules = C. Blinkenberg, Fibules Grècques et Orientales (1926).
Blinkenberg, Lindos = C. Blinkenberg, Lindos. Fouilles de l'Acropole I 1902–1914 (1931).
Boardman, Chios = J. Boardman, Excavations in Chios 1952–1955 (1967).
Boardman, Cretan Collection = J. Boardman, The Cretan Collection in Oxford. The Dictaean Cave and Iron Age Crete (1961).
Boehmer, Kleinfunde = R. M. Boehmer, Die Kleinfunde von Boğazköy (1972).
Boehmer, Kleinfunde Unterstadt = R. M. Boehmer, Die Kleinfunde aus der Unterstadt von Boğazköy (1979).
Boğazköy I = K. Bittel–H. G. Güterbock, Boğazköy, Neue Untersuchungen in der hethitischen Hauptstadt. APAW. 1935. Phil.-Hist. Kl. Nr. 1 (1935).
Bossert, Altanatolien = H. T. Bossert, Altanatolien (1942).

Brit. Mus. Cat. = British Museum Catalog of Jewellery, London.
Butler, Sardis = H. C. Butler, Sardis I 1910–1914 (1922).
Catling, Bronzework = H. W. Catling, Cypriot Bronzework in the Mycenaean World (1964).
Chantre, Cappadoce = E. Chantre, Mission en Cappadoce 1893–1894 (1898).
Chantre, Recherches dans le Caucase = E. Chantre, Recherches Anthropologiques dans le Caucase I–II (1885–1886).
Cook, Troad = J. M. Cook, The Troad (1973).
Desborough, Greek Dark Ages = V. R. d'A. Desborough, The Greek Dark Ages (1972).
Desborough, Last Mycenaeans = V. R. d'A. Desborough, The Last Mycenaeans and their Successors (1964).
Desborough, Protogeom. Pottery = V. R. d'A. Desborough, Protogeometric Pottery (1952).
Dörpfeld, Troja = W. Dörpfeld, Troja und Ilion (1902).
Ephesos = D. G. Hogarth, Excavations at Ephesus. The Archaic Artemisia (1908).
Flori. Anat. = Florilegium Anatolicum. Festschrift E. Laroche (1979).
Furtwängler, Aegina = A. Furtwängler, Aegina. Das Heiligtum der Aphaia (1906).
Furumark, Mycenaean Pottery = A. Furumark, The Chronology of Mycenaean Pottery (1941).
Gabriel, Phrygie IV = A. Gabriel, La Cité de Midas IV (1965).
Ghirshman, Fouilles de Sialk = R. Ghirshman, Fouilles de Sialk I–II (1938, 1939).
Ghirshman, Perse = R. Ghirshman, Perse. Proto-iraniens, Mèdes, Archéménides (1963).
Gierow, Iron Age = P. G. Gierow, The Iron Age Culture in Latium I (1966).
Gjerstad, Cyprus Expedition IV/2 = The Swedish Cyprus Expedition IV/2. E. Gjerstad, The Cypro-Geometric, Cypro-Archaic and Cypro-Classical Periods (1948).
Goldman, Tarsus II. III = H. Goldman, Excavations at Gözlü Kule, Tarsus II (1956); III (1963).
Greenewalt, Lydian Graves = C. H. Greenewalt Jr.,

Two Lydian Graves at Sardis. California Studies in Classical Antiquity 5 (1972) 113 ff.
Kromer, Hallstatt = K. Kromer, Das Gräberfeld von Hallstatt (1959).
Hampe, Frühe griechische Sagenbilder = R. Hampe, Frühe griechische Sagenbilder in Böotien (1936).
Handbuch III. IV = H. Müller-Karpe, Handbuch der Vorgeschichte III (1974); IV (1980).
Haspels, Phrygie III = C. H. E. Haspels, Phrygie III. La Cité de Midas, Céramique et Trouvailles diverses (1951).
International Congress = The Proceedings of the Xth International Congress of Classical Archaeology I. Ankara-İzmir 1973 (1978).
Jantzen, Phrygische Fibeln = U. Jantzen, Phrygische Fibeln, in: Festschrift F. Matz (1962) 39 ff.
Jantzen, Samos VIII = U. Jantzen, Samos VIII. Die ägyptischen und orientalischen Bronzen aus dem Heraion von Samos (1972).
Jahresbericht = Jahresbericht des Instituts für Vorgeschichte der Universität Frankfurt/Main.
Katalog Thiersch = H. Thiersch, Katalog der Sammlung Calvert in den Dardanellen und Thymbra (1902; Kopie von handschriftlichem Manuskript aufbewahrt im Çanakkale-Museum).
Kilian, PBF. XIV, 2 = K. Kilian, Fibeln in Thessalien von der mykenischen bis zur archaischen Zeit (1975).
Kilian-Dirlmeier, PBF. XII, 1 (1972) = I. Kilian-Dirlmeier, Die hallstattzeitlichen Gürtelbleche Mitteleuropas (1972).
Körte, Gordion = G. und A. Körte, Gordion. Ergebnisse der Ausgrabung im Jahre 1900. JdI. Ergänzungsheft 5 (1904).
Koşay, Pazarlı = H. Z. Koşay, Pazarlı Hafriyatı, Türk Tarih Kurumu Yayınları V Nr. 4, 1941.
Laroche, Hiéroglyphes I = E. Laroche, Les Hiéroglyphes Hittites I (1960).
Lo Schiavo, PBF. XIV = J. Lo Schiavo, Die Fibeln in Unteritalien und Sizilien (in Vorbereitung).
Luschan, Sendschirli V = F. von Luschan, Die Kleinfunde von Sendschirli V (1943).
Luschey, Phiale = H. Luschey, Phiale (1939).
Maxwell-Hyslop, Western Asiatic Jewellery = K. R. Maxwell-Hyslop, Western Asiatic Jewellery c. 3000–612 B. C. (1971).
Merle, Geschichte Byzantion und Kalchedon = H. Merle, Die Geschichte der Städte Byzantion und Kalchedon von ihrer Gründung bis zum Eingreifen der Römer in die Verhältnisse des Ostens (Dissertation, Kiel 1916).
Metzger, Xanthos = H. Metzger, Fouilles de Xanthos II (1963).

Montelius, Kulturperioden = O. Montelius, Die älteren Kulturperioden im Orient und in Europa (1903).
Monuments de Ninive I, II = P. E. Botta, E. Flandin, Monuments de Ninive I. II (1849).
Morgan, Mission au Caucase = J. de Morgan, Mission Scientifique au Caucase (Paris 1889).
Morgan, Mission Scientifique en Perse = J. de Morgan, Mission Scientifique en Perse IV. Recherches Archéologiques (1896).
Müller-Karpe, Chronologie = H. Müller-Karpe, Beiträge zur Chronologie der Urnenfelderzeit nördlich und südlich der Alpen (1959).
Müller-Karpe, Metallbeigaben = H. Müller-Karpe, Die Metallbeigaben der früheisenzeitlichen Kerameikos-Gräber. Jb. Dtsch. Arch. Inst. 77, 1962, 59 ff.
Muscarella, Phrygian Fibulae = O. W. Muscarella, Phrygian Fibulae from Gordion (1967).
Özgüç, Demir Devri = T. Özgüç, Demir Devrinde Kültepe ve Civarı (1971).
Özgüç, Maşat = T. Özgüç, Maşat Höyük Kazıları ve çevresindeki Araştırmalar (1978).
OIP. = University of Chicago. Oriental Institute Publications.
OIP. VII = H. H. von der Osten/E. F. Schmidt, The Alishar Hüyük. Season of 1927. II (1932).
OIP. XIX = E. F. Schmidt, The Alishar Hüyük. Seasons of 1928–1929. I (1932).
OIP. XX = E. F. Schmidt, The Alishar Hüyük. Seasons of 1928–1929. II (1933).
OIP. XXIX = H. H. von der Osten, The Alishar Hüyük. Seasons of 1930–1932. II (1937).
OIP. XXX = H. H. von der Osten, The Alishar Hüyük. Seasons of 1930–1932. III (1937).
Olympia IV = A. Furtwängler, Olympia IV. Die Bronzen und die übrigen kleineren Funde von Olympia (1890).
PBF. = Prähistorische Bronzefunde (München).
PBF. XX, 1 (1974) = Beiträge zu italienischen und griechischen Bronzefunden (1974).
Perachora I = H. Payne, Perachora. The Sanctuary of Hera Akraia and Limenia (1940).
Piotrovsky, Karmir Blur = B. B. Piotrovsky, Karmir Blur II (1952).
Piotrovsky, Urartu = B. B. Piotrovsky, Urartu. Heyne Taschenbuch. Archaeologia Mundi 26 (1980).
Przeworski, Metallindustrie = S. Przeworski, Die Metallindustrie Anatoliens in der Zeit von 1500 bis 700 v. Chr. (1939).
Radt, PBF. XX, 1 (1974) = W. Radt, Die früheisenzeitliche Hügelnekropole bei Vergina in Makedonien. In: H. Müller-Karpe (Hrsg.), PBF. XX, 1 (1974).

RL = Reallexikon der Vorgeschichte (Hrsg. M. Ebert).
RLA III = Reallexikon der Assyriologie und Vorderasiatischen Archäologie III (1957–1971) (Hrsg. E. Weidner/W. v. Soden).
Rubensohn, Delion = O. Rubensohn, Das Delion von Paros (1962).
Sapouna-Sakellarakis, PBF. XIV, 4 (1978) = E. Sapouna-Sakellarakis, Die Fibeln der Griechischen Inseln (1978).
Schachermeyr, Etruskische Frühgeschichte = F. Schachermeyr, Etruskische Frühgeschichte (1929).
Schaeffer, Stratigraphie Comparée = C. Schaeffer, Stratigraphie Comparée et Chronologie de l'Asie Occidentale (1948).
Schefold, Larissa = K. Schefold, Larissa am Hermos. Die Kleinfunde III (1942).
Schliemann, Ilios = H. Schliemann, Ilios (1881).
Schmidt, Schliemanns Sammlung = H. Schmidt, Heinrich Schliemanns Sammlung Trojanischer Altertümer (1902).
Snodgrass, Dark Age = A. M. Snodgrass, The Dark Age of Greece (1971).
Strommenger, Mesopotamien = E. Strommenger, Fünf Jahrtausende Mesopotamien (1962).
Stronach, Fibula in the Near East = D. Stronach, The Development of the Fibula in the Near East. Iraq 21, 1959.
Sulimirski, Background of the Ziwiye Find = T. Sulimirski, The Background of the Ziwiye Find and its Significance in the Development of Scythian Art. University of London, Bulletin of the Institute of Archeology 15, 1978, 7 ff.
Sundwall, Fibeln = J. Sundwall, Die älteren italischen Fibeln (1943).
TTKY. = Türk Tarih Kurumu Yayınları, Ankara.
Urartu, Katalog Krefeld = Urartu. Ausstellung in Krefeld (1979).
Virchow, Gräberfeld = R. Virchow, Das Gräberfeld von Koban (1883).
WVDOG. = Wissenschaftliche Veröffentlichungen der Deutschen Orient-Gesellschaft (Berlin).
Young, Führer Gordion = R. S. Young, Führer durch Gordion (1975).

ZEITSCHRIFTEN

AJA = American Journal of Archeology (Cambridge, Mass.).
AJSL = American Journal of Semitic Languages and Literatures (Chicago).
Anadolu s. Anatolia.
Anatolia = Anatolia. Revue Annuelle de l'Institut d'Archéologie de l'Université d'Ankara (Ankara).
Anat. Stud. = Anatolian Studies (London).
Ann. Arch. Anthr. Liverpool = Annals of Archaeology and Anthropology Liverpool (Liverpool).
Ann. BSA. = The Annual of the British School at Athens (London).
Ann. Sc. Arch. Atene = Annuario della Scuola Archeologica di Atene e delle Missioni Italiane in Oriente (Bergamo, Rom).
Antike Welt = Antike Welt. Zeitschrift für Archäologie und Kulturgeschichte (Feldmeilen).
Arch. = Archeology (New York).
Arch. Anz. = Archäologischer Anzeiger (Berlin).
Arch. Mitt. Iran = Archäologische Mitteilungen aus dem Iran (Berlin).
Athen. Mitt. = Athener Mitteilungen. Deutsches Archäologisches Institut. Athenische Abteilung (Berlin).
BASOR. = Bulletin of the American School of Oriental Research Jerusalem/Bagdad (Baltimore).
BCH. = Bulletin de Correspondance Hellénique (Paris).
Belleten = Belleten. Revue publiée par la Société d'Histoire Turque (Ankara).
Bull. Inst. Arch. Bulgare = Bulletin de l'Institut Archéologique Bulgare (Sofia).
Dacia = Dacia (Bucarest).
DTCFD. = Ankara Üniversitesi Dil Tarih ve Coğrafya Fakültesi Dergisi (Ankara).
Fornvännen = Fornvännen (Stockholm).
IAI = Izvestija na archeologičeskija Institut = Mitteilungen des archäologischen Instituts (Sofia).
I. A. M. Y. = Istanbul Arkeoloji Müzeleri Yıllığı (Istanbul): Annual of the Archeological Museums of Istanbul (Istanbul).
Iran. Ant. = Iranica Antiqua (Leiden).
Iraq = Iraq (London).
Istanbuler Mitt. = Istanbuler Mitteilungen. Deutsches Archäologisches Institut. Abteilung Istanbul (Tübingen).
Jb. RGZM. = Jahrbuch des Römisch-Germanischen Zentralmuseums Mainz (Mainz).

JdI. = Jahrbuch des Deutschen Archäologischen Instituts (Berlin).
JHS. = Journal of Hellenic Studies (London).
Journ. Near East. Stud. = Journal of Near Eastern Studies (Chicago).
Månadsblad = Månadsblad (Stockholm).
Mitt. Dtsch. Orient-Ges. = Mitteilungen der Deutschen Orient-Gesellschaft (Berlin).
Museum Bulletin = Bulletin of the University Museum of Pennsylvania (Pennsylvania).
PEQ. = Palestine Exploration Quartely (London).
PZ. = Prähistorische Zeitschrift (Berlin).
Türk Ark. Dergisi = Türk Arkeoloji Dergisi (Ankara).
TTAED. = Türk Tarih Arkeologya ve Etnografya Dergisi (Ankara).
University Museum Papers = University Museum Papers (Pennsylvania).

VERZEICHNIS DER MUSEEN UND SAMMLUNGEN

(Die Zahlen beziehen sich auf die laufenden Nummern der erfaßten Fibeln)

TÜRKEI

Afyon, Archäologisches Museum 161, 185–186, 286–287, 292, 296–297, 302, 306, 367, 369, 377, 386, 389, 390, 409, 415–416, 423, 486, 488, 526, 587, 621, 646–647, 650, 670–672, 691, 734, 739, 755, 820, 973, 997, 1029, G2

Ankara, Museum für Anatolische Zivilisationen 72, 89, 90 A–B, 94, 147–149, 151–154, 156, 159–160, 162–183, 184 C, 189, 203–205, 223–227, 231–239, 241–242, 245–268, 269–273, 291, 298, 301, 303, 309–310, 311, 313–361, 379, 383, 403 A–B, 410 A, 418, 430 A, 430 B, 431, 435–437, 439–448, 452, 464–465, 468, 475–480, 484, 487, 490, 492–511, 517, 525, 528, 530, 531 D, 532, 535–539, 541–542, 546, 551–552, 557–558, 566–567, 569, 575–577, 579–582, 584, 586, 592–594, 598–601, 607, 615, 617, 620, 627, 631, 640, 643–645, 648, 653–666 A–B, 686, 693, 698–699, 702, 710–711, 721, 721 A, 724, 730, 733, 735, 752, 777, 781–783 A–B, 795–796, 801, 808, 810, 817–819, 828–829, 830–845, 849, 852–854, 855–859, 874, 877, 890–891, 893–895, 903–907, 909–910, 917–919, 923–924 A, 926–932 A, 936, 949, 951–959, 962, 964, 968, 978 B, 982, 985, 986, 990–995, 1009–1011, 1014–1015, 1027–1028, 1037, 1049, 1051–1053, 1063, 1068–1070, 1078–1080, 1095, 1104–1106, 1108, 1123–1124, 1132, 1143, 1145, 1148–1149, 1154, 1156–1165, 1167–1169, 1172–1173, 1181, 1183, 1191, 1204, 1210–1211, G1, G3–G4, G6–G9, G16.

Antalya, Archäologisches Museum 48, 278, 280–281, 290, 419–420, 761, 1146

Bodrum, Archäologisches Museum 4, 7, 14–21, 35 A.–L., 57–58, 70, 109, 115

Burdur, Archäologisches Museum 138, 276–277, 279, 282, 365–366, 421, 425, 459, 588, 705, 723, 726, 749, 1022, G5, G15

Çanakkale, Archäologisches Museum 79–81, 100–101, 139, 674 A.–B., 676, 714, 753, 967, 998–999, 1017, 1023–1024, 1030–1033

Eskişehir, Archäologisches Museum 240, 299–300, 363–364, 384–385, 573, 732

Gordion Museum 84–87, 92, 146, 155, 157–158 B, 184, 188 B–C, 190, 243, 274, 304–305, 307–308, 376, 378, 380–382, 397–402, 410, 417, 428–429, 449–451, 454–458, 460–461, 474, 482, 482 B, 489, 491, 512–516, 518–520, 522–524, 529, 540, 543–545, 548, 553–554, 560–562, 568, 570, 570 A, 570 B, 574, 583, 585, 606, 612–613, 616, 619, 623, 624–626, 628–630, 634–635, 637–639, 641, 649, 650 A, 650 B, 651 A–B, 652, 667–669, 673, 675, 677–678, 692, 694, 697, 697 C, 700–701, 703–704, 706–707, 709, 712, 715–716, 722, 725, 727–729, 736, 740–743, 746, 754, 757–760, 762–763, 764 C, 765 A, 766–776, 778–780, 784–794, 797–800, 802–806, 809, 811–816, 821–827, 846–848, 854 B, 860–867, 869–873, 875–876, 878–882, 888–889, 892, 896–902, 908, 913–914, 920–922, 925, 933–934, 937–948, 950, 960–961, 963, 965–966, 969–972, 974, 976–978, 979–981, 983–984, 987, 1006–1008, 1012, 1016, 1018–1020, 1025–1026, 1038–1048, 1050, 1055–1062, 1066, 1071, 1075, 1077, 1082–1086, 1088, 1094, 1096–1097, 1099–1103, 1107, 1109, 1113–1122, 1126–1130, 1133–1140, 1150, 1170, 1176, 1178–1178 A, 1182, 1184, 1185–1190, 1192–1194, 1205

Istanbul, Archäologisches Museum 1, 2, 24 A–29, 36–38, 43, 45, 47, 59–62, 64 A.–D., 71, 77–78 A.–B., 83, 95 A.–96, 103 A–U, 108, 110–113 D, 116, 118, 121–127, 128 C, 129–137 N, 141 A.–B., 150, 191, 192, 193 B, 194–195 A, 196, 198, 200, 202, 207–210, 213, 216–218, 222, 230, 244, 275 A, 288–289, 293–295, 362, 370–371, 387–388, 405, 407, 411–413, 424, 433–434, 462, 463, 466, 469–471, 521, 556, 559, 564–565, 589, 596, 602, 614, 632–633, 679, 695–696, 708, 713, 717–718, 731, 737, 744, 748, 756, 807, 850–851, 868, 883, 911–912, 1000, 1021, 1034–1036, 1072, 1074, 1076, 1087, 1171, 1173 A und Beifunde, G10 A, G12–G13, G19–G20, G22 a–d

–, Altorientalische Abteilung 406

İzmir, Archäologisches Museum 44, 49–54, 75, 97, 114, 117, 1141–1142, G18, G21

Kütahya, Archäologisches Museum 143, 187, 211, 481, 595, 604–605
Manisa, Archäologisches Museum 284–285, 1177
Sardis, Depot 69, 275, 720, 765, 989, 1151
Uşak, Archäologisches Museum 368, 432, 483, 747, G10
Yalvaç, Archäologisches Museum 1098, 1152–1153

DEUTSCHLAND

Berlin, Antikenmuseum 191A, 193, 193A, 195B, 195D, 196A, 201, 372, 597, 719, 916
–, Museum für Vor- und Frühgeschichte 43A
Frankfurt/Main, Museum für Vor- und Frühgeschichte 563
München, Prähistorische Staatssammlung 90C–D, 268A, 310A, 697A, 697B, A1–5
Privatsammlungen 206, 215A, 291A, 295A, 391A, 396, 462A, 462B, 714A, 714B, 1110, 1175A, 1195L, 1197A, 1200E, 1203A
Mainz, Römisch-Germanisches Zentralmuseum 978C, 1171A, 1200D, G14

ENGLAND

London, British Museum 3, 5, 8, 8A–12, 30–34, 39–42, 46, 63, 65–66, 76, 98A–B, 104A.–E., 128A–B, 188A, 468A, 482A, 533, 555A, 591, 609, 618, 631A, 636, 681, 683–685, 690, 745, 1001, 1067, 1131, 1175, a, b (Kamiros), G17

FRANKREICH

Paris, Louvre 105

NIEDERLANDE

Leiden, Museum 82

SCHWEDEN

Stockholm, The Museum of Mediterranean and Near Eastern Antiquities 6, 91, 144–145, 214–215, 228, 361A, 391, 392–395, 404, 426–427, 555, 590, 594A.–B., 750–751, 827A, 854A, 915, 1015A, 1081, 1144, 1203

VEREINIGTE STAATEN VON AMERIKA

New York, Metropolitan Museum of Art, 603
–, Privatsammlung 1166

VERBLEIB UNBEKANNT

12A–13A, 22–23, 55–56, 67–68, 74, 88, 90E, 93, 98, 99, 102, 106A.–107, 119–120, 140, 142, 184A–B, 184D, 188, 191B, 193C, 194A, 195C, 197, 199, 199A–D, 200A, 201A, 212, 219–221, 229, 373–375, 408, 422, 438, 453–453A, 467, 472–473, 485, 527, 531A–C, 534, 549–550, 571–572, 578, 608, 620A, 622, 642, 680, 682, 687–689, 705A, 764, 764A.–B., 765B, 765C, 827B–F, 829A–B, 884–885, 887, 935, 975, 978A, 995A, 996, 1002–1005, 1013, 1033A, 1054A.–B., 1064–1065, 1073, 1089–1093D, 1111–1112, 1125, 1147, 1155, 1174, 1179–1179A, 1180, 1195A–K, 1196–1197, 1198A–1200C, 1201–1202, 1206A–1209D, 1212A–D, G11

VERZEICHNIS DER FUNDORTABKÜRZUNGEN AUF TAF. 72/73

A	=	Afyon	G	=	Gordion
AK	=	Akşehir	I	=	Iasos
AL	=	Alişar	İZ	=	İzmir
ALT	=	Altıntaş	K	=	Karaburun
AN	=	Ankara	KD	=	Kerkenes Dağ
ANT	=	Antalya	KN	=	Knidos
AR	=	Araxa	KÜ	=	Kültepe
AS	=	Assarlık	M	=	Manisa
B	=	Bayraklı	MS	=	Midas-Stadt
BE	=	Beçin	Mİ	=	Milâs
BO	=	Bodrum	MA	=	Maşat
BOG	=	Boğazköy	N	=	Neandria
BU	=	Burdur	S	=	Sardis
Ç	=	Çanakkale	SH	=	Sultanhanı
ÇÖ	=	Çömlekçi	Sİ	=	Simav
D	=	Denizli	ŞİL	=	Şile
Dİ	=	Didyma	T	=	Tavşanlı
DIN	=	Dinar	TH	=	Thymbra
DÜ	=	Düver	TR	=	Troja
E	=	Emirdağ	U	=	Uşak
EF	=	Ephesos	Y	=	Yalvaç
ER	=	Erythrae	YK	=	Yazılıkaya
ES	=	Eskişehir			

ORTSREGISTER

In eckigen Klammern sind die Koordinaten und Abkürzungen der Fundorte auf der Verbreitungskarte Taf. 72/73 angegeben; nach den Seitenverweisen folgen in runden Klammern die im Text und auf den Tafeln verwendeten Fundnummern; Orte außerhalb des Arbeitsgebietes sind durch Kursivdruck gekennzeichnet.

Adilcevaz 203
Adoni Nur 180
Afyon [Taf. 72, J 7: A; s. auch S. 16 Abb. 1] 2, 122 f., 190, 209 f.
Afyon, Çıkrık köyü [Taf. 72, J 7: A; s. auch S. 16 Abb. 1] 72 (Nr. 302)
Afyon, Eğret Oğulbeyli [Taf. 72, J 7: A; s. auch S. 16 Abb. 1] 71, 129 (Nr. 286, 820)
Afyon, „İhsaniye Yenice köyü" [Taf. 72, J 7: A; s. auch S. 16 Abb. 1] 80 (Nr. 416)
Afyon, „Kalecik köyü" [Taf. 72, J 7: A] 114 (Nr. 672)
Afyon, Umgebung von 60, 71, 75, 77, 198 (Nr. 292, 390)
Akçay 21
Akşehir, Koçyağız oder Koçyazı köyü [Taf. 73, K 7: AK] 71, 74, 121 f. (Nr. 299, 300, 363, 364, 732)
Alacahüyük 200
Alagir 185, 202
Alişar [Taf. 73, P/Q 5: AL] 2, 18 f., 49, 78, 94 f., 144, 150–153, 155–157, 168, 175, 177–187, 200 (Nr. 142, 408, 531 A–C, 1003–1005, 1054 A.B, 1091–1093 D, 1180, 1195 A–K, 1196, 1197, 1198 A–1200 C, 1201, 1202, 1206 A–1209 D, 1212 A–D)
Al Mina 182, 201
Altıntaş, Batak köyü [Taf. 72, H 6: ALT] 142, 195 (Nr. 973, G 2)
Amathus 178
Amorium [Taf. 73, K 6; s. auch S. 16 Abb. 1] 122 (Nr. 748)
Anatolien 173 (Nr. 1166)
Ankara [Taf. 73, M 5: AN] 3, 6 f., 13–15, 18, 52 f., 55, 59–63, 171, 177, 190–192, 208 f. (Nr. 153, 154)
Ankara, Baumschule (Atatürk Orman Fidanlığı) 14 f., 148, 169 f., 172 f., 190, 192, 199 (Nr. 1155, 1167)
Ankara, Beştepeler 15, 79, 125, 208
Ankara, Çiftlik 55, 61
Ankara, Umgebung von 76, 79, 81, 103, 122 f., 136, 146, 155 f., 177, 183, 187 (Nr. 395, 426, 594 B, 750, 751, 915, 1015 A, 1081, 1203)
Antalya [Taf. 72, J 10: ANT] 69, 143, 170, 173, 183, 196 f., 209 (Nr. 978 C, 1171 A, 1200 D, G 14)

„Antalya, Umgebung von" 36, 68 f., 144, 165 f. (Nr. 48, 1146)
„Antalya, Umgebung von"; antikes Araxa möglich [Taf. 72, G 10: AR] 68 f., 209 (Nr. 278, 280, 281)
Antissa 100, 105
Apadana, Persepolis 153
Araxa s. „Antalya, Umgebung von"
Argivisches Heraion 78, 104, 116, 118 f., 121 f., 125, 131, 146, 149, 161, 175
Argos 166
Arslantepe 177
Assarlık [Taf. 72, D 10: AS] 20, 25 f., 28–31, 43 f., 209 (Nr. 3, 5, 8–12, 98 A, 98 B)
Assur 191, 201
Aşağı Piribeyli köyü s. Emirdağ
Auvernier 187

Batak köyü s. Altıntaş
Baumschule s. Ankara
Bayraklı (Old Smyrna) [Taf. 72, D 7: B] 21, 26, 30 f., 87, 113, 176, 194, 196 f. (Nr. 12 A, 1179 A, G 11)
Beçin [Taf. 72, E 9: BE] 24, 30–32, 43 f., 46 (Nr. 13, 22, 98, 119, 120)
Besenyszög-Fokoru 48
Beshtasheni 203
Beştepeler s. Ankara
Bodrum [Taf. 72, D 10: BO] 25
Bodrum, Umgebung von 27, 32 (Nr. 14–21)
Boğazköy [Taf. 73, O 4: BOG] 1–3, 10, 14 f., 17–19, 50, 53 f., 59 f., 65–67, 70–72, 75–77, 81–83, 88 f., 93–108, 110, 115–121, 123, 126–129, 131–135, 137, 139–146, 148–153, 155 f., 158 f., 165–167, 170, 172 f., 177–181, 183–186, 191–195, 197, 199, 208 (Nr. 203–205, 241, 242, 264–268, 269, 270, 272, 273, 291, 298, 301, 303, 309, 310, 379, 383, 403 A.B, 436, 437, 439–448, 487, 490, 525, 528, 530–531 D, 546, 551, 552, 557, 558, 566, 567, 575–577, 579–581, 592–594, 598, 617, 627, 631, 640, 643–645, 686, 693, 695, 702, 711, 721, 730, 735, 752, 781, 782, 796, 808, 845, 849, 855–859, 874, 877, 890, 891, 893, 894, 923, 924, 936, 952, 953, 959, 964, 990–995, 1014, 1015, 1037, 1051–1053,

Ortsregister

1063, 1068, 1069, 1078–1080, 1087, 1105, 1106, 1108, 1145, 1148, 1149, 1157, 1158, 1168, 1172, 1173, 1181, 1183, 1204, 1210, 1211, G 3, G 6–G 9, G 16)

Bradu 49

Burdur [Taf. 72, H 8/9: BU] 49, 69, 118, 155

Burdur, Umgebung von 49, 68, 82, 103, 120, 147 f., 209 (Nr. 138, 459, 588, 726, 1022)

Bursa, Umgebung von [Taf. 72, G 4] 98 f. (Nr. 555)

Byzantion 188

Chegema 175
Corneto 191
Cumae 32

Çanakkale, Ine/Köprübaşı [Taf. 72, C 4: Ç] 40, 175 (Nr. 74, 1174)

„Çatma Pınar köyü" s. Emirdağ

Çifteler [Taf. 72, J 6] 65 (Nr. 240)

Çiftlik s. Ankara

Çıkrık köyü s. Afyon

Çömlekçi [Taf. 72, D 9/10: ÇÖ] 28–31 (Nr. 4, 7)

Çukurhisar [Taf. 72, H 4/5] 101 f. (Nr. 573)

Delion, Paros 49, 83, 98, 121

Denizli, Piral [Taf. 72, F/G 8: D] 45 (Nr. 106 A.B)

Devehüyük 182

Didyma [Taf. 72, D 9: Dİ] 22, 32, 36–39, 198, 201 (Nr. 23, 55, 56, 67, 68)

Dinar [Taf. 72, H 8: DIN; s. auch S. 16 Abb. 1] 74, 87 (Nr. 365, 366, 482 A)

„Dinar, Umgebung von" 71, 75, 81, 198 (Nr. 294, 295, 386, 389, 424)

Djönü 7

„Düver" [Taf. 72, G/H 9: DÜ] 68 f., 80 f., 102, 117 f., 122 f. (Nr. 276, 277, 279, 282, 421, 425, 705, 749)

Düver, Umgebung von 195, 197 (Nr. G 5, G 15)

Eğret Oğulbeyli s. Afyon

Elazığ 179, 185, 200

Emirdağ [Taf. 72, J 6: E; s. auch S. 16 Abb. 1] 123, 190

Emirdağ, Aşağı Piribeyli köyü [Taf. 72, J 6: E; s. auch S. 16 Abb. 1] 74 (Nr. 367)

Emirdağ, „Çatma Pınar köyü" [Taf. 72, J 6: E] 75 (Nr. 377)

Emporio 46, 95, 110 f., 118, 122, 162, 186, 193 f., 197 f.

Enkomi 28

Ephesos [Taf. 72, D 8: EF] 21 f., 33–39, 44 f., 47, 50, 79, 81, 83, 95, 98 f., 103, 105 f., 108 f., 111, 113, 115–118, 121 f., 138 f., 144, 150, 153–155, 157, 159–163, 165–167, 174 f., 194–197, 201, 204 (Nr. 28–34, 39–42, 46, 47, 63, 65, 66, 103 A–104 E, 128 A–C, 438, 533, 556, 591, 609, 618, 636, 679–685, 688–690, 708, 745, 935, 1001, 1067, 1072, 1111–1112, 1125, 1131, 1147, 1175, G 10 A, G 12, G 17, G 19, G 20)

Ergili [Taf. 72, E 4] 121 f. (Nr. 744)

Erythrae [Taf. 72, C 7: ER] 43 f., 165, 167, 194, 197 f. (Nr. 97, 1141, 1142, G 18, G 21)

Eskişehir [Taf. 72, J 5: ES] 2, 74, 77, 81, 128, 131 (Nr. 361 A, 427, 827 A, 854 A)

„Eskişehir, Umgebung von" 75 (Nr. 384, 385)

„Eşme" [Taf. 72, F/G 7] 74 (Nr. 369)

Fortetsa 36

Gediz 86

Giyimli 204

Gordion [Taf. 73, L 5: G] 1–16, 18–20, 22, 40–43, 50–68, 72–77, 80–111, 113–173, 175–185, 187, 189 f., 192–197, 199–203, 207–210 (Nr. 72, 84–90 B, 92 A–94, 146–149, 151, 155–160, 162–184 D, 188 B–201 A, 216–227, 229, 231–239, 243, 245–263, 271, 274, 304, 305, 307, 308, 311–361, 371, 372–376, 378, 380–382, 397–402, 410, 410 A, 417, 418, 428–431, 435, 449–458, 460, 461, 464–466, 468, 469–480, 482, 482 B, 484, 485, 489, 491–524, 529, 532, 534–545, 548–550, 553, 554, 560–562, 568–570 B, 574, 582–586, 596, 597, 599–601, 606, 607, 612, 613, 615, 616, 619–620 A, 623–626, 628–630, 632–635, 637–639, 641, 648, 649, 650 A–669, 673, 675, 677, 678, 692, 694, 697, 697 C–701, 703, 704, 705 A–707, 709, 710, 712, 715, 716, 718, 719, 721 A, 722, 724, 725, 727–729, 733, 736, 740–743, 746, 754, 757–760, 762, 763, 764 A–C, 765 A–780, 783 A–795, 797–806, 809–819, 821–827, 827 B–844, 846–848, 852–854, 854 B, 860–867, 869–873, 875, 876, 878–885, 887–889, 892, 895–914, 916–922, 924 A–934, 937–951, 954, 956–958, 960–963, 965, 966, 968–972, 974, 976–978 B, 979–987, 995 A, 1002, 1006–1012, 1016, 1018–1020, 1025–1028, 1033 A, 1038–1050, 1055–1062, 1066, 1070, 1071, 1075, 1077, 1082–1086, 1088, 1094–1097, 1099–1104, 1107, 1109, 1113–1124, 1126–1130, 1132–1140, 1143, 1150, 1154, 1156, 1159–1165, 1169, 1170, 1176, 1178–1179, 1182, 1184–1194, 1205, G 1, G 4, G 13)

Hacılar [Taf. 72, H 9] 74 (Nr. 362)

Halicarnassus 25

Hallstatt 47, 204, 207

Hanay Tepe 21

Hasanlu 177, 185

Hattuşa 17

Hephaisteia 31

Ialysos 47, 78, 83, 166
Iasos [Taf. 72, D 9: I] 24, 35–37, 41, 46, 200 (Nr. 44, 49–54, 75, 114 A.B, 117)
„İhsaniye Yenice köyü" s. Afyon
Ine s. Çanakkale
İstanbul 42, 188
Ithaka 99
İvriz 9, 50, 173 f., 208
İzmir [Taf. 72, D 7: İZ] 21, 45
„İzmir, Umgebung von" 22, 33–39, 41, 43 f., 46–48, 123 f., 186, 201, 207 (Nr. 24 A–27, 36–38, 43, 45, 48, 59–62, 64 A–D, 71, 78 A.B, 95 A–96, 108, 110–113 D, 116, 118, 121–127, 129–137 N, 756)

Jankovo, Moglula Cetvirta 49

Kalchedon 188
Kalchu 203
„Kalecik köyü" s. Afyon
Kamiros 62, 125, 176 (Nr. a, b)
Kamunta 185
Karaburun, Elmalı [Taf. 72, H 10: K] 19 f., 57, 80, 115 f., 170, 209 (Nr. 188, 422, 687)
Karahüyük 202
Karalar [Taf. 73, M 4] 150, 152 f. (Nr. 1064)
Karkamesch 166, 181
Karmir Blur 185, 203
Kayalıdere 185
Kayseri 19
Keramaikos, Athen 25, 28–30
Kerkenes Dağ [Taf. 73, P 5: KD] 19, 93 f., 154 f. (Nr. 527, 1073)
Khorsabad 9, 67
„Kleinasien" 29, 59, 62, 75 f., 99, 103, 165 (Nr. 6, 214, 215, 228, 391, 392–394, 563, 590, 594 A, 1144)
Knidos [Taf. 72, D 10: KN] 33 f., 39, 201 (Nr. 35 A–L, 70)
Knossos 203
Koban 187, 203
Konya 52, 55, 61, 122, 190
Köprübaşı s. Çanakkale
Korakou 200
Korkuteli, Umgebung von [Taf. 72, H 10] 124, 209 (Nr. 761)
Korucutepe 179, 200
Kourion 178
Kültepe [Taf. 73, Q 6: KÜ] 26, 83, 120, 150, 177 f.
Kululu 181
Kütahya 77, 105, 144, 210

Lakavica 49
Larissa am Hermos 113
Lenkoran 7

Leukanti 202, 207
Lindos 2, 44, 47, 67, 77, 83, 118, 121, 181 f., 209

Manisa [Taf. 72, D 7: M] 23
Manisa, Umgebung von 71, 77 (Nr. 284, 285)
Maraş 166
Maşat [Taf. 73, Q 4: MA] 26, 77, 83, 178
Megara 188
Midas-Stadt [Taf. 72, J 5/6: MS] 10, 15–17, 52, 76 f., 85, 101 f., 106–108, 110, 144, 156, 201 (Nr. 406, 467, 578, 622, 642, 996, 1089)
Midas-Stadt, Umgebung von 122, 189–193 (Nr. 1173 A, a–o)
Milâs [Taf. 72, E 9: Mİ] 24, 38
„Milâs, Umgebung von" 38, 46 (Nr. 57, 58, 109, 115)
Milet 27
Mouci-Yeri 188, 203
Mouliana 29
Muğla 24
Müsgebi 27

Neandria [Taf. 72, B/C 5: N] 20 f., 44 f., 113, 147–149, 165 (Nr. 99, 1023, 1024, 1031–1033)
Nimrud 181, 191
Nor Aresh 203 f., 207
Norşuntepe 185

Old Smyrna s. Bayraklı
Olympia 69, 78 f., 83, 86, 116, 118, 125, 145, 175, 186 f.
Ortahüyük, Dedik [Taf. 73, P 5] 19, 156 (Nr. 1090)
Özbayat köyü s. Yalvaç

Pantalica 27
Pateli 2, 28
Patnos 185
Pazarlı [Taf. 73, P 4] 19, 150, 152 f. (Nr. 1065)
Perachora 83, 116, 118, 121, 150
Peschiera 27, 30
Pessinus (Ballıhisar) [Taf. 73, K 6] 17 (Nr. 764)
Phana 100, 105, 162
Pherai 34, 40, 43, 78, 98, 187
Philia 209
Pianello 27
Piral s. Denizli
Pithecusae, Ischia 111, 122
Polatlı 3

Riserva del Tuglio, Marino 83

Sağır köyü s. Yalvaç
Samos, Heraion 78, 83, 150, 168–170, 172, 175, 186–188, 193–195, 197, 209
S. Maria d'Anglona, Potenza 111, 124

Sardis [Taf. 72, E 7: S] 23, 38 f., 49, 67, 111, 119, 125, 143 f., 146, 167, 208 (Nr. 69, 275, 720, 765, 989, 1151)
Schiroko Pole, Momtschilowgrad 186
Simav [Taf. 72, F 6: Sİ] 87, 105
"Simav, Umgebung von" 52, 57, 59 f., 87, 104 f. (Nr. 143, 187, 211, 481, 595, 604, 605)
Sparta, Artemis Orthia-Heiligtum 78, 98, 116, 122, 145
Sultanhanı [Taf. 73, Q 6: SH] 19, 118
Sürügüden, Muş 185

Şile [Taf. 72, G 2: ŞİL] 186–189 (Nr. A 1–A 5)
"Şuhut, Umgebung von" [Taf. 72, J 7; s. auch S. 16 Abb. 1] 121 f. (Nr. 739)

Tarsus 184, 201
"Tavşanlı" [Taf. 72, G 5: T] 71, 79 (Nr. 287, 297, 409)
Tegea 138
Tell Atchana 204
Tepe Sialk 6 f., 202
Thasos, Artemis-Heiligtum 141, 168, 170
"Thymbra" [Taf. 72, C 4/5: (TH)] 11, 20 f., 41 f., 44 f., 49, 100, 113–116, 118 f., 122 f., 141–146, 148 (Nr. 79–81, 100–102, 139, 140, 571, 572, 674 A. B, 676, 714, 753, 967, 975, 998, 999, 1017, 1030)
Timmari 27
Toprakkale 191, 199, 203 f.
Troja [Taf. 72, C 4: TR] 20 f., 31, 35, 40–42, 105, 113, 187, 200, 202 f. (Nr. 13 A, 43 A, 90 E, 608)
"Troja, Umgebung von" 42 (Nr. 82)
"Trouvée en Troade" 45 (Nr. 105)
Türkei 42, 66, 71 f., 76, 115, 119, 182 f. (Nr. 90 C. D, 268 A, 291 A, 310 A, 391 A, 697 A, 697 B, 714 A, 1195 L, 1197 A, 1200 E, 1203 A)
Tyana 174
Tylissos 29

"Uşak, Umgebung von" [Taf. 72, G 7: U] 74, 81, 88, 122 f., 195 (Nr. 368, 432, 483, 747, G 10)

Van 185
Vergina 188
Vitsa, Epirus 78
"Vorderasien" 71 (Nr. 295 A)
Vrokastro 29

Xantos 204

Yalvaç, Özbayat köyü [Taf. 72, J 8: Y] 157 (Nr. 1098)
Yalvaç, Sağır köyü [Taf. 72, J 8: Y] 167 f. (Nr. 1152, 1153)
Yazılıkaya [Taf. 72, J 5/6: YK] 15, 17, 57, 60, 72, 77, 80 f., 88 f., 93 f., 102, 106, 108, 110 f., 114–116, 121 f., 144, 148 (Nr. 185, 186, 306, 415, 423, 486, 488, 526, 587, 621, 646, 647, 650, 670, 671, 691, 734, 997, 1029)
Yunak 190

Zincirli 166, 178, 181 f., 203
Ziwiye 175, 185, 207

Fundort unbekannt 27 f., 42, 49, 52, 57, 59, 63, 65, 67, 71, 74–76, 78, 80–85, 98 f., 103–105, 107, 115, 118–121, 127, 131 f., 144 f., 147, 149, 154, 160, 173, 175 (Nr. 1, 2, 83, 91, 141 A. B, 144, 145, 150, 188 A, 202, 206–210, 212, 213, 215 A, 230, 244, 275 A, 288–290, 370, 387, 388, 396, 405, 407, 411–413, 419, 420, 433, 434, 462–463, 468 A, 555 A, 559, 564, 565, 589, 602, 603, 614, 631 A, 696, 713, 714 B, 717, 731, 737, 807, 850, 851, 868, 1000, 1021, 1034–1036, 1110, 1171, 1175 A, 1177)
Fundort unbekannt, Umgebung von Afyon möglich 55, 71, 199 (Nr. 161, 293, G 22 a–d)
Fundort unbekannt, Umgebung von Dinar möglich 123 (Nr. 755)
Fundort unbekannt, Hacılar möglich 154 f. (Nr. 1076)
Fundort unbekannt, angeblich aus Sardis 145 (Nr. 1013)

TAFELN

TAFEL A

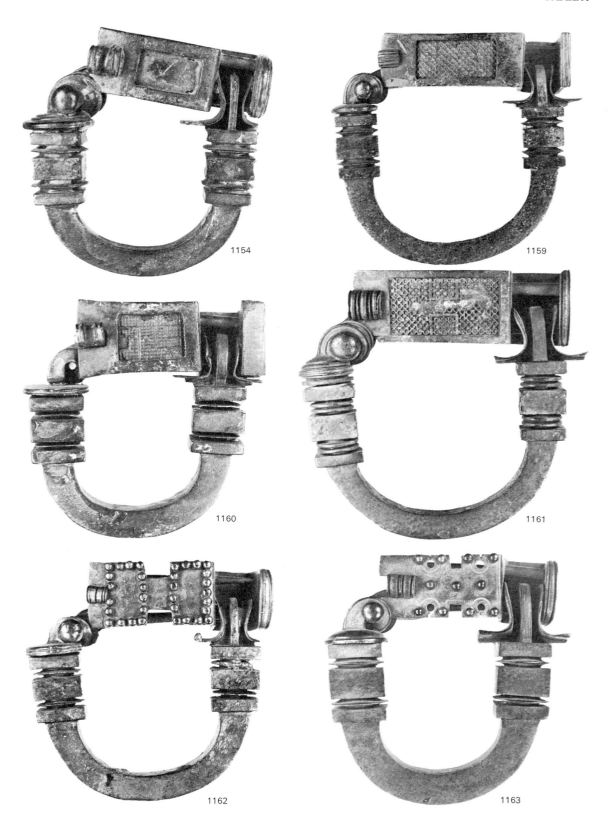

1154. 1159–1163 Gordion, Tumulus MM.
M 1:1

TAFEL B

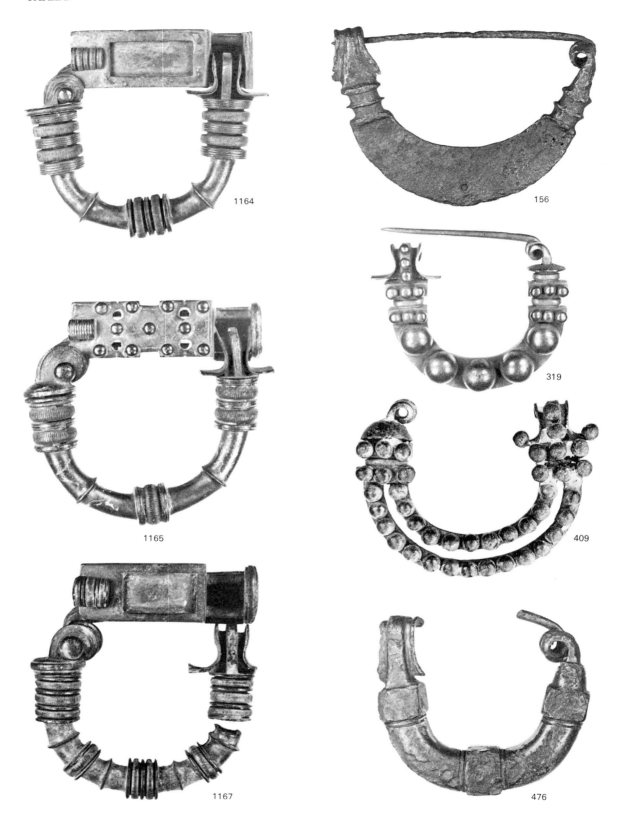

156 Gordion. – 319.1164.1165 Gordion, Tumulus MM. – 409 „Tavşanlı". – 476 Gordion, Tumulus W. – 1167 Baumschule Ankara.

M 1 : 1

Relief von İvriz.

Violinbogenfibeln Typ I (1.2); Bogenfibeln Typ II (3–9) TAFEL 1

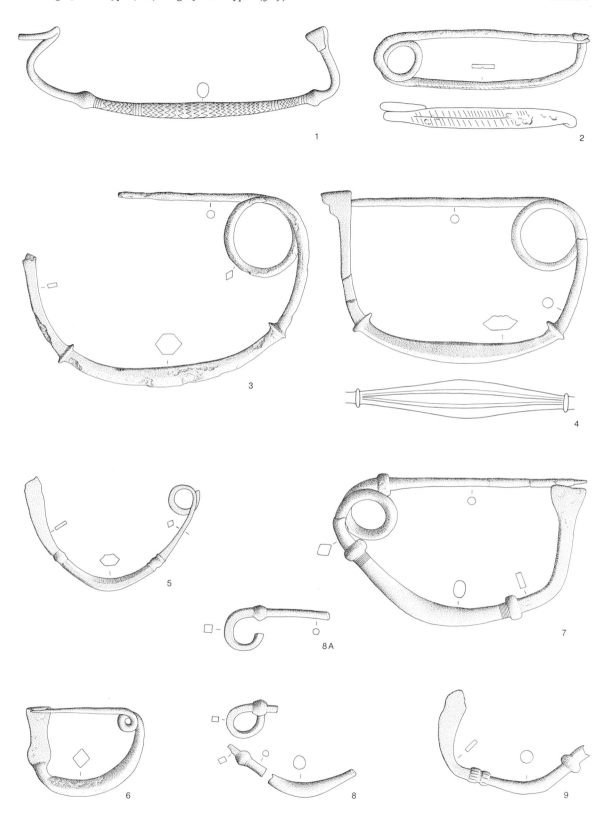

1.2 Fundort unbekannt. – 3 Assarlık, Grab O. – 4.7 Çömlekçi. – 5 Assarlık, Grab G. – 6 „Kleinasien". – 8–9 Assarlık, Grab C.

M 2 : 3

TAFEL 2 *Bogenfibeln Typ II (10–25 B)*

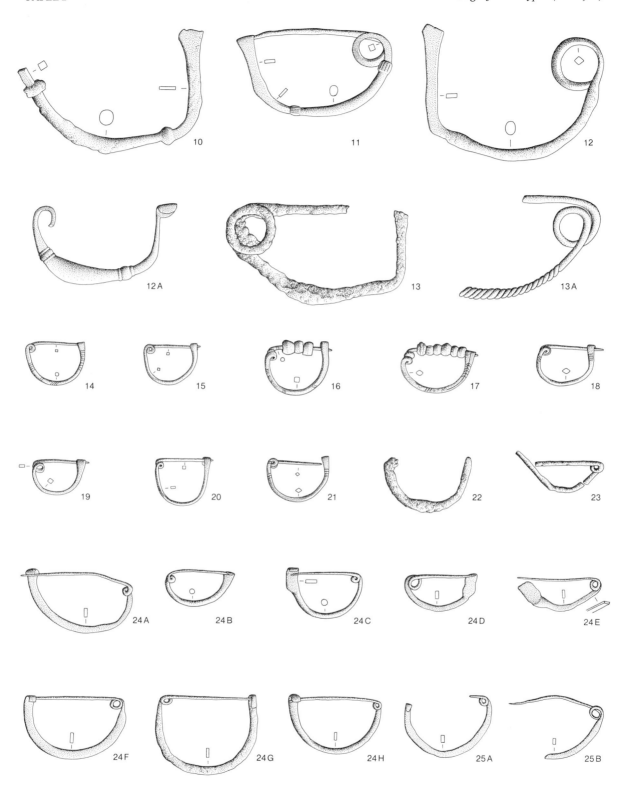

10 Assarlık, Grab. – 11 Assarlık, Grab M. – 12 Assarlık, Grab N. – 12 A Bayraklı. – 13.22 Beçin, Grab 3. – 13 A Troja. – 14–21 „Umgebung von Bodrum". – 23 Didyma. – 24 A–25 B „Umgebung von İzmir". – (12 A nach Skizze Müller-Karpe; 13.22 nach Akarca; 13 A nach Dörpfeld; 23 nach Tuchelt).
M 2 : 3; 12 A ohne Maßstab

Bogenfibeln Typ II (26 A–43 A); Fibeln mit Kugelgliedern auf dem Bügel Typ III (44–48) TAFEL 3

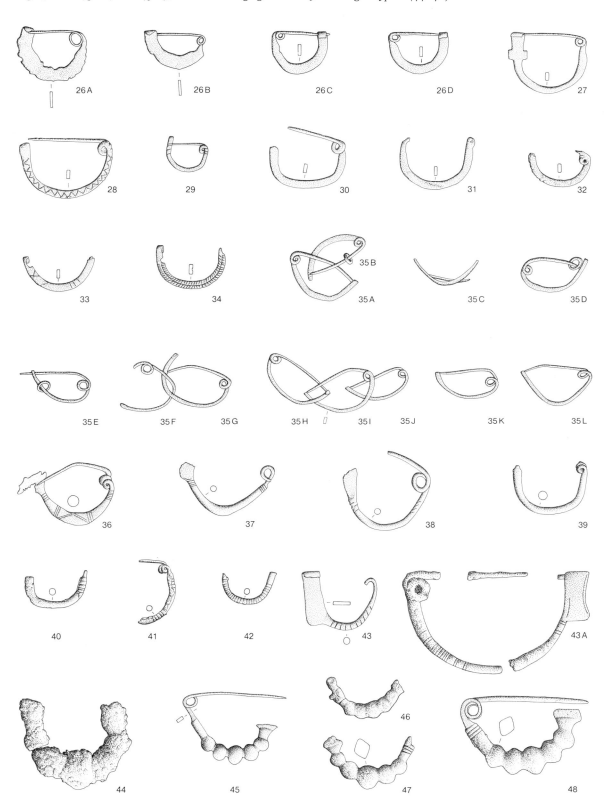

26 A–27.36–38.43.45 „Umgebung von İzmir". – 28–34.39–42.46.47 Ephesos. – 35 A–L Knidos. – 43 A Troja. – 44 Iasos. – 48 „Umgebung von Antalya". – (30–34 nach Photo; 35 A–L nach Love; 43 A nach Dörpfeld).

M 2 : 3

TAFEL 4 *Fibeln mit Kugelgliedern auf dem Bügel Typ III (49–63)*

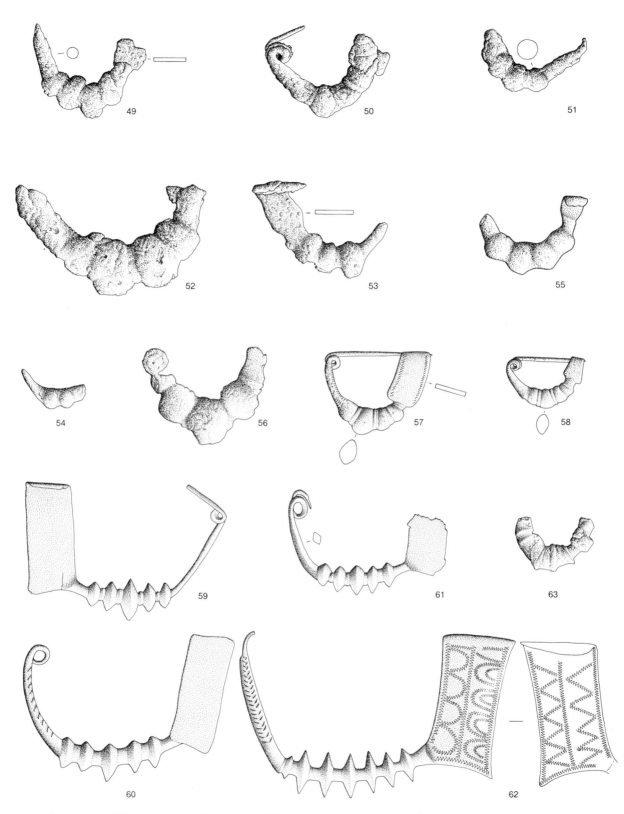

49–54 Iasos. – 55.56 Didyma. – 57.58 „Umgebung von Milâs". – 59–62 „Umgebung von İzmir". – 63 Ephesos. – (55.56 nach Tuchelt).

M 2 : 3

Fibeln mit Kugelgliedern auf dem Bügel Typ III (64 A–71); Fibeln mit geschwollenem Bügel Typ IV (72.74–83)   TAFEL 5

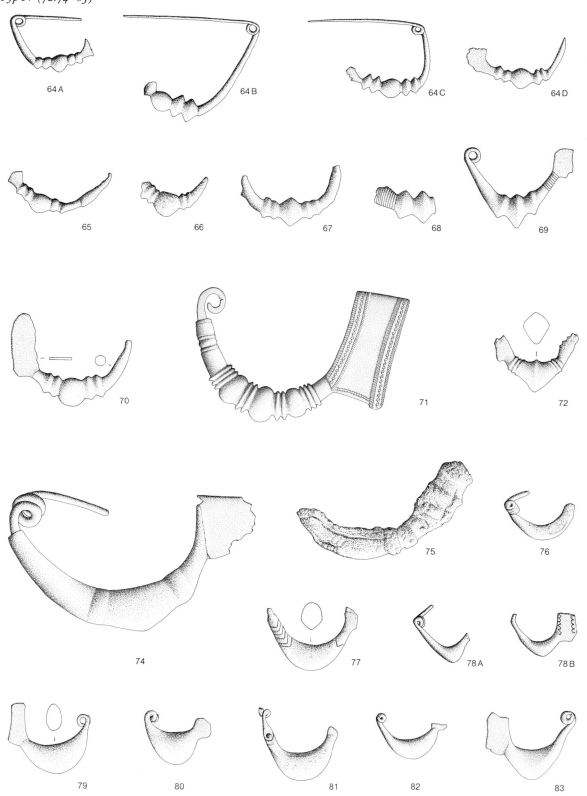

64 A–D.71.78 A.B „Umgebung von İzmir". – 65.66.76.77 Ephesos. – 67.68 Didyma. – 69 Sardis. – 70 Knidos. – 72 Gordion. – 74 Köprübaşı. – 75 Iasos. – 79–81 „Thymbra". – 82 „Umgebung von Troja". – 83 Fundort unbekannt. – (66.69 nach Photo; 67.68 nach Tuchelt; 70 nach Love; 74.82 nach Przeworski).

M 2 : 3

TAFEL 6   *Fibeln mit geschwollenem Bügel Typ IV (84–94); Fibeln mit einer Kugel auf dem Bügel Typ V (95 A–G.97–100)*

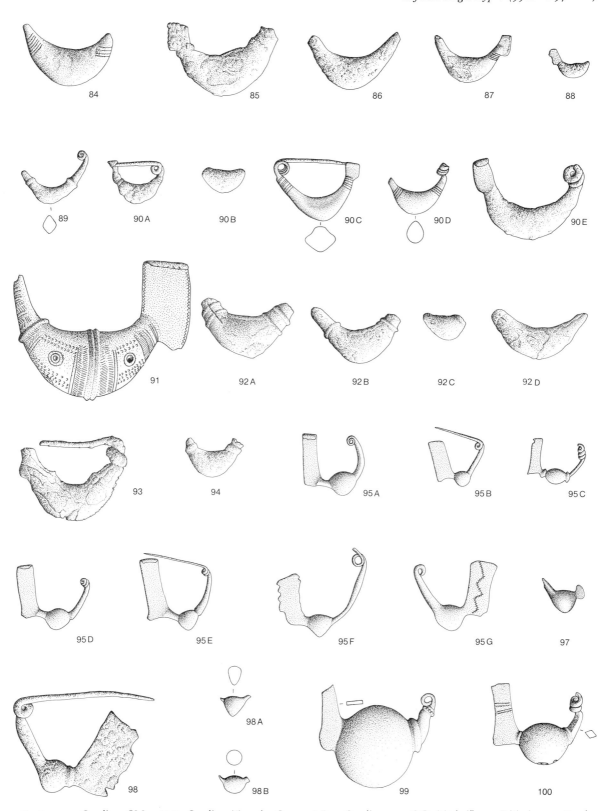

84–87.92.93 Gordion, CM. – 88.89 Gordion, Tumulus G. – 90 A.B.94 Gordion. – 90 C.D „Türkei". – 90 E Troja. – 91 Fundort unbekannt. – 95 A–G „Umgebung von İzmir". – 97 Erythrae. – 98 Beçin, Grab 2. – 98 A.B Assarlık, Grab F. – 99 Neandria. – 100 „Thymbra". – (88 nach Muscarella; 90 E nach Blegen; 91.93 nach Photo; 98 nach Akarca; 99 nach Thiersch).

M 2 : 3

Fibeln mit einer Kugel auf dem Bügel Typ V (101–107); Fibeln mit Zierelementen auf dem Bügel Typ VI (108–112 A)

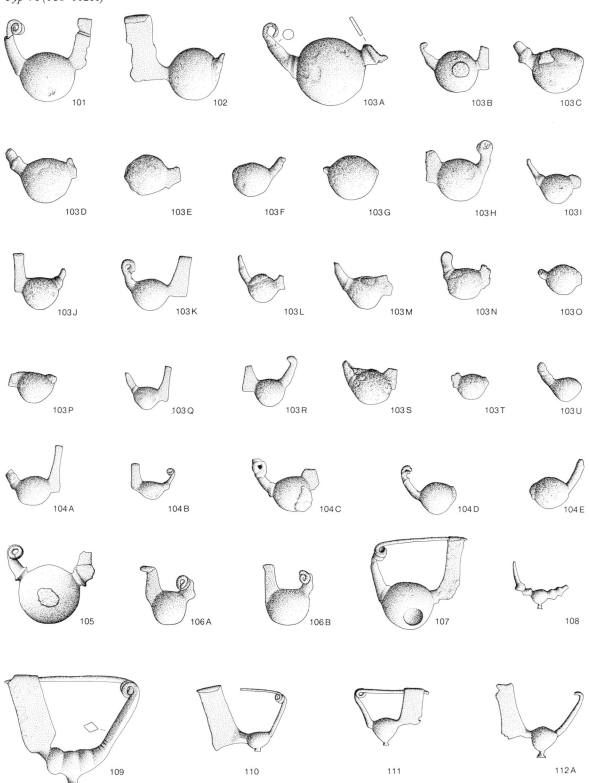

101.102 „Thymbra". – 103 A–104 E Ephesos. – 105 „Trouvée en Troade". – 106 A.B Piral. – 107 Iné. – 108.110–112 A „Umgebung von İzmir". – 109 „Umgebung von Milâs. – (102 nach Thiersch; 105 nach Photo; 106 A–107 nach Przeworski).

M 2:3

TAFEL 8   *Fibeln mit Zierelementen auf dem Bügel Typ VI (112 B–129)*

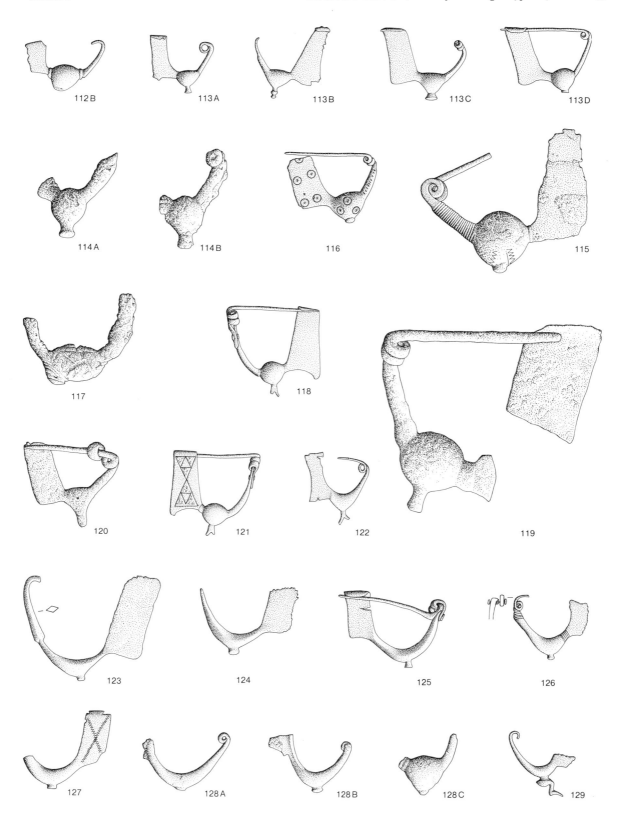

112 B–113 D.116.118.121–127.129 „Umgebung von İzmir". – 114 A.B. 117 Iasos. – 115 „Umgebung von Milâs". – 119.120 Beçin, Grab 2. – 128 A–C Ephesos. – (119.120 nach Akarca).

M 2 : 3

Scheibenfibeln Typ VII (130–137 N); Bogenfibeln mit abgesetzter Kugel auf dem Bügel Typ VIII (138–142)

TAFEL 9

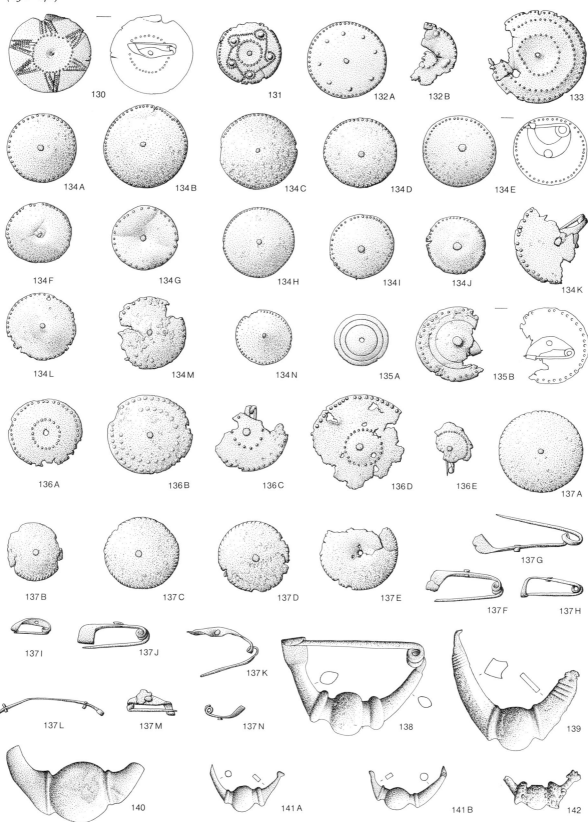

130–137 N „Umgebung von İzmir". – 138 „Umgebung von Burdur". – 139.140 „Thymbra". – 141 A.B Fundort unbekannt. – 142 Alişar. – (140 nach Thiersch; 142 nach Publ. Photo e 2287).

M 2 : 3

TAFEL 10 *Phrygische bzw. anatolische Fibeln Variante A I, 1 (143–151.153–158B)*

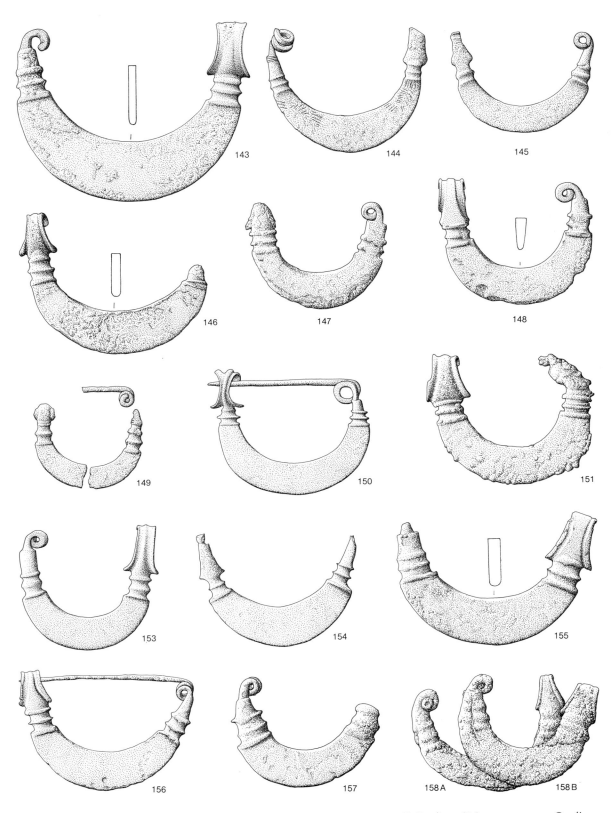

143 „Umgebung von Simav". – 144.145.150 Fundort unbekannt. – 146.155.157–158 B Gordion, CM. – 147–149.151 Gordion, Tumulus W. – 153.154 „Ankara". – 156 Gordion. – (144.145 nach Photo; 151 nach Muscarella).

M 2:3

Phrygische bzw. anatolische Fibeln Variante A I, 1 (159.160), Variante A I, 2 (161–173)   TAFEL 11

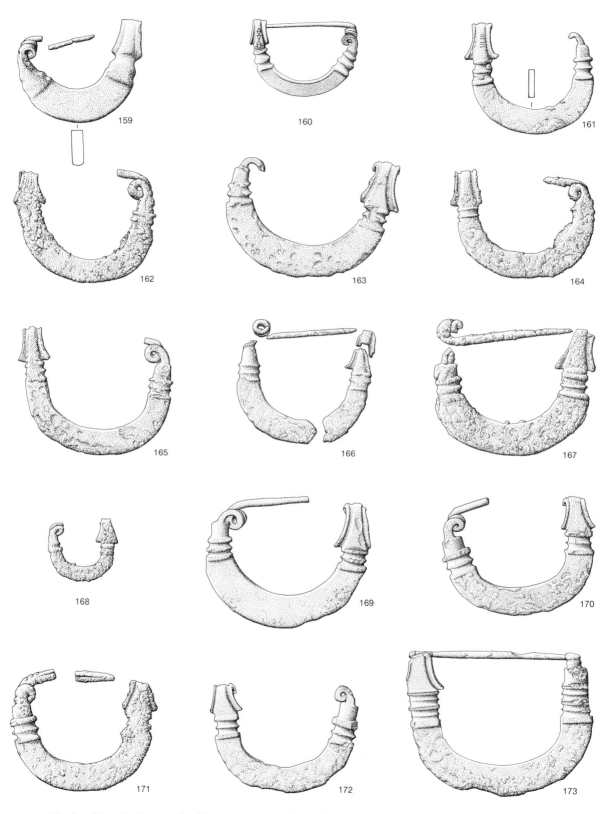

159 Gordion, Tumulus G. – 160 Gordion, CM. – 161 Fundort unbekannt. – 162–173 Gordion, Tumulus W. – (160 nach Muscarella).
M 2 : 3

TAFEL 12 — *Phrygische bzw. anatolische Fibeln Variante A I, 2 (174–184 A)*

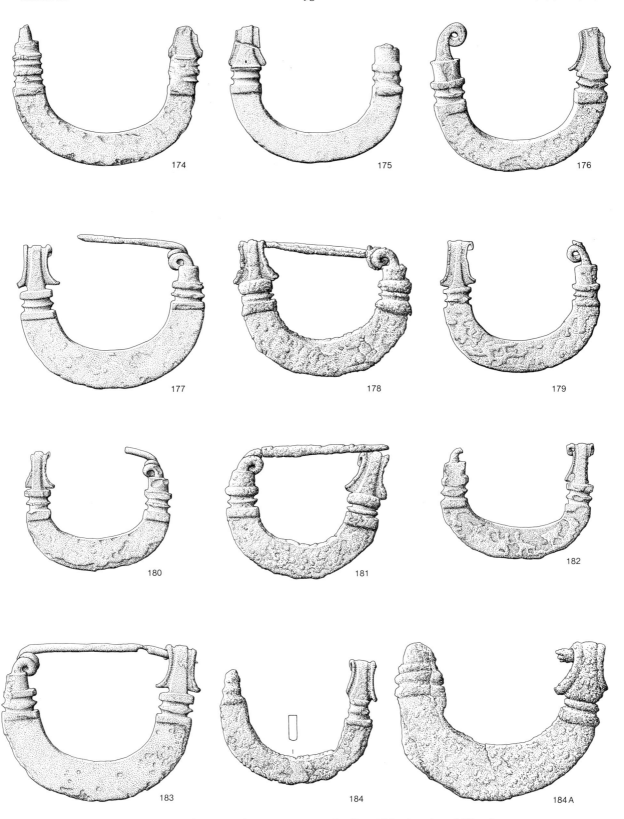

174–183 Gordion, Tumulus W. – 184.184 A Gordion, CM. – (184 A nach Photo).
M 2 : 3

Phrygische bzw. anatolische Fibeln Variante A I, 2 (184 B–191 A) TAFEL 13

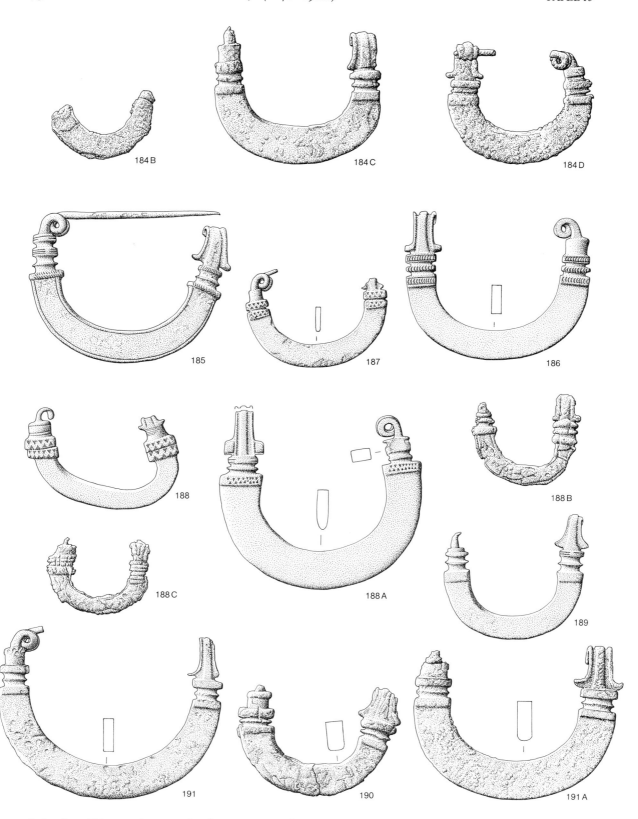

184 B Gordion, CM. – 184 C.189.190 Gordion. – 184 D Gordion, Tumulus S. – 185.186 Yazılıkaya. – 187 „Umgebung von Simav". – 188 Karaburun, Tumulus IV. – 188 A Fundort unbekannt. – 188 B.C Gordion, Tumulus Q. – 191.191 A Gordion, Tumulus III. – (184 B–D.188 B.C nach Photo; 188 nach Mellink).

M 2 : 3

TAFEL 14 *Phrygische bzw. anatolische Fibeln Variante A I, 2 (192–195 B.195 D–196 A)*

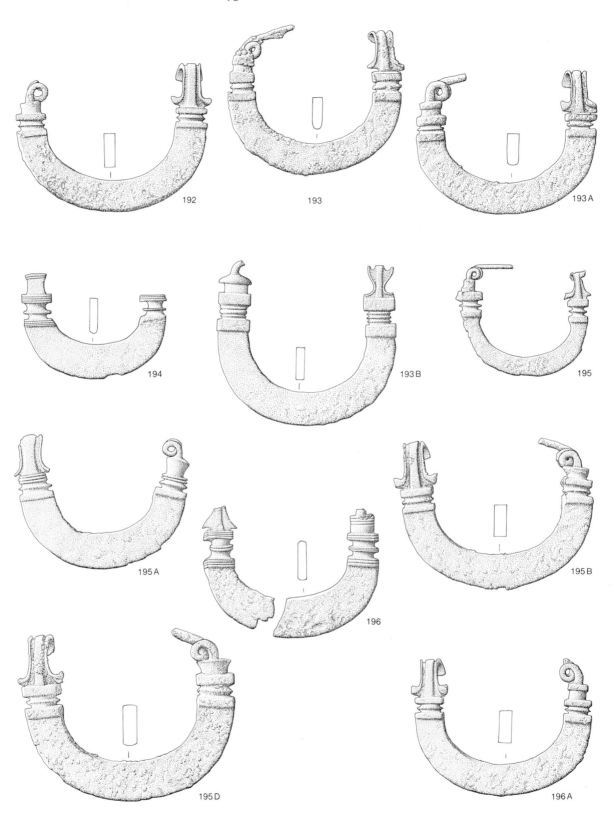

192–193 B.194.195–195 B.195 D–196 A Gordion, Tumulus III.
M 2 : 3

Phrygische bzw. anatolische Fibeln Variante A I, 2 (197.198.200–207)

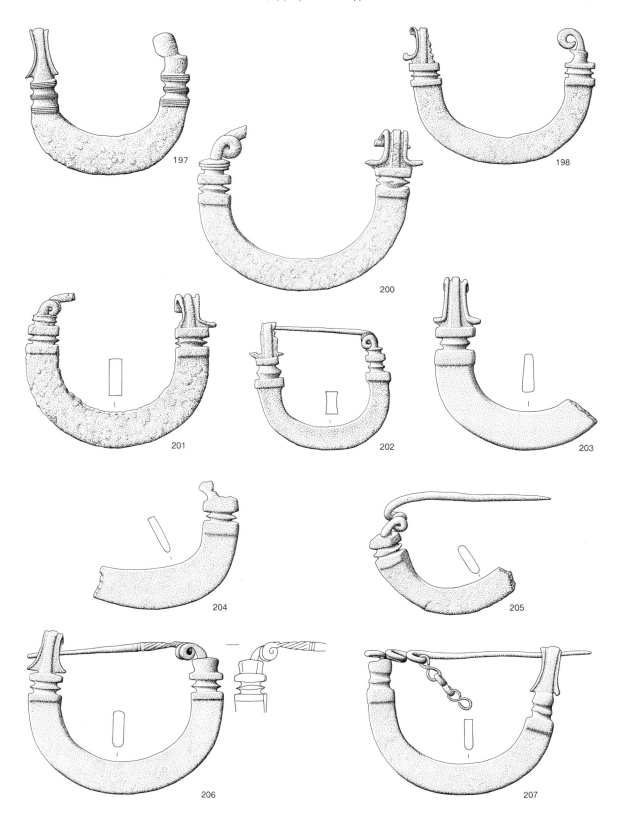

197.198 Gordion, Tumulus III. – 200.201 Gordion, Tumulus IV. – 202.206.207 Fundort unbekannt. – 203–205 Boğazköy, USt. – (197 nach Körte; 203 nach Boehmer).

M 2 : 3

TAFEL 16 *Phrygische bzw. anatolische Fibeln Variante A I, 2 (208–215 A)*

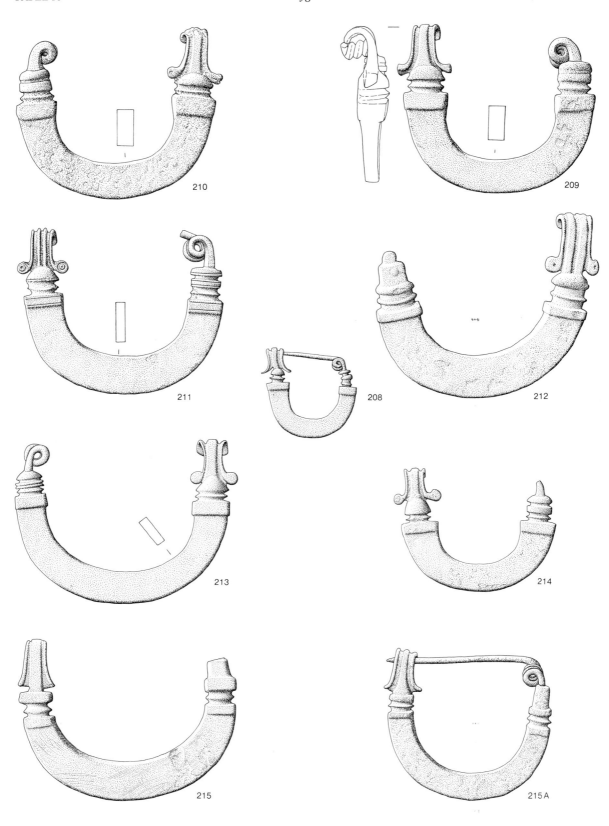

208–210.212.213.215 A Fundort unbekannt. – 211 „Umgebung von Simav". – 214.215 „Kleinasien". – (212.215 A nach Katalogphoto; 214.215 nach Photo).

M 2:3

Phrygische bzw. anatolische Fibeln Variante A II, 1 (216–218.220–222) TAFEL 17

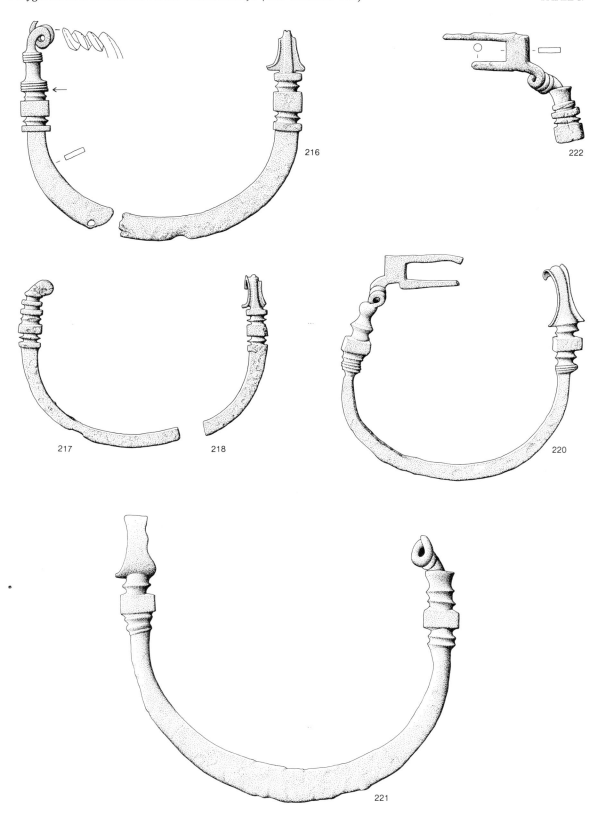

216–218.220–222 Gordion, Tumulus III. – (220.221 nach Körte).
M 2:3

TAFEL 18   *Phrygische bzw. anatolische Fibeln Variante A II, 1 (223–228), Variante A II, 2 (229.230)*

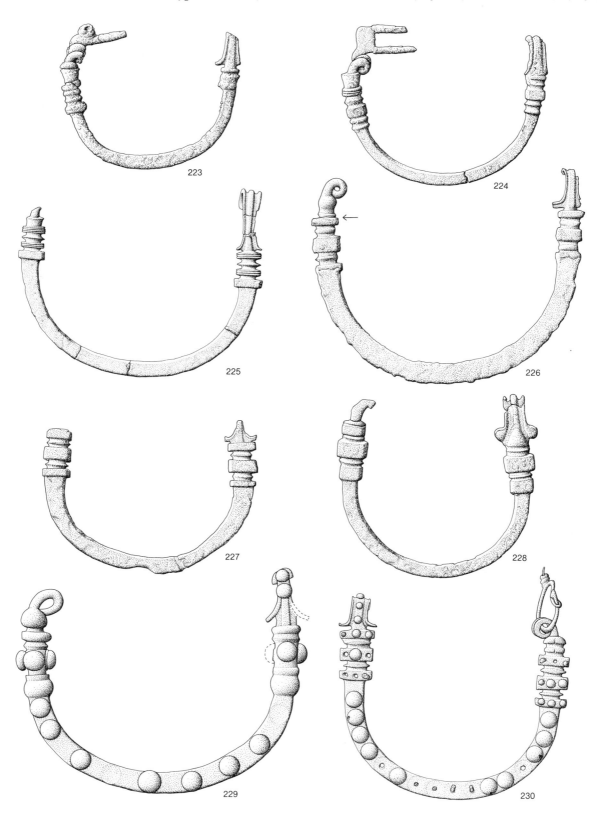

223.224 Gordion, Tumulus W. – 225–227 Gordion, Tumulus P. – 228 „Kleinasien". – 229 Gordion, Tumulus III. – 230 Fundort unbekannt. – (228 nach Photo; 229 nach Boehmer).

M 2:3

Phrygische bzw. anatolische Fibeln Variante A III, 1 (231–243)

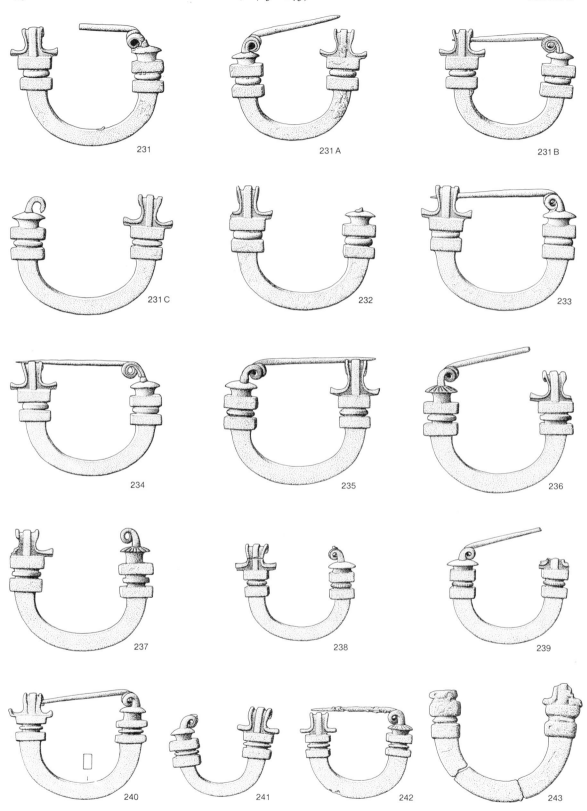

231–239 Gordion, Tumulus. MM. – 240 Çifteler. – 241.242 Boğazköy, BK. – 243 Gordion, CM. – (231–231 B nach Photo; 241.242 nach Boehmer).
M 2 : 3

TAFEL 20   *Phrygische bzw. anatolische Fibeln Variante A III, 1 (244–252 F)*

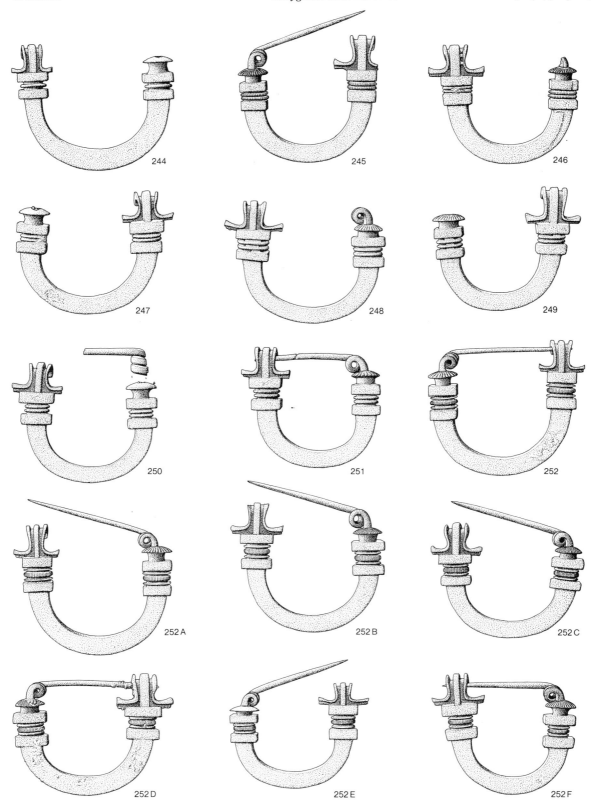

244 Fundort unbekannt. – 245–252 F Gordion, Tumulus MM. – (252–252 F nach Photo).
M 2 : 3

Phrygische bzw. anatolische Fibeln Variante A III, 1 (252 G–265)

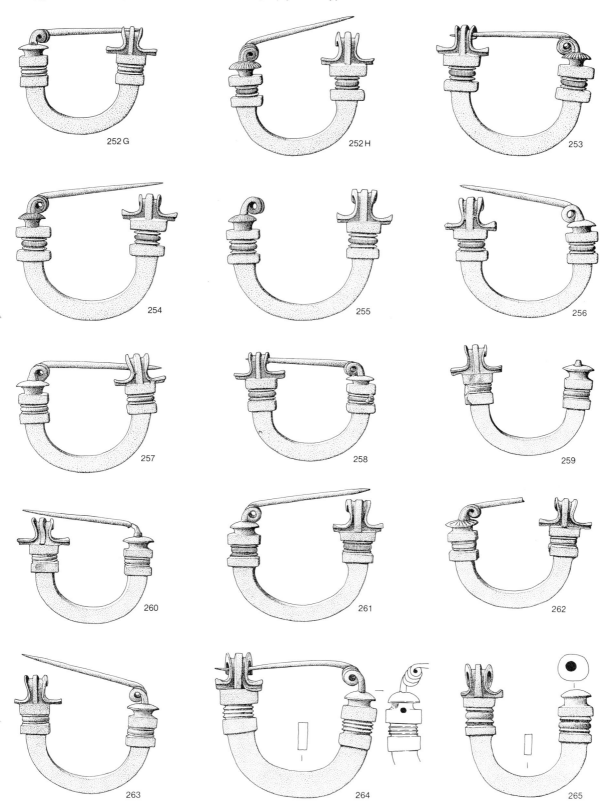

252 G–263 Gordion, Tumulus MM. – 264 Boğazköy, USt, Urnengrab 3/71. – 265 Boğazköy, USt. – (252 G nach Photo; 264.265 nach Boehmer).

M 2 : 3

Tafel 22 *Phrygische bzw. anatolische Fibeln Variante A III, 1 (266–275 A), Variante A III, 2 (276–282)*

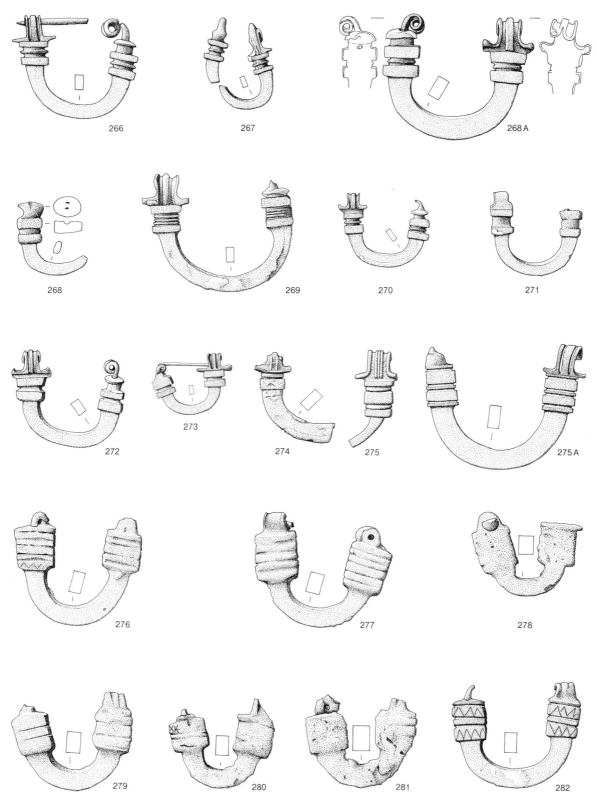

266–268 Boğazköy, USt, Urnengrab 3/76. – 268 A „Türkei". – 269.270.272.273 Boğazköy, BK. – 271.274 Gordion, CM. – 275 Sardis. – 275 A Fundort unbekannt. – 276.277.279.282 „Düver". – 278.280.281 „Umgebung von Antalya". – (266–268.269.270.272.273 nach Boehmer; 275 nach Photo).

M 2 : 3

Phrygische bzw. anatolische Fibeln Variante A IV, 1 (284–291 A) TAFEL 23

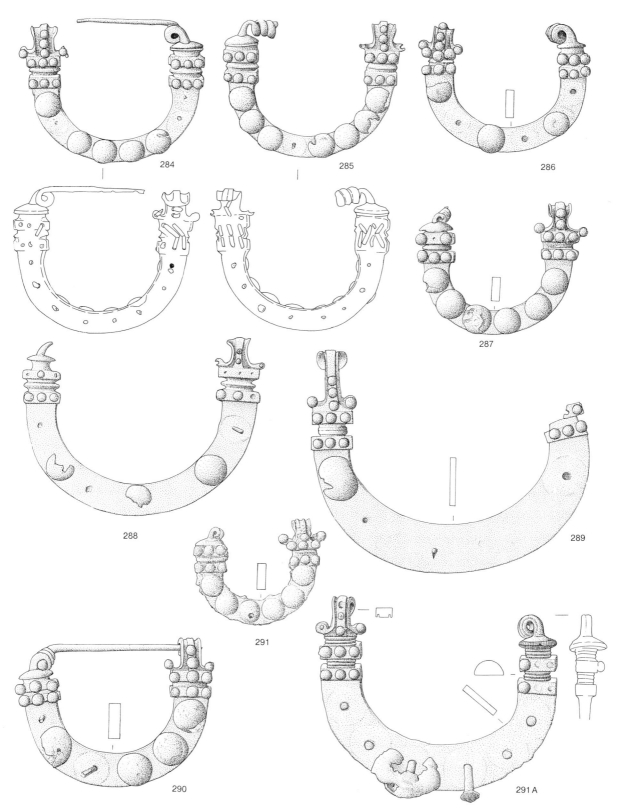

284.285 „Umgebung von Manisa". – 286 Eğret. – 287 „Tavşanlı". – 288.289 Fundort unbekannt. – 290 „Demre". – 291 Boğazköy, BK. – 291 A Türkei.
M 2:3

TAFEL 24 *Phrygische bzw. anatolische Fibeln Variante A IV, 1 (292–298)*

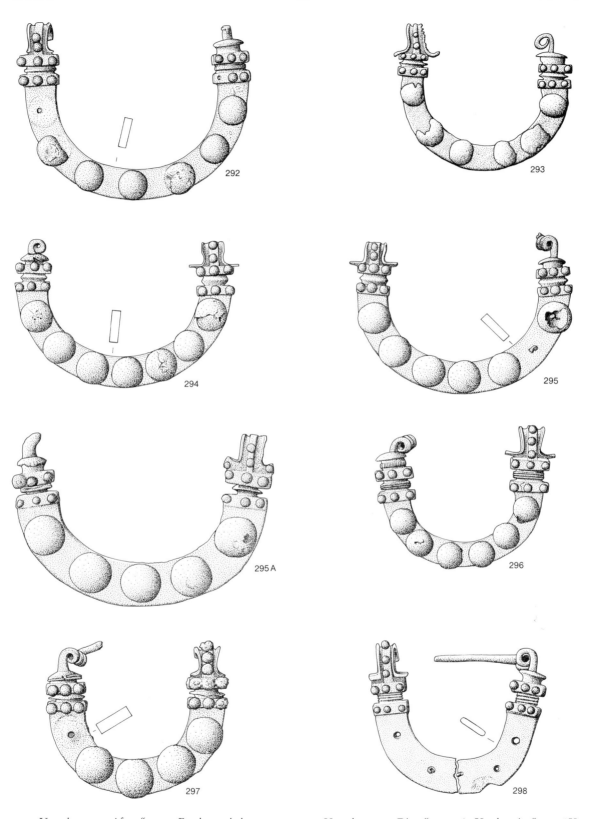

292 „Umgebung von Afyon". – 293 Fundort unbekannt. – 294.295 „Umgebung von Dinar". – 295 A „Vorderasien". – 296 Yazı-lıkaya. – 297 „Tavşanlı". – 298 Boğazköy, USt. – (295 A nach Kreßkatalog; 298 nach Boehmer).

M 2 : 3

Phrygische bzw. anatolische Fibeln Variante A IV, 1 (299–310)　　　　TAFEL 25

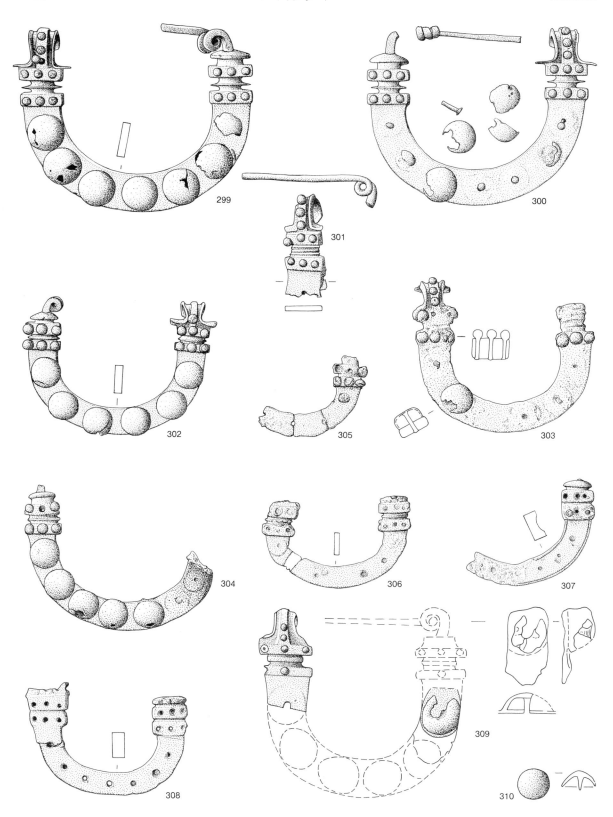

299–300 Akşehir. – 301.310 Boğazköy, USt. – 302 Çıkrık köyü. – 303 Boğazköy, BK. – 304 Yassıhüyük. – 305.307.308 Gordion, CM. – 306 Yazılıkaya. – 309 Boğazköy, USt, Urnengrab 4/73. – (301.303.309.310 nach Boehmer).
M 2:3

TAFEL 26 *Phrygische bzw. anatolische Fibeln Variante A IV, 1 (310A.311.313–323)*

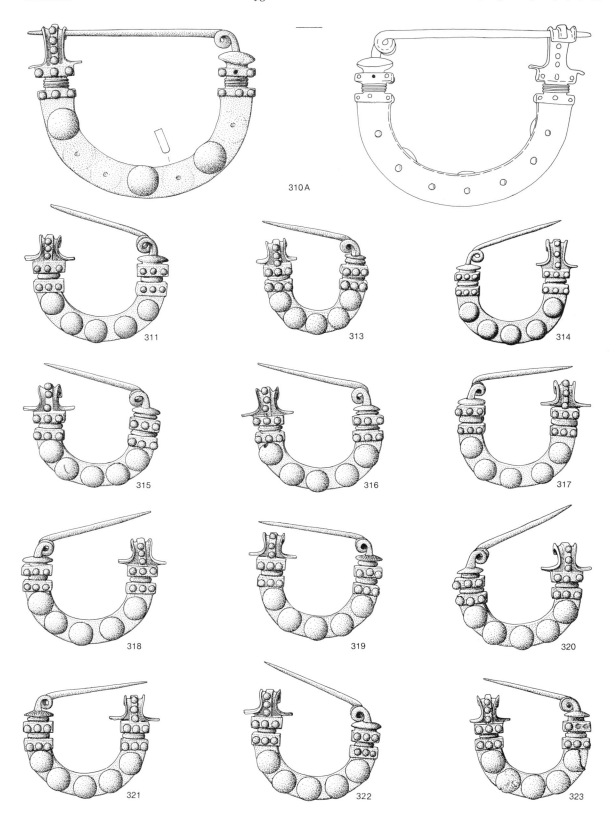

310A „Türkei". – 311.313–323 Gordion, Tumulus MM. – (314 nach Muscarella; 315–318. 320–321 nach Photo).
M 2:3

Phrygische bzw. anatolische Fibeln Variante A IV, 1 (324–338) TAFEL 27

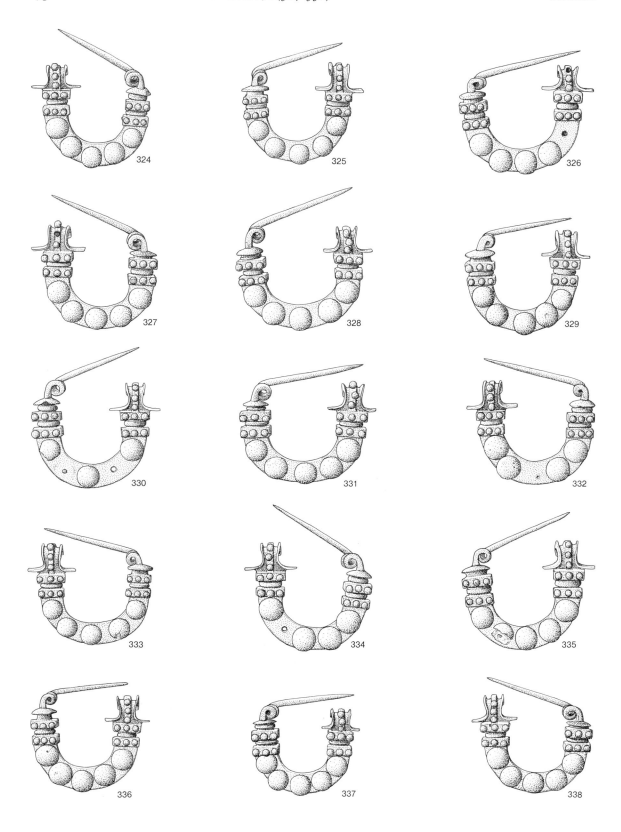

324–338 Gordion, Tumulus MM. – (324.327–329.331.333.336–337 nach Photo).
M 2 : 3

TAFEL 28 *Phrygische bzw. anatolische Fibeln Variante A IV, 1 (339–353)*

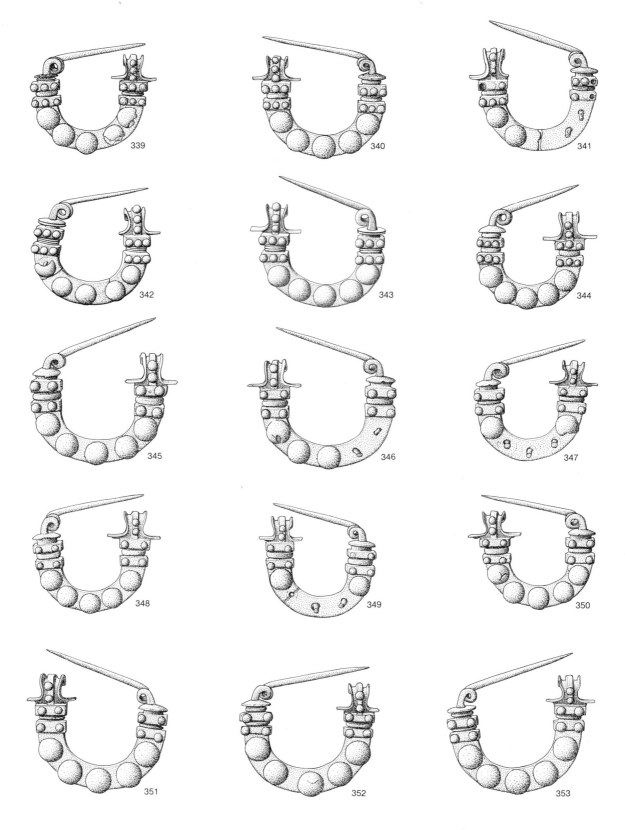

339–353 Gordion, Tumulus MM. – (340.343–346.350–353 nach Photo).
M 2 : 3

Phrygische bzw. anatolische Fibeln Variante A IV, 1 (354–366) TAFEL 29

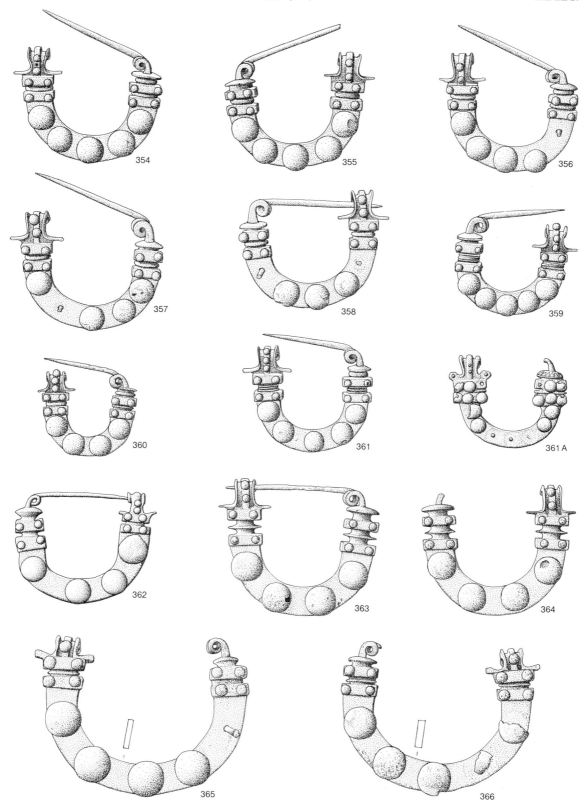

354–361 Gordion, Tumulus MM. – 361 A Eskişehir. – 362 Hacılar. – 363.364 Akşehir Koçyağız oder Koçyazı köyü. – 365.366 Dinar. – (361–361 A nach Photo).

M 2 : 3

TAFEL 30 *Phrygische bzw. anatolische Fibeln Variante A IV, 1 (367–374.376)*

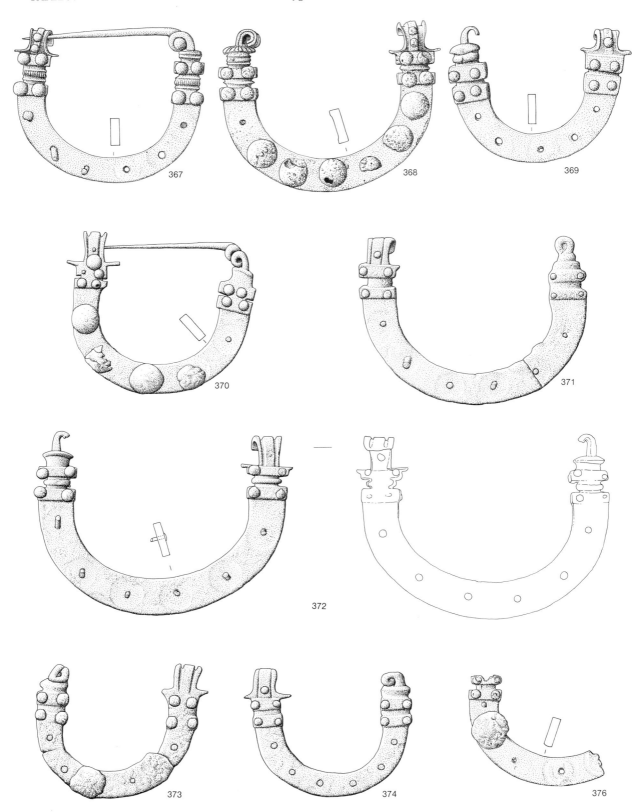

367 Aşağı Piribeyli köyü/Emirdağ. – 368 „Umgebung von Uşak". – 369 „Eşme". – 370 Fundort unbekannt. – 371–374 Gordion, Tumulus IV. – 376 Gordion, CM. – (371 z. T. nach Körte; 373–374 nach Körte).

M 2 : 3

Phrygische bzw. anatolische Fibeln Variante A IV, 1 (377–388) TAFEL 31

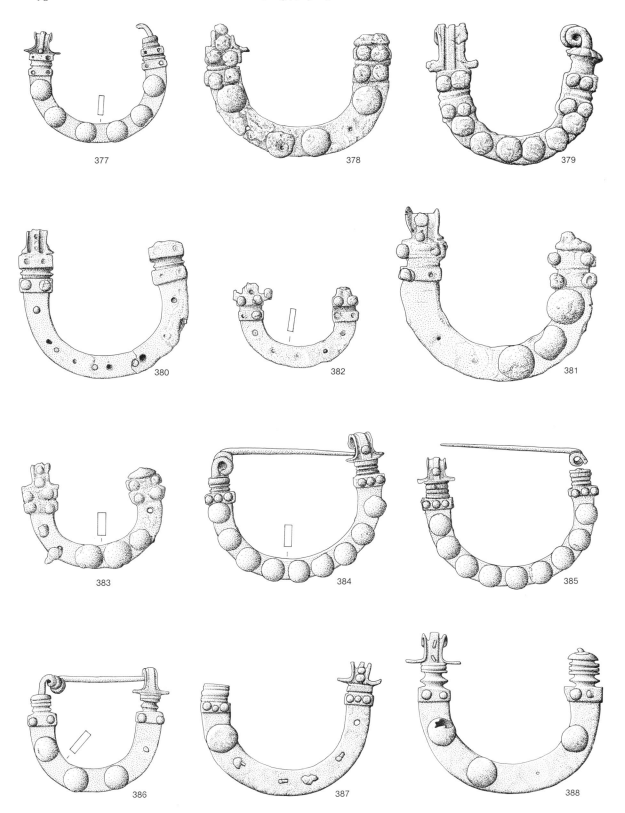

377 „Çatma Pınar köyü"/Emirdağ. – 378.380–382 Gordion, CM. – 379.383 Boğazköy, BK. – 384.385 „Umgebung von Eskişehir". – 386 „Umgebung von Dinar". – 387.388 Fundort unbekannt. – (379 nach Boehmer).

M 2 : 3

TAFEL 32 *Phrygische bzw. anatolische Fibeln Variante A IV, 1 (389–397)*

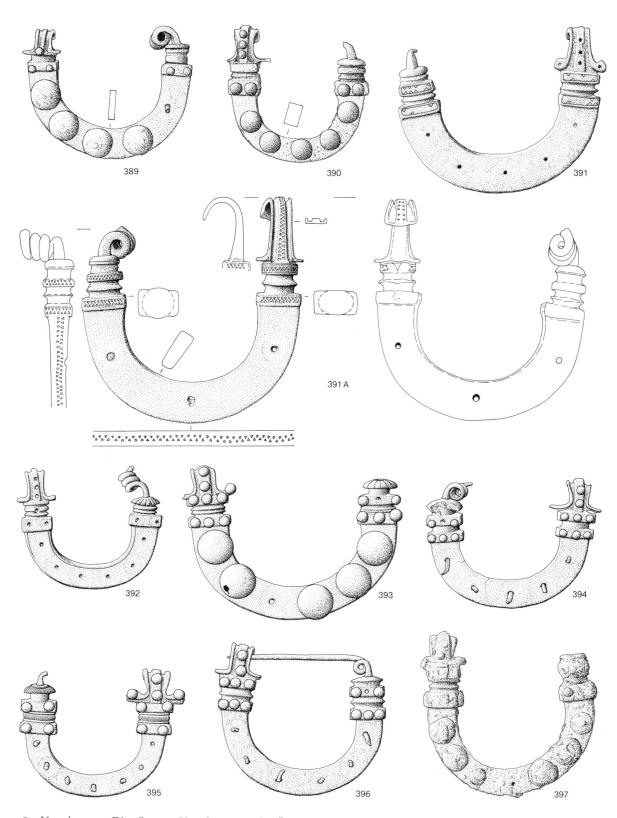

389 „Umgebung von Dinar". – 390 „Umgebung von Afyon". – 391 A Türkei . – 391.392–394 „Kleinasien". – 395 „Umgebung von Ankara". – 396 Fundort unbekannt. – 397 Gordion, CM. – (391–395 nach Photo; 396 nach Katalog).

M 2 : 3

Phrygische bzw. anatolische Fibeln Variante A IV, 1 (398–406), Variante A IV, 2 (407.408),
Variante A IV, 3 (409), Variante A IV, 4 (410–413.415)

TAFEL 33

398–402 Gordion, CM. – 403 A.B Boğazköy, BK. – 404 „Kleinasien". – 405.407.411–413 Fundort unbekannt. – 406 Midas-Stadt. – 408 Alişar. – 409 „Tavşanlı". – 410.410 A Gordion, Tumulus S-1. – 415 Yazılıkaya. – (403 A.B nach Boehmer; 404 nach Photo; 408 nach OIP VII; 410 A nach Muscarella).

M 2 : 3

TAFEL 34 — *Phrygische bzw. anatolische Fibeln Variante A IV, 4 (416–426.428–439)*

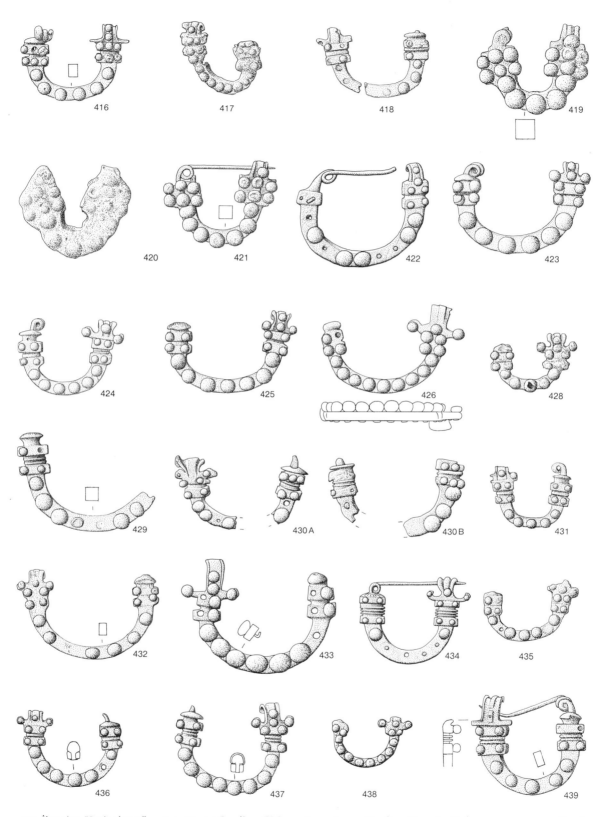

416 „İhsaniye, Yenice köyü". – 417.428.429 Gordion, CM. – 418.430A–431 Gordion, Tumulus S-1. – 419.420.433.434 Fundort unbekannt. – 421.425 „Düver". – 422 Karaburun/Elmalı, Tumulus IV. – 423 Yazılıkaya. – 424 „Umgebung von Dinar". – 426 „Umgebung von Ankara". – 432 „Umgebung von Uşak". – 435 Gordion. – 436.437 Boğazköy, USt. – 438 Ephesos. – 439 Boğazköy, USt, Urnengrab 3/73. – (422 nach Mellink; 426 nach Photo; 438 nach Hogarth; 439 nach Boehmer).

M 2 : 3

Phrygische bzw. anatolische Fibeln Variante A IV, 4 (440–462 B) TAFEL 35

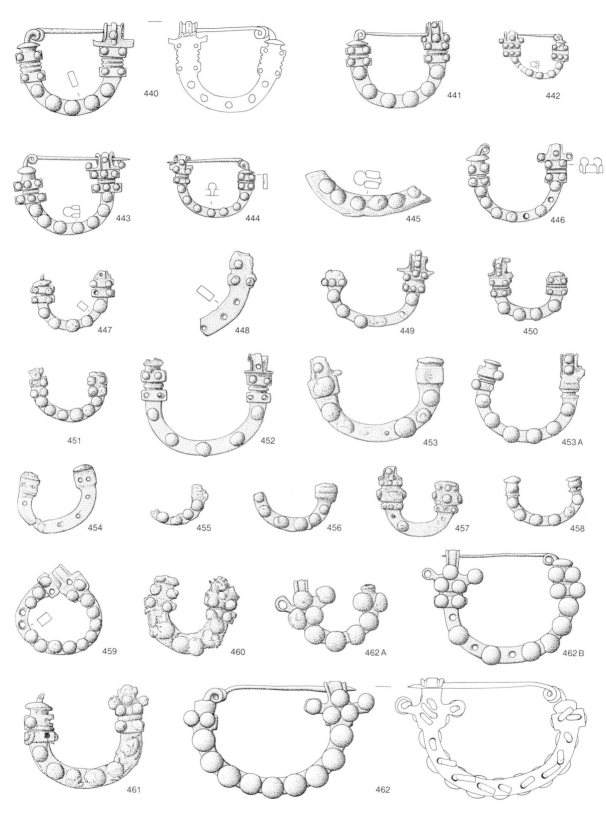

440 Boğazköy, USt, Urnengrab 3/73. – 441–445.448 Boğazköy, USt. – 446.447 Boğazköy, BK. – 449–451.453 A–458.460.461 Gordion, CM. – 452.453 Gordion. – 459 „Umgebung von Burdur". – 462–462 B Fundort unbekannt. – (440–448 nach Boehmer; 453.453 A nach Photo; 462 A.B nach Katalog).

M 2 : 3

TAFEL 36　　　　　　　　　　*Phrygische bzw. anatolische Fibeln Typ B I (463–468), Typ B II (468A–471.474)*

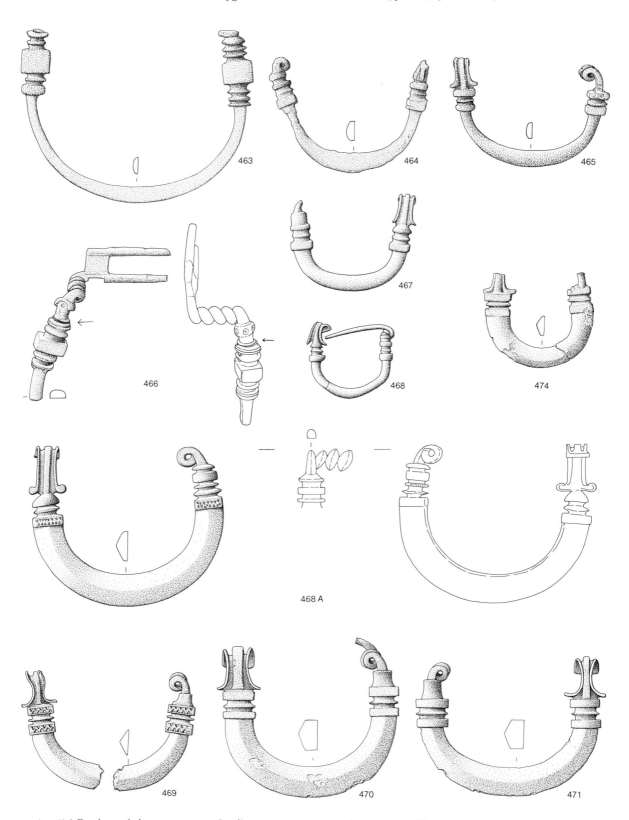

463.468 A Fundort unbekannt. – 464.465 Gordion. – 466.469–471 Gordion, Tumulus III. – 467 Midas-Stadt. – 468 Gordion, Tumulus S-1. – 474 Gordion, CM. – (467 nach Haspels; 468 nach Muscarella).

M 2 : 3

Phrygische bzw. anatolische Fibeln Variante C I, 1 (475–482 B), Variante C I, 2 (483), Typ C II (484–488)

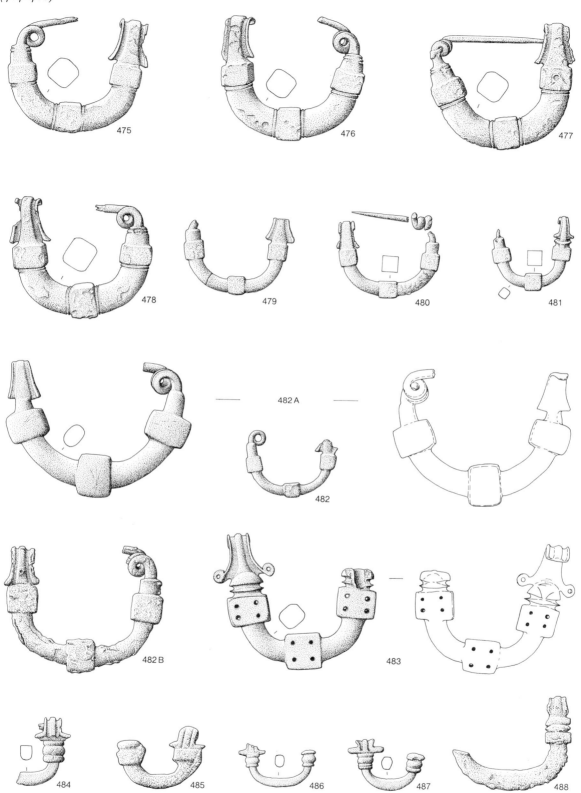

475–480 Gordion, Tumulus W. – 481 „Umgebung von Simav". – 482 Gordion. – 482 A „Near Apamea". – 482 B Gordion, Tumulus Q. – 483 „Umgebung von Uşak". – 484 Gordion, Tumulus S-1. – 485 Gordion, Tumulus I. – 486.488 Yazılıkaya. – 487 Boğazköy, BK. – (482 B nach Photo; 485 nach Körte).

M 2:3

TAFEL 38　　　　　　　　　　*Phrygische bzw. anatolische Fibeln Typ D I (489–491), Typ D II (492–499A)*

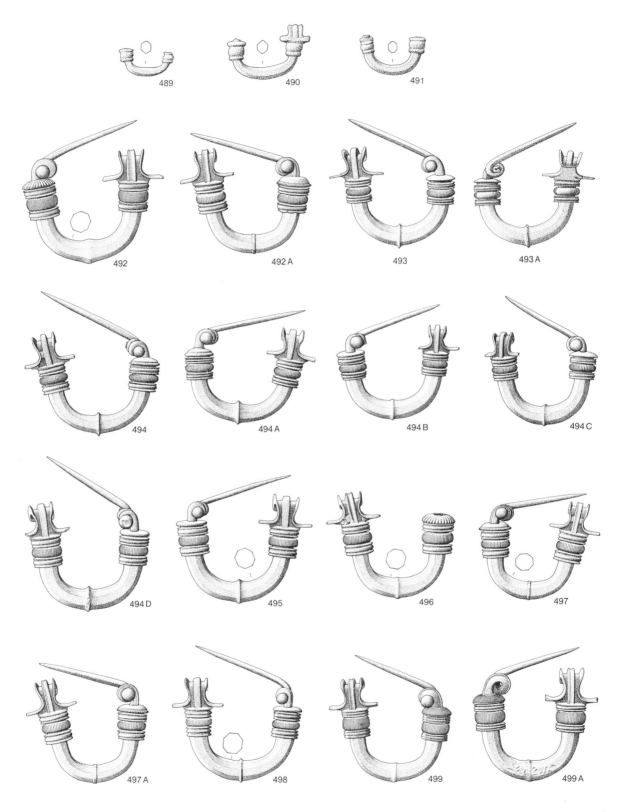

489.491 Gordion, CM. – 490 Boğazköy, USt. – 492–499A Gordion, Tumulus MM. – (493.493A.494A–D.497A.499A nach Photo).

M 2 : 3

Phrygische bzw. anatolische Fibeln Typ D II (500–514)

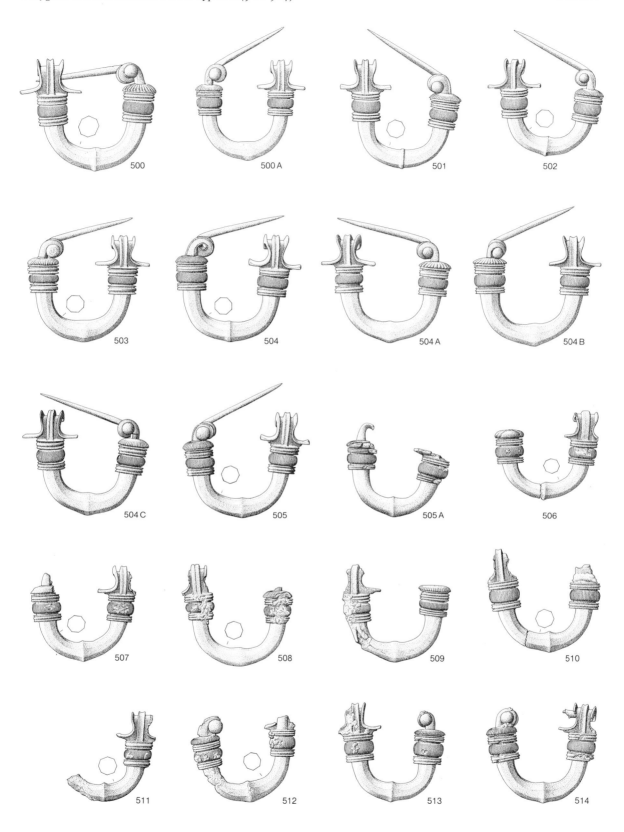

500–514 Gordion, Tumulus MM. – (500 A. 504 A–C. 505 A nach Photo).
M 2 : 3

TAFEL 40 *Phrygische bzw. anatolische Fibeln Typ D II (515–520), Typ D III (521), Variante D IV, 1 (522–527), Variante D IV, 2 (528), Variante D V, 1 (529–531 D), Variante D V, 2 (532.533), Variante D V, 3 (534–546.551.552), Typ E I (553.554), Variante E II, 1 (555)*

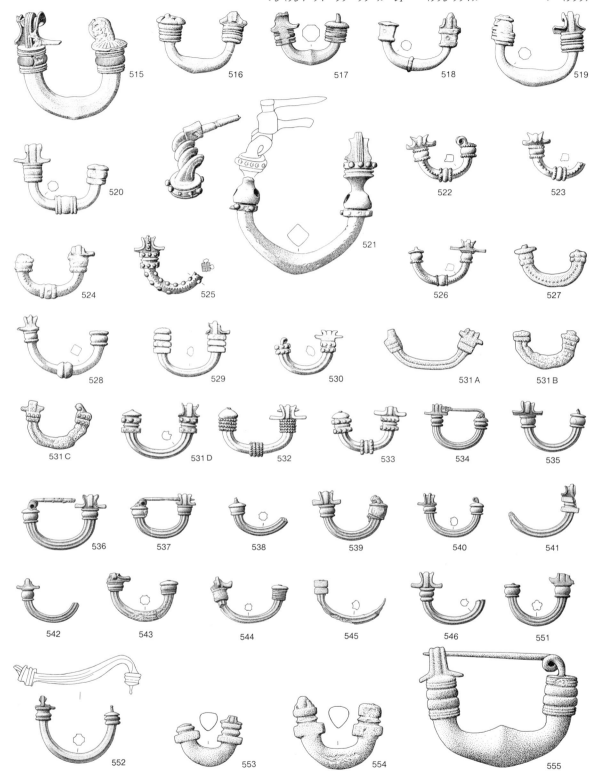

515 Gordion, Tumulus MM. – 516.518–520.523.524.532.543–545.553.554 Gordion, CM. – 517.534–540 Gordion, Tumulus S-1. – 521 Gordion, Tumulus IV. – 522 Gordion, Tumulus I. – 525.528.530.531 D.546 Boğazköy, BK. – 526 Yazılıkaya. – 527 Kerkenes Dağ. – 529.541.542 Gordion. – 531 A–C Alişar. – 533 Ephesos. – 551 Boğazköy, USt. – 552 Boğazköy, USt, Urnengrab 2/71. – 555 Umgebung von Bursa. – (525.528.531 D.546.551.552 nach Boehmer; 527 nach E. F. Schmidt; 531 A–C nach v. d. Osten; 532.534 nach Muscarella; 555 nach Photo).

M 2 : 3

Phrygische bzw. anatolische Fibeln Variante E II, 1 (555 A–562), Variante E II, 2 (563–570 B), Variante F, 1 (573–581)   TAFEL 41

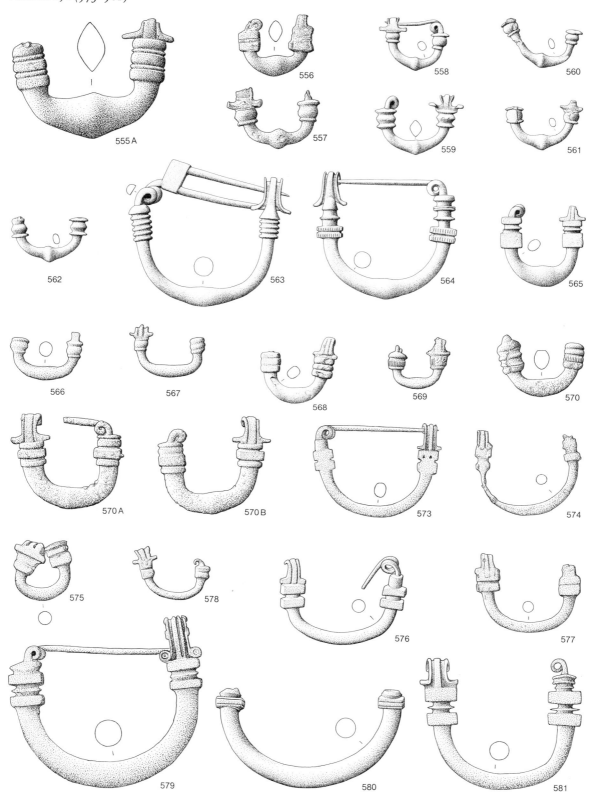

555 A.559.564.565 Fundort unbekannt. – 556 Ephesos. – 557.566.567.575 Boğazköy, BK. – 558.576.577.579–581 Boğazköy, USt. – 560–562.568.570.574 Gordion, CM. – 563 „Kleinasien". – 569 Gordion, Tumulus S-1. – 570 A.B Gordion, Tumulus N. – 573 Çukurhisar. – 578 Midas-Stadt. – (563 nach Betzler; 570 A.B nach Photo; 575.576.580.581 nach Boehmer; 578 nach Haspels).

M 2 : 3

TAFEL 42　　　　*Phrygische bzw. anatolische Fibeln Variante F, 2 (582–594 B), Variante F, 3 (595–607)*

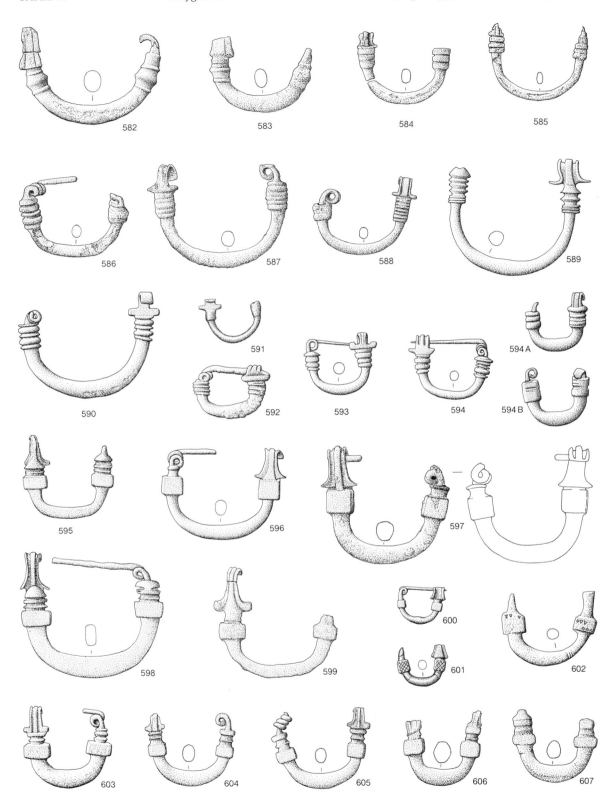

582–584.586 Gordion. – 585.599–601.606.607 Gordion, CM. – 587 Yazılıkaya. – 588 „Umgebung von Burdur". – 589.602.603 Fundort unbekannt. – 590.594 A „Kleinasien". – 591 Ephesos. – 592.598 Boğazköy, BK. – 593.594 Boğazköy, USt. – 594 B Umgebung von Ankara. – 595.604.605 „Umgebung von Simav". – 596.597 Gordion, Tumulus III. – (590.594 A.B nach Photo; 592–594.598 nach Boehmer; 600.603 nach Muscarella).

M 2 : 3

Phrygische bzw. anatolische Fibeln Variante F, 3 (608.609.612–614), Typ G I (615–631 A), Typ G II (632–634), Typ G III (635.636), Variante G IV, 1 (637–639), Variante G IV, 2 (640–642), Variante G IV, 3 (643–647)

TAFEL 43

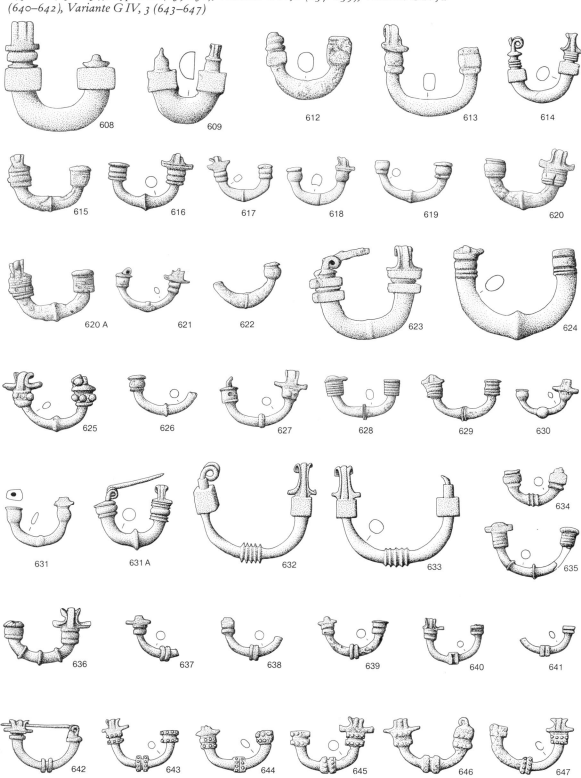

608 Troja. – 609.618.636 Ephesos. – 612.613.616.619.624–626.628–630.635.637–639.641 Gordion, CM. – 614.631 A Fundort unbekannt. – 615 Gordion, Tumulus S-1. – 617 Boğazköy. – 620.620 A.634 Gordion. – 621 Yazılıkaya. – 622.642 Midas-Stadt. – 623 Gordion, Tumulus N. – 627.640.643–645 Boğazköy, BK. – 631 Boğazköy, USt. – 632.633 Gordion, Tumulus III. – 646.647 Yazılıkaya. – (608 nach Schmidt; 618.620 A.623 nach Photo; 622.642 nach Haspels; 627.631.643–645 nach Boehmer).

M 2 : 3

TAFEL 44 *Phrygische bzw. anatolische Fibeln Variante G IV, 3 (648–650), Variante G IV, 4 (650 A.B), Typ H I (651 A–662 F)*

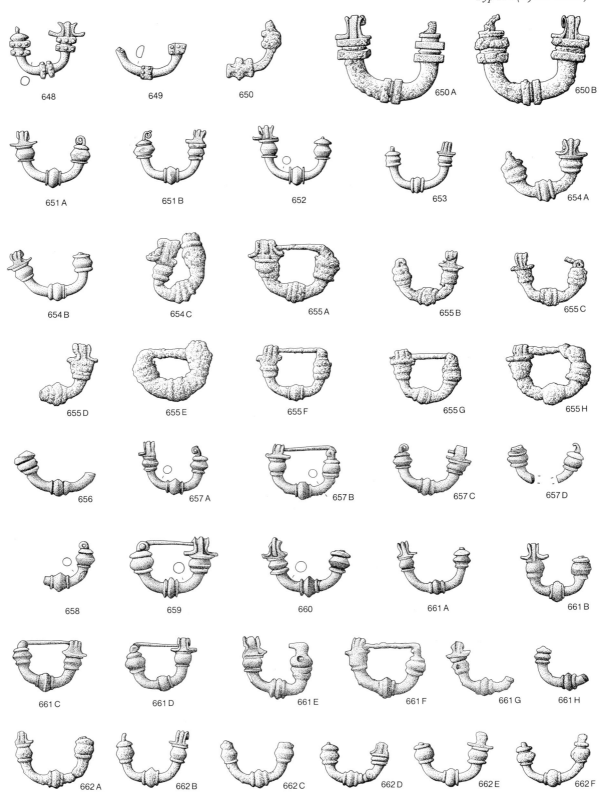

648 Gordion. – 649 Gordion, CM. – 650 Yazılıkaya. – 650 A.B Gordion, Tumulus N. – 651 A–662 F Gordion, Tumulus S-1. – (650 A.B nach Photo).

M 2:3

Phrygische bzw. anatolische Fibeln Typ H I (662 G–677.679–681) TAFEL 45

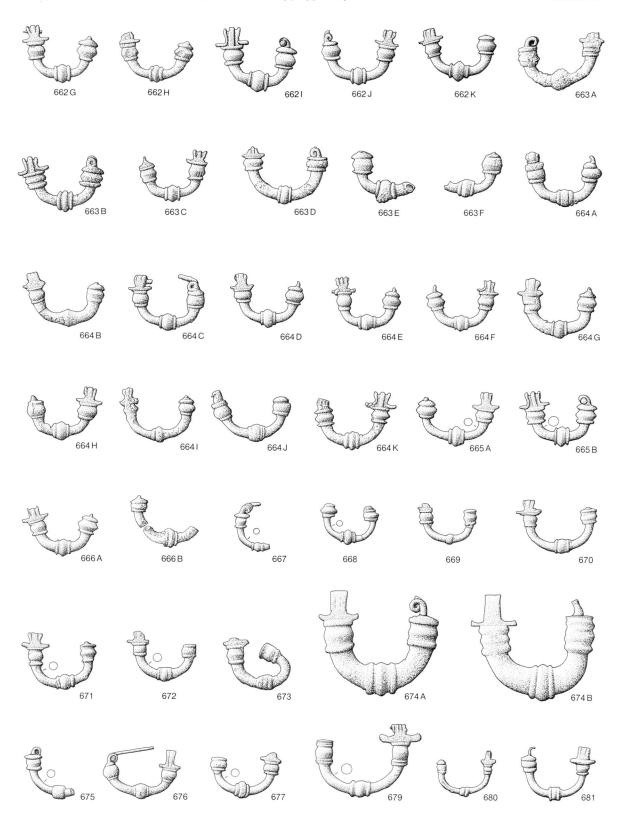

662 G–666 B Gordion, Tumulus S-1. – 667–669.673.675.677 Gordion, CM. – 670.671 Yazılıkaya. – 672 „Kalecik köyü". – 674 A.B.676 „Thymbra". – 679–681 Ephesos. – (674 B nach Thiersch; 680 nach Hogarth).

M 2 : 3

TAFEL 46 *Phrygische bzw. anatolische Fibeln Typ H I (682–697 C), Variante H II, 1 (698–707)*

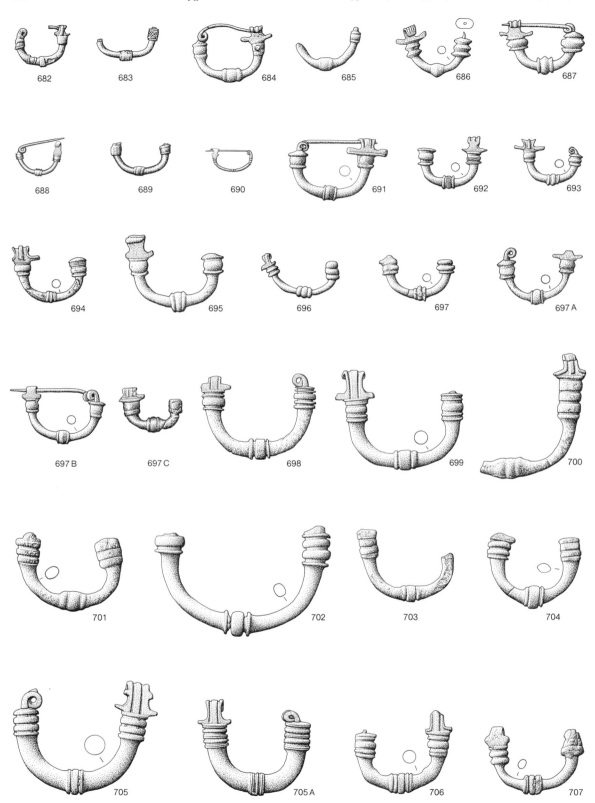

682–685.688–690 Ephesos. – 686.702 Boğazköy, USt. – 687 Karaburun, Tumulus IV. – 691 Yazılıkaya. – 692.694.697.700. 701.703.704.707 Gordion, CM. – 693 Boğazköy, BK. – 695 Boğazköy. – 696 Fundort unbekannt. – 697 A.B „Türkei". – 697 C Gordion, Tumulus I. – 698.699.706 Gordion. – 705 „Düver". – 705 A Gordion, Tumulus N. – (682.688.689 nach Hogarth; 686.695.702 nach Boehmer; 687 nach Mellink; 697 C.705 A nach Photo).

M 2 : 3

Phrygische bzw. anatolische Fibeln Variante H II, 1 (708–711), Variante H II, 2 (712–721 A),
Variante H II, 3 (722–729) TAFEL 47

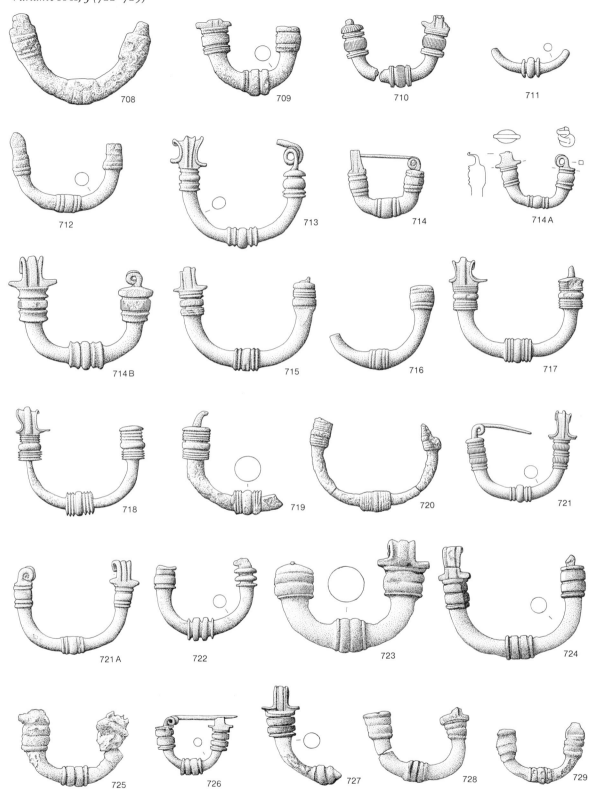

708 Ephesos. – 709.712.715.716.722.725.727–729 Gordion, CM. – 710 Gordion, Tumulus S-1. – 711 Boğazköy, USt. – 713.714 B.717 Fundort unbekannt. – 714 „Thymbra". – 714 A Türkei. – 718.719 Gordion, Tumulus IV. – 720 Sardis. – 721 Boğazköy, USt, Urnengrab 3/76. – 721 A.724 Gordion. – 723.726 Umgebung von Burdur. – (711.721 nach Boehmer; 720.721 A nach Photo).

M 2 : 3

TAFEL 48 *Phrygische bzw. anatolische Fibeln Variante H II, 3 (730–737.739–745), Variante H II, 4 (746–749)*

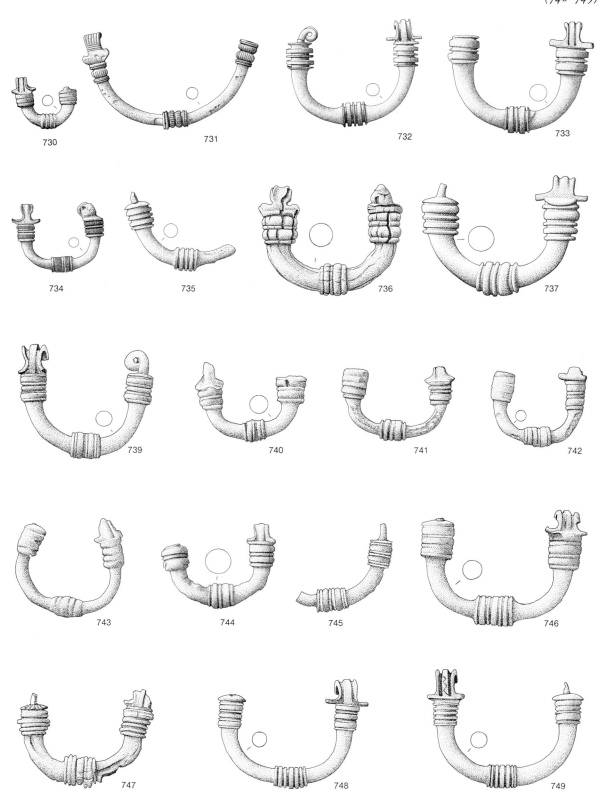

730 Boğazköy, BK. – 731.737 Fundort unbekannt. – 732 Akşehir, Koçyağız oder Koçyazı köyü. – 733 Gordion. – 734 Yazılıkaya. – 735 Boğazköy, USt. – 736.740–743.746 Gordion, CM. – 739 „Umgebung von Şuhut". – 744 Ergili. – 745 Ephesos. – 747 „Umgebung von Uşak". – 748 Amorium bei Emirdağ. – 749 Düver . – (730.735 nach Boehmer).

M 2 : 3

Phrygische bzw. anatolische Fibeln Variante H II, 4 (750–753), Variante H II, 5 (754–760), Variante H II, 6 (761–764 C), Gruppe H zugehörig (765–765 C)

TAFEL 49

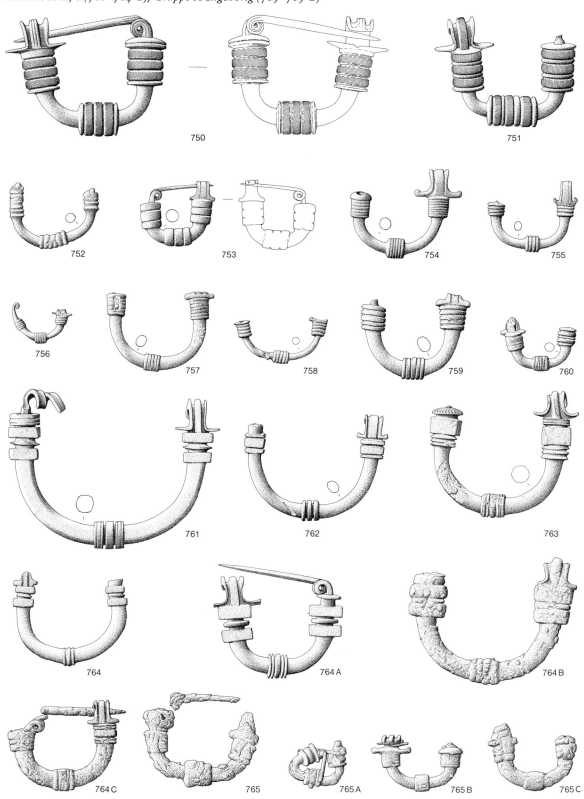

750.751 Umgebung von Ankara. – 752 Boğazköy, BK. 753 „Thymbra". – 754.757–760.763.764 B.765 A–C Gordion, CM. – 755 Fundort unbekannt. – 765 Sardis. – 756 „Umgebung von İzmir". – 761 Umgebung von Korkuteli. – 762 Gordion. – 764 Pessinus. – 764 A Gordion, Tumulus MM. – 764 C Gordion, Tumulus N. – (750.751.764 A–C.765.765 B.C nach Photo; 752 nach Boehmer; 764 nach Lambrechts).

M: 2:3

TAFEL 50   *Phrygische bzw. anatolische Fibeln Variante J I, 1 (766–799)*

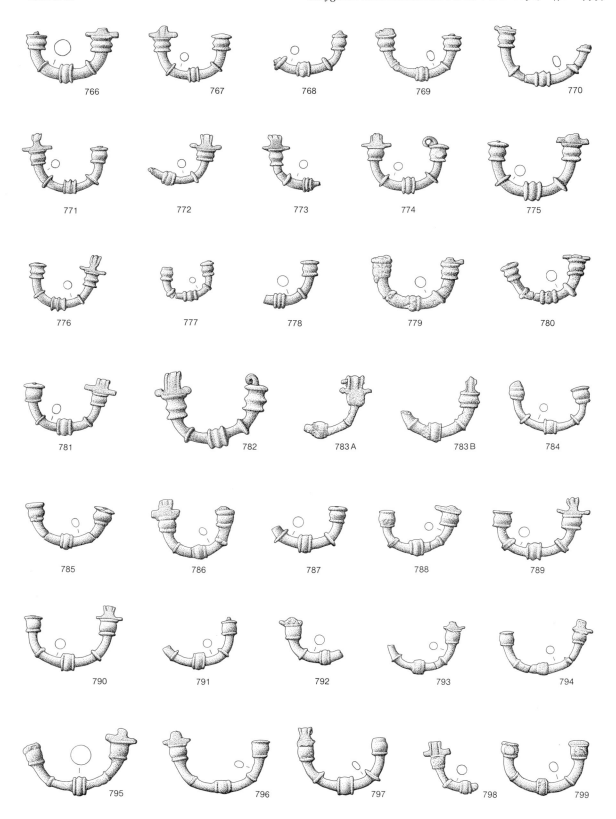

766–769.771–773.775–779.784–794.797–799 Gordion, CM. – 770.774.780.795 Gordion. – 781.782 Boğazköy. – 783 A.B Gordion, Tumulus S-1. – 796 Boğazköy, BK.

Phrygische bzw. anatolische Fibeln Variante J I, 1 (800–827 F) TAFEL 51

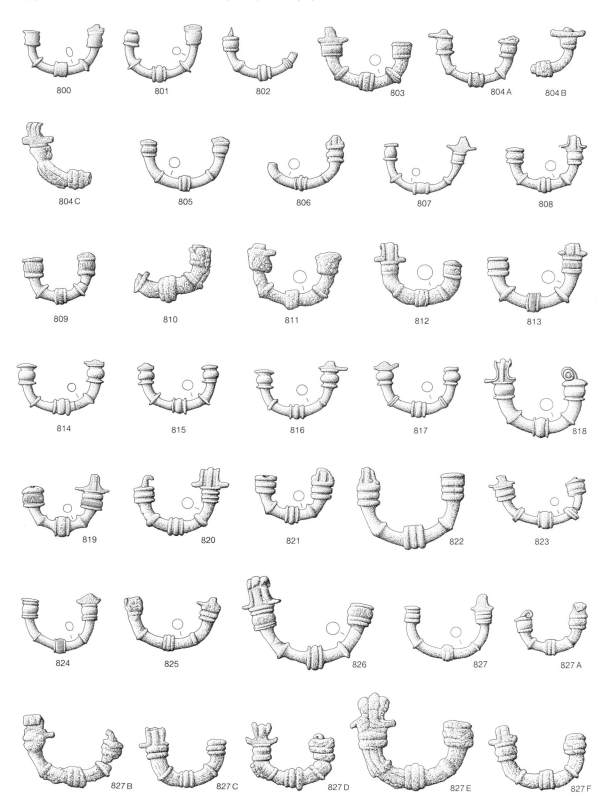

800–806.809.811–816.822–827.827 C–F Gordion, CM. – 807 Fundort unbekannt. – 808 Boğazköy, BK. – 810.817.819.
821.827 B Gordion. – 818 Gordion, Tumulus S-1. – 820 Eğret köyü. – 827 A Eskişehir. – (827 A–F nach Photo).

M 2 : 3

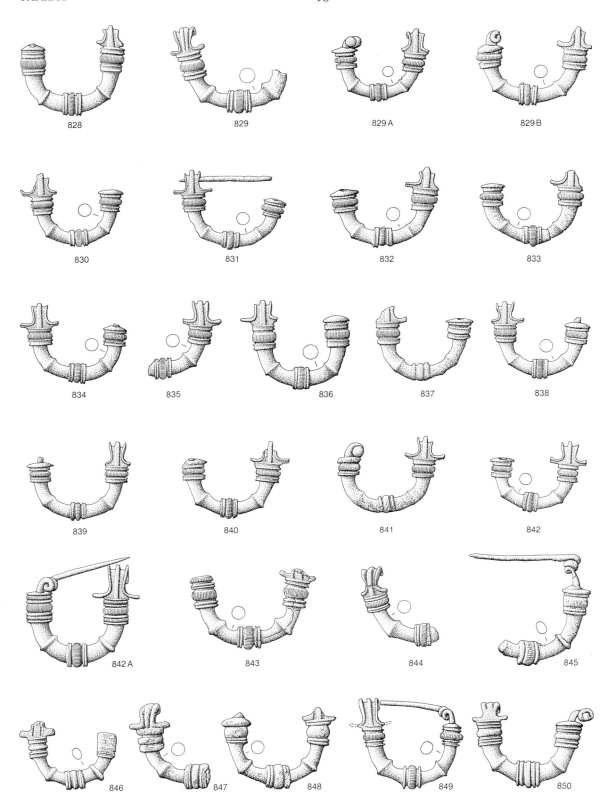

828.829 A–842 A Gordion, Tumulus MM. – 829.843.844 Gordion, Tumulus S-1. – 845.849 Boğazköy, USt. – 846–848 Gordion, CM. – 850 Fundort unbekannt. – (829 A.B.842 A nach Photo; 849 nach Boehmer).

Phrygische bzw. anatolische Fibeln Variante J I, 2 (851–854 B), Variante J I, 3 (855–881)

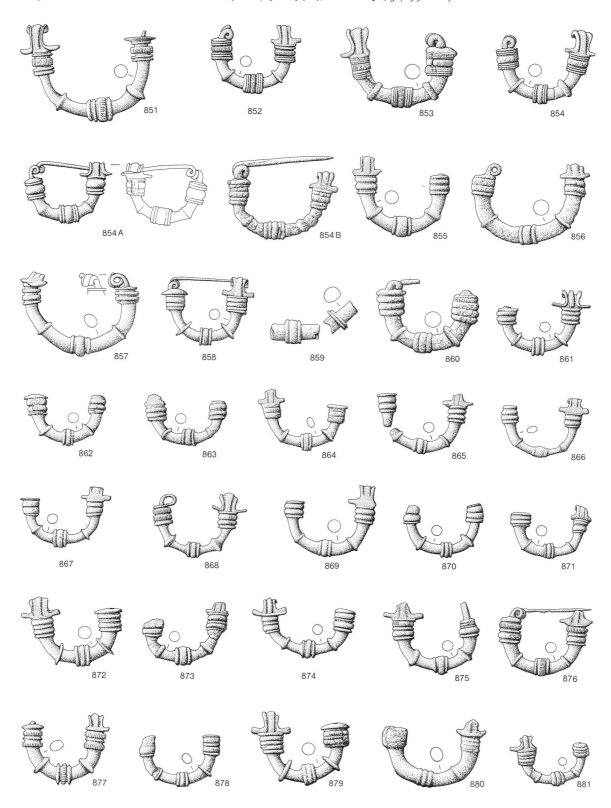

851.868 Fundort unbekannt. – 852–854 Gordion, Tumulus S-1. – 854 A Eskişehir. – 854 B Gordion. – 855.874 Boğazköy, BK. – 856.857.859.877 Boğazköy, USt. – 858 Boğazköy, USt, Körpergrab. – 860–867.869–873.875.876.878–881 Gordion, CM. – (854 A.B nach Photo; 856–859.874.877 nach Boehmer).

TAFEL 54 *Phrygische bzw. anatolische Fibeln Variante J I, 3 (882–884.888–902), Variante J I, 4 (903–907)*

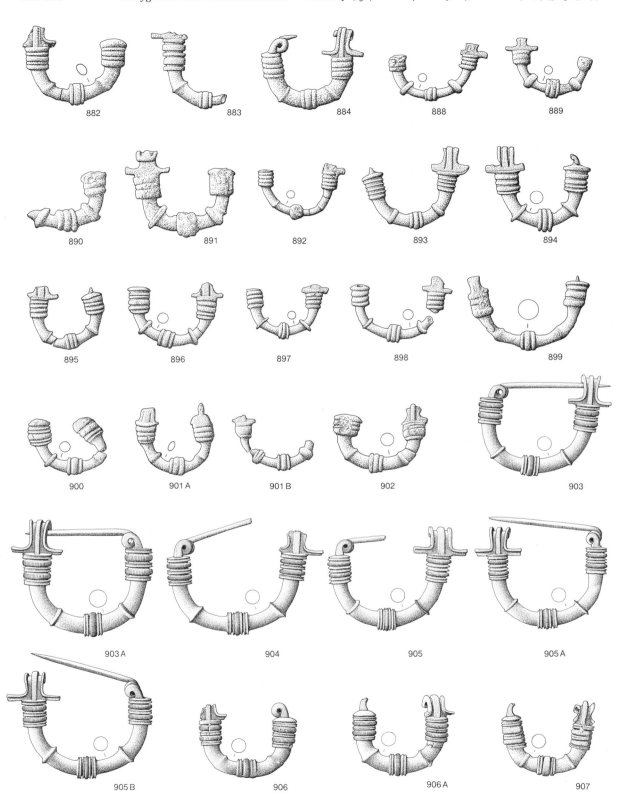

882.888.889.892.895–902 Gordion, CM. – 883.884 Gordion, Tumulus IV. – 890.891.894 Boğazköy, BK. – 893 Boğazköy, USt. –
903–907 Gordion, Tumulus MM. – (884 nach Körte; 890.891 nach Boehmer; 903 A.905 A.B.906 A. 907 nach Photo).

M 2 : 3

Phrygische bzw. anatolische Fibeln Variante J I, 4 (908–920), Variante J I, 5 (921–929)

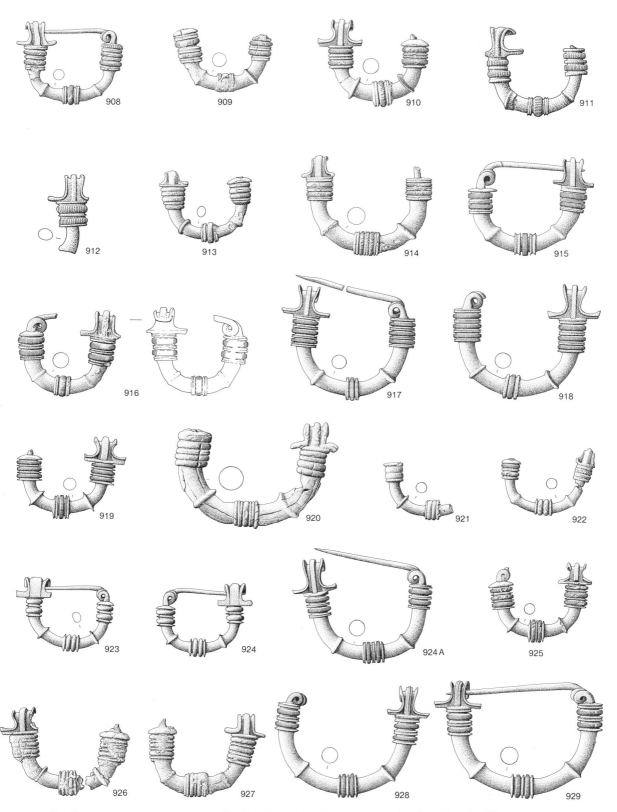

908.920 Gordion. – 909.910.914.919.925–927 Gordion, Tumulus S-1. – 911.912.916 Gordion, Tumulus IV. – 913.921.922 Gordion, CM. – 915 Umgebung von Ankara. – 917.918.924 A.928.929 Gordion, Tumulus MM. – 923 Boğazköy, USt, Urnengrab 3/73. – 924 Boğazköy, USt. – (915.924 A nach Photo; 923.924 nach Boehmer).

TAFEL 56　　　*Phrygische bzw. anatolische Fibeln Variante J I, 5 (930–935), Variante J I, 6 (936–953),*
　　　　　　　　　　　　　　　　　　Variante J I, 7 (954.956.957)

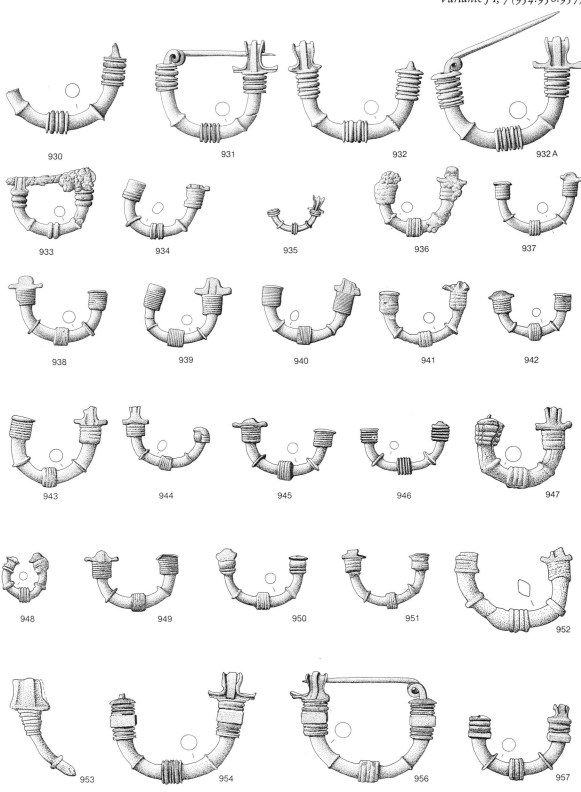

930–932 A.954.956 Gordion, Tumulus MM. – 933.934.937–950.957 Gordion, CM. – 935 Ephesos. – 936 Boğazköy, BK. – 951
Gordion. 952.953 Boğazköy, USt, Urnengrab 2/70. – (932 A nach Photo; 935 nach Hogarth; 952.953 nach Boehmer).
M 2 : 3

Phrygische bzw. anatolische Fibeln Variante J I, 8 (958.959), Typ J I zugehörig (960–965),
Variante J II, 1 (966–974.976–985)

TAFEL 57

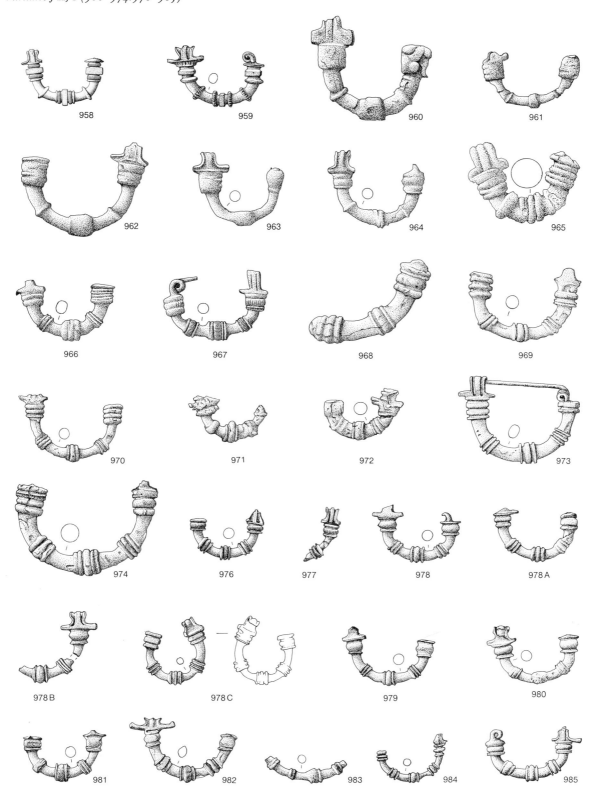

958.985 Gordion, Tumulus S-1. – 959.964 Boğazköy, BK. – 960–963.965.966.968–972.974.976–978.979–984 Gordion, CM. –
967 „Thymbra". – 973 Batak köyü/Altıntaş. – 978 A.B Gordion. – 978 C Antalya. – (959 nach Boehmer; 978 A nach Photo).

M 2 : 3

TAFEL 58   *Phrygische bzw. anatolische Fibeln Variante J II, 1 (986–1005), Variante J II, 2 (1006–1014)*

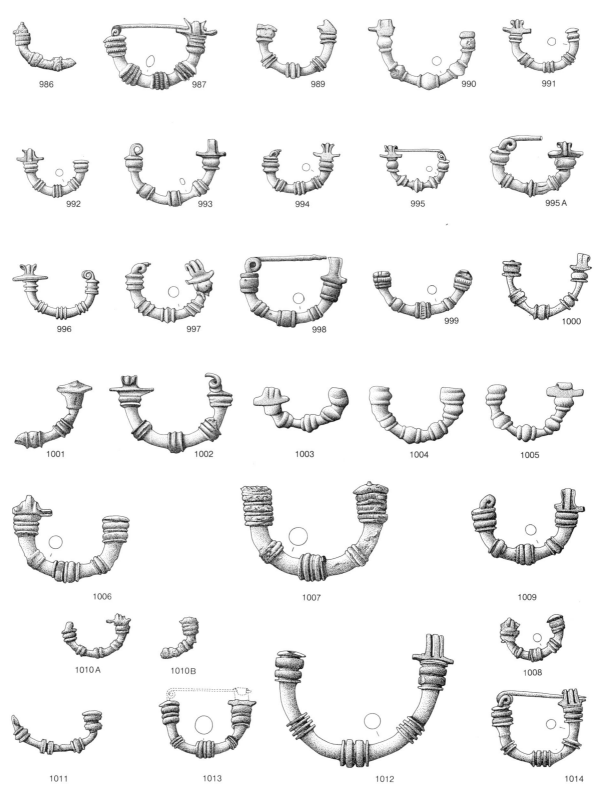

986.1010A.B Gordion, Tumulus S-1. – 987.1002.1009.1012 Gordion. – 989 Sardis. – 990.992.993 Boğazköy, BK. – 991.994.995.1014 Boğazköy, USt. – 995 A.1006–1008.1011 Gordion, CM. – 996 Midas-Stadt. – 997 Yazılıkaya. – 998.999 „Thymbra". – 1000.1013 Fundort unbekannt. – 1001 Ephesos. – 1003–1005 Alişar. – (989.995 A nach Photo; 992.994.995.1014 nach Boehmer; 996 nach Haspels; 1002 nach Koşay; 1003.1005 nach OIP VII; 1004 nach OIP XX; 1013 nach Luschan).

M 2 : 3

Phrygische bzw. anatolische Fibeln Variante J II, 2 (1015.1015 A), Variante J II, 3 (1016.1017), Variante J II, 4 (1018.1019), Variante J II, 5 (1020), Typ J III (1021–1033 A), Typ J IV (1034)

TAFEL 59

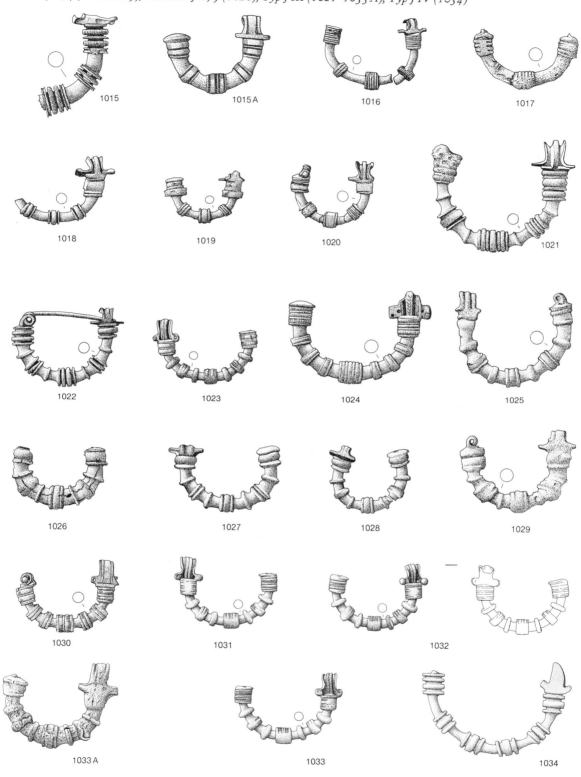

1015 Boğazköy, USt, Urnengrab 1/73. – 1015 A Umgebung von Ankara. – 1016.1018.1019.1025.1028 Gordion, CM. – 1017.1030 „Thymbra". – 1020 Gordion, Tumulus S-1. – 1021.1034 Fundort unbekannt. – 1022 „Umgebung von Burdur". – 1023.1024.1031–1033 Neandria. – 1026.1027.1033 A Gordion. – 1029 Yazılıkaya. – (1015 nach Boehmer; 1015 A.1033 A nach Photo; 1027 nach Muscarella).

M 2 : 3

TAFEL 60   *Phrygische bzw. anatolische Fibeln Typ J IV (1035.1036), Variante K I, 1 (1037–1054 B),*
Variante K I, 2 (1055–1065.1067–1070)

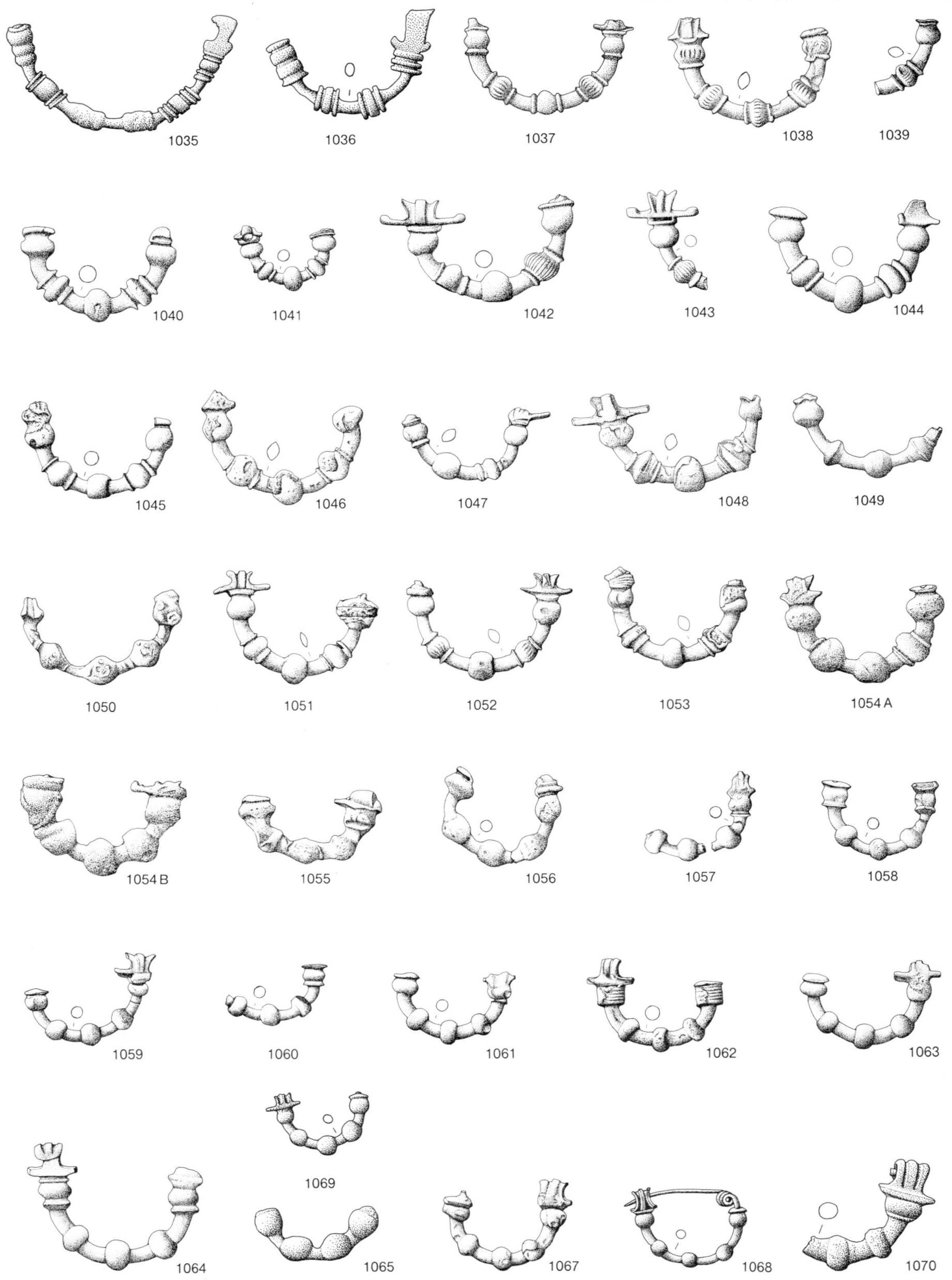

1035.1036 Fundort unbekannt. – 1037.1051–1053.1063.1069 Boğazköy, BK. – 1038–1050.1055–1062 Gordion, CM. – 1054 A.B Alişar. – 1064 Karalar. – 1065 Pazarlı. – 1067 Ephesos. – 1068 Boğazköy, USt. – 1070 Gordion, Tumulus S-1. – (1037.1063.1068.1069 nach Boehmer; 1054 A.B nach OIP XXIX; 1064 nach Arık; 1065 nach Koşay).
M 2 : 3; 1064.1065 ohne Maßstab

Phrygische bzw. anatolische Fibeln Typ L I (1071–1077), Typ L II (1078–1083.1085–1094),
Typ L III (1095–1098)

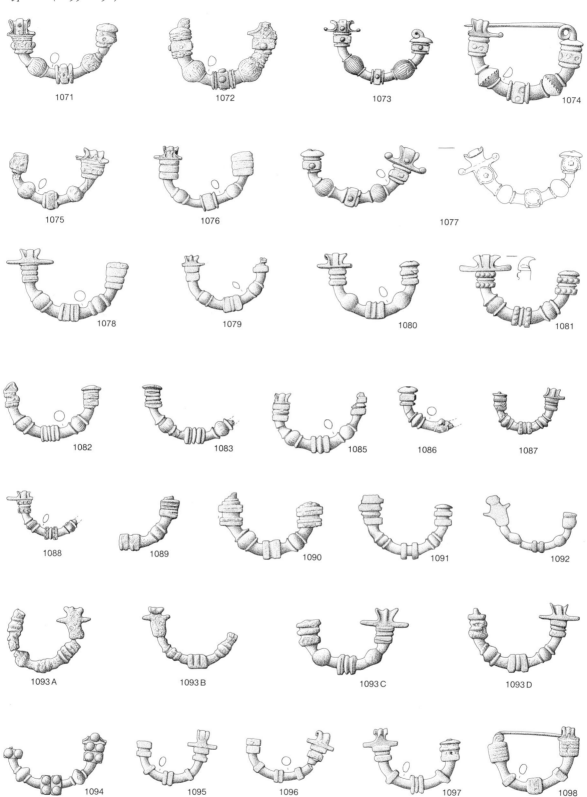

1071.1075.1077.1082.1083.1086.1088.1095.1096 Gordion, CM. – 1072 Ephesos. – 1073 Kerkenes Dağ. – 1074.1076 Fundort unbekannt. – 1078–1080 Boğazköy, BK. – 1081 Umgebung von Ankara. – 1085.1094.1097 Gordion. – 1087 Boğazköy. – 1089 Midas-Stadt. – 1090 Ortahüyük. – 1091–1093 D Alişar. – 1098 Özbayat. – (1073 nach Schmidt; 1080.1087 nach Boehmer; 1081 nach Photo; 1089 nach Haspels; 1090 nach Chantre; 1091–1093 D nach v. d. Osten).

TAFEL 62   *Phrygische bzw. anatolische Fibeln Variante M I, 1 (1099–1107), Variante M I, 2 (1108),*
Variante N I, 1 (1109.1110), Variante N I, 2 (1111.1111 A), Variante N II, 1 (1112–1116),
Variante N II, 2 (1117–1131)

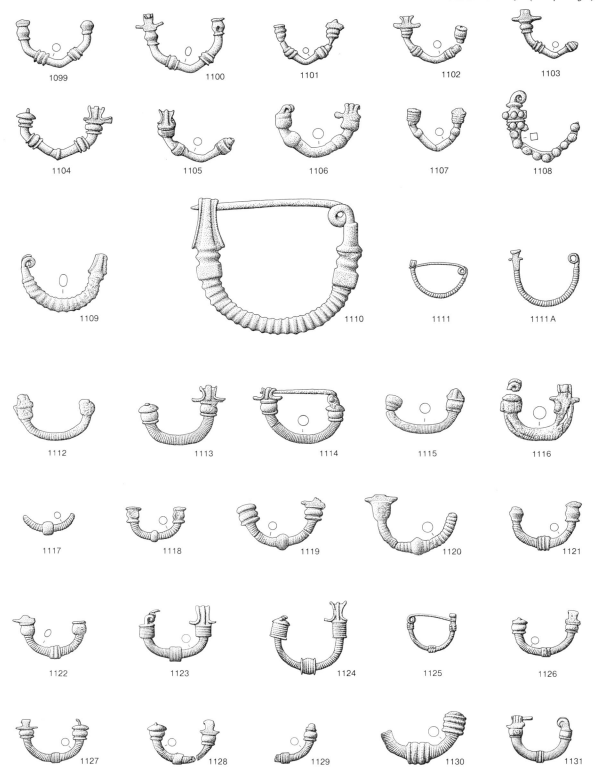

1099–1101.1103.1107.1115–1122 Gordion, CM. – 1102.1109.1130 Gordion. – 1104.1113.1114.1123.1124.1126–1129 Gordion, Tumulus S-1. – 1105 – 1106 Boğazköy, BK. – 1108 Boğazköy, USt. – 1110 Fundort unbekannt. – 1111–1112.1125.1131 Ephesos. – (1106.1108 nach Boehmer; 1110 nach Katalogsphoto; 1111–1112.1125 nach Hogarth; 1124 nach Muscarella).

M 2 : 3

Phrygische bzw. anatolische Fibeln Variante N II, 3 (1132–1139), Variante N II, 4 (1140), Typ N III (1141–1148), Typ P I (1149–1151), Typ R I (1152.1153)   TAFEL 63

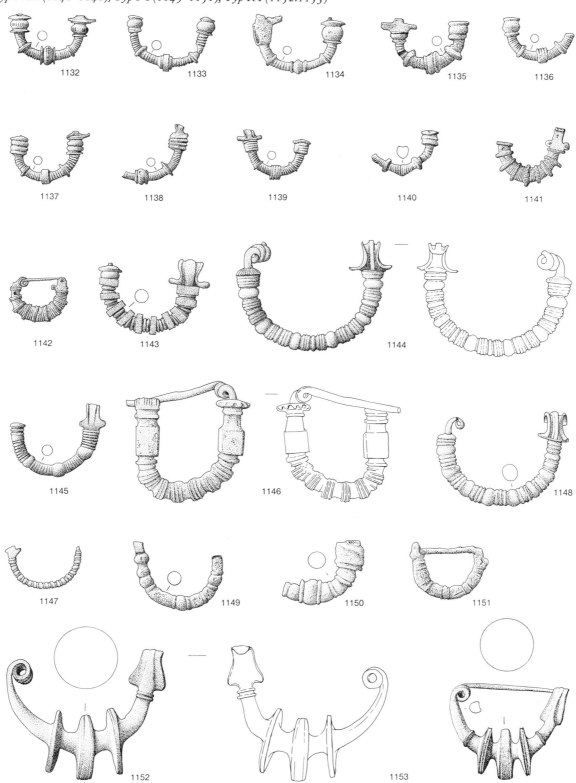

1132.1143 Gordion. – 1133–1140.1150 Gordion, CM. – 1141.1142 Erythrae. – 1144 „Kleinasien". – 1145.1149 Boğazköy, BK. – 1146 „Umgebung von Antalya". – 1147 Ephesos. – 1148 Boğazköy, USt. – 1151 Sardis. – 1152.1153 Sağırköyü. – (1144.1151 nach Photo; 1147 nach Hogarth; 1148 nach Boehmer).

M 2 : 3

TAFEL 64　　　　　　　　　　　　　　　　　　　　　*Phrygische bzw. anatolische Fibeln Typ S I (1154–1158)*

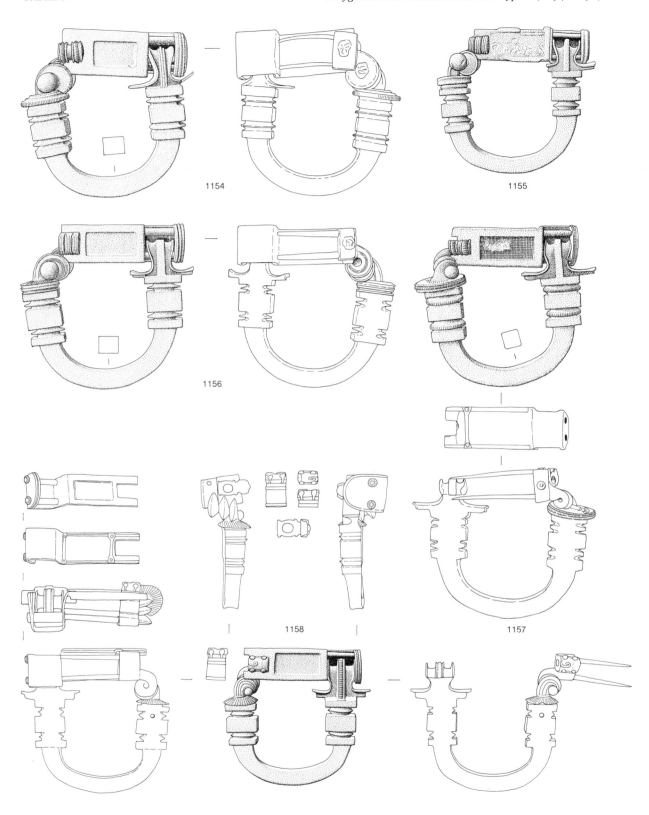

1154.1156 Gordion, Tumulus MM. – 1155 Baumschule Ankara. – 1157.1158 Boğazköy, USt. – (1155 nach Koşay und Akurgal; 1157.1158 nach Boehmer).

M 2 : 3

Phrygische bzw. anatolische Fibeln Typ S I (1159–1163) TAFEL 65

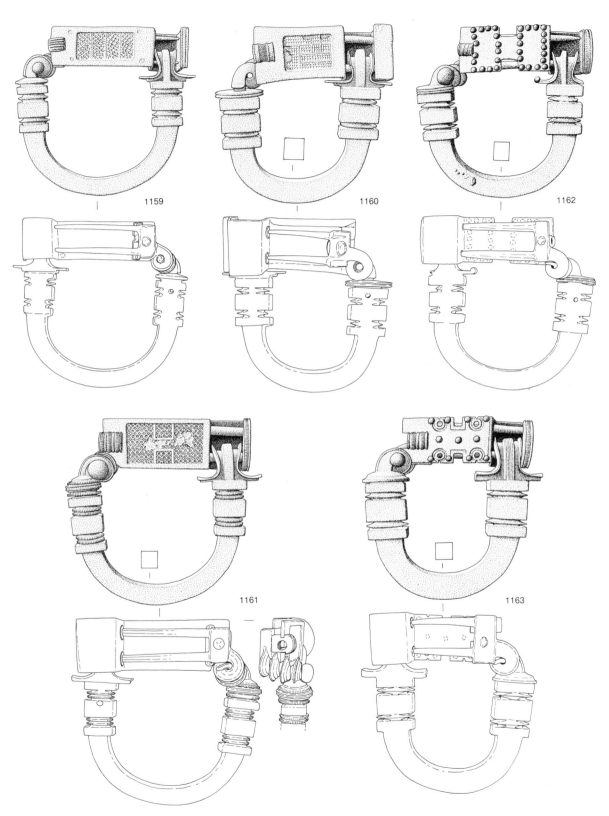

1159–1163 Gordion, Tumulus MM.
M 2 : 3

TAFEL 66　　　　　　　　　　　　　　　　　　　　　　　　*Phrygische bzw. anatolische Fibeln Typ S I (1164–1168)*

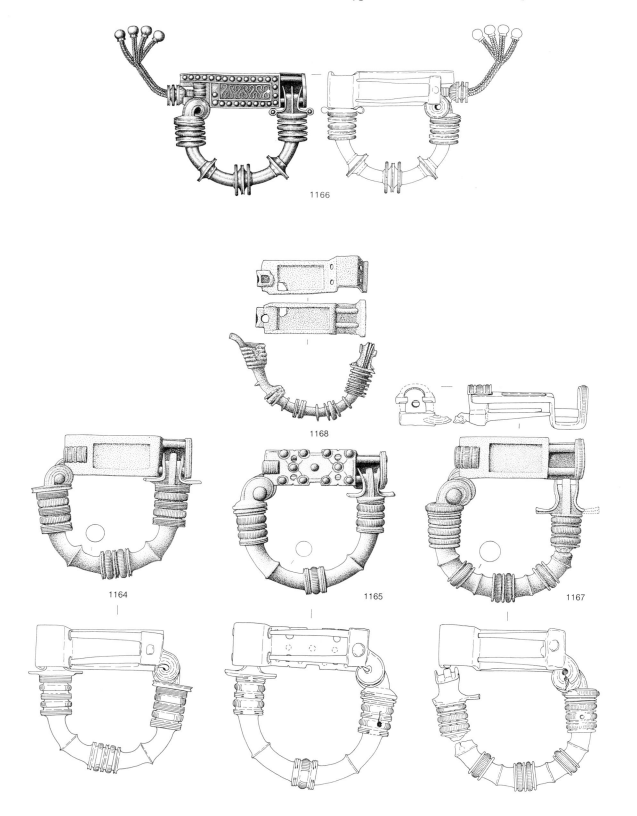

1164.1165 Gordion, Tumulus MM. – 1166 Anatolien. – 1167 Baumschule Ankara. – 1168 Boğazköy, Pithosgrab 1. – (1166 nach Muscarella; 1168 nach Boehmer).

M 2 : 3

Phrygische bzw. anatolische Fibeln Typ S I (1169–1173 A)

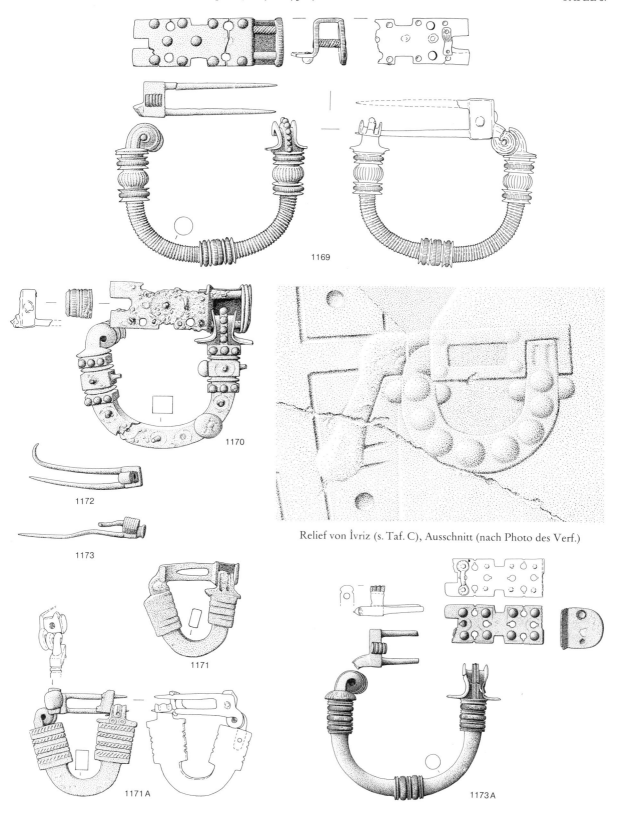

Relief von İvriz (s. Taf. C), Ausschnitt (nach Photo des Verf.)

1169.1170 Gordion, Tumulus MM. – 1171 Fundort unbekannt. – 1171 A Antalya. – 1172–1173 Boğazköy USt. – 1173 A Umgebung von Midas-Stadt (s. auch Taf. 82). – (1172–1173 nach Boehmer).

TAFEL 68   *Phrygische bzw. anatolische Fibeln Typ S II (1174–1175 A), Einzelstücke (1176–1179 A); Fibeln vom zyprischen und östlichen Typ, Typ I (1180), Typ II (1181.1182), Typ III (1183.1184), Typ IV (1185), Typ V (1186–1192)*

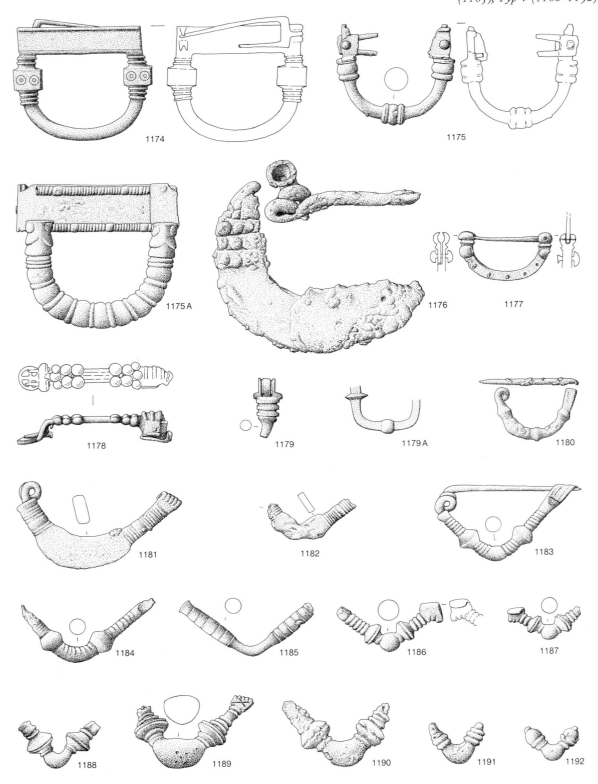

1174 Iné. – 1175 Ephesos. – 1175 A.1177 Fundort unbekannt. – 1176.1179. 1182.1184–1190.1192 Gordion, CM. – 1178.1191 Gordion. – 1179 A Bayraklı. – 1180 Alişar. – 1181.1183 Boğazköy, USt. – (1174 nach Przeworski; 1175 A nach Katalogsphoto; 1179 nach Photo; 1179 A nach Skizze Müller-Karpe; 1180 nach OIP XXX; 1183 nach Boehmer).

M 2 : 3; ohne Maßstab 1179 A

Fibeln vom zyprischen und östlichen Typ, Typ V (1193–1195 L); weitere trianguläre bzw. östliche Fibeln, Gruppe 1 (1196–1197 A), Gruppe 2 (1198 A–1200 C)

TAFEL 69

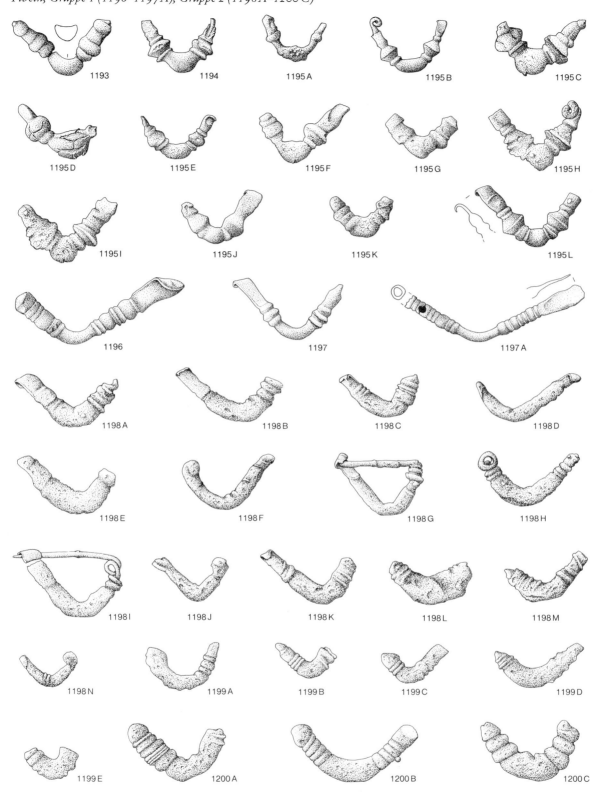

1193 Gordion, CM. – 1194 Gordion. – 1195 A–K.1196.1197.1198 A–1200 C Alişar. – 1195 L.1197 A Türkei. – (1195 A–K. 1198 A–N nach OIP XXIX; 1196.1197 nach OIP XXX; 1199 A–E nach OIP XIX; 1200 A–C nach OIP XX).

M 2 : 3

TAFEL 70 *Weitere trianguläre bzw. östliche Fibeln, Gruppe 2 (1200 D–1207 G); Fibeln vom zyprischen und östlichen Typ, Typ VI (1208 A–H), Typ VII (1209 A–1212 C)*

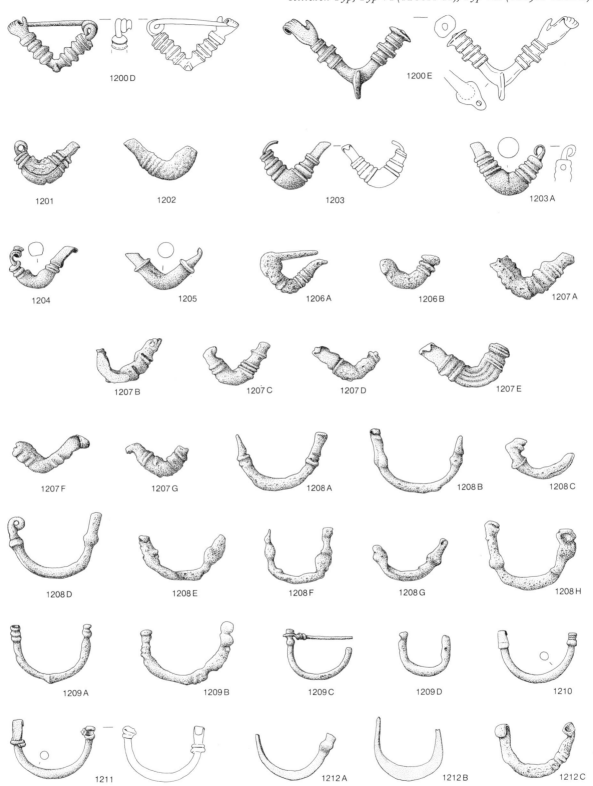

1200 D Antalya. – 1200 E.1203 A Türkei. – 1201.1202.1206 A–1209 D.1212 A–C Alişar. – 1203 Umgebung von Ankara. 1204 Boğazköy, USt. – 1205 Gordion, CM. – 1210.1211 Boğazköy, BK. – (1201.1206 A.B nach OIP XIX; 1202.1207 A–G nach OIP XXIX; 1203 nach Photo; 1204 nach Boehmer; 1208 A–1209 D.1212 A–C nach OIP XXX).

M 2:3

Nachträge (A1–A5) TAFEL 71

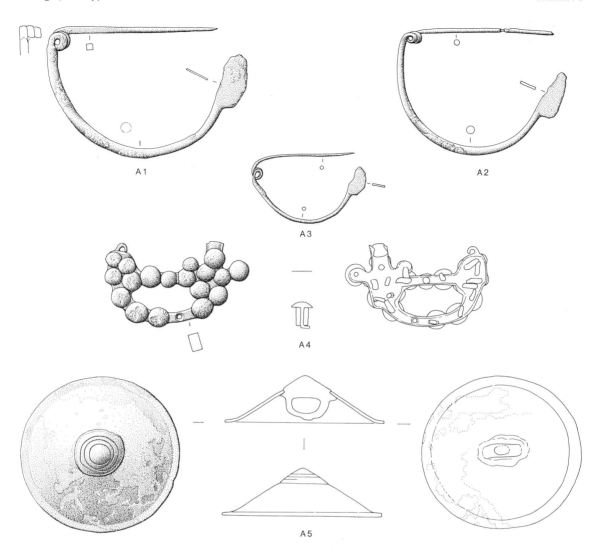

A1–A5 Şile.
M 2 : 3

TAFEL 72

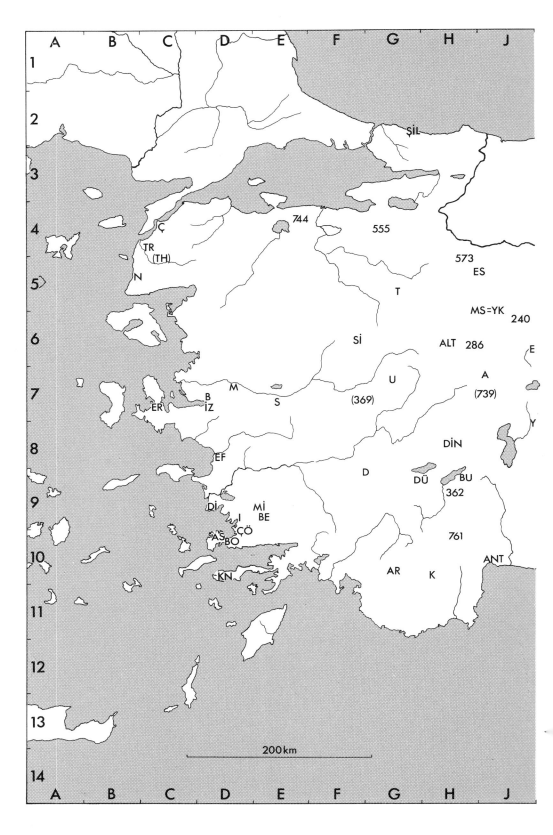

Verbreitung der im vorliegenden Band erfaßten Fibeln aus Anatolien. Die Zahlen entsprechen den im Text und auf den Tafeln angegebenen Fundnummern, für die Buchstabenabkürzungen vgl. das Verzeichnis S. 219.

TAFEL 73

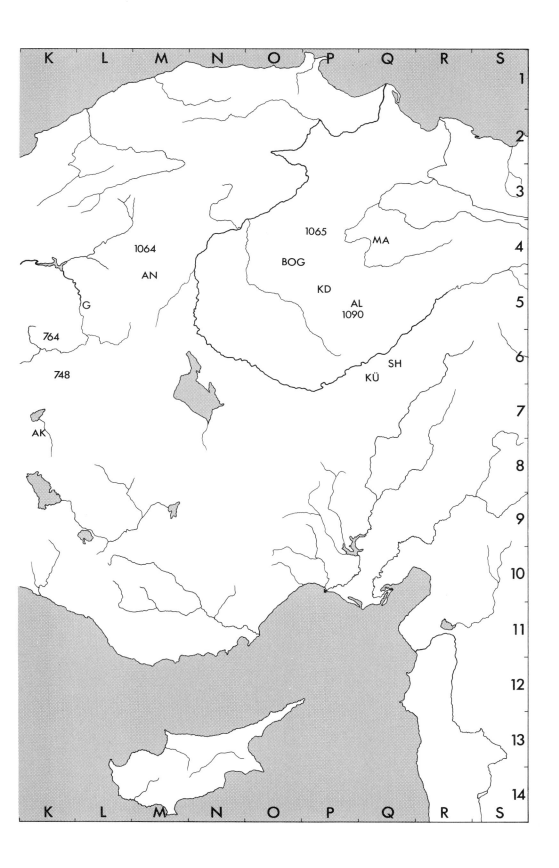

TAFEL 74

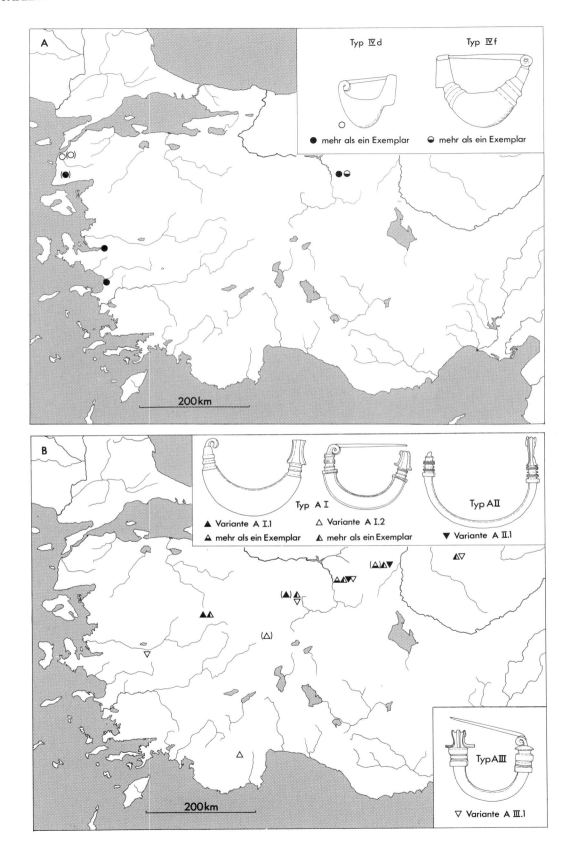

A Verbreitung der Fibeln mit geschwollenem Bügel Typ IV d und Typ IV f. – B Verbreitung der phrygischen bzw. anatolischen Fibeln, Typ A I–III.

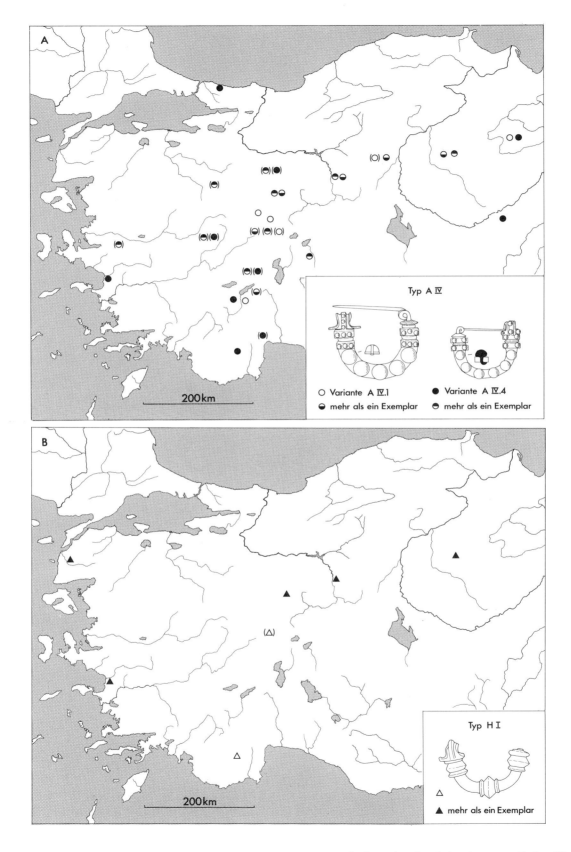

A Verbreitung der phrygischen bzw. anatolischen Fibeln Typ A IV. – B Verbreitung der phrygischen bzw. anatolischen Fibeln Typ H I.

TAFEL 76

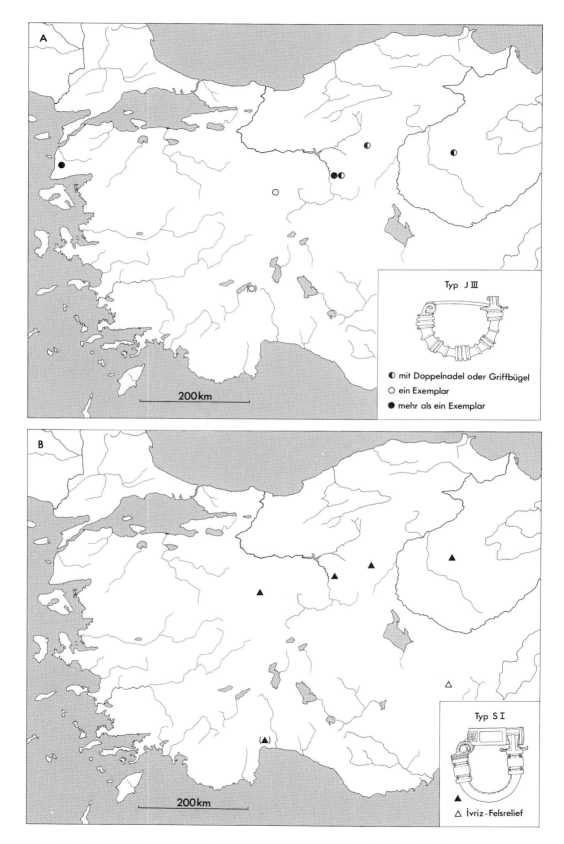

A Verbreitung der phrygischen bzw. anatolischen Fibeln Typ J III. – B Verbreitung der phrygischen bzw. anatolischen Fibeln Typ S I.

Einteilig hergestellte Griffbügel mit Befestigungsnieten (G1–G4) TAFEL 77

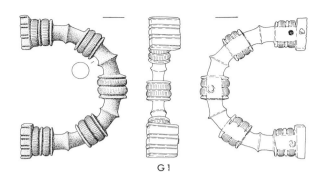

G 1

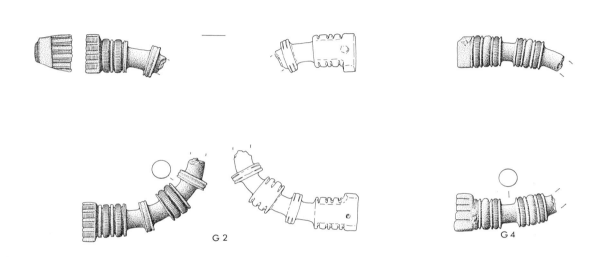

G 2 G 4

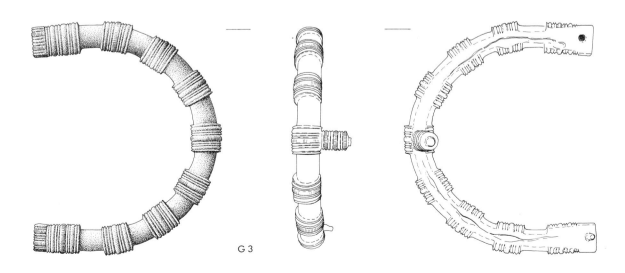

G 3

G1.G4 Gordion, Tumulus S-1. – G2 Batak. – G3 Boğazköy, USt. – (G3 nach Boehmer).

M 2 : 3

TAFEL 78   *Einteilig hergestellte Griffbügel mit Befestigungsnieten (G5–G10A); Griffbügel mit Verbindungsleiste (G11–G14)*

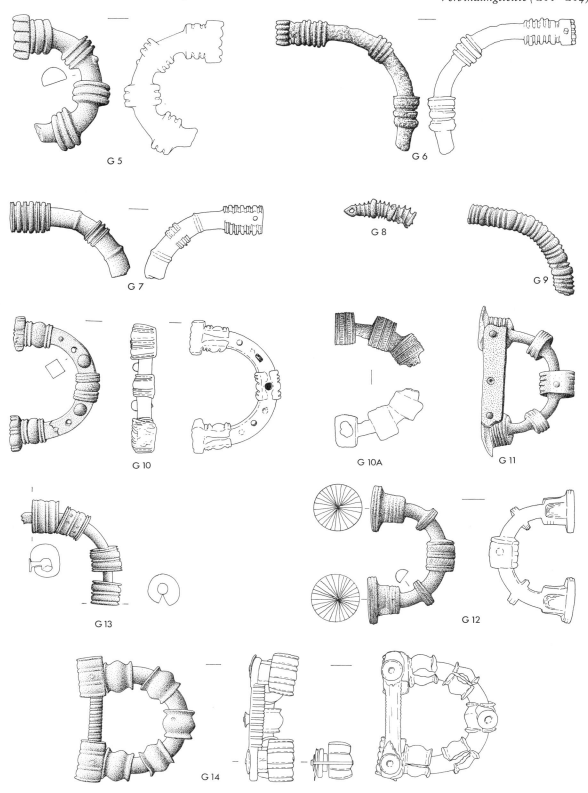

G5 Umgebung von Düver. – G6–G9 Boğazköy, USt. – G10 Umgebung von Uşak. – G10A.G12 Ephesos. – G11 „Old Smyrna". – G13 Gordion. – G14 Antalya. – (G6–G9 nach Boehmer; G11 nach Boardman).

M 2 : 3

Griffbügel mit Verbindungsleiste (G15.G16); einteilige Griffbügel mit eingeritzten, kalottenförmigen Abschlüssen (G17–G20); Griffbügel mit Löwenköpfen (G21)

TAFEL 79

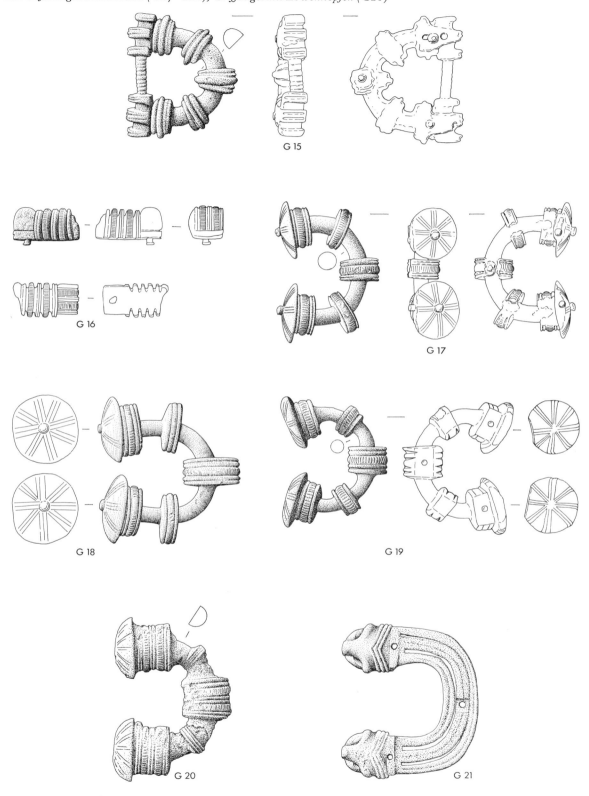

G15 Umgebung von Düver. – G16 Boğazköy, USt. – G17. G19 – G20 Ephesos. – G18. G21 Erythrae. – (G16 nach Boehmer).
M 2 : 3; G18.G21 ohne Maßstab

TAFEL 80 — *Phrygischer Gürtel (G22 a.b); Fibeln außerhalb des Arbeitsgebietes (a.b)*

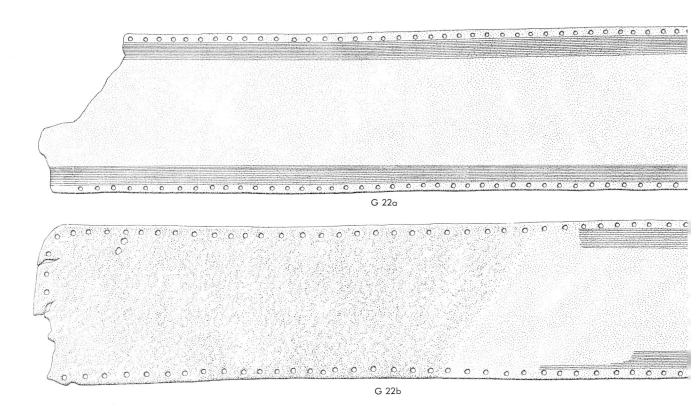

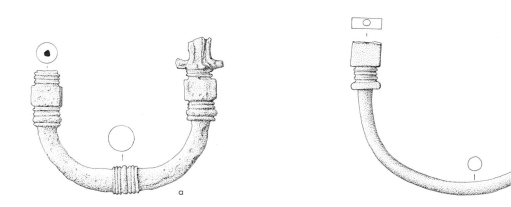

G22 a.b Fundort unbekannt oder Umgebung von Afyon. – a.b Kamiros, Rhodos.
M 2:3

Phrygischer Gürtel (G22 a–d) TAFEL 81

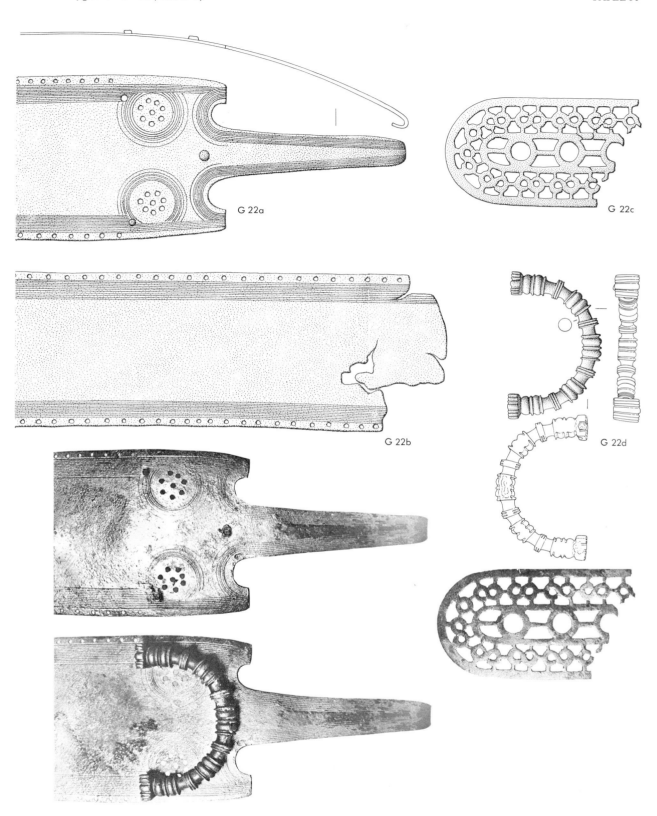

G22 a–d Fundort unbekannt oder Umgebung von Afyon.

M 2 : 3

TAFEL 82

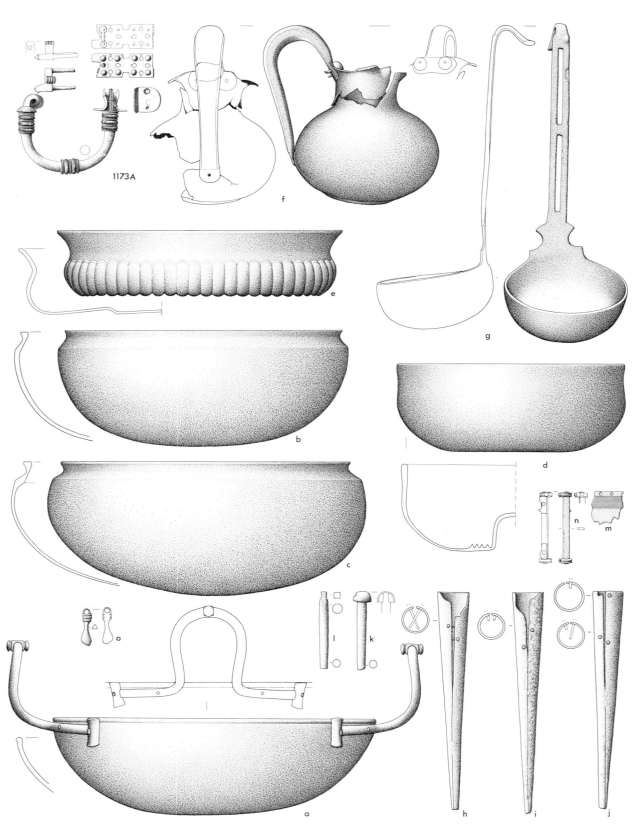

Umgebung von Midas-Stadt (Nr. 1173 A, a–o).
M 2 : 5

PRÄHISTORISCHE BRONZEFUNDE

Abteilung XIV · Fibeln

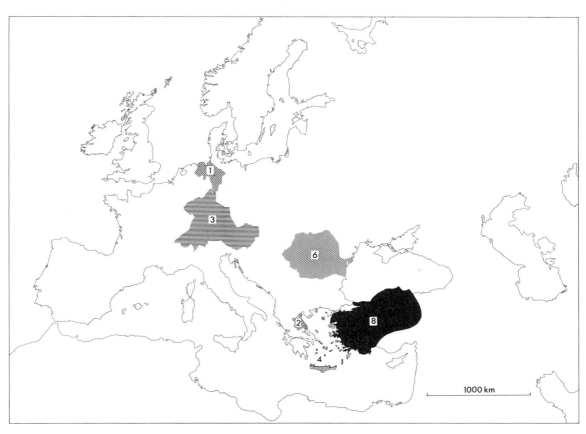

1. F. Laux, Die Fibeln in Niedersachsen (1973)
2. K. Kilian, Fibeln in Thessalien von der mykenischen bis zur archaischen Zeit (1975)
3. P. Betzler, Die Fibeln in Süddeutschland, Österreich und der Schweiz I (1974)
4. E. Sapouna-Sakellarakis, Die Fibeln der griechischen Inseln (1978)
6. T. Bader, Die Fibeln in Rumänien (1983)
8. E. Caner, Fibeln in Anatolien I (1983)